JN214792

『古新聖經殘稿 外二種
北堂本與滿漢合璧本』

内田慶市
李 奭學
編

関西大学出版部

序

本書は長く幻の聖書と言われ、近年ようやく幾つかの版本が発見されたイエズス会宣教師 P. Le. Poirot（中国名を賀清泰）の手になる漢訳聖書『古新聖經』の二種の版本（雷永明神父の撮影による北平北堂本殘稿とサンクト・ペテルブルク東方文献研究所所蔵の満漢合璧本）を影印し、その翻刻テキストと解題を付したものである。『古新聖經』の上海徐家匯蔵書楼蔵本に関してはすでに影印本と拝印本が出版されているが、北堂本と満漢合璧本の出版は初めてであり、本書の出版によって『古新聖經』さらには漢訳聖書全般の研究は新たな高みに向かうものと確信している。

なお、本書の翻刻に関しては、特に台灣中央研究院の林熙強ＰＤ、郭哲佑、利雅君両名の研究助理の手を煩わせた。異体字や脱字等極めて面倒な作業に長時間費やしてくれたその労に対して心より感謝する次第である。また、「導論」のうち李奭學氏の部分の日本語訳は関西大学外国語学部教授の奥村佳代子氏の手になるものである。記して謝意を表するものである。

また北堂本に関しては香港思高聖經學會から無償で提供を受けた。これもここに記して感謝の意を表すものである。なお、本書は２０１５年度文部科学省科学研究費基盤研究（C）（課題番号 15K02542）および２０１７年台灣中央研究院深耕計畫（計畫番号 AS-IA-107-H01）の成果の一部である。

内田慶市
李奭學

２０１８年12月１日

目次

『古新聖經殘稿 外二種

北堂本與滿漢合璧本』

主　編　內田慶市　李奭學
副主編　林熙強
助理編輯　郭哲佑　利雅君

導論

李奭學　内田慶市

（一）

モリソン（Robert Morrison, 1782–1834）とミルン（William Milne, 1785–1822）は、キリスト教の聖書を最初に中国語（正確には「漢語」と言うべきで、以後は「漢語」とする）に翻訳した人物であるが、１８２３年に『神天聖書』が出版される以前に、彼らがもっとも関心を抱いていた聖書翻訳の問題は、「文体」（style）である。彼らが最終的に選んだのは、『三國演義』のような平易な文言だが、最初真似ようとしたのは白話文であった。というのも、彼らは王又僕（1681–1769）の『聖諭廣訓衍』（１７２６）が大衆を教化し、しかももっとも影響力が強大であったこと、そして王がまさに「北方方言」でこれを書き上げたということに気づいていたからである。(1) 王又僕でさえ伍することを恥とした大衆言語(2)を、聖書の翻訳と宣教がまさに必要としていたことは疑いなかった。しかしながら、白話文と宣教の密接な関係を理解したのは、モリソンとミルンが最初ではなかった。それは、明末三教における善書の作者(3)、とりわけカトリック宣教師ジョアン・デ・ローチャ（Jean de Rocha, 1566–1623）や徐光啓（1562–1633）らに遡らなくてはならず、聖書翻訳についていえば、乾隆嘉慶の時代に活躍したポワロ（Louis Poirot, 1736–1814）にほかならない。(4)

ポワロはフランスのイエズス会士であり、乾隆35年（１７７０）に中国へ渡り、紫禁城如意館に奉職した。明清の西学東漸の伝播者という点では、ポワロはイエズス会最後期の人物であった。ポワロは、海西派最後の宮廷画家であり、海青と賁鹿の図を得意としたが、言語の点においては、ポワロは天才と称すべきで、ラテン語、漢語以外にイタリア語、ロシア語、満州語等に精通していた。(5) ラテン語はローマ天主教会の公用語であり、『ラテン語標準訳ウルガタ』（ヴルガータ、The Vulgate Bible）の言語でもあり、ポワロはラテン語を深く理解していた。また、当時の中国は満州語が国語であり、漢語は広く民衆の言葉であったが、ポワロは宮中に在職中、紫禁城から数十里離れた外蚕食口の北堂に住んでおり、満州語と漢語に精通していた。ポワロはまず満州語で『ラテン語標準訳ウルガタ』を翻訳し(6)、１７９０年前後に漢語に訳した。(7)『聖書』原文の73巻を、満州語ですべてを訳し終え、漢語では「雅歌」といくつかの予言書以外はすべて翻訳した。全体の三分の二に達するこの翻訳は『古新聖經』と称される。(8)

明代のイエズス会士であるディアス（Emmanuel Diaz, Jr., 1574–1659）によって訳された『聖經直解』にすでに「古教」（ユダヤ教）と「新教」（カトリック、天主教）とが登場しており、その教えとするところは使徒聖ヨハネの説であったが、これはそれより前に著されたアレニの『萬日略經説』（1635）に「造物の聖教には、『古經』と『新經』の呼称がある、とされていることによる。[9]「古經」とは「旧約」を指しており、「新經」はすなわち「新約」を指している。このことを鑑みれば、『古新聖經』とは、教派に典拠があるということを意味しているのであり、固有名詞ではないのである。しかも、清代には『古新聖經』と名付けられた『聖書』はポワロ訳だけにとどまらないだけでなく、さらには『古新聖經』「問答」のような「教理問答」（カテキズモ、**catechism**）の形式へと発展したものさえある。[10]そんな中で、ポワロ訳が依然として最も知られているのは以下の理由にほかならない。つまり、ポワロ訳は漢語訳史上初の白話による翻訳の試みであり、もしポワロがかなりの高齢で世を去ったのでなければ、本書は最初の完訳『聖書』となり得たであろうし、ローマカトリックにおいて最初の全訳『聖書』であり得ただろう。早期カトリックの立場から見れば、信仰はただ『聖書』の必要性だけが問われるのではなく、サクラメントや聖人の言行も同様に重要であった。[11]ルッジェーリ（**Michele Ruggieri, 1543–1607**）、リッチ（**Matteo Ricci, 1552–1610**）が入華してから、イエズス会が重きをおくところは経文ではなく、アレニ（**Giulio Aleni, 1582–1649**）の『天主降生言行紀略』もまた福音を集めて編集したもの（**harmonia evangelica**）であり、彼は「畏れ多くて翻訳するとは言えない」[12]と述べている。ところが、ポワロの時代には状況はすでに変化していた。ひとつには教派が『聖書』回帰運動をすでに経験しており、ふたつめにはグザヴィエ（**Père Francois Xavier d. Entrecolles, 1664–1741**）らが一部の経巻をすでに翻訳していたということもあり、[13]ポワロには聖書全部を翻訳するという「選択」はなく、彼が問わねばならなかったのはモリソンらのように、翻訳の文体の問題だけであったのであり、しかもこの点に関して最大の啓発を与えるものとして『通俗拉丁文本聖經』とその翻訳者であるヒエロニムス（**St. Hieronymus, *c.* 347–420**）を超えるものはなかった。『古新聖經』の二編の序文がその証拠である。

二番目の序文で、ポワロはカトリックの聖書翻訳史上著名な「聖ヒエロニムスの夢」を引き、次のように述べている。

> 初め、キリスト教信者内には非常に優れた人物がおり、その名をヒエロニムスといった。「何十年にもわたって古代の博学の書物を読んだが、キリスト教信者でない人々が『聖書』を軽んじているのは、『聖書』の中の話が普通で、表現が通俗に過ぎるからだ」と考えたヒエロニムスは、『聖書』に栄誉と威厳を与えようと決意し、キケロの書を手本として、「高文法」に倣って『聖書』の翻訳にすでに着手していた。思いがけないことに、ある夜夢の中に鞭を手にした神が現れ、ヒエロニムスを責め立て、身体を力のかぎり鞭で打ちながら罵った。「おまえはキケロの弟子だから、我々は報復に来たのだ」と。ヒエロニムスが目覚めると、神は消えていた。しかし、聖人は全身に痛みを覚え、身体中に鞭で打たれた跡があった。ようやく自らのやり方が天主の聖意と一致していないことに気づき、翻訳の手を止めたのであった。聖人は親友に手紙を送り、この夢の一件を事細かに訴えるとともに、ただの夢に過ぎないと思わないでほしい、あれからすでに何日か経つというのに私はまだ痛みを感じ鞭の跡は未だ癒えないのだ、と言った。前轍既に覆り後車宜く鑑むべし、私に言動を慎むことなく、天主の聖

意に従うことなく、天主の義憤を招くことなどできようか。（『残稿』1：四）

このエピソードは、実際のところ虚構ではなくヒエロニムスはたしかにこの夢を見ており、友人の砂漠の聖女（desert mother）エウストキウム（St. Eustochium, c. 368–419?）に知らせたが、夢を見たのは『通俗拉丁文本聖經』の翻訳に着手する何年も前のことであり、翻訳の仕事とは無関係なはずである。[14]しかし、その点は重要ではなく、問題はこのことがポワロへの啓発となったという点にある。『古新聖經』第一編序文から見るに、この啓発は『聖書』の翻訳が「神の御心」による要求であったがゆえに「信訳」を得たこと以外に、[15]最も重要なことは、彼が白話で聖書を翻訳し、しかも市井の庶民の日常言語で翻訳するべきであると導いたことである。市井の民の白話は、当然それより前に書かれた『聖諭廣訓衍』の官話よりもさらに平易でなくてはならなかった。

　市井の庶民が話す言葉は、また「言葉が俗っぽくあろうと、話の前後が論理的に繋がらなくてもかまわない」（『殘稿』1：三）ものであり、卑俗さと論理の問題があった。この論点について、『古新聖經』の「『聖經』の序」あるいは「再序」いずれにおいても「天主の立場」から詳細な解説がなされている。まず、「『聖經』の序」では「聖書は人が話す通常の言葉ではなく、天主の意志であり天主の語（『殘稿』1：二）である」と指摘している。「通常の言葉」は人類の言語や道理であり、「天主の語」とは「天意」あるいは造物主の言葉である。ただしポワロはベンヤミンとは違い、この「造物主の言葉」は『聖經』の言葉ではなく、ある種の「純粋言語」（*reine Sprache/pure language*）である、と述べている。[16]『舊約』『新約』とも、その中の言葉は天主の黙示ではあるが、しかしそれを得た人が書きとめたものであり、しかもその多くが「預言」から得られた言葉である。俗世間的に見て、彼らの教育水準には限界があるうえ、信ぴょう性に欠け、話す語彙は高踏なものではなく、日常的であるだけでなく、その言葉は卑俗であり論理的な繋がりが希薄であり、まさに一般の市井の民のおしゃべりのようである。モーゼ五書（Pentateuch）以下『舊約』各巻の写経者は、ダビデ『詩篇』と『雅歌』の作者以外は、預言と上古に関する「歴史家」であった。モーゼ五書には素朴な神話から歴史まですべてが含まれており、写経者はモーゼ本人だけではなく、後世の「歴史家」と「文豪」の最も古い「原型」の人々もまたその任を請け負ったはずであるが、その筆ぶりは日常的かつ卑俗であった。『新約』に至っては、そのギリシャ語原典を紐解くと、パウロ書簡が滔々とした雄弁で最上級の言論の術あるいは「知識分子の言葉」である以外は、『四福音書』はもともと雅俗が混在しており、その他多数の経巻は「預言者」の論理に優れた筆法でもあるが、概ね市井の民の卑俗な言葉である。[17]しかし最も重要なことは、『聖書』各巻におけるこの「天主の言葉」が、たしかに普通の言葉であるという点である。もし「美文調」で訳したとしたら、天主は断じて「受け容れない」だろう。そうである以上は、「何人かの文体を解する人のために」、天主も「万人の愚か者を置き去りにすることは忍びず」、「文意の深い書物を理解することができなければ、彼らの霊魂が御利益を受けることもない」ために、天主の聖意がこうであるからには、『聖書』を翻訳する人がそれに背くことなどできようか。」（『殘稿』1：三）

　天主の言葉の卑俗は、「聖ヒエロニムスの夢」にすでに明示されている。ポワロがこの夢に見出した別の見方は「天主の言葉」と関連があり、また

『聖書』の翻訳は本来の意味に基づくべきであり、いわゆる「人を喜ばすことを意図せず、ただ『聖書』原文の本意を守ることを意図し」「文法」が高級であるか低級であるかを為すべきこととすべきでないということである。よって「『聖經』の序」は、「古代より、聖賢がおしなべて行ってきたことを、私もまたそのように行うのだ、畢竟大切にすべきは道理であり、尊ぶべきは道理である。言葉の体裁や、文法の奇妙さが、人の真善に何の裨益があろうか。」（『殘稿』1：一）と述べる。ポワロのいう「文法」とは、現代人のいう品詞としての特徴やアスペクト等々の文法研究ではなく、元代の王構（1245–1310）の『修辭鑒衡』以来、中国人のいうところの「修辞」は、あるいは明治時代の日本人菊池大麓（1855–1917）が英語“rhetoric”から翻訳した「修辞」の意味を内包している。[18] だからこそ、ポワロの「『聖經』の序」は「西瑟落（キケロ）」について触れているのであり、ラテン語の歴史において彼が修辞学の大家であることから、文筆の力強さと華やかさにおいて、こんにち我々が多くは「西賽羅（キケロ）」（Marcus Tullius Cicero, 106–43 BCE）と訳す、このローマ帝国早期の政治家であり演説家に敵う人はまれだと言うのである。

キケロの「高文法」は修辞が豊富で、修辞によって文と言葉が紡がれ、滔々と途切れることがない。聖アウグスティヌス（St.Augustine of Hippo, 354–430）は *On Christian Doctrine* 執筆当時、これを「高文法」と名付け、「文体三類」のひとつに加え、こんにちでは通常「雄偉な文体」あるいは「高級な文体」（the grand style/the high style）と訳される。その他の二種類はそれぞれ「中庸の文体」あるいは「中級の文体」（the temperate style/the middle style）、「平直な文体」あるいは「低級な文体」（the plain style/the low style）に区別される。聖アウグスティヌスが定めたこれらの格調には高低の差はなく、使い方の違いがあるだけである。キケロのきらびやかで雄弁な文は、「感人（人に感じさせる）」ことを目指しており、「平直な文体」を用いれば「教人（人を教える）」ことを目指しており、「中庸の文体」には「悦耳（耳に心地よい）」効果がある。[19] ポワロは『聖書』は「天主が自ら述べ、天主が自ら記した」と信ずる以上は、人に「道理に適った行いを積むように」導かねばならず、聖書を翻訳する人は「おのおのが属している国家の文章の文法」に基づかず…ここでの「文法」は「筆法」の意味合いも含んでいよう…文意を正確にするためならば平直な文体を用いるのも可である、と考えた。しかし、彼は（聖書の翻訳は）「天主の言葉を敬うためでもあり、また書を読む人の心を満たすため」でもあると考えていた。（『殘稿』1：三）、あるいはドミンゴ会士ヴァロ（Francisco Varo, 1627–1687）*Arte de la lengua Mandarina* のいわゆる「言説における三文体」（tres modos ... de hablar）の影響のもとで、聖アウグスティヌスが定めた文体三類を、当時の文言、白話および両者の橋渡し的な存在であった、モリソンのいうところの『三國演義』の「淺文言」という文体観念に結びつけていたのかもしれない。文言文は中国で伝統的に重きを置かれており、白話文は士大夫から軽んじられていたため、ポワロは問いかけている。「例の高級でもなく低級でもない」「中間的な言い方で翻訳するのはいけないことか」、信仰に対して「何の妨げがあるのだろうか？」（『殘稿』1：三–四）この点は、おそらくヴァロの影響によるものだろう。ヴァロはこの文体が「天主の道（或いは神の言葉）」（la palabra de Dios）を流布させるのに適していると認識していた。[20] しかしポワロは、聖アウグスティヌスは文体三類のうちどれかひとつを選ばなくてはならない、とはけっして言っていないということを、中国人に指摘してはくれなかった。ヨーロッパ人はスピーチの言葉を書くとき、全体を貫く主要な文体はあるかもしれないが、基本的に三文体を混用する。中国人の文言は書き言葉の文体から生じており、また早期の書写形態から形成された[21]。質の良い白話も、実は文言性の強い四字成語が混じっているものであり、文言と白話の両方が用いられ、混じり合ってひとつのものになっていることさえある。ポワロもそれを免れず、彼が翻訳した『古新聖經』は、リッチ『聖經譯録』(1605)、ディアス『聖經直解』、アレニ『天主降生言行紀略』、バセ(Jean Basset,c. 1645-1715)『四史攸編』を直接手本とした箇所は少なく[22]、ゆえにその主な「文体」は「中庸の文体」ではあるけれども、『古經』部分の大部分の経巻が行なっているのは聖アウグスティヌスの「平易な文体」で、「ダビデ詩篇」と『新經(新約?)』の多くは「中級の文体」であることを放棄し三文体を併用しているため、「人に感じさせ」、かつ「人を教える」ことをも可能となっており、時にはかなりの「耳に心地良い」効果さえある。ポワロの三種類の文体は、ヴァロの言う三文体であり、それはほぼ聖アウグスティヌスの啓発により誕生したものであると言えるが、「文体三類」の観念が中国に伝えられた始まりでもあり、ヴァロと聖アウグスティヌスは何よりもポワロが『古新聖經』で用いた大部分の文体(原文は〝体調〟)を理論化し合理化した拠りどころでもあったわけだが、この文体の大部分は簡単に言えば、「白話文」であった。しかも「翻訳調」を免れることができなかったために、ラテン文法がもたらした「欧化体」が顕著で、ほとんど近代白話文の興隆を予告せんばかりであった。そして、これこそがポワロが翻訳した『古新聖經』が、『聖書』翻訳史ばかりでなく、比較文学や文化史、言語史への貢献の重要性が唯一無比であることの所以である[23]。

紫禁城…ここでは当時すでに円明園に移されていた如意館を指すが、円明園そのものを指す可能性もある…に入ると、ポワロは公務に全力を尽くした。１７９０年から、ポワロは公務以外の時間に、北京の北堂で『聖書』を翻訳するようになった。イエズス会はこの時にはすでに教皇庁により解散に追い込まれており、北堂も「遣使会」(Congregation of Priests of the Mission)に接収管理されていた[24]。ポワロはロシア正教会への入信を装い、北堂での訳経を堅持した[25]。十数年の間に、粗方出来上がり、詳細な注解を施し、完成していった。現時点でわかっている北堂ポワロ訳はわずか一種類に止まり、まれに修正が見られることから、写本であると考えられる。筆跡から言うと、北堂ポワロ訳とポワロの絵画作品のサインとは完全に一致しておらず[26]、ポワロ自身が書き写したものである可能性もあるが、他の人物が北堂でポワロのために書き写したものである可能性もあり、もちろんその他の可能性もある。というのも、乾隆帝に献上するには、絵画の文字…サインを含む…は筆跡が端正で整っている必要があるからである。画家にとっては、字体を変えることは難しくはなかったはずである。しかしながら、上述のどれが正しいにせよ、北堂に遺されたポワロ訳『古新聖經』の稿本はわずかにこの一種類のみであり、上に述べたことがこのいわゆる「北堂本」『古新聖經』が世に出た一部始終である。

ポワロは『ラテン語標準訳ウルガタ』約五十巻翻訳後、１８０３年に仮出版すると、ヴァチカンに書簡を送り、許可を求めた。しかし、教皇庁は１６１５年には『聖書』の漢語訳に同意していたが、１６２２年に伝信部(Sacra Congregation de Propaganda Fide)が成立すると、ラテン語を尊び、１６３４年の宗教裁判ではすでに翻訳されていた他言語の『聖書』を焼却することを決め、１６７３年には漢語訳も禁じた。そして、いくらかの例外を除いては、１７２８年には『聖書』をいかなる言語に翻訳することも全面禁止となった。だから、ポワロの書簡が届くや伝信部は即座に返書を出し、感謝の他に、彼が誰から認可を受けて漢語訳したのかを問い質し、刊行は禁ずると明言したため、彼の苦心と孤高の志は完全に覆された。ポワロは満文で翻訳していたのを、あらためて漢語で訳し『古新聖經』を出したのだったが、おそらく彼の中ではまだ1615年の許可令当時のままだったのだろう。[27] だから、1803年からの数年間も、あるいはポワロは訳し続けていたかもしれないが、病と老いには勝てず、1813年ついにこの世を去った。「北堂本」『古新聖經』はこの時から北堂に封じ込まれ、清末に設立された「北堂図書館」のもっとも珍しく貴重な蔵書のひとつとなったのである。[28]

「北堂本」『古新聖經』は日の目を見ることはなかったが、中国天主教界ではその名声は轟いており、伝写が繰り返された。もっとも著名なものは上海徐家匯蔵書楼所蔵の清写本であり、[29] 中国国家図書館にもポワロの序文と『舊約』『新約』の経巻数種類があり、[30] 書写年代は徐家匯とさほど変わらないと判断でき、筆跡の差異も大きくない。中国国家図書館本であれ徐家匯本であれ、内容は「北堂本」と数文字ほどの違いである。用いられている異体字はほぼ一致しており、わずかに異なる文字はあるものの、中国字形学に基づいて調査し明らかにすることができるだろう。[31] この他、サンクト・ペテルブルクのロシア科学アカデミー東方文献研究所には、これとは別の満漢合璧本『如達国衆王経尾増的総綱』一種があるが、完本ではなく僅か第十三章から第二十九章までが残っているだけであり、おそらくはロシア東方正教会宣教師が書き写したものであろう。乾嘉の頃に、北堂の書籍は南堂の管理へと移され、1828年の春から夏の頃に南堂の書物は北平東方正教会へと寄贈された。1838年、欽天監に奉職し南堂に居住していたポルトガル籍イエズス会士ペレイラ（D.Caetano Pereira, 1763–1838）が、所蔵されていた大量の貴重な書物を売り払ったため、北堂旧蔵書はロシアの教会に所蔵されることになったのだが、[32] ポワロとロシアのイエズス会との関係が非常に密接であったことについてはここでは触れない。こんにち天主教の漢語訳聖書のスタンダードはいわゆる「思高本」であり、フランシスコ会士アレグラ（Gabriele Maria Allegra, 1907–1976）が完成させたのは、1968年であった。[33] アレグラは1931年に来華し衡陽に駐在した。1935年4月1日、彼は『聖書』全訳を発願し、十年後に当時の北平であり今の北京に「思高聖經學會」を設立、訳経の事務全般をとり仕切った。全訳を誓った年に、彼はローマ教皇庁の在華総代表だったツァニン（Mario Zanin, 1890–1958）の面前で許可を求め、「古訳本を参照しつつ、原文から翻訳」したいと述べた。[34] いわゆる「古訳本」（**antiche versioni**）については、アレグラが用いたイタリア語は複数形であり、『四史攸編』も含まれてはいるが、主に「北堂本」『古新聖經』を指している。その当時の北堂はポワロがもともと居住していた蚕池口にはなく、清末にすでに今の所在地である西什庫に移っていたため、正式名称は「救世主教會」といい、一般的に「西什庫教會」と呼ばれていた。

上述のアレグラの引用は、『雷永明神父回憶録』（*"Memorie" Autobiografiche del P. Gabriele M.Allegra O.F.M: Missionario in Cina*）から訳出した。この書物をアレグラがイタリア語で書き上げたのは、1984年頃のことであり、ほどなくして人に託され「イタリア語の書写原稿が台湾へ送られ…」、天主教会の韓承良（1928–2004）が昼夜心血をそそぎ、「二十日間の時間を費やして」、1985年の初めに中国語訳が完成した。さらに李士漁（1917–2004）があらためて訳し直して、1987年春第三者が取りまとめ、本が完成した（『回憶録』1-3頁）。逆に、アレグラの原文は、韓承良の翻訳より出版が遅く、1986年にようやく編集を終え、ローマで上梓された[35]。

アレグラは来華後、漢語の学習を通じてポワロの『古新聖經』を知り、『教育叢刊』主編ミットラー（Theodore Mittler, 1887-1956）に手紙を送り、その真偽を確かめた。ミットラーは言神会（SVD）出身であり、ポワロの手稿は「たしかに北堂にある」とすぐさま返信した（『回憶録』90頁、Memorie, 92頁）。アレグラは間もなく衡陽を後にし、北平へ向かった。フィスター（Louis Pfister, 1833-1891）と徐宗澤（1886-1947）が『古新聖經』に対してどちらもかなり高い評価を与えていることを、アレグラは実は良く知っていた。北平に到着後、アレグラはすぐにツァニンに謁見し、輔仁大学に泊まり込んだ。ツァニンは彼にミットラーの元も訪ね、また北堂へ赴き「ポワロ神父の聖書訳本を見てください」、と伝えた。ミットラーは、手稿は今でも存在しており、「しかも完全な状態で」、全部を撮影する価値があり、輔仁大学各会派の会士が手伝いに来てくれるはずです、と表明した。アレグラはツァニンの助手コミッソ（G.Comisso, 生没年不詳）の付き添いのもと、ほどなく北堂で「イエズス会ポワロ神父のあの有名で貴重な手稿を目にした」（『回憶録』91-92頁、Memorie, 92頁）。

アレグラはポワロの『古新聖經』全原稿を撮影するために、ミットラーを介して、輔仁大学の当時の校長マーフィ（Joseph Murphy, 1895-1935）の命によりルール（Theo Ruehl, 生没年不詳）の補助を得ることとなった[36]。ルールもおそらくは聖言会士で、撮影の達人だった。彼らは紙の付箋に巻数と自分たちで付けたページ番号を記し[37]、1935年の初夏から、毎日9時から午後1時まで、北堂で時間にしてひと月余りをかけて、ようやく『古新聖經』の全原稿を撮影し終えた。撮影を終えた後、アレグラはフィルムを現像に出すのに合計600ドルを費やし、なんとか全部を現像し終わった。輔仁大学の新学期開始前に、アレグラは現像したフィルムを携えて、衡陽黄沙湾に戻り、「布製のカバーでしっかりとした小冊子に装丁してほしい」と依頼した。現地の「エジプトフランシスコ会派修道女会」（le Suore Francescane Missionarie d. Egitto）の修道女が、「写真を製本させてほしい」と申し出たことによって、ついに三十冊が完成し、アレグラはそれを自宅に置いた（『回憶録』92-93頁、Memorie, 93頁）。この三十冊の写真は、北堂本『古新聖經』の複製であり、初めて北堂の外に出たものであり、その意義は大きい。

アレグラが衡陽に戻ってしばらくすると、抗日戦争が勃発したが、北堂本『古新聖經』の三十冊のアルバムとその他の書籍は、すでに彼の「聖書圖書室」の一部となっており、訳経をすることもできた。『古新聖經』は確実に彼にとって重要な拠りどころとなっていた[38]。不幸にも戦況は日増しに悪化し、図書室は砲弾を浴びて破壊された。アレグラ自身の述懐によれば三十冊の北堂『古新聖經』の写真は、最後まで戦火をくぐり抜けることができたのはわずかに二冊のみであった。（『回憶録』93頁、Memorie, 93頁）。1939年、アレグラは病気のためイタリアへ帰り、その二年後にアメリカを経由して日本に渡り、それから中国に戻ったが、その時すでに日本軍に制圧されていた北平で、「思高聖經學會」設立に向けて準備を開始した。北平での日本軍のアレグラへの待遇は良く、1944年の年末前には、衡陽での訳業の続きに着手し、『舊約』の中国語訳を完成した。1945年夏、思高聖經學會が正式に設立され、本部は輔仁大学附属西煤廠宿舍に置かれたが、やがて李広橋に移され、次に小石橋に移された（『回憶録』

122-124頁、Memorie, 116-118頁）。日本の敗戦後、すぐに中国ではまたもや戦争が起こった。今度は国共内戦で、アレグラは北平にいたが、すでに時局はどうしようもない状況になっているのを見て、学会員と相談し、南方に移ることにした。彼は教皇ピウス十二世（Pius XII, 1876-1958）の支援を得て、香港ケネディタウンに移り、後にヘンダーソンロードの今の場所に移った。激しい戦火を免れたわずか二冊の『古新聖經』のアルバムと、英千里（1900-1969）がロンドンから送って来た『四史攸編』の書写本も、[39]信者（〝同修〟？）が上海まで持って来て（『回憶録』123頁、Memorie, 117頁）、最後はブライナー（勃莱那、Bryner）運輸会社によって香港へ運ばれ、学会の図書室に収蔵された（『回憶録』92頁および127-145頁、Memorie, 92頁および120-137頁）。

上述の二冊の『古新聖經』とは「衆王經」上下巻であるが、一部であり完全ではない。しかし、研究者はあるいは『アレグラ神父回憶録』の間違った手引きによって、あるいは調査上の誤りによって、思高聖經學會はこの二冊しか所蔵していないと考えた。[40]だが実は、二巻の「衆王經」の他に、学会が香港に送った1935年撮影の北堂本『古新聖經』にはその他のものも含まれているのである。これらはすべて一枚一枚ばらばらの写真で、当時の衡陽の修道女が遺したものであり、彼女らがそれを「コピー」と見なしたために、それまでアルバムには加えられなかった。重複しているものを省けば、香港思高聖經學會所蔵の北平北堂で撮影された写真は全部で309枚あり、内容は「數目經」（Numeri）51枚、「第二次伝法度經」（Deuterono）69枚、「救出之經」（Exodus）1枚、「衆王經・巻一」（Regum I）71枚、「衆王經・巻二」（Regum II）117枚である。[41]道光年間、北京の信者は迫害を避け、北堂に所蔵されていた貴重な書物は箱に詰められ、六年間地中に埋められていた。その後開封された時には、すでに大多数が土の湿気に耐えきれず、ドロドロに朽ちていた。同治年間、貴重な書籍の一部は火災に遭い焼かれ灰となった。[42]北堂本『古新聖經』が戦火を逃れていなければ、同様に失われていただろう。アレグラが1935年に北堂本を撮影していたことから、香港思高聖經學會所蔵のこの309枚の北堂本の写真は、後世の書写本からさらに書写して得られたものでは絶対になく、ほぼ確実に『アレグラ神父回憶録』に登場する「ポワロ神父の著名で貴重な手稿」の一部分であると言えるだろう。訳文中の「イエズス会ポワロ神父のあの著名で貴重な手稿（〝耶穌會賀清泰神父那份著名而寶貴手稿〟）」は、アレグラによる原文では“il famoso e prezioso manoscritto del P. De Poirot SJ”（Memorie, 92頁）である。言い換えれば、北堂本が撮影された年、輔仁大学または北堂の人物が、この『古新聖經』をポワロの原稿であると見なしたということであり、上述の309枚の北堂本の写真は、ただ大災難を生き延びた生き残りであるという以上に、その価値は歴然としている。

1949年、中華人民共和国成立後、「献堂献廟」運動や「文化大革命」などの事件によって、北堂図書館蔵書はすべて北京図書館と中共北京市委図書館に移され、寧夏図書館や首都図書館などに分散され、それだけでなくその他の様々な要因で外に流出してしまったことは言うまでもない。[43]ただし、現在は中国国家図書館と改称された北京図書館であれ、あるいはその他の図書館であれ、上述の中国国家図書館古籍部の写本以外は、北堂の手稿は姿を現してはおらず、あるいは日中戦争で焼かれてしまったのかもしれないし、あるいは文化大革命で焼かれてしまったのかもしれない。往時アレグラの書斎にあった三十冊の北堂本写真が、仮に戦火で損なわれたのでなかったとしたら、我々は北堂本の全貌を観ることができたかもしれないが、いったい歴史とは予測し難いもので、人の想像がおよびもしない事実へと発展しているのである。アレグラとルールは、１９３５年に何枚かの北堂本の写真を撮影していたかどうか、我々は今となっては事実を究明することは難しい。しかし、唯一残されたこの309枚の写真がたとえ「滄海の一粟」とは形容し難くとも、ほぼそれに近い存在で、十分に稀少で貴重であり、学界はこれによって北堂稿本の真跡を知ることができるだけでなく、『聖書』の漢語翻訳史とポワロ研究という二つの重要な研究課題に資することができるだろう。

（二）
『古新聖經』の言語について

ここ数年来、漢訳聖書に関しては2つの大きな発見があった。1つは白日昇（ジャン・バセ、Jean Basset、パリ外国宣教会、1662-1707）による四種の漢訳聖書稿本の発見であり、[44] 1つは、これまで有るとはされていたが見つからず「幻の聖書」と言われていた賀清泰（ルイ・ポワロ、Louis de Poirot、イエズス会、1735-1814）による白話版聖書の『古新聖經』の各種版本の発見である。前者は馬禮遜（ロバート・モリソン、Robert Morrison、1782-1834）による『神天聖書』の藍本であり、後者は北京官話（但し北京官話とするには問題がないわけではない）で翻訳された最初の漢訳聖書である。[45]

これらの新しい発見は漢訳聖書研究のみならず、それに関わる多くの領域にも大きな意義がある。例えば、近代中国語史研究、中国語文体論、翻訳論などである。

ここでは、主に満漢合壁本『古新聖經』の内容とその言語の問題について述べることとする。

賀清泰の『古新聖經』の存在に関しては、以下に示すように、これまで多くの記述がある。

『古新聖經』
イエズス会士賀清泰（ルイ・ポワロ P.Le. Poirot）訳、官話であるが、章節はラテン語版の聖書とは余り符合しない。抄本で、未刊である。（徐宗澤１９５８『明清間耶穌會士譯著提要』18-19p）

賀清泰は１７３５年生まれのフランス人である。１７５６年イエズス会に入会。満洲語および中国語に精通した。すこぶる乾隆帝の信任を厚くする。イエズス会が追放後も北京に止まった。訳本として『古新聖經』があるが、未刊である。１８１４年没。（同上書 417p）

なお、徐宗澤氏は更に徐家匯藏書樓にはこの抄本が所蔵されていると言及したことがある。（同上書 422-423p）

費賴之（Pfister）[46] も『古新聖經』について次のように指摘している。

『聖經』（＝『古新聖經』－筆者）は注釈付きの官話訳本である。私は抄本の一部を所蔵しているが、その全体の内容はよく分かっていないが、以下にその細目を記しておく。

本書の標題は『古新聖經』三十四巻、25篇34巻。

北京遣使会（Congrégation de Mission）図書館所蔵本が比較的多く、『路徳書』、『多比傳』、『猶氐特書』、『以斯帖書』、『智慧書』、『以賽亞書』、『約拿書』という七經がある。欠けているのは『雅歌』と『以賽亞書』、『但以理書』、『約拿書』の三書以外の全ての預言八經である。（費1995、1034p）

なお、潘廷璋修道士（Joseph Pansi）の1790年の書信には「清泰氏はかつて『聖經』を満州語に訳し、注釈も付けている」という記述がある。（費1995、1035p）

以上の記述から、賀清泰の『古新聖經』抄本は徐家匯藏書樓と北京遣使會圖書館（北堂）に所蔵されているほか、費頼之氏自身も一冊を持っていることは、つとに明らかにされていたことである。それらがここ数年発見されたわけで、漢訳聖書の研究は新しい段階に入ったということができるであろう。

さて、すでに、先の導論（一）で詳しく述べられているが、再度ここで重要な版本について簡単に触れておく。

漢語本……上海徐家匯蔵書楼蔵
漢語本……香港思高『聖書』学会蔵の雷永明撮影による北堂稿本残巻
満漢合璧本……ロシア科学アカデミー・サンクト・ペテルブルク東方文献研究所蔵
満洲語本……東洋文庫蔵、サンクト・ペテルブルク蔵

李奭學氏の研究では、これらの刊本の年代順は以下の通りである。

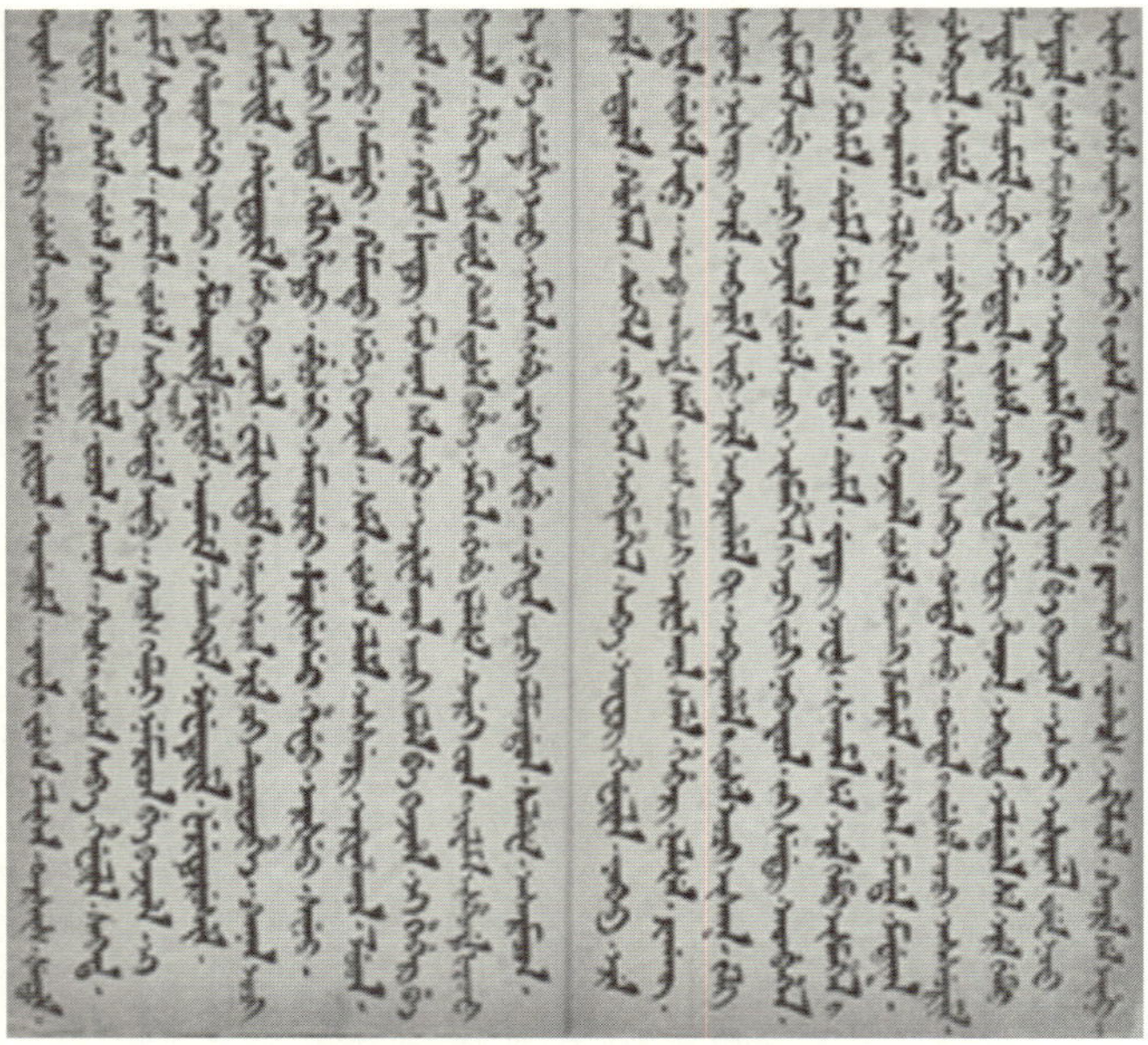

（満洲語本，東洋文庫蔵）

1. 満洲語本、1790。これは恐らく費頼之1995の指摘に基づくものである。
2. 北堂漢語本、1805年頃完成（1800年に新約訳が開始されたが未発見）。
3. サンクトペテルブルク満洲語本、1826年（Petr Kamanskii の抄本）。
4. 上海徐家匯蔵書楼本、1847年以後の抄本。鐘鳴旦、杜鼎克、王仁芳編の影印版『徐家匯明清天主教文獻續編』第28冊―第34冊（台

北利氏学社、２０１３）がこれである。

５．１８４９年ギュツラフが上海で刊行しようとしたものの抄本、ただしギュツラフは１８５１年に逝去後は所在不明。

６．香港思高『聖書』学会所蔵の雷永明神父により撮影された北堂抄本の残巻（合計308枚、１９２５年前後に撮影されたもの）。

７．中国国家図書館蔵北堂漢語本、未発見。

８．サンクト・ペテルブルク東方文献研究所蔵の満漢合璧本『衆王経新増的尾綱』。

このうち、満漢合璧本について、金東昭(47)２００１に以下のような記述がある。

> **Yudae gurun-I wang sai nonggime sosohon nomun bithe**［**Paralipomenon libripromi pars sccunds consta**］は Poirot 神父が翻訳した満州語、漢語聖書稿本の『歴代經』の部分である。これが Poirot 神父の直筆であるか、それとも他の人の手になるものかについては現在まで考証が進んではいない。本稿本は100＋5頁、各半頁8行、大きさは34×23、25.5×8cm。現在、ソ連科学アカデミーアジア民族研究所に所蔵されている。

筆者は２０１３年にサンクト・ペテルブルク東方文献研究所に赴き、Volkova の満文関係マニュスクリプト文献目録（*Opisanie man'chzhurskikh rukopiseĭ Instituta narodov Azii AN SSSR*, 1965）によって、この満漢合璧版『古新聖經』の残稿を見ることができた（請求記号は C.11mms である）が、現物を目にして、金東昭２００１の記載には実際の状況と些か異なる点があることが判明した。

稿本の大きさは問題ないが、本文は全部で101頁（葉）であり、各半葉10行（満漢それぞれ5行）である。こうしてみると、金氏が実際に現物を見たのかが疑わしくなってくる。実は、Volkova1965 の記載によっただけに過ぎないのではないかとすら思われるのである。

さて、この稿本は「如達國衆王經尾增的總綱・巻壹下・第13篇（＝歴代志上・第13章）」から、「如達國衆王經尾增的總綱・巻壹下・第29篇」まで

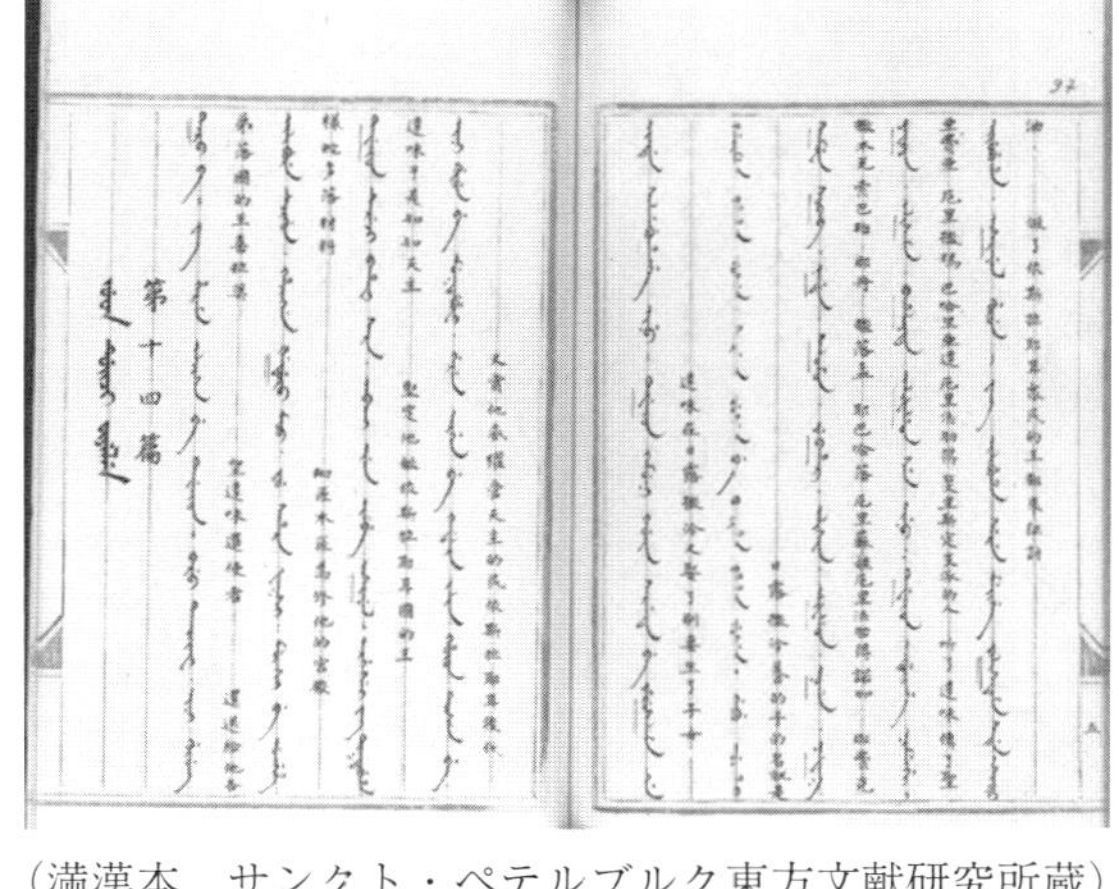

（満漢本　サンクト・ペテルブルク東方文献研究所蔵）

の章節を収録している。

満漢本の筆跡を上海徐家匯蔵書楼蔵漢語本と比較すると以下の図に示すように、その二つの版本の書き手は同一人物であるとも考えられなくはない。使用している異体字も極めてよく似通っている。

また、両者の語句の異同については、下記に示した例のように、〝叫〟と〝教〟、〝多〟と〝都〟といった漢語史上ではよく見られる混同や、〝莫〟

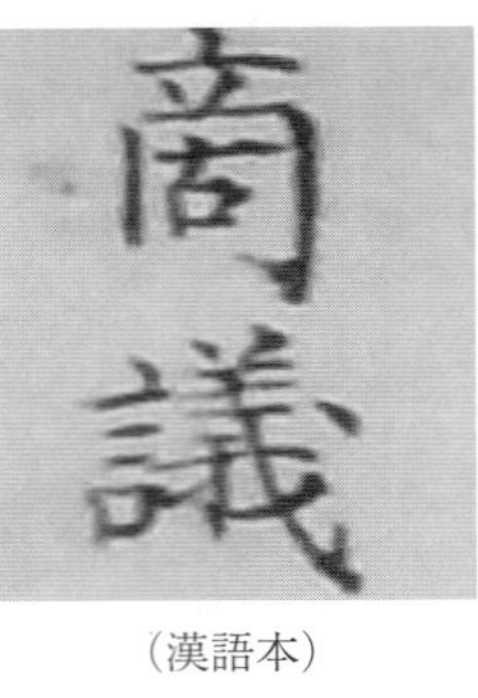
（漢語本）

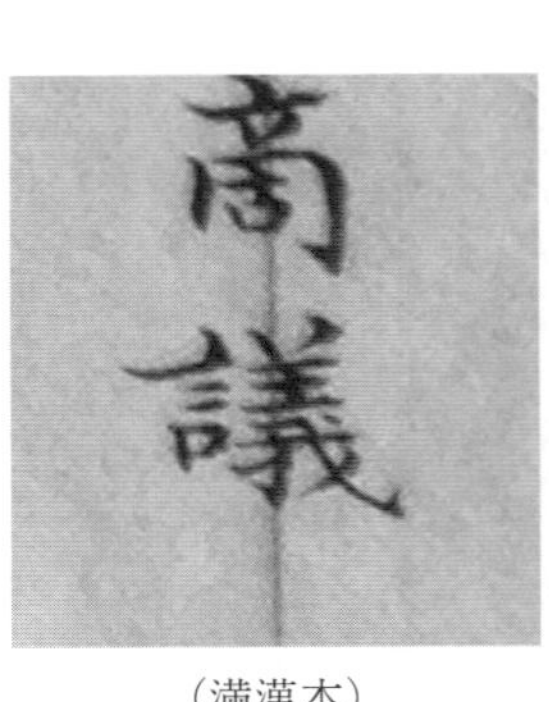
（満漢本）

（漢語本）

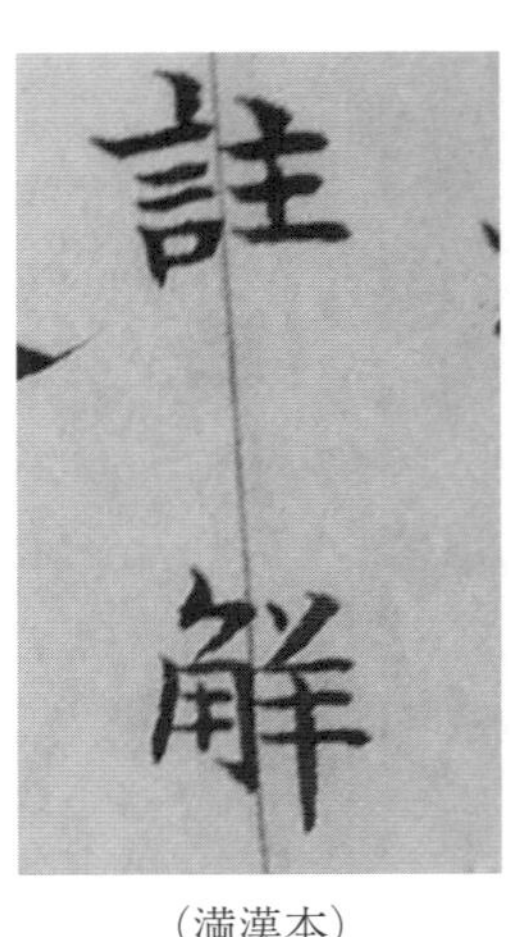
（満漢本）

と〝默〟のような音訳語の違いがしばしば見られるが、総じて言えば、漢語本は満漢本に比べてより正確な漢語と考えられる。

我們望耶耳國各方住的我們的弟兄、城外有的諸祭首、肋未的眾子孫、**叫**他們全到我們這裡、我們一齊把聖櫃挪進日露撒冷。本撒烏耳時、我們不多瞻仰。眾人答應：狠是。他們內沒有一個不服達味的話、故**多**說：狠是。因此達味從厄日多的西**割**耳到厄瑪得邊界、聚了依斯拉耶耳的民、要自加里亞里**莫**挪來陡斯的櫃。達味同依斯拉耶耳後代、上如達斯族地方有的加里亞弟亞里**莫**的山嶺、要拿坐在克魯賓上的主陡斯的櫃、那裡呼天主聖名求旨意。（満漢本 1b, 2a）

我們望耶耳國各方住的我們的弟兄、城外有的諸祭首、肋未的眾子孫、**教**他們全到我們這裡、我們一齊把聖櫃挪進日露撒冷。本撒烏耳時、我們不多瞻仰。眾人答應：狠是。他們內沒有一個不服達味的話、故**都**說：狠是。因此達味從厄日多的西谿耳到厄瑪得邊界、聚了依斯拉耶耳的民。要自加里亞里**默**挪來陡斯的櫃、達味同依斯拉耶耳後代。上**來**如達斯族地方有的加里亞弟亞里**默**的山嶺、要拿坐在克魯賓上的主陡斯的櫃、那裡呼天主聖名求旨意。（漢語本）

こうして見ると、満漢本が先にあり、漢語本は満漢本に基づいて修正が加えられたと考えられる。

ところで、近代漢語史上、モンゴル語、満洲語、朝鮮語など異民族の言語の影響を受けた漢語が存在した。例えば、『元典章』『元朝秘史』『元版孝經直階』『朴通事』『老乞大』『清文指要』『清文啓蒙』などにはこうした事例が多く存在し、こうした言語は「漢児言語」[48]あるいは「蒙文直訳体」[49]と呼ばれている。「漢児」とは異民族支配下の「漢人」(あるいは異民族支配下の漢族を含む各民族)を指し、「漢児言語」とはすなわちそうした「漢人」の使用する異民族(主にアルタイ語系の民族、たとえばモンゴル族、満洲族)の言語の影響を受けた漢語のことである。また、「蒙文直訳体」とは、元代の訳官が漢語固有の文法法則や用語の習慣を無視して、モンゴル語の公文書を機械的に翻訳して漢語とした文体のことである。前者は一般的には口語であり、後者は書面語である。川澄哲夫[50]ではこの二種を合わせて「擬蒙漢語」と呼んでいるが、一種の「クレオール語」(Creole)と言うこともできる。

その言語の特徴は以下のようである。

①SOVの語順

一兩或一錢偷了來的拿住呵。(=拿住偷了一兩或一錢來的)

百姓每女孩兒與了有。(=百姓們給女孩兒了)

心裏一般愛有。(=心裏一般有愛)

②後置成分の使用が多い

大醫根底重重的報酬也。(=給大醫重重的報酬)

兒子每行疾快喚覺起來。(=把兒子們快喚覺起來)

我一個肚皮裏生的。(=從我的一個肚皮生的)

使臣每攪擾的上頭、交百姓生受有。(因為使臣們攪擾、叫百姓受苦)

為那上頭、(=因為那個)

③特殊な句末助詞の使用

官人每的言語是有。(=官人們的語言對的)

我的生日二月初六日有。(=我的生日是二月初六日)

是漢兒人有。(=是漢兒人)

(この文末の〝有〟は日本語の文末の「ある」に似たもの)

④その他

你在這裡作生意有多少年的功夫嗎?(『你呢貴姓』)

家有多少天的地嗎?(同上)

(アルタイ語では「どれくらい」という疑問詞と「か」という文末助詞は共起可能)

では『古新聖經』満漢本はどうなっているかである。以下に漢語本との差異について簡単に触れておく。

(1)

elemangga žet ba i obededom i boo de benehe.
反　熱得　所　的　阿柏得多莫　的　家裏　運送
逆に　ザドの所　の　オベデエドム　の　家に　送らせ

(逆にザドにあるオベデエドムの家に送らせた)

反送到熱得家裡阿柏得多莫(満漢本、第13章)

反送到熱得的阿栢得多默家裡(漢語本)

ここでは、満漢本では元の満洲語とは訳がずれている。つまり、満洲語ではザドの家ではなくアベデエドムの家であるのに、満漢本ではザドのいえになっている。ここでは漢語本が正確である。

(2)

daweit fafulame ere jergi ūren be yooni dejibu sehe.

達味　傳軍令這　些　　像　把　全部　燒掉　說
ダビデ　命令していう　この　種類の　像　を　全部　焼き払え　言う
（ダビデは軍令を出して、これらの像を全て焼き払えと命じた）
達味全命燒那些像斐里斯定的兵（滿漢本、第14章）
達味命全燒那些像斐里斯定的兵（漢語本）

ここでも、滿漢本では「全て」の訳には問題がある。漢語本が満州語の原文に近い。

（3）
abkai ejen i hūwaliyasun doroi guise be tukiyere leweida sa
天　主的　和睦　　禮儀的櫃　把　肩抬　　肋未頭目們
肩抬和主和睦結約櫃的肋未子孫（滿漢本、第15章）
肩抬天主和睦結約櫃的肋未子孫（漢語本）

ここでは、滿漢本では「天」を書き間違えているが、漢語本は性格に訳されている。

いずれにせよ、滿漢本と漢語本についての全体的な対照は完了しておらず、今のところ、『古新聖經』の言語が満州語の影響を受けているか否かについての結論は俄には下しがたい状況にある。しかしながら、滿漢本では、元代のいわゆる「擬蒙漢語」ほど満州語の影響は受けていないように思われる。つまり「滿（清）文直訳体」のような文体は存在しないと考えられるのである。なぜなら、清代の満洲人の漢語はすでに相当程度「漢化」が進んでいたと考えられるからである。また、滿漢本と漢語本の成立の前後の関係については、やはり、先に満漢本があって、漢語本は満漢本の基礎の上に修正が加えられたと見るべきであろう。漢語本が明らかに漢語として自然であるからである。二つの版本についての詳しい研究は今後の課題である。

注

（1）William Milne,A Retrospect of the First Ten Years of the Protestant Mission to China (Malacca:Anglo-Chinese Press, 1820), pp. 89-93.『聖喩廣訓』とプロテスタント宣教師との関係については、廖振旺「「萬歳爺意思說」―試論十九世紀來華新教傳教士對聖喩廣訓的出版認識」『漢學研究』第26巻第3期（2008年9月）、225-262頁を参照のこと。

（2）王又僕の自伝には『聖喩廣訓衍』について一言も触れておらず、この書物はすでに出版されてはいたが重視していないかのようである。王又僕『介山自定年譜』（『叢書集成續編』台北：新文豐出版公司、1991年）261：266-281を参照のこと。コロンの前の数字は冊数又は巻数等を、コロンの後の数字は頁数を示す。以下同じ。

（3）例を挙げると、明末の官あるいは民間は明太祖の聖喩のために編纂した『聖喩六言解』は、善書でもって世に知れ渡っていた。陳長卿編輯『勸戒全書』（明崇禎14年（1641）序刊本、日本公文書館内閣文庫蔵）3：14a-32a。

（4）ローチャの翻訳に『誦念珠規程』（1620？）、徐光啓の編纂には『造物主垂象畧說』（1615）、ポワロの翻訳には未完の『古新聖經』がある。『誦念珠規程』の図像部分はナダル（Jerónimo Nadal, 1507-1580）編訳の『福音故事圖集』（Evangelicae Historicae Imagines）に基づいており、文字部分はおそらくはロアルテ（Gaspar de Lorte, 1498-1578）とボルハ（St.Francis Borgia, 1510-1572）の二人のイエズス会士の念珠十五端祈祷書に基づいている。二氏の作については、陳慧宏「耶穌會士的羅馬聖母聖像：中國初期的聖母流傳與相關議題」（執筆中）から多くを得た。ナダルの作は1593年にアントワープで出版された。ナダルの原画とローチャの図像については P. PASQUALE M. D'ELIA S. I「LE ORIGINI DELL' ARTE CRISTIANA CINESE（1583-1640）」（ROMA REALE ACCADEMIA D'ITALIA, 1939）がある。詳しくは内田慶市・柏木治編訳『東西文化の翻訳「製造画」における中国同化のみちすじ』（関西大学出版部，２０１２）を参照のこと。曲藝「適應與堅持：由念珠規程中的建築物解析17世紀耶穌會傳教策略」『史論空間』第270期（２０１５年１月）85-87頁。『造物主垂象畧說』は徐光啓がマテオ・リッチ『天主實義』の幾らかの論点をまとめたものであり、原文を白話文の文体に翻訳した作品であり、ある種の教理問答であると見なしうる。徐氏のこの書は、中国では有史以来儒家の「直解」あるいは「廣訓」形式の書籍のほかに、もっとも早くに官話の工具書として刊行された少数の長編の「議論文」のひとつである。李天綱『跨文化的詮釋：經學與神學的相遇』（北京：新星出版社、２００７年）195-208頁参照。ほかに、徐光啓『徐光啓全集』（上海：上海古籍出版社、２０１２年）９：380-385。「教理問答」の各種形式については、Bernard L.Marthaler, The Catechism Yesterday and Today: The Evolition of a Genre（Collegeville: The Liturgical Press, 1995）、pp. 9-162. を参照のこと。ポワロの翻訳については、次の論文または李奭學「近代白話文・宗教啟蒙・耶穌會傳統―試窺賀清泰及所譯古新聖經的語言問題」中國文哲研究集刊（２０１３年３月）、51-108頁、および李「談天說地論神人：從古新聖經化成之經前二篇看賀清泰的解經學」、『學術月刊』第48巻（２０１６年６月）、173-184頁。いずれ李著『明清西學六論』（杭州：浙江大學出版社、２０１６）、178-278頁も参照のこと。

（５）Louis Pfister, *Notices biographiques et bibliographiques sur les Jésuites de L'ancinne mission de Chine, 1552-1773*（Shanghai: Imprimerie de la Mission Catholique, 1932-1934）、v. 2, pp. 966-967.

（６）ポワロ翻訳満文『聖書』については、Erling von Mende, Probles in Translating the Bible into Manchu: Observations on Louis Poirot's Old Testament, in Stephen Batalden, Kathleen Cann, and John Dean, eds., *Sowing the World: The Cultual Impact of the British and Foreign Bible Society, 1804-2004*, ed.（Sheffield: Sheffield Phoenix Press, 2004）、pp. 149-168. 最新の研究は余雅婷『古新聖經の研究』（関西大学東アジア文化研究科博士論文、２０１７）、36-68頁。

（７）学界ではポワロは１７９０年に『古新聖經』を漢語訳し始めたはずであると考えられている。その根拠はパンヅィ（Joseph Panzi, 1733-1821）の手紙に、乾隆55年にポワロが満文の『聖書』を完成したので、引き続き中漢訳に着手したと書かれていることによる。Louis Aloys Pfister, *Notices biographiques et bibliographiques sur les Jésuites de L'ancinne mission de Chine, 1552-1773*（Shanghai: Imprimerie de la Mission Catholique, 1932-1934）, v. 2:969 の他、von Mende, "Problems in Translating the Bible into Manchu: Obsevations on Louis Poirot's Old Testament," p. 151 も参照のこと。

（８）現代活字版は、李奭學、鄭海娟主編『古新聖經殘稿』９冊（北京：中華書局、２０１４）以下、『古新聖經』を引用する場合は、現代版に基づき、『殘稿』の略称を用いる。冊数と頁数は文中に付記する。

（９）アレニ「萬日略經說」は、『天主降生言行紀略』（鐘鳴旦等編『耶穌會落馬檔案館明清天主教文獻』12冊（台北：利氏学社、２００２年）４：23）を参照のこと。

（10）例は、作者不詳『古新聖經問答』、涂宗校訂、同治年版（天津：天津社会科学院出版社、１９９２）。本書は白話で書かれており、しかもかなり美しい白話であり、中国人によって書かれたことは明らかだが、たとえば「地堂」のような名詞を見ると、ポワロの影響を受けた可能性もある。ディアスは引用も自ら「古教」「新教」を用いているところも非常に多いが、これらの言葉は信徒聖ヨハネのいう「モーセは古教（ユダヤ教）を広め、我が主はその真実の教えを確立した」ということであるが、この語はもともと聖パウロのいう「天主は予言者や聖人に啓示し、人々に知らしめるようにした。後に聖人の口から直接私に語られた」ことに端を発している。ディアス訳『聖經直解』、呉相湘編『天主教東傳文獻三編』６冊（台北：台湾学生書局、１９７２）、４：1560。聖ヨハネの話は『ヨハネによる福音書』、１：17、聖パウロの言葉は「ヘブライ人への手紙」１：17より。他に『天主東傳文獻三編』、４：1558-1559 および 1561-1566。

（11）研究によると、16世紀に入っても、ベラルミーノ（Robert Bellarmine, 1542-1621）の *Der verbo Dei*, 1586 は依然として『聖書』が唯一の信仰の拠りどころとなる書物ではけっしてないという考えが維持されていた。莊心怡『耶穌會的再適應―「中華帝國志」中的儒學形象』（新北：稻香出版社、２００４）、41-42頁。

（12）アレニ「萬日略經說」、『天主降生言行紀略』、鐘鳴旦等編『耶穌會羅馬檔案館明清天主教文獻』、４：29。

（13）殷弘諸『訓慰神編』（１７３０）、中国宗教歴史文献集成編纂委員会編纂『中國宗教歴史文獻集成・東傳福音』（合肥：黄山書社、２００５年）、３：91-124。

（14）St.Jerome, "To Eustochium," in *Nicene and Post-Nicene Fathers: Jerome: Letters and Selected Works*,ed.Philip Schaff and Henry Wace（Peabody:Hendrickson, 1995）、p. 35. ヒエロニムスとエウストキウムとの友情は、J.N.D.Kelly, *Jerome: His Life, Writings, and Controversies*（London:Duckworth, 1975）, pp. 99-103.「ヒエロニムスの夢」が出現した時期に関しては、Neil Adkin, "The Date of the Dream of Saint Jerome," *Studi Classici e Orientali* 43（1993）: 263-273. この夢の前後にヒエロニムスの『舊約』に対する態度は変わらなかった。Neil Adkin, "Jerome's Use of Scripture Before and After His Dream," *Illinois Classical Studies* 20（1995）: 183-190.

（15）ポワロの言葉は、天主会の「沈黙のまま各国の人心を動かし、現地の言語を訳出する」である。ポワロ「再序」、『残稿』1：一。『聖書』翻訳は、天主の意によって心が動かされることである、という論は、天主教においてはよく見られる論である。李奭學『經史子集 - 翻譯文學與文化評論』（台北：聯合文學出版公司、2005）、10-12頁。しかし、『聖書』翻訳史上、宗教戦争や解釈の違いにより、原文に手を加えた訳文は、よく見られる。Harry Freedman, *The Murderous of History of Bible Translations: Power, Conflict, and the Quest for Meaning*（New York and London: Bloomsbury Press, 2016）pp. 69-153.

（16）Walter Benjamin, "The Task of the Translator," in Marcus Bullock and Michael W.Jennings, eds. *Walter Benjamin: Selected Writings, Volume1: 1913-1926*（Cambridge: The Belknap Press of Harvard University Press, 1996）, pp. 253-263; および Benjamin, "On Language as Such and on the Language of Man," in bullock and Jennings, eds., *Walter Benjamin:Selected Writings, Vplume1: 1913-1926*, pp. 62-74.

（17）W.E.Plater and H.J.White, *A Grammar of the Vulgate.Being an Introduction of the Latinity of the Vulgate Bible*（Oxford: Clarendon Press, 1926）, pp. 1-10.

（18）宗廷虎・袁暉『漢語修辞学史』（北京：北大出版社、1990）、201-202頁参照のこと。菊池大麓の訳語に関しては、菊池が翻訳した『百科全書・修辞及び華文』（東京：文部省、1879）を参照のこと。この書は菊池がイギリス人 William Chambers（1800-1883）と Robert Chambers の *Chamber's Encyclopedia*（1859-1868）の中の "Rhetoric and Bells Letters" の部分を翻訳したものである。Francisco Furtado, S.J, 1587-1653）と李之藻が共同で『明理探』を訳した時、すでに「文法」という語で「修辞」を指していた。こんにちの意味の「文法」は、彼らはラテン語から「額勒瑪第加」と音訳した。Francisco Furtado「訳義」、李之藻「達辞」『明理探』、2冊（台北、台湾商務印書館、1965）、1：7。

（19）St.Augustine, *On Christine Doctrine*, trans.D.W.Robertson,（New York: Macmillan, 1958）, IV. xii. 27.

（20）ヴァロは第二型の話し方はとりわけ「天主の道」（la palabra de Dios）を広めるのに適していると考えていた。この点は「話し方の第三型」等は、W.South Coblin and Joseph A.Levi.trans., *Francisco Varo's Grammar of the Mantarin Language*（1703）: *An English Translation of 'Arte de la lengua Mandarina,'*（Amsterdam and Philadelphia: John Benjamins, 2000）、pp. 17-19。李奭學「白話文」、王德威、宋明煒共編『五四／100』（2019年聯經出版公司から出版予定）を参照のこと。『聖書』の漢語訳と修辞、文体との関係については、鄭海娟「聖經漢譯與修辭三體」『聖經文學研究』第9輯（2014年8月）、163-180頁を参照のこと。

（21）Cf.Floroan Coulmas, *The Writing Systems of the World*（Oxford: Basil Blackwell, 1989）, pp. 91-110.

（22）鄭海娟「文本之網—『古新聖經』與前後代『聖經』漢譯本之關係」『清華中文學報』第11期（2014年6月）、261-279頁。

（23）李奭學「白話文」、王德威、宋明煒共編『五四／100』（2019年聯經出版公司から出版予定）を参照のこと。『聖書』の漢語訳と修辞、文体との関係については、鄭海娟「聖經漢譯與修辭三體」『聖經文學研究』第9輯（2014年8月）、163-180頁を参照のこと。

（24）楊靖筠『北京天主教史』（北京：宗教文化出版社、2009）、84頁。

（25）Stephen Batalden, et al., eds., *Sowing the World*, p. 152n2.

（26）ポワロの描いた海青や賁鹿は、台北と北京故宮博物院のいずれも所蔵しているが、以下のウェブサイトを参照。https://www.google.com.tw/search?q=%E8%B3%80%E6%B8%85%E6%B3%B0&tbm=isch&tbo=u&source=univ&sa=X&ved=2ahUKEwjVqovH4OncAhUpi1QKHQDpAKwQsAR6BAgFEAE&biw=497&bih=237#imgrc=uW7t-bkDM9zfSM

（27）上述の例外とは、1596年10月30日にドイツ語とボヘミア語による聖書の刊行を、

1598年6月13日にポーランド語訳の印刷を、1612年にハンガリー語訳を許可したことである。これらの例外の目的はすべてキリスト教勢力の拡大を抑止することにあった。ポワロ訳禁令等伝信部の裁決に関しては、N.Kowalsky. "Die Sacra Congregatio 'de Propaganda Fide' und die Übersetzung der Hl.Schrift." in *Die Heilige Schrift in den katholischen Missionen*, ed.J.Becknamn (Schöneck-Beckenried: Neue Zeitschrift für Missionswissenschaft, 1996), pp. 26-30を参照のこと。

(28)「圖書館」という語は明治以降に日本から中国に伝えられた名詞であるが、北堂の蔵書はおそらく雍正3年(1725)に始まり、1860年頃に北京の東、西、南の三堂の蔵書を合わせてひとつの館として成立し、最終的にはアメリカのロックフェラー基金の資金的援助を得て、1938年に整理、目録作成が始まった。詳細は、方豪「北平北堂圖書館小史」『圖書月刊』第3巻第2期(1944)、83-87頁。他に、雷強「北堂善本書目的編撰過程」『文匯報・文匯学人』(2016年7月15日)第13-14版。

(29)上海徐家匯蔵書楼所蔵の清写本は、注8に挙げた現代活字版以外に、鐘鳴旦、杜鼎克、王仁芳編『徐家匯蔵書樓明清天主教文獻續編』(台北:台北利氏學社2013)、第28第34冊がある。

(30)中国国家図書館の蔵書には二種ある。ポワロの「『聖經』序」、「再序」および『仁成之経』が一冊に収められ、『聖經』と題されている。検索番号は138843である。もう一冊は『聖保祿論羅馬教友的書扎』と題され、一函三冊、収録されている経巻は「聖若望書札」「聖若望默照經」等『新經』の経巻数種であり、検索番号は138594であり、北京図書館蔵書印がある。これらの写本の筆跡は同じであるだけでなく、徐家匯本の形態と酷似しており、おそらく同一時期の写本であると思われるが、北堂の原稿では決してない。『聖保祿論羅馬教友的書扎』の表紙は後の謄写であることが明らかであるが、中身は「羅馬」を「落瑪」と称しており、徐家匯本と一致しており、早期の言葉遣いである。この三冊は現代活字版に収められている。俞冰主編『名家書札墨跡』(北京:線装書局、2007)、第16および第17冊参照のこと。

(31)例えば「虛」は北堂本では「虗」、徐家匯本では「虗」、また例えば「寶」は北堂本では「寶」、徐家匯本では「寳」に作る。

(32)H.Verhaeren, "Historical Sketch of the Peit'ang Library," in his ed., *Catalogue of the Pei-t'ang Library* (Peking: Lazarist Mission Press, 1949), pp.xxii-xxvi. 他に柳若梅「19世紀葡萄牙天主教在華遺留財産與俄羅斯東正教駐北京使館」『行政』第25巻総第95期(2012年)109-121頁、および蕭玉秋『俄國傳教團與清代中俄文化交流』(天津:天津人民出版社、2009)、183頁。

(33)アレグラが思高本『聖經』を完成した大筋の経緯は、Arnulf Camps, "Father Gabriele M.Allegra, O.F.M. (1907-1976) and the Stadium Biblicaum Franciscanum: The First Complete Chinese Catholic Translation of the Bible," in Eber, et al., eds., *Bible in Modern China: The Literary and Intellectual Impact*, pp. 55-76.

(34)Serafino M.Gozzo, ed., "*Memorie*" *Autobiografiche del P.Gabriele M.Allegra, O.F.M.: Missionario in Cina* (Roma: Np., 1986), p.108. この書は以下*Memorie*と略称する。原文が世に出てから年を隔てて、韓承良が翻訳の命を受け、訳された。アレグラ著、韓承良訳『雷永明神父回憶錄』(香港:思高聖經學會出版社、2001)、112頁。韓訳は以下『回憶録』と略称する。引用頁を適宜加える。

(35)Serafino M. Gozzo, ed., "*Memorie*" *Autobiografiche del P.Gabriele M. Allegra O.F.M: Missionario in Cina* (Roma: Np., 1986). この書物を私は香港思高聖經學會の楊炎修二の助けで得ることができた。ここに深く感謝いたします。

(36)マーフィと輔仁大学との関係は、柯博識「聖言會於1933年接辦北京輔仁大學之紀實」輔仁大学「學風與傳統學術研討會會議手册」(2005年12月7日)、69頁。他に『回憶録』91-92頁、*Memorie*, pp. 92-93を参照のこと。

(37)もっとも完全な「衆王經・巻二」残稿によると、北堂本の頁番号の方式と徐家匯本は同じで、どちらも版本の現代の頁番号の方式に基づいており、数字の他に、正反2ページをa, bで示す方式で編集している。

(38)巻数にせよあるいはその内容にせよ思高本『聖經』は『古新聖經』に近似している箇所が非常に多い。しかし、思高本は絶えず修正されながら伝わってきたことは確かであり、アレグラひとりによる手稿本ではない。陳培佳、霍桂泉「修訂思高聖經譯文的經歷」『神思』第89期(2011年5月)、51-60頁を参照のこと。他に、Raissa de Gruttola, "The First Catholic in Chinese: Gabriele Allegra and His Translation," International Journal of Area Studies 10:1 (2015): 5-23. ただし、Grurrolaの文は、思高本『聖經』と北堂本『古新聖經』の淵源では少しも触れられていない。この点は、鄭海娟「文本之網－『古新聖經』與前後代『聖經』漢譯本之關係」279-286頁を参考のこと。

(39) 英千里がイギリスから書き送った『四史攸編』は、現在香港思高聖経学会の図書室に完全に保存されている。この書写本は背表紙に説明のメモが付されており、英語で「攸編」の内容が明記されている以外に、バセが１７００年頃に翻訳したという指摘がある。表紙にはアレグラのラテン文字の筆跡があり、英千里（Ignatius Ying）が１９３８年に書写した、と記されている。英千里は当時ロンドン大学で学んでいた。『回憶録』92頁、*Memorie*, p. 92にはまた、Sloan Manuscriptは彼が書写したものである、とも明記されている。

(40) Toshikazu S. Foley, "Four-character Set Phrases: A Study of Their Use in the Catholic and Eastern-Orthodox Version of the Chinese New Testment," *Hong Kong Journal of Catholic Studies* 2, p. 79n45. 他に蔡錦圖「天主教中文聖經翻譯的歷史和版本」『天主教研究學報』第2期43頁。

(41) 「第二次傳法度經」には北堂原稿の表紙が1枚付いており、その数も加えている。ただし、冊子の中に二種類の48頁が含まれており、第一種は47頁と完全に一致し、言い換えれば、内1枚は内容が同じだということであるが、頁数がそれぞれに付されている。このため、内容で計算したら実際には69枚ということになる。

(42) 方豪「明清間譯著底本的發現和研究」、『方豪六十自訂稿』2冊（台北：私家版、１９６９）、1:58を参照。他に「北堂圖書館藏書志」『方豪六十自訂稿』、2:1833。

(43) 趙大瑩「北堂圖書館藏書的分流（１９５８年以後）」『國際漢學研究通訊』第12期（２０１６年6月）、203-225頁。

(44) 内田慶市「馬禮遜參照的漢譯聖書―新發現的白日昇譯新約聖經稿本」『自上帝說漢語以來―《和合本》聖經九十年』（謝品然、曾慶豹合編、ＣＡＢＳＡ研道社、２０１０）および「白日升漢譯聖經攷」（『東アジア文化交渉研究』第5号、２０１２）。

(45) 李奭學「近代白話文宗教啟蒙耶穌會傳統―試窺賀清泰及其所譯《古新聖經》的語言問題」（『中央研究院中國文哲研究集刊』第42期、２０１３）。

(46) 費賴之（馮承鈞譯）『在華耶穌會士列傳及書目（上下）』中華書局、１９９５。

(47) 金東昭「東洋文庫藏現存滿文聖經稿本介紹」『滿族研究』第4期、２００１。

(48) 太田辰夫「漢兒言語について」『神戸外大論叢』5-3、１９５４。

(49) 亦鄰真「元代硬譯公牘文體」『元史論叢』第一輯、１９８２。

(50) 川澄哲也「元代の「擬蒙漢語」と現代の青海・甘粛方言」『京都大学言語学研究』vol. 2, 2003.

翻字凡例

1　本書で言う「北堂本」とは雷永明神父によって撮影された北京「北堂図書館」所蔵の『古新聖經』稿本写真のことを指す。現在、残されているのは「救出之經」「數目經」「第二次傳法度經」「衆王經・巻二」「衆王經・巻三」の合計309枚である。

2　本書で言う「満漢本」とは、ロシア科学アケデミー、サンクト・ペテルブルク東方文献研究所所蔵の『古新聖經』の『如達國眾王經尾增的總綱・巻一』を指す。本抄本は満漢合璧本で総101頁。

3　本書で言う「徐匯本」とは、上海徐家匯蔵書楼所蔵の『古新聖經』抄本を指す、現在、北京中華書局から『古新聖經殘稿』全九巻（２０１４）として拝印本が出版されている。

4　本書の「北堂本」と「満漢本」の翻字に当たっては、「徐匯本」も参考にした。また、それぞれの元の形を保持するために、異体字は全てそのまま残してある、正字と異体字の判別は中華民国教育部『異体字字典』のウェブサイトのフォントを基準とした。

5　「北堂本」の欠ページは「徐家匯本」をもって補った。補った「徐匯本」のテキストは慣例に従い英字の［　］で示してある。たとえば、「[還憑據的殿［與］祭台中間放銅缸【缸】, 裝] 滿（滿）了水。」のように。

6　「北堂本」の翻字は写真通りに改行し、特に「前の行に続く」とは示していない。

7　「徐匯本」の「聖經之序」にならい、テキストの右側の線はそれぞれ「人名は一重線、場所、樹木、器物などは二重線、邪神は三本線、天神は圏点」という意味を持つ。

8　それぞれの異体字に対応する正字は抄本の「巻」を一つの範囲とし、それぞれの巻に初めて出現した時は丸括弧で異体字の後ろに示す。たとえば、鮮（解）、児（兒）、黄（黃）のように。2回目以降は正字を付さない。

9　「北堂本」「満漢本」の字の誤りは、本書では前後の文脈から判断し、その字の後ろに、【　】で正しい字を示す。たとえば、「把我們眾人從厄日多國教【救】出來；主陡斯進去瞧天下萬萬支泒【派】；反倒按他【你】主陡斯賞恩得的物件獻一分；告訢【訴】他就是厄里亞默的女孩。」のように。なお、2回目以降も同様である。

10　「北堂本」「満漢本」の中の乾嘉時代の俗語あるいは用字は、本書では誤りとか通用字と見なして修正することはせずに、そのまま正字として保留する。たとえば、「他們族的人説的狠是；把不得眾民都説未來的事；我們能穀呑他們如呑饅頭一樣；如同頑耍的小人們一樣。」

11　通用字と正字をも兼ねる異体字は、異体字と同じ処理とする。たとえば、体（體）、寔（實）、听（聽）、証（證）、晏（宴）。ただし、2回目以降は正字を付さない。

12 訳文が通じない所は、本書では［ ］で字を付け加え、〔 〕で削字を示す。たとえば、「他自己［當］我們〔當〕面；你［每族］挑選〔每族〕一個頭等的人；民人們〔到甚麼時候〕要得罪我到甚麼時候，不信我［到什麼時候］；小心不要忘了〔他〕［在你們城內的肋末人］，因，為［他在］你們的產業內没有別的分兒。」しかし、何とか意味が通れば、元の訳はできる限り残してある。

13 人名、地名、事物名は異なる訳名や同音異字がある場合、その訳の初出の所で丸括弧で説明する。例えば、「正約亞伯同亞必賽（亦譯：亞伯賽）追趕亞伯奈耳的時候；一共在熱德（亦譯：熱得）地方同亞既斯住；要做「法則」（亦譯：「發則」）的瞻禮；夜裡露水在兵營盤下的時候，「慢」（亦譯：「瑪那」）也下來。」のように。ただし2回目以降には説明を加えない。

14 例えば次の通りである。「第七年『如必肋阿』的教理他們不能復得（希伯來文「禧年」的音譯）；各家正『法則』瞻禮那一天（希伯來文「逾越節」的音譯）；把起火的那個地方取名叫『焚燒』；上頭又鋪素『夏新多』顏色的襌子。」

15 抄本中の注釈数字の㊀㊁㊂は、本書では①②③と表す。その符号は句読点の前に置き、注解は抄本ごとに各篇の末に置く。ただし、各項目は独立させ、続けて段落とはしない。

16 点校の過程で解釈の必要な固有名詞や経文がある場合には、本書では別に校注を加える。校注は星印で示し、注文はそのページの正文の後ろに置く。

『古新聖經』北堂本

（香港思高『聖經』學會藏雷永明攝）

救出之經

［寫真1a–96a缺］

［……］

［補缺］

本來第二年的正月初一，搭了聖殿。每瑟立了那個，對準板片，底下放磉礅，插棍子，安柱子，鋪上殿的幔帳，照天主的旨意做了頂子。將憑據①收藏在櫃子裡，櫃子下頭插了棍子，把降旨意的「慈憐」放在上頭。聖櫃挪到殿裡後，要合天主的旨意，前頭掛上幔帳。憑據殿的北邊，幔帳外頭放上棹子，擺設該當供獻的饅頭。天主原這樣分付每瑟。憑據殿的裡頭，桌子對面南邊放燈台、燈盞，挨次序，照天主的旨意預備了。又把金祭台對著幔帳，放在憑據頂子底下。隨即祭台上燒香料的乳香，天主這樣分付過每瑟。憑據殿門上掛了幔帳，再者憑據殿前頭放了全祭的祭台，照天主的旨意獻全祭祀、樣樣的祭祀。還憑據的殿［與］祭台中間放銅缸【缸】，裝

96b

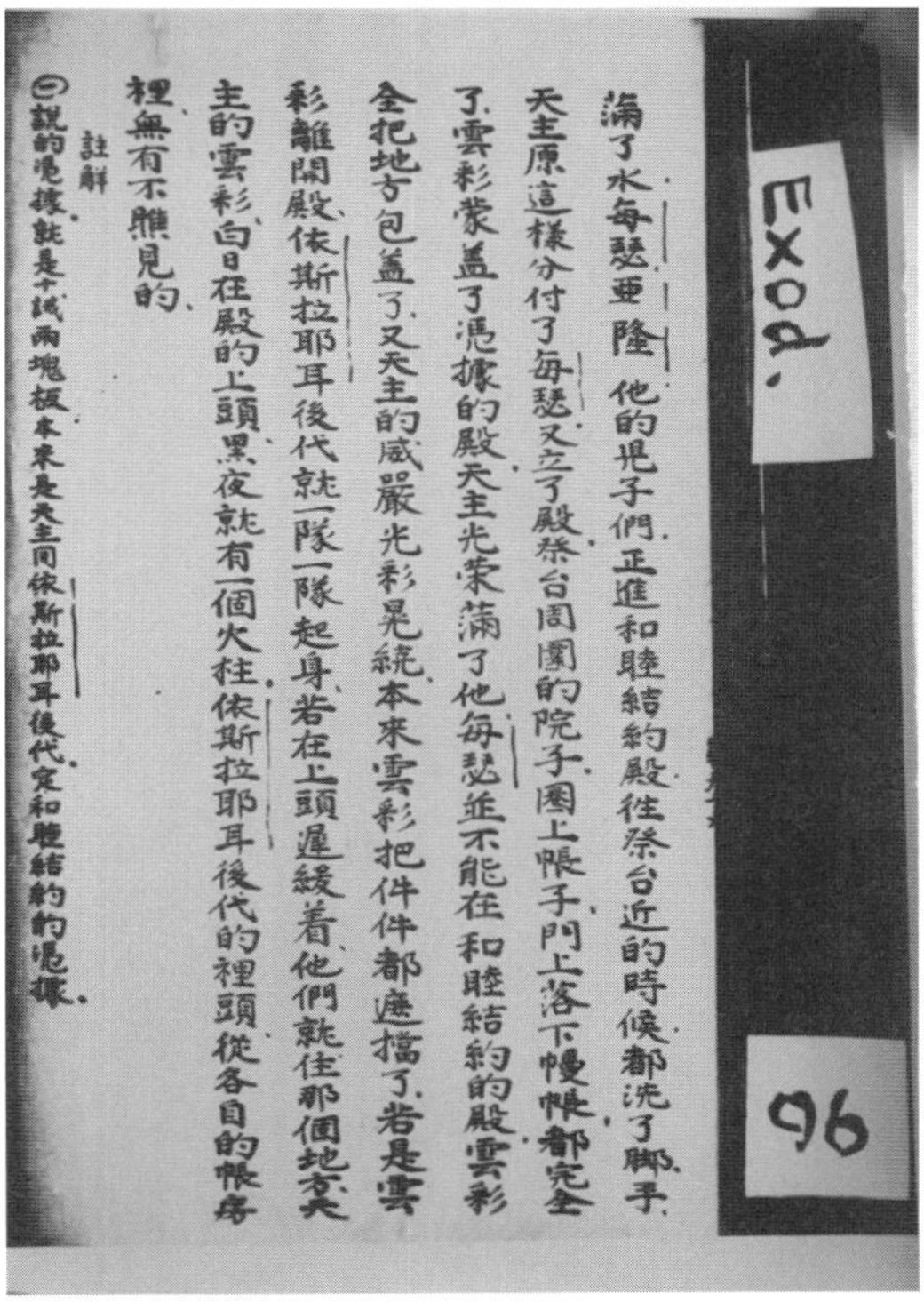

滿(滿)了水，每瑟、亜(亞)隆［和］他的兒(兒)子們正進和睦結(結)約(約)殿，徃(往)祭(祭)台近的時候，都(都)洗了脚(腳)、手，

天主原這樣(樣)分付了每瑟。又立了殿，祭台周圍的院子圈上帳子，門上落下幔帳，［這樣，工程］都完全

了。雲彩(彩)蒙(蒙)盖(蓋)了凴(憑)據(據)的殿，天主光荣(榮)滿了他。每瑟並不能在和睦結約的殿，［因］雲彩

全把地方包盖了。又天主的威嚴(嚴)光彩晃繞(繞)，本來雲彩把件件都遮(遮)擋了。若(若)是(是)雲

彩離開殿，依斯拉耶耳後(後)代就(就)一隊一隊起身；若在上頭遲緩(緩)着(著)，他們就住那個地方。天

主的雲彩白日在殿的上頭，黑夜就有一個火柱，依斯拉耶耳後代的裡(裡)頭，從各自的帳房

裡無有不瞧見的。

註解（解）

①說的「凴據」就是十誡［的］兩塊板，本來是天主同依斯拉耶耳後代定和睦結約的凴據。

數目經

［寫真1a–1b缺］

［補缺］

第一篇

依斯拉耶耳子孫們出了厄日多地方後，第二年二月初一日，天主在西奈意壙野［的］和睦結約殿內，望每瑟說：「你們取依斯拉耶耳會眾人的數目，拉他們族戶的次序又各男子的名字，二十歲以後，凡有強壯男子們都提出來。你、亞隆兩個隨他們的各隊，要紀數，每族戶的首同你們在一塊。族首的名字是這個：路崩的族內是耶里蘇耳——塞得烏耳的兒子；西默翁的族內是撒拉米耶耳——蘇里撒台的兒子；如達斯的族內是那哈松——亞米那大伯的兒子；依撒加耳的族內是那達那耳——蘇娃耳的兒子；匝布隆的族內是耶里亜伯——黑隆的兒子；若瑟甫兒子們裡頭，耶法拉意默的族內是耶里撒瑪——亞米烏得的兒子；瑪那斯的族內是加瑪里耶耳——法達蘇耳的兒子；柏尼亞明的族內是亞遏丹——熱德翁的兒子；旦的族內是亞西耶則耳——亞米撒臺的兒子；亞塞耳的族內是佛詩耶耳——厄加蘭的兒子；加得的族內是耶里亞撒貴——徒耳的兒子；奈費大里的族內是亞喜拉——耶南的兒子。」這是各族戶，眾人尊貴的主子們，也是依斯拉耶耳大群的將軍。

每瑟、亞隆兩個將他們同眾民人二月初一

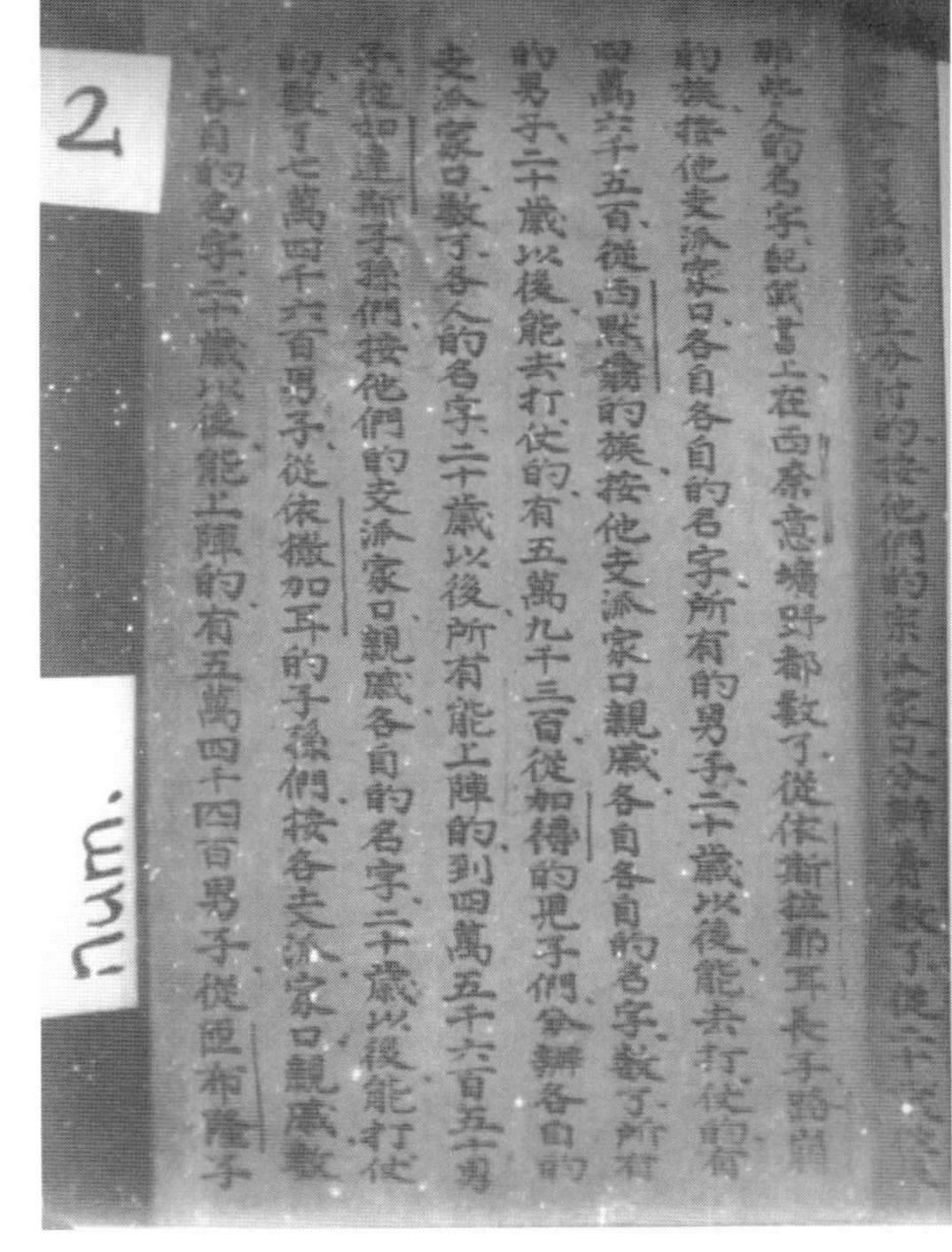

1b 日會(會)齊了後(後)，照(照)天主分付的，按他們的宗派【派】、家口，分辦【辨】着(著)數(數)了，從二十歲(歲)往(往)後

2a 那些人的名字，紀(紀)載(載)[在]書上。在西奈意壙(壙)野都數了。從依斯拉耶耳長子路崩的族(族)，按他支(支)派【派】、家口、各自各自的名字，所有的男子，二十歲以後能去打仗(仗)的，有四萬六千五百。從西默(默)翁(翁)的族，按他支派【派】、家口、親戚、各自各自的名字，數了所有的男子，二十歲以後能去打仗的，有五萬九千三百。從加得(得)的兒(兒)子們，分辦【辨】各自的支派【派】、家口，數了各人的名字，二十歲以後所有能上陣的，到四萬五千六百五十男子。從如達(達)斯子孫們，按他們的支派【派】、家口、親戚、各自的名字，二十歲以後能打仗的，數了七萬四千六百男子。從依撒加耳的子孫們，按各支派【派】、家口、親戚，數了各自的名字，二十歲以後能上陣的，有五萬四千四百男子。從匝布隆子

［寫真2b缺］

［補缺］

孫們，按他們的支派【派】、家口、親戚，數了各自的名字，二十歲以後能上陣的有五萬七千四百男子。從若瑟甫的兒子們——就是耶法拉意默的子孫們，按他們的支派【派】、家口、親戚，數了各自的名字，二十歲以後能打仗去的，有四萬五百男子。從瑪那斯的子孫，按他支派【派】、家口、親戚，數了各自的名字，二十歲以後能打仗的男子有三萬二千二百。從柏尼亞明的子孫，按他支派【派】、家口、親戚，數了各自的名字，二十歲以後能上陣的，有三萬五千四百男子。從旦的子孫，按他支派【派】、家口、親戚，數了各自的名字，二十歲以後能打仗的，

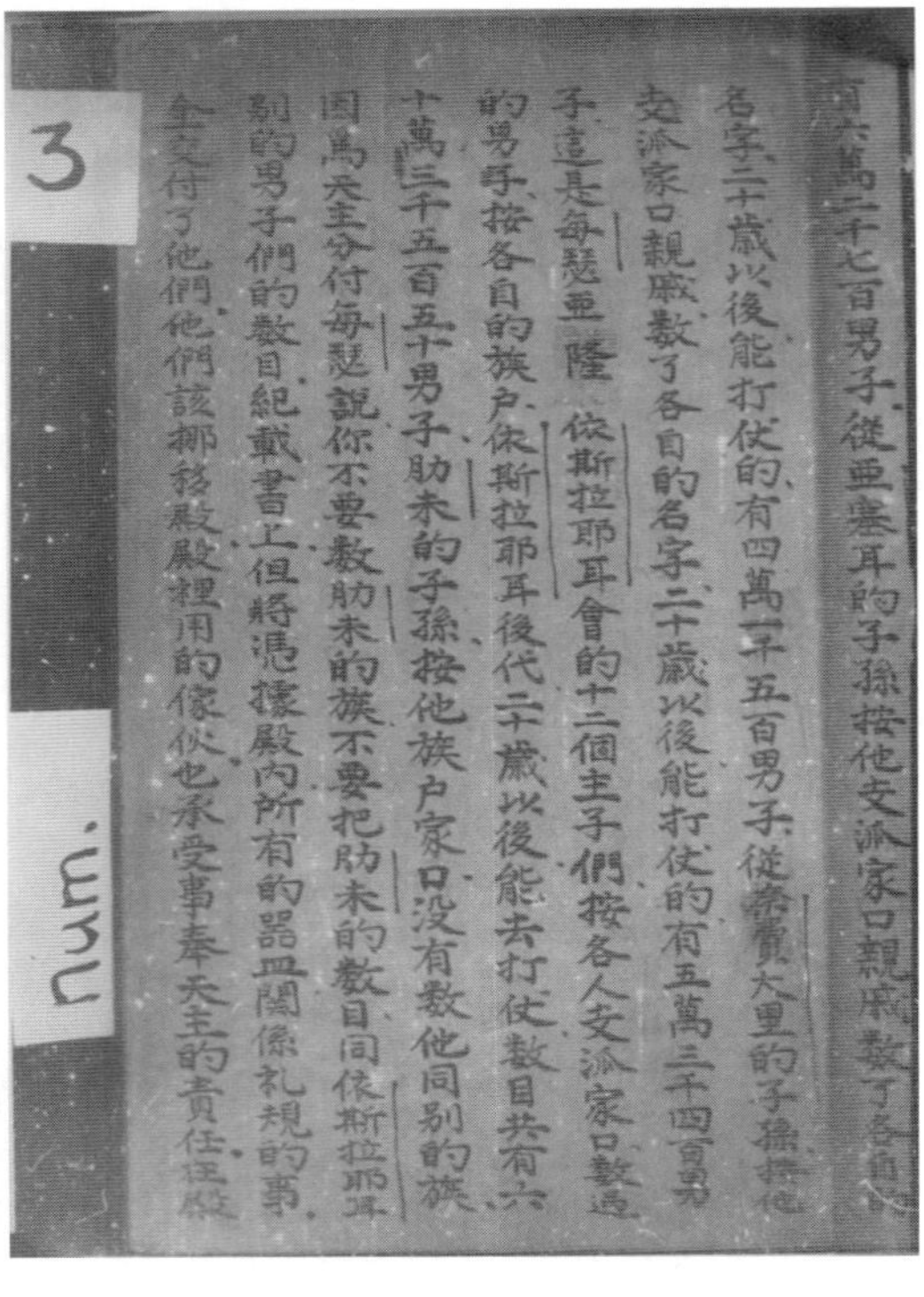

2b 有六萬二千七百男子。從亜(亞)塞耳的子孫，按他支派【派】、家口、親戚，数了各自的

3a 名字，二十歲以後能打仗的，有四萬一千五百男子。從奈貴大里的子孫，按他
支派【派】、家口、親戚，数了各自的名字，二十歲以後能打仗的，有五萬三千四百男
子。這是(是)每瑟、亜隆、依斯拉耶耳會(會)的十二個主子們，按各人支派【派】、家口数
過(過)
的男子。按各自的族戸，依斯拉耶耳後代二十歲以後能去打仗［的］，数目共有六
十萬三千五百五十男子。肋未的子孫，按他族戸、家口，没(沒)有数他同別(別)的族，
因爲(為)天主分付每瑟說：「你不要数肋未的族，不要把肋未的数目，同依斯拉耶耳
別的男子們的数目紀(紀)載書上，但將凴(憑)據(據)殿內(內)所有的噐(器)皿、関(關)係
礼(禮)規的事(事)
全交付了他們。他們該挪移殿、殿裡(裡)用的傢伙，也承受事奉(奉)天主的責任，在殿

[寫真3b缺]

[補缺]

的周圍扎營房。幾時要起身，肋未的子孫拆下殿的架子；幾時要歇住，他們立起殿。若別族各樣的人來幫肋【助】他們，受殺①。依斯拉耶耳的後代，按他本族的隊伍，各自立各人的營盤。論肋未的子孫，殿的周圍支起帳房，為免依斯拉耶耳眾民遭天主義怒，他們也輪流該班，巡夜看守憑據殿②。」天主怎麼分付每瑟，依斯拉耶耳後代也怎麼行了。

註解

①或審事人定他的殺罪，或天主親自除盡他。

②若夜裡別族的人亂進聖殿，手摩殿裡器皿或偷聖物，天主的義怒必定大發，要處治眾民。[為] 防備這樣災禍，肋未的子孫輪流該班，

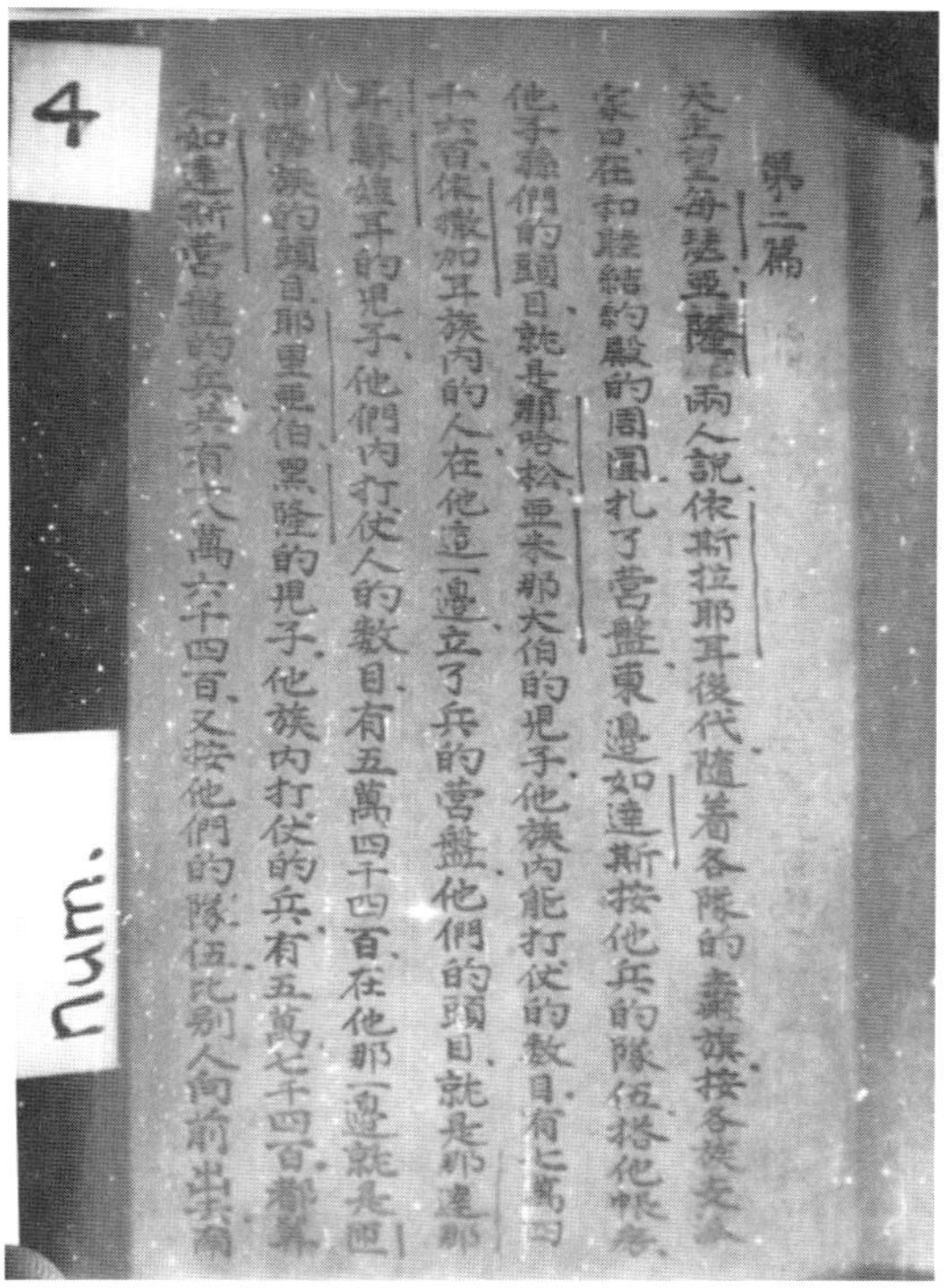

3b 看守聖殿。

4a

第二篇(篇)

天主望(望)每瑟、亞隆兩人說：「依斯拉耶耳後代隨着各隊的纛旗，按各族、支派【派】、家口，在和睦結約殿的周圍扎了営(營)盤。東邊(邊)如達(達)斯，按他兵的隊伍搭(搭)他帳房，

他子孫們的頭目就(就)是那哈松——亞米那大伯的兒子；他族內能打仗的數目有七萬四千六百。依撒加耳族內的人，在他這一邊立了兵的營盤，他們的頭目就是那達那耳——蘇(蘇)娃耳的兒子；他們內打仗人的數目有五萬四千四百。在他那一邊就是匝布隆族的頭目耶里亞伯——黑隆的兒子；他族內打仗的兵有五萬七千四百。[這些] 都筭(算)是如達斯營盤的兵，共有十八萬六千四百；又按他們的隊伍，比別人向前出去。南

[寫真4b缺]

[補缺]

邊路崩子孫的營盤內，頭目是耶里蘇耳——塞得烏耳的兒子；他眾兵的數目有四萬六千五百。西默翁族的子孫在他這一邊搭帳房，他們的頭目就是撒拉米耶耳——蘇里撒台的兒子；他的打仗人的數目有五萬九千三百。在他那一邊，就是加得族內的頭目耶里亞撒費——徒耳的兒子；他眾兵的數目有四萬五千六百五十。[這些]都算是路崩營盤的兵，共有十五萬一千四百五十；又隨著各隊，緊跟著起行。肋未的子孫，一隊一隊盡本分，抬憑據殿。殿怎麼立，也怎麼拆，肋未的子孫按地方次序起身。耶法拉意默子孫的營盤在西邊，他們的頭目是耶里

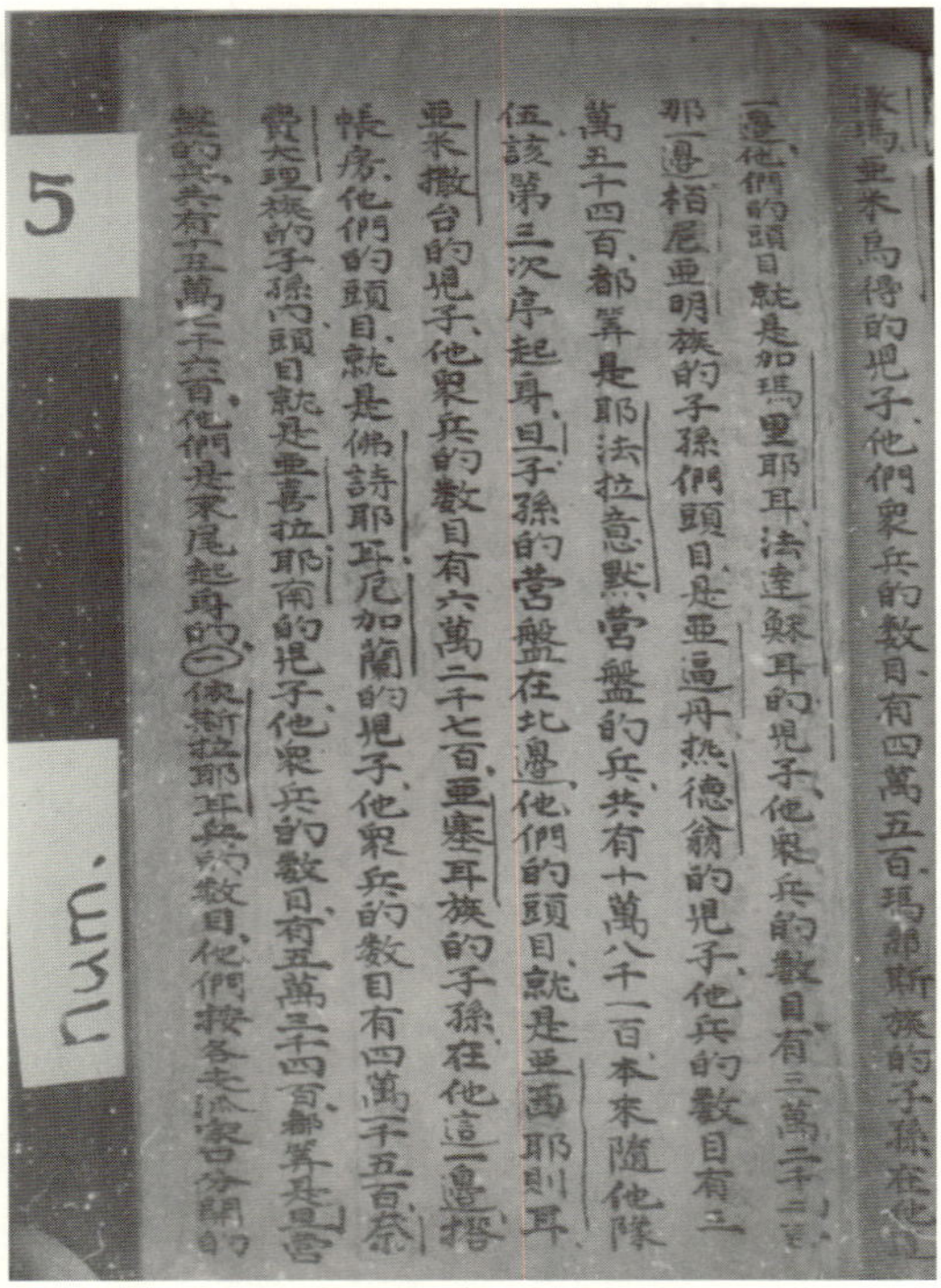

4b 撒瑪——亞米烏得的兒子；他們衆(眾)兵的數目有四萬五百。瑪那斯族的子孫在他這

5a 一邊，他們的頭目就是加瑪里耶耳——法達穌(穌)耳的兒子；他衆兵的數目有三萬二千二百。那一邊，[是]栢(柏)尼亞明族的子孫們，頭目是亞逼丹——热(熱)德(德)翁的兒子；他兵的數目有三萬五千四百。[這些]都筭是耶法拉意默營盤的兵，共有十萬八千一百；本來隨他隊伍，該第三次序起身。旦子孫的營盤在北(北)邊，他們的頭目就是亞西耶則耳——亞米撒台的兒子；他衆兵的數目有六萬二千七百。亞塞耳族的子孫在他這一邊搭(搭)帳房，他們的頭目就是佛詩耶耳——厄加蘭的兒子；他衆兵的數目有四萬一千五百。奈費大理族的子孫內，頭目就是亞喜拉——耶南的兒子；他衆兵的數目有五萬三千四百。[這些]都筭是旦営盤的兵，共有十五萬七千六百，他們是末尾起身的①。」依斯拉耶耳兵的數目，他們按各支派【派】、家口分開的

〔寫真5b缺〕

〔補缺〕

隊伍，共總是六十萬三千五百五十。同依斯拉耶耳後代，沒有數〔了〕肋未的子孫，因為天主命每瑟這樣。天主怎麼樣分付，依斯拉耶耳後代〔照〕樣全行了，一隊一隊扎營盤，又按他們的祖宗、本族、本家起身。

註解

①四方有立的四個大軍的營盤，三族的兵總成一營。因為救世的吾主耶穌，日後要從如達斯的一個童貞孫女，取人性的肉身，故此天主如今貴重如達斯的族，放他在眾族前頭。

第三篇

天主在西奈意山上，望每瑟下旨的時候，亞隆、每瑟的兒子們就是這些。

5b
亜隆兒子們的名字就是這個：他的長子那大伯，接續的次男亜必由、耶肋
6a
亜匝肋、依達瑪耳。這是亜隆兒子們，祭(祭)祀(祀)首的名字，這也是聖油擦(擦)抹的，
蒲(滿)了①，又聖他的手，爲辦祭祀的事。那大伯、亜必由，兩個在西奈意壙野〔的〕天
主
台前，正用〔了〕別的火，死了，也沒有兒子們②。耶肋亜匝肋、依達瑪耳，在他們父
親亜隆跟前得了祭祀的職分。天主望每瑟說：「你教肋未族內的子孫們
近前來，排列在揔(總)祭祀首亜隆的跟前，服(服)事他。該〔他們〕夜班，行滉據殿前頭
有
關係民們的礼之事，看守殿的噐皿，督(管)內裡的事務。把肋未的子孫做成(成)礼(禮)物
一樣(樣)，都交給亜隆並(並)他兒子們：本來依斯拉耶耳後代都交給過他們。你立亜
隆他〔並〕兒子們做祭祀首，爲恭(恭)敬我。若有異族的人要辦這職分的事，〔就該〕受

［寫真6b缺］

［補缺］

死。

天主望每瑟說：「我替依斯拉耶耳後代的長子們，開本母肚腹的取了肋未的子孫，所以肋未的子孫就是我的。原來從我殺厄日多地方內的長子們以後，依斯拉耶耳會裡頭，從人至牲口頭胎的都聖了，也作了我的③——我是主。」天主在西奈意壙野望每瑟說：「你把肋未族的子孫們，按他們祖宗的支泒【派】、家口的次序，凡有的男子，從一個月以後的清數。」每瑟照天主的旨意數了，尋得了肋未的三個兒子，他們的名字是熱耳松、加得、默拉里。熱耳松的兒子是肋伯尼及塞每意。加得的兒子們是亞默蘭、耶撒耳、黑柏

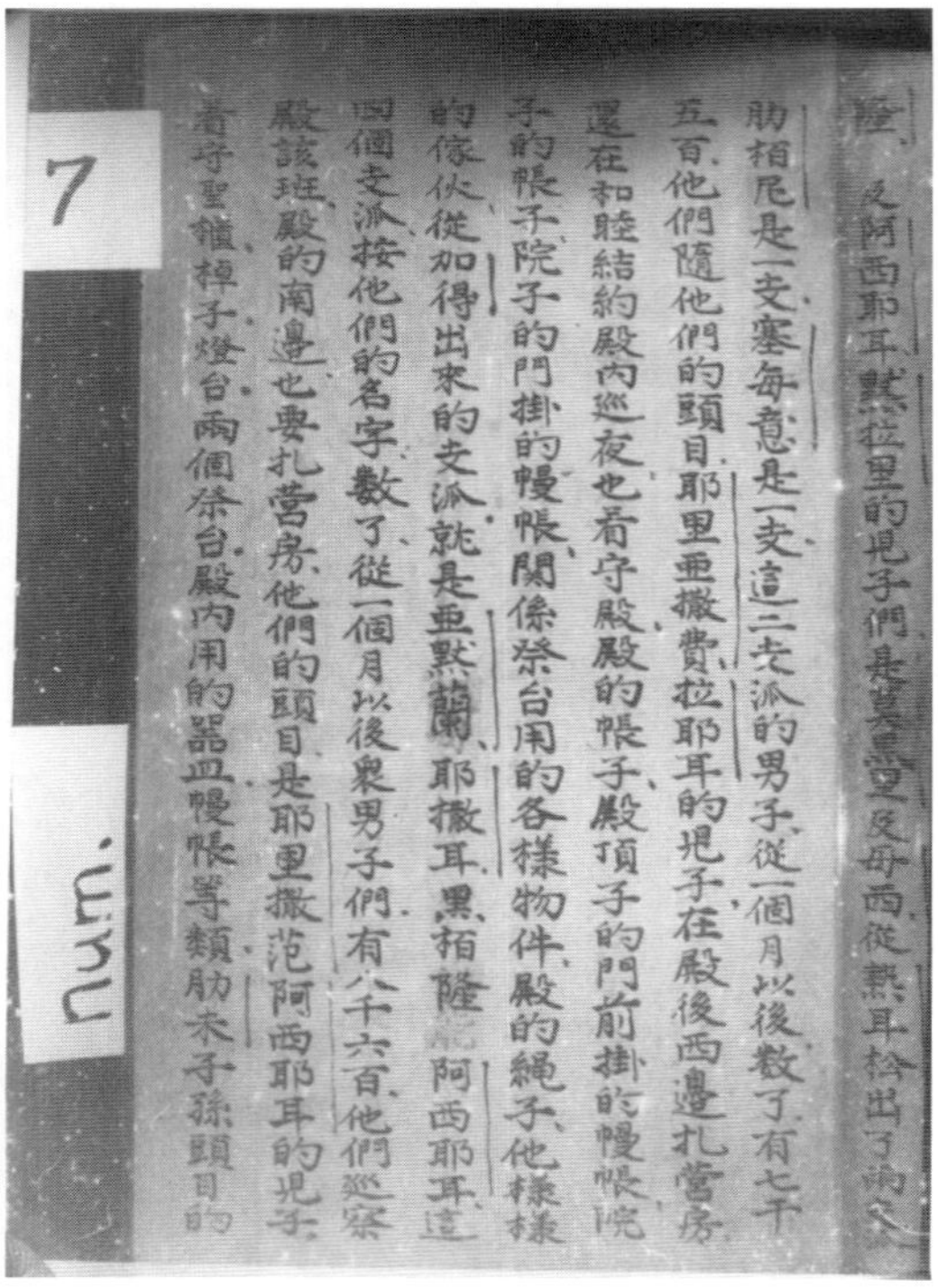

6b 隆及阿西耶耳。默拉里的兒子們是莫黑里及母西。從熱（熱）耳松出了兩支泒【派】：
7a 肋栢尼（亦譯：肋伯尼）是一支，塞每意是一支。這二支泒【派】的男子從一個月以後數了，
有七千
五百，他們隨他們的頭目耶里亜撒費——拉耶耳的兒子，在殿後西邊扎營房，
還（還）在和睦結約殿內巡（巡）夜，也看守殿、殿的帳子、殿頂子的門前掛的幔帳，［並］院
子的帳子，院子的門掛的幔帳，関係祭台用的各樣物件，殿的繩（繩）子，他樣樣
的傢伙。從加得出來的支泒【派】，就是亜默蘭、耶撒耳、黑栢隆、阿西耶耳這
四個支泒【派】。按他們的名字，數了從一個月以後衆男子們，有八千六百。他們巡察（察）。
殿該班，［也要在］殿的南邊｛也要｝扎營房。他們的頭目是耶里撒氾——阿西耶耳的兒子。
［他們］看守聖櫃、棹（桌）子、燈台、兩個祭台、殿內用的器皿、幔帳等類（類）。肋未子孫
頭目的

[寫真7b缺]

[補缺]

主子耶肋亞匝肋──祭祀總首亞隆的兒子，他管在殿巡夜的眾人。從默拉里出了默黑里（亦譯：莫黑里）、毋西這兩支泒【派】，按名數了從一個月以後的男子們，有六千二百。他們的頭目是蘇里耶耳──亞必哈耶耳的兒子，[在]殿的北邊要扎營房。他們看守殿的板片、棍子、柱子、柱子的磉礅，[所]有相干的物件：院子周圍所有的柱子，連柱磉礅、鐵椿兼繩子。每瑟、亞隆同他兒子們，在和睦結約殿前頭──就是東邊──扎營房。[給]依斯拉耶耳後代當中看守聖殿，若有異族的人近來，[就]該死。每瑟、亞隆照天主的命，按各家的次序數了肋

7b 未族衆男子，從一個月以後的，他們的数目有二萬二千。天主還望每瑟說：「你

8a 把依斯拉耶耳後代頭生男子們，從一個月以後的，紀他們的数目。你也把肋
未族的子孫献(獻)給我，替依斯拉耶耳後代的長子們［認］我是主子：肋未子
孫的牲口，替依斯拉耶耳後代的牲口頭胎［的］牸(崽)子，都當我的分兒。」每瑟照
天主的旨(旨)意，数了依斯拉耶耳後代的長子們，按他們的名字，從一個月以
後的男子們有二萬二千二百七十三個。天主望每瑟說：「你將肋未的子孫，
替依斯拉耶耳後代的長子們，又將肋未子孫的牲口替依斯拉耶耳
後代的牲口。肋未的子孫是我的──我是主。既然依斯拉耶耳後代［的］長子們，
比肋未的子孫多有二百七十三［個］，爲贖回他們的價值(值)，你每個按聖殿的制度(度)，

[寫真8b缺]

[補缺]

要取五個『西其落』——一個『西其落』值二十『阿玻落』。將這多有的男子的價銀，交給亞隆兼他兒子們。」所以每瑟取了這多有的——從肋未子孫贖回男子的價銀，替依斯拉耶耳後代的長子，取的銀子有一千三百六十五個「西其落」，合聖殿的天平。這銀子就照天主的命，給亞隆並他的兒子們。

註解

①立祭祀的時候，把該獻給天主的禮物都放在他手裡，他隨即望天主捧舉，故此說「滿了他的手」。

②因為那大伯、亞必由兩個背了天主的命，沒有用祭台上的火，急急忙忙用了平常的火，立時被天主的火焰殺了。他們未會【曾】生養兒子，就死了。

③稱「聖」的，就是獻給天主的。

8b

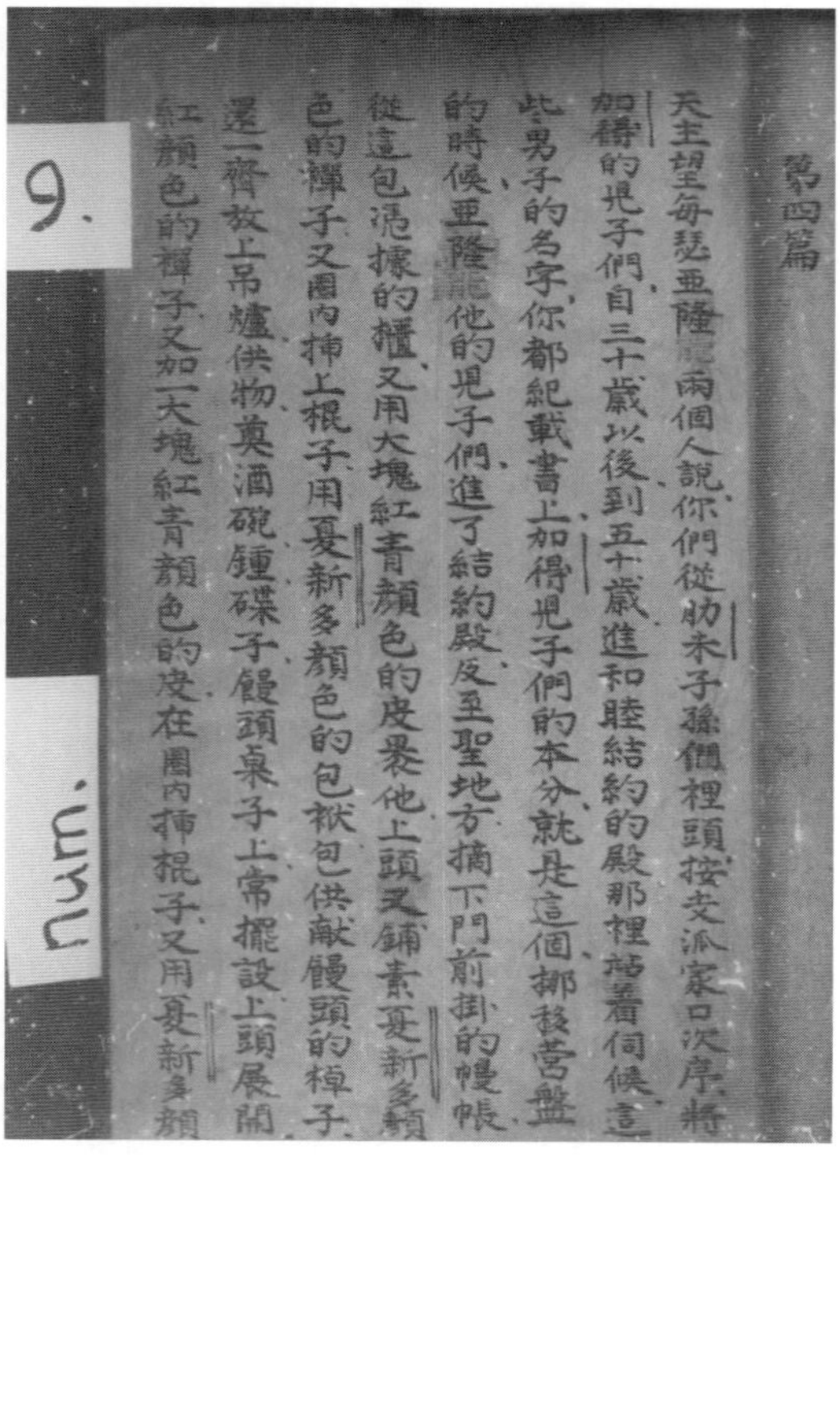

9a

第四篇

天主望每瑟、亞隆兩個人說：「你們從肋未子孫們裡頭，按支派【派】、家口次序，將
加得的兒子們，自三十歲以後到五十歲，[凡當] 進和睦結約的殿，那裡站着伺候 [的] 這
些(些)男子的名字，你都紀載書上。加得兒子們的本分就是這個：挪移營盤
的時候，亞隆 [並] 他的兒子們進了結約殿及至聖地方，摘下門前掛的幔帳，
從這包凴據的櫃，又用大塊紅青顏色的皮(皮)褁(裹)他，上頭又鋪(鋪)素『夏(夏)新多』
顏
色的襌(禪)子，又圈內揷(插)上棍子。用『夏新多』顏色的包袱，包供獻饅(饅)頭的棹子，
還一齊放上吊爐(爐)、供物、奠酒碗、鍾、碟子、饅(饅)頭，[在] 桌子上常擺設。上頭展
開
紅顏色的襌子，又加一大塊紅青顏色的皮，在圈內揷棍子。又用『夏新多』顏

［寫真9b缺］

［補缺］

色的包袱包燈台、燈盞、剪子、鑷子、油的眾器皿，及收拾燈盞要緊的類：上頭再放一大塊紅青顏色的皮子，後頭圈內插上棍子。還用『夏新多』顏色的包袱包金祭台，上頭又鋪上一大塊紅青顏色的皮子，然後圈內插上棍子。將聖殿內用的諸樣器皿，以『夏新多』顏色的包袱包，上頭還展開紅青顏色的大塊皮，又圈內插棍子。隨即從祭台除了灰，潔淨了後，用紅包袱包他，把料理責任事用的器皿——就是火爐、火鉗、杈子、鉤子、鏟子，關係祭台的物件，用紅青顏色大塊皮全包，在圈內插棍子。為挪移營盤，亞隆［並］他的兒子們包上聖

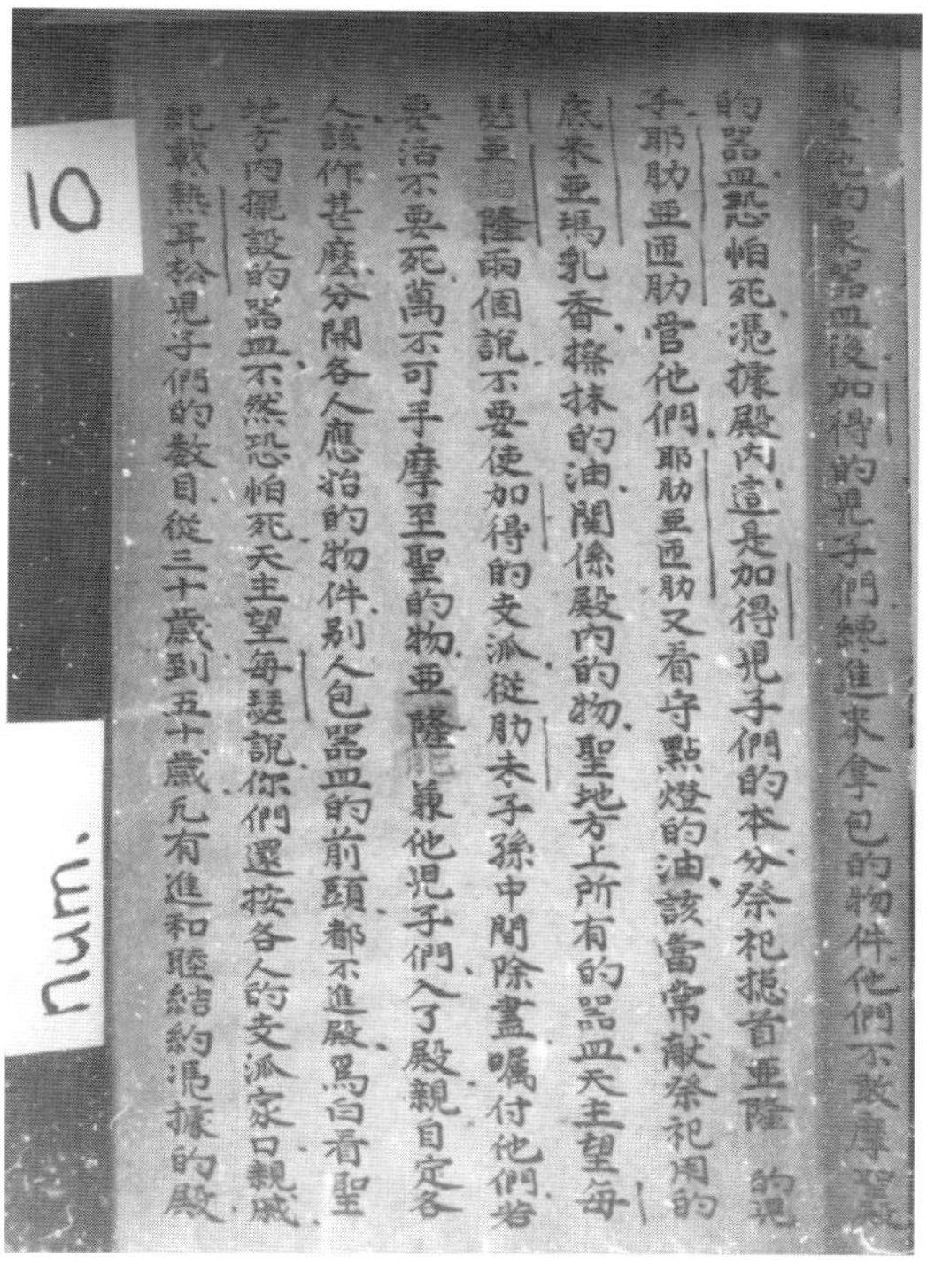

9b 殿並他的衆器皿後，加得的兒子們纔(纔)進来拿包的物件。他們不敢摩聖殿

10a 的器皿，恐(恐)怕死。凴據殿內，這是加得兒子們的本分。祭祀摠首亞隆的兒子耶肋亜匝肋管他們，耶肋亜匝肋又看守點(點)燈的油，該當常獻祭祀用的『底(底)米亞瑪』乳香、擦抹的油、関係殿內的物、聖地方上所有的器皿。」天主望每瑟、亞隆兩個說：「不要使加得的支派【派】從肋未子孫中間除盡(盡)，囑(囑)付他們：若要活，不要死，萬不可手摩至聖的物。亞隆兼他兒子們入了殿，親自定各人該作甚(甚)麼(麼)，分開各人應(應)抬的物件。別人［在］包器皿的前頭都不進殿，爲白看聖地方內擺設的器皿，不然恐怕死。」天主望每瑟說：「你們還按各人的支派【派】、家口，親戚，紀載熱耳松兒子們的數目，從三十歲至五十歲，凡(凡)有進和睦結約凴據的殿，

〔寫真10b缺〕

〔補缺〕

在那裡伺候〔的〕，都要數。熱耳松兒子們的本分就是這〔個〕：拿殿的帳子和睦結約殿頂子，第二個毯子，又上頭鋪的紅青顏色的蒙子，還和睦結約殿門上掛的幔帳；再者院子的帳子，殿門前有的幔帳。亞隆〔並〕他兒子們有了命，熱耳松的兒子們搬運干涉祭台的物件、繩子、用的器皿，各人得知道要抬甚麼。和睦結約殿內，這是熱耳松支泒【派】的本分。總祭祀首亞隆的兒子依達瑪耳管他們。又挨著祖宗的支泒【派】、家口，從三十歲以後到五十歲，紀載默拉里的兒子們〔的〕數目。凡有進和睦結約憑據殿，在那裡伺候辦理，都要數。他們的本分就

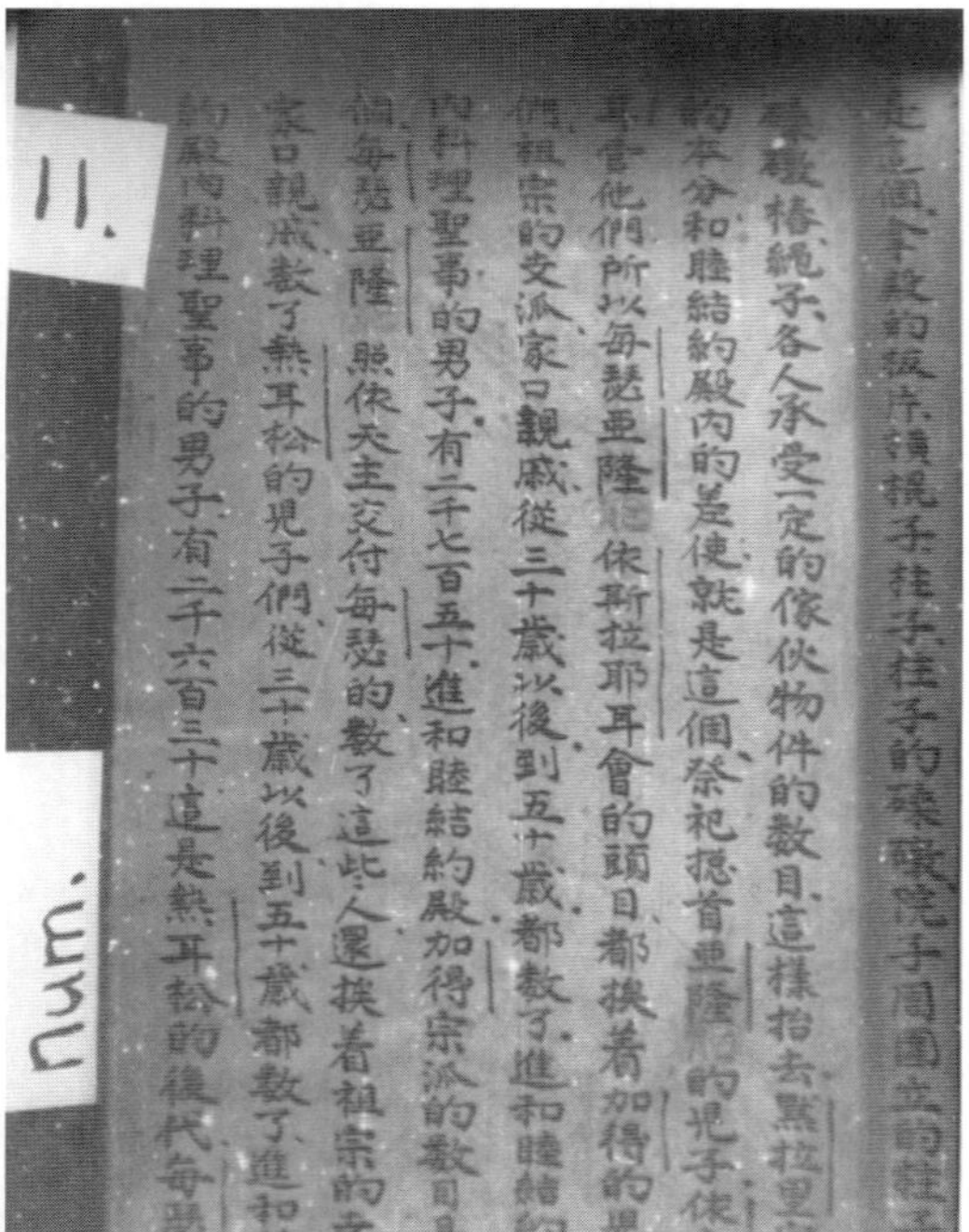

10b 是這個：拿殿的板片、横(橫)棍子、柱子、柱子的磉礅，院子周圍立的柱子同柱

11a 磉礅椿、繩子，各人承受一定的傢伙、物件的数目，這樣抬去。默拉里宗泒【派】的本分，〔在〕和睦結約殿内的差使就是這個。祭祀搃首亜隆的兒子依達瑪耳晉他們。」所以每瑟、亜隆、依斯拉耶耳會的頭目，都挨(挨)着加得的兒子們、祖宗的支泒【派】、家口、親戚，從三十歲以後到五十歲都数了。進和睦結約殿内，料理聖事的男子有二千七百五十——進和睦結約殿，加得宗泒【派】的数目是這個。每瑟、亜隆照依天主交付每瑟的，数了這些(些)人，還挨【按】着祖宗的支泒【派】、家口、親戚，数了熱耳松的兒子們，從三十歲以後到五十歲都数了；進和睦結約殿内料理聖事的男子有二千六百三十——這是熱耳松的後代，每瑟、亜

［寫真11b缺］

［補缺］

隆照天主的旨意數了的。又挨【按】著祖宗的支泒【派】、家口、親戚，數了默拉里的子孫，從三十歲以後到五十歲，進和睦結約殿辦理聖事的男子有三千二百——這個就是默拉里的後代，每瑟照天主給他［的］命〔的〕，他同亞隆也紀載了他們的數目。從肋未子孫數了的人，每瑟、亞隆、依斯拉耶耳會的頭目，按祖宗的支泒【派】、家口、親戚，從三十歲以後到五十歲，進殿料理聖事，搬運內裡的器皿、傢伙的男子，每人的名字紀數了，有八千五百八十個。每瑟隨天主的旨意數了他們，按他們的責任、差事、本分。天主本來這樣分付了每瑟。

11b

12a

第五篇

天主望每瑟說：「你分付依斯拉耶耳後代，將染（染）了痲【瘋】瘋的、無意流精液的、〔因〕因摩死人屍首贜【髒】了的，或男或女，都從營盤赶（趕）出，恐怕贜【髒】了〔他〕、〔因〕我在營盤內同你們居住。」依斯拉耶耳後代這樣行了，照天主命（命）給每瑟［的］、〔把〕［教］他們都〔教〕出營盤

①。天主又望每瑟說：「你傳（傳）給依斯拉耶耳子孫：人往往好犯的罪。你們內，或男或女若犯了，還苟且懈（懈）怠，違悖了天主的命，得了不是，他們告鮮自己的罪，又還了那一個物件後，還五分內添（添）上一分給受了傷（傷）的人②。若没有人収（收），獻給天主，祭祀首留下。另外，爲的是教天主憐憫，將補折罪的一個公棉【綿】羊祭祀。依斯拉耶耳後代几獻的新物件，還是祭祀首的；各自獻甚麼物件，爲聖殿，一交給祭祀首，

［寫真12b缺］

都是他的。」

［補缺］

天主望每瑟說：「你告訴依斯拉耶耳後代：若有人，他的妻子錯了，輕賤夫主，同別人睡卧了；他的丈夫不能明白知道這個，因為是密事，又不能教中間人做證見，因為正犯邪淫的時候沒有一個人看見。倘或天主心起忌妒，猜疑自己的妻子，或妻子真有那件事；或被冤屈──他的夫主送他到祭祀首跟前，為他獻厄匪器皿的大麥麵十分之一，上頭不倒油，也不放乳香，因為是忌妒的祭祀，也是查淫罪的供物。祭祀首舉這個，天主台前供獻，將聖水③倒在土器皿內，還從殿內地［上］，將些須土對在水裡。女人立在天主的前頭時④，祭祀

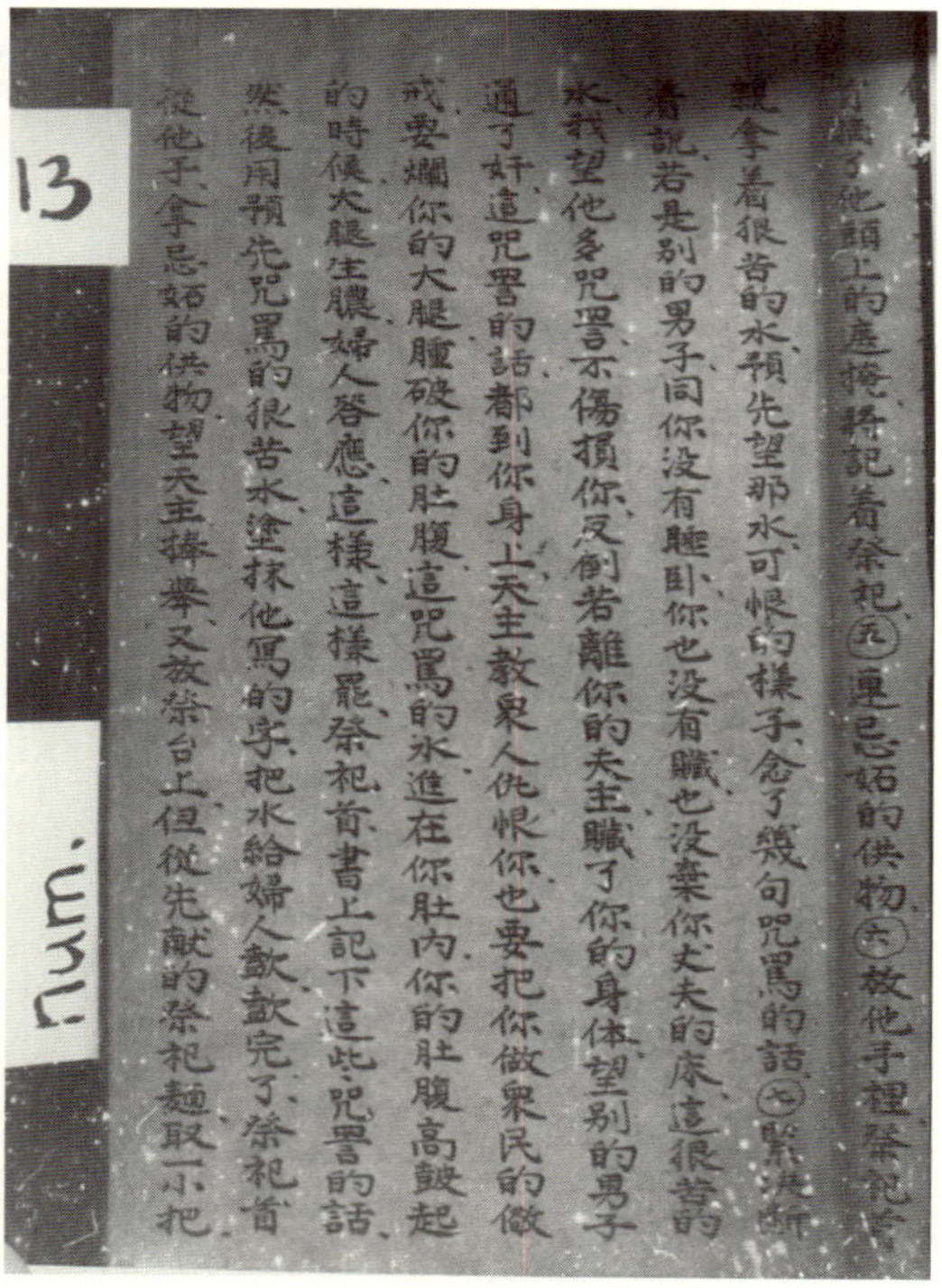

12b 首摘了他頭上的遮(遮)掩(掩)，將記(記)着祭祀⑤，連忌妬(妒)的供物⑥［一起］放他手
裡。祭祀首

13a 親拿着狠苦的水，預先望那水，［以］可恨的樣子念了幾句咒罵的話⑦，緊(緊)決(決)斷(斷)
着說：『若是別的男子［沒有］同你〔沒有〕睡(睡)卧(臥)，你也沒有贓【髒】，也沒棄
(棄)你丈(丈)夫的床，這狠苦的
水，我望他多咒詈，不傷損你。反倒若離你的夫主，贓【髒】了你的身体(體)，望別的男子
通了奸，這咒詈的話都到你身上。天主教衆人仇(仇)恨你，也要把你做衆民的儆
戒，要爛你的大腿，腫破(破)你的肚腹(腹)。這咒罵的水進在你肚內，你的肚腹高皷(鼓)起
的時候，大腿生膿。』婦人答應：『這樣，這樣罷。』祭祀首書上記下這些咒詈的話，
然後用預先咒罵的狠苦水，塗抹他寫(寫)的字，把水給婦人歃(歆)。歃完了，祭祀首
從他手拿忌妬的供物，望天主捧(捧)舉(舉)，又放祭台上。但從先獻的祭祀麵(麵)，取一
小把

［寫真13b缺］

［補缺］

在祭台上焚燒，纔給婦人狠苦的水飮。他飮了後，若真臟【髒】了，給丈夫無臉，犯了淫罪，咒水一進他肚內，肚內高鼓，大腿就爛，眾民都憎惡他，他還作眾人的儆戒⑧：若沒有臟【髒】，並不受傷，反生兒女⑨。這是忌妒的法度：若妻子離了丈夫，臟【髒】了身體，夫主動忌妒的心，送他到天主台前，祭祀首望他照上頭寫的話行。丈夫無罪，妻子即刻受惡罪的報。」

註解

①因為天主的聖殿立在營盤的中間，故天主說同依斯拉耶耳後代一塊住。這些臟【髒】人們在營盤外，追悔自己犯的罪，求天主的恩，求得了，獻祭祀，纔能進營盤。
②偷拿別人的物件，

13b
買賣上欺哄等罪，是往往犯的罪。若虧（虧）損了人，後悔要改過遷善，在祭祀首跟前告明自己的不是，把無義的東西反回本主，又添上五分之一，末尾也該給天主獻公棉【綿】羊祭祀。

14a
若不能給本主還他的物件，［就］還給他的親戚：若沒有親戚，祭祀首［能］替天主（能）収。③說的「聖水」，因爲天主付給他這個能，立時傷損臟【髒】婦人。④說的「天主前頭」，就是聖殿的門前。⑤記的「祭祀」，就是爲分真（真）假，也明做凴據。婦人們記念這祭祀，都害怕，不敢犯滛（淫）罪。⑥忌妬的供物，就是那一把麵，該祭台上燒（燒）。大槩（概）放婦人手裡的緣故，使他驚惧（懼），好直（真）說。⑦這咒誓的話是此，甚麼話，《聖経（經）》上沒有提（提）。⑧大主嚴嚴處（處）治罪妻的表樣。⑨若沒有罪，是潔（潔）净（淨）的妻子，天主格外施恩，賞他多生子的能。

第六篇

天主望每瑟說：「你傳了依斯拉耶耳子孫，告訴或男或女：若有發（發）誓，口許將他的身体如作聖物一樣獻給天主［的］，該禁酒。凡能醉人的物——從酒或別物作的醋，從葡萄（萄）壓出來的汁——都不要歆；或新鮮（鮮）葡萄，或乾（乾）葡萄也不可吃。自己獻給天主［的］，定的那些，

［寫真14b缺］

［補缺］

日期内①，葡萄樹凡出的物件，從乾葡萄起，以至葡萄珠的黑子，［都］不敢吃。他們從離開眾人的時候，到獻身給天主完的時候，他們的頭上不要用剃髮的刀子。他是聖人，留下他頭［上］的髮。獻身那多日期，不要進死人的家，就是父親、母親、弟兄、姐妹［死］，不要被他們的喪事贓【髒】了，因為獻給陡斯的髮在他頭上②。離開眾人的那些日期，天主台前該作聖人③。

若有人在他跟前忽然死了，他獻給天主的頭髮就不是聖的了。立時，這一日要潔淨身體，該剃頭，第七天又剃。第八天，把兩個班鳩或兩個鴿雛子，在和睦結約殿門口獻給祭祀首。祭祀首把一個為贖罪祭祀，把

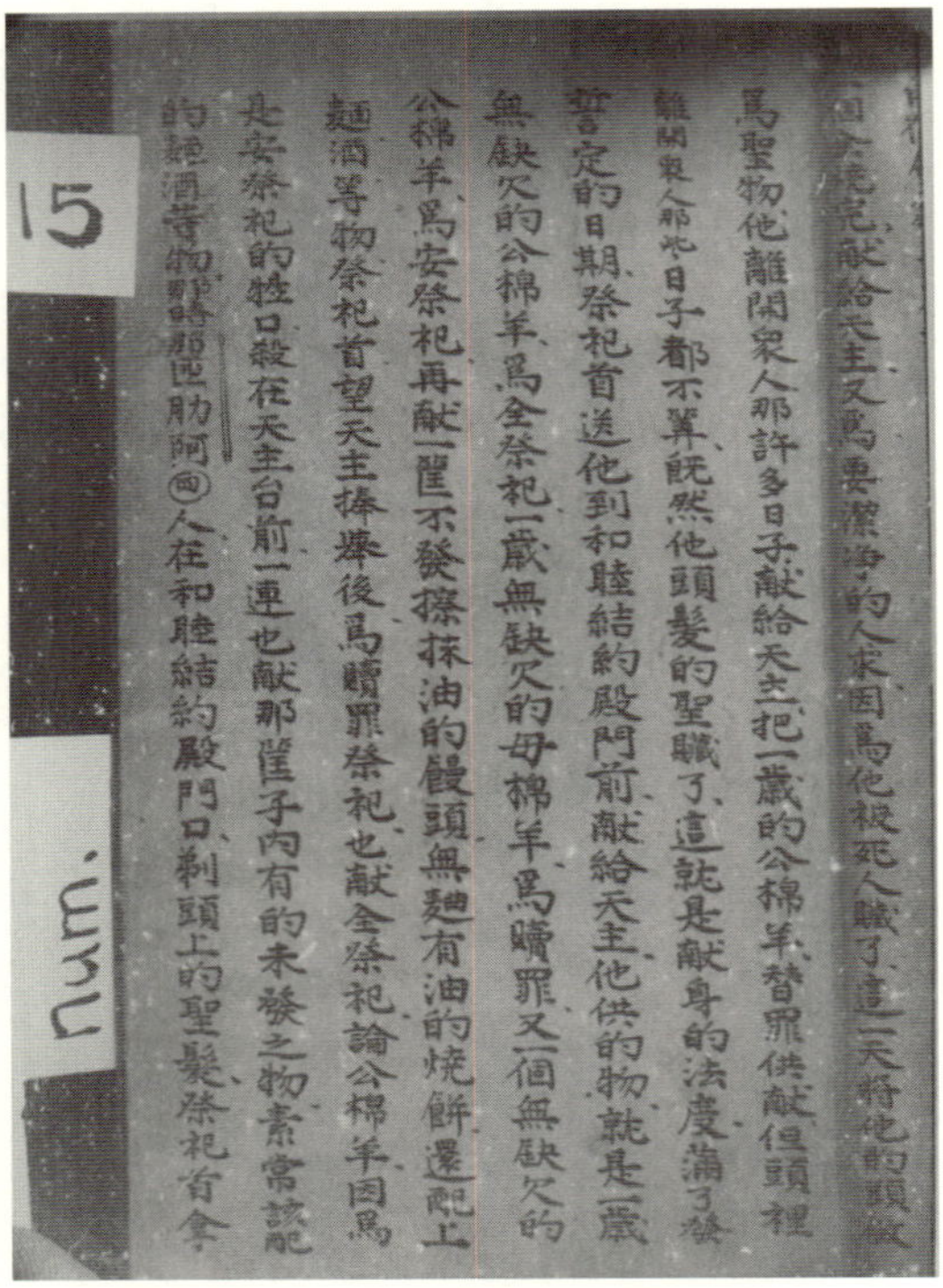

14b
一個全燒完，献給天主，又爲要潔净的人求，因爲他被(被)死人贓【髒】了。這一天將他
的頭做

15a
爲聖物，［重新將］他離開衆人那許多日子献給天主，把一歲的公棉【綿】羊替罪供献；但頭裡
離開衆人［的］那些日子都不筭，既然他頭髮(髮)的聖贜【髒】了。這就是献身的法度：
滿了發
誓定的日期，祭祀首送他到和睦結約殿門前，［他］献給天主〔他〕［的］供〔的〕物就是：一歲
無鈌(缺)欠的公棉【綿】羊爲全祭祀，一歲無鈌欠的母棉【綿】羊爲贖罪，又一個無鈌欠的
公棉【綿】羊爲安祭祀，再献一筐不發擦抹油的饅頭、無麪(麵)有油的燒餅(餅)，還配(配)上
麵、酒等物。祭祀首望天主捧㨶後，爲贖罪祭祀，也献全祭祀。論公棉【綿】羊，因爲
是安祭祀的牲口，殺(殺)在天主台前，〔一連〕也献那筐子内有的未發之物，素常該配
的麵、酒苛(等)物。那時，那匝肋阿④人在和睦結約殿門口剃頭上的聖髮，祭祀首拿

[寫真 15b 缺]

[補缺]

他的髮，[月] 安祭祀牲口底下有的火燒他。[祭祀首] 又拿煮的公棉【綿】羊肩膀，還從筐子取一個未發的鏇餅，又一個無麯的燒餅。那匝肋阿人剃頭後，祭祀首把這物件都交他手裡，又從他手拿來，望天主捧舉。[這些] 既然是聖物，都是祭祀首的，如應當分開的牲口胸膛並大腿，都是祭祀首的。然後那匝肋阿人能飲酒：這是那匝肋阿人發願獻本身給天主，離開衆人的時候要行的事，要供物的定例。若他的手另外能得別物，按他發願許下的，為加精自己的聖⑤，[就] 只管獻。」

天主望每瑟說：「你告訴亞隆 [並] 他的兒子們，你們這樣給依斯拉耶耳

15b

16a

後代降(降)福——向他們說：『懇(懇)求天主賜給你們福，也保護(護)你們。懇祈天主賞你們看他的臉⑥，也可憐你們。懇求天主調轉(轉)他的面，還賞你們平安。』他們爲依斯拉耶耳後代求恩，呼號(號)我的名字，我一定降福給他們。」

註解

①或有人誠（誠）心實意事奉天主，爲學（學）習（習）聖教的道理修身尅（剋）己，離衆靜（靜）避，不過辛勤（勤）灵（靈）魂的美德，一生這樣作的也有，單作幾年的也有，捴是照發誓口許的行，或有人好醉，被私（私）欲迷惑，因爲犯了多罪，敬謹（謹）畏惧，決定心志，改悪（惡）遷善，或一生，或幾年作補贖，劳（勞）苦身体，把他們灵魂、肉身獻給天主，這樣的人，說得是悔罪的那匝肋阿人。②要分別那匝肋阿与（與）衆人，看他頭上留的有 [長] 髮，這是那匝肋阿的凴據。③遵（遵）守那匝肋阿的規戒，就是作聖人。④那匝肋阿的意思就是離開衆人，留頭上髮單爲事奉天主。⑤若那匝肋阿是冨（富）貴人，也愿（願）意要獻給天主別的礼物，作別的祭祀：爲露出他熱心恭敬天主的心，能獻，能祭祀。⑥說的天主臉面是比方話，意思不過是：「天主以聖寵（寵）的光亮（亮），使你們徹通

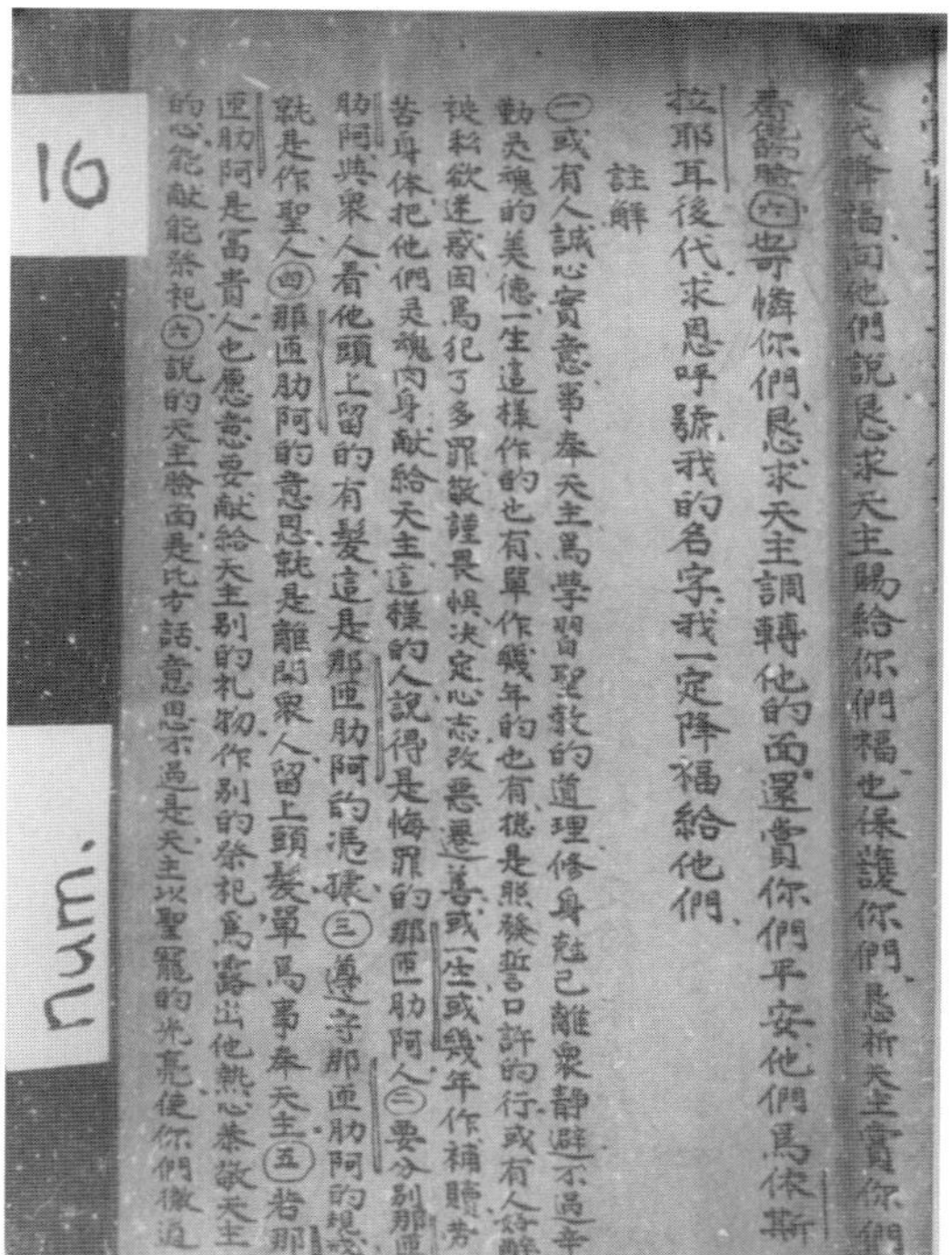

〔寫真16b缺〕

〔補缺〕

他的旨意，如慈父望兒子調轉臉一樣，受【愛】你們，庇廕你們。」

第七篇

每瑟完全了殿的工程，豎立了他用聖油擦抹了他的眾器皿，又祭台，連關係祭台各樣的傢伙。那一天，依斯拉耶耳子孫們的主子，各族戶的首，〔數〕過了數的頭目，給天主獻了禮物，就是有頂子的六輛車，配著十二個牛：兩個主子獻一輛車，各自〔獻〕一個牛。〔他們〕在殿前頭就獻他。天主望每瑟說：「你從他們收〔了〕，為殿裡用，交給肋未子孫，按他們的

16b

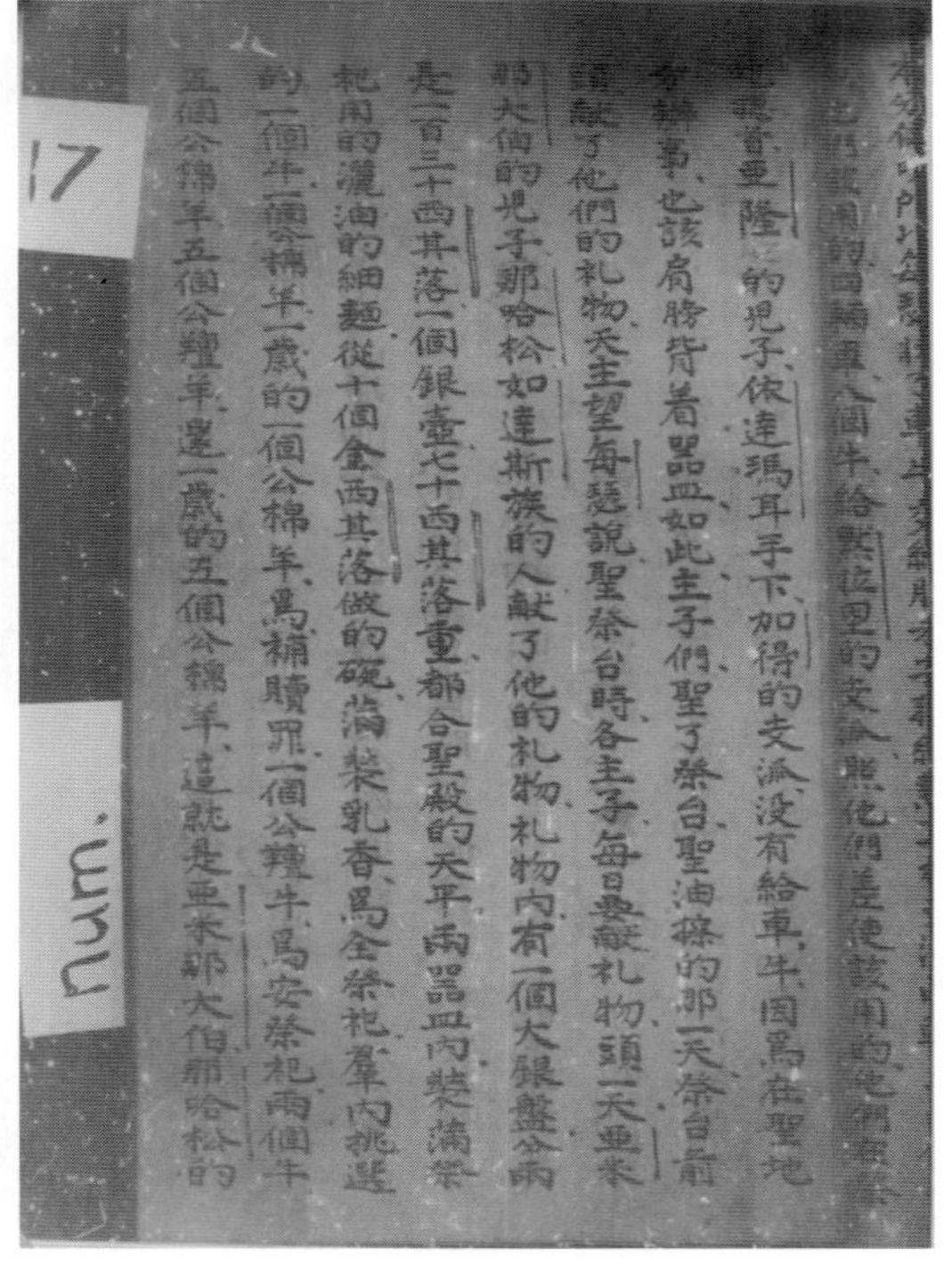

本分使喚。」所以每瑟収〔下〕了車、牛，交給肋未子孫，給熱耳松支泒【派】兩輛車、四個牛，
照他們該用的；四輛車、八個牛給默拉里的支泒【派】，照他們差使該用的。他們在祭

17a

祀摠首亜隆的兒子依達瑪耳手下。加得的支泒【派】没有給車、牛，因爲〔他們〕在聖地
方辦事，也該〔用〕肩膀背(背)着器皿。如此，主子們聖了祭台，〔用〕聖油擦〔祭台〕的
那一天，〔在〕祭台前
頭獻了他們的礼物。天主望每瑟說：「聖祭台時，各主子每日要獻礼物。」頭一天，亜米
那大伯的兒子那哈松——如達斯族的人，獻了他的礼物。礼物内有一個大銀盤，分兩
是一百三十「西其落」，一個銀壺【壺】七十「西其落」重，都合聖殿的天平，兩器皿内裝滿祭
祀用的灑油的細麵。從十個金「西其落」做的碗(碗)，滿裝乳香。爲全祭祀，羣(群)内挑選
的一個牛、一個公棉【綿】羊、〔一個〕一歲的〔一個〕公棉【綿】羊；爲補贖罪，一個公
羶(羶)羊；爲安祭祀，兩個牛、
五個公棉【綿】羊、五個公羶羊、還〔五個〕一歲的〔五個〕公棉【綿】羊。這就是亜米
那大伯那哈松的

[寫真17b缺]

[補缺]

獻的禮物。

第二天，蘇娃耳的兒子那達那耳——依撒加耳族的主子，獻了一個銀盤，分兩是一百三十「西其落」；一個銀壺七十「西其落」重，都合聖殿的天平，兩器皿內裝滿了祭祀用的灑油細麵。十「西其落」重的金碗，[裝]滿乳香。為全祭祀，群內挑選一個牛、一個公棉【綿】羊；為贖罪，一個公羶羊；為安祭祀，兩個牛、五個公棉【綿】羊、五個公羶羊、[五個]一歲〔五個〕公棉【綿】羊。這是蘇娃耳的兒子——那達那耳獻的禮物。

第三天，匝布隆的主子——黑隆的兒子耶里亞伯獻了一個銀盤，分

17b 兩一百三十「西其落」，一個銀壺七十「西其落」重，都合聖殿的天平，兩器皿內裝滿祭祀用的灑油細麵。一個金碗十「西其落」重，[裝]滿乳香。爲全祭祀，羣內挑選一個牛、一

18a 個公棉【綿】羊、[一個]一歲的〔一個〕公棉【綿】羊；爲贖罪，一個公羶羊；爲安祭祀
，兩個牛、五個公棉【綿】羊、
五個公羶羊、[五個]一歲的〔五個〕公棉【綿】羊。這就是黑隆的兒子——耶里亜伯獻的
礼物。第四天，
路崩族的主子——塞得烏耳的兒子耶里蘇耳獻了一個銀盤，分兩一百三十「西其落」，
一個銀壺七十「西其落」重，都合聖殿的天平，兩器皿內裝滿祭祀用的灑油細
麵。一個金碗重十「西其落」，裝滿乳香。爲全祭祀，羣內挑選一個牛、一個公棉【綿】羊、
[一個]一
歲的〔一個〕公棉【綿】羊；爲贖罪，一個公羶羊；爲安祭祀，兩個牛、五個公棉【綿】
羊、五個公
羶羊、[五個]一歲的〔五個〕公棉【綿】羊。這是塞得烏耳的兒子——耶里蘇耳獻的礼
物。第五天，
西默翁族的主子——蘇里撒台的兒子撒拉米耶耳獻了一個銀盤，分兩一百三十「西其

［寫真18b缺］

［補缺］
落」，一個銀壺重七十「西其落」，都合聖殿的天平，兩器內裝滿祭祀用的灑油細麵。
第六天，加得族的［主子］——徒耳的兒子耶里亞撒費獻了一個銀盤，分兩一百三十「西其落」，一個銀壺重七十「西其落」，都合聖殿的天平，兩器皿內裝滿祭祀用的灑油細麵。一個金碗重十「西其落」，裝滿

18b
乳香。爲全祭祀，群內挑選的一個牛、一個公棉【綿】羊、〔一個〕一歲的〔一個〕公棉【綿】羊；為贖罪，一個公羶羊；爲安祭祀，兩個牛、五個公棉【綿】羊、五個公羶羊、〔五個〕一歲的〔五個〕公棉【綿】羊。這是徒

19a
耳的兒子耶里亜撒費獻的礼物。第七天，耶法拉意黙族的主子——亜米烏得的兒子耶里撒瑪獻了一個銀盤，分兩一百三十「西其落」，一個銀壺重七十「西其落」，都合聖殿的天平，兩器皿裝滿祭祀用的灑油細麵。一個金碗重十「西其落」，［裝］滿乳香。爲全祭祀，羣內挑選的一個牛、一個公棉【綿】羊、〔一個〕一歲的〔一個〕公棉【綿】羊；爲贖罪，一個公羶羊；
爲安祭祀，兩個牛、五個公棉【綿】羊、五個公羶羊、〔五個〕一歲的〔五個〕公棉【綿】羊。這是亜米烏
得的兒子耶里撒瑪獻的礼物。第八天，瑪那斯族的主子——法達蘇耳的兒子加瑪里耶耳獻了一個銀盤，分兩一百三十「西其落」，一個銀壺重七十「西其落」，都合聖殿的天平，兩器皿內裝滿祭祀用的灑油細麵。一個金碗重十「西其落」，裝滿乳香。爲

[寫真19b缺]

[補缺]

全祭祀，群內挑選的一個牛、一個公棉【綿】羊、[一個] 一歲的〔一個〕公棉【綿】羊；為贖罪，一個公羶羊；為安祭祀，兩個牛、五個公棉【綿】羊、五個公羶羊、[五個] 一歲的〔五個〕公棉【綿】羊。這是法達蘇耳的兒子加瑪里耶耳獻的禮物。

第九天，柏尼亞明族的主子——熱德翁的兒子亞逼丹獻了一個銀盤，分兩一百三十「西其落」，一個銀壺重七十「西其落」，都合聖殿的天平，兩器皿內裝滿祭祀用的灑油細麵。一個金碗重十「西其落」，[裝] 滿乳香。為全祭祀，群內挑選的一個牛、一個公棉【綿】羊、[一個] 一歲的〔一個〕公棉【綿】羊；為贖罪，一個公羶

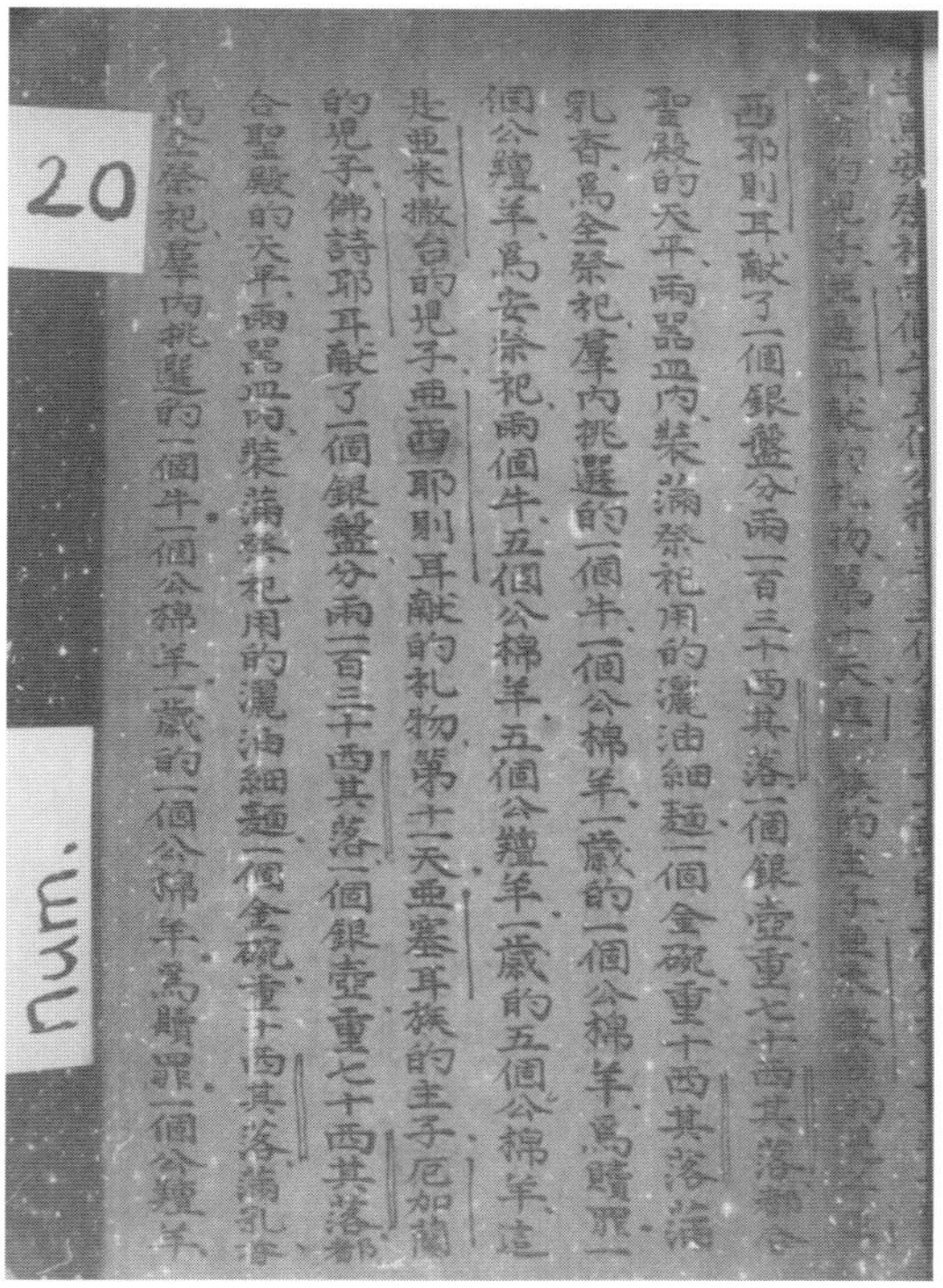

19b

羊；爲安祭祀，兩個牛、五個公棉【綿】羊、五個公羶羊、[五個] 一歲的〔五個〕公棉【綿】羊。這是熱德翁的兒子亞逼丹獻的礼物。第十天，旦族的主子——亞米撒台的兒子亞

20a

西耶則耳獻了一個銀盤，分兩一百三十「西其落」，一個銀壺重七十「西其落」，都合聖殿的天平，兩器皿內裝滿祭祀用的灑油細麵。一個金碗重十「西其落」，[裝] 滿乳香。爲全祭祀，羣內挑選的一個牛、一個公棉【綿】羊、[一個] 一歲的〔一個〕公棉【綿】羊；爲贖罪，一個公羶羊；爲安祭祀，兩個牛、五個公棉【綿】羊、五個公羶羊、[五個] 一歲的〔五個〕公棉【綿】羊。這是亞米撒台的兒子亞西耶則耳獻的礼物。第十一天，亞塞耳族的主子——厄加蘭的兒子佛詩耶耳獻了一個銀盤，分兩一百三十「西其落」，一個銀壺重七十「西其落」，都合聖殿的天平，兩器皿內裝滿祭祀用的灑油細麵。一個金碗重十「西其落」，[裝] 滿乳香。爲全祭祀，羣內挑選的一個牛、一個公棉【綿】羊、[一個] 一歲的〔一個〕公棉【綿】羊；爲贖罪，一個公羶羊；

[寫真20b缺]

[補缺]

為安祭祀，兩個牛、五個公棉【綿】羊、五個公羶羊、[五個]一歲的〔五個〕公棉【綿】羊。這是厄加蘭的兒子佛詩耶耳獻的禮物。

第十二天，奈費大理族的主子——耶南的兒子亞喜拉獻了一個銀盤，分兩一百三十「西其落」，一個銀壺重七十「西其落」，都合聖殿的天平，兩器皿內裝滿祭祀用的灑油細麵。一個金碗重十「西其落」，[裝]滿乳香。為全祭祀，群內挑選的一個牛、一個公棉【綿】羊、[一個]一歲的〔一個〕公棉【綿】羊；為贖罪，一個公羶羊；為安祭祀，兩個牛、五個公棉【綿】羊、五個公羶羊、[五個]一歲的〔五個〕公棉【綿】羊。這是耶南的

20b 兒子亞喜拉獻的禮物。聖了祭台[的]那一天，依斯拉耶耳會內的主子獻的禮物
是這個：十二個銀盤、十二個銀壺、十二個金碗。每銀盤的分兩是一百三十「西其落」，
21a 每一個銀壺重七十「西其落」，這[些]器皿共揔算起來，合聖殿的天平有二千四百
「西其落」。[裝]滿乳香的十二個金碗，合聖殿的天平，每碗十「西其落」，共揔算有一百二
十金「西其落」。爲全祭祀，羣內挑選的十二個牛、十二個公棉【綿】羊、[十二個]一歲
的〔十二個〕
公棉【綿】羊；還有配牲口的供物，爲贖罪[的]十二個公羶羊；安祭祀的牲口[有]二
十四個
牛、六十個公棉【綿】羊、六十個公羶羊、[六十個]一歲的〔六十個〕公棉【綿】羊。聖
了祭台，擦聖油的
那時候，献了這些礼物給天主。每瑟幾時進和睦結約殿求旨意，每次听(聽)
見一声(聲)音，從「慈(慈)憐」望他說①。這「慈憐」在聖櫃上，兩個「克魯賔(賓)」當
中間。
天主本來自那裡降旨意。

[寫真21b缺]

[補缺]

註解

①望每瑟說話的不過是天神，他傳天主的旨意。

第八篇

天主望每瑟說：「你告訴亞隆：放了七個燈盞，把燈台安在南邊；囑付他，燈盞該對北邊，朝供饅頭的桌子，燈盞朝的地方該是光亮的。」天主怎麼吩付每瑟，亞隆就怎麼行，也放燈盞在燈台上。燈台的作法是這個：或梗子，或兩傍邊出的枝子，都是[金子]鎚(金[成]的。每瑟照天主給他看的那個樣子，作了燈台。

天

21b 主又望每瑟說：「你把肋未的子孫從依斯拉耶耳後代分開，按這個禮潔淨他們：用去罪的水望他們灑，教他們剃全身的毛，洗他們的衣服。乾净了後，

22a 從羣內拉一個牛，配上灑油的細麵。你還爲[贖]罪，從羣內要拉一個別的牛。[你]聚(聚)齊了依斯拉耶耳會的衆人，(你)教肋未子孫立在和睦結約殿的前頭。肋未子孫正擺列天主台前，依斯拉耶耳會的人把手放在他們頭上①。亞隆把肋未的子孫，如同是依斯拉耶耳後代的礼物一樣獻給天主，爲料理聖殿的事。肋未的子孫又把自己的手放在二牛頭上，你爲罪祭祀一個牛，別的牛焚燼(燼)，作全祭祀。爲替他們祈求，把肋未的子孫送到亞隆及他兒子們跟前，你獻他們給天主；再要聖他們，他們爲作我的人。你從依斯拉耶耳後代當中分開他們，然後[他們]進和睦結約殿事奉我。你獻了給天主，該這樣潔淨又聖他們：本來依斯拉耶耳後代將他們當

［寫真22b缺］

［補缺］

禮物給了我，替依斯拉耶耳後代的長子——初開母腹的。我收了肋未的子孫，因為依斯拉耶耳後代起初生的，或人、或牲口，都是我的，我從那一天——厄日多地方內全殺頭生男子——就將他們做為我的聖物②，也把肋未子孫替［了］依斯拉耶耳後代的長子；又分開他們，從眾民當間賞他們給亞隆並他兒子們，為的是替依斯拉耶耳別的後代，在和睦結約殿裡事奉我，也為眾人祈求，恐怕若有別族的人入聖地方，依斯拉耶耳會遭災禍。」天主怎麼分付每瑟，每瑟、

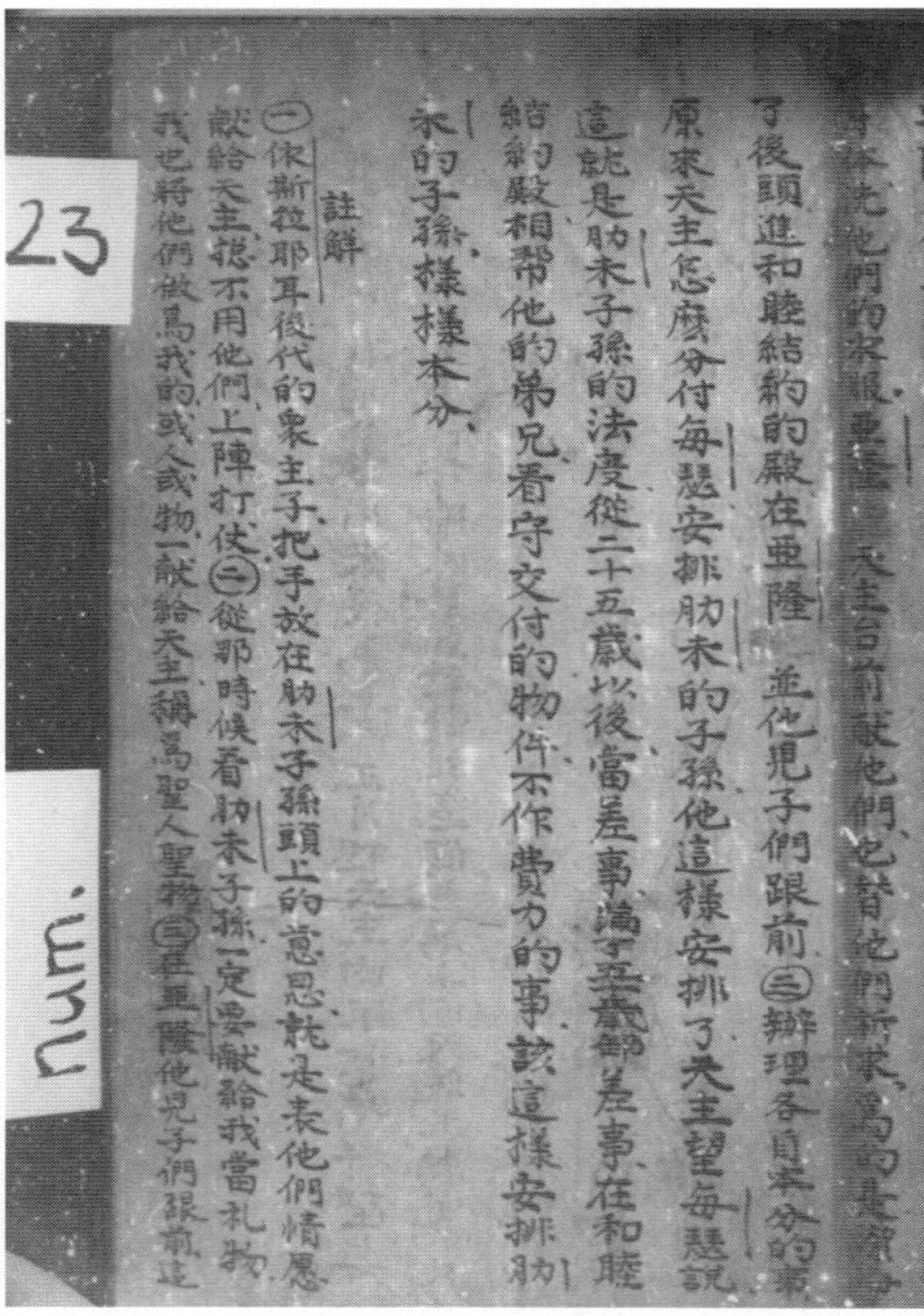

22b

亞隆、依斯拉耶耳會的眾民，望肋未子孫們就這樣行。他們也潔淨了身体，洗他們的衣服。亞隆［在］天主台前獻他們，也替他們祈求，爲的是［他們］潔淨

23a

了後頭，進和睦結約的殿，在亞隆並他兒子們跟前③辦理各自本分的事。原來天主怎麼分付每瑟安排肋未的子孫，他這樣安排了。天主望每瑟說：「這就是肋未子孫的法度：從二十五歲以後當差事，滿了五十歲卸（卸）差事，在和睦結約殿相帮（幫）他的弟兄看守交付的物件，不作費力的事。［你］該這樣安排肋未的子孫樣樣本分。」

註解

①依斯拉耶耳後代的衆主子，把手放在肋未子孫頭上的意思，就是表他們情愿獻給天主，捴不用他們上陣打仗。②「從那時候看肋未子孫一定要獻給我當礼物，我也將他們做爲我的。」或人或物，一獻給天主，稱爲聖人、聖物。③「在亞隆［並］他兒子們跟前」這

［寫真23b缺］

話的意思，如同說亞隆［並］他兒子管他們、使喚他們。

第九篇

依斯拉耶耳後代從厄日多出來後，第二年正月裡，天主［在］西奈意曠野望每瑟說：「依斯拉耶耳後代按時做『發則』的瞻禮，這個月第十四天晚上，照定的禮規行。」故此每瑟傳給依斯拉耶耳會的眾人，要做「法則」（亦譯：「發則」）的瞻禮。他們按時——這月第十四天晚上——在西奈意山不遠瞻禮：天主怎麼樣分付每瑟，依斯拉耶耳後代

23b 也怎麼行。忽然間，有幾個人被人的死屍贜【髒】了，因為那一天不能做「法則」的瞻禮，來到每瑟、亞隆的跟前說：「我們被人的屍首贜【髒】了：為甚麼我們不能共依

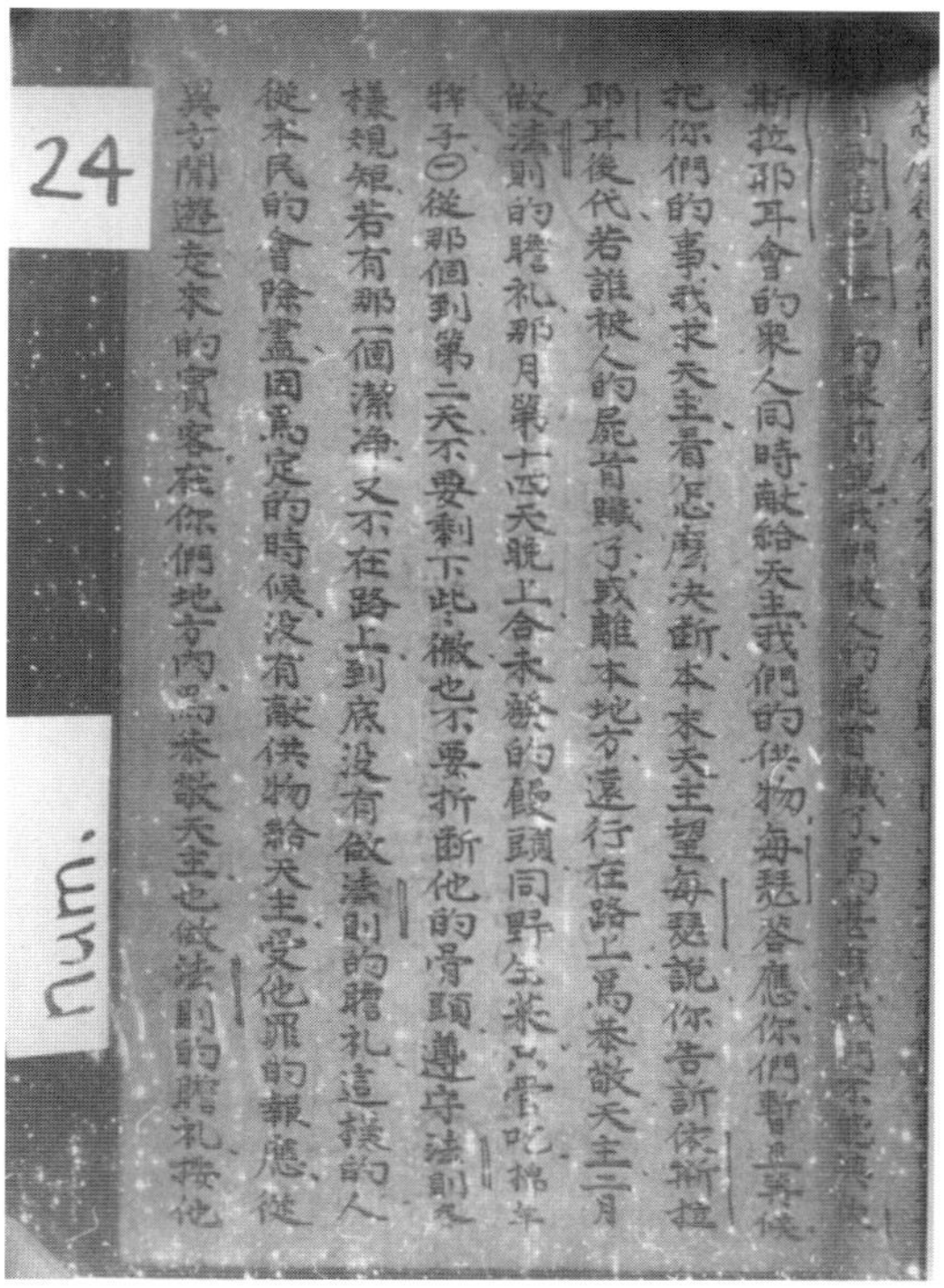

24a 斯拉耶耳會的衆人，同時獻給天主我們的供物？」每瑟答應：「你們暫且等候，［我］把你們的事〔我〕求天主，看怎麼決断。」本來天主望每瑟說：「你告訢【訴】依斯拉耶耳後代：若誰被人的屍首贜【髒】了，或離本地方遠(遠)行，在路上爲恭敬天主，二月做『法則』的瞻礼，那月第十四天晚上，合未發的饅頭同野生菜，只管吃棉【綿】羊牸子①。從那個到第二天，不要剩下些微(微)，也不要折断他的骨(骨)頭，遵守『法則』各樣規矩。若有那一個潔净又不在路上，到底没有做『法則』的瞻礼，這樣的人從本民的會除畫，因爲［没有在］定的時候〔没有〕獻供物給天主，受他罪的報應。從異方閒遊走來的賔客，在你們地方内，爲恭敬天主也做『法則』的瞻礼，按他

*校注：做「法則」的瞻禮，意即「獻逾越節的祭」。賀清泰的譯法首見於徐匯本《救出之經》第十二篇的「發則」，以及《肋未孫子經》第二十三篇的「法則」。北堂本與徐匯本中的「法則」一詞並非意譯，而為舊約中的希伯來文音譯，故「法則」一詞專指逾越節的獻祭，別無其他一般性的指稱。

［寫真24b缺］

［補缺］

的禮規。你們家裡，或外來的，或本地人都遵一樣的命。」

所以立殿的那一日，雲彩蒙蓋了，他從晚到明早，在殿帳子上，如火形像，常常如此。白晝雲彩遮蓋了殿，黑夜如火形像發光亮。保殿的雲彩離開的時候，依斯拉耶耳的後代纔起身；若雲彩在甚麼地方站住，他們就那個地方扎營盤。等候天主的旨意起身，也隨著旨意豎立殿。雲彩幾天在殿上，他們也幾天在那個地方住。若雲彩久在殿上，依斯拉耶耳後代小心謹候天主的旨意，雲彩在殿的

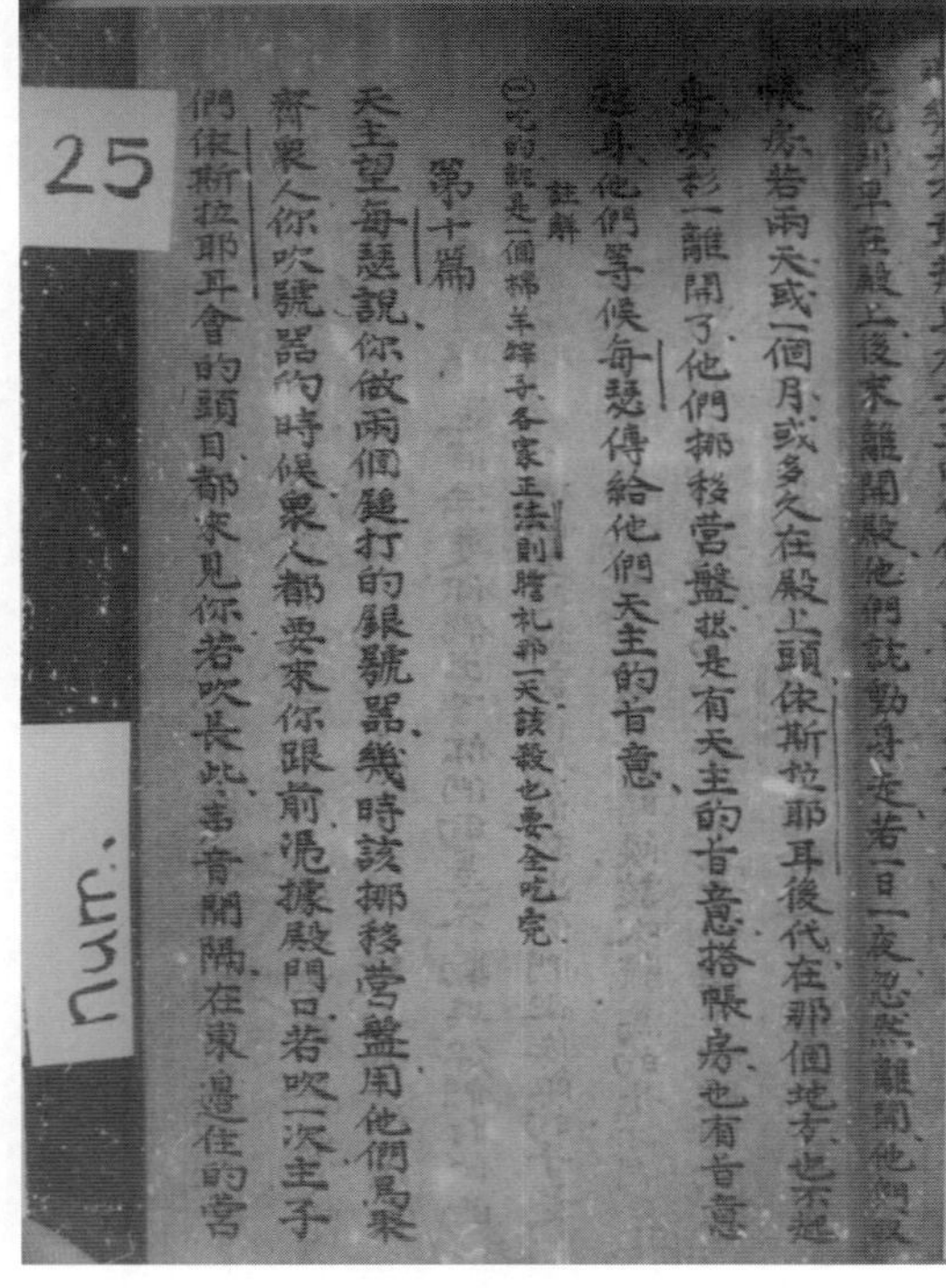
25
從晚到早在殿上後來離開殿他們就動身走若一日一夜忽然離開他們収
帳房若兩天或一個月或多久在殿上頭依斯拉耶耳後代在那個地方也不起
身雲彩一離開了他們挪移營盤揔是有天主的旨意搭帳房也有旨意
起身他們等候每瑟傳給他們天主的旨意
註解
①吃的就是一個棉羊牸子各家正法則瞻礼那一天該殺也要全吃完
第十篇
天主望每瑟說你做兩個鎚打的銀號器幾時該挪移營盤用他們爲聚
齊衆人你吹號器的時候衆人都要來你跟前凴據殿門口若吹一次主子
們依斯拉耶耳會的頭目都來見你若吹長些声音間隔在東邊住的営

24b
那幾天不敢起身。有天主的命，他們立帳房，也有天主的命拆下帳房。若雲彩從晚到早在殿上，後來離開殿，他們就動身走。若一日一夜忽然離開，他們収

25a
帳房；若兩天或一個月，或多久在殿上頭，依斯拉耶耳後代在那個地方也不起身。雲彩(彩)一離開了，他們挪移營盤。揔是有天主的旨意搭帳房，也有旨意起身。他們等候每瑟傳給他們天主的旨意。

註解

①吃的就是一個棉【綿】羊牸子，各家正「法則」瞻礼那一天，該殺，也要全吃完。

第十篇

天主望每瑟說：「你做兩個鎚打的銀號器，幾時該挪移營盤，用他們爲聚齊衆人。你吹號器的時候，衆人都要來你跟前，［在］凴據殿門口［聚集］。若吹一次，主子們——依斯拉耶耳會的頭目——都來見你。若吹長些，［並］声音間隔，在東邊住的營

〔寫真25b缺〕

〔補缺〕

盤先動；再吹一次的時候，號器的聲音如前一樣，南邊住的營盤拆帳房。若是要為起身，還吹號器，餘剩的兵都照樣行。幾時要聚齊眾人，吹號的聲音該勻勻不間隔。亞隆的兒子們，祭祀首吹號。你們一代一代的子孫該永遠遵守這個法度。你們出了你們的邊界，征伐與你們打仗的仇敵，要大大吹這號器。你們的主陡斯記得你們，救出你們從仇敵的手。〔筵晏〕各瞻禮日〔筵宴〕，每月初一日獻全祭祀、安祭祀牲口的時候，該吹號，為的是你們主

25b

陡斯記得你們。我是你們的主陡斯。」第二年二月二十〔日〕，雲彩離了和睦結約殿，依斯拉耶耳後代，按着各自的隊伍，從西奈意壙野起了身。雲彩止住在

26a

法蘭的野外。照每瑟傳諭天主的旨意，先按隊伍挪營盤的，就是如達斯的子孫，亜米那大伯的兒子那哈松是他們的頭目；依撒加耳族內的頭目就是蘇娃耳的兒子那達那耳；匝布隆族內，黑隆的兒子耶里亜伯是頭目。拆了殿，熱耳松、默拉里的子孫抬着那個起身。路崩的子孫按着次序，一隊一隊去了，他們的頭目是塞得烏耳的兒子耶里蘇耳；西默翁族內，頭目是蘇里撒台的兒子撒拉米耳；加得的族內，頭目是徒耳的兒子耶里亜撒費。加得支派【派】的子孫抬聖殿的器皿起身，到甚麼地方要立殿，常抬着①。耶法拉意默的子孫，按隊伍挪營盤，他們軍內的頭目是亜米烏得的兒子耶里撒瑪。

〔寫真26b缺〕

〔補缺〕

瑪那斯族內頭目是法達蘇肋的兒子加瑪里耶耳。柏尼亞明族內頭目是熱德翁的兒子亞遍丹。

旦的子孫按隊伍，末尾挪移營盤起身了，他們軍內頭目是亞米撒台的兒子亞西耶則耳。亞塞耳族內〔的〕頭目是厄加蘭的兒子佛詩耶耳。奈費大里族內〔的〕頭目是耶南的兒子亞喜拉。這就是依斯拉耶耳後代的大兵起身的次序，幾時按隊伍，從此至彼。

每瑟望瑪弟盎地方他的親戚火巴柏——拉古耶耳的兒子說：「我們往天主要賞的地方去，你同我們去，為能教

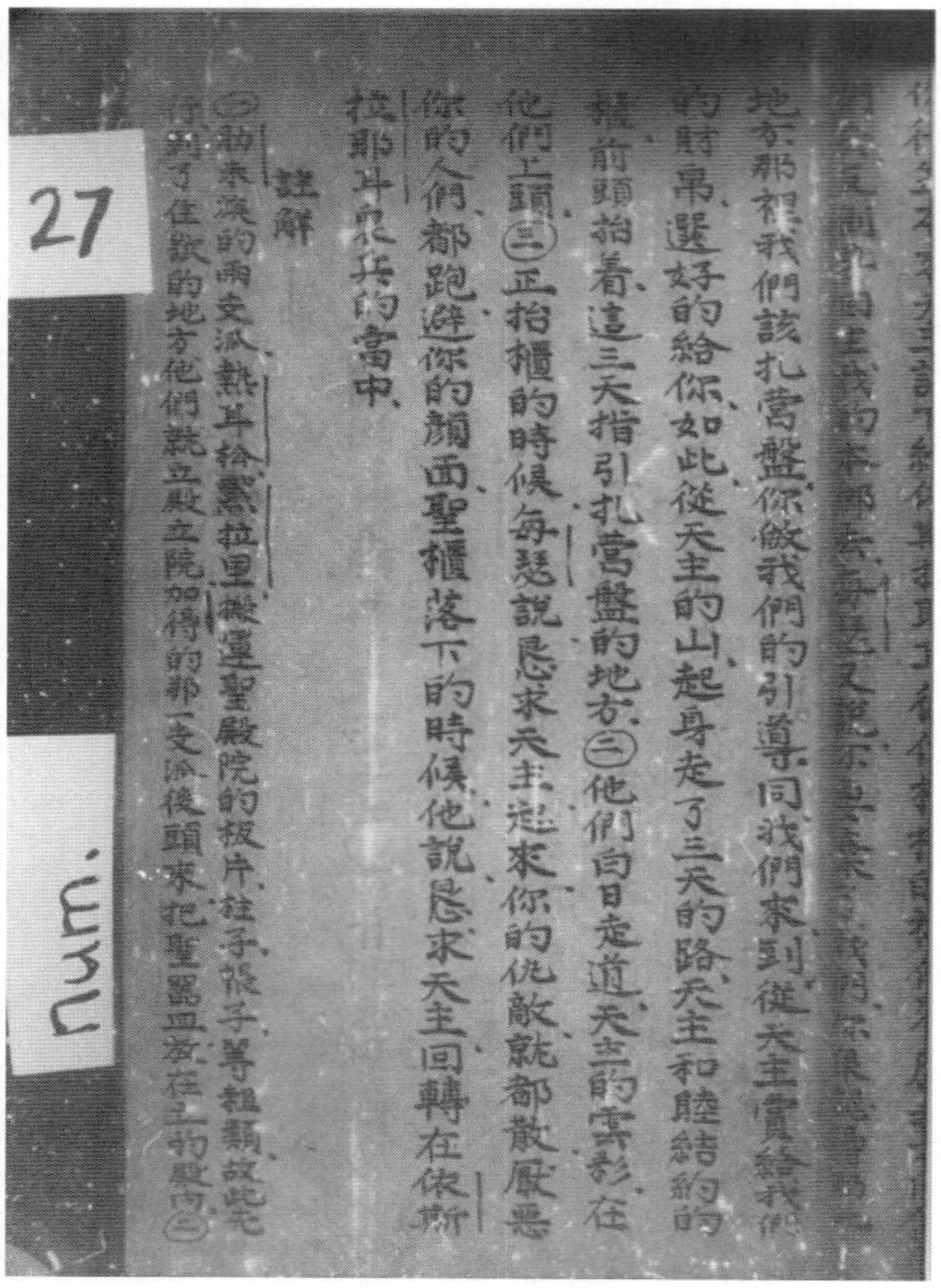

26b
你得益，本來天主許下給依斯拉耶耳後代樣樣的福。」他答應：「我不同你
們去，反倒要回生我的本鄉去。」每瑟又說：「不要棄了我們！你狠認得那些
27a
地方，那裡我們該扎營盤。你做我們的引導，同我們來，〔到〕從天主賞給我們
的財帛，選好的給你。」如此，從天主的山起身，走了三天的路，天主和睦結約的
櫃，〔在〕前頭抬着，這三天揩(指)引扎營盤的地方②。他們白日走道，天主的雲彩在
他們上頭③。正抬櫃的時候，每瑟說：「懇求天主起來，你的仇敵就都散，厭惡
你的人們都跑，避你的顏面。」聖櫃落下的時候，他說：「懇求天主回轉在依斯
拉耶耳衆兵的當中。」

註解

①肋未族的兩支泒【派】：熱耳松、默拉里搬運聖殿院的板片、柱子、帳子等粗類，故此先行，到了住歇的地方，他們就立殿、立院。加得的那一支泒【派】後頭來，把聖器皿放在立的殿內。②

[寫真 27b 缺]

[補缺]

雲彩在聖櫃上，(止住了) 甚麼地方 [止住了]，依斯拉耶耳後代就在那裡歇宿，所以說聖櫃指引道路，預備扎營的地方。

③雲彩在眾兵的頭上，如傘一樣，保 [護] 他們不受太陽的炎熱。

第十一篇

暫且，民人們裡頭鬧鬧轟轟，起了報怨天主的聲音，到像是受苦太過。天主一聽，動了義怒，天主的火忽然出來，把營盤末尾有的人呑著燒完了。民人望著每瑟呼號；每瑟望天主祈求，火即刻止了，將那個地方取名叫「焚燒」，因為天主的火在這裡 [燒] 起，也燒他們①。

同依斯拉耶耳後代攪混來的一群小

27b 人，偏【偏】着愿欲，貪想肉，一齊坐着哭，也挑唆依斯拉耶耳後代打夥說：「誰給我們肉吃呢？我們記得在厄日多地方，平白吃魚、東瓜、甜瓜、撥耳里菜②、葱、蒜。

28a 我們的身內都乾了，我們的瞧見的不過是『瑪那』。」原來「瑪那」如芫荽子一樣，像(像)栢德畧(略)的色③。衆民去营盤周圍収攏那個，或磨麵，或臼内搗，在鍋(鍋)裡炕熟後，從那個做饅頭、鏇(鏇)餅，(彿) 彷 [彿] 灑油饅頭的味。夜裡露水在兵营盤下的時候，「慢」(亦譯：「瑪那」)也下來。每瑟听見民人們家裡怨恨，各人在他帳房門口哭。天主大動義怒，

每瑟還看他們的這報怨本是不可饒(饒)，望天主說：「你爲何苦你奴才？爲何我不在你台前得寵爱(愛)，爲甚麼緣故把這許多民的重任放在我身上？難(難)道我如一個母親，懷(懷)胎生這許多的人麼？你要望我說：『像一乳母，懷抱孩子在手裡，你抱着他們送到那地方。』——你發誓許下給他們的祖宗的。我那裡得肉給這無数的人呢？

［寫真28b缺］

［補缺］

他們哭著報怨我說：『你給我們肉吃罷！』我孤身不能擔當這無數民的責任，因為太重。
若你有別的主意，懇求殺了我，使我［在］你眼前得寵愛，免我受這煩苦④。

天主望每瑟說：「你從依斯拉耶耳眾民，聚集［七十個老人］在我前｛七十個老人｝
——你認識的，也知道是眾民的老師傅；把你【他】們送到和睦結約殿門口，教他們同你
在那裡站著。我降臨，望你說，我從你的神智謀略拿取些微賦給他們，為的是他們同你擔
當眾民的責任，你一人纔不受勞心苦力。［你］還向眾民說：『

28b
你們立功潔净身体，明日要吃肉。本來我听見你們說：「誰給我們肉吃呢？在厄
日多地方狠好！」天主要賞給你們肉吃，也不是一天、兩天、五天、十天、二十天，［而是］
整一個月，

29a
到［肉］從你們鼻孔眼出來，你們還厭煩悪心，因爲雖(雖)然天主在你們當中照看
你們，你們棄絶(絕)了他⑤，又在他跟前哭着說：「我們爲甚麽出了厄日多地方？」」
每瑟望天主說：「民人們有六十萬歩(步)兵，你說：『整一個月我要給他們肉吃。』爲預
偹(備)彀吃的物，或把牛羊全殺了麽？或爲教他們飽(飽)，把海裡的魚都聚合在一
個地方麽？」天主答應：「難道天主的手沒有力量(量)麽？不久你看我的話有效騐(驗)
否。」所以每瑟去，［將］天主的旨意都告訴【訴】了民人們；聚集了依斯拉耶耳會的
七十個老人，教他們聖殿傍(旁)邊站着。天主從雲彩降臨(臨)，同他說；從每瑟原有的
神智謀畧拿了些微，賦給七十老人。他們一得了神智謀畧，他們即(即)刻說未來

〔寫真29b缺〕

〔補缺〕

的事，從此以從【後】沒有斷絕。

　原來兩個老人在營盤內——一個名耳達得，那一個叫默達得，這兩個也是每瑟挑選的，但沒有往殿去⑥；神智謀略他們也得了，兩個正在營盤說未來的事。一個年幼的跑來告訴每瑟說：「耳達得、默達得在營裡說未來的事。」那時嫩的兒子若蘇耶——每瑟的幫手，也從眾簡選的人說：「我主每瑟！禁止他們罷。」他答應：「你們何故為顯揚我，忌妒他們呢？把【巴】不得眾民都說未來的事，天主也賦給他們神智。」每瑟並依斯拉耶耳長輩轉回營盤。

29b

忽然起了風——從天主來的，把海那一邊所有的鵪(鶴)鶉都催過來，赶到營盤內：營盤周圍，[約有]一天的路[程]，鵪鶉空中飛，離地三尺高。所以民人們都起來，整那一

30a

天一夜，再第二天，収攏鵪鶉，少収的也得滿十斗⑦。衆人営盤周圍把鵪鶉肉曬乾了，[肉]還在他們牙上，這樣吃食未完，天主的嚴怒望民人猛出，以大災禍(禍)⑧處治他們。那個地方的名字叫(叫)作：貪饕(饕)的墳墓⑨，爲的是那個地方埋葬(葬)爱吃肉的人們。[衆人]從貪饕墳墓起了身，到了亜塞落得，在這裡住下。

註解

①這個火災，前頭說的同末尾的是一個災。每瑟先署署提，後頭細講，把起火的那個地方取名叫「焚燒」；立了营盤，鵪鶉落下的那寛(寬)長地方，叫作貪饕墳墓。②撥耳里這個菜是葱的一類，這裡沒有的。③栢德署是一宗樹(樹)，出的精液凝(凝)結了，顏色又白又光亮。④每瑟是大謙遜的賢士，每次依斯拉耶耳犯了罪，他常想：「我生性魯鈍，沒有善爲引導教訓，故此他們胡行。」再者，既然狠熱爱天主，見鄙賎(賤)小人輕忽辜負(負)天主格外大恩，真

［寫真30b缺］

［補缺］

受不住。天主知道他的實心，［所以］合他的祈求。

⑤本來不貴重天主的恩，不善用的人，說得是棄絕天主的人。

⑥這兩個人因為太過謙遜，不敢擔當這個責任，所以沒有同別的［老人］去殿門口。雖然如此，天主也賦給了他們神智。

⑦這是那裡的一宗大斗，每斗裝六百斤麥子。

⑧這是原先說的火災，挑唆的人們都被火燒殺了。

⑨意思教依斯拉耶耳後代怕天主的威嚴義怒，每瑟在這個地方取了這個名字。

第十二篇

那時瑪利亞、亞隆兩個，為每瑟的妻子耶弟岳必亞地方人，背地責怪

30b
每瑟說①：「傳宣天主降的旨意，單單用了每瑟麼？天主還沒有望
我們降旨意麼？」天主听見了這樣的話，因爲每瑟本性②比天下所有
31a
的人是良善的，立刻給每瑟、亞隆、瑪利亞說：「寡(寡)你們三個徃和睦結
約殿去。」他們去了後，天主從雲彩的③柱子降臨，在殿門口叫亞隆、瑪利
亞。他們來了，天主望他們說：「你們听我的言語：若你們裡頭有先知者，天主
寵爱的，我給他的神目露出④我的妙像，或夢裡望他說。但我的奴才每
瑟不是這樣，他在我的全家⑤比別的忠正。我面對(對)面同他說，他不是從疑(疑)
似踪(蹤)蹟【跡】瞧見天主，他是明明白白看天主。你們爲何不怕毀(毀)謗我的奴才每瑟
呢？」
天主發義怒去了，殿上有的雲彩也離開了。忽然瑪利亞渾身染了痲【痳】瘋，
像雪一樣白了。亞隆見他染了痲【痳】瘋，望每瑟說：「懇求我的主，我們糊塗

［寫真31b缺］

［補缺］

犯罪的報應，不要到我們身上，不要這個⑥變如死人，也如未足月小産，從母腹棄擲的一樣。看一看，痲瘋已經吃他肉的一半。」每瑟望天主呼號著說：「懇求主陡斯療愈他。」天主答應：「若他父親望他臉上吐唾沫，他不當至少羞愧七天麼⑦？把他分開在營外住七天，然後教回。」瑪利亞這樣［被］分開了，在營外住了七天。瑪利亞到回轉的時候，民人們沒有從那個地方起身。

註解

①每瑟的妻子瑟佛拉，本是瑪弟盎地方的人，如今為何說是耶弟岳必亞地方的人呢？答應：「

31b

古時厄日多西邊地方都叫耶弟岳必亜；厄日多東邊地方，或叫耶弟岳必亜，或叫瑪弟盎。不和睦的緣故，大槩是這個：瑟拂拉（亦譯：瑟佛拉）順着女流的毛病，要誇（詩）張自己，太過稱揚他的丈夫，瞧不起亜隆、瑪利亜。瑪利亜生了忌妬心，挑唆亜隆，兩個說每瑟的不是。②這幾句讚

32a

美的話，想是每瑟没有寫他，接續每瑟的若蘇耶後頭添上了。③天神往下落雲彩，自己也降來，爲傳天主的旨意。④這話的意思就是：「我若要人懂得我的旨意，或使他眼看妙物的形像，或夢中听見我的言語。」⑤說的「我全家」，就是依斯拉耶耳子孫全會。⑥「這個」就是瑪利亜。⑦大槩那時候的規矩，父親惱（惱）他的女孩，爲壓他的驕傲，望他臉上吐唾（唾）沫。天主如今（今）要羞辱瑪利亜，教他遭了痲【痲】瘋，又教他離開營盤。亜隆因爲是祭祀揔首，天主没有這樣處治他。

第十三篇

衆民從哈塞落得起身，到法蘭壙野扎營房。這裡天主望每瑟說：「你打發人細看我要賞給依斯拉耶耳後代的加南地方，你［每族］挑選〔每族〕一個頭等的人。」每瑟照天主的旨意行，從法蘭壙野差了頭等人。他們的名字就是

［寫真32b缺］

［補缺］

這個：路崩族內是撒木瓦——則孤耳的兒子；西默翁族內是撒法得——胡里的兒子；如達斯族內［是］加肋伯——耶拂奈的兒子；依撒加耳族內是依加耳——若瑟的兒子；耶法拉意默族內是厄塞耶——嫩的兒子；柏尼亞明的族內是法耳弟——拉福的兒子；匝布隆族內是熱弟耶耳——索狄的兒子；若瑟甫族內，從瑪那斯支泒【派】，［是］加狄——蘇西的兒子；旦族內是亞米耶耳——熱瑪里的兒子；亞塞耳族內是蘇圖肋——彌格爾的兒子；奈費大里族內是那哈伯——瓦必西的兒子；加得族內是孤

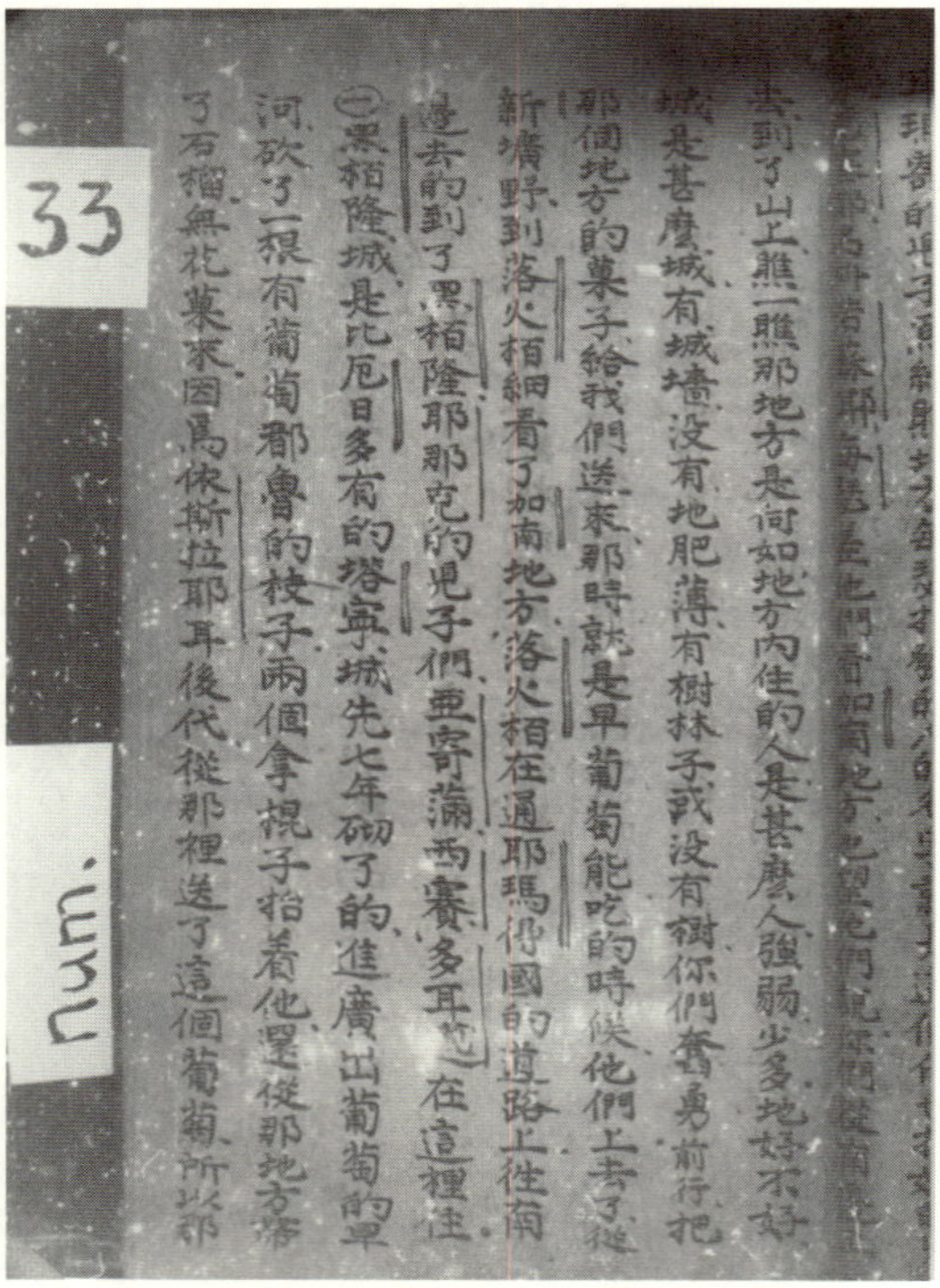

32b
耳——瑪寄的兒子。爲細瞧地方，每瑟打發的人的名字就是這個。他也把嫩的兒
子厄塞耶，［起］名叫若蘇耶。每瑟差他們看加南地方，也望他們說：「你們從南邊上
33a
去，到了山上，瞧一瞧那地方是何如，地方內住的人是甚麼人，強弱少多，地好不好；
城(城)是甚麼城，有城墻(牆)没有；地肥薄，有樹林子或没有樹。你們奮勇(勇)前行，把
那個地方的菓(果)子給我們送來。」那時就是早［熟］葡萄能吃的時候。他們上去了，從
新壙野到落火栢，細看了加南地方，落火栢在通耶瑪得國的道路上，往南
邊去的。到了黑栢隆，耶那克的兒子們：亜寄滿、西賽、多耳邁在這裡住
①——黑栢隆城是比厄日多有的塔(搭)寗(寧)城先七年砌了的。［他們］進廣(廣)出葡萄的旱
河，砍了一根有葡萄都魯的枝子，［用］兩個拿棍子抬着他，還從那地方帯(帶)
了石榴、無花菓來。因爲依斯拉耶耳後代從那裡送了這個葡萄，所以那

〔寫真33b缺〕

〔補缺〕

地方取名叫落火肋斯渴耳——解說：葡萄的旱河。

〔他們〕細看地方的人，繞著地方的周圍行了四十天，纔回見每瑟、亞隆也依斯拉耶耳的眾人。他們還在加得斯不遠的法蘭壙野，望每瑟、亞隆並眾人說，又教看那地方的菓子，告訴說：「去到你差遣我們去的地方，那地方真流奶子、蜜——從這些菓子能明白知道；但地方住的人們好不強盛，那裡的城大，也有城牆。那裡也見耶那克的後代，亞瑪肋克族在南邊住；黑得阿、耶布則阿、亞莫肋阿在山上住；論加那奈阿，

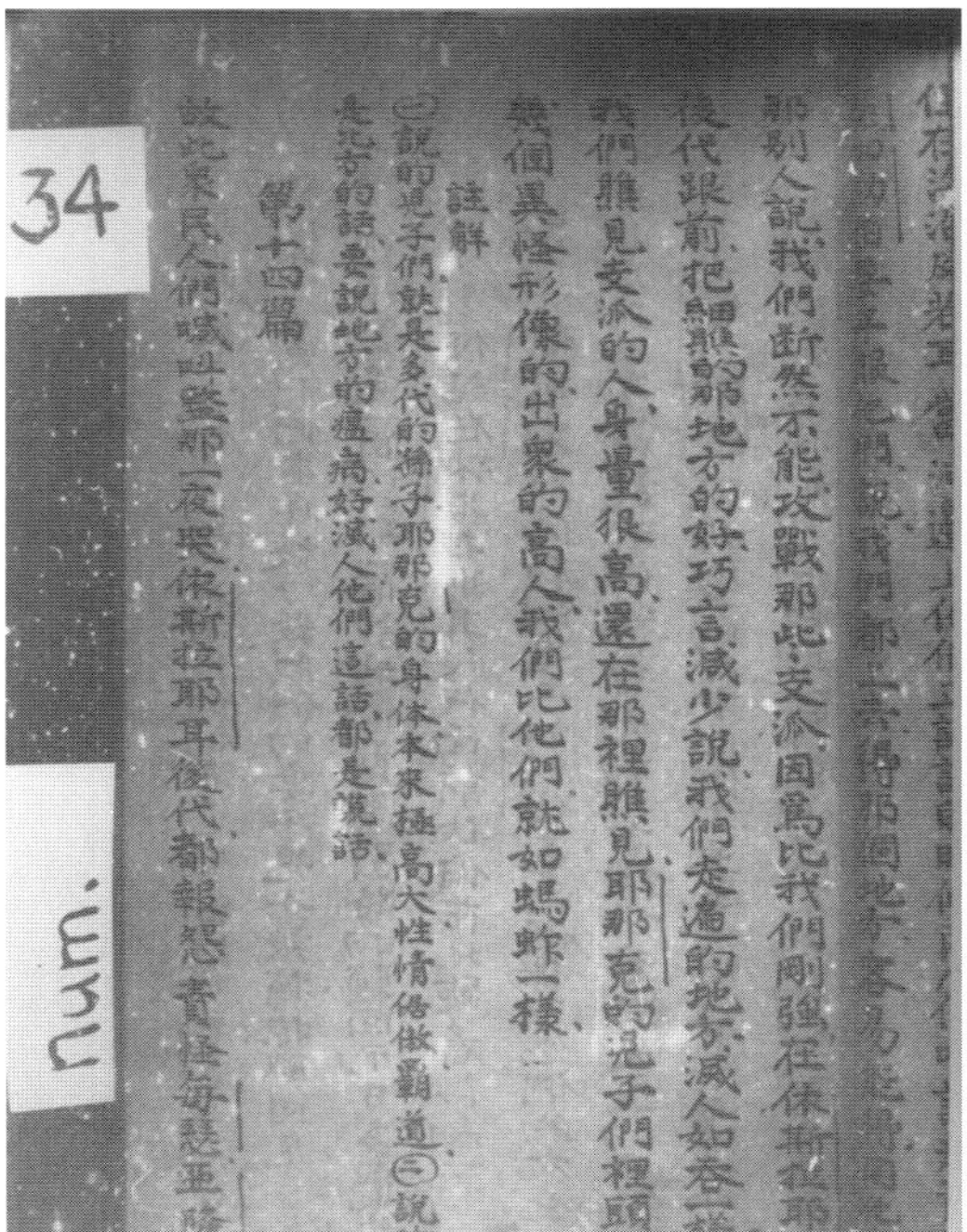

33b 住在海沿及若耳當河邊上。」他們正說話的時候，民人們喧嘩起，責怪每瑟。加肋伯要平服他們，說：「我們都上去得那個地方，容易能得。」同他去的

34a 那別人說：「我們断然不能攻戰(戰)那些支泒【派】，因爲〔他們〕比我們剛強。」〔這些人〕在依斯拉耶耳後代跟前，把細瞧的那地方的好，巧言滅少，說：「我們走遍的地方，滅人如吞一樣②。我們瞧見支泒【派】的人，身量狠高，還在那裡瞧見〔那些〕耶那克的兒子們，裡頭有幾個異怪形像的、出衆的高人。我們比他們，就如螞蚱一樣。」

註解

①說的「兒子們」，就是多代的孫子。耶那克的身体本來極高大，性情倨傲、霸（霸）道。②說的「吞」是比方的話，要說〔那〕地方的瘟（瘟）病好滅（滅）人，他們這話都是謊（謊）話。

第十四篇

故此，衆民人們喊叫，整那一夜哭。依斯拉耶耳後代都報怨責怪每瑟、亞隆

〔寫真34b缺〕

〔補缺〕
說：「把【巴】不得我們〔死了〕在厄日多地方〔死了〕，把【巴】不得我們在這寬闊野外
死，免天主指引我們進那個地方，也免我們本身被刀殺，我們的妻子兒子被擄掠。轉回厄
日多地方何如，不更好麼？」這一個望那一個說：「我們簡選引路的頭，回厄日多罷。」每
瑟、亞隆聽了這個話，在依斯拉耶耳後代面前伏俯在地跪著，仔細一看加南地方〔的人〕。
嫩的兒子若蘇耶、耶佛奈的兒子加肋伯，這兩個撕了他們的衣裳，也望依斯拉耶耳眾後代
說：「我們繞著走的地方很好。若有天主的恩，教我

34b 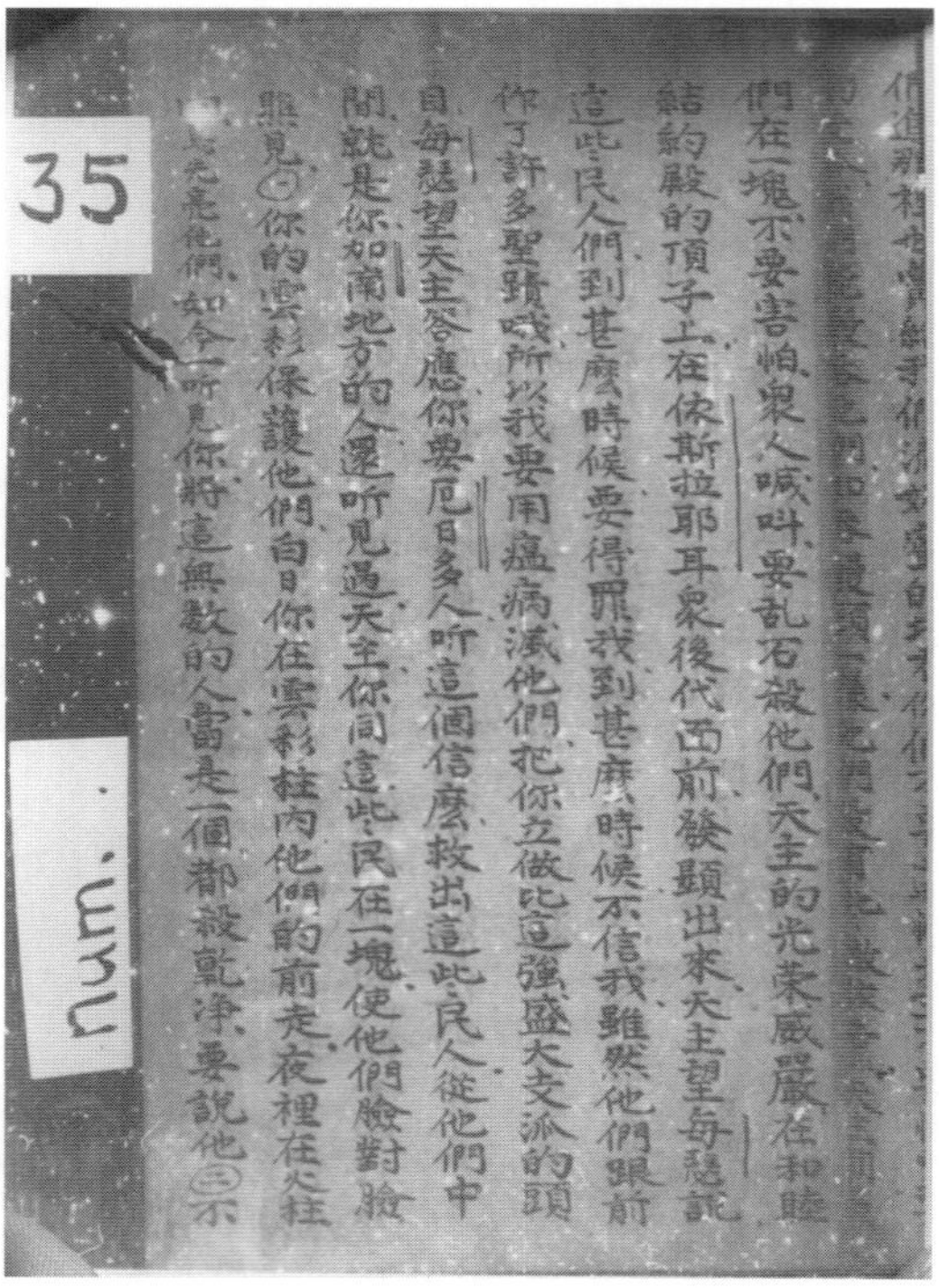
們進那裡，也賞給我們流奶、蜜的地方。你們不要違悖天主，不要怕那地方」
的支泒【派】，我們能彀吞他們如吞饅頭一樣，他們没有些微依靠，〔而〕天主同我

35a
們在一塊，不要害怕。」衆人喊呌，要乱(亂)石殺他們。天主的光荣(榮)威嚴，在和睦
結約殿的頂子上，在依斯拉耶耳衆後代面前發顕(顯)出來，天主望每瑟說：「
這些民人們〔到甚麼時候〕要得罪我到甚麼時候，不信我〔到甚麼時候〕？雖然〔我在〕
他們跟前
作了許多聖蹟哦！所以我要用瘟病滅他們，把你立做比這強盛(盛)大支泒【派】的頭
目。」每瑟望天主答應：「你要厄日多人听這個信麼？〔從他們中間〕救(救)出這些民人
〔的〕〔從他們中
間〕就是你。加南地方的人還听見過，天主你同這些民在一塊，使他們臉對臉
瞧見①。你的雲彩保護他們，白日你在雲彩柱内，〔在〕他們的前〔面〕走；夜裡在火柱
内，爲光亮他們。如今〔這些地方的人〕一听見你將這無数的人當是一個，都殺乾净，要
說：『他②不

〔寫真35b-74a缺〕

〔補缺〕

能教依斯拉耶耳後代進那發誓許的地方，故［在］此沙石壙野滅盡他們。懇求天主發揚你的強盛，自然照你的誓說過的，天主是忍耐者，又是極有慈憐的，除盡罪惡，不棄絕無罪的人，把祖宗的罪報應在第三、四代孫子身上。懇求天主，按你大仁慈，饒恕這民人們的罪，就如容忍他們，從出厄日多至到這個地方。」

〔……〕

〔寫真35b-74a缺〕

〔……〕

〔補缺〕

『撒罷多』日期，另外要獻兩個一歲的羊羔；再著，從一個厄匪器皿十分之二的細麵，上頭倒油，配合祭祀；還奠酒，就如『撒罷多』日子，永遠全祭祀的時候理當奠的。

　每月的初一，將群內的兩個小牛犢、一個公棉【綿】羊、一歲無缺欠的羊羔，在天主台前要全祭祀。各小牛犢配上一個厄匪器皿十分之三的細麵，上頭倒油；每公棉羊［配］一個厄匪器皿十分之二［的］細麵，上頭也倒油；每羊羔的祭祀，一個厄匪器皿十分之一的細麵，

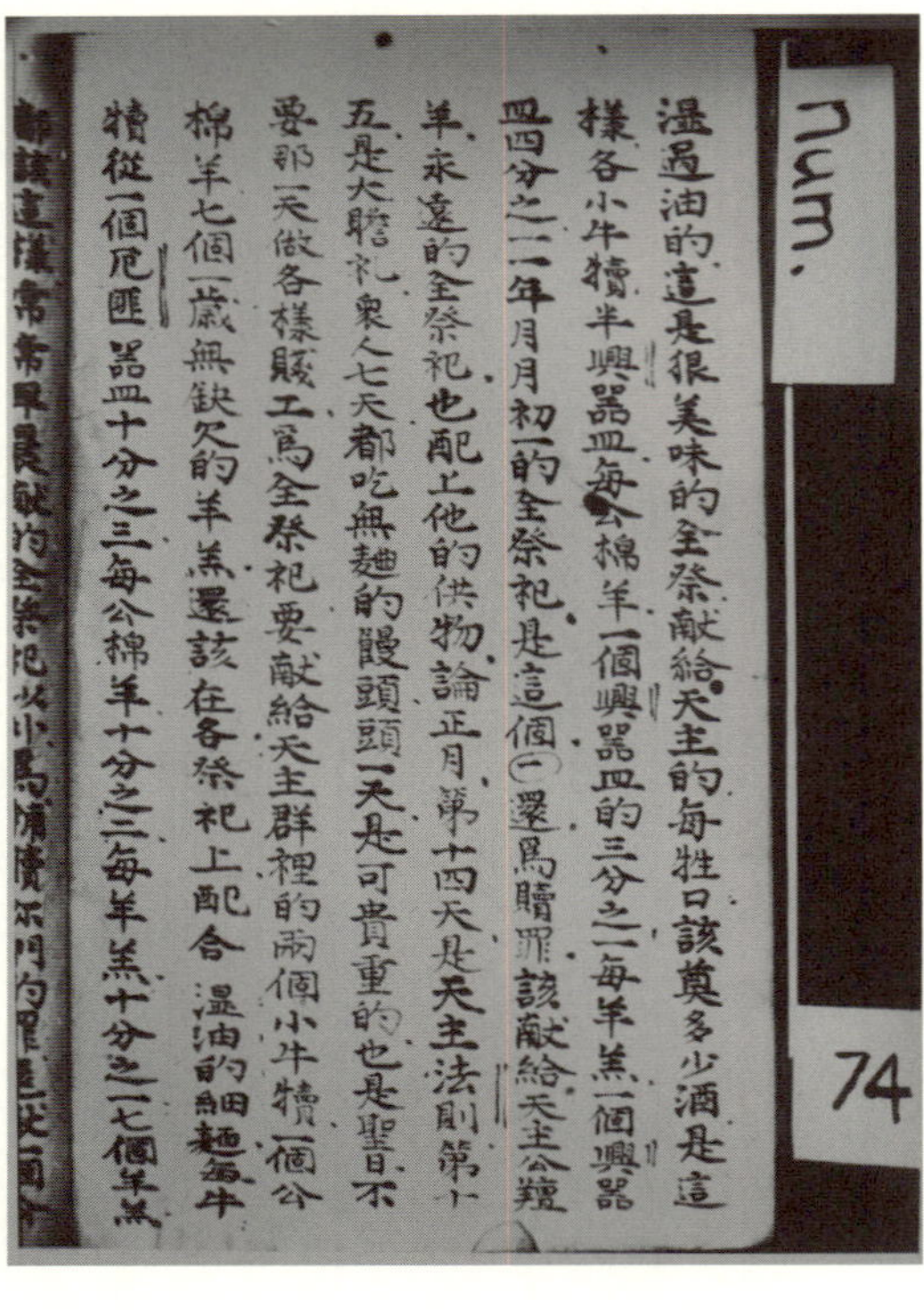

74b

湿(濕)過油的。這是狠美味的全祭［祀］。獻給天主的每牲口，該奠多少酒是這樣：各小牛犢——半興(興)器皿；每公棉【綿】羊——一個興器皿的三分之一；每羊羔——一個興器皿［的］四分之一。一年月月初(初)一的全祭祀是這個①。還爲贖罪，該獻給天主公羶羊［作］永遠的全祭祀，也配上他的供物。論正月第十四天，是天主「法則」，第十五［天］是大瞻礼，衆人七天都吃無麵的饅頭。頭一天是可貴重的，也是聖日，不要［在］那一天做各樣賤工。爲全祭祀，要獻給天主群裡的兩個小牛犢、一個公棉【綿】羊、七個一歲無缺欠的羊羔，還該在各祭祀上配合湿油的細麵：［為］每牛犢——從一個厄匪器皿［取］十分之三；每公棉【綿】羊——十分之二；每羊羔——十分之一，七個羊羔

75a

都該這樣。常常早晨獻的全祭祀以外，爲補贖你們的罪，還獻一個公

［寫真75a缺］

［補缺］

羶羊。這七天每日作這樣祭祀，好存養祭台的火，也作成給天主至美的味——從全祭祀並供的物出來的。第七天是很熱鬧的，與你們是聖日，那一天也不可作賤工。

滿了七日的七週後，獻給天主新糧食。獻新物的那一天，與你們是可貴重的，也是聖日，這一日也不可作賤工。把群裡的兩個小牛犢、一個公棉【綿】羊、七個一歲無缺欠的羊羔，做為給天主至美味的全祭祀。每牲口的祭祀，為牛犢配上一個厄匪器皿的十分之三濕油的細麵；為公棉【綿】羊——十分之二；為羊羔——十分之一，這羊羔共有七個。永遠全祭［祀］他的供物以外，你們

75b

還要獻一個公羶羊，爲贖罪［而］殺他。獻的或牲口，或供物，都要無缺欠的。」

註解

①每年每月初一日，獻給天主這樣祭祀、供物的緣故，就是爲感謝［從］天主上年、上月所得的恩，也求這一年、這一月再賞新恩。

第二十九篇

「七月初一日，與你們是貴重的，也是聖日，這一日不可作賤工——因爲是大吹號的日期。從群內把一個小牛犢、一個公棉【綿】羊、七個一歲無缺欠的羊羔，獻給天主［作］狠美味的全祭祀。那牲口的祭祀，每牛犢配上厄匪器皿十分之三濕油的細麵；每公棉【綿】羊——十分之二；每羊羔——十分之一，羊羔一共是七個。還爲補贖衆民的罪，

76a

該爲罪祭祀一個公羶羊。這祭祀是每月初一獻的全祭祀兼供物，並永遠

［寫真76a–78a缺］

［補缺］

全祭祀，連配上的奠酒以外的。獻這祭祀當給天主的美味，你們也要照別的全祭祀的禮。

［……］

第三十篇

每瑟將天主分付的話全告訴依斯拉耶耳後代。

［每瑟］又望依斯拉耶耳後代的族長說：「這是天主的旨意：若有人發願許甚麼給天主，或起誓決定要作甚麼事，他不敢食言，反倒要照他許的話行。女子還在他父親家裡，又是年小的時候，或發甚麼願，也起誓要行，他父親知道女孩發的願、起的誓，若父親不說甚麼，女孩要守他的願，起誓口許的甚麼都要作。若父親一聽見了，立刻不依，女孩發誓口許［的願、誓］都算沒了，他不行所許的也無罪，因為父親不依他。若有

78b
丈夫的女人，許了甚麼話，出了他的口，起誓要行所許的事，他的丈夫那一日一听
見了，不阻攔，那婦人要守他的願，起誓口許的甚麼都要作；若丈夫一听見，
立刻不依他，女人許下的事、起誓說的話都成了空許的話，天主憐憫他①。
寡婦或休過的女人許甚麼愿，都要照話行。倘或有女人在他丈夫家裡
住，發愿又起誓要行，丈夫知道，不阻擋口許的誓，女人要照話行；若丈夫
立刻阻擋他，不行口許的事無罪，因爲丈夫說不可，天主也寛恕他。若女人
發願也起誓，定意爲克苦肉身守齋，或戒甚麼別的，他行典不行，都在
他丈夫的隨便。丈夫听見這樣的事，立刻不說甚麼，挪移到次日決断，那
79a
婦人要照許願的話行，因爲丈夫一听見了没有說甚麼，反倒知道了後頭

[寫真79a缺]

[補缺]
說不可，寡丈夫承當不守願的罪②。」丈夫望他妻子，父親望他年幼的女孩，還住在父母家裡的，該作甚麼，天主定了這些法度，交給每瑟傳給眾人。

註解

①若那妻子不守發的誓，不但天主台前無罪，反倒聽丈夫的話有功。

②雖然天主給丈夫消滅本妻誓願的權，但丈夫無故，或冒施用這個權，自然有罪，妻子無罪。

第三十一篇

天主望每瑟說：「先報依斯拉耶耳後代的仇，征代【伐】瑪弟盎、莫哈伯兩國的人，你纔會見你的同類。」每瑟立刻給眾民說：「你們裡頭預備打仗的兵，望瑪弟

79b
盎、莫哈伯能報天主的仇。從依斯拉耶耳各族要挑選一千人上陣去。每族出了
一千人，共捴一萬二千健(健)鋭兵。每瑟同祭祀捴首耶肋亜匝肋的児子費奈斯
打發了他們，交給他聖器皿①、吹的號器。他們打仗勝了瑪弟盎的兵，將瑪弟
盎國的衆男子們，連他們的王——耶未、肋瑟母、蘇耳、胡耳、肋伯——那支泒【派】的
五個主
子全殺了，還刀殺伯阿耳的児子巴拉母。他們的女人、孩子、牲口群、各様的器皿
都擄(擄)掠了，都毀壊(壞)了仇敵所有的物件，或城、或村庄(莊)都被火焼了。(全)將擄
掠
的物件、人、牲口［全］送到每瑟兼祭祀捴首耶肋亜匝肋，及依斯拉耶耳衆後代
跟前來，別的器皿帯到営盤内，這営盤在莫哈伯平地方——若耳當河邊上——
80a
耶里郭城對面。每瑟、祭祀捴首耶肋亜匝肋、依斯拉耶耳會的衆主子們

［寫真80a缺］

［補缺］
出了營盤，迎接他們。每瑟望從陣上回來，［領一千、一百］(的)兵的將軍（一千一百領
頭），惱著說：「你們何故留下女人們呢？巴拉母設計的，哄害依斯拉耶耳子孫，拉扯你們
背叛天主，陷溺［於］佛郭耳的罪②，不是他們麼？莫亞伯、瑪弟盎的民不是為這個緣故
滅了的麼？故此，把所有的男子們連小孩都殺了③，還有同男［人］配合過的女人，割了
他們的脖子；是童貞的女孩們，［便］留給你們。你們七天在營外，凡有殺人的，或摩了死
人屍首的，第三天、第七天要潔淨聖地；又從擄的物件、或衣服，或器皿，［或］預備用
的，從羶羊皮毛、包袱，或木頭的傢伙，［都］該當按禮潔淨。」

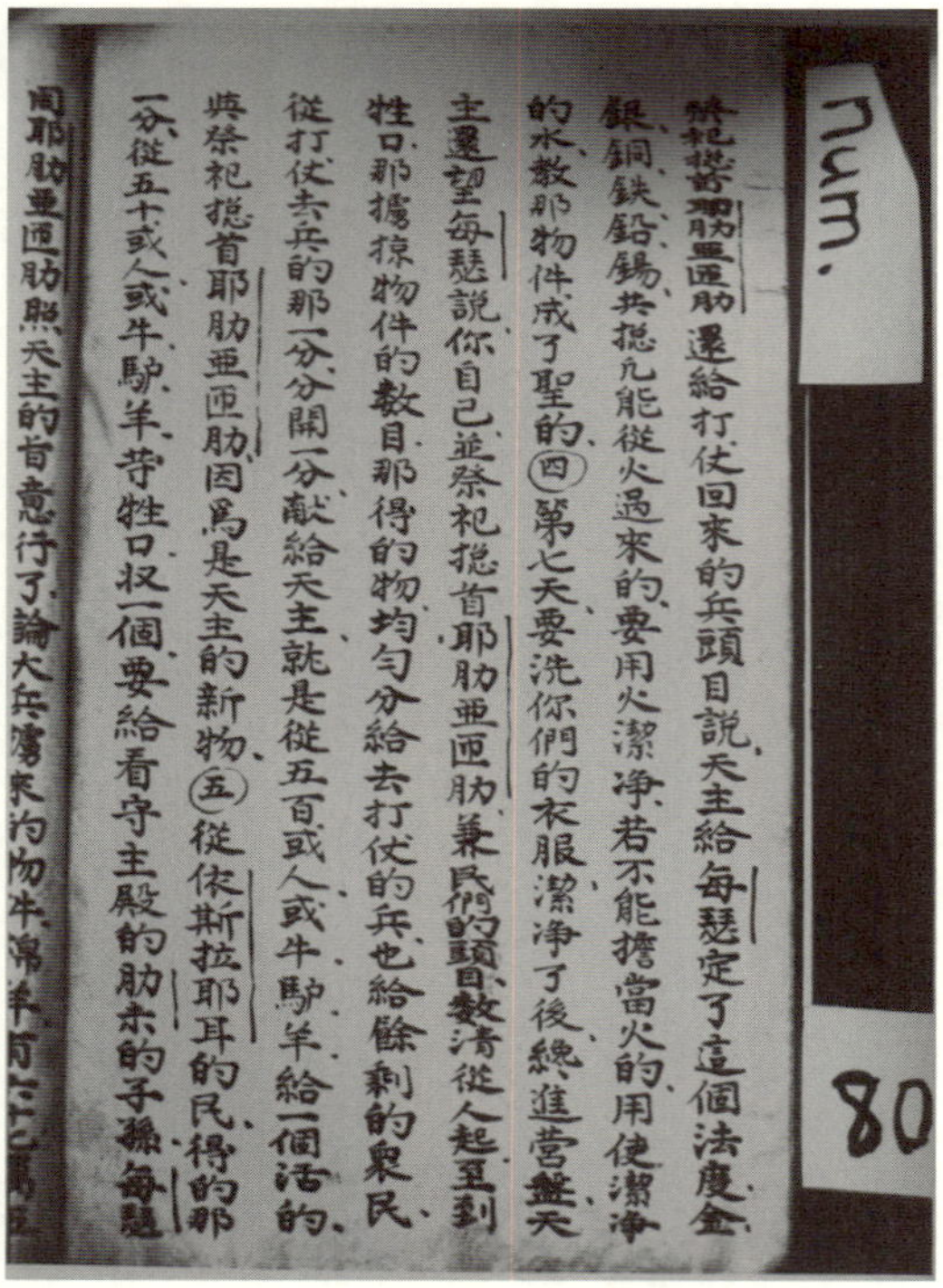

80b
祭祀揔首耶肋亜匝肋還給打仗回來的兵頭目說：「天主給每瑟定了這個法度：金、
銀、銅、鉄(鐵)、鉛(鉛)、錫(錫)，共揔凡能從火過來的，要用火潔浄：若不能擔當火的，
用使潔浄
的水教那物件成了聖的④。第七天要洗你們的衣服，潔浄了後纔進營盤。」天
主還望每瑟說：「你自己並祭祀揔首耶肋亜匝肋，兼民們的頭目，数清從人起至到
牲口，那擄掠物件的数目。那得的物，均勻分給去打仗的兵，也給餘剩的衆民。
從打仗去兵的那一分，分開一分献給天主，就是從五百——或人，或牛、馿(驢)、羊——
給一個活的
典祭祀揔首耶肋亜匝肋，因爲［那］是天主的新物⑤。從依斯拉耶耳的民得的那
一分，從五十——或人，或牛、馿(驢)、羊苛牲口——収一個要給看守主殿的肋未的子孫。」每瑟
81a
同耶肋亜匝肋照天主的旨意行了。論大兵擄來的物件：棉【綿】羊有六十七萬五

［寫真81a缺］

［補缺］
千，牛有七萬二千，驢有六萬一千，未同男［人］配合的女孩有三萬二千。交給打仗去的
兵一半，就是三十三萬七千五百［個］羊，從這［些］拿了六百七十五個羊做為給天主的
分兒；從三萬六千［個］牛［中］把七十二個［做為給天主的分兒］；從三萬五百［個］
驢［中］把六十一個［做為給天主的分兒］；從一萬六千［個］女孩［中］把三十二個做
為［給］天主的分兒。每瑟按天主的命交給祭祀總首耶肋亜匝肋天主新物的數目，這數目
是從依斯拉耶耳後代擄掠的諸物，一半分給打仗去的兵，從那一半定給餘剩的民，就是從
三十三萬七千五百［個］羊、三萬六千［個］牛、三萬五百［個］驢、又一萬六千［個］
人，每瑟從五十個內拿一個來，照天主的旨意

81b
賞給巡查主殿肋未的子孫。衆兵的將軍，千摠、把摠都見每瑟說：「你的奴
才們数了我們晉的兵，連一個也不少。故此，從擄的物件得了的金織的帶
子、耳環、戒指、手鐲、項圈，我們做爲各自的礼物獻給天主，爲的是爲我們
祈求天主。」每瑟同祭祀摠首耶肋亜匝肋，自千、百把摠収了樣樣金物件，共
摠金的分兩一萬六千七百五十「西其落」。原來無論誰擄了甚麼，是各自的。每
瑟、耶肋亜匝肋兩個把這金子送到凂擹殿內，好作依斯拉耶耳後代感天主恩的一個
記號。

註解

①說的聖器皿就是聖櫃。②這個罪是給佛郭耳邪像叩（叩）了頭後，望女孩們通奸兩
82a
個重罪。③爲父親的大罪［是］殺那吃奶的小孩子，卌（世）上並無有這個權，獨天主有。想是因

［寫真82a缺］

［補缺］

為這［許］多小孩子的父母隨地方的惡風俗，把他們獻了給佛郭耳邪神，故此天主分付每瑟全除盡了他們。

④這裡說的「成聖的」，不過要說「作成乾淨的」。

⑤早已定了這個規矩：或糧食，或別物，用的前頭要把一分獻給天主，這一分也能說［是］新物，也能說［是］先物。

第三十二篇

路崩、加得兩族的人多有牲口，牛、驢的數目過踰滿足，他們見了亞則耳、加拉得的地很好養牲口，見每瑟、祭祀總首耶肋亞匝肋、眾民的主子們說：「依斯拉耶耳後代的眼前，被天主處治的亞達落特、弟崩、亞則耳、奈默拉、黑塞奔、耶肋亞肋、撒班、奈玻、伯翁地方是很好牧放牲口，你的奴才們牲口也豐盛。若在你

82b
跟前得寵爱，求你把那些地方賞給你的奴才們，不教我們過若耳當河。」每
瑟答應他們：「難道你們的弟兄們都打仗去，你們在這裡白坐麼?你們爲何
亂依斯拉耶耳後代的心，使他們不敢去天主要賞給他們的地方呢?我先前從加
得斯巴耳奈打發你們的父親哨探加南的地方，他們不是這樣行的麼?他們全
繞了地方，到了葡萄山谷，亂了依斯拉耶耳後代的心，阻擋他們進天主賞的
那地方的交界。天主動了義怒，起誓說：『從厄日多出來的這些人們，滿二
十歲後的，一定不見我望亞巴拉哈母、依撒格、亞各伯誓許的地方，因爲不肯遵
我的旨意。除了蛇奈則阿①耶佛奈的兒子加肋伯並嫩的兒子若蘇耶，這
83a
兩個合了我的心意，他們要見。』天主厭惡依斯拉耶耳的子孫，教他們在壙野

〔寫真83a缺〕

〔補缺〕

繞行四十年，到那一代的罪人們全沒了。」

每瑟又說：「如今你們接續你們的父親，如罪人的〔苗〕萌芽起來了，為招更〈加〉〔多〕天主的義怒到依斯拉耶耳眾民身上。若不要順隨天主，他就〔在〕這壙野棄民們，眾人死的緣故也是〔因〕你們。」

路崩、加得的子孫，他們近每瑟說：「我們不過要立羊的木柵、牲口的木圈，〔為〕我們的小孩子砌堅固城。論我們拿兵器，〔直〕到依斯拉耶耳後代得了各自的地方，我們情願在他們前頭打仗，送他們。我們的小孩子、所有的物放在有牆的城內，防備地方人的謀害。依斯拉耶耳後代未得本產業之前，我們不回我們的家。

83b
我們［在］若耳當河那邊不求甚麼，因爲河東邊已經有我們的田産。」每
瑟答應：「你們若照你們的話行，在天主前頭奮勇去戰，凡能拿兵器
的男子要過若耳當河，到天主破了他的仇敵，加南全地都服了他，那時候
你們在天主台前、依斯拉耶耳子孫跟前，你們沒有罪，反倒［因］天主的恩，你們
求的地都能得。但若你們不照話行，沒有疑惑，你們在主陡斯台前得了
罪，還要知道你們罪的報應落在你們身上。所以爲保護你們的小孩子，
做城，爲你們的羊牛等作柵(柵)圈，滿你們許下的話。」加得、路崩的子孫們望
每瑟說：「我們都是你的奴才，我們的主要我們怎麼作，我們就怎麼作。我
84a
們的小孩子、女人們連牲口，留在加拉得城，你的奴才順從我們主的話；既

［補缺］
然沒有耽擱，好去打仗。」故此，每瑟分付祭祀總首耶肋亜匝肋，兼嫩的兒子若蘇耶，又依
斯拉耶耳各族戶的主子們，望他們說：「若加得、路崩的子孫們同你們盪過若耳當河，都
拿兵器為天主打仗，地方全服了你們，賞加拉得地方給他們作産業。若他們不肯同你們拿
兵器去加南地方打仗，教他們得你們當中住的地方。」加得、路崩的子孫們答應：「主，你
怎麼給你的奴才說，我們要怎麼行。我們［在］天主台前拿兵器去加南地方，我們也認承
已經［在］若耳當那一邊受了産業。」因此，每瑟把亞莫肋阿王塞混的國，巴散王阿克的
國，並

［寫真84a缺］

84b 他們地方周圍有的城交給了加得、路崩的子孫們，也給若瑟甫的兒子瑪那斯半族的人。因爲這樣，加得的子孫綍修了這些城：弟崩、亜達落得、亜落耳耶得肋得索范、亜則耳、耶克巴、栢得奈黙拉、伯大藍——都是堅固城②，還作了他們牲口的栅欄。路崩的子孫再砌了黑塞崩、耶肋亜肋、加里亜大意黙、那玻(玻)、巴耳黙翁、撒巴瑪，換了舊(舊)名字，給他砌的城取了新名字。瑪那斯的兒子——瑪寄耳的子孫們入了加拉得地方，毀壞他，殺了亜莫肋阿支派【派】的人，在那裡住，所以每瑟將加拉得地方交給瑪那斯的兒子——瑪寄耳的子孫們，他們就在這個地方居住。亜意耳——瑪那斯的兒子又去拿這個地方的村庄，取名叫他哈臥得亜意耳——解說：亜意耳

85a 的村庄；諾伯還去拿了加那得並他所管的村庄，用他自己的名字叫那城諾伯。

[寫真85a缺]

[補缺]

註解

①蛇奈則阿或是地方的名字，或是加肋伯祖宗的名字。

②破了這許多城，但不過修補，並不是從新另砌。

第三十三篇

按隊伍從厄日多出來的，屬每瑟、亞隆管的依斯拉耶耳後代，路上歇宿的地方就是這些，每瑟按著那許扎營的地方記載冊上，但有天主的旨意纔挪移營盤：正月十五——「法則」的第二天，依斯拉耶耳後代蒙主全能手保護他們，正厄日多國眾民看見又埋葬被天主殺的他們那長子的時候——天主那時還

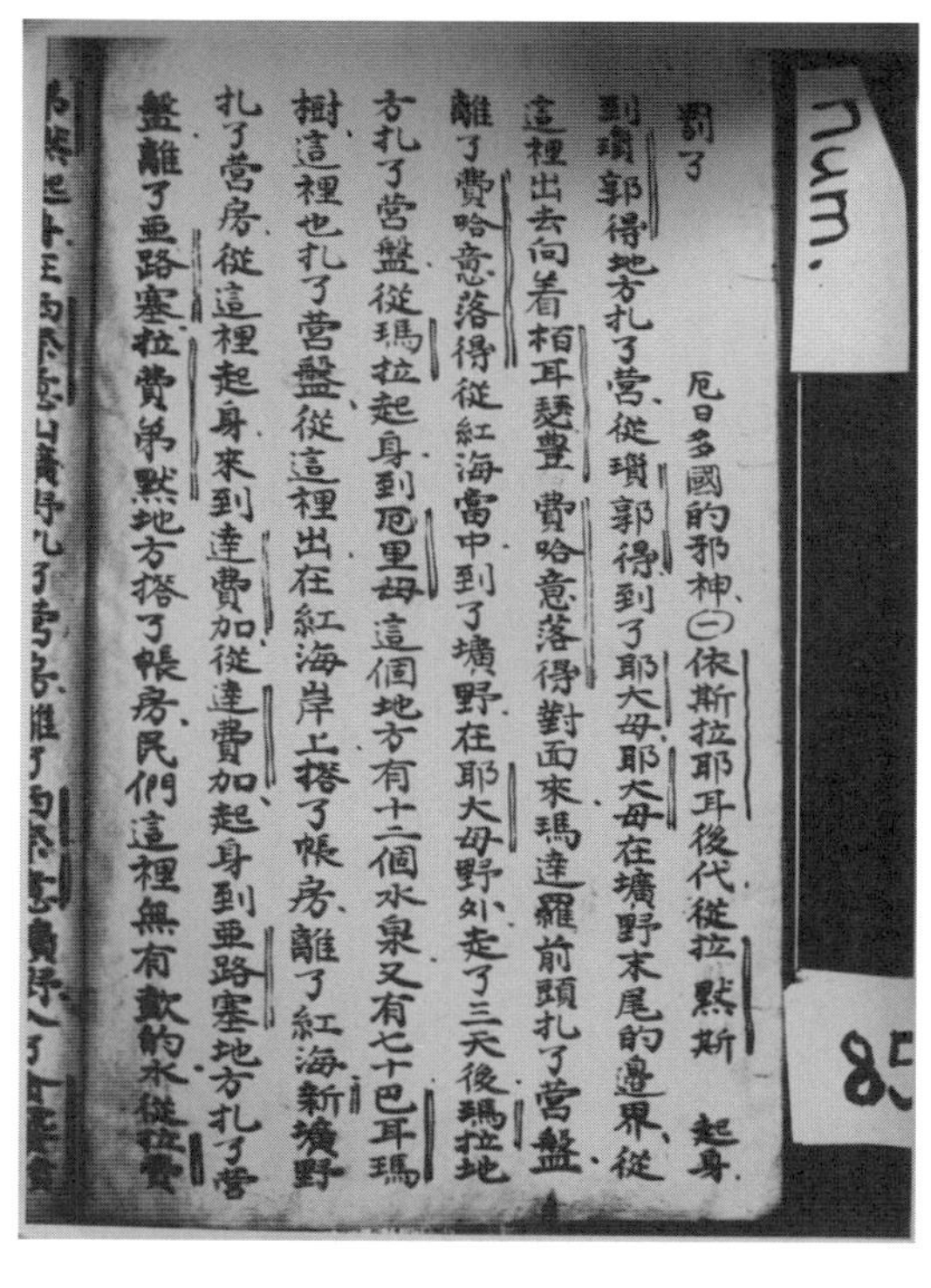
num.
罰了　厄日多國的邪神(一)依斯拉耶耳後代從拉默斯　起身
到瑣郭得地方扎了營從瑣郭得到了耶大母耶大母在壙野末尾的邊界從
這裡出去向着栢耳瑟豊　費哈意落得對面來瑪達羅前頭扎了營盤
離了費哈意落得從紅海當中到了壙野在耶大母野外走了三天後瑪拉地
方扎了營盤從瑪拉起身到厄里母這個地方有十二個水泉又有七十巴耳瑪
樹這裡也扎了營盤從這裡出在紅海岸上搭了帳房離了紅海新壙野
扎了營房從這裡起身來到達費加從達費加起身到亜路塞地方扎了營
盤離了亜路塞拉費弟默地方搭了帳房民們這裡無有歃的水從拉費
85

［寫真86a缺］

85b
罰了厄日多國的邪神①。依斯拉耶耳後代從拉默斯起身，
到瑣(瑣)郭得地方扎了營。從瑣郭得到了耶大母，耶大母在壙野末尾的邊界。從
這裡出去，向着栢耳瑟豊(豐)——費哈意落得對面來，瑪達羅前頭扎了營盤。
離了費哈意落得，從紅海當中到了壙野，在耶大母野外走了三天後，［在］瑪拉地
方扎了營盤。從瑪拉起身，到厄里母這個地方有十二個水泉，又有七十［棵］巴耳瑪
樹，這裡也扎了營盤。從這裡出，在紅海岸上搭了帳房。離了紅海，新壙野
扎了營房。從這裡起身，來到達費加。從達費加起身，到亜路塞地方扎了營
盤。離了亜路塞，［在］拉費弟默地方搭了帳房；民們這裡無有歃的水。從拉費

86a
弟默起身，在西奈意山壙野扎了營房。離了西奈意壙野，入了貪饕墳

［補缺］
墓，從貪饕墳墓起身，［在］哈塞落得扎了營房。從哈塞落得來到肋得瑪。出了肋得瑪，在
肋孟法肋地方扎了營盤。從這裡出，到肋伯那。從肋伯那［起身］，［在］肋撒地方扎了營
盤。從肋撒出了，來［到］賒拉達。從這裡出，［在］塞佛耳山跟【根】扎了營盤。離了塞
佛耳山，來到亞拉達。從這裡起身，［在］瑪賒落得扎了營盤。離了瑪賒落得，到了達哈
得。從達哈得［起身］，到達肋地方扎了營房。出了這個地方，［在］默得加搭了帳房。從
默得加［起身］，到黑塞莫那扎了營盤。出了黑塞莫那，來到默塞落得。從默塞落得［起
身］，到了栢奈亞幹，這裡也扎了營盤。出了栢奈亞幹，到了加得加得

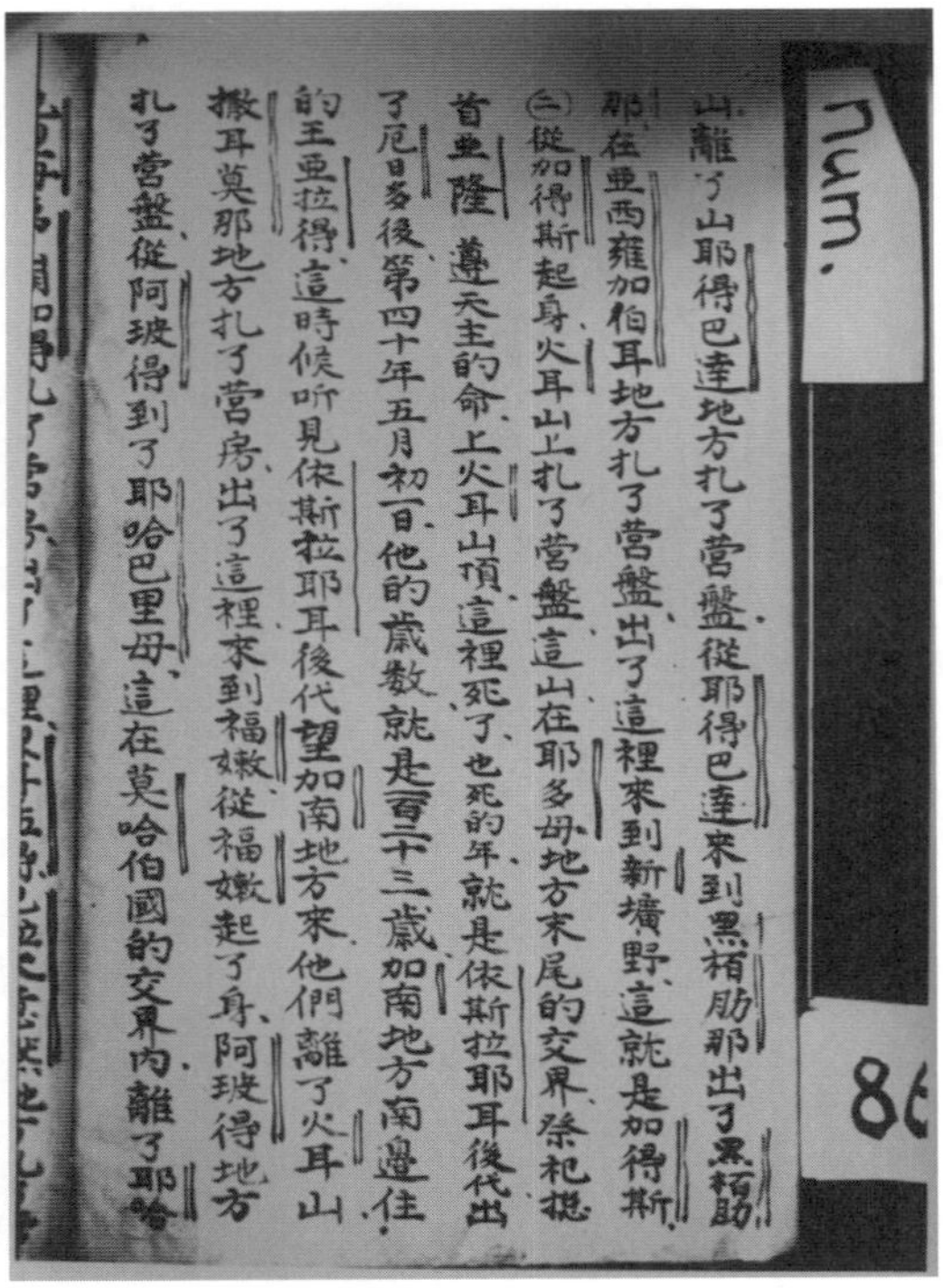

86b
山。離了山，［在］耶得巴達地方扎了營盤。從耶得巴達來到黑栢肋那。出了黑栢肋
那，在亜西雍加伯耳地方扎了營盤。出了這裡來到新壙野——這就是加得斯
②。從加得斯起身，［在］火耳山上扎了營盤。這山在耶多母地方末尾的交界；祭祀撾
首亜隆遵天主的命，上火耳山頂，這裡死了。也【他】死的年就是依斯拉耶耳後代出
了厄日多後，第四十年五月初一日，他的歳数就是一百二十三歳。加南地方南邊住
的王亜拉得，這時候听見依斯拉耶耳後代望加南地方來，他們離了火耳山，
［在］撒耳莫那地方扎了營房。出了這裡，來到福嫩。從福嫩起了身，［在］阿玻得地方
扎了營盤。從阿玻得到了耶哈巴里母，這在莫哈伯國的交界內。離了耶哈
87a
巴里母，［在］弟崩、加得扎了營房。出了這裡，［在］黑耳孟得巴拉大意黙地方扎了營

［寫真87a缺］

［補缺］
盤。從黑耳孟得巴耳大意黙起身，來到亞巴里母山，對著那玻。從亞巴里母［山］起身，
來到莫哈伯的平地，［在］若耳當河邊上對著耶里郭城［扎營］。這裡——從柏得西莫得到亞
伯耳撒弟黙——［在］莫哈伯國的平地扎了營盤。

天主［在］這裡望每瑟下了旨意：「你分付依斯拉耶耳後代，告訴他們：『你們過若耳當河，進加南地方後，殺盡那地方的人們，全將石埤、神像破碎，把諸様高地方③全毀壞，使地方乾淨，在那裡住下，因為我賞給你們那個地方，作你們的產業。你們抽籤把地方彼此分開：若那支泒【派】人多，給的地方也寬大；支泒【派】人少，給的也

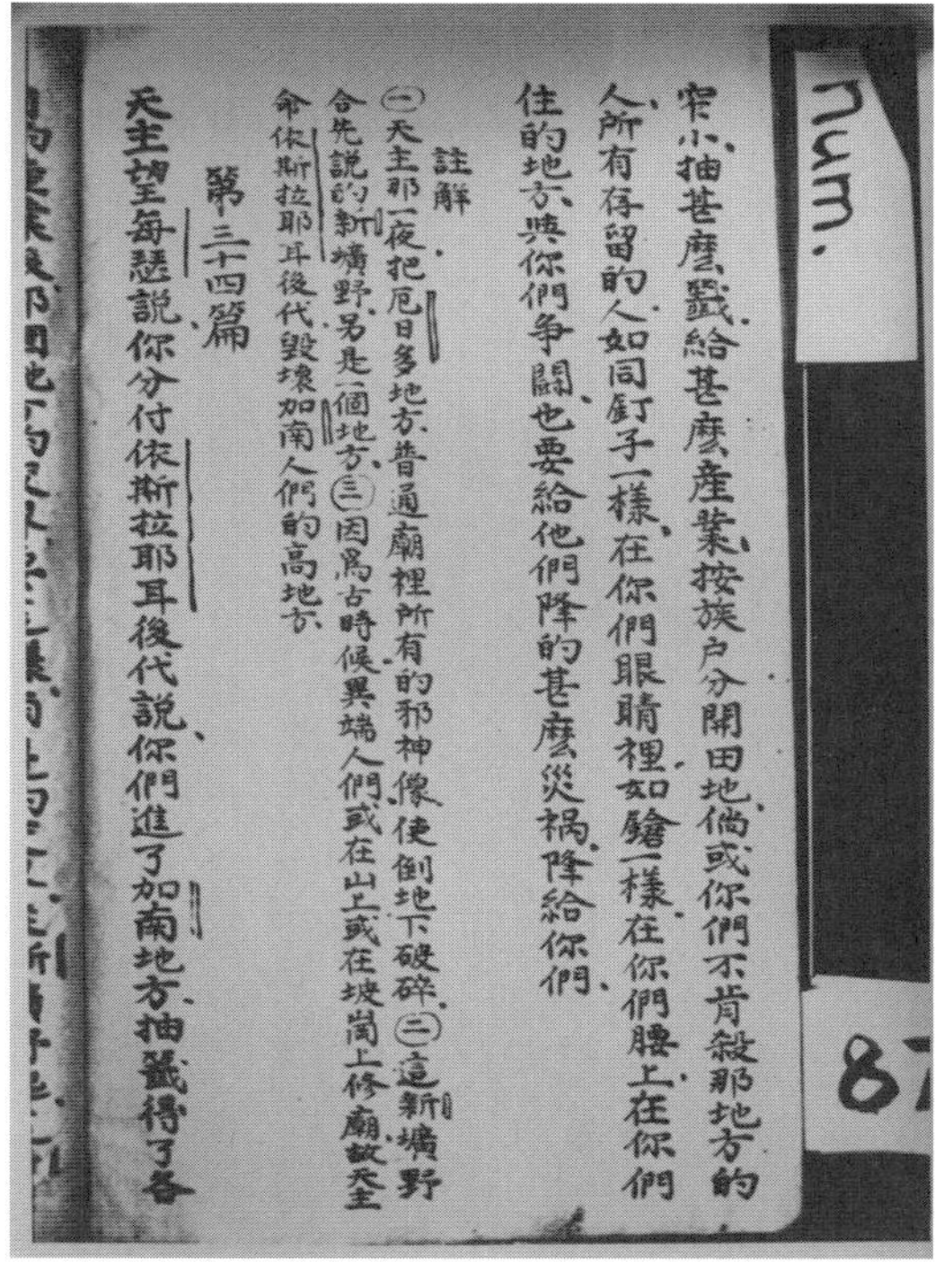

87b 窄小。抽甚麼籤(籤)給甚麼産業(業)，按族戶分開田地。倘或你們不肯殺那地方的
人，所有存留的人如同釘(釘)子一樣——在你們眼睛裡；如鎗(鎗)一樣——在你們腰上；
[他們] 在你們
住的地方與你們爭(爭)鬪(鬥)，{也要}[我] 給他們降的甚麼災祸，[也要] 降給你們。』」

註解

①天主那一夜把厄日多地方普通廟裡所有的邪神像，使倒地下破碎。②這新壙野
合先說的新壙野另是一個地方。③因爲古時候異端人們或在山上，或在坡崗上修廟，故天主
命依斯拉耶耳後代毀壞加南人們的高地方。

第三十四篇

天主望每瑟說：「你分付依斯拉耶耳後代說：『你們進了加南地方，抽籤得了各
88a 自的產業後，那個地方的交界要這樣：南邊的交界從新壙野起——這新壙

[寫真88a缺]

[補缺]
野近耶多母國——到東邊極鹹的海上止。這南邊的交界上蝎子嶺，過僧那，從南到加得斯
巴耳奈，再從這裡出來，進亞達肋，又到亞塞莫那城，從亞塞莫那交界繞著到厄日多的旱
河與大海的岸止。西邊的交界從大海起，也在這裡止。北邊的交界從大海起，到了很高的
山上①；從這裡進了耶瑪得，來到塞大達的邊上。這交界再往前去，到塞佛落那，並到耶
南地方：北邊的交界是如此。東邊的交界從耶南村莊起到塞法瑪，從塞法瑪下到肋巴拉，
對著達費尼水泉，從此望著東邊，到賒奈肋得海，過去到若耳當河，

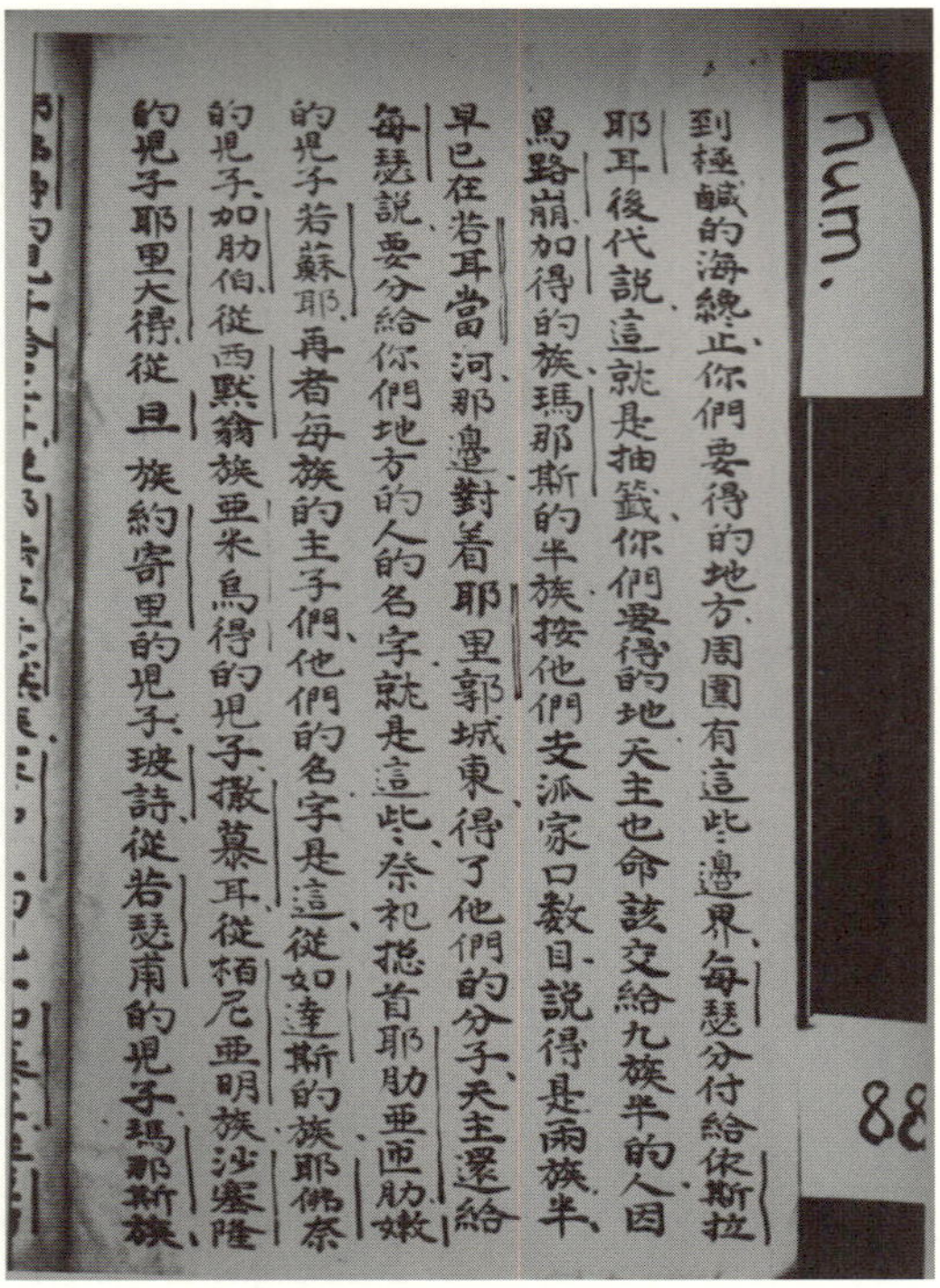

88b
到極鹹的海綫止。你們要得的地方周圍有這些邊界。』」每瑟分付給依斯拉
耶耳後代說：「這就是［你們］抽籤〈你們〉要得的地，天主也命該交給九族半的人，因
爲路崩、加得的族，瑪那斯的半族，按他們支泒【派】家口数目，說得是兩族半，
早已在若耳當河那邊，對着耶里郭城東，得了他們的分子【了】。」天主還給
每瑟說：「要分給你們地方的人的名字，就是這些：祭祀摠首耶肋亜匝肋，嫩
的兒子若蘇耶，再者每族的主子們。他們的名字是這［些］：從如達斯的族——耶佛奈
的兒子加肋伯；從西黙翁族——亜米烏得的兒子撒慕〈慕〉耳；從栢尼亜明族——沙塞隆
的兒子耶里大得；從旦族——約寄里的兒子玻詩；從若瑟甫的兒子瑪那斯族——
89a
耶佛得的兒子哈尼耳；從耶法拉意黙族——塞費旦的兒子加蓁耳；從匝布

［寫真89a缺］

［補缺］
隆族——法耳納克的兒子耶里撒范；從依斯撒加耳族——阿贊的兒子〈主子〉法耳弟耳；
從亞塞耳族——撒肋米的兒子亞意烏得；從奈費大里族——亞米烏得的兒子費大耳。」天
主命這些人把加南地方分給依斯拉耶耳眾民。

註解

①這個高山就是火耳山。

第三十五篇

每瑟在莫哈伯國的平地方——若耳當河邊，對著耶里郭。天主還望他下了這個旨意：
「你分付依斯拉耶耳後代：從他們得的產業給肋未子孫一分，就是

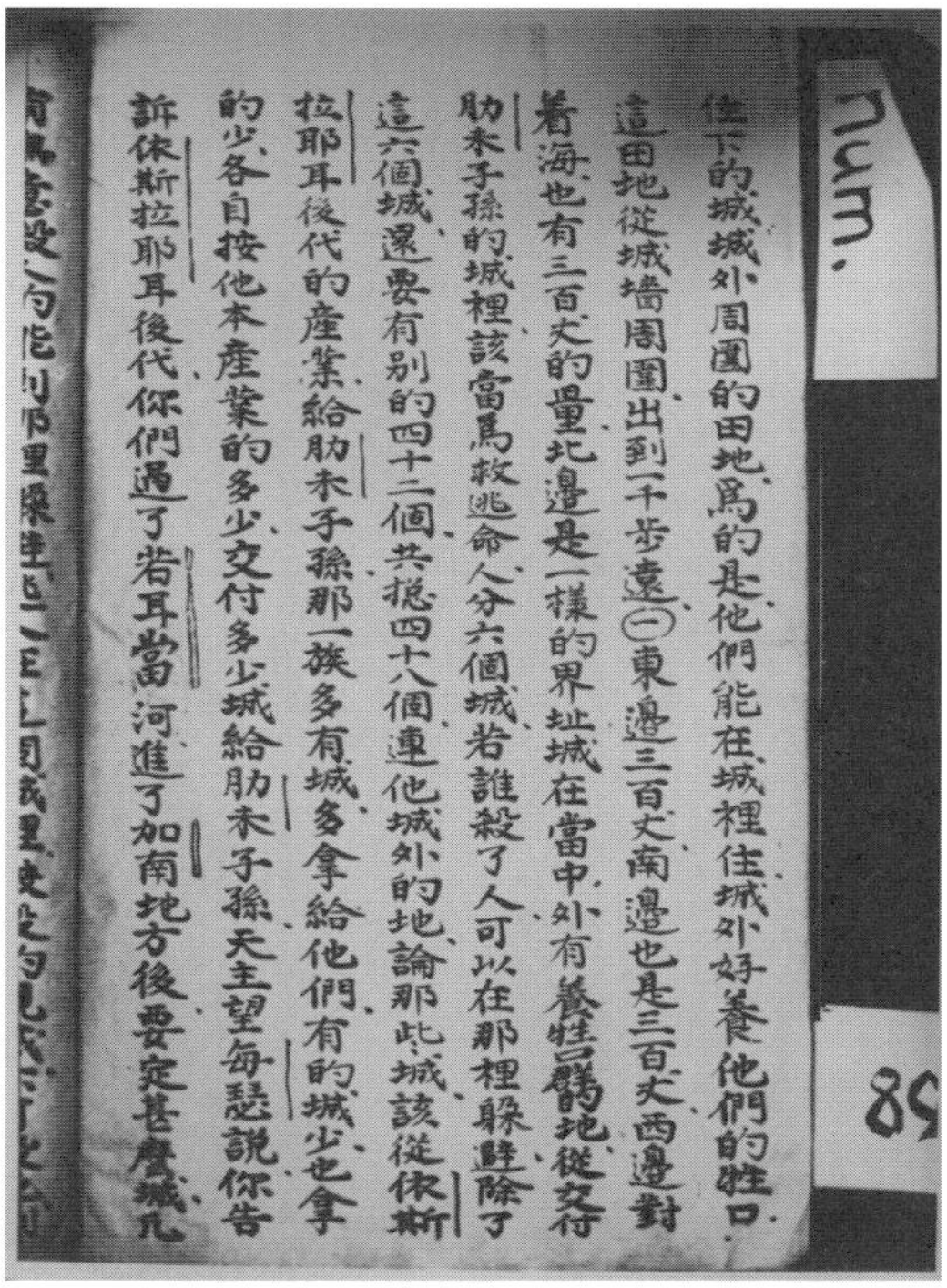

89b 住下的城，城周圍的田地，爲的是他們能在城裡住，城外好養他們的牲口。這田地從城墻周圍出到一千步遠①，東邊三百丈，南邊也是三百丈，西邊對着海也有三百丈的量，比邊是一樣的界址，城在當中；外有養牲口群的地。從交付肋未子孫的城裡，該當爲救逃命人分六個城，若誰殺了人，可以在那裡躲(躲)避。除了這六個城，還要有別的四十二個，共揔四十八個，連他城外的地。論那些城，該從依斯拉耶耳後代的產業給肋未子孫。那一族多有城，多拿給他們；有的城少，也拿的少；各自按他本產業的多少，交付多少城給肋未子孫。」天主望每瑟說：「你告訴依斯拉耶耳後代：你們過了若耳當河，進了加南地方後，要定甚麼城，凡

90a 有無意殺人的能到那裡躲避。逃人在這個城裡，被殺的親戚不可殺他，[直]到

[寫真90a缺]

[補缺]

[他]立在眾人跟前，也判斷他的事情。從這些城——為保護逃人分開的——三座在若耳當河那一邊，三座在加南地方。或依斯拉耶耳後代，或異方賓旅的人，若無意殺了人，能進這等城②。

　那一個用刀扎人，若被扎的死了，就陷在殺罪內，他也受殺。若拋了石，被石打的死了，受一樣的王法。被棍打的若死[了]，殺執棍打的人，[以]命償命。被殺的近親要殺那殺[人]的人，一拿住就殺。誰厭惡人，使勁推逐，或奸巧望他拋甚麼傢伙；若有仇用手打，倘或死了；打的那個人就落在殺罪內，死人的親戚一拿獲他，就刎他的脖子。若無心、無怨恨、無仇行了這等事的一件，[親戚要報血仇：]他在

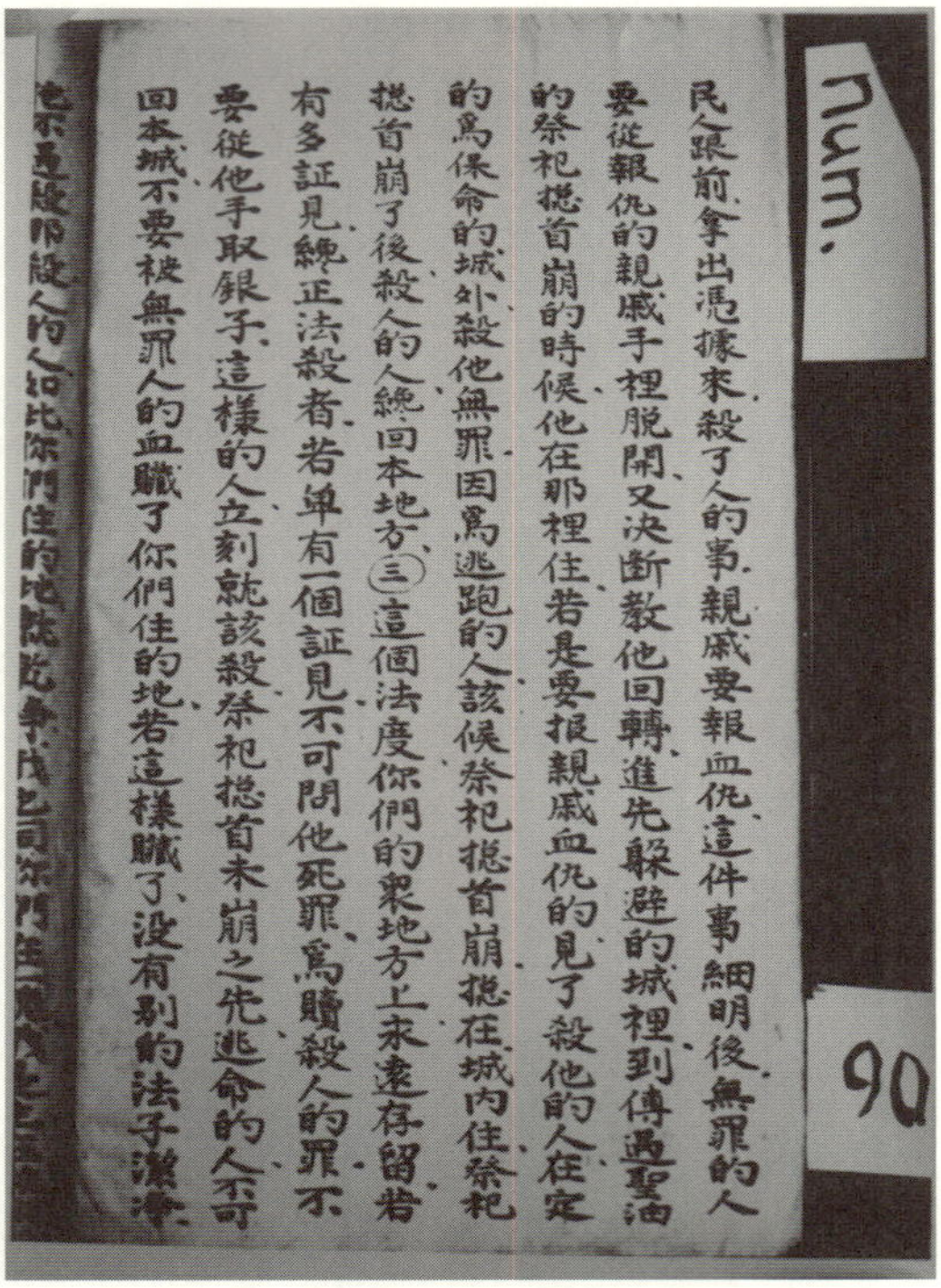

〔寫真 91a 缺〕

90b
民人跟前拿出凴據來，〔證明無心〕殺了人的事〈親戚要報血仇〉，這件事細明後，無罪的人
要從報仇的親戚手裡脫開，又決断教他回轉，進先〔前〕躲避的城裡，到傅過聖油
的祭祀揔首崩的時候，他在那裡住。若是要报（報）親戚血仇的，見了殺他〔親戚〕的人在定
的、爲保命的城外，殺他無罪，因爲逃跑的人該候祭祀揔首崩——揔在城内住：祭祀
揔首崩了後，殺人的人纔回本地方③。這個法度，你們的衆地方上永遠存留。若
有多証（證）見，纔正法殺者：若单有一個証見，不可問他死罪。〔不要〕爲贖殺人的罪，〈不
要〉從他手取銀子，這樣的人立刻就該殺。祭祀揔首未崩之先，逃命的人不可
回本城。不要被無罪人的血贓【髒】了你們住的地，若這樣贓【髒】了，没有別的法子潔净
91a
他。不過殺那殺人的人，如此你們住的地就乾净，我也同你們在一塊。我是主，在依斯

〔補缺〕
斯拉耶耳後代當中。」

註解

① 一步有三尺。
② 異方賓旅、別的人，若進了聖教，也能彀躲在這等城裡保命。
③ 說的「等祭祀總首崩，纔回本地。」這就指吾主耶穌至寶死的功勞，將天下萬萬世人的罪惡全都饒赦，也賞我們回天堂本鄉。

第三十六篇

若瑟甫生的兒子瑪那斯，瑪那斯的兒子瑪寄耳，這一族各戶的主子住下加拉得地方，
都來見每瑟，當依斯拉耶耳後代的面望他說：「天主望著我們

91b 主子降旨意，命你抽籤，給依斯拉耶耳後代分加南地方；又分付你［將］我們哥
哥撒耳法得該得的産業分給他的女孫們。如今別族的人娶他們做妻
子，他們的産業隨着他們的身子到了別的族，從我們的産業減少了。如
此到了『如必肋阿』，就是第五十年的大赦年，抽籤分的地都混乱了。這一家的
産業歸（歸）於那一家。」每瑟照天主命的話，給依斯拉耶耳後代答應：「若瑟甫
族的人說的狠是，所以天主爲撒［耳］法得的女孩的緣故，傳了這個法度：他們
要嫁甚麼丈夫只管嫁，單要是本族的人，防備依斯拉耶耳後代的産業從
這一族混乱到別族去了。衆男子們都在本族、本支泒【派】挑選妻子；衆女子們
92a ①也該從本族、本支泒【派】嫁丈夫，爲的是産業在本族、本支泒【派】，各族不混乱。

［寫真92a缺］

［補缺］

亂。但天主怎麼樣分開了，也怎麼樣存著。」撒耳法得的女孩們照天主的旨意行了，瑪哈
拉、得耳撒、黑克拉、默耳加、諾娃就嫁了他們叔叔的男子做丈夫，因為他②是若瑟甫的
兒子，瑪那斯支泒【派】內的人，女孩們得的産業還是在他們父親的族支泒【派】裡頭。
這是天主定的規戒，審問的定倒【例】，交給每瑟，在莫哈伯平地——若耳當河邊上
——對著耶里郭城，傳與依斯拉耶耳眾後代。

註解

①這裡說的「女子們」，單指那些承受父産的女子們，因為父親無子。

②說的「他」，就是

92b

那些、女子們嫁的丈夫的父親。

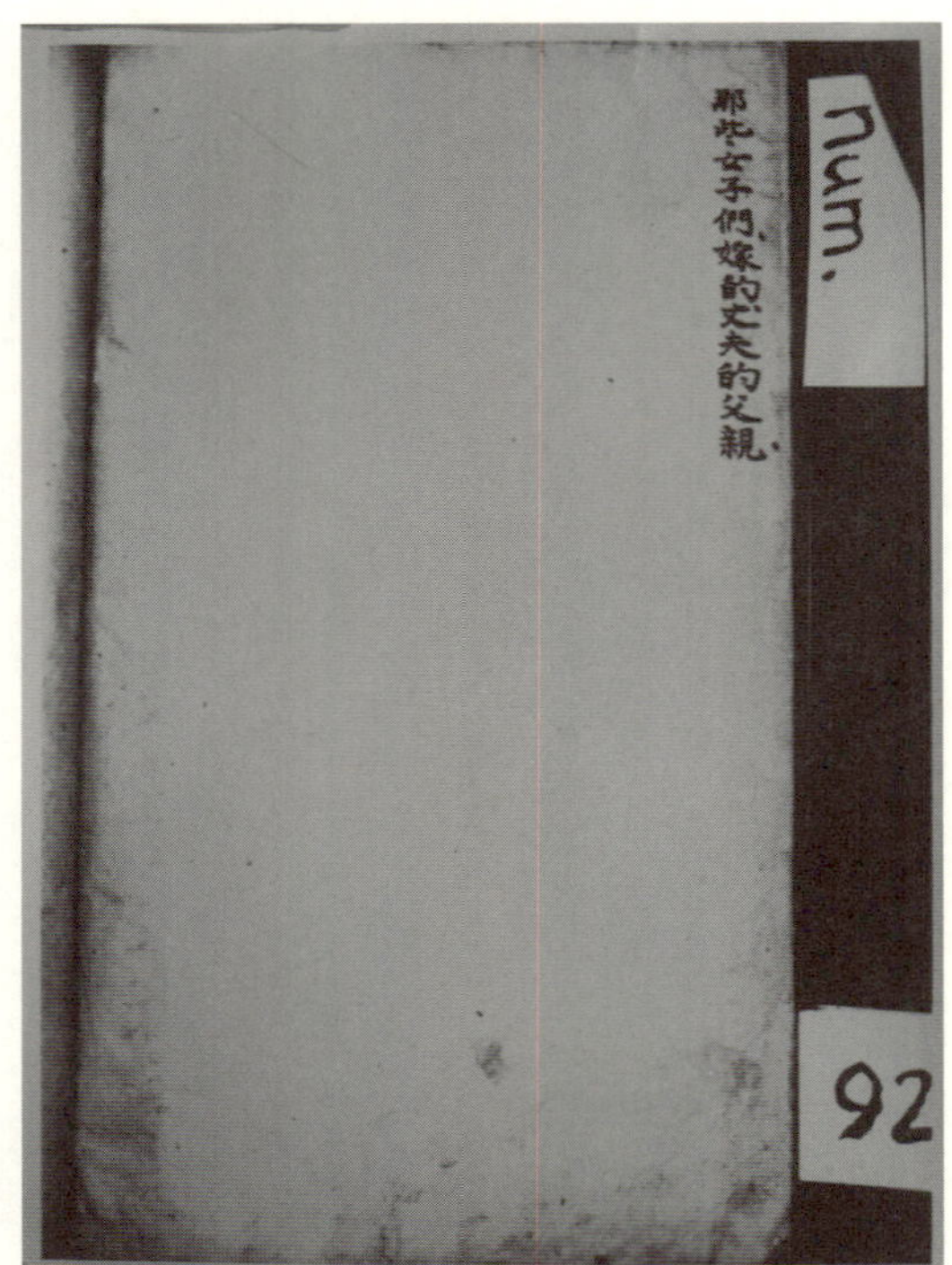

第二次傳法度經

〔寫真1a－1b缺〕

〔補缺〕 第一篇

這就是每瑟望依斯拉耶耳眾後代講的話 — 正他們在若耳當河這一邊，住於野外平地，向著紅海〔及〕法蘭、托佛耳、拉班、多出金子〔的〕哈寒落得四地方之間；從火肋伯山按塞意耳山的道路到加得斯巴耳奈，離著十一〔天的〕程。第四十年十一月初一日，天主命給每瑟，要〔在〕依斯拉耶耳後代跟前說甚麼話，每瑟說了。殺了在黑塞奔城住的亞莫肋阿支泒【派】的王塞混，又殺在亞斯大落得、耶大拉意兩座城內住的巴三國的王阿克之後，每瑟在若耳當河這一邊，莫哈伯地方上，起了講解法度說：

「我們的主陡斯在火肋伯山望我們降這個旨意：『你們在這個山住彀了，回轉往亞莫肋阿人的山，兼近的平坦高低的地方，對南在海邊上加南族的地方，又里巴諾山的地方到毆法拉得大江，你們全都佔罷。如今我把這些地方都賞給你們，你們進去得罷，這是那個地 — 天主望你們的祖宗亞巴拉哈母、依撒格、亞各伯誓許過要賞給他們並他們的後代。』那時候我向你們說了：我一人不能管你們。因為你們的主陡斯那麼樣增添你們的數目，現今你們的多，如天上星一般。懇祈你們〔的〕祖宗〔的〕主陡斯，要加上你們的數目千萬倍，也按他的

1b

2a

話降給你們福！料理你們的事、決斷你們的爭訟，這重任我一人不能擔當；

你們從你們裡(裡)挑選幾(幾)個賢智的人，他們的舉(舉)動行爲(為)、誠(誠)寔(實)儀表，在你們各族(族)內(內)顕(顯)出來，我就(就)立他們做你們的頭目。你們那時候答應：『你要行的事(事)狠好。』因此我從你們族內取了多賢智尊(尊)貴人，放他們或作首領、或管(管)一千、或一百、或五十、或十個人、或教你們作甚(甚)麼(麼)事。我也命他們說：倘或有找你們的，你們听(聽)他的話，按公義斷他的事，不晉是本地人、是異方人，不分別(別)人，孩子、大人都要听。不要看人的情面，因爲是陡斯的判斷。你們若有難(難)辦的事，回明我，我听。我還(還)分付衆(眾)人爲樂(樂)天主的心，要作甚麼事。我們離了火肋伯山，起身隨我們主陡斯的旨(旨)意，從亜(亞)莫肋阿山道路過(過)了你們看見的狠大、有

〔寫真2b缺〕

〔補缺〕

危險的壙野，到了加得斯巴耳奈。我望你們說：『你們來到亞莫肋阿支派【派】的山，〔這是〕主陡斯要賞給你們的。你們主陡斯賞給你們的地，你們瞧一瞧，上去，按我們主陡斯許過給你們祖宗的，你們佔下他罷，不要驚怕。』你們都來我跟前說：『不如打發人細看那地，他們後來能告訴我們，後〔要上〕甚麼道路〈要上〉，要去往甚麼城。』因為這個話合我的旨意，故從你們裡頭差了十二個人，各族挑了一個。他們去了，上了山，到了葡萄山谷，細察了地。為發揚那地的肥，拿了本地的果子，送到我們〔面前〕說：『我們主陡斯要賞給我們的地是好。』到底你們不肯上

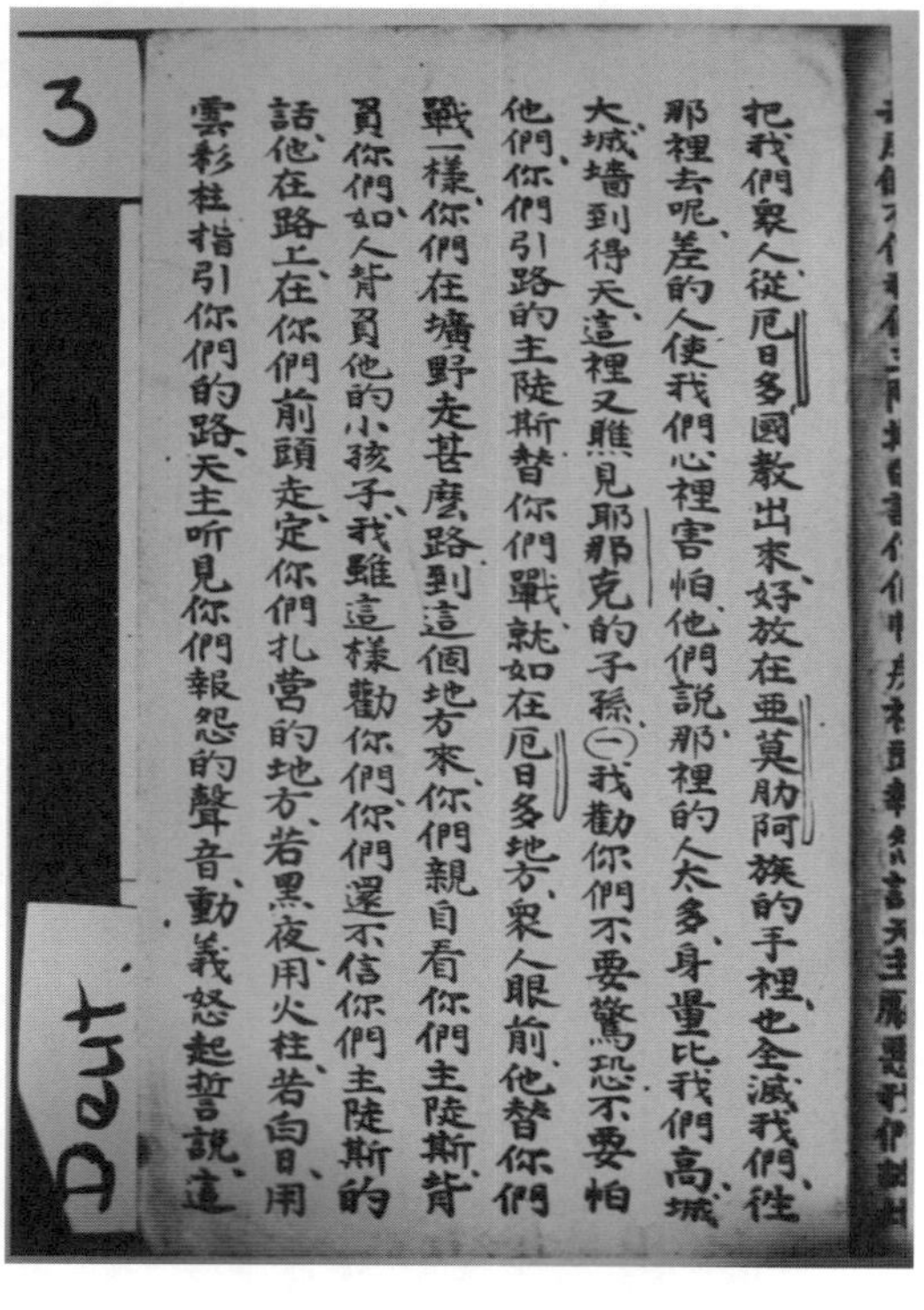

2b 去，反倒不信我們主陡斯的話，你們〔在〕帳房裡頭報怨說：『天主厭悪我們，故此

3a 把我們眾人從厄日多國教【救】*出來，好放在亜莫肋阿族的手裡，也全滅(滅)我們。〔我們〕往(往)那裡去呢？差的人使我們心裡害怕，他們說：那裡的人太多，身量(量)比我們高，城(城)大、城墻(牆)到得(得)天；這【那】裡又瞧(瞧)見耶那克的子孫①。』我勸(勸)你們：『不要驚恐(恐)，不要怕

他們。你們引路的主陡斯替你們戰(戰)，就如在厄日多地方，眾人眼前他替你們戰一樣(樣)；你們在壙(壙)野走甚麼路到這個地方來，你們親自看你們主陡斯背負(負)你們，如人背負他的小孩子。』我雖(雖)這樣勸你們，你們還不信你們主陡斯的話，他在路上，在你們前頭走，定你們扎營(營)的地方——若黑夜用火柱，若白日用雲彩(彩)柱，指引你們的路。天主听見你們報(報)怨的聲音，動義怒，起誓說：『這

*校注：「教」字使文意不明，推測抄寫者欲採「救」字但誤植。對照各版後，確認原文為「領」(Exodus的原意)，若譯為「領」字，合乎希伯來文、七十士、武加大各本的傳統譯法。若抄寫者欲採用的為「救」字，則是在翻譯的同時，將神學性的含意體現其中。即，由救贖論（Soteriology）的架構，來看神將祂的百姓領出埃及地，是一救贖的行動。北堂本同卷第70頁，出現同樣錯別字：「你們主陡斯把你們從擄掠的地方『教』回來」，明顯為「救」字誤植，故此處改作「救」。

［寫真3b缺］

［補缺］

一代惡人們內，沒有一個要見那好地方 —— 我誓許過給你們祖宗的。除了耶佛奈的兒子加肋伯，他一定看那個，因為他順了天主，他腳跐的地方我要賞給他並他的子孫。』天主這樣怒眾民，有何奇怪呢？［他］還為你們怒我說：『你也不進加南地方，嫩的兒子若穌耶 —— 你使喚的人 —— 替你進去。勸勉他，也堅固他，就是他抽籤分地方給依斯拉耶耳後代。你們原來一齊說，你們的小孩子都［被］擄掠去、你們的兒子到今還不知好歹 —— 他們都要進去，我給他們要賞那個地方，他們自然要得。論你們回轉，從紅海的路往壙野走。』你們答應我：『我們得罪天主：如今

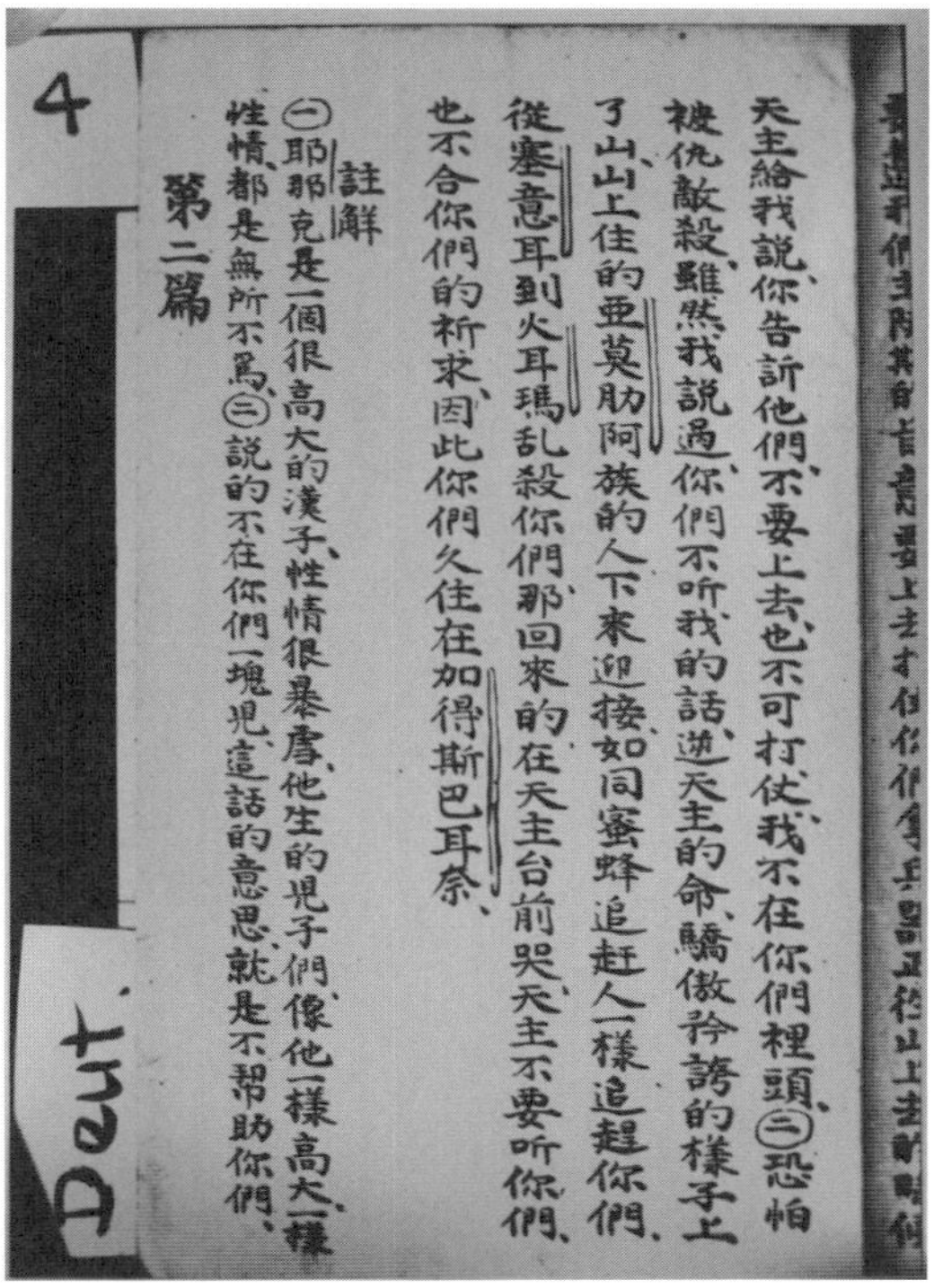

3b
要遵(遵)我們主陡斯的旨意，要上去打仗。』你們拿兵噐(器)正往山上去的時候，

4a
天主給我說：『你告訢**【訴】**他們：不要上去，也不可打仗(仗)，我不在你們裡頭②，恐怕被(被)仇(仇)敵殺(殺)。』雖然我說過，你們不听我的話，逆天主的命(命)，驕傲矜(矜)誇(誇)的樣(樣)子上了山；山上住的亞莫肋阿族的人下來迎接，如同蜜(蜜)蜂追赶(趕)人一樣追趕你們，從塞意耳到火耳瑪乱(亂)殺你們。那回來的在天主台前哭(哭)，天主不要听你們，也不合你們的祈求，因此你們久住在加得斯巴耳奈。』

註解(解)

①耶那克是一個狠高大的漢(漢)子，性情狠暴虐(虐)。他生的兒(兒)子們像(像)他一樣高大，一樣性情，都是無所不爲。②說的「不在你們一塊兒」，這話的意思就是「不帮(幫)助你們」。

第二篇(篇)

［寫真4b缺］

［補缺］
「我們從這裡起身，按天主望我分付的話，都來到那通紅海的壙野，多久走遍了塞意耳。天
主望我說：『你們旋繞這一座山彀了，往北方去罷。［你］再分付民人們說：你們要從你們
哥哥們的交界過——他們是耶撒烏的子孫，住在塞意耳地方；他們自然怕你們，所以小心，
不要望他們打仗。我從他們的地方將一腳心跐的地方也不給你們，因為［我］把塞意耳山
給耶撒烏做了產業。［你們］要吃，用銀子買他們的吃食；要飲，買了他們的水纔飲。你們
的手做甚麼活，你們主陡斯降福給你們，你們走路過了這大壙野，他也照看

4b
了你們，你們主陡斯四十年同你們在一塊兒，你們各樣的東西没有短少

5a
一件。』我們過了［在］塞意耳山住的我們哥哥——耶撒烏子孫的地方，從耶拉得
兼亜西雍加伯耳的地，走了通莫哈伯的野外。那時候天主望(望)我說：『不要
與莫哈伯族争(爭)戰，不要動兵，我不從他們的地方賞你們一分，因爲我把
亜耳城給禄(祿)得的後(後)代做了産(產)業(業)。』起初(初)厄敏的支(支)泒【派】在這個
地方，這支泒【派】也大，也
強盛，他的人身量狠高，都(都)像是從耶那克出的，本來如他生的兒子們一樣。
捴(總)說，莫哈伯的人呌(叫)他厄敏。論塞意耳地方，起頭是火肋阿族的人住的地方；耶
撒烏的兒子們趕滅了他們，在那裡住，就如依斯拉耶耳的兵得塞混的地方，也
在那裡住下，天主賞給他們這個地。［我們］起身要過匝肋得旱河，行走到他不遠，

[寫真5b缺]

[補缺]

從加得斯巴耳奈到過匝肋得旱河的時候走了三十八年。那一輩當兵的按天主發誓定的，都從營盤全沒了，[因] 陡斯的手罰他們，為從營盤除盡他們。這些當兵的男子都死完了後，天主望我說：『你今日要過莫哈伯的交界連亞耳城，也近安孟支沠【派】的地方，小心，不要同他們打仗，不要動兵，我不要從安孟子孫的地方些須賞給你們，因為 [我] 把這個地方給了祿德(亦譯：祿得)的子孫做了產業。』人說這個地方是狠高漢子們的地方，本來先前有狠高的人在那裡住著，安孟族的人稱他們『聰聰明』。他們的支沠【派】大，人的數多，人的身量狠高，彷彿耶那克的

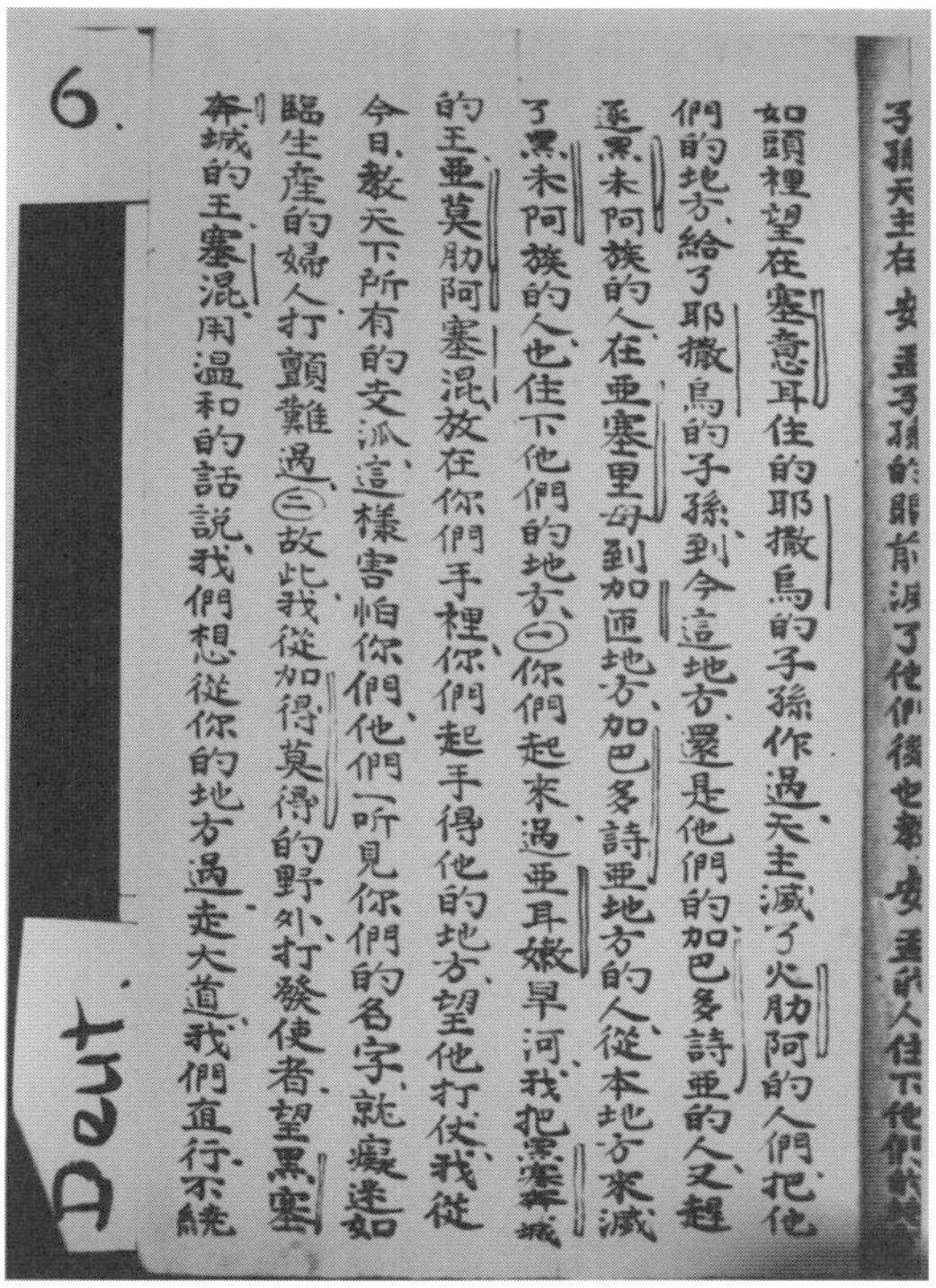

5b 子孫。天主在安孟子孫的眼前滅了他們後，也教安孟的人住下他們的地方，

6a 如頭裡望在塞意耳住的耶撒烏的子孫作過──天主滅了火肋阿的人們，把他們的地方給了耶撒烏的子孫，到今(今)這地方還是他們的。加巴多詩亜的人又趕逐黑未阿族的人，在亜塞里母到加匝地方，加巴多詩亜地方的人從本地方來滅了黑未阿族的人，也住下他們的地方①。『你們起來，過亜耳嫩旱河。我把黑塞奔城的王──亜莫肋阿 [人] 塞混放在你們手裡，你們起手得他的地方，望他打仗。我從今日教天下所有的支沠【派】這樣害怕你們，他們一听見你們的名字，就癡迷，如臨生產的婦人，打顫難過②。』故此，我從加得莫得的野外打發(發)使者望黑塞奔城的王塞混，用温(溫)和的話說：我們想從你的地方過，走大道，我們直(直)行不繞

(續)

［寫真6b缺］

［補缺］
左右。我們用的吃食給價值，又要欽水給銀子。懇求許我們過去，就如在塞意耳住的耶撒
烏的子孫們，也在亞耳城住的莫亞伯（亦譯：莫哈伯）支泒【派】的人作了一樣，我們不過
要到若耳當河，進我們主陡斯要賞給我們的地方。黑塞奔城的王塞混不許我們過去，因為
我們主陡斯使他的心堅硬，教他的意思擰扭，特意③為放他［在］你們手裡。現今你們看，
事情本是這樣。天主望我說：『我現今把塞混連他的地交給你，你去得他的國。』塞混領
了他的眾民迎接我們，在亞撒城要同我們打仗；我們主陡斯把他放在我們手裡，他、他的
兒子

6b 並衆民我們全殺了。那時候他有的諸城都取了，城裡住的人——男女、小孩都
7a 殺乾（乾）浄（淨），也不留甚麼，但擄（擄）了牲口兼城內各樣的物件做我們兵的分兒。從
山谷內立的亜羅耳城——亜耳嫩旱河邉（邊）上——到加拉得，沒有一個城並村庒（莊）脫了
我
們的手，我們主陡斯全賞給了我們。沒有得的就是安孟族的地方，那個
地方［我們］也不敢進去——［那是］在耶玻（玻）克旱河沿上或在山上的城。搃說有好些
（些）地方，我們
主陡斯禁止我們去那地方，我們沒有得。」

註解

①提起這多事情的意思，就是要添（添）依斯拉耶耳後代的胆（膽）量。既（既）然有天主的旨意，有
天主的恩，得加南地方、除盡（盡）地方的人有甚麼難呢？②從「你們起來」到「打顫難過」，都是天
主望依斯拉耶耳子孫說的言語。③因爲塞混是大罪人，也驕傲太過，所以天主放他隨便，

［寫真7b缺］

［補缺］也用依斯拉耶耳的兵滅他的族。

第三篇

「從此轉身走巴三城的路，巴三的王阿克領他的兵迎接我們，要［在］耶達拉意地方同我們爭戰。天主望我說：『不要怕他，我將他並他的民、他的國都放在你手裡。你望黑塞奔京都住的亞莫肋阿支泒【派】的王塞混怎麼行了，如今望阿克也那樣行。』本來我們主陡斯仍然將巴三的王阿克連他的眾民都教落在我們手裡，我們洗殺了他們，也搶奪了他們的諸城，一座城也沒有免

7b 我們的手，取了六十個城——亜耳郭伯全地方，巴三內有的阿克的國，衆城因爲墻極

8a 高，狠堅固，門也有揷(插)閞(關)兒；除此以外，還有多村庒沒有墻圈。滅了他們如滅了黑塞奔的王塞混，毀(毀)壞(壞)了各城，殺了男婦老少；論牲口群、城裡所有的物件我們全奪拿來了。那時我們得了兩個亜莫肋阿族王的地，他們的國在若耳當河那一邊，從亜耳嫩旱河到黑耳孟山——西多肋地方的人叫這個山名撒里雍；亜莫肋阿族的人叫他撒尼耳。又得那許多城，在平地，連加拉得並巴三的全地方到塞耳加、厄大頼(賴)兩座城是巴三的王阿克所管的——原來從大高身量人們的族單剩下了巴三的王阿克；要看阿克的鉄(鐵)床，安孟支泒【派】*的拉罷德(德)城裡得見，論他的長有一丈(丈)三尺五寸，寬(寬)六尺，按常用的尺寸。那時候我們得了的

*校注：賀清泰所用的「支派」一詞，有特定用法與普遍用法之分。前者專指神的選民以色列十二支派，後者用以指萬國、萬民、子民，包含異教崇拜者。故「支派」一詞，賀清泰的用法與今日普遍的認知有所差距，因安孟（the Ammonites）為以色列人的世仇，也不在十二支派之列，北堂本卻多處稱以色列的仇敵爲「支派」。

［寫真8b缺］

［補缺］

地方，就是從亞耳嫩旱河沿邊立的亞羅耳到加拉得一半山，［我］把那個地方的城〔我〕給了路崩並加得的眾子孫；加拉得別的分兒、阿克的全巴三國、亞耳郭伯的地方都交給瑪那斯半族的人——巴三的整地方，人人都叫「高大漢子的地方」。瑪那斯的孫子亞意耳得了亞耳郭伯普地方到熱蘇里也瑪加弟的交界，用自己的名字叫巴三，名亞佛得亞意耳——解說：亞意耳的村莊——到今還有這個名字。我還交給瑪寄耳的子孫加拉得地方一分；又交給路崩、加得二族的人加拉得地方一大分——到亞耳嫩旱河直迄當中①，他的交界到耶玻克旱河②，這耶玻克是安孟支泒【派】

8b

的邊界——還給了他們野外的平地方連若耳當河沿上的地，從賒奈肋得湖到

9a

壙野的極(極)鹹海，也到向東的法斯加山脚(腳)。那時候［我］分付你們說：『你們主陡斯

將這個地方賞給你們做產業，你們既是英勇，拿着兵噐，領着依斯拉耶耳子孫、你們的弟兄到加南地方去，妻子們、小孩子們、牲口群都留下這裡——我知道你們的牲口多——該當放他在我給你們的城內，到那時天主賞給你們的兄弟太平如賞了給你們，他們也得若耳當那一邊加南地方——天主給他們要賞的——你們各自緣轉回我給你們的本產業。』彼時我還望若穌耶(亦譯：若穌耶)說：『你們主陡斯怎麼處治這兩個王，你親眼見了；照這個樣子要處治衆王——你要從甚麼地方過，天主照這個樣子處治他們的王。不要怕他們，因爲

〔寫真9b缺〕

〔補缺〕

你們主陡斯替你們打仗。』那時我也求天主說：『主陡斯！你起頭〔在〕你奴才跟前發顯出來你的至大至剛強手，本來或天上、或地下，並沒有別的「陡斯」能作你作的事，也能比你的強盛！故此我也過去，要瞧若耳當河那邊這上好地，連這好山③兼里巴諾山。』天主為你們望我們動怒，不准我祈求，反倒說：『穀罷！從此以後，不要將這個事在我跟前提起。〔你〕上法斯加山頂上，望著西北東南四方，轉著眼睛瞧一瞧加南地方，因為〔你〕一定〔你〕不過若耳當河。你將我的命令告訴若蘇耶，勸勉堅固他，領這些民〔的〕就是他，你要看的地〔由〕他

9b

分給衆人。』〔那時〕，我們在對着佛郭耳廟山溝裡歇宿。」

10a

註解

①這地方是路崩族裡土產。②這個也是加得族產業的交界。③這山就是莫里亜山，昔日亜巴拉哈母照天主的旨意，要〔在〕這山上用親子依撒格祭（祭）祀（祀）天主。因爲日後撒落孟王要在這裡建天主大堂，故此稱呼他說是「好山」。

第四篇

「如今，依斯拉耶耳後代！听我講給你們規戒、審問的定例，爲的是照他行，能得生活，又進了那地方——你們祖宗的主陡斯許了要賞給你們的地——能久遠承受。我望你們說的話，你們不要些微（微）添、些微減，我傳給你們你們主陡斯的誡命，你們誠心遵守。天主怎麼處治栢（柏）耳佛郭耳，怎麼從你們當中除了恭（恭）敬他的

［寫真10b缺］

［補缺］

人，你們的眼睛瞧見了；反倒你們因為順從你們主陡斯，到如今得活著。你們知道，我按我陡斯的命，〔講過〕給你們［講過］他的規戒、法度，你們到要得的地方，該照著他行事。［你們］竭盡遵守，［在］萬萬支泒【派】跟前，你們的聰明賢德該在這上頭，使那億兆人一聽這諸樣法度，都說：『這真是賢智的族，尊貴的支泒【派】！』本來沒有別的族——任憑［再］怎麼大——他們的神是與他近，如我們的陡斯近我們，也合我們的祈求①。那一個族是怎麼樣的尊貴，有我們有的禮、公正的審例、諸樣的法度呢？這些，我今日在你們跟前都要講一講。所以你們小心，保守你們的肉身靈魂，不要忘記

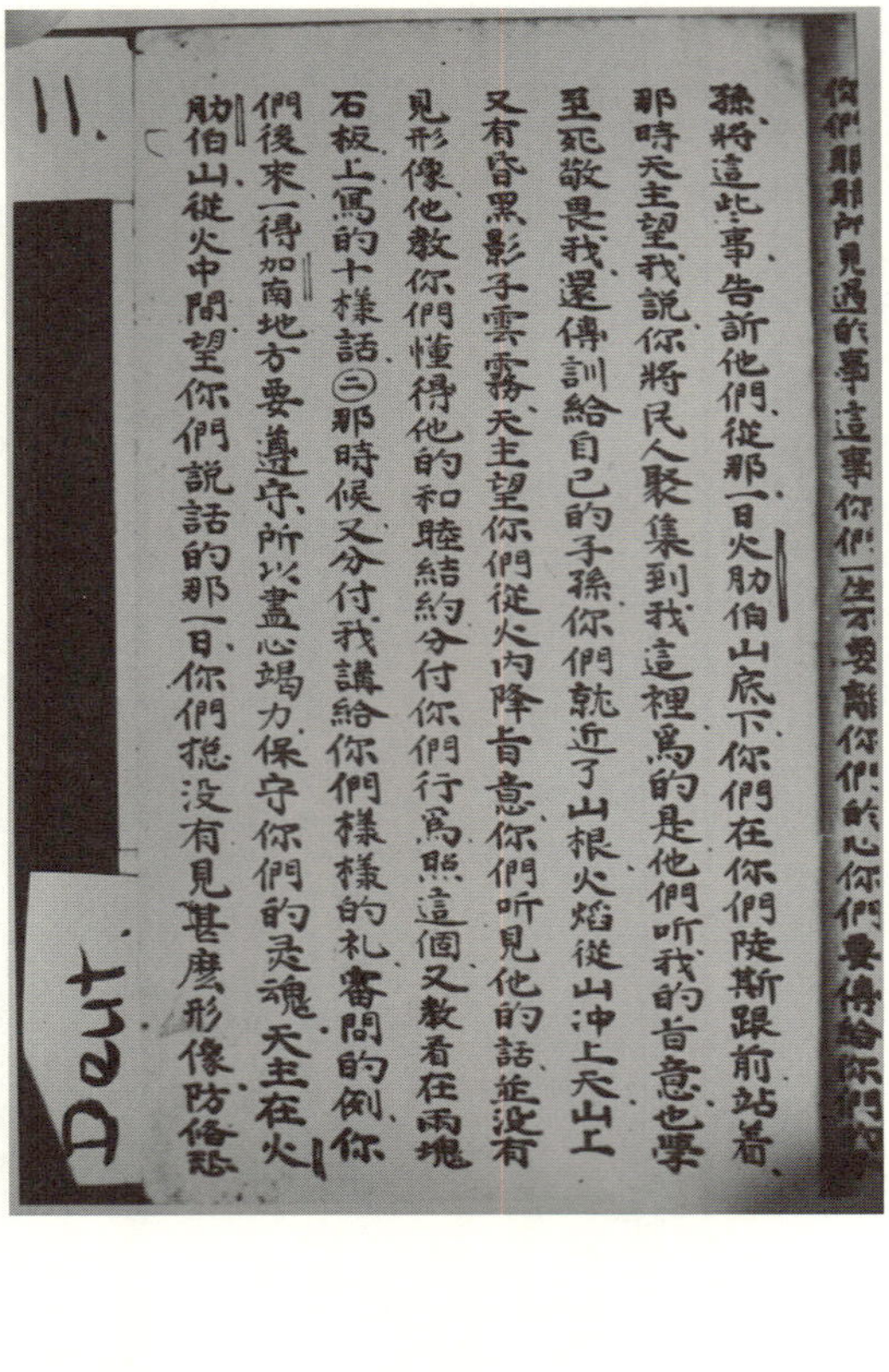

10b

你們眼睛所見過的事，這事〔你們〕一生不要離你們的心，你們要傳給你們的子

11a

孫，將這些事告訢【訴】他們。從那一日火肋伯山底下，你們在你們陡斯跟前站着，那時天主望我說：『你將民人聚(聚)集到我這裡，爲的是［教］他們听我的旨意，也學(學)至死敬畏我，還傳訓給自己的子孫。』你們就近了山根。［彼時］火焰從山沖(沖)上天，山上又有昏黑影子雲霧。天主望你們從火內降旨意，你們听見他的話，並沒有見形像。他教你們懂得他的和睦結約，分付你們行爲照這個，又教看在兩塊石板上寫(寫)的十樣話②；那時候，又分付我講給你們樣樣的礼、審問的例，你們後來一得加南地方要遵守。所以盡心竭力保守你們的灵魂。天主在火肋伯山，從火中間望你們說話的那一日，你們揔没有見甚麼形像，防偹(備)恐

［寫真 11b 缺］

［補缺］

怕你們迷惑，製造雕琢男女形像模樣，或彷佛天下所有的牲口，或空中飛的禽鳥、地面上曲行蟲子，或地下、水內有的魚。恐怕你們望天抬頭，看日月、天上的眾星，錯恭敬他，給他叩頭——你們主陡斯化成這些，為天下萬萬支泒【派】使用。天主取了你們，從戹日多鐵窯③救出了你們，要將你們做他的民，把你們當自己的產業，到今日看得，這是他的意思。天主還為你們毀謗的話望我動怒發誓，不教我過若耳當河，也不教進剛要賞你們的

11b 狠好的地。小心，不要忘了你們主陡斯同你們定的和睦結約(約)，你們不要雕琢

12a 天主禁止［的］樣樣物件的形像，因爲你們主陡斯就是滅悪的火，又是忌妬(妒)的陡斯④。若你們生了子孫，在那個地方住，被做造的甚麼形像迷惑，在你們主陡斯台前得了罪，也惹他的義怒，我今日拿天地作我話的証(證)見，呼喚(喚)着說：你們雖然過了若耳當河，得了要得的地方，到底快快要從那個地方除盡，不能久在那裡住，天主要滅你們，散在衆族泒【派】內。天主送你們到甚麼異端支泒【派】內，你們人的数(數)目少，在那個地方，你們還事奉(奉)人手做的神像，或木或石⑤作的，不見、不听、不食、不聞的樣子。你們在那裡要找尋(尋)你們主陡斯，就得他——但若全意全靈，苦苦找他⑥。遭了我預先說的災祸(禍)後，終久你們轉回，順你

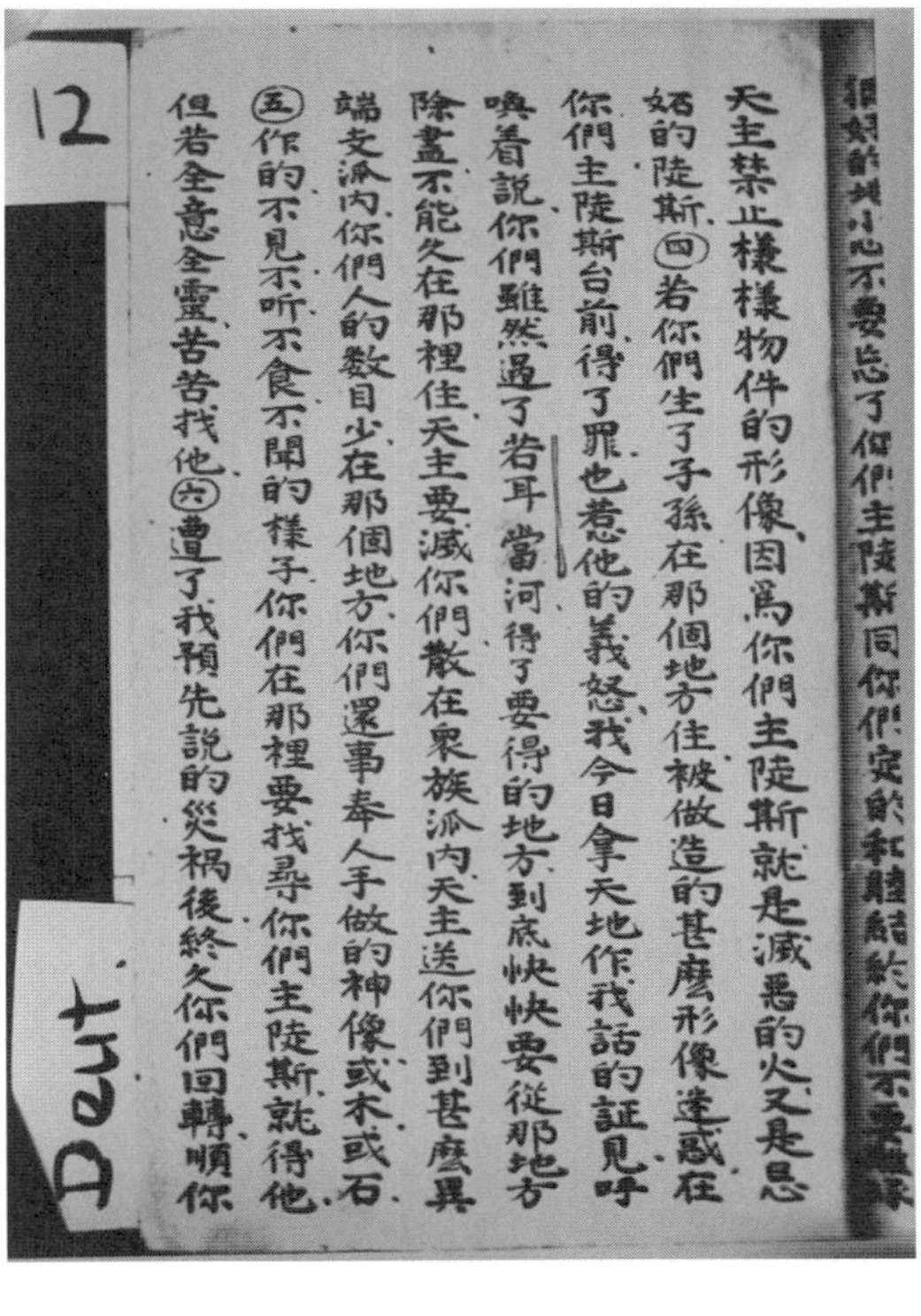

［寫真12b缺］

［補缺］
們主陡斯，也聽他的聲音：因為你們的陡斯是慈憐的陡斯，所以不棄你們，也不全滅，並不忘與你們祖宗誓定的和睦結約。查問你們以前的古時，從陡斯造成人在世那一日以來，若從天這一頭到那一頭，有這樣的事？或人知道了一個支泒【派】，聽見了陡斯的聲音從火當中說話——如你們聽見了——也得能活？陡斯進來⑦，用各様試探方法、奇妙聖蹟、超出尋常的事、爭戰、剛強手、伸開［的］全能肐臂、可驚的様子，從異端族裡拿一支泒【派】做自己的民，如你們主陡斯［在］厄日多國、你們眼前，本來望你們作了。這樣作的意思，為的是［教］你們知道天主就是陡

12b
斯，除他以外並没有别的。爲教訓你，教你們從天上听他的声音；地面上，教你
13a
們瞧見他的猛火，你們也從火中听見了他的言語。因爲他慈(慈)爱(愛)你們的祖
宗，也挑選他們的後代，從厄日多救(救)出了你們，以他的全能在你們前頭
行，爲的是你們往前進。他滅比你們狠大狠強的支泒【派】，領着你們，賞給
你們得他們的地方，你們今日也得見明白。故此，你們今日認識，心裡也深想：『
天主就是上天下地的陡斯，也没有别的。』若要你們自己、你們的後代百事
如意，也久住你們主陡斯要賞給你們的地方，該遵守我分付給你們［的］天主
的規戒、法度(度)。』每瑟那時候分開三座城——在若耳當河那一邉向東的。那一
個無心殺了相近的人，同他一二天頭裡没有仇，能到這三座城的一座城保命。

［寫真13b缺］

［補缺］

城的名字就是：壙野內的玻索耳，這一城在路崩族的平地方；加拉得地方的拉莫得，這一城在加得族內；再者巴三地方的郭藍，這一城在瑪那斯族內。這個就是每瑟望依斯拉耶耳子孫傳的法度，這也是命令、禮儀、審問的定例，他自己講給依斯拉耶耳後代——幾時從厄日多地方出去〔了〕［的］。他那時在若耳當河那一邊山谷，對佛郭耳廟，那地方以前是亞莫肋阿支泒【派】的王黑塞奔住的，塞混管的；每瑟殺了他，出了厄日多的依斯拉耶耳後代得了他的地方，連阿克王的巴三國。亞莫肋阿族的這兩王［住］在若耳當河那一邊，

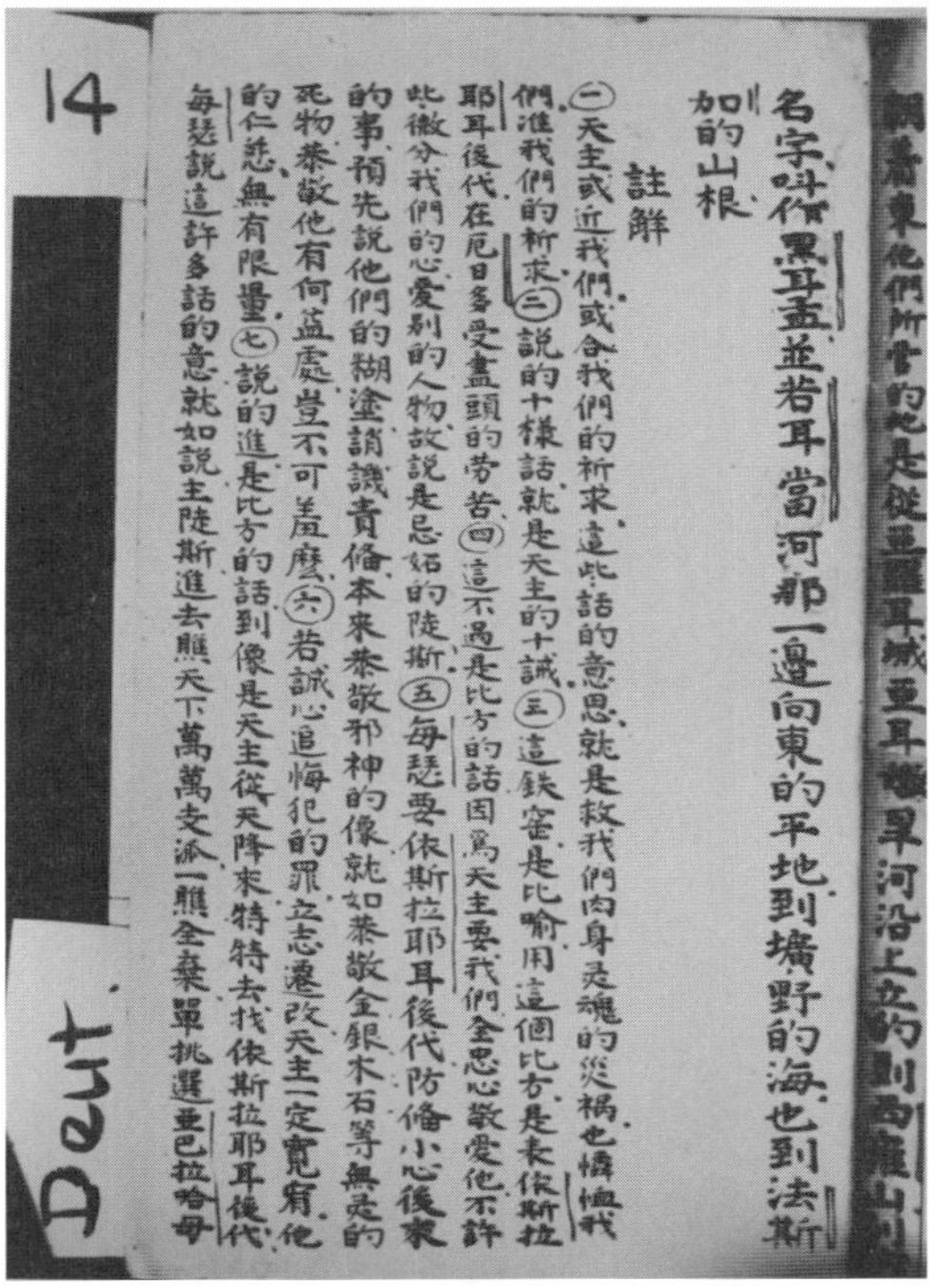

13b 朝着東，他們所晉的地是從亜羅耳城——亜耳嫩旱河沿上立的——到西雍山——別的

14a 名字叫作黑耳孟——並若耳當河那一邊向東的平地，到壙野的海，也到法斯加的山根。

註解

①天主或「近我們」，或「合我們的祈求」，這些話的意思就是救我們肉身灵魂的災禍，也憐恤我們，准我們的祈求。②說的「十樣話」，就是天主的十誡。③這鉄窑（窯）是比喻，用這個比方，是表依斯拉耶耳後代在厄日多受盡頭的劳苦。④這不過是比方的話，因爲天主要我們全忠心敬爱他，不許些微分我們的心爱別的人、物，故說是「忌妒的陡斯」。⑤每瑟要依斯拉耶耳後代防備小心後來的事，預先說他們的糊塗，誚譏責備。本來恭敬邪神的像，就如恭敬金、銀、木、石等無灵的死物，恭敬他有何益處？豈不可羞麽！⑥若誠心追悔犯的罪，立志遷改，天主一定寬宥。他的仁慈，無有限量。⑦說的「進」，是比方的話，到【倒】像是天主從天降來，特特去找依斯拉耶耳後代。每瑟說這許多話的意思，就如說：主陡斯進去瞧天下萬萬支泒【派】，一瞧全棄，單（單）挑選亜巴拉哈母

〔寫真14b缺〕

〔補缺〕

的一族，將這一族的人做為己民，為護救他們行了許多聖蹟。火肋伯山上望他們說話，賞了十誡的兩塊石板，這不是另外的恩典麼？理當全心全力報答。

第五篇

每瑟傳依斯拉耶耳後代來，望他們說：「依斯拉耶耳會，聽我今日在你們耳朵上講的禮儀、審問的定例，你們要學，也照他行。我們主陡斯同我們〔在〕火肋伯山上立了和睦結約——不是同我們祖宗立的，是同我們現在活著的定的，面對面〔在〕那山上，從火當中給我們說了。我那時在天主與你們兩下當中，如辦事的人，為傳給你們他的旨意，因為你們怕猛火，不敢上山。天主說：『我是你們的主陡斯！我也從厄日

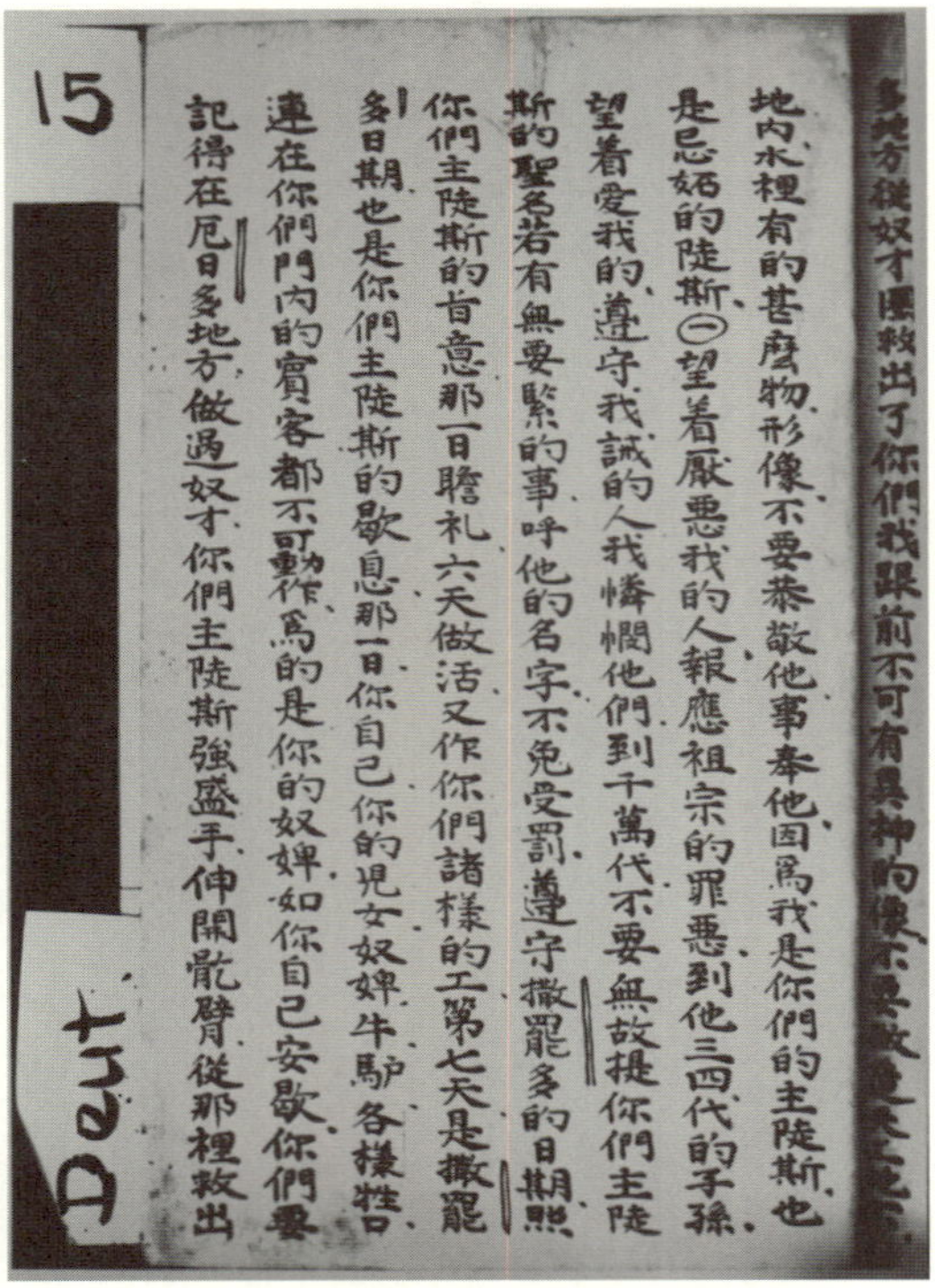

14b 多地方，從奴才圈救出了你們。我跟前不可有異神的像，不要做造天上、地下、
15a 地內、水裡有的甚麼物形像，不要恭敬他，事奉他，因爲我是你們的主陡斯，也是忌妬的陡斯〔①〕。望着厭惡我的人，報應祖宗的罪惡到他三四代的子孫；望着爱我的，遵守我誡的人，我憐憫他們到千萬代。不要無故提你們主陡斯的聖名，若〔有〕無要緊(緊)的事，呼他的名字不免受罰。遵守「撒罷多」日期，照你們主陡斯的旨意〔在〕那一日瞻(瞻)礼。六天做活，又作你們諸樣的工；第七天是「撒罷多」日期，也是你們主陡斯的歇息，那一日，你自己、你的兒女、奴婢(婢)、牛驢(驢)、各様牲口，連在你們門內的賔(賓)客都不可動作，爲的是〔使〕你的奴婢如你自己安歇。你們要記得在厄日多地方做過奴才，你們主陡斯強盛手伸開骼(胳)臂，從那裡救出

［寫真15b缺］

［補缺］

了你們，所以分付了你們守「撒罷多」日子。按你們主陡斯分付的話，孝順你們的父母，為得高壽，並［在］你們主陡斯要賞給你們的地方得享福。不要殺人。不要行邪淫。不要偷盗。不要做假干證害你相近的人。不要願得你相近人的妻子。也不要貪他的房子、田地、奴婢、牛驢、他的各樣物件。』

天主［在］火肋伯山頂上，從火雲昏暗霧當中望你們眾人大聲音說了這些話，也沒有添上甚麼；又把這個寫在兩塊石板上交給了我。

你們從昏暗影子內聽見了聲音，見了普山出了火後，眾族的頭目、老者都會［見］我說：

『如今主陡斯教我們瞧見

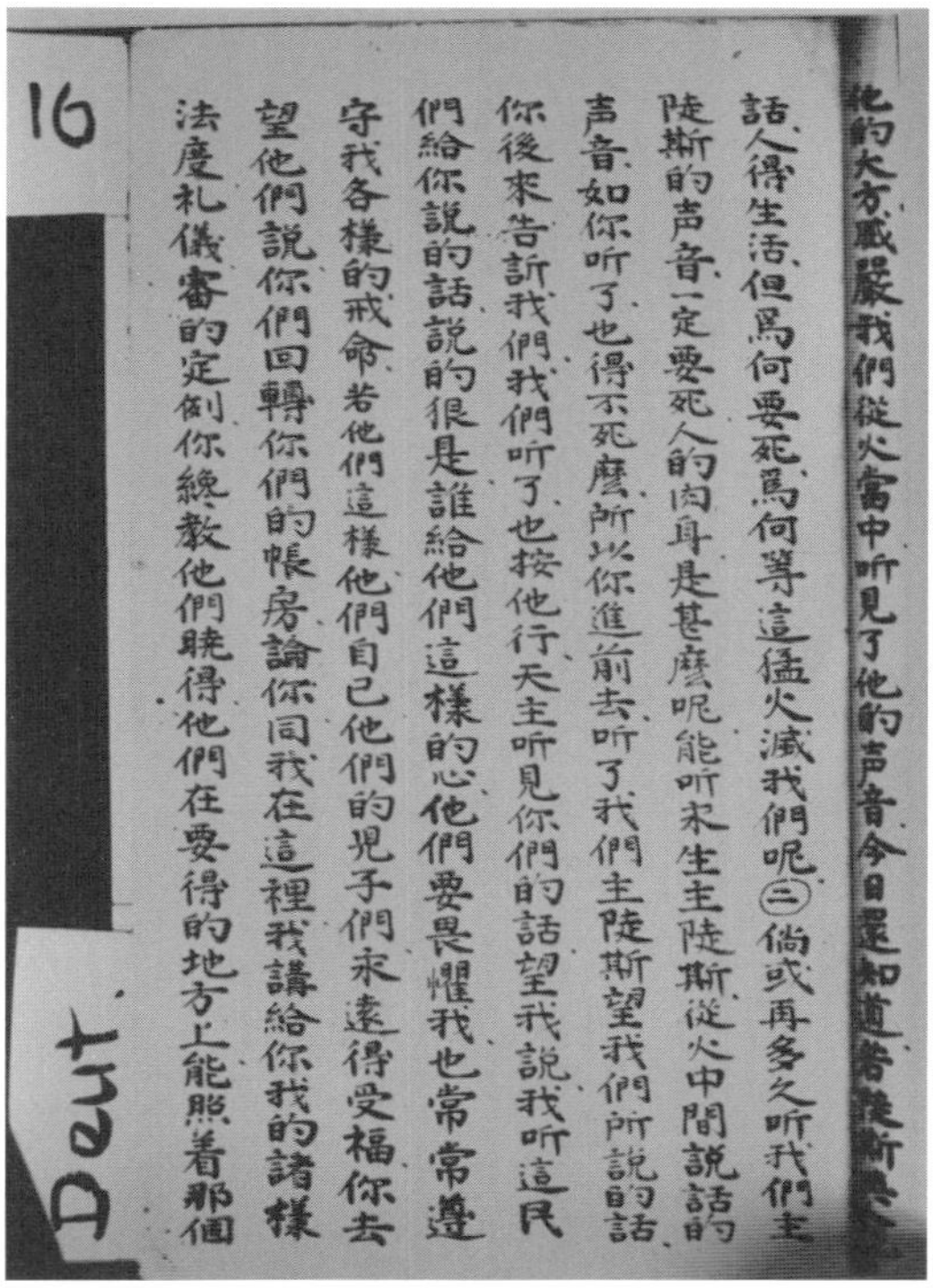

15b

他的大方威嚴，我們從火當中听見了他的声(聲)音，今日還知道，若陡斯㒷(與)人說

16a

話，人得生活！但爲何要［冒］死，爲何等這猛火滅我們呢〔②〕〔①〕？倘或再多久听我們主

陡斯的声音，一定要死。人的肉身是甚麼呢？能听朩(永)生主陡斯從火中間說話的

声音？如你听了，也得不死麼？所以你進前去，听了我們主陡斯望我們所說的話；

你後來告訢【訴】我們，我們听了，也按他行。』天主听見你們的話，望我說：『我听這民

們給你說的話，說的狠是。誰給他們這樣的心？他們要畏懼我，也常常遵

守我各樣的戒命，若他們這樣，他們自己、他們的兒子們朩遠得受福。你去

望他們說：你們回轉你們的帳房。論你同我在這裡，我講給你我的諸樣

法度、礼儀、審［問］的定例，你綫教他們曉(曉)得，他們在要得的地方上能照着那個

［寫真16b缺］

［補缺］

行。』如此，主陡斯定了各樣法度，你們都盡心遵守，你們不敢或向左，或向右，偏【偏】斜作事，反倒按你們主陡斯定給你們的道路行，為的是［使］你們生活、你們的事都如意，將要住加南得高壽。」

註解

①天主為要擊壓依斯拉耶耳後代的執扭背逆性情，特在他們眼前顯露出這樣利害形像，他們著實膽顫心驚，恐怕被那烈火燒盡，不敢久站在那裡，都要回轉帳房。

第六篇

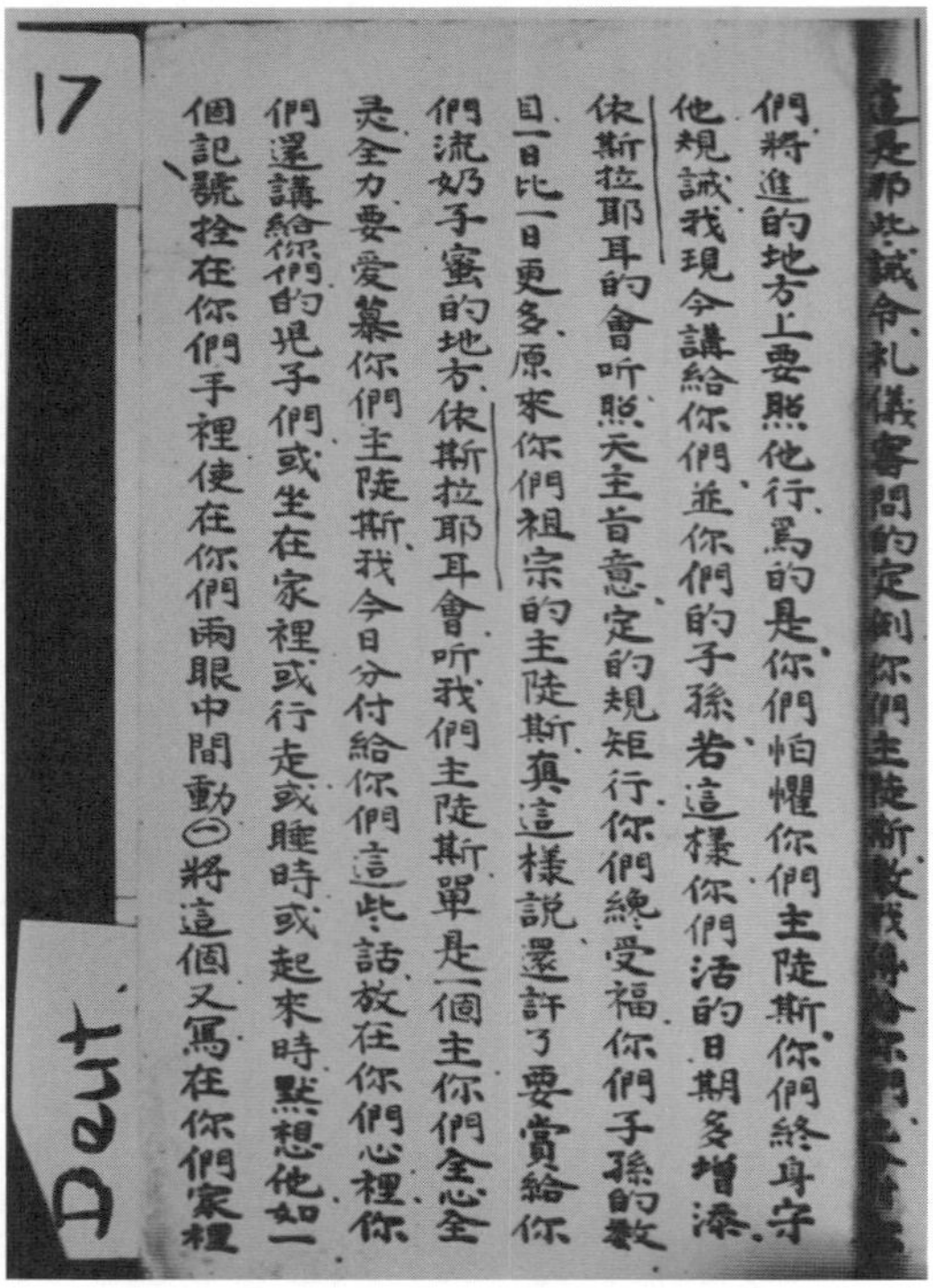

16b 「這是那些誡令、礼儀、審問的定例，你們主陡斯教我傳給你們，也分付你

17a 們［在］將進的地方上要照他行，爲的是［使］你們怕懼你們主陡斯，你們終身守他規誡。我現今講給你們並你們的子孫，若這樣，你們活的日期多增(增)添。依斯拉耶耳的會(會)！听，照天主旨意、定的規矩行，你們纔受福，你們子孫的数目一日比一日更多，原來你們祖宗的主陡斯真(真)這樣說，還許了要賞給你們流奶子、蜜的地方。依斯拉耶耳會！听，我們主陡斯單是一個主，你們全心、全灵、全力要爱慕(慕)你們主陡斯。我今日分付給你們這些話，放在你們心裡，你們還講給你們的兒子們。或坐在家裡，或行走，或睡(睡)時(時)，或起來時，默(默)想他，如一個記號(號)拴在你們手裡，使［他］在你們兩眼中間動①；將這個又寫在你們家裡

［寫真17b缺］

［補缺］

門框、門扇上。你們主陡斯教你們進了那地方，望你們祖宗亞巴拉哈母、依撒格、亞各伯發誓許過要賞給你們的，又給你們賞了狠大狠好的城，不是你們砌的；又賞了滿財物的房子，不是你們蓋的；賞了井水，不是你們挖的；賞了葡萄及阿里瓦樹的園子，不是你們栽的。你們吃飽了後，留神小心，不要忘了從厄日多地方奴才圈內救出你們的天主。敬畏你們主陡斯，單事奉他，也發誓的時候寡提他的名字。你們地方周圍有的雜支泒【派】的邪神不要去禮拜他，因為在你們當中的主陡斯是忌妒的陡斯②，恐怕你們主陡斯義怒猛

17b 出，罰你們，從地面上除盡了你們。不可妄（妄）試你們主陡斯，如妄試那個地方

18a 作過③。你們主陡斯與你們定的命令、礼儀、審問的規例都要遵守。有甚麼合天主心的，也是善好的，你們就行，爲能得福，也進加南極高美的地，能常久得他——天主望你們祖宗發誓許下的就是這個地，他自己說要［在］你們眼前全滅你們的仇敵。若後來你們的兒子問你們說：『我們的主陡斯分付的命令、礼儀、審問的規例，有甚麼意思？』該答應（應）他們：『我們在厄日多地方做過法勞翁（翁）的奴才，天主剛強手從厄日多救出了我們。他自己［當］我們〔當〕面，爲處治法勞翁並他的全家，厄日多內做了許多奇妙利害聖蹟，纔把我們從那裡救出，要我們進他望我們祖宗誓許的地方。天主命我們遵守這些法度，也敬畏我們主陡斯，爲

［寫真18b缺］

［補缺］

的是我們一生得享福，如今日享受。真真若我們按他命，我們主陡斯台前遵行他的諸誡，
他要慈愛看待我們。』」

註解

①這些都是比方的話，真意思：天主不過要他們常常存想不忘，如在你們眼、面前。

②天主既然造成了我們，要我們一心全歸他，也不許我們向別的人、物分敬愛的心，故此說是「忌妒的陡斯」。

③這妄試的地方在新壙野內，〈數目經〉第十六篇上細細講了這事情。

第七篇

「你們主陡斯教你們進，也得加南地方，還［在］你們眼前滅了許多支泒【派】，就是黑得

18b 阿、熱耳蛇塞阿、亜莫肋阿、加那奈阿、費肋則阿、黑未阿、耶布則阿七族的人，比

19a 你們数目更多、力量更強。你們主陡斯把他們放在你們手裡後，你們全要
殺盡他們，不要同他們定和睦結（結）約（約），不可憐他們；不要彼此作親家，你們的女
孩不要給他們的男子，不娶他們的女孩做你們兒子的妻子，因爲他［會］迷惑
你們的兒子，阻攔他隨從我，拉扯他恭敬異方的神，若如此，天主大動嚴怒，
急速要滅你們。反倒你們望那等這樣行：毀（毀）他們的祭台、碎他們的神像（像）、
砍他們的樹（樹）林、燒（燒）他們雕刻的像。因爲你們是你們主陡斯的聖民會，你
們主陡斯簡選了你們，爲的是從天下所有的支泒【派】［選］你們是他自己的支泒【派】。
不是因爲你們的数目超過別支泒【派】的数目——天主同你們和好，也挑選了你們，

［寫真19b缺］

［補缺］

［但］你們族的人比別族的人少；單因為天主愛你們，要滿望你們祖宗誓許的話，所以挑選了你們，也［以］強盛手，從奴才的圈並厄日多國王法勞翁的手救出了你們。從此，你們得知道你們主陡斯是剛強忠信的陡斯，望愛他的、兼守他規誡的滿他口許的話，慈憐到千代；望嫌惡他的急速降罰，除盡他們，不延時候，立刻報應他們的罪惡。故此，你們遵守我今日講給你們的誡命、禮儀、審問的定例，也照他行。

若是你們聽了這諸樣法度，遵守他、照著行，你們主陡斯同你們立的和睦結約話也要守；

［主］望你們祖宗誓許

19b 的慈恩要賞你們，［也］爱你們。天主望你們祖宗許過要賞給你們加南地方，

20a 內添你們的数目，給你們兒女，你們田地的粮(糧)食、麦子、葡萄(萄)、油、牲口、羊群。

［天主］要

降福，比衆族戶有福的是你們，你們裡頭沒有不生産的，或人——男女，或牲口。

天主從你們［內］除諸樣残(殘)疾、軟弱(弱)，你們見過厄日多那利害災祸，天主不降在

你們身上，但降給你們的仇敵。你們主陡斯交給你們甚麼支泒【派】，你們能全滅

盡，你們的眼睛並不皖(饒)放他們①，也不事奉他們的邪神，恐怕你們爲這個

缘(緣)故要敗壞。若你們心裡說：『這族内的人比我們多，怎麼能滅他呢？』不要怕，反倒

記着你們主陡斯怎麼處治了法勞翁、厄日多國的衆民。你們主陡斯爲從

那裡救出你們，降了甚麼樣的大災祸，你們親眼所見的；作了甚麼樣的奇妙

［寫真20b缺］

［補缺］

事，也［顯］聖蹟，怎麼樣伸開了他的胳臂——你們思想一思想，你們怕的這些支派【派】，天主也要這樣辦他。你們主陡斯還要望他們釋放馬蜂，到全滅那幾個從你們手躲避、藏了身體的人。你們不怕他們，因為你們主陡斯在你們中間，也是大威嚴的陡斯。他將這許多支派【派】，漸漸的、一個一個，在你們眼前要滅；［但］你們（一共）不能［一時］全滅了他們，恐怕地方的猛獸過踰增添，傷損你們②。你們主陡斯把那支派【派】放你們手裡，你們殺他們到全滅了；把他們的王交給你們，你們從天下除盡他們的名字。沒有一個能敵過你們，［直］到全埋沒了他們。［你們］要火燒他們雕刻的像；若

20b 是金銀做的，不敢貪那金銀，從那像不敢給你們留甚麼，恐怕有罪，因為

21a 是你們主陡斯至嫌惡的東西。從邪像的些微物不敢帶(帶)進你們的家，恐怕天主嫌惡你們如嫌惡邪像。你們厭煩他，像是糞土；你們嫌惡他，如臟【髒】濁東西——本是可嫌可惡的。」

註解

①天主忍耐加南地方人們兇（兇）惡的罪到四百年，他們不但不改，反倒舊（舊）罪上添新罪。故此，天主用依斯拉耶耳後代，命他們討滅有罪的支派【派】，不許饒恕。②若一時除盡了加南地方的人們，地方既然寬大，依斯拉耶耳後代的數目不多，不過能住一二分內；剩下的分兒如荒（荒）郊野外，沒有殺猛獸的人，猛獸傳類下犢（崽），增添過多，也來有人的地方傷害人。

第八篇

[寫真21b缺]

[補缺]

「凡我今日講給你們的法度，你們仔細盡心照他行，為的是你們得生活，你們的數目也增添，又進了天主望你們祖宗誓許的地，久遠住在那裡。還要記著你們主陸斯教你們四十年工夫打壙野走甚麼樣的路，為苦兼試探你們，為發出你們心裡有的意思，[看]你們倒【到】底要遵守天主的誡否。教你們遭饑饉後，纔賞給你們『瑪那』吃食，這等吃食，你們自己、你們的祖宗總沒有見過——他原來要教訓你們，人生活不獨靠著饅頭，單靠於主陸斯口所發諸命①。你們的衣服雖

21b

多久穿，沒有破了：你們腳〔裡〕[上]的鞋也沒有磨傷，到底如今有了四十年。天主望你們這樣作，爲的是[使]你們心裡思想：人怎麼教訓自己的兒子，你們主陸斯也怎麼

22a

教訓了你們。他不過要你們遵守你們主陸斯的命令，也走他定的路，還敬畏他。你們主陸斯自然要領你們進好地方，那裡多有河、泉水，那裡的平地、高山、大江衝(衝)湧出來：這地方，真是[産]麦(麥)子、大麦、[葡]萄(葡)的地方，無花菓(果)、石榴、阿里瓦(瓦)樹這樣滿(滿)有，說得是油蜜的地方。你們在這個地方不短少甚麼，要吃你們的饅(饅)頭；喜欢(歡)甚麼，甚麼豊(豐)厚(厚)。那地方的石頭就是鉄②，從他的山刨挖銅(銅)。天主賞給你們這地方的意思，爲的是你們飽(飽)吃後，讚(讚)頌感謝你們主陸斯賞了給你們狠高美的地方。謹(謹)慎(慎)小心，不要忘(忘)了你們主陸斯，不要輕忽他的命令、礼儀、審問的定例——今日我所分付你們的。你們吃飽了，修盖(蓋)了好房子，在那裡住，有了群牛、

［寫真22b缺］

［補缺］

群羊、金銀諸樣物件後，防備你們起驕傲的心，就不記得你們主陡斯，也不追想是他從厄日多地方奴才圈救出了你們，也是他在寬闊危險野外引領你們③——那野外也有嘴出火氣燒人的蛇蟲、蠍子、『第普撒』④；頭裡並無飲的水，也是他教水從堅硬石流出水溝、壙野中；還用『瑪那』喂你們，你們祖宗並不知道這個吃食。［先］勞苦著試探你們，末了慈憐你們，為的是你們後來不說：『這多好處，都是從我們力量、從我們強手得的⑤。』但記得你們主陡斯，就是他賞給你們這樣的力量⑥，他要滿［與］你們祖宗定過的和睦結約，今日可以明

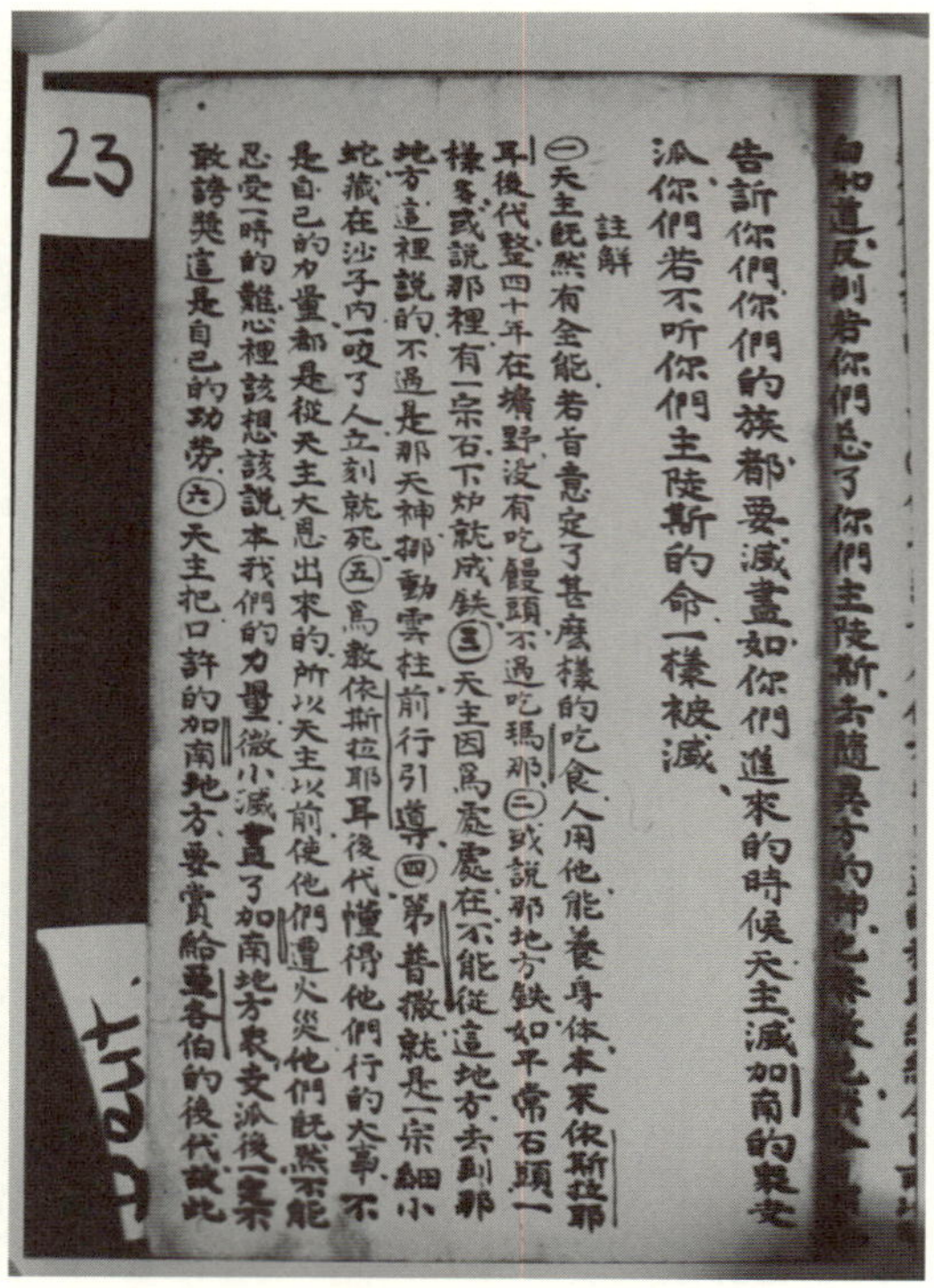
23
白知道反倒若你們忘了你們主陡斯去隨異方的神也恭敬他
告訴你們你們的族都要滅盡如你們進來的時候天主滅加南的衆支
泒你們若不听你們主陡斯的命一樣被滅
註解
①天主既然有全能若旨意定了甚麼樣的吃食人用他能養身体本來依斯拉耶
耳後代整四十年在壙野没有吃饅頭不過吃瑪那②或說那地方鉄如平常石頭一
樣多或說那裡有一宗石下炉就成鉄③天主因爲處處在不能從這地方去到那
地方這裡說的不過是那天神挪動雲柱前行引導④第普撒就是一宗細小
蛇藏在沙子内一咬了人立刻就死⑤爲教依斯拉耶耳後代懂得他們行的大事不
是自己的力量都是從天主大恩出來的所以天主以前使他們遭火災他們既然不能
忍受一時的難心裡該想該說本我們的力量微小滅盡了加南地方衆支泒後一定不
敢誇獎這是自己的功劳⑥天主把口許的加南地方要賞給亜各伯的後代故此

22b 白知道。反倒若你們忘了你們主陡斯，去隨異方的神，也恭敬他，我今日預先

23a 告訴【訴】你們：你們的族都要滅盡，如你們進來的時候天主滅加南的衆支泒【派】；你們若不听你們主陡斯的命，一樣被滅。

註解

①天主既然有全能，若旨意定了甚麼樣的吃食，人用他能養身体。本來依斯拉耶耳後代整四十年在壙野没有吃饅頭，不過吃「瑪那」。②或說那地方［的］鉄如平常石頭一樣多；或說那裡有一宗石，下炉（爐）就成鉄。③天主因爲處處在，不能從這地方去到那地方。這裡說的，不過是那天神挪動雲柱，前行引導。④第普撒就是一宗細小蛇，藏（藏）在沙子内，一咬了人，立刻就死。⑤爲教依斯拉耶耳後代懂得：他們行的大事不是自己的力量，都是從天主大恩出來的。所以天主以前使他們遭火災，他們既然不能忍受一時的難，心裡該想、該說：「本我們的力量微小。」滅盡了加南地方衆支泒【派】後，一定不敢誇獎這是自己的功劳。⑥天主把口許的加南地方要賞給亜各伯的後代，故此

〔寫真23b缺〕

〔補缺〕
賦給他們超出尋常的力量。

第九篇

「依斯拉耶耳會的人，你們聽！今日你們要過若耳當河，得多族的人——數目、力量都比你們強；〔多〕寬大城，城牆高至天；大高身量人的支泒【派】，〔是〕耶那克的子孫。你們自己〔也曾〕見了、聽了的：『無一能敵過他們。』你們今日纔知道你們主陡斯如銷滅物的火，親自在你們前頭過去，按他許的話，要〔在〕你們眼前快滅他們。你們主陡斯當你們的面滅了他們後頭，你們不要心裡說：『既然這眾支泒【派】為他們罪惡的緣

23b　故被滅了。天主因爲我們善義，教我們進去，也得這個地方。』並不由於你們的

24a　善功、心裡的忠正，要進、也得那多支泒【派】的地；單因爲他們大犯了罪，故你們一進去，他們就亡滅了；也因爲天主要滿望你們祖宗亜巴拉哈母、依撒格、亜各伯誓許的話。所以該知道，不是因爲你們好行實，你們主陡斯賞了你們得這頭等的地；你們反倒是扭心的支泒【派】。你們記得，也不可忘：野外內怎麼招惹了你們主陡斯的義怒——從出厄日多那一日到這個地方，常望天主爭鬬(鬥)。在火肋伯山上惹了他，他動了怒，要滅了你們。那時候我爲取石板上了山——這就是天主同你們定的和睦結約石板——我四十晝夜在山上不吃饅頭、不歃水，天主給了我兩塊石板——陡斯的掯(指)頭寫的。板上有的話，就是衆人聚會的那時候，天主〔在〕山上從火中望你

［寫真24b缺］

［補缺］

們所說的那些話。過了四十晝夜後，天主交付了我兩塊石板——和睦結約憑據的板，又給
我說：『起來，快從這裡下去，你從厄日多領出來的民快離了你指的路①，鑄了一個牛犢
的像。』天主又望我說：『看起來，這等民們的心好不悖逆。你放我！我要擊壓他們，從
天下滅盡他們的名字；要立你做比這支派【派】還大還強的頭目。』
我從火燒的山上下來，兩手捧著和睦結約的兩塊石板，瞧見你們得罪你們主陡斯，鑄了一
個牛犢——你們快離開你們主陡斯指的道路。我把那石板拋擲，當你們的面打碎，照［頭］
裡〔頭〕伏俯在天主台前，四十晝夜不吃饅頭、不飲水，為補你們望天主犯的重罪。本來
你們這

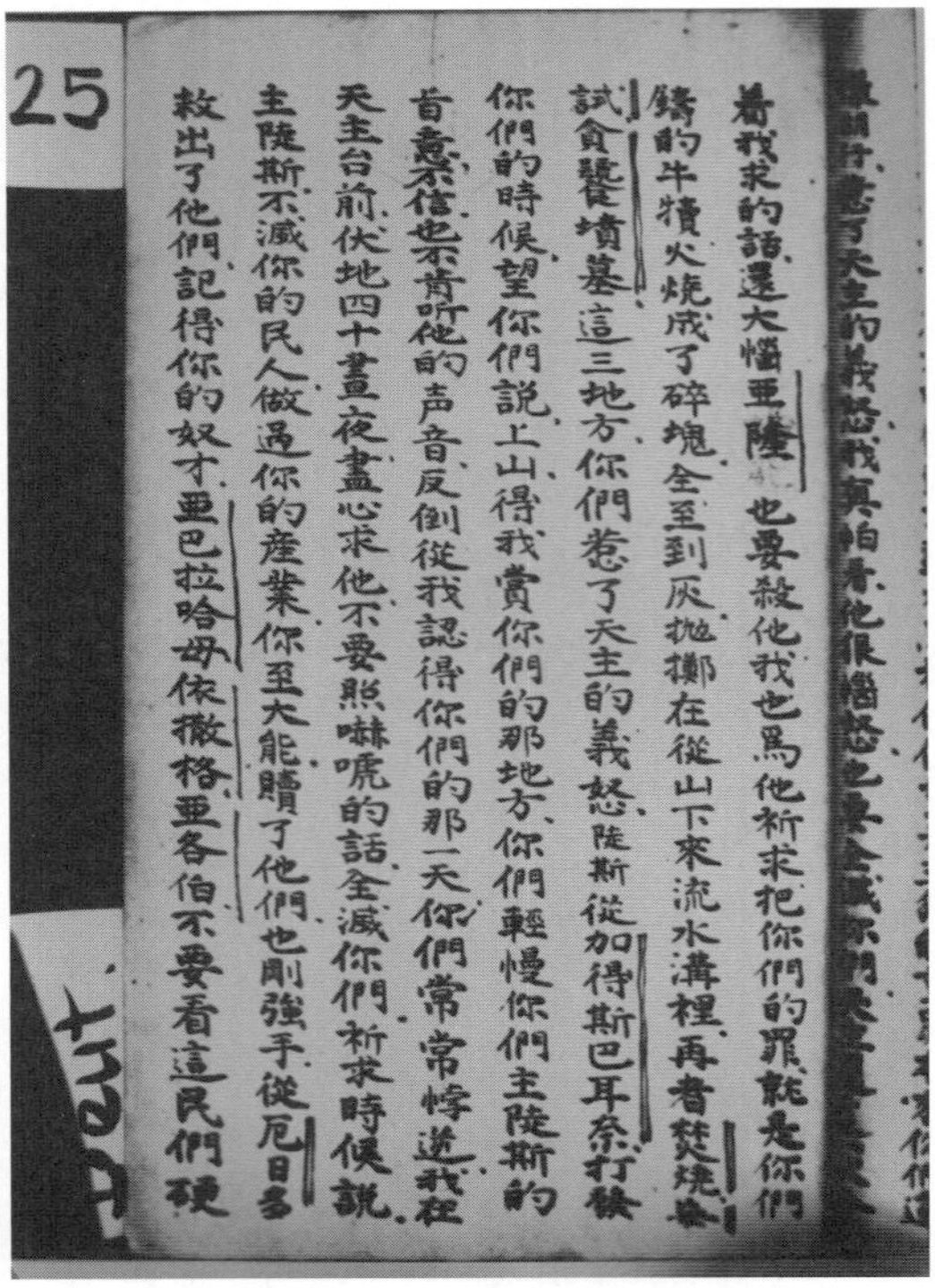

24b 樣胡行，惹了天主的義怒，我真怕看；他狠惱怒，也要全滅你們，［但］天主〔還〕這一次
［還］合

25a 着我求的話。［天主］還大惱(惱)亞隆，也要殺他；我也爲他祈求。［我］把你們的罪——
就是你們
鑄(鑄)的牛犢火烧成(成)了碎塊，全至到灰(灰)，抛(抛)擲在從山下來［的］流水溝裡。
再者，［在］焚烧、妟
試、貪饕(饕)墳墓這三地方你們惹了天主的義怒。陡斯從加得斯巴耳奈打發
你們的時候，望你們說：『上山，得我賞你們的那地方。』你們輕慢你們主陡斯的
旨意，不信，也不肯听他的声音，反倒從我認得你們的那一天［起］，你們常常悖逆。我在
天主台前伏地四十晝夜，晝心求他，不要照嚇唬(唬)的話全滅你們，祈求時候說：『
主陡斯！不滅你的民人，［他們］做過你的產業，你至大能贖了他們，也［用］剛強手從厄日多
救出了他們。記得你的奴才——亞巴拉哈母、依撒格、亞各伯，不要看這民們硬

［寫真25b缺］

［補缺］

性罪惡。你教我們出了厄日多，恐怕那地方的人要說：「天主不能使他們進他口許的地方，也因為嫌惡他們，故教他們出來，為殺在壙野。」到底他們是你的民，是你的產業，你用了大強盛力伸開你的胳臂，為救出他們。』」

註解

①這裡說的「路」就是聖教的十誡——真真是走天堂的路。

第十篇

「那時候天主望我說：『你照先前，再砍兩塊石板上山，到我這裡來；又做木櫃。我

25b 這石板上寫你剛纔破碎的石板上所有的字，後來你要放他在櫃內。』因此我

26a 做了色弗莫木的櫃，砍了先前樣子的兩塊石板後，手裡捧(捧)他上了山。天主照頭裡寫了，又［在］這石板上寫十句話——天主原來在山上，從火的中間，正衆民共同會合［時］望你們說過［的］。［後］給了我那石板，［我］回轉，從山下來，將兩石板放在做的櫃內，至今還在那裡，照天主分付我的。依斯拉耶耳後代從亜乾子孫的栢羅得起身，到莫塞拉［①］扎營，亜隆在這裡死，也埋塋(葬)了；他的兒子耶肋亜匝肋接續他，做了祭祀撘首（①）。從這裡來到加得加得，［又］離了這個地方，［在］耶得巴大地方扎了營盤——這裡流水溝多。這時候，天主從別族分開了肋未族的人，爲抬天主的和睦結約櫃，也在天主台前料理殿內的事，又提天主的名給依斯拉耶耳

［寫真26b缺］

［補缺］

後代降福，［直］到今日他們是這樣行②。為這個緣故，肋未的子孫同他弟兄們沒有得產業的分兒，因為天主③就是他們的產業—— 按他們主陡斯給他們許過的話。

論我在山上，如先前住了四十晝夜：天主〔還〕這一次［還］合著我求的話，也不肯除滅你們。向我說：『你去領著這民人，教［他們］進，又得我望他們祖宗誓許要賞的地方。』

如今，依斯拉耶耳會！想一想，你們主陡斯望你們要甚麼？不過要你們敬怕你們主陡斯，走他指的路、愛慕他，全心全靈事奉你們主陡斯，遵守天主的規誡、禮儀—— 我今日傳給你們的，為［使］你們得福，不是這樣麼？天、天的寬廣，地、地

26b 內所有的萬物，都是你們主陡斯的；雖這樣，天主的心拴在你們祖宗上，愛他

27a 們，從衆族戶支派【派】挑選了他們的後代—— 就是你們，今日也可明白知道。如此，割損你們的心④，從此往後不要隨你們摔(摔)扭的心，因爲你們主陡斯是衆神的『陡斯』，衆主的主，大大有能有威嚴的陡斯，不看人情面、不受賄賂、公平審問孤子、寡婦，疼爱行旅［的人］、賞他們吃食、衣服(服)。你們也該疼爱賓客，因爲你們在厄日多做過賓客。敬畏你們主陡斯，單事奉他、倚靠他，提他的名字起誓。他就是你們的光荣(榮)，你們的陡斯，他爲你們作了你們眼瞧見的這樣様可驚訝的聖蹟。你們的祖宗只有七十人進了厄日多；你們瞧，如今你們主陡斯使你們数目多如天上星星一様。」

〔寫真27b缺〕

27b 可驚訝的聖蹟：[當] 他們正追趕你們，[他們] 被紅海水怎麼蒙盖了：又天主〔至今〕怎
28a 麼滅他們 [至今]；還打壙野內 [作了甚麼直] 至 [你們] 到這個地方，怎麼待了你們；
怎麼處治了路
崩的子孫——耶里亜伯的兒子們：達(達)丹兼亜必隆，地張口吞了他們、他們的帳房，
[將他們在] 依斯拉耶耳後代當中所有的物一共陥(陷)[沒] 了。你們深想，這幾件事 [是]
你們的兒子
還不知道的〔①〕，因爲他們沒有見過你們主陡斯教訓的罰〔①〕；但你們眼睛見
了天主所行的大事，行的意思，爲的是 [教] 你們遵守他的各樣誡命——我今日分
付給你們的，[使] 你們能進並得剛要去的地方，久活在那裡。天主給你們祖宗並
他們的後代誓許了這流奶子、蜜的地方，[是] 你們剛要進，也該得的地方，不是
如你們離開了的那厄日多地方一樣——厄日多的地方一撒了種子，就照圃園的

〔補缺〕

註解

①莫塞拉這個地方還叫火耳。
②本來寡肋未子孫辦聖殿的事，提天主的名降給依斯拉耶耳後代的福。
③這裡說的「天主」，要說：「獻給天主各樣的物件是他們的產業，倚靠他過日子。」
④「割損你們的心」這些是比喻，要說：「該全割斷你們心裡的惡。」

第十一篇

「如此，愛慕你們主陡斯，時時遵守他的規誡、禮儀、審問的定例、法度。今日你們追想，也懂得你們主陡斯行的大奇事，連 [用] 他的剛強手伸開的胳臂，在厄日多國當中為處治法勞翁王，[在] 他的全國 [望] 厄日多的軍民、車馬作的樣樣

〔寫真28b缺〕

〔補缺〕

規矩教水入溝，為潤濕地；論加南地方有山，或高山，或平地，都倚靠從天來的雨。你們主陡斯不斷絕施恩給那個地方②，自年始至終，他不回轉〔離〕那個地方。

所以若你們順從他的命——我今日分付給你們的，也愛慕你們主陡斯，全心全靈事奉他；他按時賞給你們的地早晚的兩【雨】③，好從你們的田收麥子、酒、油、養牲口的草，也教你們吃飽。你們小心，防備你們的心迷惑，離開天主，事奉異方的神，也恭敬他；天主自然動義怒，要關閉天——雨就不下，地不生長萌芽，你們要急速從天主賞給你們高肥的地〔上〕除盡。把我說的這個話裝在你們心內、

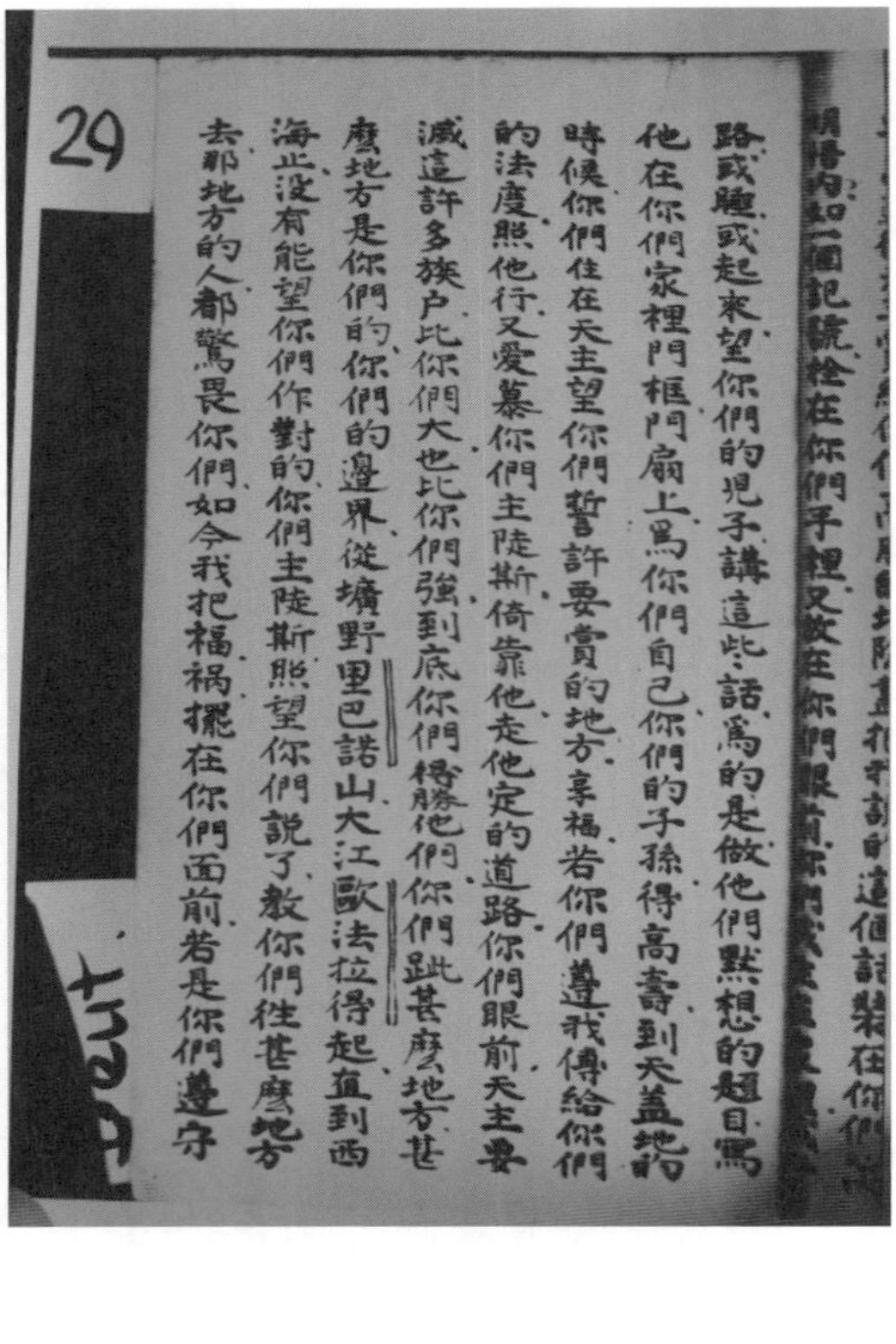

28b 明悟內，如一個記號拴在你們手裡；又放在你們眼前，你們或住在家裡，或行

29a 路，或睡，或起來，望你們的兒子講這些話，爲的是做他們默想的題目。寫他在你們家裡門框、門扇(扇)上，爲你們自己、你們的子孫得高壽，到天盖地的時候，你們住在天主望你們誓許要賞的地方享福。若你們遵我傳給你們的法度，照他行；又爱慕你們主陡斯，倚靠他，走他定的道路，〔從〕你們眼前天主要滅這許多族户(戶)——〔雖〕比你們大，也比你們強，到底你們得勝他們。你們〔腳〕跐甚麼地方，甚麼地方是你們的；你們的邊界從壙野里巴諾山、大江歐法拉得(亦譯：毆法拉得)起，直到西海止。沒有能望你們作對(對)的，你們主陡斯照〔他〕望你們說了，教你們〔無論〕往甚麼地方去，那地方的人都驚畏你們。如今我把福、祸擺在你們面前：若是你們遵守

［寫真29b缺］

［補缺］

我今日口傳的——你們主陡斯的法度，你們就受福：若不順從你們主陡斯的法度，又離開我今日給你們指的路，隨先頭裡不認識的異方神，你們就遭禍。

你們主陡斯教你們進，也得了你們今日盼望的地方後，你們把福放在加里漆默山上，把禍放在黑巴耳山上④——這兩座山在若耳當河那一邊，望西去的路後頭〔平坦住的〕加那奈阿支泒【派】［住的平坦］的地方內，這平坦［地方］對著加耳加拉城，加耳加拉城也靠著大長寬的山谷。你們要過若耳當河，為得你們的主陡斯要賞給你們的地方：［你們

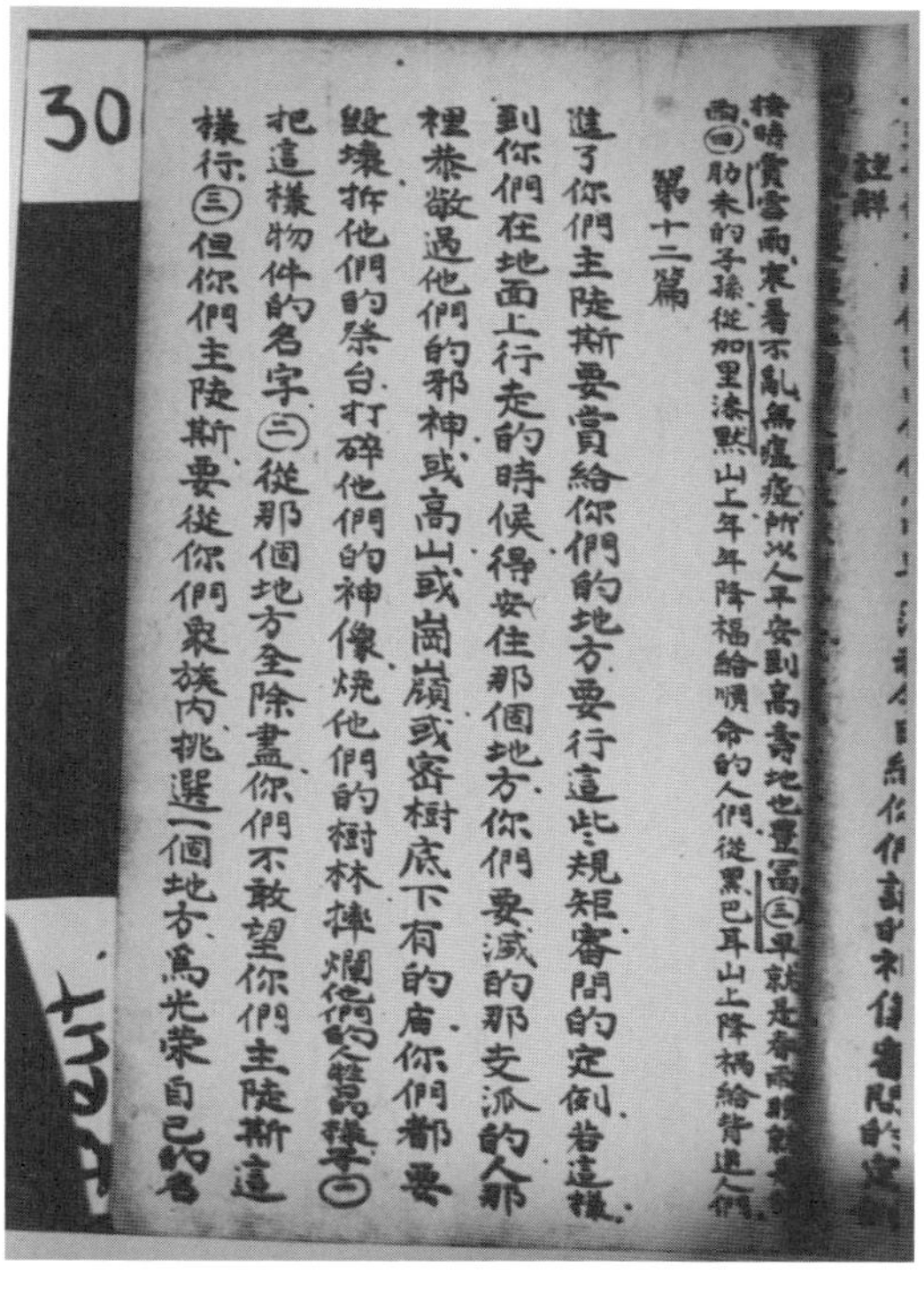

29b

也進、也得了那個［地方］。故此你們小心，要滿我今日給你們講的禮儀、審問的定例。

註解

①因為天主嚴嚴處治罪人們，是教訓好人，故此說天主降的災禍是「教訓」。②這「施恩」，就是

30a

按時賞雪雨、寒暑不亂、無瘟疫，所以人平安到高壽，地也豐冨（富）。③「早」就是春雨，「晚」就是秋雨。④肋未的子孫從加里漆（漆）默山上年年降福給順命的人們：從黑巴耳山上降禍給背逆人們。

第十二篇

「進」了你們主陡斯要賞給你們的地方，要行這些規矩、審問的定例，若這樣，到你們在［天主賞的］地面上行走的時候，得安住那個地方。你們要滅的那支泒【派】的人［在］那裡恭敬過他們的邪神，或高山，或崗嶺，或窖（密）樹底下有的庙（廟）你們都要毀壞：拆他們的祭台，打碎他們的神像，燒他們的樹林，摔爛他們的人、牲口的樣子①，把這樣物件的名字②從那個地方全除盡，［因］你們不敢［如他們般］望你們主陡斯這樣行③。但你們主陡斯要從你們衆族内挑選一個地方，爲光荣自己的名

［寫真30b缺］

［補缺］

字，也［在］這裡住下④。你們要到這個地方，這裡獻你們全祭祀的牲口、糧食的十分之
一、你們勤手得的新物、或許的願或甘心送的禮物——牛、羊、頭胎崽子；還在這裡——
你們主陡斯台前吃飲。你們自己、你們的家口那時喜喜歡歡受你們勞心勞力的便益，也覺
得這是因你們主陡斯降福給你們的。
那裡不要行我們現今這裡作的一個樣——各人想甚麼事好，就作⑤；［因］你們還未得你
們主陡斯要賞給你們的歇息產業。要過若耳當河，住下那地方，你們主陡斯纔要賞你們周
圍沒有仇敵，並無可怕的。天主為光榮自己的聖名

30b 挑選了甚麼地方，你們［就］在那個地方歇息，你們按我分付的話〔你們〕送你們

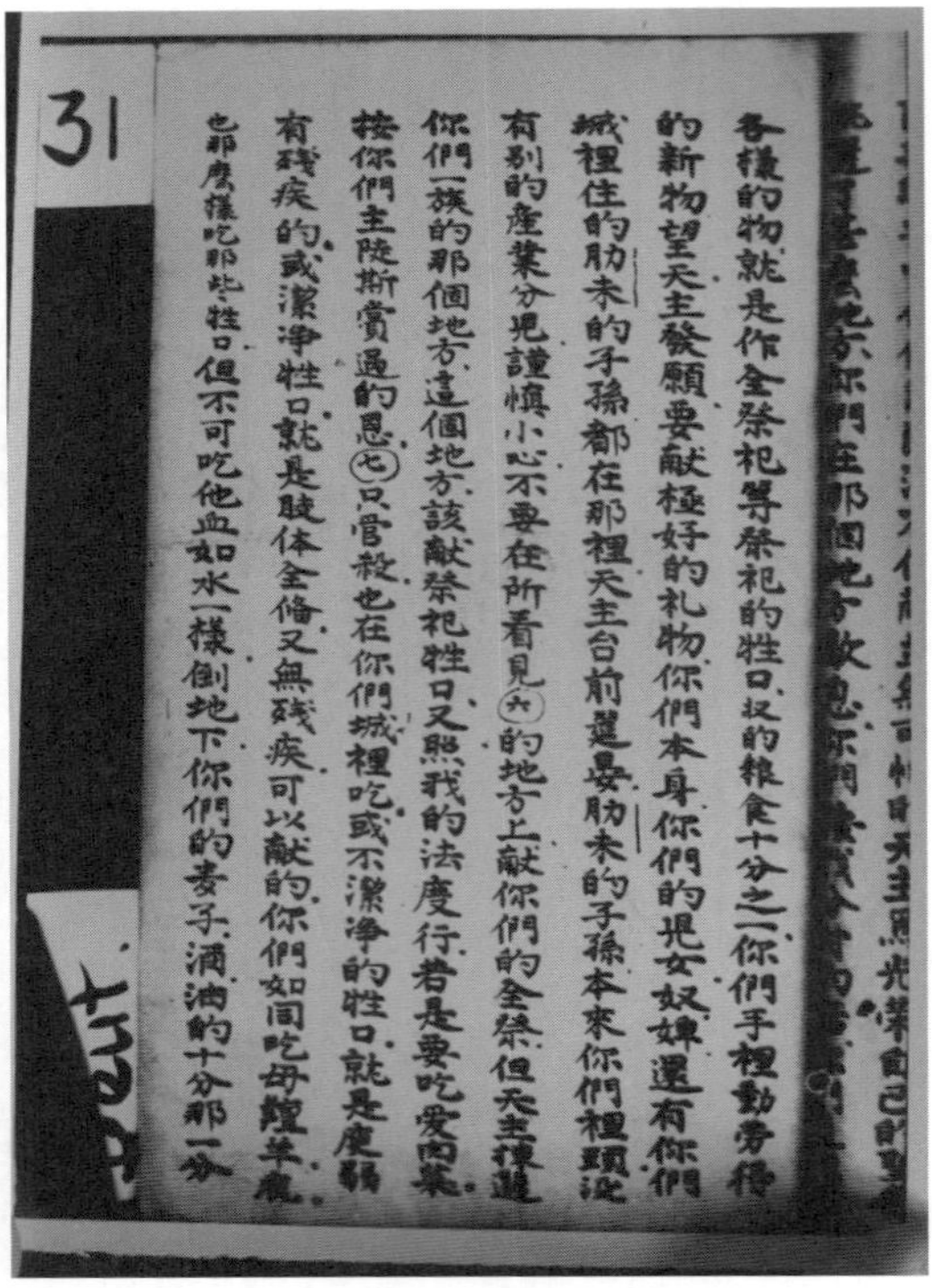

31a 各樣的物：就是作全祭祀等祭祀的牲口、収(收)的粮食十分之一、你們手裡勤(勤)劳得
的新物、望天主發願要献(獻)極好的礼物。你們本身、你們的児女、奴婢，還有你們
城裡住的肋未的子孫都在那裡——天主台前筵晏【宴】；肋未的子孫本來［在］你們裡頭沒
有別的產業分児。謹慎小心，不要在所看見⑥的地方上献你們的全祭，但天主揀選
你們一族的那個地方，這個地方該献祭祀牲口，又照我的法度行。若是要［愛］吃〔爱〕
肉菜(菜)，
按你們主陡斯賞過的恩⑦，只管殺，也在你們城裡吃或不潔(潔)净的牲口——就是瘦(瘦)弱、
有残疾的；或潔净牲口——就是肢(肢)体(體)全備，又無残疾，可以献的。你們如同吃母
麞(麞)羊、鹿，
也那麼樣吃那些牲口，但不可吃他血，［要］如水一樣，［將血］倒地下。你們的麦子、酒、
油的十分那一分、

〔寫真31b缺〕

〔補缺〕

牛羊等牲口的頭胎崽子、並發願許過的或甘心要獻的、你們手裡勞苦得的新物，不可在你們城裡吃，反倒在你們主陡斯台前⑧，你們主陡斯簡選的那個地方⑨，你們自己、你們的兒女、奴婢、你們城裡住的肋未的後代都吃這個。又在你們主陡斯台前，喜樂養你們的身體，你們甚麼苦工的便益那時〔你們〕得收。小心，你們到死不要棄了肋未的子孫。你們主陡斯照許下給你們的話，開開了你們的地方交界後，又你們情願要吃肉；若你們主陡斯為光榮他的名字，挑選的地方太遠，隨便殺你們群裡的牛羊——照我分付給你們

31b 的，只管在你們城裡如同吃母羶羊、鹿一樣，也可以吃他，或潔淨、或不潔淨

32a 的人，打夥吃他。但防備一件：不要吃血，因爲他的血就如他的魂，所以不可吃肉同魂，
反倒如水倒在地下，爲的是你們合天主聖意，丗(世)上的事情也順你們並你們後
代的心。若你們許願也要獻給天主甚麼物件，你們把他也送來天主所挑選的
地方，供你們〔獻〕的物、肉、血在你們主陡斯祭台上，牲口的血倒祭台底下，肉你們自
己
吃。听，也遵守我分付給你們的規誡，你們行善在你們主陡斯台前，也合着
他的願欲，你們自己、你們的後代都永遠得享福。你們主陡斯在你們面前
滅盡的那些支泒【派】，你們往那裡去，要得、也住他們的地方。小心，不要效法那支
泒【派】——被你們進去滅了的——不要查訪他們的礼，說：『這許多支泒【派】怎麼恭
敬他們

［寫真32b缺］

［補缺］

的神，我們也要怎麼恭敬。』不要望你們主陡斯一樣行。他們為事奉他們的神，天主厭惡的事情都行過：獻給那神自己的兒女，也火燒。

但我命給你們的事你們都望天主作，也不可添些，也不可減些。」

註解

①異端的人們原來將死人、畜牲口任意立他是神，作成形像恭敬他，也在他前頭祭祀——好不糊塗的人！

②若那個地方有雕刻的甚麼神的名字，要除他的名，滅他的蹤跡。

③「不要在高山稠密林子裡祭祀，不要胡說這個地方好，這都是假話。」

④「若那個地方要立他的聖殿，你們就往那裡去。」

⑤依斯拉耶耳後代在壙野，因為常在路上，沒有守聖禮規矩；但進

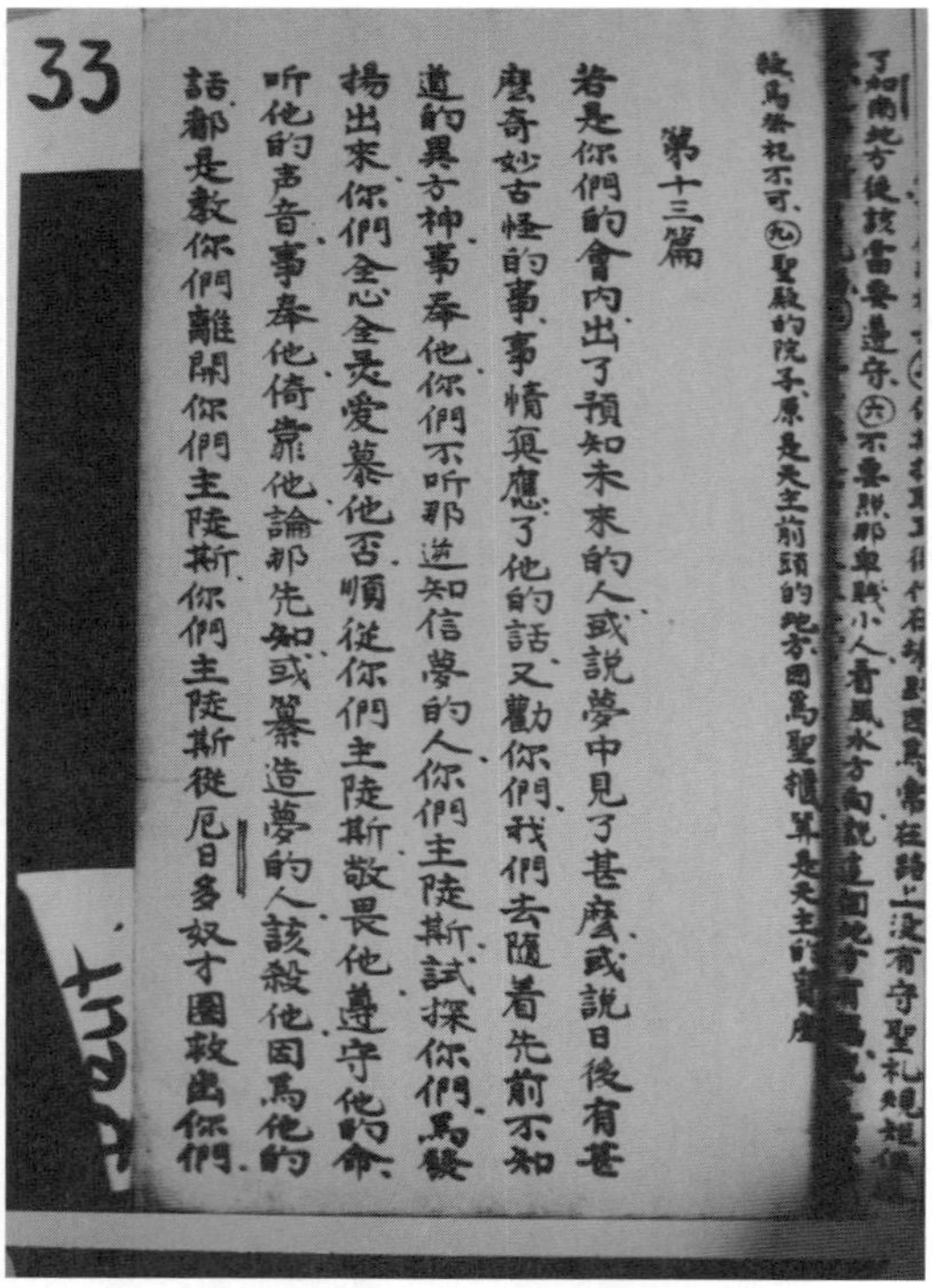

32b 了加南地方後該當要遵守。⑥「不要照那卑賤（賤）小人看風水方向，說這個地方有福，說這裡祭祀好——這都是胡言亂語。」⑦這恩就是賞多收糧食，牛羊多蓄生。⑧為吃，無論甚麼地方都可

33a 殺：爲祭祀，不可。⑨聖殿的院子原是天主前頭的地方，因爲聖櫃筭（算）是天主的寶座。

第十三篇

「若是你們的會內出了預知未來的人，或說夢中見了甚麼，或說日後有甚麼奇妙古怪的事，事情真應了他的話；又勸你們：『我們去隨着先前不知道的異方神，事奉他！』你們不听那逆知信夢的人——［因］你們主陡斯試探你們，爲發揚出來你們全心全灵爱慕他否。順從你們主陡斯，敬畏他，遵守他的命，听他的声音，事奉他，倚靠他。論那先知或纂造夢的人，該殺他，因爲他的話都是教你們離開你們主陡斯——你們主陡斯從厄日多奴才圈救出你們

[寫真33b缺]

[補缺]

[的]就是他。那個人也要你們不走你們主陡斯定的道路，[殺了他，]如此從你們中間除盡惡處。若你們的弟兄、你們親母的兒子、或你們的兒女、或你們疼愛的妻子、或貴重如本身的朋友低聲說，謅動你們的心：『我們去事奉我們自己、我們祖宗不知道的異方神！』——在我們周圍或近或遠，從地這一頭到末尾那一頭，這許多支泒【派】恭敬的神。不要依他，也不要聽他的話，不可憐憫他，不要瞞顧他，反倒立刻殺①。你該比別人先動手，眾民後纔動手，亂石擊死，因為他引誘

33b 你們背逆從厄日多地方奴才圈救出你們的那主陡斯。這樣，教依斯拉耶耳衆族听見這個，害怕，從此往後不敢行這樣事。若听見你們主陡斯賞

34a 過的一座城内——爲你們住下——有幾個人〈說〉——栢里亜耳的兒子們②——從你們當中出來，也挑唆本城的民說：『我們去礼拜先〔前〕不知道的異方神！』你們急速細查得了真情，本來傳說的是實言，還作了這樣可恨的事，立刻刀刃全殺那城的民，毀壞城兼內有的物件並牲口，把各樣噐皿壘在城的大街上，噐皿、城都用火燒。爲補你們主陡斯的光荣，都要滅了，以這城〈不過〉做永遠的石堆，自此不可砌。不要從棄絶(絕)的城取些微物件留在你們手裡，爲的是得熄天主的義怒，[使]他憐憫你們，也照他親自望你們祖宗誓許過的話，增添你們的数目。到那時，你們听你們主陡斯的声音，遵守我今日講的

[寫真34b缺]

[補缺]

主陡斯的樣樣規誡，按你們主陡斯的聖意，他一定要滿他所許的。」

註解

①依斯拉耶耳會的首審問那人，得了他的罪，決斷該殺。

②說的「柏里亞耳的子孫」就是魔鬼的夥紀【計】，背叛的惡黨。

第十四篇

「你們都作你們主陡斯的兒子罷①。人死了，你們不要剌你們的身體，不要剃頭髮，因為你們是你們主陡斯的聖民，[主] 也特意挑選你們，從世上所有的支泒【派】內做本己的百姓。

不要吃不潔淨的物。可以吃的牲口是這個：牛、羊、羶羊、

34b 鹿、黃羊、水牛、他拉蛇拉佛②、彼加耳克阿里蛇③、加默羅巴耳大羅④——蹄子
35a 分兩杈(杈)的、也倒嚼的牲口能吃；寡倒嚼、蹄子不分兩杈的牲口你們不可吃，就
如駱駝、兔児、格洛奇里羅⑤，這些雖倒嚼，因爲蹄子不分兩杈，你們要當
是贓【髒】物。猪(豬)蹄分杈，但不倒嚼，所以也是贓【髒】的。你們不該吃那些牲口的
肉，死過的
牲口你們不要摩他。從水族可吃的是這：前後有划水翅(翅)又有鱗(鱗)的魚，你們只
晉吃；無划水翅又無鱗不可吃，因爲是贓【髒】的。潔淨的飛禽都吃；不潔淨的不
要吃，就如鵰、旣里佛、哈里耶託、依漆阿肋、烏耳突(突)肋、鷹的各類連老鸛的
諸類(類)、駱駝鳥、夜猫(貓)子、拉羅、鵲(鵲)子等類、黑羅底約天鵞(鵝)、伊彼黑花皂、
玻
耳費里阿奈、尼克弟郭拉兹、阿羅格羅大羅、加拉弟畧(略)，按他的類，還 [有] 山和

［寫真35b缺］

［**補缺**］

鳥連蝙蝠。再者，地上曲行又有翅膀的，這都是贜【髒】物，不可吃⑥。［潔］淨的類全吃。自己死的不要吃。你們城門裡頭若有異族的賓客，或給他吃，或賣與他——因為你們是你們主陡斯的聖民。不要把羶羊崽子煮在他本母的奶子內。

每年把你們田內出的糧食，十分裡頭分開一分；天主挑選甚麼地方為光榮自己的名字，你們就是［在］那裡——主陡斯台前筵晏【宴】⑦，也吃你們麥子、酒、油十分之一分、牛羊的頭胎崽子，為的是［使］你們學會常常敬畏你們主陡斯。倘或你們主陡斯簡選的地方太遠，又降福給你們；你們難帶這多物到那地方，［可］全賣他變錢，手裡拿

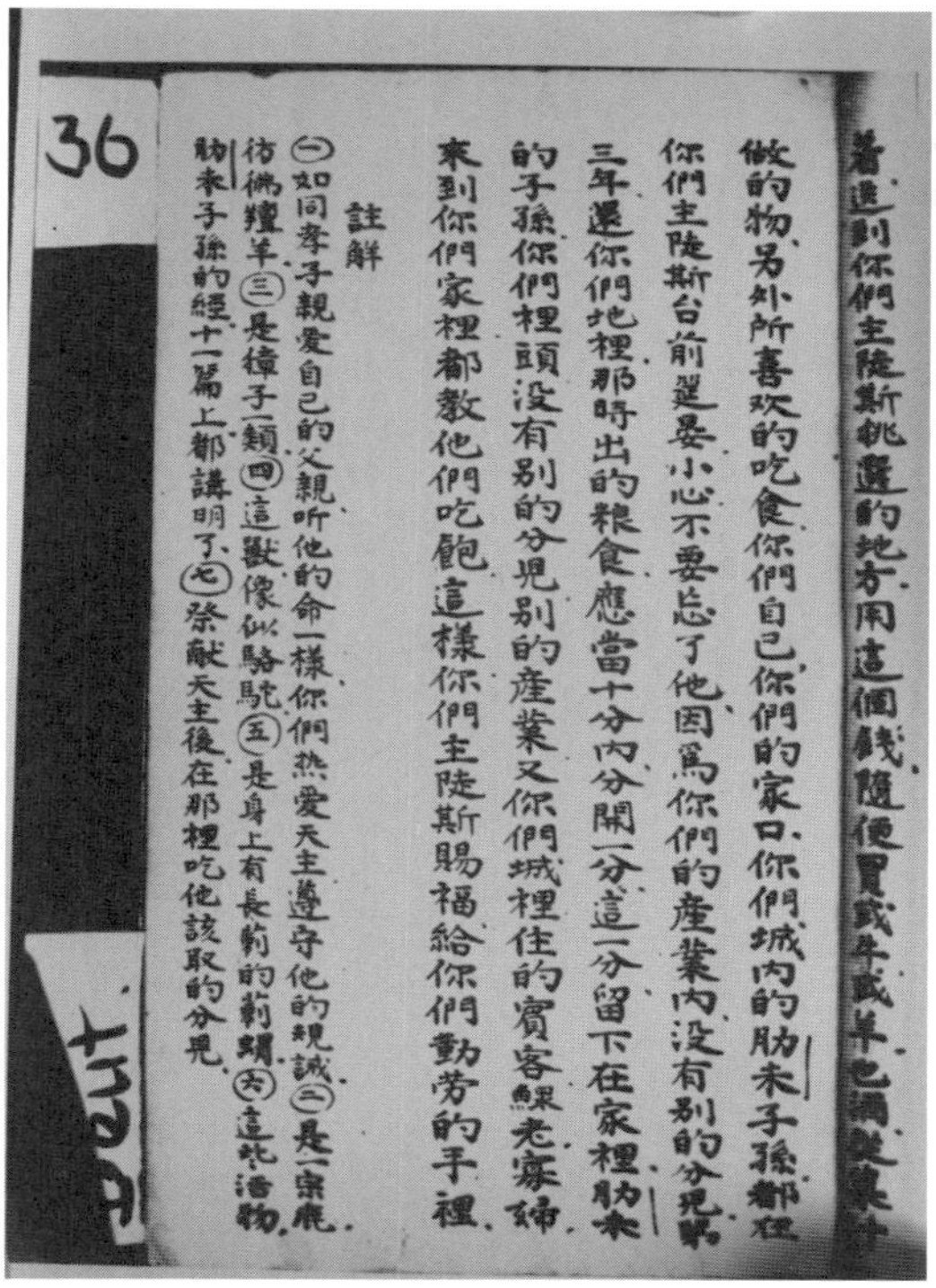

35b

着，送到你們主陡斯挑選的地方，用這個錢隨便買或牛、或羊、也酒、從菓汁

36a

做的物、另外所喜欢的吃食，你們自己、你們的家口、你們城内的肋未子孫都在你們主陡斯台前筵晏【宴】。小心不要忘了〔他〕［在你們城内的肋未人］，因爲［他在］你們的産業内没有别的分兒。第三年，還［從］你們地裡那時出的粮食，應當十分内分開一分，這一分留下在家裡，［凡］肋未的子孫——［在］你們裡頭没有别的分兒、别的産業——又你們城裡住的賔客、鰥(鰥)老、寡婦來到你們家裡，都教他們吃飽，這樣，你們主陡斯賜福給你們勤劳的手裡。」

註解

①「如同孝子親爱自己的父親，听他的命一樣，你們热爱天主，遵守他的規誡。」②是一宗鹿，彷彿羶羊。③是獐子一類。④這獸像似駱駝。⑤是身上有長莿的莿蝟⑥這些活物，〈肋未子孫的經〉十一篇上都講明了。⑦祭獻天主後，在那裡吃他該取的分兒。

［寫真36b–37b缺］

［補缺］

第十五篇

「第七年是寬宥的年，要這樣辦這件事：若或朋友或相近人或弟兄欠了朋友、相近人、弟兄的銀子，這一年不能收回①，因為是天主的赦年。或從行路的或異方賓客，能收回；〔不能收回〕從本處人兼親戚的手［不能收回］。你們裡頭該沒有窮乞丐，為的是你們主陡斯［在］要賞給你們產業的地內降福給你們——若是聽你們主陡斯的聲音，遵守我今日傳的那些規誡、法度，他按許過的話自然給你們賜福。那時你們借銀子給多支泒【派】，但你們自己總不望別人借貸；你們管著那許多支泒【派】，管你們的一個也沒有。

［……］

你們牛羊的頭胎崽子，公的都獻給你們主

37b 陡斯；爲翻土［耕作］不要用頭胎牛犉子，也不要翦(剪)頭胎羊犉子的毛。你們、你們的

38a 家口每年都徃天主簡選的地方去，將這頭胎犉子在你們主陡斯台前吃。若頭胎犉子有毛病，或瘸、或瞎、或有一肢醜、或軟，不可祭獻你們主陡斯④，但在你們城裡吃他；或潔凈人或不潔凈人都吃那個，如同［吃］黃(黃)羊、鹿。戒的——不可吃他的血，一定要如水倒在地。」

註解

①倘或借貸，借給的兩個人是從依斯拉耶耳十二族出的，第七年寬宥，一点（點）不用還；若借貸的是異族的人，雖然進了聖教，第七年的赦不寬免他，要還。②這裡說的「弟兄」不是同胞，是同族的人。③說的「眼睛離開」，就如說假裝不認得、棄絕他，並不晉。④若牛羊頭胎犉子有甚麼毛病，用價贖他；贖了後頭在家裡吃他。

［寫真38b缺］

［補缺］　第十六篇

「為做你們主陡斯『法則』的瞻禮，要算春季起初新糧食的月，因為你們主陡斯［曾在］這個月［的］夜裡教你們出了厄日多地方。你們主陡斯為光榮自己的聖名簡選甚麼地方，你們就在那地方用牛羊祭祀，做你們主陡斯『法則』的瞻禮。那時不要吃發的饅頭，七天吃未發的物——［即］憂苦的饅頭，因為［當年］你們心裡驚怕出了厄日多國，這樣能一生記著你們出厄日多的那一天。七天［在］你們各樣交界內不可瞧見發的物件，又頭一天晚上祭祀牲口的肉，不可些

38b 微剩到明日。你們主陡斯要賞給你們各樣的城，你們不能隨便在那些城

39a 的一座城做法則瞻礼；但你們主陡斯簡選甚麼地方爲光荣自己的聖名，就是［在］那裡，晚上日没時獻法則的祭祀，［因］你們本來是晚上出的厄日多。在你們主陡斯簡選的地方上燒牲口，吃了後，次日早晨起來回轉你們的家，六天吃未發的物，第七天，因爲是衆人該會合瞻仰他們主陡斯①，不可做賎(賤)工。你們收割，從動鐮(鐮)刀爲收粮食那一天起，数第七天的七週，好恭敬你們主陡斯，作這七週的礼日。你們主陡斯怎麼樣降給你們福，你們也怎麼樣甘心獻你們手裡的物。你們主陡斯簡選甚麼地方爲光荣自己的聖名，你們自己、你們的兒女、你們的奴婢、你們城裡有的肋未的子孫、在

［寫真 39b 缺］

［補缺］

你們一塊兒住的賓客、孤子、寡婦，都在你們主陡斯台前擺設筵晏【宴】。還記得你們在厄日多地方做［過］奴才，［所以應］遵守這分付的禮。

再者，你們從場碾、磨，收了你們的糧食，後七天要做涼棚的瞻禮。你們的這個熱鬧日期上，你們自己、你們的兒女、你們的奴婢、你們城裡住的肋未的子孫、賓客、孤子、寡婦一齊都筵晏【宴】。為恭敬你們主陡斯，你們在主陡斯台前挑選的地方七天瞻禮，你們主陡斯纔賞給你們各樣的糧食；你們手動甚麼工，他賜福，你們心裡也悅樂。眾男子們都該當每年三次朝拜你們主陡斯簡選的地方去，就是無麵饅

39b 頭瞻礼、七日第七週瞻礼、凉(涼)棚的瞻礼；不可空手瞻望天主去，反倒按他【你】們

40a 主陡斯賞恩［所］得的物件獻一分。在天主賞給你們的城門內設立審事的人、有職的官府，每族都②這樣辦，要他們按公道決断民人們的事，不敢偏【偏】斜。囑付他們說：不要看人的臉面，不受礼物，因爲礼物瞎賢人們的眼，又更改義士們的話。若你們要多活幾日，也要久得你們主陡斯所要賞給你們的地方，該按公平辦事。你們主陡斯祭台傍邊不可栽樹林子或無論甚麼樹，不要做造也立甚麼像③，這樣的事你們主陡斯狠厭悪。

註解

①衆人爲恭敬天主，謝他的恩，聚在聖殿內，說是「陡斯的會」。②爲的是別方的人能容易見審事的官。③這像——或人、或牲口的像——恐怕後人迷惑，當神恭敬。

〔寫真40b缺〕

〔補缺〕

第十七篇

「若牛羊有甚麼缺欠殘疾，不要用他祭獻你們主陡斯，這是你們主陡斯厭惡的。

若你們主陡斯賞給你們的那一個城內，有一個或男或女在你們主陡斯台前行了惡事，違悖了他定的和睦結約，事奉異方的神，也恭敬他；又禮拜日、月、天上的星星——我沒有命給你們這樣作——這個信，到了你們的耳朵，你們一聽，就細察。查出是真的，本來這可惡的事〔在〕依斯拉耶耳會內行了，拿住犯這重大罪的或男或女，送到你們城門，隨即抛石殺他。有兩三個見證纔斷人

40b 的殺罪；若只一個見証，不可殺。〔見〕証〔見〕的人先動手，衆民接住動手殺他，如此

41a 從你們中間除盡悪的。若見有難断的或不明的事，関係人的命，或物，或痳（㾬）瘋，你們城門審事官的話〔又〕彼此都不相對；你們起身往你們主陡斯簡的地方，去見肋未族的祭祀首又那時候的審事人①，問他們，他們指教你們那審判的真實。晉天主簡選〔的〕地方〔的〕祭祀首怎麼說，按天主的法度怎麼啓廸（迪）了你們，你們隨他們的話行，不偏【偏】斜左右；若有驕傲人不肯听彼時辦你們主陡斯事的那祭祀首的話，又不肯遵審事的定案，你們就殺這個人，將悪處從依斯拉耶耳會打掃浄，〔使〕衆民都听着害怕，從此往後不敢動驕傲的心。進你們主陡斯要賞給你們的地方，也得，也住下後，倘或說：『我們要照周圍有的衆支泒【派】，立晉

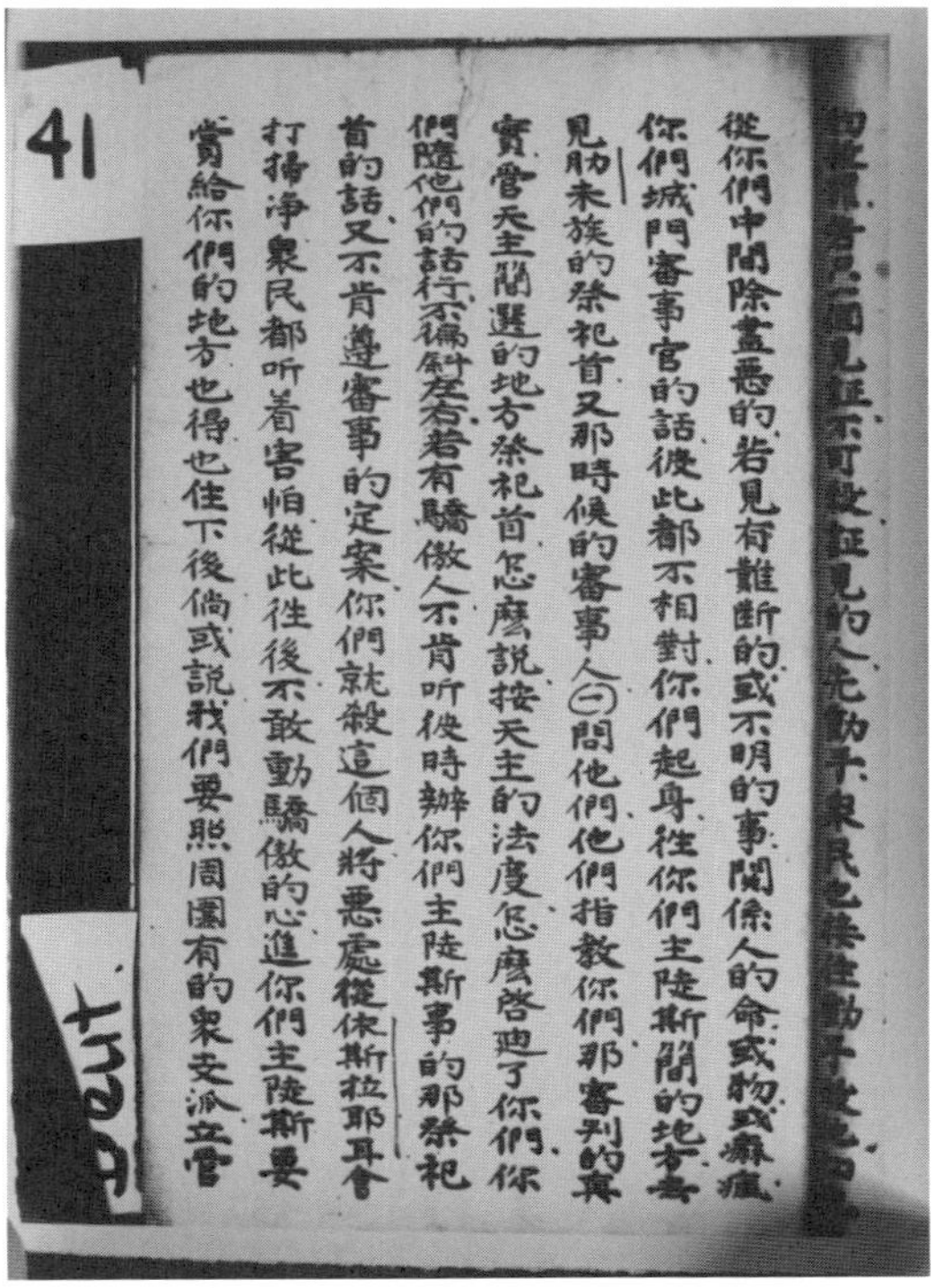

〔寫真41b缺〕

〔補缺〕

我們的王。』你們主陡斯從你們弟兄內挑選了那一個，你們就立他；〔若〕不是你們的弟兄，不可從別族立你們的王。立了後，〔以〕〔依〕理，不多加馬數，也不要倚靠馬兵的數目，〔恐他〕送民人轉回厄日多國——因為天主特命你們：『總不敢又走那一條路。』不要多娶妻子，怕他們迷惑王的心；也不要多聚集金銀。坐了王位後，他該預備一本書，上頭抄寫這〈第二次傳法度〈的〉經〉——從肋未族內總祭祀的手取一本作樣子，這一本隨身，在世日日念他，為學敬懼主陡斯，遵守他的誡令、禮儀、法度、書內記載的。若要他自己、他子孫長久得依斯拉耶耳的國，該小

41b 心，不要起驕傲的心，輕賤他的哥哥、弟兄，也不要左右偏斜，離開天主的法度。」

42a

註解

①這審事的官是祭祀捴首定立的。

第十八篇

「祭祀首——肋未的後代這一族①出的衆人，都不得同依斯拉耶耳別的子孫受田地産業的分兒，因爲〔他們〕吃祭祀天主〔所〕獻的物；他們也不該從他弟兄們的産業収甚麼，照天主望他們說的，他是他們的産業。祭祀首們望民人，也望獻祭祀牲口的人理當該取的就是這：若殺的是牛或羊，給祭祀首琵琶骨（骨）連朐（胸）膛；麦子、酒、油三樣的新分兒；翦的羊毛一分兒。你們主陡斯從你們的衆族特意簡選了肋未的後代，教他、他的兒子們都站在天主台前呼陡斯的

［寫真42b缺］

［補缺］

名字，永遠辦殿裡的事。依斯拉耶耳後代的各樣城［內］，若有一個肋未的子孫出［了］依斯拉耶耳後代有的無論甚麼城，他的意思是要到天主挑選的地方，也在那裡住；只管為光榮他主陡斯的聖名，在殿內當差，如那時他別的弟兄——肋未的子孫當差一樣，他如別的［肋未弟兄］也取吃食的分兒。另外，因為他本城內接續了他父親，又得父親的分兒。

你們進了你們主陡斯要賞給你們的地方，小心不要效法那許多支泒【派】行可惡的事。你們內，不該有把自己的兒子、女孩從火裡過，為潔淨他；也［不該］問算命的、信夢、講究風水、吉凶、先兆的；也不該留下妖法的巫人跳神、測

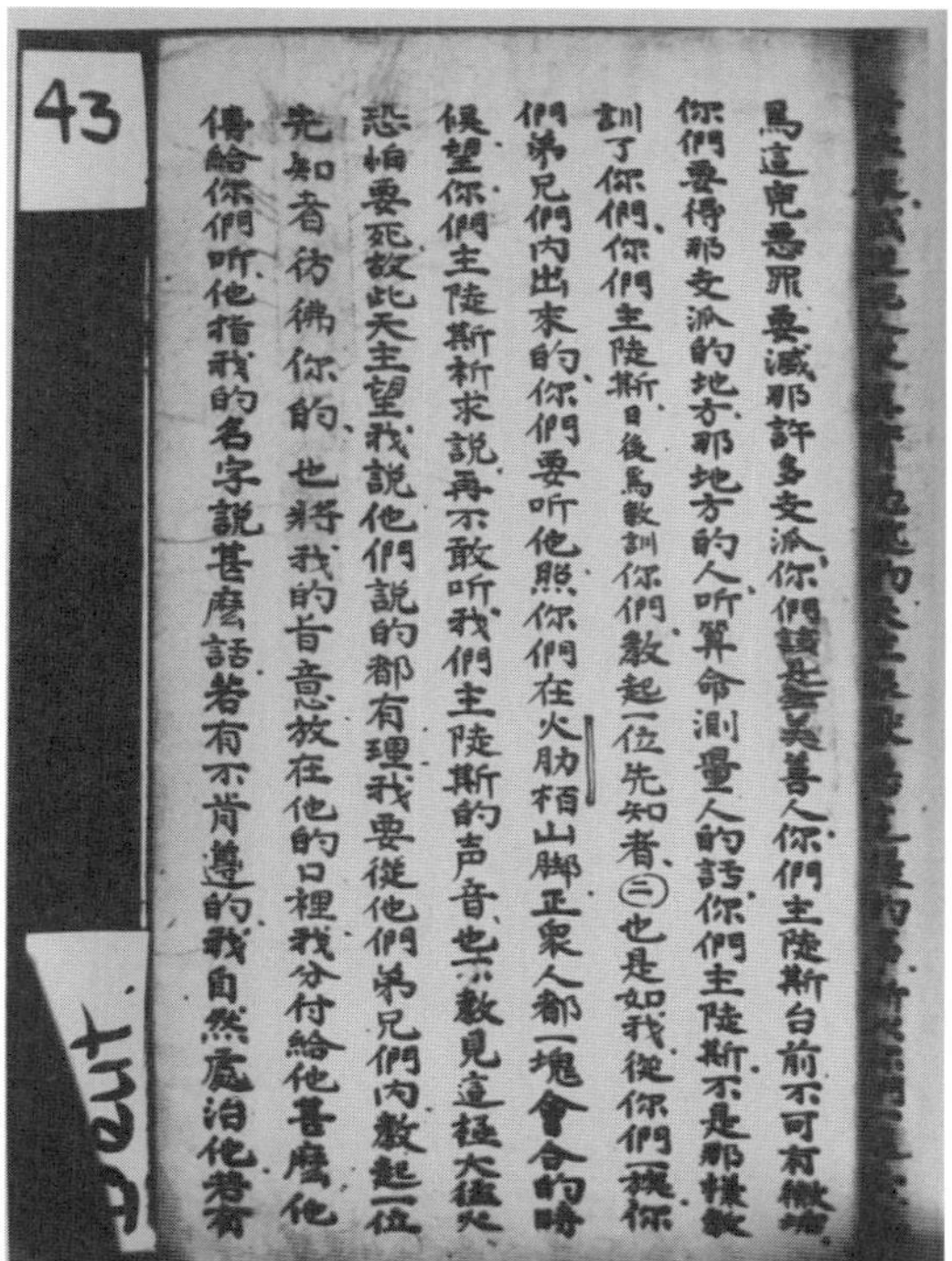

42b 猜未來、或從死人求真實凴據的，天主狠厭悪這樣的事。所以你們一進去，他

43a 爲這兗(兇)悪罪要滅那許多支泒【派】。你們該是全美善人，你們主陡斯台前不可有微垢。你們要得那支泒【派】的地方，那地方的人听算命測量人的話；你們主陡斯不是那樣教訓了你們。你們主陡斯日後爲教訓你們，教起一位先知者〔②〕，也是如我從你們一族、你們弟兄們內出來的，你們要听他。照你們在火肋栢(亦譯：火肋伯)山脚，正衆人都一塊會合的時候，望你們主陡斯祈求說：『再不敢听我們主陡斯的声音，也不教見這極大猛火，恐怕要死。』故此天主望我說：『他們說的都有理，我要從他們弟兄們內教起一位先知者——彷彿你的［②］，也將我的旨意放在他的口裡，我分付給他甚麼，他傳給你們听。他指我的名字說甚麼話，若有不肯遵的，我自然處治他；若有

[寫真43b缺]

[補缺]

一個先知的人指著我的名字，要說我沒有分付給他的話，或指著異方神的名字，該殺他。』若是你們心裡起這個念頭，問：『我們怎麼能知道那先知的話不是天主說的話呢？』答應：『你們有這個憑據——若那人指著天主名字先說甚麼，後來不應驗，這個話不是天主說的，但是那人從驕傲心捏造的話，所以不要怕他。』」

註解

①這一族就是肋未的族。

②這個就是吾主耶穌。每瑟說的「彷彿」，他寡說的「彷彿他教訓眾民」——吾主耶穌後來也教訓天下萬民。論職分彷彿，[但] 論權能尊貴萬萬不能比——每

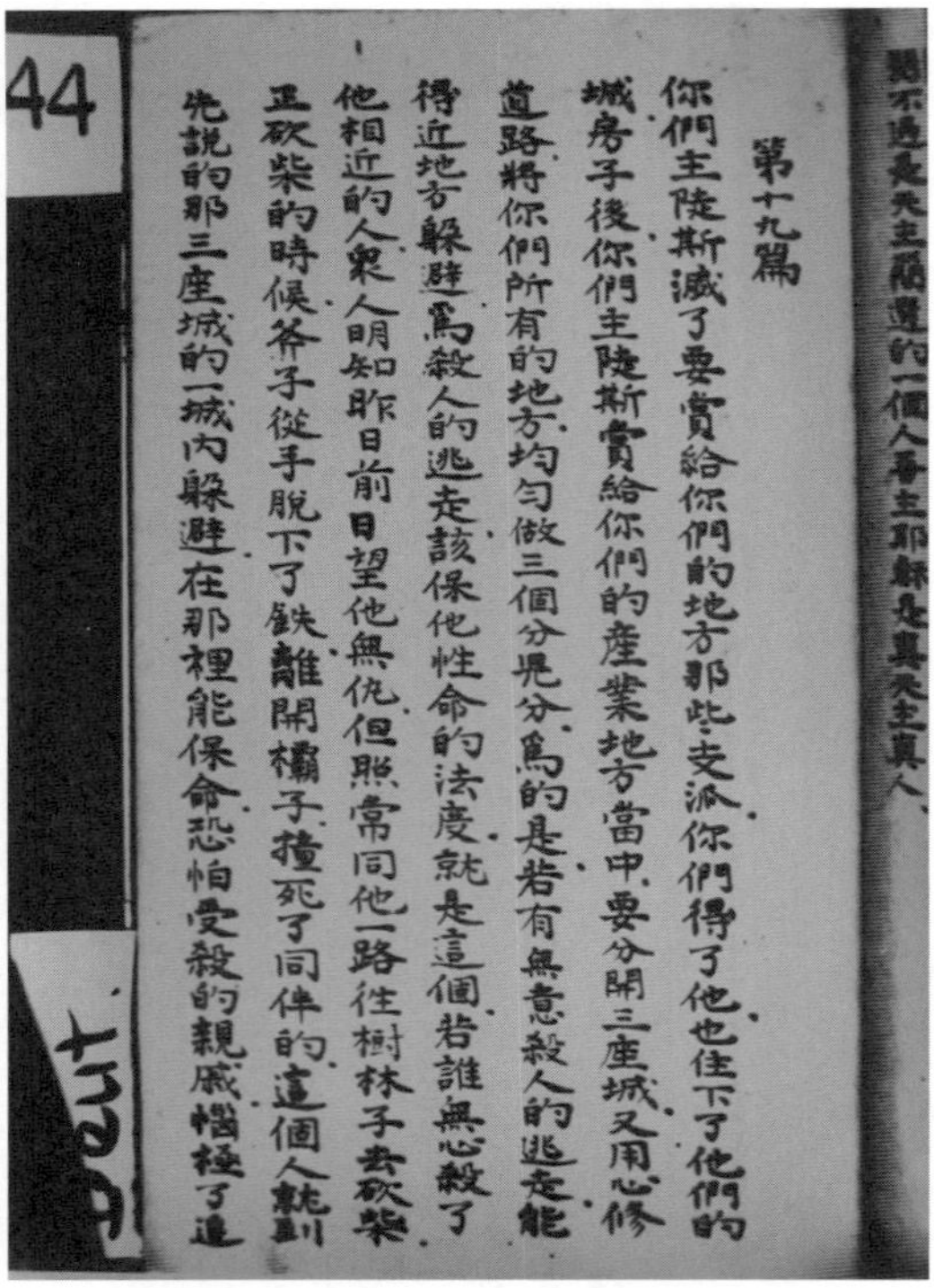

43b 瑟不過是天主簡選的一個人，吾主耶穌是真天主、真人。

44a

第十九篇

「你們主陡斯滅了要賞給你們的地方 [的] 那些支泒【派】，你們得了他，也住下了他們的城、房子後，你們主陡斯賞給你們的產業地方當中要分開三座城，又用心修道路，將你們所有的地方均勻做三個分兒分，爲的是若有無意殺人的逃走，能得近地方躲(躱)避。爲 [無意] 殺人的逃走，該保他性命的法度，就是這個：若誰無心殺了他相近的人——衆人明知昨日前日望他無仇，但照常同他一路往樹林子去砍柴，正砍柴的時候，斧子從手脫下了鈇，離開欄(杷)子，撞死了同伴的；這個人跳到先說的那三座城的一城內躲避，在那裡能保命，[否則] 恐怕受殺的親戚惱極了追

［寫真44b缺］

［補缺］

他，因道過遠，趕上了，就要殺不該殺的人——既然望死人明明素日沒有仇。為此，我分付你們［分］三座城，彼此相離一樣。你們主陡斯開廣了你們的邊界，又照望你們祖宗誓許的話，全賞了加南地方——本來給他們許下了要全賞。若你們遵守他的規誡，也行我今日分付給你們的話，就是『你們愛你們主陡斯，常常走他定的路』，那時候給這三座城［以外］又加別的三城，好防備你們主陡斯要賞給你們產業的地方亂流出無罪人的血。若有人惱他相近的人，陰謀要害他的性命，動手打他；他死了，雖然打的人躲避在先［前］說的那一座城裡去，那城內有年紀的長

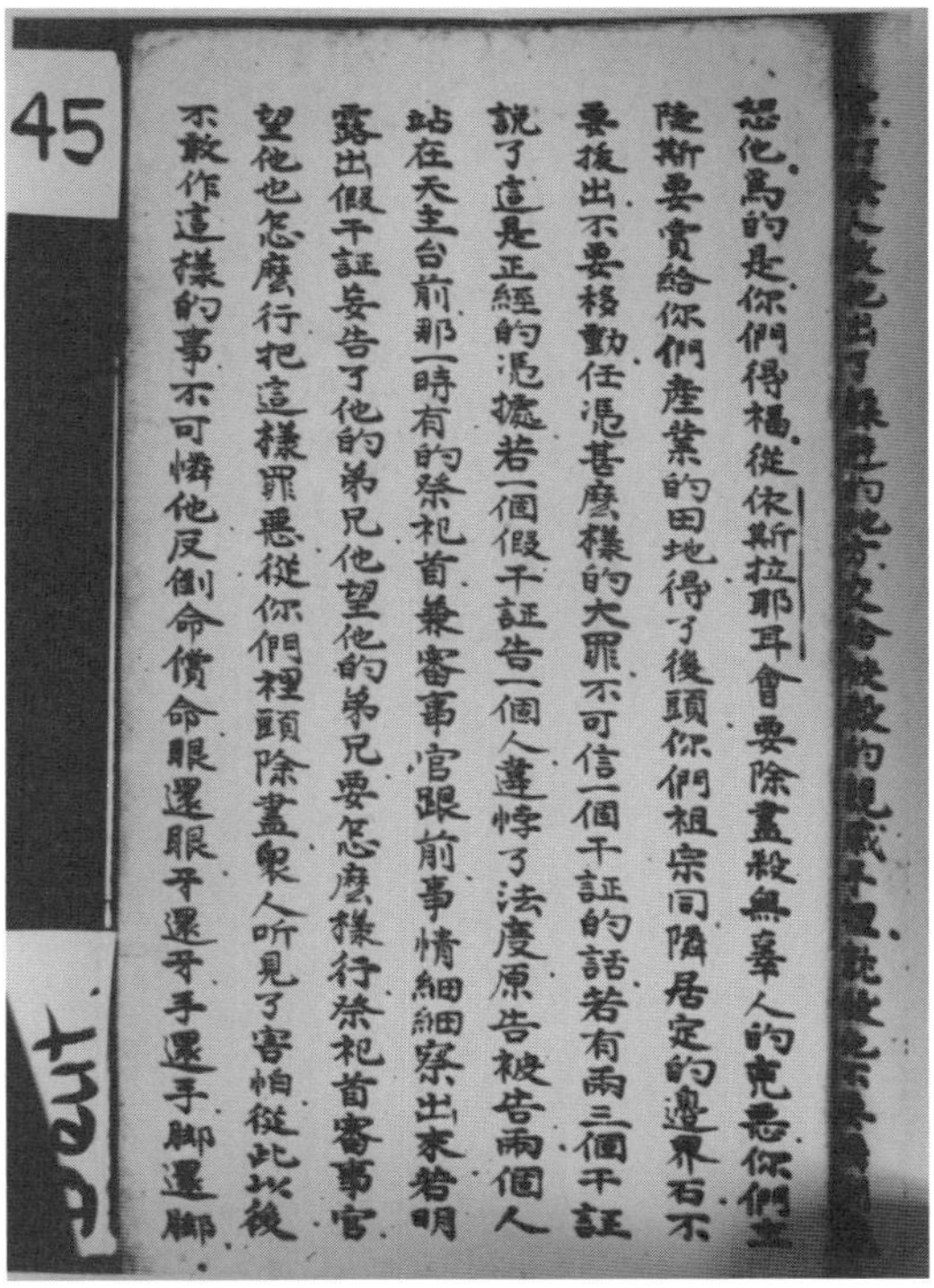

44b 軰(輩)打殺人，教他出了躲避的地方，交給被殺［者］的親戚手裡，就殺他，不要憐憫饒

45a 恕他，爲的是你們得福，從依斯拉耶耳會要除盡殺無辜人的兇惡。你們主
陡斯要賞給你們產業的田地，得了後頭，你們祖宗同隣(鄰)居定的邊界石不
要抜(拔)出，不要移動。任凴(憑)甚麼樣的大罪，不可［只］信一個干証的話；若有兩三
個干証
說了，這是正經的凴據(據)。若一個假干証告一個人，違悖了法度，原告、被告兩個人［應］
站在天主台前，那一時有的祭祀首兼審事官跟前，［將］事情細細察(察)出來。若明
露出假干証妄告了他的弟兄，他望他的弟兄要怎麼樣行，祭祀首、審事官
望他也怎麼行，把這樣罪惡從你們裡頭除盡，［使］衆人听見了害怕，從此以後
不敢作這樣的事。不可憐他，反倒命償命，眼還眼，牙還牙，手還手，脚還脚。」

［寫真 45b 缺］

［補缺］

第二十篇

「你若是征伐你們的仇敵去，瞧見了仇敵的馬、車、兵比你們的多，也英銳：不要怕他們，
因為教你們出厄日多的主陡斯同你們在一塊兒。將要戰，祭祀首在軍前頭立著，望眾人這
樣說：『依斯拉耶耳，聽！你們今日同你們的仇敵打仗，心裡不要發惶，不要怕，不要退
縮，不要怯他們，因為你們主陡斯在你們當中，他為脫你們的危險，替你們擊壓仇敵。』說
了後頭，將軍們還在兵的各隊上高聲說，教眾人聽：『誰蓋了新房子，還未得在裡頭

45b 住下，這裡有這樣人否？他回轉本家去——恐怕死在陣上，別人住他的新房
46a 子。誰栽了葡萄樹，還未成尋常使用園子①，［未產］人人可吃的葡萄菓，有這
樣人否？他去回轉本家——恐怕死在陣上，別人辦他本分的事。誰定了妻子，
還未娶他，有這樣人否？他去回轉本家——恐怕死在陣上，別人娶他的妻子。』說
了這話後，又接着在民人前頭說：『誰胆小心害怕，有這樣人否？他去回轉本家——恐
怕他的懼怯樣使他弟兄們的心驚怕。』將軍們閉了口，說完了後，各自勸勉本
隊的兵，奮(奮)勇争先打仗。倘或你們去，要攻破(破)城，先望城裡民講和平；若他們
依順，也開了城門，裡頭有的衆民不［可］受些微傷，不過是你們的属(屬)下，也納
稅。若不肯與你們和平，反倒［望你們］起争戰〔望你們〕，［你們就］緊緊圍着他們，［待］
你們主陡

［寫真46b缺］

［補缺］

斯把那城放在你們手裡後，裡頭有的男子們［用］刀刃全洗殺（他們），城裡住的女子、小孩、牲口等物不要滅他，所得的東西分散給兵，只管用仇敵的物件——［都是］你們主陡斯賞給了你們的。離你們狠遠的城，又不是你們該得的城，你們都這樣辦：但陡斯要賞給你們的城，［內中］一個人也不可留，反倒照你們主陡斯的旨意全要刀殺裡頭的人——就是滅黑得阿、亞莫肋阿、加那奈阿、費肋則阿、黑未阿、耶布則阿等支派【派】。恐怕他們為恭敬他們的邪神作過厭惡的事，也教你們一樣作，你們也隨著他們，大得罪你們主陡斯。幾時多久圍住一座城，四

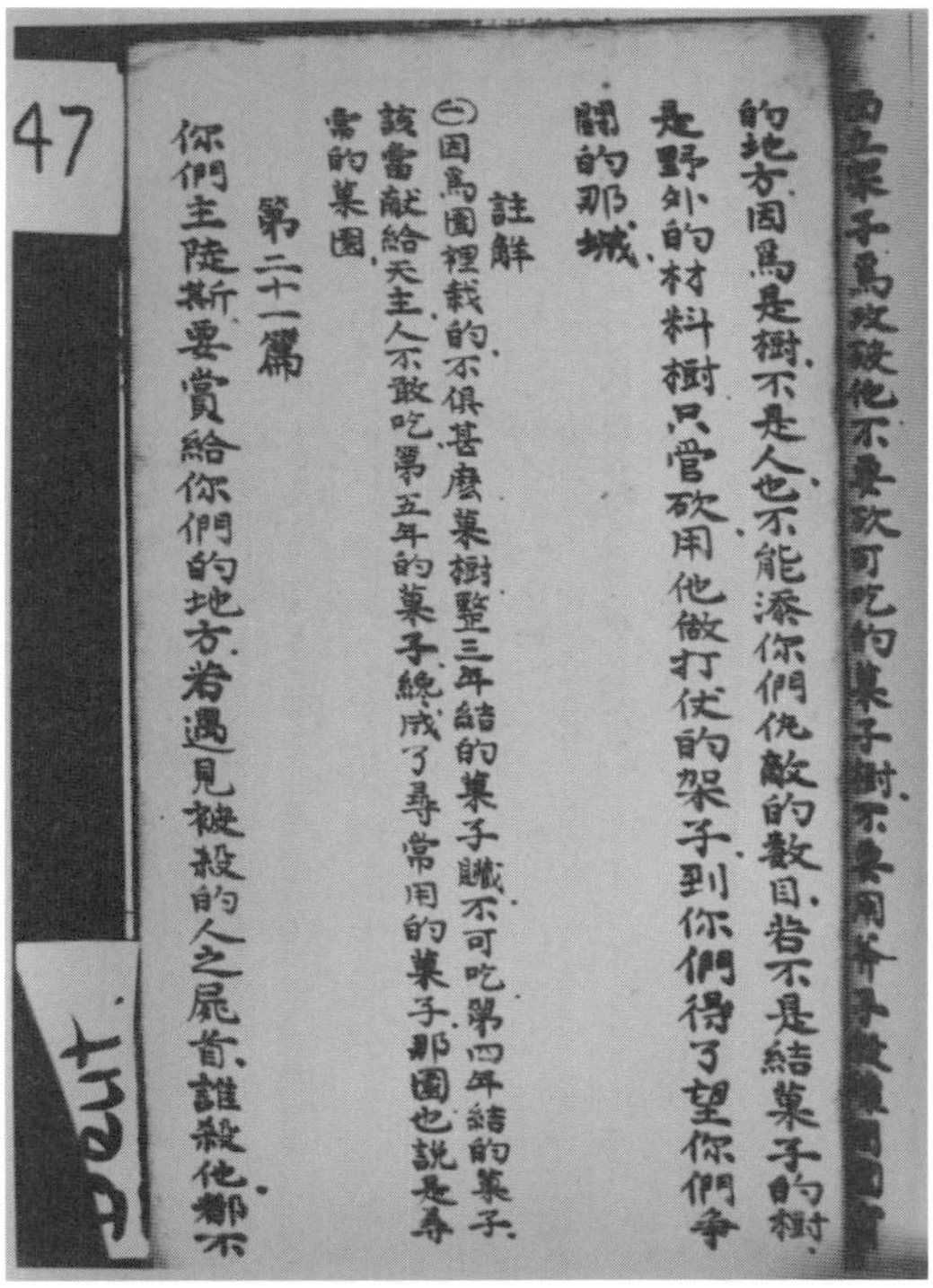

46b 面立架子：爲攻破他，不要砍可吃的菓子樹，不要用斧子毀壞周圍有［樹］
47a 的地方——因爲是樹，不是人，也不能添你們仇敵的数目。若不是結菓子的樹，是野外的材料樹，只管砍，用他做打仗的架子，［直］到你們得了望你們爭鬪的那城。」

註解

①因爲園裡栽的不俱（俱）【拘】甚麼菓樹，整三年結的菓子贓【髒】，不可吃；第四年結的菓子該當獻給天主，人不敢吃；第五年的菓子纔成了尋常用的菓子，那園也說是「尋常的菓園」。

第二十一篇

「你們主陡斯要賞給你們的地方，若遇見被殺的人之屍首，誰殺他都不

［寫真47b缺］

［補缺］

知道：你們的長輩、審事官出來，從屍首地方到周圍有的諸城量一量，當中地方看了一座城，比別城近［這城］，這城的老長拿群裡一個未會【曾】套軛、未會【曾】耕犁的母牛，拉他到粗糙亂石的山谷——那裡總沒有耕過，總沒有撒過種，就是這裡割母牛的頭①。［也教］你們主陡斯從肋未的族挑選的祭祀首們〈也交他們〉站立在他台前，指他的聖名降福，決斷眾民的事，判定潔淨與不潔淨。他們近前來，那城的長老也來被殺的屍首跟前，［在］山谷內殺死的母牛上頭洗他們的手說：『我們的手沒有流出這個血，我們眼睛也沒有見了。

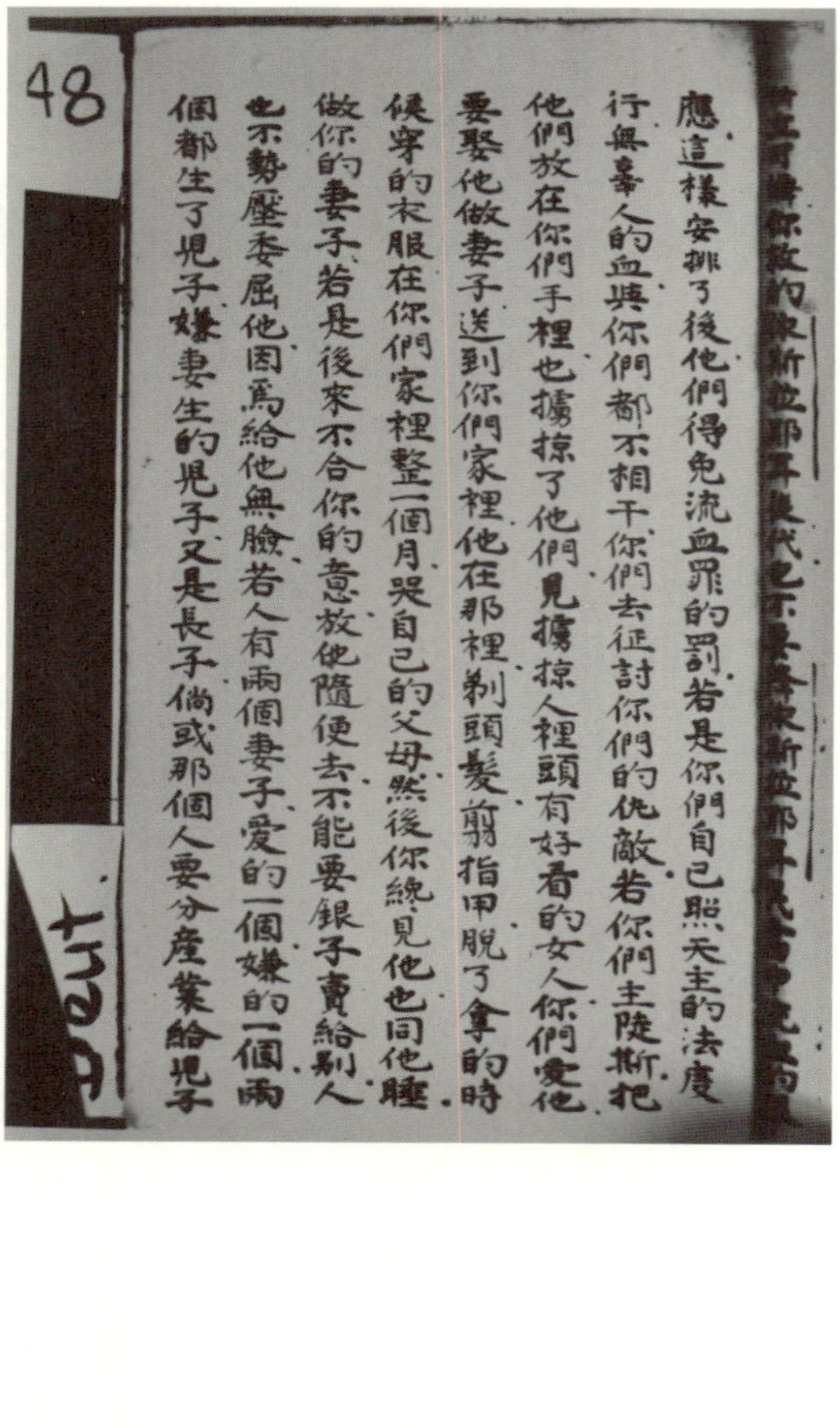

47b 祈主可憐你救的依斯拉耶耳後代，也不要降依斯拉耶耳民當中流血的報
48a 應。』這樣安排了後，他們得免流血的罰。若是你們自己照天主的法度
行，無辜人的血與你們都不相干。你們去征討你們的仇敵，若你們主陡斯把
他們放在你們手裡，也擄掠了他們；見擄掠人裡頭有好看的女人，你們爱他，
要娶他做妻子，［可以］送到你們家裡，［教］他在那裡剃頭髮〈髮〉、翦指甲，脫了拿的時
候穿的衣服，在你們家裡整一個月哭自己的父母，然後你纔見他，也同他睡，
做你的妻子。若是後來不合你的意，放他隨便去，不能要銀子賣給別人，
也不勢壓委屈他，因爲［會］給他無臉。若人有兩個妻子：爱的一個，嫌的一個，兩
個都生了兒子，嫌妻生的兒子又是長子；倘或那個人要分產業給兒子

［寫真48b缺］

［補缺］

們，不能將愛妻生的兒子做長子，嫌妻生的兒子做次子，反倒把嫌妻生的兒子做長子，所有的產業給他兩分，他是眾兒子的起頭，長子的權是他的。

若有人養了一個剛愎悍逆的兒子，又不聽父母的話，雖然責罰，總不順從；雙親送他到那城裡長老跟前，在審事的門口望他們說：『我們這兒子是剛愎悍逆的，不肯聽我們的教訓，好吃、淫亂、飲酒。』說了後，城裡人們亂石殺他。他該死，為除你們裡頭的大惡，也為依斯拉耶耳眾後代聽見害怕，這樣的人該死。

若有人犯了該殺的罪，審定了他死罪，掛他在十字架上，他的屍首不

48b 要存在刑罰的木架上，就是那一天埋葬他。因爲掛在刑罰木上的人是陡斯

49a 呪(咒)的，不敢［因他］贜【髒】你們主陡斯要賞給你們產業的地方。」

註解

①爲的是禁止依斯拉耶耳後代犯殺人的罪，也把這罪當成重大的罪，所以天主特特定了［在］這危險山谷內，［為］替那暗殺人的頭，把母牛的頭割下來。

第二十二篇

「若瞧見你弟兄的牛、羊走錯了路，你不要［不］過去，反倒要送轉他給你的弟兄。倘或那個人不是你的［近］親〈戚〉＊，也不認得他，［就］牽到你的家裡，在那裡［直］到你的弟兄找，領回了。若你的弟兄或失了馿(驢)、或失了衣服、或別的東西，你都照這樣行；見了他，不要因爲是別人的物［而］不管他。若瞧見你弟兄的或牛或馿跌倒在路

＊校注：不是親戚也不認得的人丟失的牲畜，卻讓自己的弟兄領走，與律法原意相悖。且此段律法原文，論述的對象確實為弟兄（親戚），並非「不是你的親戚」。此處改作「不是你的［近］親〈戚〉」，以貼近原意，避免誤導，且符合〈盧德傳〉第三章、四章中關於近親的譯法，與具有優先權的律例。

［寫真49b缺］

［補缺］
上，不要輕慢，反倒合力扶起。女子不可穿男子的衣服，男人不敢穿女人的衣服，這樣作
的是你們主陡斯嫌惡的人。若你走路遇見禽鳥的窩巢，或在樹上，或在地下；或母有雛
子，或抱蛋，不要捕拿母鳥兼雛子，拿了雛子，放開他的母親，為的是你們得福，也到高
壽。蓋了新房子，房頂周圍要砌牆①，免血流在你家裡 —— 若人往下隕落，你有罪。
不要在你們葡萄園撒別的種子，恐怕撒了［別的］種子［與］葡萄［樹］生的物彼此礙壞。
不要用牛【驢】幫牛耕地②。不要穿羊毛合麻線織的衣服；在你們穿的長衣服四角上做細
繩子的穗子。
若

49b 人娶了妻子，後來嫌他，常找休他的緣故，敗壞他的名声說：『我娶了這個妻
50a 子，配合的時候纔知道不是童身。』那妻子的父母把他連童身的凴據
一齊送到城門口有的長老跟前，父親說：『我將我的女孩給這個人作妻子，因
爲他嫌他，給那一個狠不好的名，望我胡說：「我明知道你的女孩不是童身。」我女
孩童身的凴據在此！』隨即(即)在城的長老跟前展開衣服③。城裡的長老們
拿那個夫主，也打，又斷他出一百「西其落」銀子給女孩的父親，因爲他教依斯
拉耶耳會的童貞女孩得狠醜的名声；［女孩］仍舊作他的妻子，一生不能休他。若
丈夫告的是真話 —— 本來女孩沒有童貞的凴據，［應］從他父母的家逐出，那城的
人乱(亂)石打死他，因爲他［在］依斯拉耶耳會當中行了惡事，在父的家犯了滛(淫)

［寫真50b缺］

［補缺］

罪。這樣，從你們裡頭掃淨臟【髒】污。若一個男子同別人的妻子睡臥了，行淫的男女兩個都該死，從依斯拉耶耳會要除罪惡。若有一個男子定了一個童身女孩，別人城內遇著他，同他睡；［你們］要送兩個到那城門口，也亂石打死，因為那女子在城裡頭沒有喊叫；論男子，因為他羞辱了他相近人的妻子。這樣，從你們裡頭得除兇惡。若男子在地裡遇見許過人的女孩，拉他強配合他，單那男子該死，女子不受傷，也沒有犯死罪。因為［這事］如盜賊衝他弟兄，也害他的性命；女孩也受了他的逼迫，他孤身在田地，喊叫了，並無人

50b 護救他。倘或有人遇見未定的童身女孩，拉去同他睡，事情到了審事官

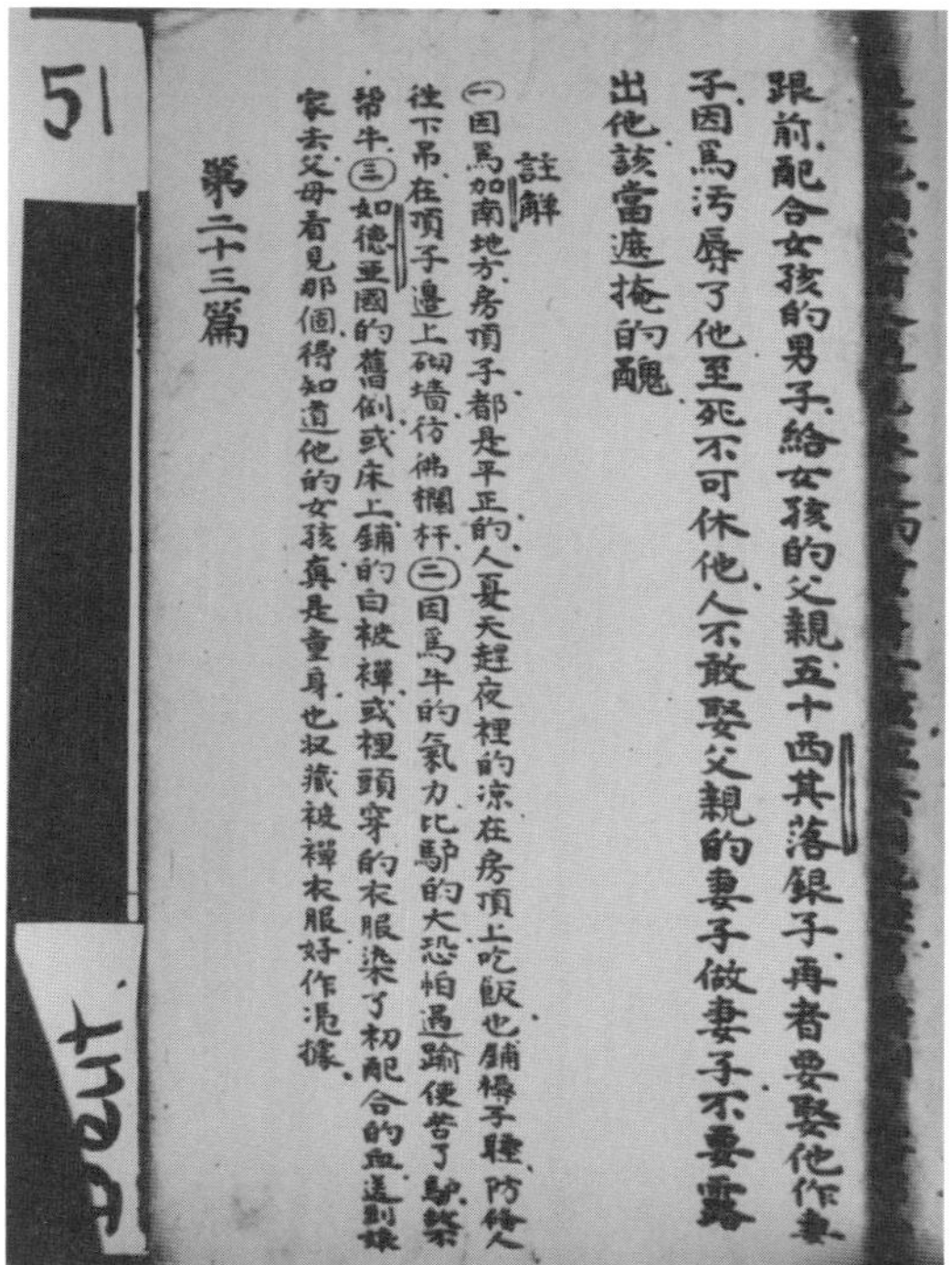

51a 跟前，配合女孩的男子給女孩的父親五十西其落銀子，再者要娶他作妻子，因爲汚辱了他，至死不可休他。人不敢娶父親的妻子做妻子，不要露出他該當遮（遮）掩的醜。」

註解

①因爲加南地方房頂子都是平正的，人夏（夏）天趕夜裡的涼，在房頂上吃飯（飯），也鋪（鋪）褥（褥）子睡：［為］防備人往下吊【掉】，在頂子邊上砌墻，彷彿欄杆。②因爲牛的氣力比驢的大，恐怕過踰，便苦了驢，故不帮牛。③如德亜國的舊例：或床上鋪的白被褌，或裡頭穿的衣服染（染）了初配合的血，送到娘家去，父母看見那個，得知道他的女孩真是童身，也収藏被褌、衣服，好作凴據。

第二十三篇

[寫真51b缺]

[補缺]

「太監，或壓了卵子的，或割了的，或失去了陽物的，都不能進天主的會。『慢則肋』——就是娼妓的兒子，到第十代不能進天主的會①。安孟、莫哈伯兩處的人，雖然十代後，永遠不能進天主的會，因為你們出厄日多地方的時候，[他們]不肯迎接你們，路上也沒有送給你們饅頭與水，還從西里亞的默索玻達米亞城僱了柏阿耳的兒子巴拉母來降災給你們。但你們主陡斯不依巴拉母的意思，還因為愛你們，勉強他〔替禍〕降了福給你們[替禍]。不要與他們講和睦結約，你們活到甚麼時候，永遠不教他們得便益。因為耶多母地方[②]的人是你們的弟兄，不要

51b 嫌惡他；也不該嫌惡厄日多地方的人，因爲你們以賓客的道在厄日多地方住過。

52a 他們生的第三代孫子可以進天主的會〔②〕。你們出去戰仇敵，禁止各樣悪事。若你們裡頭有夜夢流精液的人，要離開營盤，晚上沐浴前頭不可回轉，日頭落後纔許進營盤。兵營盤外預備一個地方，若出大恭，徃那裡去。帶子上又帶一個小木樁，以木樁挖個窟窿，蹲(蹲)了後，拿土掩了出的物。因你們主陡斯爲救你們的災，把你們的仇敵放在你們手裡，也爲教你們的仇敵落在你們手裡，[他]行在你們營盤當中，所以你們的营盤該是潔净的，也不可顕(顯)出些微贓【髒】垢，恐怕他要棄絕你們。若有一個奴才逃在你們家裡，不要交給本主子③；若他要同你一塊住甚麼地方，隨他的便安住，不要劳

［寫真52b缺］

［補缺］
苦他。

依斯拉耶耳後代的女孩裡頭不可有作娼妓的；依斯拉耶耳子孫內不該有作拂性男色罪的。娼妓得的銀子［與賣］狗的價值雖然發過誓要獻，不能獻進你們主陡斯的殿④，因爲你們主陡斯厭惡這兩件。

借給你們哥哥、兄弟或銀子，或糧食，或不論甚麼物，不要取利錢；但借給異族的人可以得利錢⑤。若你們的弟兄缺少甚麼，你們借給他，也不能收利錢。你們如此行，進了要得的地方，動甚麼工，你們主陡斯降給你們福。

若你們發了願，要獻甚麼給你們主陡斯，不要遲誤還願，你們主陡斯要收你們許願的物。

52b 若你們遷延，你們就有罪；你們不肯許願，你們無罪。但許願的話一出了［你］
53a 們的嘴唇，應當遵守。你們既然是情願口許，該照望你們主陡斯許
下的行。若到你們相近人的葡萄園裡，要吃只管吃，但不要拿出去。若到
你們的朋友粮食地内要搯(掐)穗子，手掌捻去糠吃米，也可以，不許用鎌(鐮)刀
割。」

註解

①這等人雖然能進天主教，遵守誡規，得救灵魂，但到十代，不可說是依斯拉耶耳會的正身民，所以在會裡不能有職有權，也不能娶依斯拉耶耳子孫們内的女孩做妻子。再者，借銀子該給利錢（錢），賣了自己的本田地房子，第七年「如必肋阿」*的赦理他們不能復得，因爲這許多恩不與他們相干。②耶多母就是耶撒烏，本是亜各伯的哥哥，用他自己的名字名他住的地方。③要主子、奴才兩個和好了後，纔能送奴才到主子跟前。④因爲狗*是淫畜，所以與娼妓（妓）

*校注：「如必肋阿」，希伯來文「禧年」的音譯。

*校注：這段所謂不可獻進聖殿的錢，並非指字面上的「賣狗」的價銀，而指孌童的價銀。北堂本上沒有說明，故由字面上解讀，易誤導為賣狗的收入不可獻給神，偏離本段原意。

［寫真53b缺］

［補缺］

並等。

⑤若單為利借就有罪，若有別的正經緣故，收利錢沒有罪。天主知道依斯拉耶耳後代性情固執，恐怕他們迷於貪心，彼此為利錢殘害，故此放他們隨便；望異族人許他們要利錢。

第二十四篇

「若人娶了妻子，與他同處，後來為甚麼樣的醜缺欠，妻子在他眼前不得寵愛，男人寫休書交給妻子後，放他隨便出他的家。倘或［女子］出了，嫁別的丈夫，這一個又嫌他，又給休書，也從家打發出去；第二個丈夫雖然死了，原先的丈夫不能又收他作妻子，因為他臟【髒】了，也是天主台前可惡的①。你們主陡

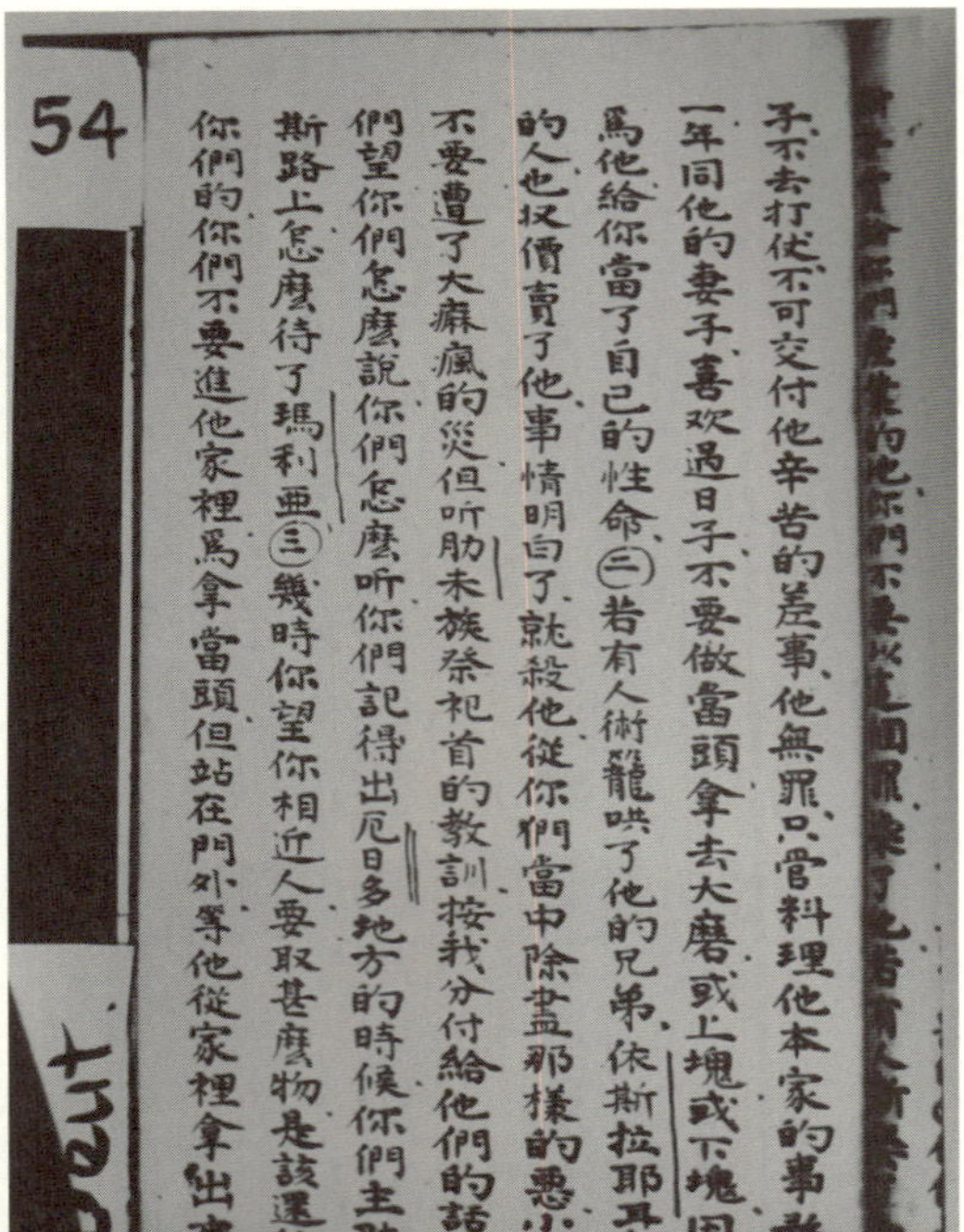

53b 斯要賞給你們產業的地，你們不要以這個罪染了他。若有人新娶了妻

54a 子，不［應］去打仗，不可交付他辛苦的差事：他無罪，只管料理他本家的事務，一年同他的妻子喜欢過日子。不要［為］做當頭拿去大磨——或上塊，或下塊，因爲他給你［大磨就如］當了自己的性命②。若有人［拐］術【術】籠哄了他的兄弟——依斯拉耶耳會的人，也収價賣了他：事情明白了，就殺他，從你們當中除盡那樣的惡。小心不要遭了大痲瘋的災，但听朌未族祭祀首的教訓，按我分付給他們的話，他們望你們怎麼說，你們怎麼听。你們記得出厄日多地方的時候，你們主陡斯路上怎麼待了瑪利亜③。幾時你望你相近人要取甚麼物——是該還給你們的，你們不要進他家裡爲拿當頭，但站在門外，等他從家裡拿出來

［寫真54b缺］

［補缺］

交給你。若他是窮苦的，當頭不可在你家存留一夜，反倒日未落前快還給他，為的是［讓］他睡在被卧內，求主陡斯降福給你們，你們如此在你們主陡斯台前做義德的人。不要推辭給［有］缺欠並窮苦［的］人的工錢。［他們］或是你們的弟兄，或是同你們一個地方、一座城內住的賓客，就是那一天日頭未沒前，給他們勞苦的工錢。［他們］因為是窮，倚靠工錢養命，恐怕他［們］恨你們，望天主呼號，你們就承當罪的報。

不可替兒子［的罪］殺父親，也不替父親［的罪］殺兒子，單那一個有罪殺那一個。審問別方來的人並孤子的時候不要離了公義，不要把寡婦的衣服拿去做當頭，好

54b 記着你們在厄日多做奴才，你們主陡斯從那裡救了你們，所以我分付你們

55a 行這個事。你們割了你們田裡的粮食後，若忘了一把子，不要回去収揀他，讓(讓)給異方人、孤子、寡婦隨便拿去，你們主陡斯纔降給你們福，你們手無論動甚麼工都能完訖。収了阿里瓦樹菓子後，不要再去摘樹上剩下的菓子，留下給賓客、孤子、寡婦；你們収葡萄後，不要取剩下的都魯，丟給賓客、孤子、寡婦，任凴［他們］用。記得你們在厄日多地方被人使喚，所以我分付你們這樣行。」

註解

①論正經大道，看上古史書，夫妻的責任是到死的任，本來没有彼此休離的事。世上人稀的時候風俗原純美；人漸添多了後，私慾偏【偏】情突起，正道衰敗，纔有丈夫休妻子的

〔寫真55b缺〕

〔補缺〕

事。每瑟明知依斯拉耶耳後代的擰扭，恐怕他們暗殺了嫌惡的妻子，無奈只得許他們休厭煩的妻子，天主也不把這個當成罪。吾主耶穌一降了世上，把婚配定為聖事，禁止夫妻（永遠不能）休離，所以遵舊例的犯重大罪。再娶的女人不是正妻，是妾之類，他養的兒女算是私孩子。

② 「說的『當了性命』，因為他們養命靠著磨，給別人磨糧食得的工錢用為度日。如今把大石磨做當頭給了你們，說得〔如同〕當了性命給你們。」

③ 「因為瑪利亞路上褒貶了每瑟，天主用痳瘋罰他，也這樣壓服他的驕傲。若你們起傲心，也敢毀謗上司，可怕天主降給你們一樣的罰。」

第二十五篇

「若是兩個人彼此爭鬥，要送他們的事到審事的官，為決斷。審事查

55b 看那一個有理，斷說他有理：那一個有不是，斷他的不是。若想有不是的人還

56a 該打，教爬在地下，〔在〕他們眼前命人打，按罪的輕重，打数相對，但数目不要
過了四十荆(荆)條——恐怕你們的弟兄在你們眼前露出可憐的形像，破爛身体
去。你們的牛正在你們場(場)裡打粮食，不要拴他的嘴①。弟兄們同處，他們裡頭
有一個未生孩子的死了，死人的妻子不可嫁外人，死人的或兄或弟娶他做妻子，
也給死的弟兄傳後。這個妻子起初生的兒子，用死了的丈夫的名字名他，爲
的是〔使〕死的丈夫的名字從依斯拉耶耳會不滅。若他不肯娶他弟兄的妻子——
按法度該娶的，那婦人去到城門，告訴【訴】長老們說：『我丈夫的弟兄不肯依斯
拉耶耳會內存死弟兄的名字，也不要娶我作妻子。』長老急速叫他來，問

［寫真56b缺］

［補缺］

他：若他答應不肯娶他作妻子，婦人當老長面近他的前，從他腳脫鞋，望他臉上吐唾沫，說：『不肯給親弟兄傳後代的人，眾民都這樣卑賤他。』依斯拉耶耳會內都叫他的名字『脫鞋［者］的家』。

若有兩個人彼此嚷鬧，那一個望這一個動手的時候，那一個的妻子要把他的丈夫從剛強手裡脫開，伸手抓著〔他〕［這個人］的不便處；該砍婦人的手，不要憐憫寬恕他。

你口袋不可有兩樣稱錘——或太大，或太小；你家裡也不可有大斗、小斗。該有公平正經的稱錘，也〔一樣〕［跟］市用［一樣］的斗，如此你們［在］主陡斯要賞給你們的地方能得大壽。本來你們主陡斯嫌

56b 惡這樣行的，也恨各樣不公道。記得你們出厄日多的時候，亞瑪肋克的支

57a 泒【派】［在］路上怎麼待了你們，怎麼迎接了你們：你們護後尾的兵正困倦歇【歇】息的時候，［亞瑪肋克的支派］砍了他們，那時候你們也被饑(饑)餓(餓)、憂(憂)苦逼迫(迫)，亞瑪肋克不可憐你們，

也不怕主陡斯。所以你們主陡斯賞給你們太平，也教許下給你們的地方周圍所有的衆國都成你們的屬邦後，你們從天下要全滅亞瑪肋克的名字。小心不要忘了！」

註解

①牛既然爲人出力，該當許他吃些微帶粒米的草。

第二十六篇

〔寫真57b缺〕

〔補缺〕

「你們進了你們主陡斯要賞給你們產業的地方，得了，在那裡住下後，從你們各樣的糧食拿了先分兒，裝在筐內，送到你們主陡斯為光榮自己的聖名挑選的地方去①，見了當時的祭祀首，望他說：『我們在你主陡斯台前今日認承，實哉進了主陡斯望我們祖宗誓許過要賞給我們的那地方。』祭祀首從你們的手取了筐子，供在你們主陡斯祭台前頭；你們又在你們主陡斯台前說：『西利亞地方的人②追趕過我們的祖宗，他〔③〕也下了厄日多，〔作賓客的禮在那裡住；雖然家口不多〔③〕，從此興旺，成了大強盛

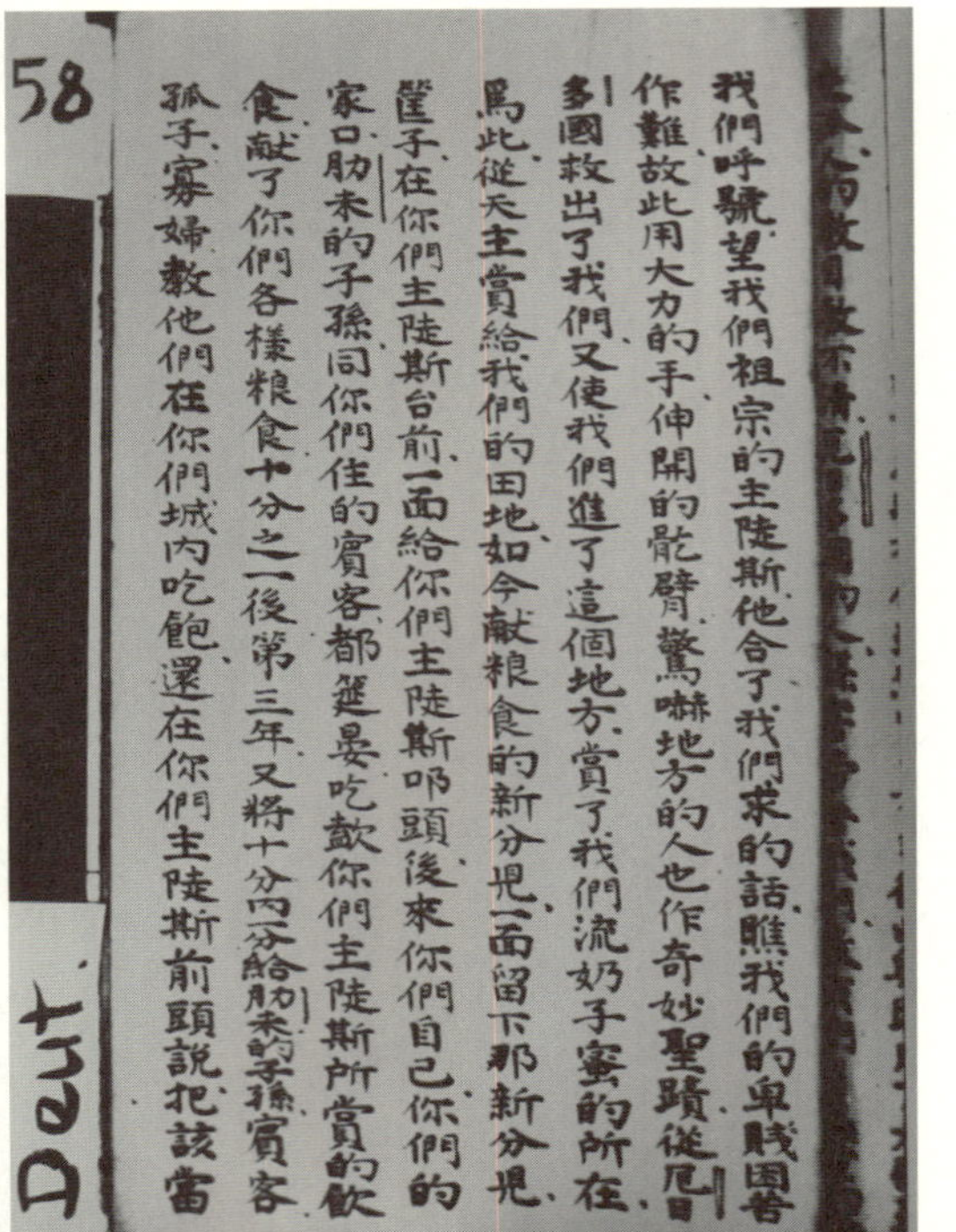

57b 支派【派】，人的数目数不清。厄日多國的人謀害苦我們，教我們負極重的任，
58a 我們〔呼號〕望我們祖宗的主陡斯〔呼號〕，他合了我們求的話，瞧我們的卑賤、困苦、
作難，故此用大力的手，伸開的肐(胳)臂，驚嚇〔厄日多〕地方的人，也作奇妙聖蹟，從
厄日多國救出了我們；又使我們進了這個地方，賞了我們流奶子、蜜的所在。
爲此，從天主賞給我們的田地，如今獻粮食的新分兒。』一面留下那新分兒
筐子在你們主陡斯台前，一面給你們主陡斯叩頭。後來你們自己、你們的
家口、肋未的子孫同你們住的賓客都筵晏【宴】，吃歆你們主陡斯所賞的飲
食。獻了你們各樣粮食十分之一後，第三年，又將十分內一分給肋未的子孫、賓客、
孤子、寡婦，教他們在你們城內吃飽，還在你們主陡斯前頭說：『把該當

［寫真58b缺］

［補缺］
獻給你的物——我們從我們的家，照［你］分付的——我們拿出去給肋未的子孫、賓客、孤子、寡婦，沒有誤了你的法度，也沒有忘你的旨意。我們有痛哭的時候，從那沒有吃些微，也沒有用一點為作甚麼不潔淨的事，沒有花費為辦葬事［④］。我們聽我們主陡斯的聲音命我們怎麼行，我們就怎麼行。懇求你從你的（④）聖殿、高天宮憐看我們，也給你的民依斯拉耶耳後代並賞給我們的地降福——本來你望我們的祖宗誓許，要賞流奶的地方。』你們主陡斯今日分付了你們遵這個誡令與審問的定例，也全心全靈滿守。你

58b 們今日挑選了天主爲作你們主陡斯，你們也要行他指引的路，按他各樣
59a 礼儀、規誡、審問的定例，也順從他的旨意；天主也照他先望你們說的話，
今日簡選你們特爲作他的本民，也爲你們全行他的法度，他的意思是
你們的支泒【派】高貴超過天下萬萬支泒【派】⑤——雖都是天主造成——爲顯揚光荣自己
的聖名威嚴。共揔他的話：你們要作你們主陡斯的聖民。」

註解

①天主造成天地萬物，也掌管，爲的是依斯拉耶耳後代記着，好頂戴這個大恩。天主分付他們，每年把収的粮食新分兒要送到聖殿。②本來亜各伯從黙索玻達彌亜（亦譯：默索玻達米亞）地方回轉加南，他的丈人拉班追趕他，要虧（虧）損他：但天主的天神顯顯【現】拉班，吆喝他，拉班纔不敢傷害亜各伯。③亜各伯本來進厄日多的時候，他的子孫只有七十個人。④這話的意思就是：「每第三年照天主的法度，我把収的粮食一分送到聖殿，再把一分分開給肋未的子孫，還取第三分散給地方住的賓客、孤子、

[寫真59b缺]

[補缺]

寡婦。雖然有為難、困苦、憂愁的事，不敢私自用這個分兒；為大飲到醉的酒、行不堪的事更不敢用他，
要救窮人們的饑餓。」
⑤天下所有的支泒【派】，都為讚美光榮天主的聖名，[都] 是天主造成的。雖有不認天主是真主，也不
恭敬他，到底天主不急速滅他，忍耐等候；還賞恩，顯出自己仁慈，厚待他，緩慢處治罪人們，到底使
他們明見他的威義。

第二十七篇

每瑟同依斯拉耶耳會的長老分付民人們說：「我今日望著眾人傳的法度，你們都要遵守。
過了若耳當河，到了你們主陡斯要賞給你們的地方後，豎立大石，乾淨抹上石灰，為的是
過了若耳當河，上頭能寫

59b
這法度的話，這樣你們纔可進你們主陡斯望你們祖宗誓許要賞

60a
給你們的地方，這個地方真是流奶子、蜜的地方。你們過了若耳當河，把
我今日給你們分付的石頭立在黑巴耳山頂，又抹上灰；[在] 那裡，還從不鏨(鑿)的、不
磨光的、本來的樣子的石頭給你們主陡斯立一個祭台，上頭給你們主陡斯
獻全祭祀，殺了平安祭祀的牲口，祭了後頭，在這個地方——你們主陡斯台前——
筵晏【宴】吃歡，把這法度的話一一明寫在石頭上。」每瑟兼肋未族的祭祀首們
望依斯拉耶耳會的人說：「依斯拉耶耳的子孫！你們都用心听：你們今日成了你們
主陡斯的民，所以該听他的声音，也遵我分付給你們的誡令、審問的定例。」每
瑟還 [在] 那一天分付民人們說：「過了若耳當河後，站在加里滦默山上，給眾人降福

[寫真60b缺]

[補缺]

[的]就是這些：西默翁、肋未、如達斯、依撒加耳、若瑟甫、栢尼亞明〔①〕；對面為降禍，站在黑巴耳山上[的]就是這些：路崩、加得、亞塞耳、匝布隆、旦、奈費大里〔①〕。肋未子孫要高聲喊叫，望依斯拉耶耳眾民說：『那一個作甚麼雕鑄的神像——是天主憎惡的，也是匠人手製造的東西——有敢暗供奉他，這個人是應該遭災禍的。』眾民答應：『真該這樣！』『那一個不孝順親父母，這個人應當遭災禍。』眾民答應：『真該這樣！』『那一個挪移鄰佑的交界石，這個人應當遭災禍。』眾民答應：『真該這樣！』『那一個特意使瞎子走差路，這個人應當遭災禍。』眾人答應：『真該這

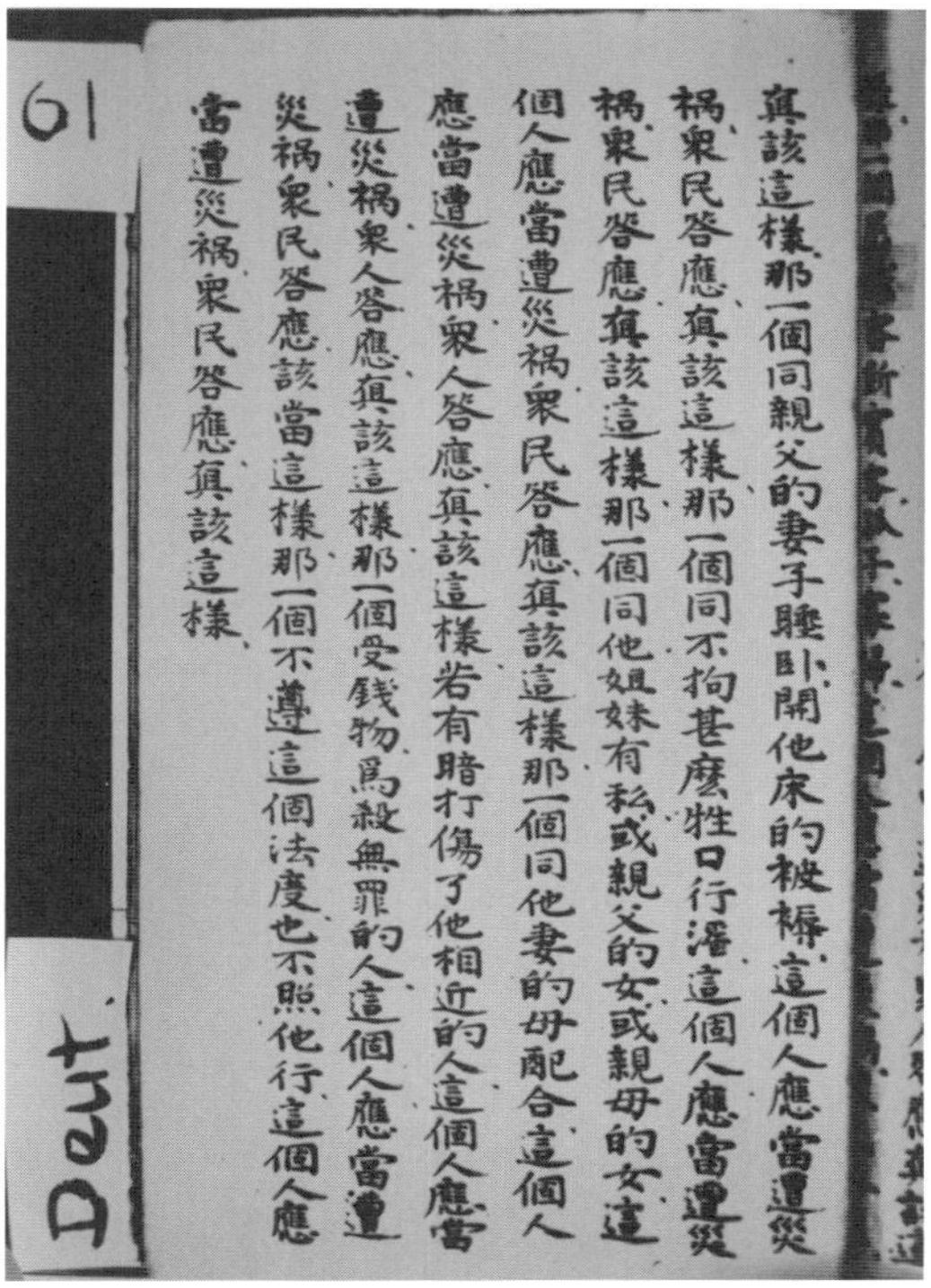

60b 樣！』『那一個屈義審斷賓客、孤子、寡婦，這個人應當遭災禍。』眾民答應：

61a 『真該這樣！』『那一個同親父的妻子睡卧，開他床的被褥，這個人應當遭災禍。』衆民答應：『真該這樣！』『那一個同不拘甚麼牲口行淫，這個人應當遭災禍。』衆民答應：『真該這樣！』『那一個同他姐妹有私(私)——或親父的女，或親母的女——這個人應當遭災禍。』衆民答應：『真該這樣！』『那一個同他妻的母配合，這個人應當遭災禍。』衆人答應：『真該這樣！』『若有暗打傷他相近的人，這個人應當遭災禍。』衆人答應：『真該這樣！』『那一個受錢物爲殺無罪的人，這個人應當遭災禍。』衆民答應：『該當這樣！』『那一個不遵這個法度，也不照他行，這個人應當遭災禍。』衆民答應：『真該這樣！』

［寫真61b缺］

［補缺］

註解

①這裡說的不是亞各伯（各）的十二個兒子，說的是那時候有的十二個族長——亞各伯的孫子們。

第二十八篇

「若是你們聽你們主陡斯的聲音，也遵守我今日分付你們的各樣誡命，也按著他行；你們主陡斯施恩，教你們比天下所有的支泒【派】尊貴，這許多福都來到你們身上，也滿足你們。但若你們順從他的旨意，你們城裡是有福的，田地裡也是有福的，你們子孫［是］有福的，你們田裡的糧食、牛羊的崽子都是有福的，你們的倉、你們剩下的物件都是有福的，你們作甚麼始

61b
終都有福。要同你們爭鬪的仇敵，天主教他們敗在你們眼前——他們從一路

62a
來害你們，被你們驚嚇，從七路跑回。天主給你們的庫房兼你們手裡
的百工賜福，你們［在］要得的地方內承受他的福。天主照望你們誓許的話，
犨你們做他的聖民，但若你們遵守你們主陡斯的規誡，也走他指引
的路。普世所有的支泒【派】知道你們眞是天主的聖民，也害怕你們。天主賞
給你們冨餘(餘)，得各樣好處，增添你們的兒女及你們牲口的牸子。天主望
你們祖宗誓許要賞你們的地方內，天主加倍你們得田地的粮食、菓子。
天主開他極好寳(寶)庫的天，應時在你們地裡降雨，你們手動甚麼工，蒙恩都
能善訖；你們借給多支泒【派】的銀子，你們揔不望別人借。天主把你們放在前

［寫真62b缺］

［補缺］

頭，不放在末尾①；你們常在上頭，不在下頭。但若你們遵守我今日分付給你們［的］主陸斯的規誡，也照他行，望左右不偏【偏】不易【移】，又不順隨、恭敬異方的神。

倘或你們不肯聽你們主陸斯的聲音，不遵守我今日分付給你們［的］主陸斯的命令、禮儀，也不照他行，這些災禍都吊【掉】在你們身上，也壓蓋你們。城內有禍，郊外有禍，你們倉裡有禍，你們剩下的甚麼物有禍，你們生的兒子們、你們田內的糧食果子、你們的牛羊群都有禍，你們起作甚麼有禍，臨完也有禍。天主到快快全除盡了你們，要用饑餓災禍處

62b 治你們，要毀你們手裡做的百工，因爲你們行事兇惡，棄離了我。天主還

63a 要［用］瘟疫罰你們，到你們剛進的地方全滅了你們。天主爲罰你們，又用瘧(瘧)疾、嚴寒、酷暑、惡氣、壞粮食的霧逼迫你們到死，教你們頭上有的天如銅的一樣，你們脚跴的地如鉄一般②——天主在你們田裡〔替雨〕降下黄沙〔替雨〕，還從天落灰，［直］到你們穷(窮)盡了。天主要使你們跌倒在仇敵跟前——你們一路來望仇敵打仗，［分］七路你們逃跑，散在地上普通所有的國內。你們的屍首做天禽地獸的吃食，也没有人追趕禽鳥。天主教你們招厄日多的瘡苦害你們③，又出大恭［時］，你們這身体的地方那麼樣長癩，癢，癢捻不能好。天主要罰你們成瘋狂糊塗，意念顛(顛)倒——你們日正中如瞎子，在昏暗裡糊摩亂走。你們的諸事怎麼起，怎

［寫真63b缺］

［補缺］

麼了，都不能定；時時被人誣賴，冤屈欺壓，沒有救你們的人；你們娶妻子，別人同他睡
卧；修蓋房子，但不能在裡頭住；栽葡萄不能收；牛在你們跟前殺，他的肉些微不得吃；
你們當面有強偷你們驢的，也不還給你們；或把你們的羊交給你們的仇敵，並沒一個相幫
你們；你們的兒子、女孩被異族人擄掠，你們的眼睛見他們，常看他們的苦，涕泣到眼害，
但你們的手沒有力量；有不認識的支泒【派】吃你們田地的糧食，霸佔你們勞苦得的物；
常受別人的妄証，日日受

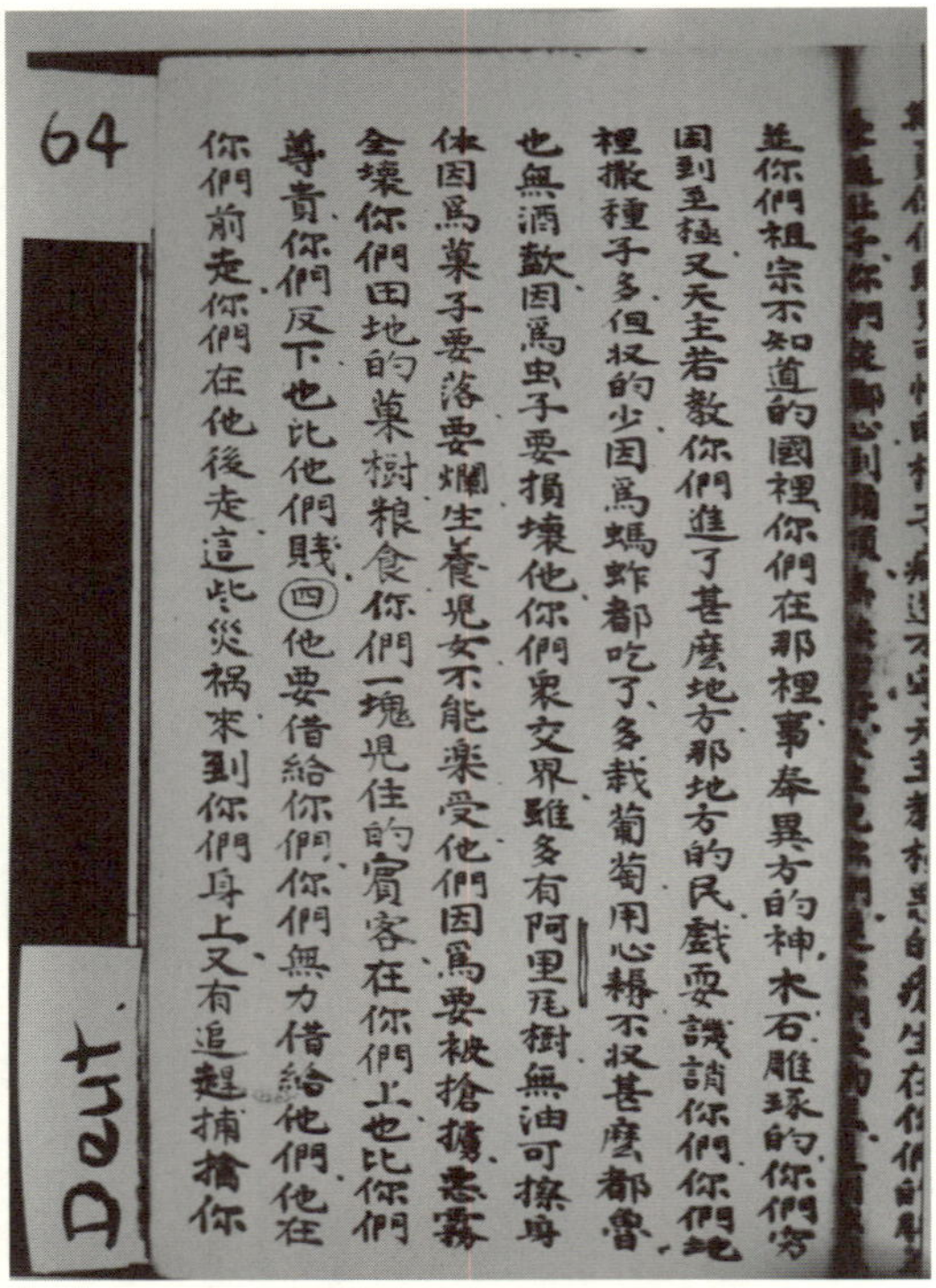

63b 欺負；你們眼見可怕的樣子，痴迷不寧。天主教極悪的瘡生在你們的膝盖
兼腿肚子，你們從脚心到頭頂無法治好。天主把你們連你們立的王，送到你們

64a 並你們祖宗不知道的國裡，你們在那裡事奉異方的神——木石雕琢（琢）的，你們窮
困到至極。又天主若教你們進了甚麼地方，那地方的民戱（戲）耍譏誚你們。你們地
裡撒種子多，但収的少，因爲螞蚱都吃了；多栽葡萄，用心耨，不収甚麼都魯，
也無酒歁，因爲虫（蟲）子要損壞他；你們衆交界雖多有阿里旡樹，［但］無油可擦身
体，因爲菓子要落、要爛；生養兒女不能樂受他們，因爲要被搶擄；悪霧
全壞你們田地的菓樹、粮食。［與］你們一塊兒住的賔客在你們上，也比你們
尊貴；你們反下，也比他們賤④。他要借給你們，你們無力借給他們；他在
你們前走，你們在他後走。這些災祸來到你們身上，又有追趕、捕擒你

［寫真64b缺］

［補缺］

們到全滅了，因為你們未聽你們主陡斯的聲音，也沒有遵守他分付的規誡、禮儀。這多災禍，如天主義怒的蹤跡記號，永遠貼靠你們並你們後代身上，因為你們領受天主所賞的各物豐足，因為你們沒有心欣樂奉你們主陡斯。天主要遣一個仇敵為欺壓你們，你們也餞渴，赤身窮苦，給他做奴才。他放鐵軛在你們脖子上，到壓完了你們。

天主為征伐你們，要從遠處地球末尾的邊界招一支泒【派】來，這支泒【派】如疾快飛鵰，你們不能懂他們的話；他的性情狠暴躁，也不會恤惜老者，憐憫幼孩⑤；他也要吃你們牲口群裡

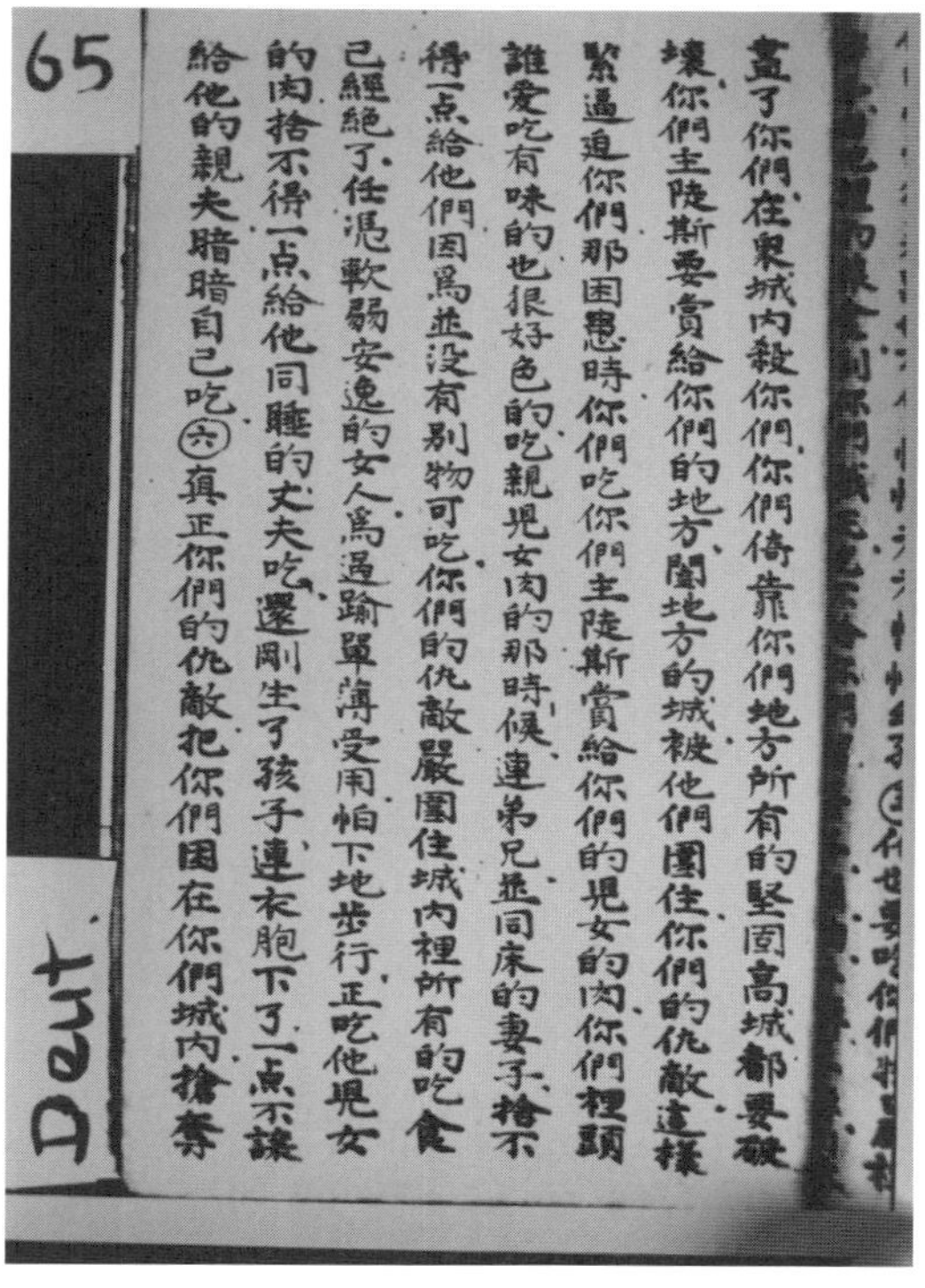

64b 牸子、田地裡的粮食，到你們餓死，也不給你們[留麥子、酒、油、牛群、羊群，到散]

65a 盡了你們。在衆城內殺你們，你們倚靠你們地方所有的堅固高城都要破
壞；［在］你們主陡斯要賞給你們的地方，闔地方的城被他們圍住。你們的仇敵這樣
緊逼迫你們，那困患時，你們吃你們主陡斯賞給你們的兒女的肉。你們裡頭
誰愛吃有味的，也狠好色的＊，吃親兒女肉的，那時候連弟兄並同床的妻子，捨不
得一点(點)給他們，因爲並沒有別物可吃。你們的仇敵嚴圍住城，內裡所有的吃食
已經絶了。任凴軟弱安逸(逸)的女人，［先前］爲過踰單薄受用，怕下地步(步)行；［如
今］正吃他兒女
的肉，捨不得一点給他同睡的丈夫吃。還剛生了孩子——連衣胞下了——一点不讓
給他的親夫，暗暗自己吃⑥。真正你們的仇敵把你們困在你們城內，搶奪

＊校注：此處「也狠好色的」一句，在上下文脈中難以理解。考武加大本用字 luxuriosus，同義詞有好色之意（epicurean），或為來源。但本段經文原意與情色較無關連，而是預言百姓悖逆後必遭遇極度的飢荒，甚至自食兒女。後續的歷史發展，應驗了此處的警告。見 2 Kings 6:29、Jeremiah 19:9、Lamentation 4:10、Ezekiel 5:10 等節。

[寫真65b缺]

[補缺]

毀壞，寸草不留，眾人窮到至極。
若你們不遵、不行這書上寫的法度的眾言語，不怕懼你們主陡斯，不尊敬他光榮威嚴的聖
名，天主加倍你們兼你們子孫的災禍，這災禍也大，也堅久，各樣病是極惡的，也不能治。
他用甚麼災禍處治了厄日多國，你們一見嚇一跑，天主都要轉移及你們身上，也貼沾在你
們身上。再者，天主到全滅了你們，教你們遭各類癆癧、癱軟、災禍——這《法度書》內
沒有寫上的。你們原先如天星一樣多，那時剩下狠少，因為你們沒有聽你們主陡斯的聲
音。天主先頭裡怎麼樣喜勸你們，施恩增添

65b
你們的數目；那時候也喜欢毀壞你們，爲的是從你們將進要得的地方除
66a
盡。天主要散你們，從地球這一頭到那一頭所有的國內，你們就恭敬異方神木
石像——你們本身，你們的祖宗並不認得的。你們在那些國內還不能安生，你們
也沒有歇息站脚的地方。天主給你們害怕的心、芒【茫】昧的眼睛、憂悶逼極不得已
的灵魂。你們的命如掛在你們眼前，晝夜驚恐⑦，你們時時不信能保性命。早
晨說：『誰賞我活到晚上呢？』晚上又說：『誰許我看明早呢？』這樣說，因爲天主特罰
你
們，[使你們]懷(懷)着過怕的心，又親眼見凶(凶)厲的事。天主雖然分付你們再不瞧厄日
多國的
路，他自己教你們坐那許多船，從那條路回去厄日多地方，在那裡，賣你們給你
們的仇敵當奴才、婢女，也沒有人要買你們⑧。」

［寫真66b缺］

［補缺］

註解

①「因為天主賞給你們大力、謀略，你們的國比眾國富足、尊貴、威嚴，遠近地方所有的支泒【派】甘作你們的屬下。」

②因為天總不下雨，故說是銅的；因為地生的糧食不彀用，所以說是鐵的。

③本來每瑟用這等瘡處治厄日多國的邪法人，〈救出之經〉第九篇有論。

④原來依斯拉耶耳的子孫們輕看異族的人，如今因為天主特恩抬舉他們，真富貴；依斯拉耶耳後代害怕，不敢惹他們，反倒也順隨，阿諛奉承。

⑤這裡說的支泒【派】就是巴必隆國的兵。巴必隆國的王也是那布克多諾索耳。

⑥雖然亞西利亞國的兩王——名撒耳瑪那撒耳、塞那克里伯——正征伐如德亞國的時候，事情到這極難的地步；羅瑪的總王弟多滅如德亞國的那時候更有大難。⑦這話的意思就是：「你眼見不拘甚麼人，心裡要說：『大概是他傷我的命。』時時刻刻猶豫怕死。」

⑧弟多皇上破了依斯拉耶耳後

66b

代的地方，全搶擄了民人們，把十七歲（歲）以下的男女裝在船上，送到厄日多國，爲賣他們。雖然要的價值狠賤，［但］因為人太多，白給的不可數，也有白給不受的。

67a

第二十九篇

這個就是每瑟照天主的旨意，同依斯拉耶耳後代在莫哈伯國的地方要定和睦結約的話——原先在火肋伯山上定過這和睦結約①。每瑟呼喚依斯拉耶耳衆民來，望他們說：「你們在厄日多地方眼見天主作了甚麼，爲處治法老翁、他的衆民、他的全國；也親眼見他降的大災祸，作的另外奇妙聖蹟。但天主至今未賞給你們灵通的心，看明的眼，听清的耳②。他四十年領你們走壙野的路，你們的衣服沒有破爛；你們脚上穿的鞋雖然久用，沒有磨壞；沒有吃饅頭，沒有歎酒，也菓的汁液，爲的是你們能知我是你們的主陡斯③。你們到

［寫真67b缺］

［補缺］

了這個地方，黑塞奔國的王塞混、巴三國的王阿克迎接我們，要打仗；我們就殺他們，拿他們的國分給路崩、加得二族還［有］瑪那斯的半族，作他們的產業。所以［你們］要遵守，也全行這和睦結約的話，為你們得知道要作甚麼事、該怎麼作。

你們今日──你們的主子們、你們的族首、長老、師傅、依斯拉耶耳的眾民、你們的兒女、妻子們、同你們營盤一塊兒住的賓客，兼砍柴擔水的人──都在你們主陡斯台前，你們的意思，要進天主今日與你們誓定的和睦結約內，為的是

67b

他簡你們做他自己的本民，他也做你們的主陡斯，如望你們說過，也望你們祖宗亜巴拉哈母、依撒格、亜各伯誓許了的。我不是替天主單同你們立和睦結約，

68a

也結實定誓許的話，在這裡的人典不在這裡的④都在這結約內。你們都知道怎麼樣住下厄日多，也怎麼樣過了多支泒【派】的地方；打那裡過，瞧見了可悪贜【髒】穢(穢)的事，就是那支泒【派】恭敬的邪像──木石、金銀雕琢鑄的。小心！定不得

你們裡頭有或男，或女，或一家，或一族，他的心今日棄了我們主陡斯，就去事奉那多支泒【派】的邪神；也是你們內苦胆萌芽的根子⑤。他听了這誓立結約的話⑥，心裡欺哄自己說：『我雖然順着我的悪願行，到底我能平安。』那個人就如歆醉的女人拉扯正渴的男子⑦。天主也不寬恕他，反倒天主的義怒保自己光荣的忌妬，猛罰這等人，這書上寫的一切災祸都落在他的頭上：天主從天下除盡他

〔寫真68b缺〕

〔補缺〕的名字，也照那多災禍——這法度、這和睦結約的書內有的——從依斯拉耶耳眾族滅絕他。接續的代、連〔連〕要生的子孫、從遠方來的客旅看這地方的災禍、患難，是天主特降的罰，用硫黃並鹽的熱這樣燒他，再不能種，連一根青草不能生，狠像瑣多瑪、郭莫拉、亞大瑪、塞玻意默那四座城。天主大動義怒，昔日殄滅了的眾族戶要問：『天主為甚麼那樣罰這個地？這無邊限的怒是甚麼緣故？』答應：『因為〔這〕地方的人違悖了天主同他們祖宗出厄日多時定的和睦結約，也事奉異方的神，恭敬〔他〕本來先他們不認得，也與他們不應敬的神；

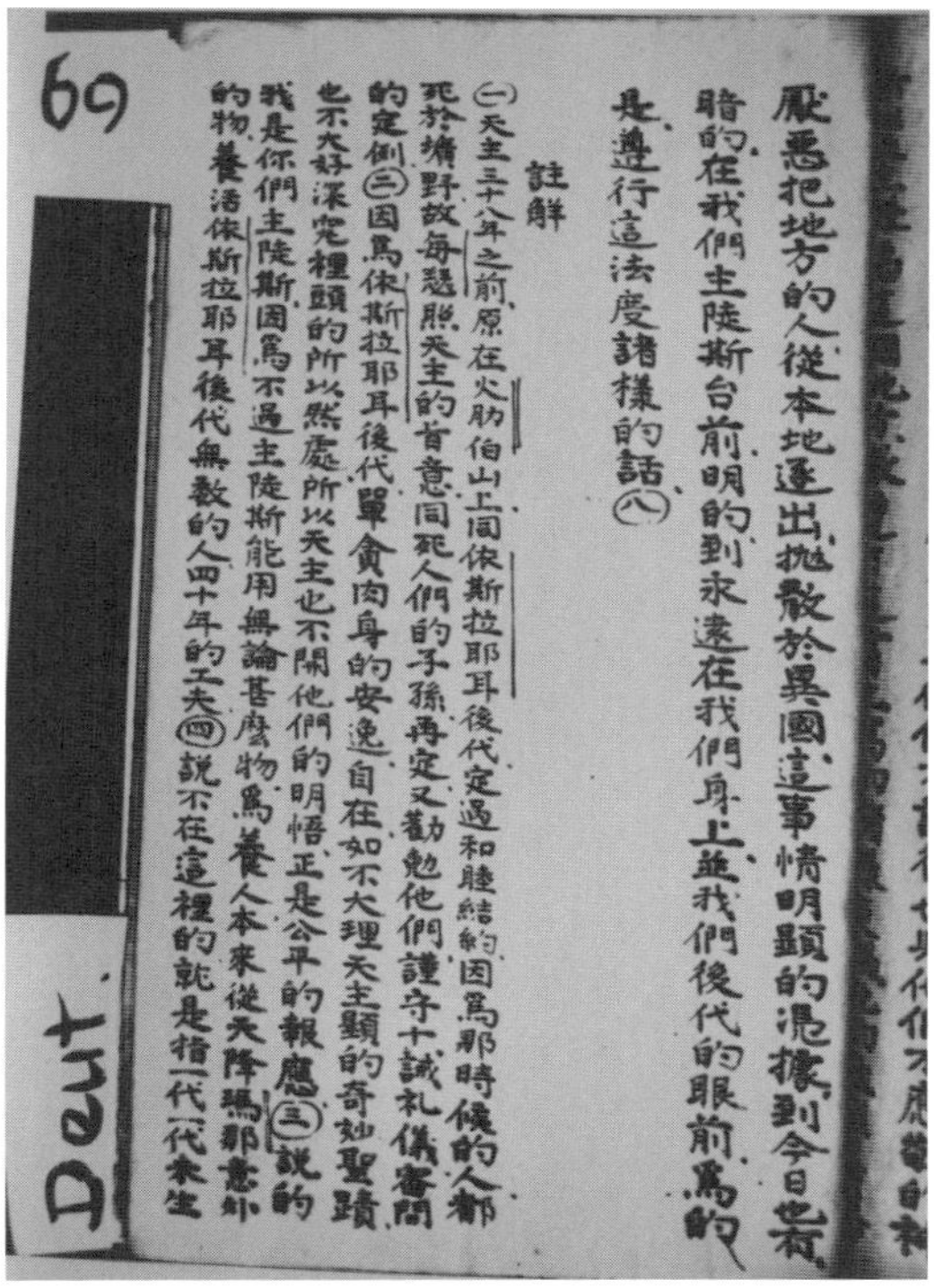

68b 所以天主嫌惡這個地方，教遭了這書上寫的諸樣災禍。他的猛烈義怒、

69a 厭惡，把地方的人從本地逐出，拋散於異國，這事情明顯的凴據到今日也有。』暗的在我們主陡斯台前，明的到永遠，在我們身上並我們後代的眼前，為的是遵行這法度諸樣的話⑧。」

註解

①天主三十八年之前，原在火肋伯山上同依斯拉耶耳後代定過和睦結約，因爲那時候的人都死於壙野，故每瑟照天主的旨意，同死人們的子孫再定，又勸勉他們謹守十誡、礼儀、審問的定例。②因爲依斯拉耶耳後代單貪肉身的安逸自在，如不大理天主顯的奇妙聖蹟，也不大好深究〔究〕裡頭的所以然處，所以天主也不開他們的明悟，正是公平的報應。③說的「我是你們主陡斯」，因爲不過主陡斯能用無論甚麼物爲養人——本來從天降「瑪那」意外的物，養活依斯拉耶耳後代無数的人四十年的工夫。④說「不在這裡的」，就是指一代一代未生

［寫真69b缺］

［補缺］

的。

⑤把重罪比苦膽，比的狠是，因為難苦人的心無有過踰重罪的。犯罪的人，活時不能不怕天主義怒的罰；死時一想地獄永苦，更打顫作難。

⑥就是天主發誓要降災禍的話。

⑦這是一個俗語，他的意思要說明：「若留一個壞人在善人會內，不久眾人被他傳染。」天主也快罰那惡首，並眾一齊罰。

⑧這話的意思：「因為天主不得不知未來的事，明知道了這許多災禍一定要降給依斯拉耶耳後代身上，現今這隱藏的事都告訴了我們。告訴的緣故，為的是你們定不得怕這樣的災禍，用心不犯那許多罪，免天主的義怒。」

第三十篇

「我望你們說的或祥或殃，到了你們身上後，你們主陡斯散你們於眾支

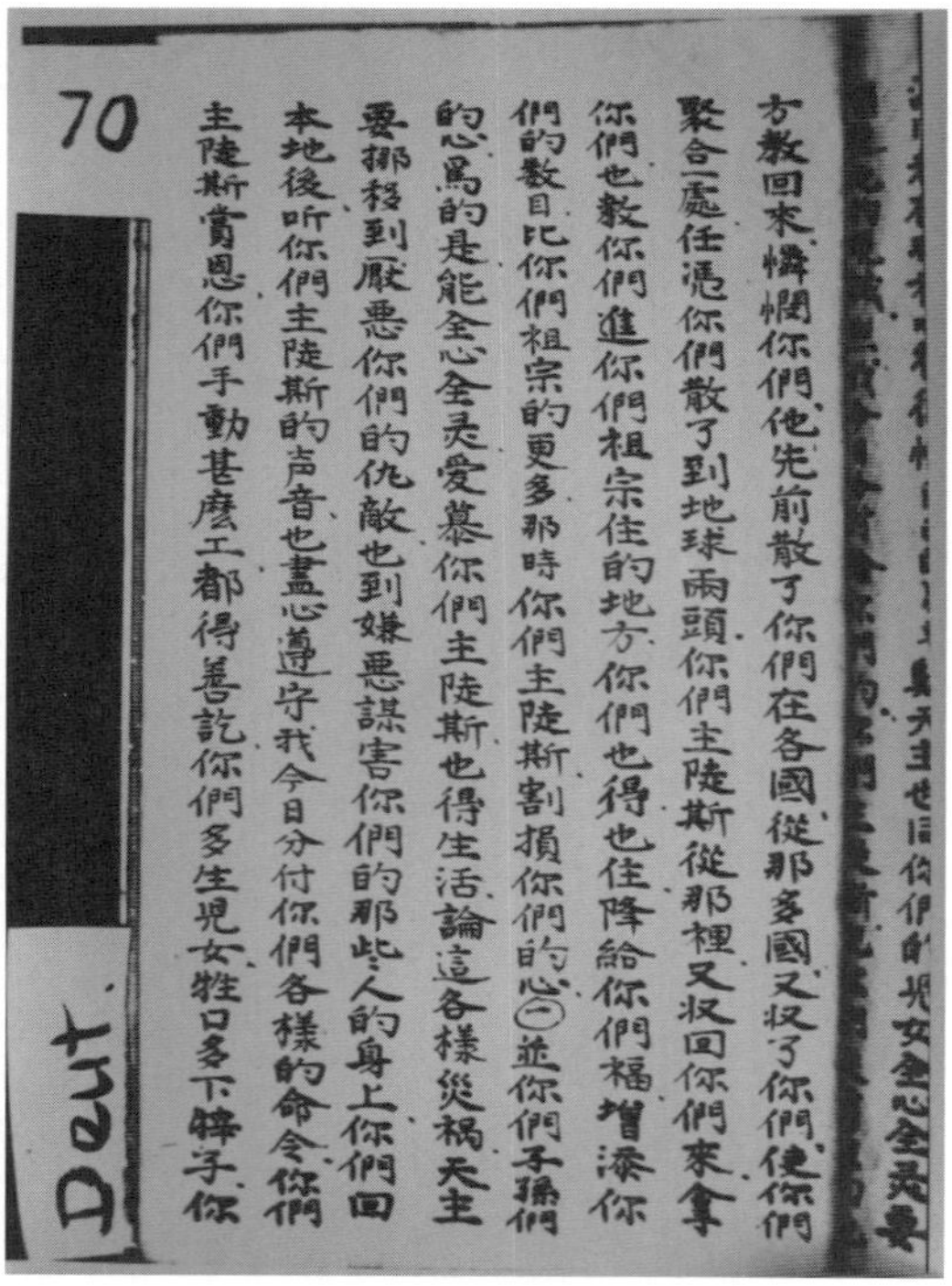

69b

沠【派】內；若在那裡，心裡後悔自己的罪，要歸天主，也同你們的兒女全心全灵要順從他的規誡——照我今日分付給你們的——你們主陡斯把你們從擄掠的地

70a

方教【救】回來，憐憫你們。他先前散了你們在各國，從那多國又収［回］了你們，使你們聚合一處。任凴你們散了到地球兩頭，你們主陡斯從那裡又収回你們來，拿你們，也教你們進你們祖宗住的地方，你們也得，也住，降給你們福，增添你們的數目，比你們祖宗的更多。那時你們主陡斯割損你們的心①並你們子孫們的心，爲的是能全心全灵爱慕你們主陡斯，也得生活。論這各樣災禍，天主要挪移到厭悪你們的仇敵，也到嫌悪謀(謀)害你們的那些人的身上。你們回本地後，听你們主陡斯的声音，也盡心遵守我今日分付你們〔的〕各様〔的〕命令，你們主陡斯賞恩，你們手動甚麼工，都得善訖；你們多生兒女，牲口多下牸子，你

〔寫真70b-72a缺〕

〔補缺〕

們的地多出糧食，你們的各物都豐富。天主會合你們，也樂厚〔厚〕待你們，如先〔前〕悅樂恩待你們的祖宗，但若聽你們主陡斯的聲音，順從這法度上寫的規誡、禮儀，也全心全靈歸向你們主陡斯。

我今日分付給你的這個命②，不在你們上，也離你們不多遠，也不在天上，不然你們能這樣說：『我們裡頭誰能上天，為送給我們這個命，我們纔聽，也照他行呢？』也不是放在海那邊，〔使〕你們可推辭說：『我們裡頭，那一個能過海送他到我們這裡？我們纔能聽，也按他行。』這命離你們狠近，在你們口裡，在你們心裡，能容易行。

〔……〕

〔寫真70b-72a缺〕

〔……〕

〔補缺〕

又每瑟寫了這法度的書，交給抬天主和睦結約聖櫃的肋未族的祭祀首、依斯拉耶耳會的長老，分付他們說：「七年後〔是〕大赦的年、涼棚的瞻禮，正依斯拉耶耳後代的眾民在天主簡選的地方聚合一塊，瞻望你們主陡斯；那時當依斯拉耶耳後代的面，耳朵低

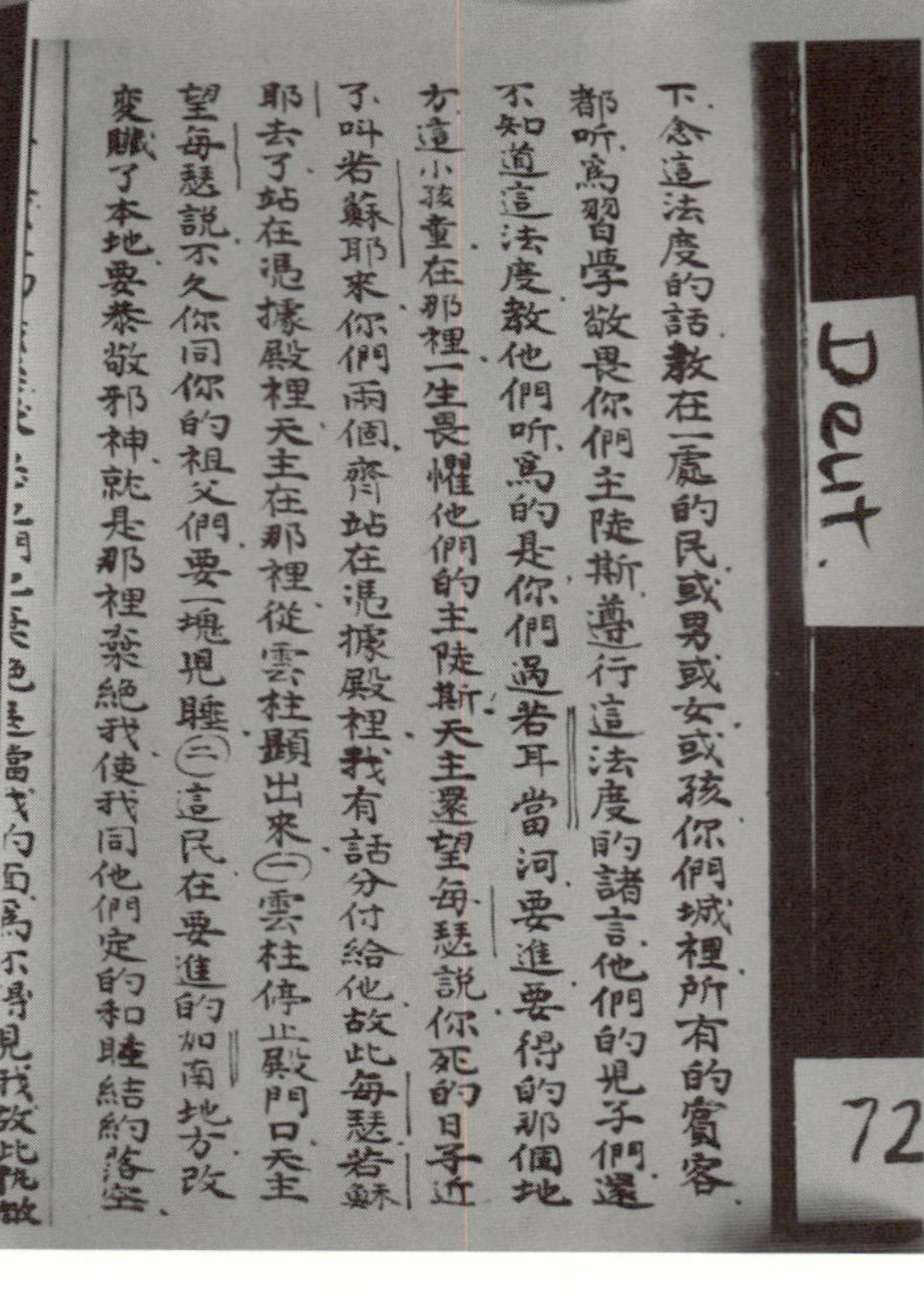
下念這法度的話教在一處的民或男或女或孩你們城裡所有的賓客都听爲習學敬畏你們主陡斯遵行這法度的諸言他們的兒子們還不知道這法度教他們听爲的是你們過若耳當河要進要得的那個地方這小孩童在那裡一生畏懼他們的主陡斯天主還望每瑟說你死的日子近了叫若蘇耶來你們兩個齊站在浼擄殿裡我有話分付給他故此每瑟若蘇耶去了站在浼擄殿裡天主在那裡從雲柱顯出來(一)雲柱停止殿門口天主望每瑟說不久你同你的祖父們要一塊兒睡(二)這民在要進的加南地方改變贓了本地要恭敬邪神就是那裡棄絕我使我同他們定的和睦結約落空

72b
下，念這法度的話。教在一處的民——或男、或女、或孩、你們城裡所有的賓客都听，爲習（習）學敬畏你們主陡斯，遵行這法度的諸言。他們的兒子們還不知道這法度，教他們听，爲的是你們過若耳當河要進、要得的那個地方，這小孩童在那裡一生畏懼他們的主陡斯。」天主還望每瑟說：「你死的日子近了。叫若蘇耶來，你們兩個齊站在浼擄殿裡，我有話分付給他。」故此每瑟、若蘇耶去了，站在浼擄殿裡。天主在那裡從雲柱顯出來①，雲柱停止殿門口。天主望每瑟說：「不久，你同你的祖父們要一塊兒睡②；這民在要進的加南地方改変、贓【髒】了本地，要恭敬邪神，就是［在］那裡棄絕我，使我同他們定的和睦結約落空。

73a
那時候我大動義怒，厭惡他們，也棄絕；遮擋我的面為［他們］不得見我。故此仇敵

［寫真73a以下缺］

【補缺】
敗壞他們，遭遇各樣那麼利害災禍、患難，彼時不得不說：『真正〈陡斯〉因為［陡斯］不在我們一塊兒，所以我們受這等的苦。』論我，隱藏我的蹤跡，那時蒙蓋〈④〉我的臉面，這樣作的緣故，因為他們行了那許多惡事，也事奉了異方的神〈④〉。如今你們作這首詩，教依斯拉耶耳子孫學，為的是他們記著，也口裡唱——這詩給依斯拉耶耳後代作憑據。我說過的是真話，本來我領著他們進那流奶、蜜的地方——既然望他們祖宗誓許要賞給他們的。但他們吃飽了，身體胖了後頭，隨從邪神，也事奉他，還毀謗我，廢我定的和睦結約。無數艱難苦了他們後，這不能忘、不能滅的這首詩在他們小孩子們口裡，替我答應他們⑤，也作我言語的干證。我領他們進那許過的地方前，我明知道他們的意思，今日也要行甚麼。」從此每瑟寫那一首詩，也教依斯拉耶耳後代學。天主望嫩的兒子若蘇耶下命說：「你堅定英勇心，大出力，就是你要送依斯拉耶耳後代到我許下的地方，我也同你在一塊兒。」

［……］

〈第二次傳法度經〉終

眾王經第一卷

［寫真1a–39a缺］

［……］

［補缺］

暫且天主的聖神離了撒烏耳，天主遣的一惡神苦害他④，撒烏耳的奴才望他說：「如今陡斯用的惡神苦害你，若有我們主的命，我們要找會彈琴的，幾時天主用的惡神惹你，他在你跟前彈琴，你容易些當【擋】他的害。」撒烏耳答應他的奴才：「若這樣，找給我善會彈瑟的人，送到我跟前［⑤］。」一個小价說：「剛纔我見了柏得肋母城的依撒意的兒子會彈琴，身體強壯，陣上勇，言語賢智，面模好看的男子，天主也同他在一塊。」撒烏耳遣人望依撒意說：「打發給我牧你羊的兒子達味來。」依撒意拿許多饅頭、一瓶酒、一隻羶羊，用驢馱，交給自己的兒子達味，獻給撒烏耳。達味見了撒烏耳，撒烏耳狠寵愛他，排他的差事，在他前執

39b

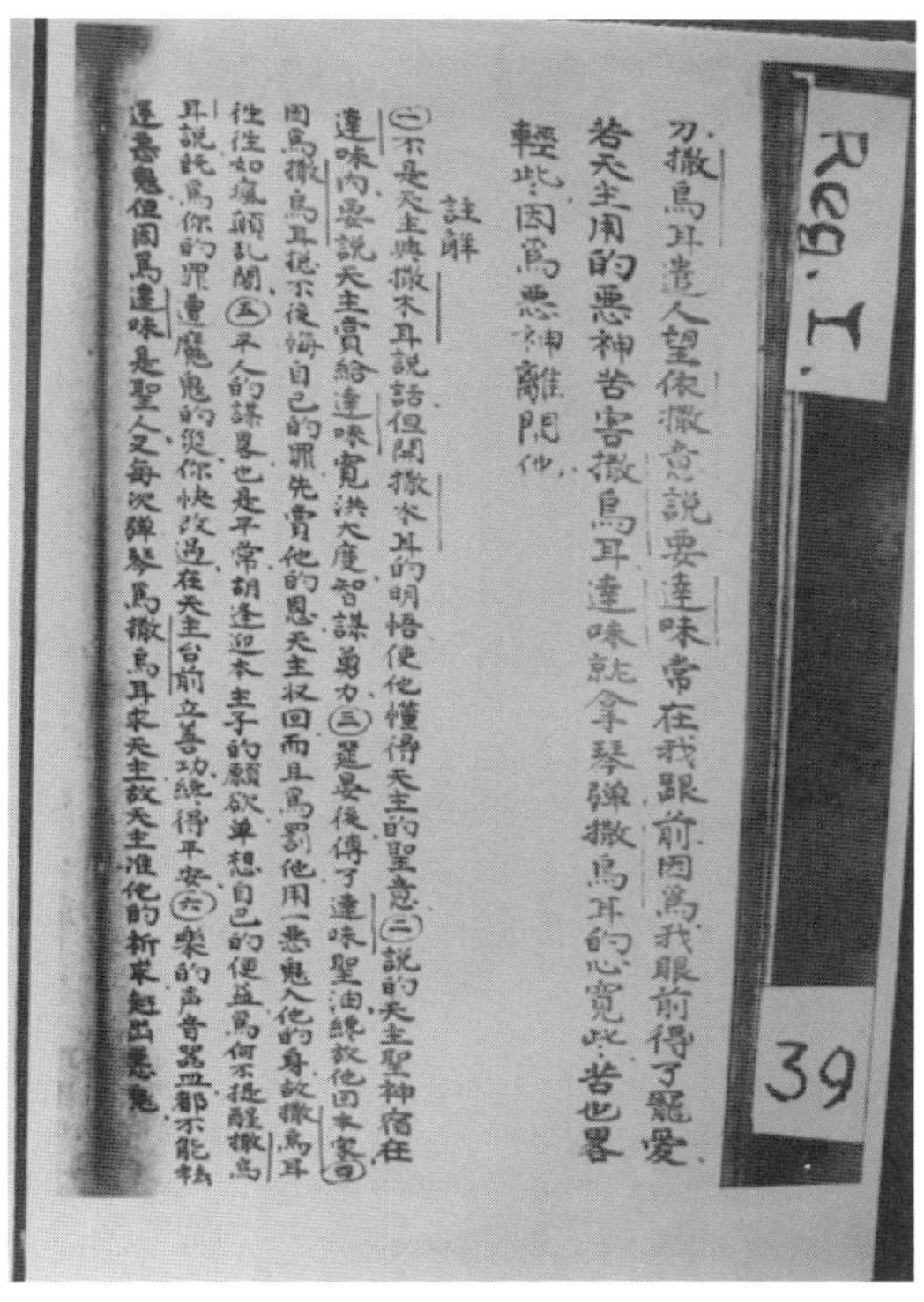

刀。撒烏耳遣人望(望)依撒意說：「要達(達)味常在我跟前，因爲(為)我眼前得(得)了寵(寵)爱(愛)。」

若(若)天主用的悪(惡)神苦害撒烏耳，達味就(就)拿琴(琴)弾(彈)，撒烏耳的心寛(寬)些〻(些)，苦也畧(略)輕些，因爲悪神離開他［⑥］。

註解(解)

①不是(是)天主典(與)撒木耳說話，但開撒木耳的明悟，使他懂得天主的聖意。②說的「天主聖神」宿在達味内(內)，要說天主賞給達味寬洪大度(度)、智謀(謀)勇力。③筵晏【宴】後(後)，傳了達味聖油，緈(纔)放他回本家。④因爲撒烏耳揔(總)不後悔自己的罪，先賞他的恩，天主収(收)回，而且爲罰他，用一悪鬼入他的身，故撒烏耳徃(往)徃如瘋顛(顛)乱(亂)鬧(鬧)。⑤平人的謀畧也是平常胡逢迎本主子的願欲，单(單)想自己的便益，爲何不提醒撒烏耳說：「既(既)爲你的罪遭魔鬼的災，你快改過(過)，在天主台前立善功，緈得平安。」⑥樂的声(聲)音噐(器)皿都(都)不能祛逐悪鬼，但因爲達味是聖人，又每次弾琴爲撒烏耳求天主，故天主准他的祈求，赶(趕)出悪鬼。

41a
[*sic.*]

第十七篇(篇)

斐理斯定聚(聚)了大兵，又來攻戰(戰)(在)如達斯胥(管)的索郭，[在]索郭、牙則加兩
城(城)當間，通明
地方的邊(邊)界扎了营(營)盤。撒烏耳並(並)依斯拉耶耳後代都來德(德)肋實(實)多樹
(樹)的山溝
排陣，抵擋斐里斯定仇(仇)敵。斐里斯定的兵在這一邊山上，依斯拉耶耳的兵在那一邊
山上，二兵原隔(隔)山溝。忽從斐里斯定营盤出來一個私(私)孩，名叫(叫)郭里亜(亞)
得(得)，热(熱)得城
的人，身高九尺零一扎，頭戴銅(銅)盔(盔)，穿有鱗(鱗)的甲，他甲的分兩，有五千「西
其落」銅①，
大腿小腿都有銅褲、銅襪，銅擋牌遮(遮)他的肩膀。他的鎗(鎗)桿彷彿機匠爲捲布用
的圓木，鎗的鉄(鐵)尖，六百「西其落」重。帯(帶)他刀的奴才在他前走，郭里亜得站着
望

40b
依斯拉耶耳的兵喊叫說：「你們爲何布兵排陣來攻戰呢？难(難)道我不是斐里斯定的人
麼(麼)？也你們不是撒烏耳的奴才麼？從你們内叫出一人來同我戰，若有望我作對頭
的胆(膽)子，能殺(殺)我，我們做你們的奴才。若我擊(擊)壓(壓)殺他，你們作我們的奴
才，被(被)我們使
喚(喚)。」那斐里斯定的人矜(矜)誇(誇)自己說：「我今(今)日羞辱依斯拉耶耳兵的隊伍，
你們出來一
人同我戰。」撒烏耳及依斯拉耶耳衆(衆)兵听(聽)這斐里斯定人的話，如痴迷了，好不驚
恐(恐)。論達味，原是先說的耶法拉他地方有的一人的兒(兒)子，住在如達斯族(族)胥的
栢(柏)得
肋毋城，那人名叫依撒意，他跟前本有八個兒子。撒烏耳的時候，他比別(別)人有年紀。
三個大兒子跟撒烏耳在陣上打仗(仗)，去的這三男的名字就是長子耶里亜伯，次

42a [*sic.*]

子亜必那大伯，第三撒母瑪。達味是末尾生的，三個兄長隨撒烏耳。達味離了撒烏耳，回栢得肋母城放他父親的羊。暫且斐里斯定那男子，四十天工夫，早晚出來站着(著)，惹依斯拉耶耳的兵。有一日，依撒意望自己的兒子達味說：「爲你哥哥們，你拿一厄匪②噐皿的細麪(麵)，連這十個饅(饅)頭，你跑到營盤，見你兄長。還(還)帶這十塊奶餅(餅)，献(獻)給有職的官，打听你兄們的事(事)好否，他們同何等(等)人在一處(處)。」那時撒烏耳、達味的兄們及依斯拉耶耳衆後代，都在德肋實多樹的山溝裡，剛要同斐里斯定仇敵打仗。達味早晨起來，託別(別)人看羊，遵(遵)依撒意的命(命)，背(背)負(負)了東西，起身去到瑪加拉；這裡(裡)就是打仗的地方，衆兵出營喊叫要戰。依斯拉耶耳

41b

的兵排了隊伍，斐里斯定的兵也在對面預備(備)了。達味將送來的物交給看行李的兵，他跑去打仗的地方，問親兄們的事怎麽様(樣)？身上好否？他同親兄們說話時，那私孩名郭里亜得——斐里斯定的人，热(熱)得城生的——出了斐里斯定的營盤，說照(照)舊(舊)的話，達味也听見了。依斯拉耶耳衆兵一見那男子，狠怕，躲(躲)了他。依斯拉耶民內一人說：「你們看見出來的那男子麽？特(特)來羞辱依斯拉耶耳的兵。誰來殺他，王大賞財帛，也給親女典他作妻子，依斯拉耶耳國內，還(還)免他父親家的錢(錢)粮(糧)。」達味問傍邊的人說：「殺這斐里斯定的男子，從依斯拉耶耳國除盡(盡)羞辱的人，王要賞甚(甚)麽給他呢？這未割損斐里斯定的鄙(鄙)夫是甚麽？他敢凌辱永(永)遠生

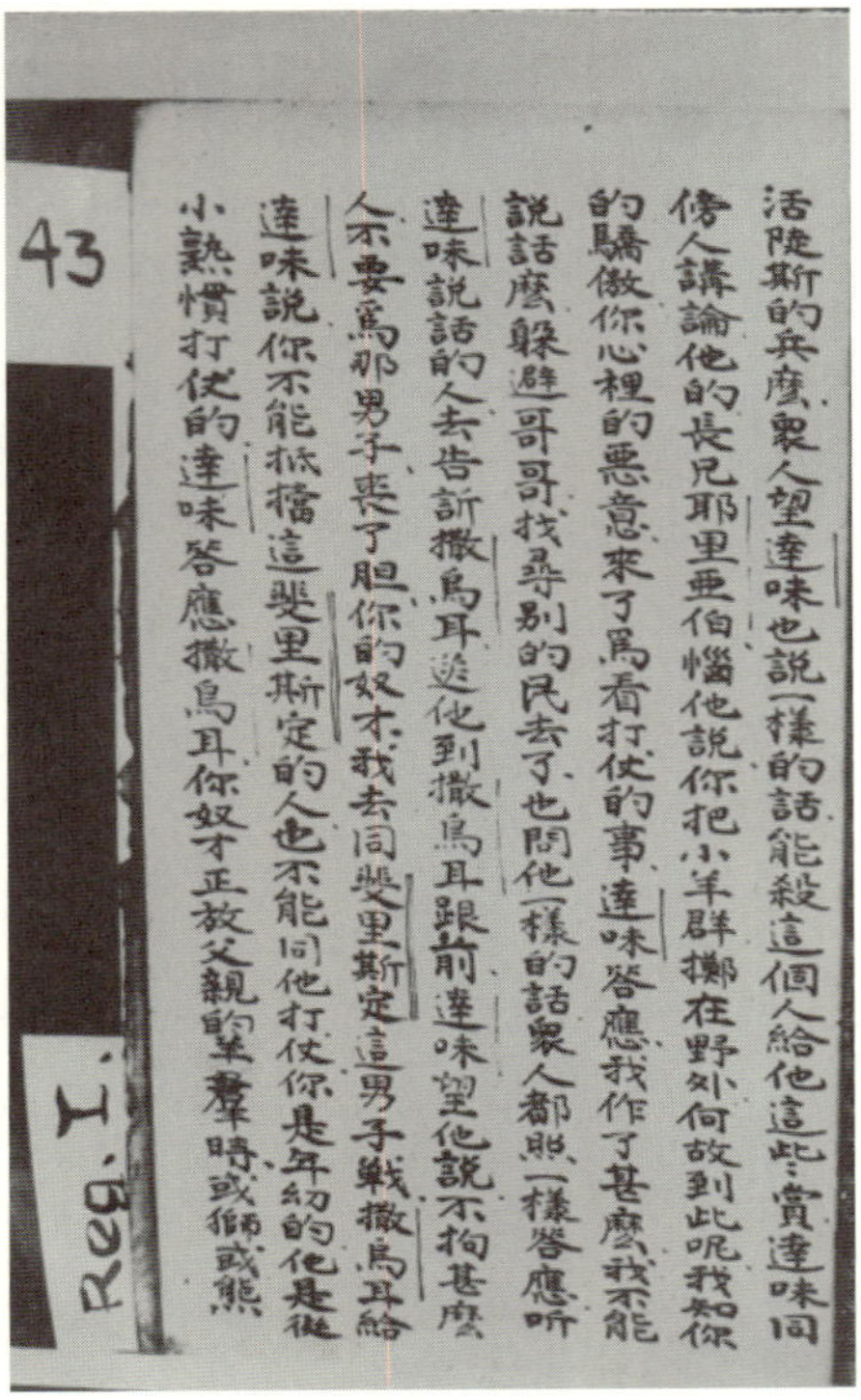

43a
[*sic.*]

活陡斯的兵麼？」衆人望達味也說一樣(樣)的話：「能殺這個人，給他這些賞。」達味同
傍人講論，他的長兄耶里亜伯惱(惱)他說：「你把小羊群擲在野外，何故到此呢？我知你
的驕傲，你心裡的悪意，來了爲看打仗的事。」達味答應(應)：「我作了甚麼？我不能
說話麼？」躲避哥哥，找尋(尋)别(別)的民去了，也問他一樣的話，衆人都照一樣答應。
听
達味說話的人，去告訢【訴】撒烏耳，送他到撒烏耳跟前。達味望他說：「不拘甚麼
人，不要爲那男子喪(喪)了胆。你的奴才我去同斐里斯定這男子戦。」撒烏耳給
達味說：「你不能抵(抵)擋這斐里斯定的人，也不能同他打仗；你是年幼(幼)的，他是從
小熟慣打仗的。」達味答應撒烏耳：「你奴才正放父親的羊羣時，或獅或熊

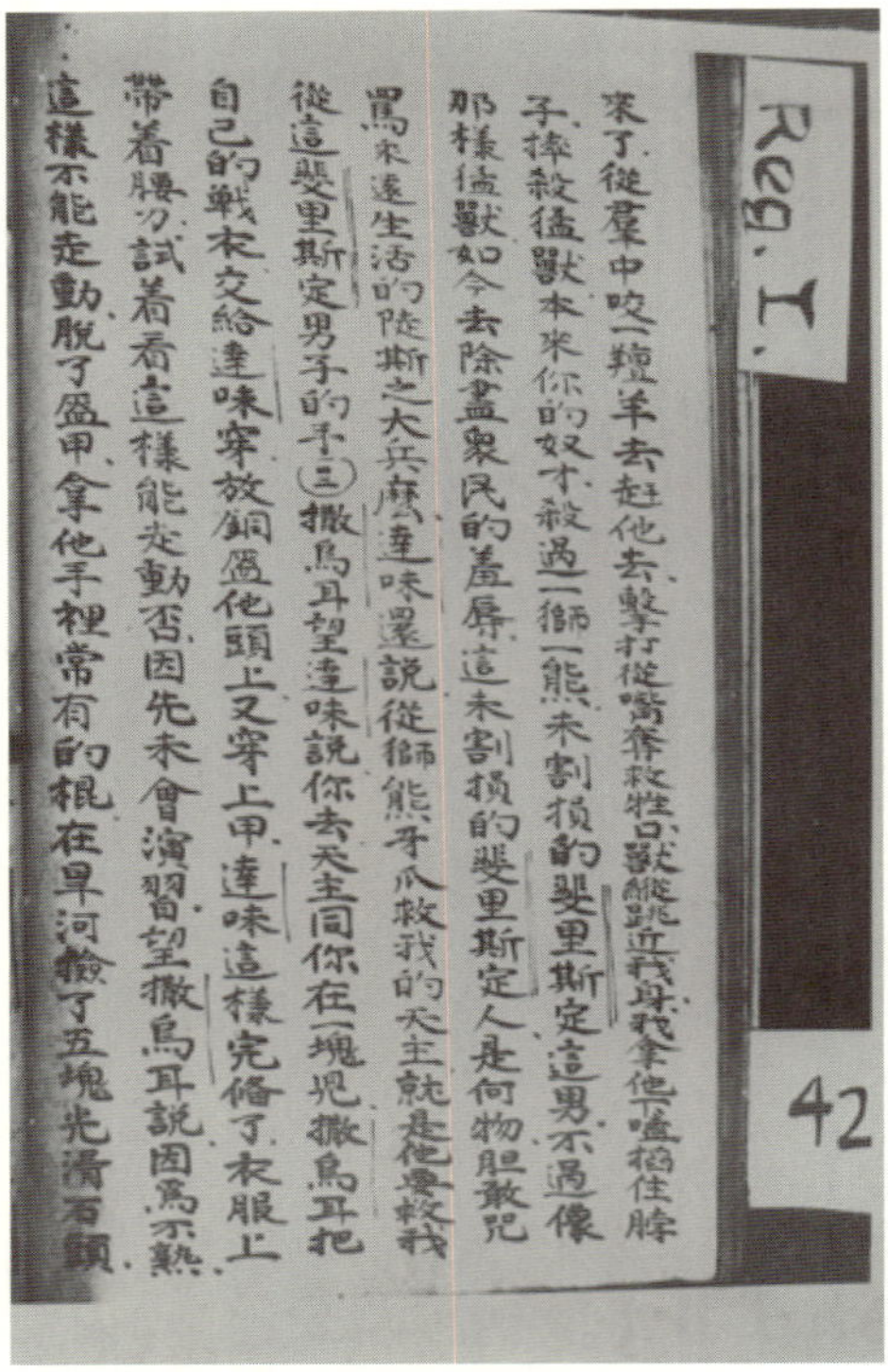

42b

來了，從羣中咬一羶(羶)羊，去【我】赶他去，擊打［他］，從嘴奪救(救)牲口。獸(獸)縱
跳近我身，我拿他下嗑，掐(掐)住脖
子，摔殺猛獸。本來你的奴才殺過一獅一熊，未割損的斐里斯定這男不過像(像)
那樣猛獸。如今去除盡衆民的羞辱，這未割損的斐里斯定人是何物？胆敢咒
罵(罵)永遠生活的陡斯之大兵麼？」達味還說：「從獅熊牙爪救我的天主，就是他要救我，
從這斐里斯定男子的手③。」撒烏耳望達味說：「你去，天主同你在一塊兒。」撒烏耳把
自己的戦衣交給達味穿，放銅盔［在］他頭上，又穿上甲。達味這樣完備了，衣服(服)上
帶着腰刀，試着看這樣能走動否，因先未會【曾】演習(習)，望撒烏耳說：「因爲不熟，
這樣不能走動。」［達味］脫了盔甲，拿他手裡常有的棍，在旱河撿了五塊光滑石頭，

44a [*sic.*]

放在牧牲口用的囊內，手裡挈帶捽石頭的皮(皮)條，望斐里斯定男子前進。斐里
斯定的人也一步(步)步望達味來，執刀的奴才在他前頭走。郭里亜得見了達味，輕慢
他，[因]達味本是幼童，髮金黃色，臉俊秀。斐里斯定的人望達味說：「难道我是一狗麼？
你拿棍望我來？」斐里斯定人指本方邪神的名字，呪(咒)罵達味說：「你這裡來，我把你
的肉
給天禽地獸。」達味答應：「斐里斯定的男子，你仗腰刀、鎗、擋牌望我戰；論我，恃大兵
的主，依斯拉耶耳民隊伍陡斯的名，去抵擋你。這依斯拉耶耳兵隊是你凌辱的，天
主今日將你放我手裡，我殺你，砍你的頭，要把斐里斯定營盤的屍首，抛(抛)給天禽地
獸吃，爲普卋(世)人得知依斯拉耶耳國內有陡斯。這裡所有的衆人也能晓(曉)得，是天主

43b

救，不干涉(涉)刀鎗；因這一戰是天主的戰，他使你們陌(陷)在我們手裡。」斐里斯定男子
上前
近了達味，達味也速跑同斐里斯定人對敵，一面跑，一面手取囊内一塊石，繞皮條，捽石
頭，
正中郭里亜得的額，石也深入他額，他即(即)向地跌倒了。達味用皮條、石頭勝了斐里斯
定
的男子，也殺了他。因爲達味無(無)刀，跑去脚跐斐里斯定那男子，取他的刀，從鞘抜(拔)
出，割
他的頭，教他死。斐里斯定的兵看見從他們内殺了強壮(壯)的，都跑了。依斯拉耶耳、如
達斯兩兵隊伍都大声喊叫，追赶仇敵到山溝，也到牙加隆城門。斐里斯定的兵
在撒拉意默(默)路上，到热得、牙加隆兩城被殺的狠多。依斯拉耶耳的兵追了斐
里斯定的兵，後轉(轉)回進了仇敵的营盤擄(擄)掠。論達味，拿郭里亜得的頭，

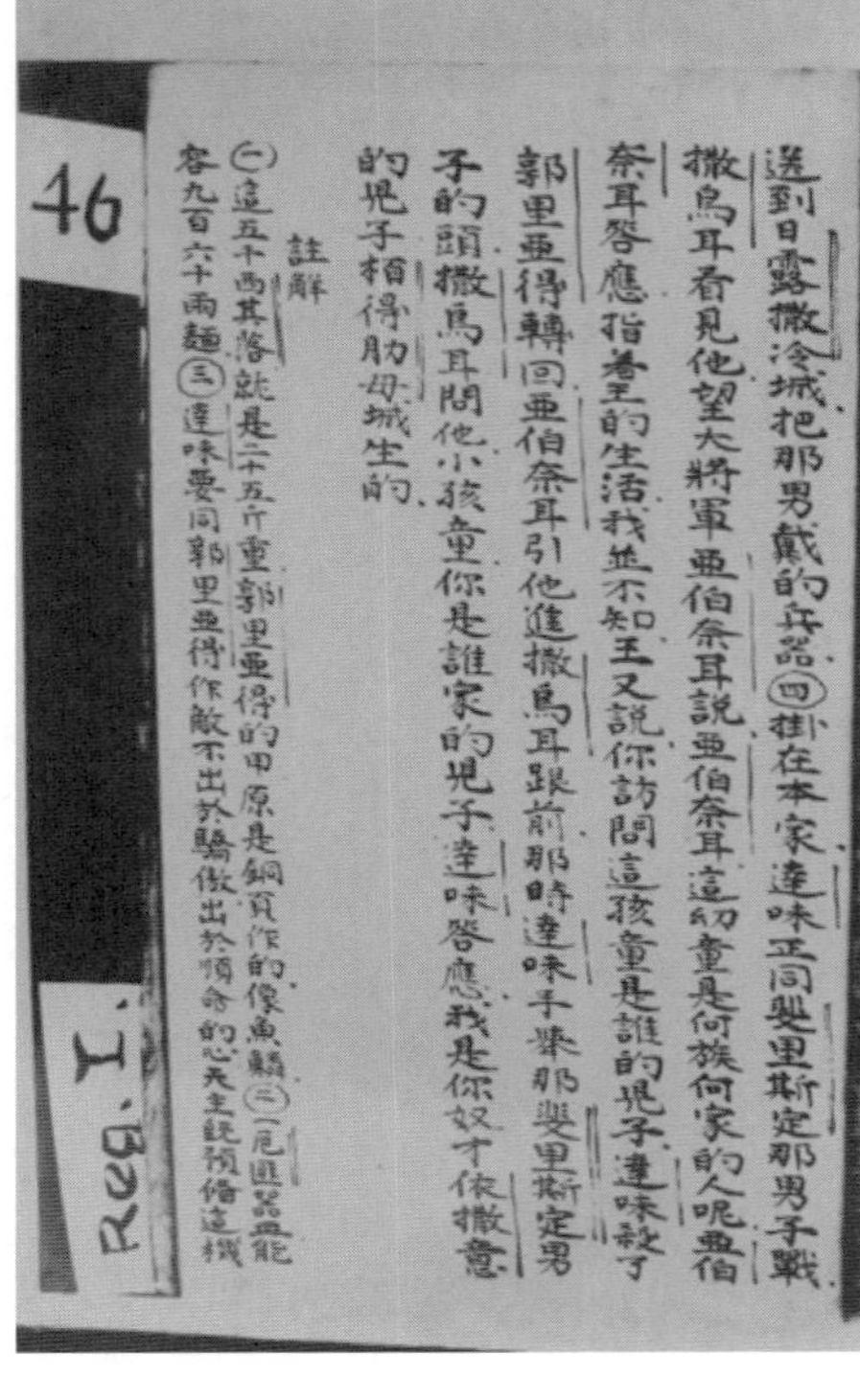
送到日露撒冷城把那男戴的兵器㊃掛在本家達味正同斐里斯定那男子戰撒烏耳看見他望大將軍亞伯奈耳說亞伯奈耳這幼童是何族何家的人呢亞伯奈耳答應指着王的生活我並不知王又說你訪問這孩童是誰的兒子達味殺了郭里亞得轉回亞伯奈耳引他進撒烏耳跟前那時達味手挈那斐里斯定男子的頭撒烏耳問他小孩童你是誰家的兒子達味答應我是你奴才依撒意的兒子栢得肋母城生的

註解

㈠這五千西其落就是二十五斤重郭里亞得的甲原是銅頁作的像魚鱗㈡厄匪器皿能容九百六十兩麵㈢達味要同郭里亞得作敵不出於驕傲出於順命的心天主既預備這機

46a [*sic.*]

送到日露撒冷城，把那男戴的兵器④掛在本家。達味正同斐里斯定那男子戰（戰），撒烏耳看見他，望大將軍亞伯奈耳說：「亞伯奈耳，這幼童是何族何家的人呢？」亞伯奈耳答應：「指着王的生活，我並不知。」王又說：「你訪問這孩童是誰的兒子。」達味殺了郭里亞得轉回，亞伯奈耳引他進撒烏耳跟前，那時達味手挈那斐里斯定男子的頭。撒烏耳問他：「小孩童，你是誰家的兒子？」達味答應：「我是你奴才依撒意的兒子，栢得肋母城生的。」

註解

①這五千「西其落」就是二十五斤重，郭里亞得的甲原是銅頁作的，像魚鱗。②一厄匪器皿能容九百六十兩麵。③達味要同郭里亞得作敵，不出於驕傲，出於順命的心。天主既預備這機

44b

會（會），爲顕（顯）揚他的聖名，黙動他去戰斐里斯定那男子，達味即遵不違。④這兵器就是郭里亞得穿的盔甲。

第十八篇

在撒烏耳跟前說完了後，約那大斯的心共達味的心如同膘粘；約那大斯爱他如爱己一樣。撒烏耳那一天留下他，不許回他父的家。達味共約那大斯兩個結盟，本來約那大斯爱他如爱自己的身体。約那大斯脫了自己長衣，賞給達味，同别的衣服，連腰刀、弓（弓）、佩劍的帯子。撒烏耳泒【派】他甚麼事，達味就去辦，料理的狠妥當；撒烏耳還教他做幾隊兵的頭目，不但衆民喜欢（歡）他，連撒烏耳的家人也悅服他。達味殺了斐里斯定的男子後，回來時，婦人們出了依斯拉耶耳國的衆城，唱曲跳舞，拿着皷（鼓）

47a *[sic.]*

鑼苛楽(樂)器，慶賀迎接王撒烏耳。婦女奏樂唱說：「撒烏耳殺了一千！達味殺了一
萬！」撒烏耳大怒，狠不服他們的話，說：「給達味殺一萬仇的功，給我殺一千仇的功。
除了
王位，他鈌(缺)少甚麼?」故撒烏耳從那天往後，斜(斜)眼看達味。次日，陡斯的悪神入
撒烏
耳身內，在家中間胡跳乱說。達味照舊弾琴，撒烏耳手裡拿着鎗，想能穿透
達味，釘在墻(牆)上：抛出了鎗，達味躲避，兩次脫了鎗。撒烏耳那時怕達味，因爲天
主同達味在一塊兒，離開了他。[撒烏耳]不留[達味]在近，放他一千兵的職分，故此達味
哄衆民來
往，辦他們的事。凢(凡)達味料理甚麼事都合中道，本來天主同他在一塊。撒烏耳
見他智謀超羣，從此防備他。但依斯拉耶耳的衆族，如達斯支沠【派】的人都喜爱達

45b

味，因爲在他們前出入。撒烏耳望達味說：「我的大女孩莫羅伯在此，我將他作你的妻(妻)
子，但你奮(奮)勇征伐天主的仇去。」——撒烏耳筭(算)計說：「我不明殺他，教他死在斐
里斯定人手裡。」
達味答應撒烏耳：「我是甚麼人?我的生命是甚麼?依斯拉耶耳族內，我父親的家，
筭是甚麼?我能當駙馬麼?」撒烏耳的長女莫羅伯到了應配(配)達味的時候，撒烏
耳把他給了莫拉弟城的哈弟列肋做妻子①。撒烏耳的次女名米渴耳，原來
爱達味。撒烏耳听見，喜欢，說：「把這給他，教米渴耳做圈的套，他也落在斐里斯定
仇的手裡。」撒烏耳給達味說：「有兩件事由得你，今日做我的駙馬。」撒烏耳還分付
家裡奴才：「你們不提我，暗告訴達味：你如今得王的寵爱，王使喚的人也親爱

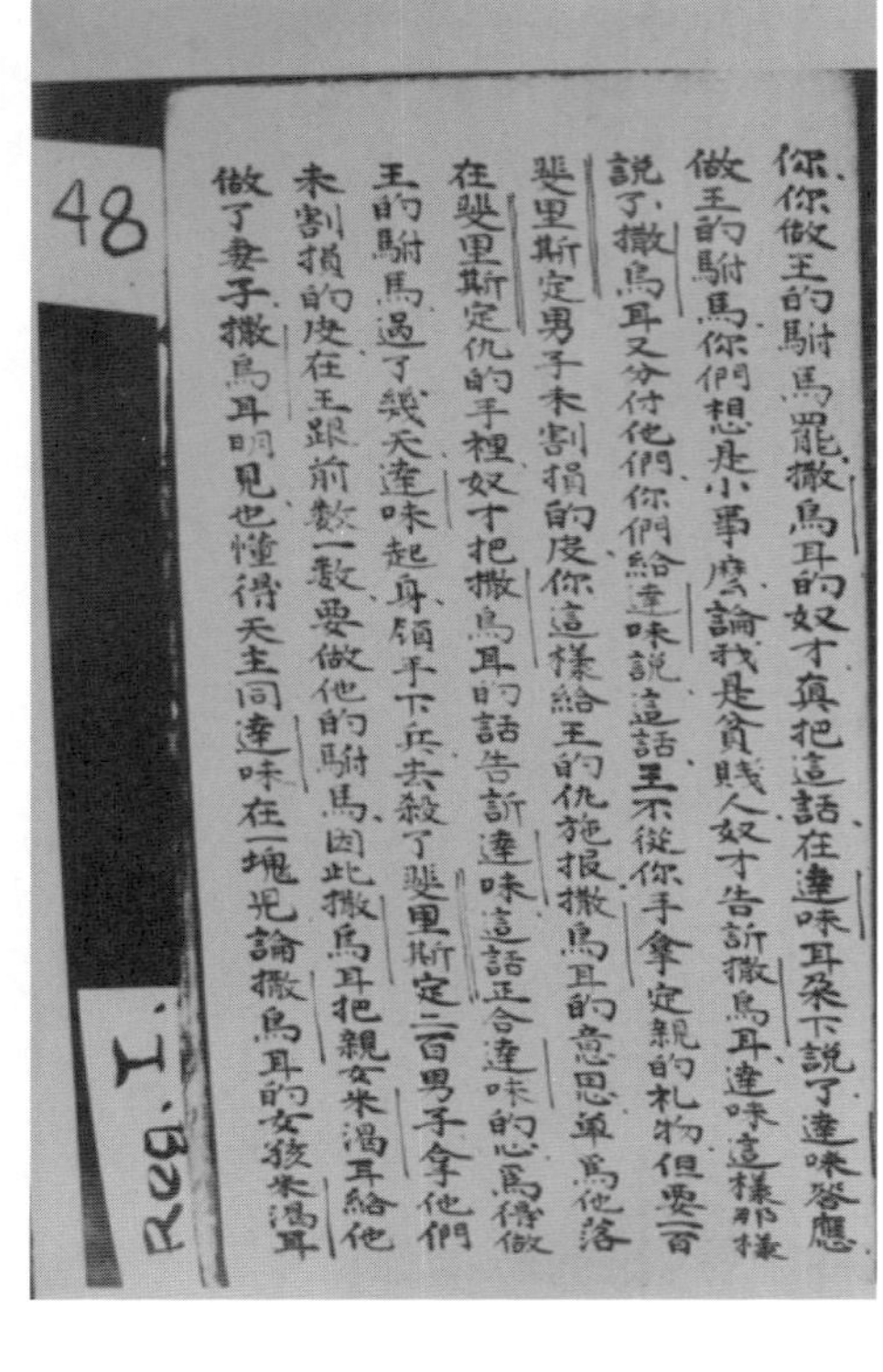

48a [*sic.*]

你，你做王的駙馬罷！」撒烏耳的奴才真把這話在達味耳朵(朶)下說了。達味答應：「
做王的駙馬，你們想是小事麼？論我，是貧賎(賤)人。」奴才告訢【訴】撒烏耳，達味這樣
那樣
說了。撒烏耳又分付他們：「你們給達味說這話：王不從你手拿定親的礼(禮)物，但要一
百
斐里斯定男子未割損的皮，你這樣給王的仇施报(報)。」撒烏耳的意思，单爲他落
在斐里斯定仇的手裡。奴才把撒烏耳的話告訢【訴】達味，這話正合達味的心，爲得做
王的駙馬。過了幾天，達味起身，領(領)手下兵去殺了斐里斯定二百男子，拿他們
未割損的皮在王跟前数(數)一数，要做他的駙馬。因此，撒烏耳把親女米渇耳給他
做了妻子。撒烏耳明見，也懂得天主同達味在一塊兒。論撒烏耳的女孩米渇耳，

46b

狠親爱達味，撒烏耳更怕達味，一生做達味的仇人。暫且斐里斯定的主子們來
戰他們，達味比撒烏耳的衆兵首智謀高，也抵擋他們，故狠揚達味的名。

註解

①說的莫拉弟（他）大槩（概）是地名。撒烏耳改了話，把該給達味的女給了別人。達味怎麼樣呢？他只含忍，不出一言报怨責怪，把受的羞辱、报應交付天主。天主本重报了，後來莫落伯（亦譯：莫羅伯）的兒子們都被殺了。

第十九篇

撒烏耳命親子約那大斯，也分付衆奴殺達味。因爲撒烏耳的兒子約那大斯
切爱達味，把父的話告訢【訴】他說：「我父撒烏耳要殺你，所以請你明日小心躲避藏身。」

49a [*sic.*]

我出去在我父傍替你善言，瞧(瞧)了面容，我到你藏的地方告訴【訴】你。」本來約那大斯
在他父撒烏耳跟前爲達味說了好話，又說：「王不要傷害你奴才達味，他未得
罪於你，他行的事共你都有益，庻(庶)幾捨自己的命，殺了斐里斯定地方的郭里
亜得。那時，天主也大救了依斯拉耶耳的衆民，你親眼見，也狠喜。爲何流無罪人
的血，要殺達味呢？他本没(沒)有不是。」撒烏耳听了這話，因約那大斯的話息了怒。發
誓說：「拮(指)汞遠生活的天主，達味不受殺！」因此，約那大斯叫達味出來，把這些話
都告訴【訴】他，還送達味到撒烏耳跟前，照昨日、前日一樣伺候。又起了興兵的事，
達味去抵擋斐里斯定仇敵，殺了無数的，別的都跑了。天主用的悪鬼入了撒

47b

烏耳身内；撒烏耳在家坐着，手裡拿着鎗。達味正彈琴，撒烏耳抛鎗，要釘(釘)
達味在墻上；那鎗空到了墻，因達味跑了。那一夜也救了命，撒烏耳遣他的兵到
達味的家，爲看守他，明早就殺他。達味的妻子米渴耳把父意告訴了達味
說：「若你這一夜不躲，明早要死。」教丈夫從楼(樓)窓(窗)戶下來，逃走救自己。米渴耳
拿
一人形放床上，又取羶羊皮盖(蓋)那形的頭，蒙(蒙)上被卧①。撒烏耳清早遣拿達味的
人們，家人說他病了。撒烏耳又差瞧達味的人，命他們：「連他並床都送我這裡來，
爲殺他。」差的人來了，看見床上有人形，他的頭上有羶羊皮。撒烏耳望米渴耳
說：「你爲何哄我，教我的仇逃跑了呢？」米渴耳答應撒烏耳：「他給我說：放我！不然
我

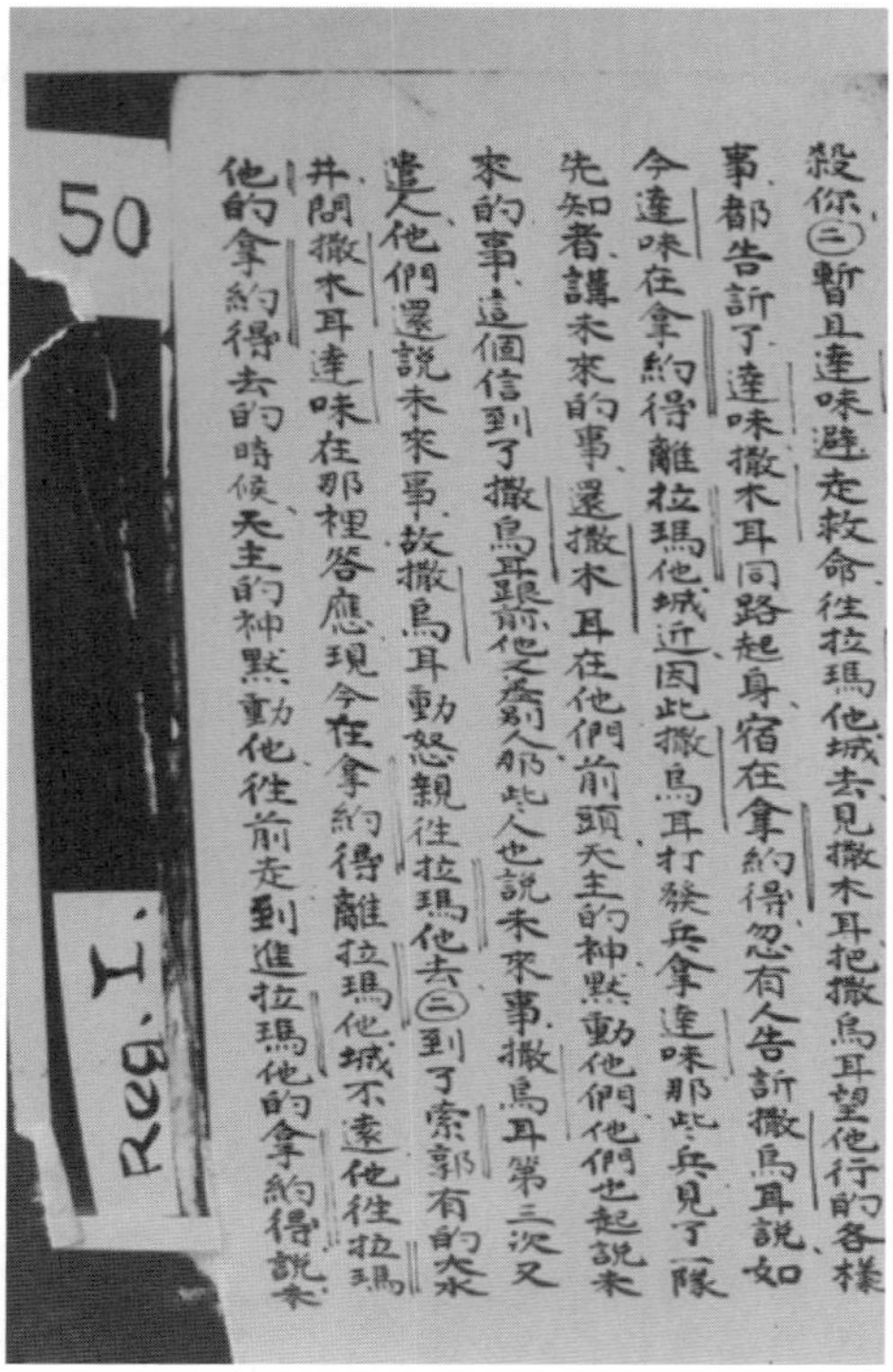

50a [*sic.*]

殺你②！」暫且達味避走救命，往拉瑪他城去見撒木耳，把撒烏耳望他行的各樣事都告訴【訴】了。達味、撒木耳同路起身，宿在拿約得。忽有人告訴【訴】撒烏耳說：「如今達味在拿約得，離拉瑪他城近。」因此，撒烏耳打發兵拿達味。那些兵見了一隊先知者(者)講未來的事，還撒木耳在他們前頭，天主的神默(默)動他們，他們也起說未來的事。這個信到了撒烏耳跟前，他又差別人，那些人也說未來事。撒烏耳第三次又遣人，他們還說未來事。故撒烏耳動怒，親往拉瑪他去②【③】，到了索郭有的大水井，問：「撒木耳、達味在那裡？」答應：「現今在拿約得，離拉瑪他城不遠。」他往拉瑪他的拿約得去的時候，天主的神默動他往前走，到進拉瑪他的拿約得，說未

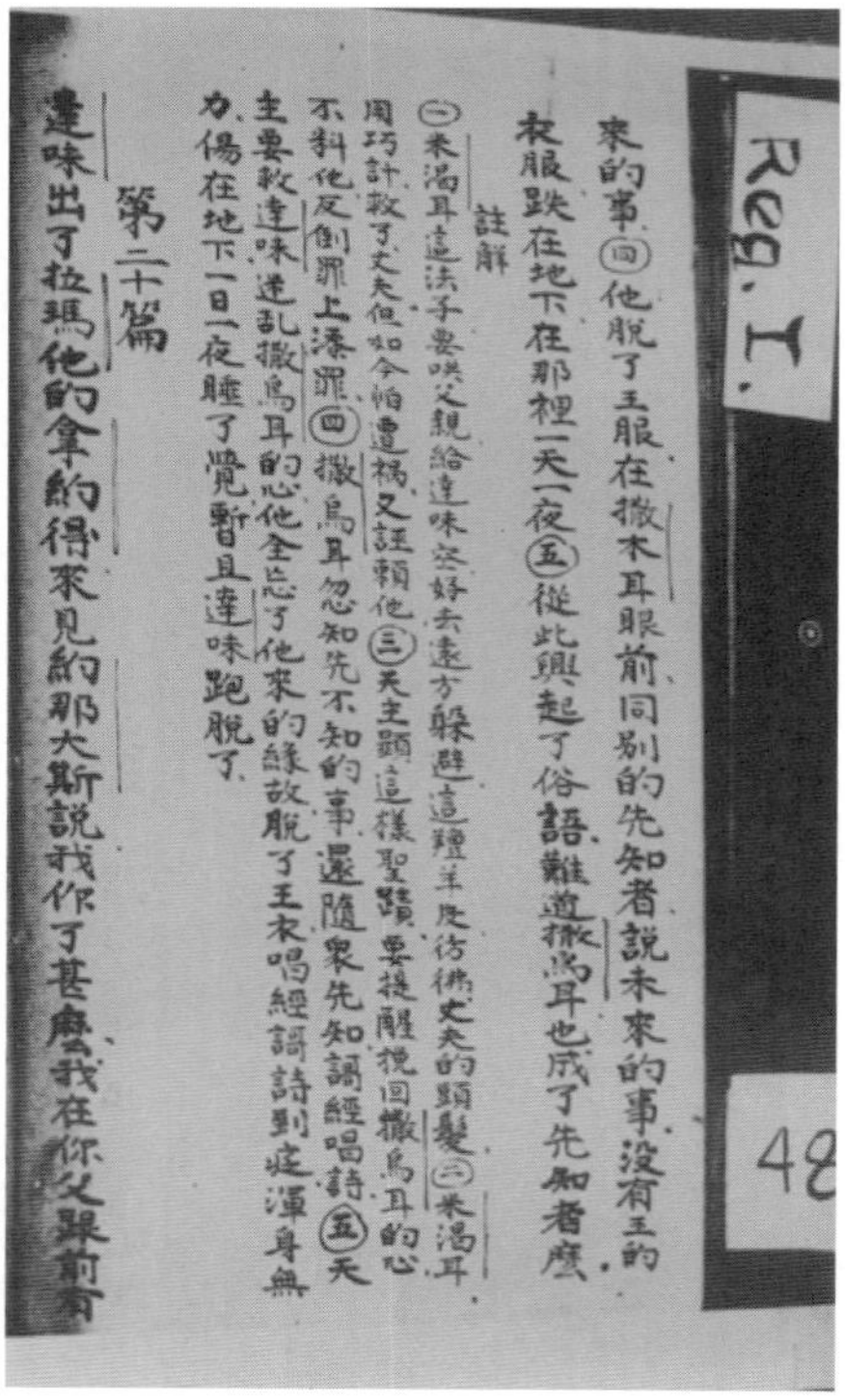

48b

來的事④。他脫了王服，在撒木耳眼前，同別的先知者說未來的事，沒有王的衣服，跌在地下，在那裡一天一夜⑤。從此興起了俗語：「難(難)道撒烏耳也成(成)了先知者麼？」

註解

①米渴耳這法子要哄父親，給達味空，好去遠方躲避。這羶羊皮彷彿丈夫的頭髮。②米渴耳用巧計救了丈夫，但如今怕遭禍（禍），又誣賴他。③天主顯這樣聖蹟，要提醒挽回撒烏耳的心，不料，他反倒罪上添罪。④撒烏耳忽知先不知的事，還隨衆先知謌（歌）經唱詩。⑤天主要救達味，迷乱撒烏耳的心。他全忩（忘）了他來的緣（緣）故，脫了王衣，唱經謌詩到疌，渾身無力，傷【躺】在地下一日一夜，睡（睡）了覺（覺），暫且達味跑脫了。

第二十篇

達味出了拉瑪他的拿約得，來見約那大斯說：「我作了甚麼？我在你父跟前有

51a [*sic.*]

甚麼罪，他要殺我呢？」約那大斯答應：「不是這樣，你不［會］死。我父若不先告訴
【訴】我，他
不起大小事；难道他瞞我這件事麼？不能這樣。」又同達味發誓，定保友約。達味
說：「你父知我在你跟前得寵爱，所以他想，恐怕約那大斯心裡难過，不可告訴【訴】他
這
件事。我指朩遠生活的天主，也指你的性命發誓，說得我的生死，只隔一步遠！」約
那大斯給達味說：「你要我爲你行甚麼，我就行。」達味望約那大斯說：「明日是月的
初（初）一，我照舊例坐在王傍邊飲（飲）食，求你放我能躲在地裡到初三晚上。若你父問
我何在，要找我，你就答應：達味望我告假，急速往本城栢得肋母去了，因爲他一
族的人有大祭（祭）祀（祀）。若撒烏耳答應，使得你的奴才無可怕的；倘或他動怒，容易明

49b

白他的悪意到至極了。既然你指天主的名，同你奴才結拜朋友，求賞給你奴才這
恩。若我有甚麼悪處，不如你親自殺我，不要催逼我到你父親跟前。」約那大斯
說：「這樣的災遠你的身体。我若見我父定了悪意要害你，我不能不告訴【訴】你。」達
味答應：「約那大斯，倘你父惱我，說利害話，誰告訴【訴】我呢？」約那大斯望達味說：
「你來，
我們同到地裡。」兩個在地裡，約那大斯說：「依斯拉耶耳的主陡斯，我若或明日、或後
日，
曉我父的意思，興達味方便，我不立刻差人給他送信，天主降給約那大斯災上加災！
若我父的意思還是要殺你，我教你知道，也放你平安去。照天主同我父原先在一
塊，求他也如今在你一塊。倘我活着，你爲天主憐憫我；若我死了，天主也從卌界除盡

52a
[*sic.*]

了達味的仇敵，求你時時恩待我一家人。若我失信，天主教約那大斯出了本家，把達
味的死报降給他的仇人。」因此，約那大斯同達味定了和睦結約，天主也报應達味的仇
①。約那大斯還指着自己的爱情，求達味這一件事，本來約那大斯爱達味如己。約
那大斯給達味說：「明日是月的初一，人一定要問你在那裡，因爲到後日都見你的座
位是空的。能做工的第三天②，你快來到該隱藏的地方，在耶則耳石傍等着；
我望那地方射三隻箭，像演射箭一樣。再遣小奴說：你去把射了的箭送這裡
來。若是望小奴說：箭在你這邊。他拾，你就來會我，因爲你事情平安，常生天主的
恩典你，毫無畏惧(懼)。倘望小奴說：箭在你那邊。你就走，天主的聖意教你躲避。

50b

論我們兩個定友盟的時候說的那些話，天主永遠作我們的見証(證)。」故此，達味在
地裡隱臧【藏】了身体。到了月的初一，王坐下用膳。王照例在靠墻的位坐下，約那大斯
起來，亜伯奈耳在撒烏耳傍邊坐下，達味坐的地方空了。撒烏耳那天没有言語，
心想：定不得他不潔浄(淨)③。初二，因爲撒烏耳見達味的座還空的，問他兒子約那
大斯說：「依撒意的兒子爲甚麽昨日、今日不來飲食呢?」約那大斯答應撒烏耳：「
他恳(懇)求我准他往栢得肋母去。他說：放我，因爲我的本城有大祭祀。我兄内有一個請
了
我。若目下在你眼前得寵爱，我急速走，見我哥去。因此没有入王的筵晏【宴】。撒烏
耳惱約那大斯說：「偷別［人］丈夫的女人之子，难道我不知你疼爱依撒意的兒子?你作

53a
[*sic.*]

這樣，羞辱自己，也羞辱你的醜母。依撒意的兒子活到幾時，你自己不能定你的王位！如今遣人拿他來送到我跟前，因爲是該殺的。」約那大斯答應他父撒烏耳：「甚麼緣故該殺呢？他作了甚麼？」撒烏耳拿鎗要戳(戳)約那大斯，約那大斯綫(纔)明他父意，一定要殺達味。大動怒④，起來離了席(席)。初二那天，没有吃些微(微)，爲達味憂悶，又爲父親凌辱他，心裡难過。次日天將明，約那大斯來到先同達味定的地方，小奴也跟隨他。他望奴才說：「你去送給我射的箭！」奴才跑去，約那大斯又將一隻箭射在奴才那邊，奴才正往約那大斯射箭的地方去，約那大斯在奴才背後高声說：「箭在你那邊！」約那大斯又一次在奴才背後喊了一声，說：「快

51b

去，不要慢！」因此，奴才忙(忙)拾起了約那大斯兩隻箭，拿回給本主。奴才竟不知這事的緣故，单約那大斯、達味兩個知道。約那大斯把弓箭交給奴才，分付：「你拿着進城去！」小奴去了後，達味從向南的地方出來，伏地叩(叩)了三次頭，彼(彼)此親嘴；

兩個流眼泪(淚)，達味流的更多。約那大斯給達味說：「你平安去！我們兩個指天主的名發誓的話：天主永遠作我們及我們兒孫的見証！」達味起身去了，約那大斯也進了城。

註解

①作史的那聖人紀這幾句話，預先說了天主本應了約那大斯起的誓。②月的初一雖（雖）不是瞻礼日，那時的人初一不敢動工，也不行遠路。③那初一是筵晏【宴】，也吃祭祀的肉。撒烏耳想達味

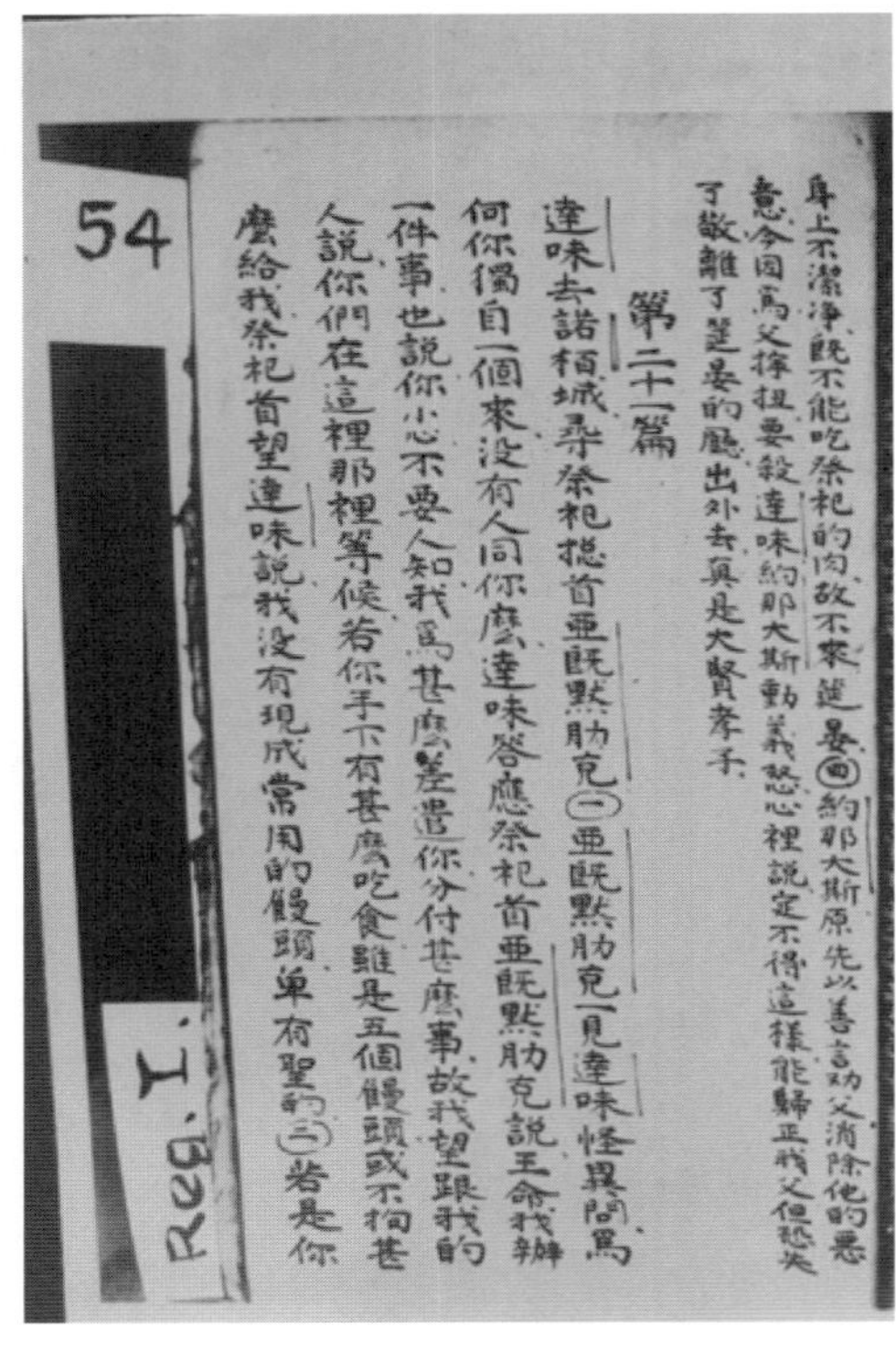

54a
[*sic.*]

身上不潔淨，既不能吃祭祀的肉，故不來筵晏【宴】。④約那大斯原先以善言劝(勸)父消除他的悪
意，今因爲父搾扭要殺達味，約那大斯動義怒，心裡說：定不得這樣能帰(歸)正我父。但恐失
了敬，離了筵晏【宴】的廳(廳)，出外去——真是大賢孝子！

第二十一篇

達味去諾栢城，尋祭祀搃首亜既黙肋克①，亜既黙肋克一見達味，怪異問：「爲何你獨自一個來?没有人同你麼?」達味答應祭祀首亞既黙肋克說：「王命我辦一件事，也說：『你小心，不要人知我爲甚麼差遣你，分付甚麼事。』故我望跟我的人說：『你們在這裡那裡等候。』若你手下有甚麼吃食，雖是五個饅頭，或不拘甚麼，給我。」祭祀首望達味說：「我没有現成常用的饅頭，单有聖的②。若是你

52b

使喚的人潔淨，有狠戒妻子的，我給你這個。」達味答應祭祀首說：「論妻子，從昨日前日出門的時候，都戒了；奴們的器皿，也是乾(乾)淨的③。雖然這道路不潔淨，今日都能成乾淨的④。」因此祭祀首給他聖饅頭，因爲家裡没有別的饅頭，单有供的饅頭；這個不多時從天主前頭収出來，爲供新热的饅頭。那一天，有一人是撒烏耳的奴才，來這裡，進天主的殿，[他]名叫多黑克，是耶多母地方的人，是撒烏耳的牧童首，他狠有權。達味還問亜既黙肋克：「你有鎗有刀麼?因爲王的吉意交付的事狠忙，我不暇取我的腰刀兵器。」祭祀搃首答應：「你得肋賔多山溝裡殺的斐里斯定郭里亜得的刀在這裡，捲在包袱內，放在『厄佛得』後頭。若要拿他只晉

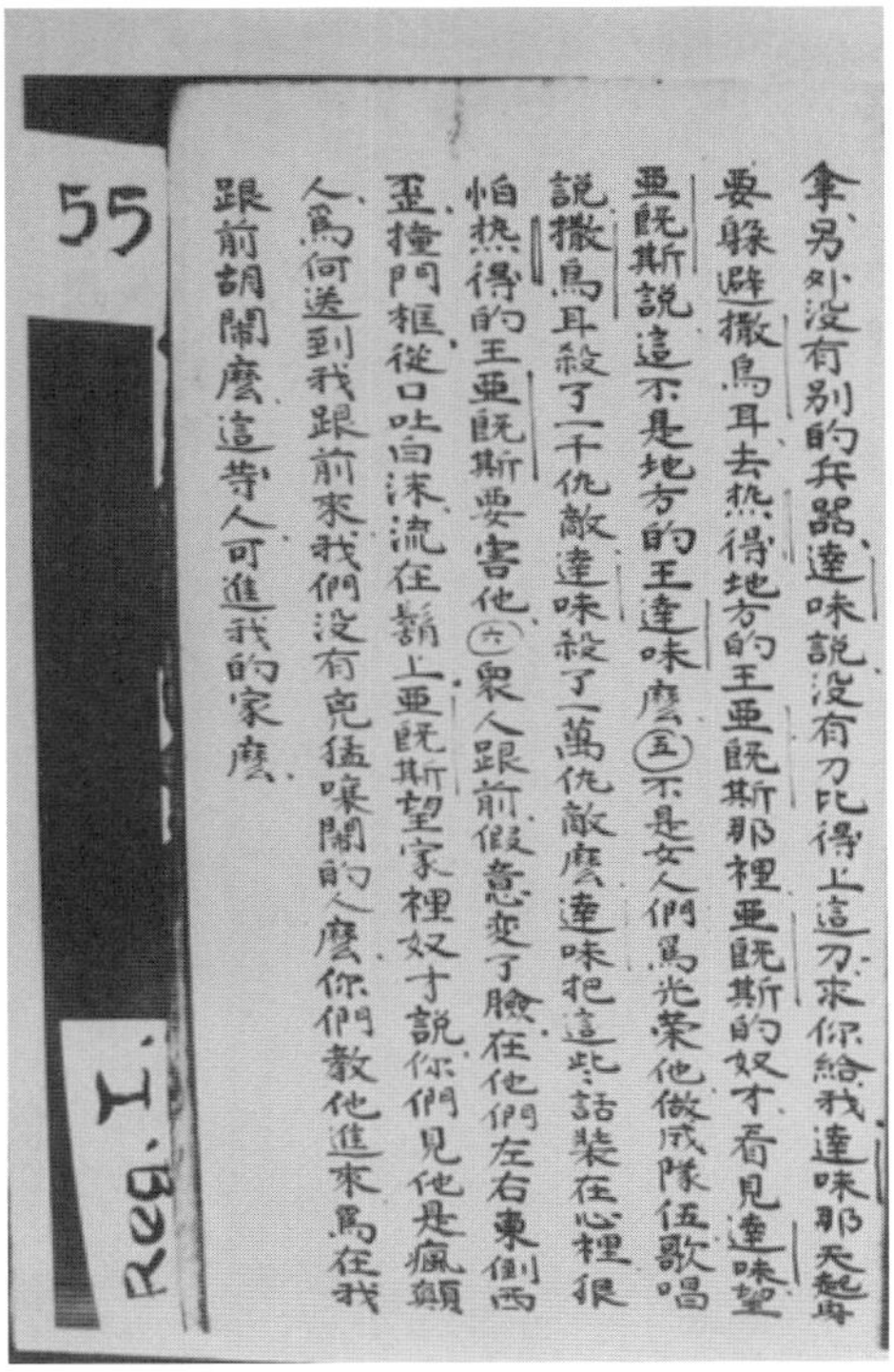

55a [*sic.*]

拿，另外没有別的兵噐。」達味說：「没有刀比得上這刀，求你給我！」達味那天起身要躲避撒烏耳，去热得地方的王亜既斯那裡。亜既斯的奴才看見達味，望亜既斯說：「這不是地方的王達味麼⑤？不是女人們爲光荣(榮)他，做成隊伍歌唱說：『撒烏耳殺了一千仇敵，達味殺了一萬仇敵』麼？」達味把這些話裝在心裡，狠怕热得的王亜既斯要害他⑥，[於是便在]衆人跟前，假意变(變)了臉，在他們左右東倒西歪，撞門框，從口吐白沫流在鬍上。亜既斯望家裡奴才說：「你們見他是瘋癲人，爲何送到我跟前來？我們没有兇(兇)猛嚷(嚷)鬧的人麼？你們教他進來，爲在我跟前胡鬧麼？這寺人可進我的家麼？」

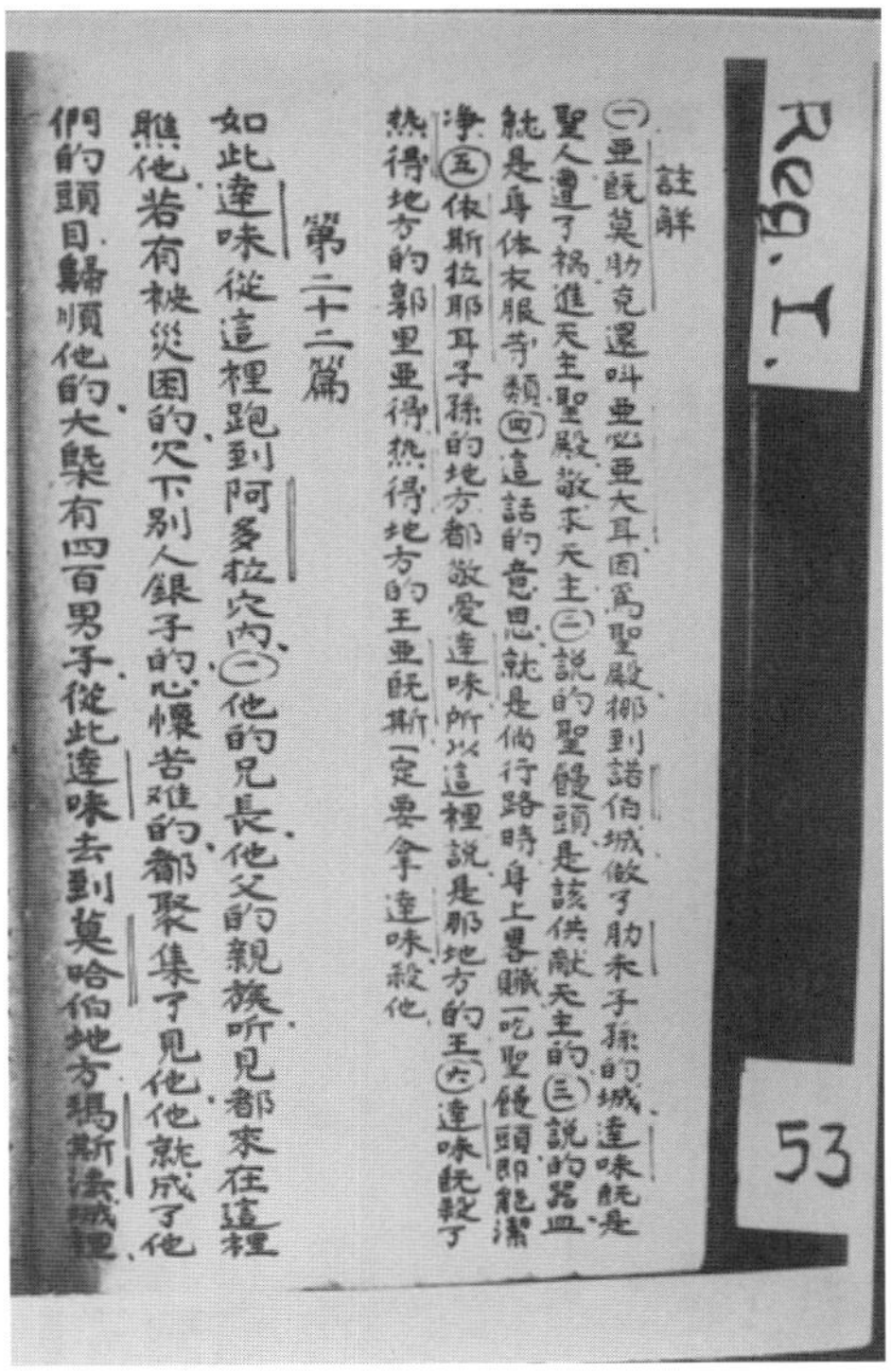

53b

註解

①亜既莫肋克（亦譯：亞既默肋克）還叫亜必亜大耳，因爲聖殿挪到諾伯城，做了肋未子孫的城；達味既是聖人，遭了禍，進天主聖殿，敬求天主。②說的「聖饅頭」，是該供献天主的。③說的「噐皿」，就是身体衣服等類（類）。④這話的意思就是：倘行路時，身上畧臟【髒】，一吃聖饅頭，即能潔净。⑤依斯拉耶耳子孫的地方都敬爱達味，所以這裡說是那地方的王。⑥達味既殺了热得地方的郭里亜得，热得地方的王亜既斯一定要拿達味，殺他。

第二十二篇

如此，達味從這裡跑到阿多拉穴内①，他的兄長、他父親的親族听見，都來在這裡瞧他。若有被災困的、欠下別人銀子的、心懷(懷)苦难的，都聚集了見他，他就成了他們的頭目；歸順他的，大槩有四百男子。從此達味去到莫哈伯地方瑪斯法城裡，

56a
[*sic.*]

求莫哈伯的王說：「許我雙(雙)親在你們這裡，到我知主陡斯要怎麼安排我。」味【達】
味留下他們同莫哈伯王在一處，達味在堅固地方那多日，他們宿在王的家裡
②。先知者加得望達味說：「不要歇這堅固地方，回轉如達斯族的地方。」達味起
身，來到哈肋得樹林。撒烏耳听見達味同跟隨他的人來了。撒烏耳住在加巴哈
城內，有一日進了離拉瑪近的樹林內，手裡拿着鎗，衆奴周圍站立。他望衆人
說：「耶米尼〔③〕的子孫，如今都听〔③〕：依撒意的兒子要賞給你們田地、葡(葡)萄
(萄)園麼？
也教你們做千百兵的頭目麼？你們都想叛逆我，你們內無一送給我依撒意
兒子的信，連我的親子同他結拜了弟兄，你們內也無一個可憐我，也告訴【訴】〔我〕有

54b

的事！我子唆我奴與我作敵，至今要謀害我！」說了後，耶多母地方的人，名多黑克——
伺候撒烏耳，也是他衆奴的頭目——答應：「諾伯城，我見依撒意的兒子，在亜既托伯
的子祭祀揔首亜既黙肋克的家內。亜既黙肋克爲他求天主的旨意，也給他吃
食，再教他拿了斐里斯定郭里亜得的腰刀去。」王立刻遣人請亜既托伯的子
祭祀揔首亜既黙肋克並他父親家裡衆人，諾伯城有的副祭祀首，他們本都來
到王跟前。撒烏耳望亜既黙肋克說：「亜既托伯的子，听我的話！」答應：「主，我在此
听！」撒烏耳又說：「你爲何同依撒意的兒子兩個畨(圖)謀害我？你給他饅頭、腰刀，替
他求主
陡斯的旨意，爲他叛逆我麼？他本到如今設法殺我。」亜既黙肋克答王說：「你的衆奴

57a [*sic.*]

內，誰像達味忠直(直)？他是王的駙馬，若你有一命，他立刻就去行；他在你家裡，光荣体面。我单今日爲他求了天主的旨意麼？我没懷着害王的心，王勿疑(疑)你奴才連我父全家，你奴才並不知王說的事。」達味有這個悪意，並未聽一句半句。」王說：「亜既黙肋克，你，你父家裡的人都該死！」分付左右的兵：「你們拔刀，殺天主的祭祀首！因他們知達味，不給我信，反帮(幫)助他。」王的奴才不敢望天主的祭祀首伸自己的手，王給多黑克說：「你去撞進，殺祭祀首們！」耶多母地方的多黑克望祭祀首衝(衝)突(突)，那一天殺了八十五，都是穿麻「厄佛得」的人。撒烏耳還到祭祀首的城諾伯，男女老少、嬰(嬰)孩、牛、驢(驢)、羊，刀刃全洗殺了。亜既托伯的兒子亜既黙肋克的一子亜必亜大

55b

耳逃走，去找達味。他告訴【訴】達味，撒烏耳剛绝滅(滅)了天主的祭祀首們。達味望亜必亜大耳說：「我原想那天，耶多母地方的多黑克既在那裡，一定把事告訴【訴】撒烏耳，殺你父親全家的衆人，這罪都在我身上。你住在我這裡，不要怕；倘或有要殺我，绝殺你，你同我一齊救命。」

註解

①阿多拉是村庄的名，不遠有一大穴，周圍砌的因有大名，地方狠堅固。②撒烏耳被忌妬（妒）心惛迷，正要殺達味全家的人，達味把雙親送到莫哈伯國去。③說的耶米尼，是栢尼亜明的別號。

第二十三篇

有人告訴【訴】達味說：「如今斐里斯定人攻戦蛇意拉城，又搶奪塲(場)裡的粮食。」因

58a [*sic.*]

此達味求天主的旨意，也問：「我可去抵擋這斐里斯定仇敵麼？」天主答達味說
〔①〕：「你去，一定壓敗斐里斯定的兵，還救蛇意拉！」達味一齊有的人都說：「我們在
如德
亞本處，還害怕往塞意拉（亦譯：蛇意拉）去？征勦斐里斯定的兵不更怕麼？」達味又一次
求天
主的旨意，天主答應：「起身往蛇意拉去，我把斐里斯定仇敵都交你手裡。」所以
達味同他的人都去蛇意拉，同斐里斯定人戰，大殺了他們，拿了他們的牲口，救
了蛇意拉城的民。亞既默肋克的兒子亞必亞大耳逃走，尋達味的時候，原拿了「厄
佛得」，也送到蛇意拉〔①〕。暫且達味來到蛇意拉的信，撒烏耳听見了，撒烏耳就
說：「陡斯教他落在我手裡，監圈了他，自己入了有門有鎖（鎖）的城。」撒烏耳分付

56b

衆兵帶兵器，往蛇意拉去，征討達味並他的人。達味知撒烏耳的悪意要
暗害他，他望祭祀揔首亞必亞大耳說：「你穿『厄佛得』的衣。」達味又說：「依斯拉耶
耳
主陡斯！你奴听了這個信，撒烏耳要來蛇意拉，爲我的緣故要破城。敢問蛇意
拉的民，把我交給他手否？照你奴才听的，撒烏耳真要來麼？求依斯拉耶耳的主
陡斯，把這事告訢【訴】你奴才！」天主說：「一定來。」達味又問：「蛇意拉的民把我兼
我有
的人，都交給撒烏耳手裡麼？」天主答應：「交給。」故此達味起來②，命他的六百人出
了蛇意拉，沒有一定的主意，躲避這裡那裡行走。［有人］報給撒烏耳信：「達味出了
蛇意拉城，救了命。」所以撒烏耳不提要往蛇意拉去。論達味，住壙（壙）野狠堅固

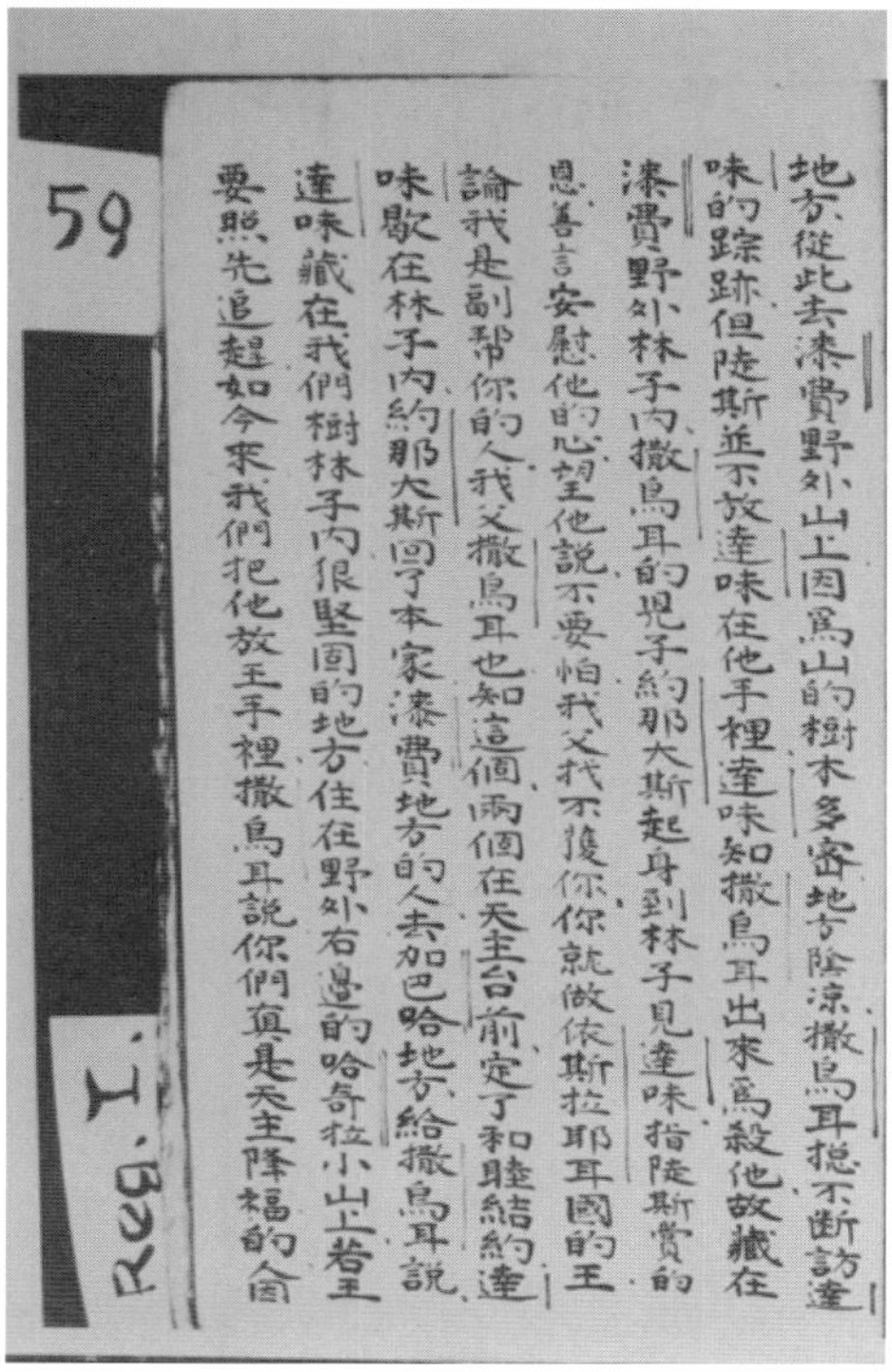

59a [*sic.*]

地方，從此去漆(漆)費野外山上，因爲山的樹木多密(密)，地方陰涼(涼)。撒烏耳揔不断
(斷)訪達
味的踪(蹤)跡，但陡斯並不放達味在他手裡。達味知撒烏耳出來爲殺他，故藏在
漆費野外林子內。撒烏耳的兒子約那大斯起身到林子見達味，指陡斯賞的
恩，善言安慰他的心，望他說：「不要怕，我父找不獲你。你就做依斯拉耶耳國的王，
論我，是副帮你的人，我父撒烏耳也知這個。」兩個［人］在天主台前定了和睦結約。達
味歇在林子內，約那大斯回了本家。漆費地方的人，去加巴哈地方，給撒烏耳說：「
達味藏在我們樹林子內，狠堅固的地方，住在野外右邊的哈奇拉小山上。若王
要照先追趕，如今來，我們把他放王手裡。」撒烏耳說：「你們真是天主降福的人，因

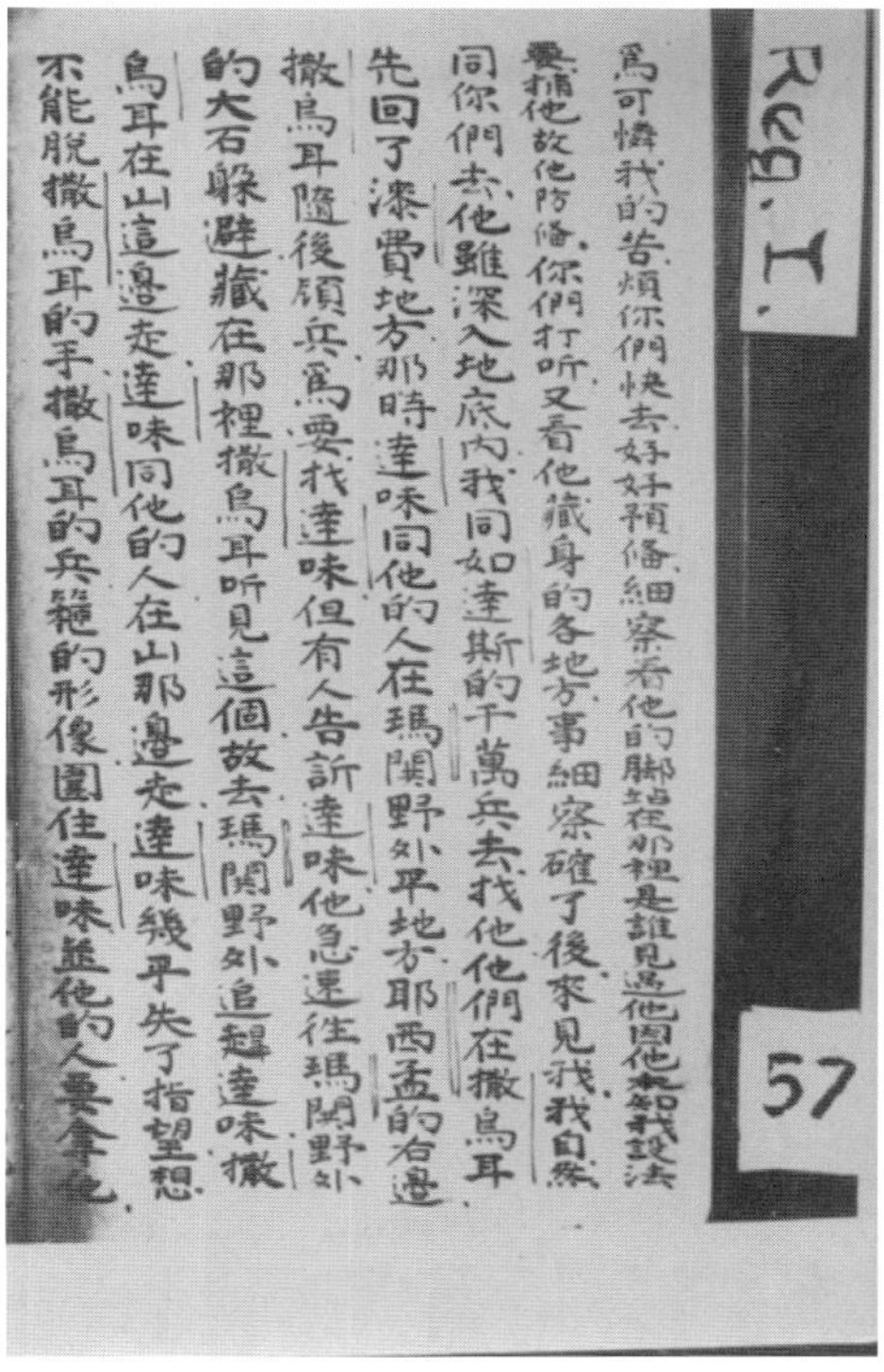

57b

爲可憐我的苦。煩你們快去好好預備，細察看他的脚站在那裡，是誰見過他，因他本知我
設法
要捕他，故他防備。你們打听，又看他藏身的各地方，事細察確(確)了後來見我，我自然
同你們去。他雖深入地底內，我同如達斯的千萬兵去找他。」他們在撒烏耳
先回了漆費地方，那時達味同他的人在瑪閔(閔)野外平地方，耶西孟的右邊。
撒烏耳隨後領兵，爲要找達味；但有人告訢【訴】達味，他［就］急速往瑪閔野外
的大石躲避，藏在那裡［③］。撒烏耳听見這個，故去瑪閔野外追趕達味。撒
烏耳在山這邊走，達味同他的人在山那邊走。達味幾乎失了指望，想
不能脫撒烏耳的手。撒烏耳的兵［以］籠(籠)的形像圍住達味並他的人，要拿他。

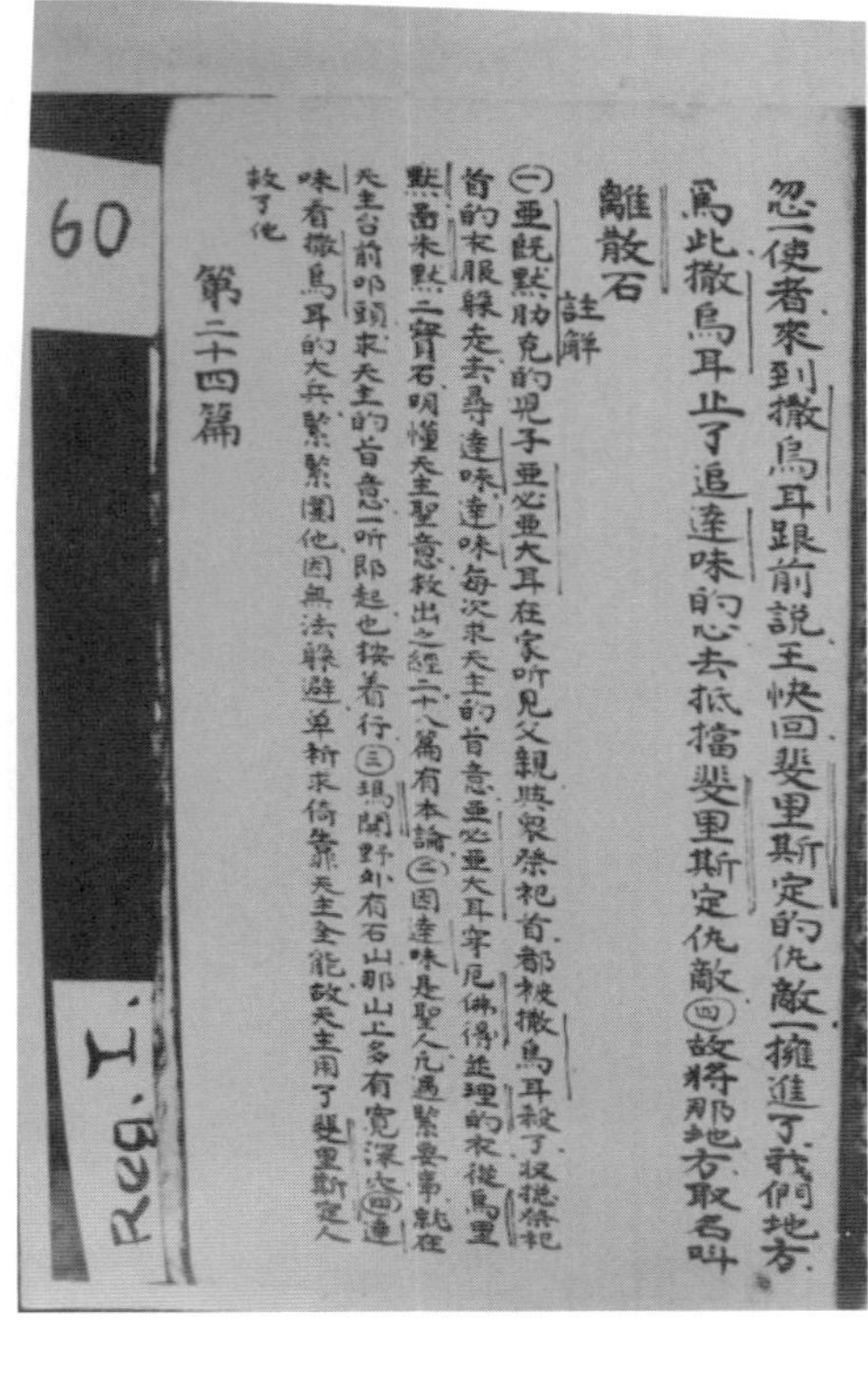

60a
[*sic.*]

忽一使者來到撒烏耳跟前說：「王快回，斐里斯定的仇敵一擁進了我們地方！」
爲此，撒烏耳止了追達味的心，去抵擋斐里斯定仇敵④，故將那地方取名叫
離散石。

註解

①亜既默肋克的兒子亜必亜大耳在家听見父親共衆祭祀首都被撒烏耳殺了，収㨪祭祀首的衣服，躲走去尋達味。達味每次求天主的旨意，亜必亜大耳穿「厄佛得」並「理的」＊衣，從「烏里默」、「畐米默」二賔（寶）石明懂天主聖意，〈救出之經〉二十八篇有本論。②因達味是聖人，凢遇緊（緊）要事，就在天主台前叩頭，求天主的旨意，一听即起，也按着行。③瑪闕野外有石山，那山上多有寛深穴。④達味看撒烏耳的大兵緊緊圍他，因無法躲避，单祈求倚靠天主全能，故天主用了斐里斯定人救了他。

第二十四篇

＊校注：「理的」衣，意義不明，在大祭司定規的衣著上，疑為決斷用的胸牌（内置烏陵和突明）。武加大本中決斷用的胸牌，譯作 Rationale，賀清泰或許據此意譯為「理的」，並予以專有名詞化。

58b

達味離了這個地方，到恩加弟狠堅固地方住下。撒烏耳追出斐里斯定仇敵
回來時，有人告訢【訴】[他]：「達味如今在恩加弟壙野。」因此，撒烏耳從依斯拉耶耳
衆兵
領了三千選的男子，追他共跟他的人。他的意思就是，单野羶羊能上的峻險山，[也]
要找獲達味並他的人。到了沿路有的羊圈，撒烏耳見一大穴，爲出大恭（恭），進在裡頭。
原達味同他的人正在穴的深處藏着，達味的奴才望他說：「天主給你說過：有一天，
我把你仇放在你手裡，爲的是你要怎麼待他，隨你的意。這就是那個日期。」因此，
達味暗暗進前，翦（剪）了撒烏耳的馬褂邊。後頭因爲翦了撒烏耳的馬褂邊，怨
恨自己，拍胸（胸），望跟他的人說：「求天主不許我絲毫傷天主定的王，我的主，因爲他
是天

61a [*sic.*]

主選的，傳(傳)過聖油的，不敢伸手動他。」達味用這話責偹跟他的人，也不準他們害撒烏耳的命。暫且撒烏耳出了穴，走他的路，達味在他後，也出了穴，在撒烏耳背後喊叫說：「我主，我王！」撒烏耳回頭看，達味跪在地下叩頭，給撒烏耳說：「那些人說的達味要謀害你，你爲甚麼听呢？你今日親眼見，天主穴内放你在我手裡，雖起了殺你的心，不敢這樣作，倒反心裡說：不可望我主伸手，因是天主立的王。我父，看看我手裡有的，不是你馬褂的邊麼？我惟獨翦了你馬褂的邊，這不是一個明據(據)——我無害你命的意麼？想想也懂得：我無惡心悪意，也未冒(冒)犯你，你倒用千方百計要害我的命。我們兩個的是非，求天主親断，天主親自望你报我的仇，但我爲【未】＊害你，揔不伸我的

＊校注：「但我為害你，總不伸我的手」，文意不通。達味本無意傷害撒烏耳，縱有機會也不伸手加害。「但」字前後應為相反的文意，若以「但我為害你」接續，「但」字就需要變更為「而」，或將「但」字移至「總不伸我的手」之前。如此一來將與全本《聖經》呈現的達味相牴觸。故「但我為害你」，應為「但我未害你」之筆誤。

59b

手。古時俗語說：悪事都是從悪人出的。我既不在他們数内，我的手不傷損你。依斯拉耶耳國的王，你追的是誰？要拿的是誰？就是一死狗、一跳蚤(蚤)！求天主審問一審問我們二人，决(決)断我這件事，也〔脫開〕從你的手〔脫開〕。」達味望撒烏耳這樣說完了後，撒烏耳說：「我兒達味，這声音是你的声音麼？」撒烏耳還口出長氣嘆(嘆)息哭(哭)，給達味說：「你比我忠直，你望我行的都是善好事，我反以悪报答你。你今日又發顯爱我的心，天主把我交在你手裡，你倒底不肯殺我。誰撞見他的仇，善放他過去呢？我求天主賞报你今日望我行的好事，因爲今日狠明知你後來要管民，依斯拉耶耳的國要到你手裡。你指天主的名，發誓不滅我的後代，也不從我父親的家没絶(絕)我的名字。」

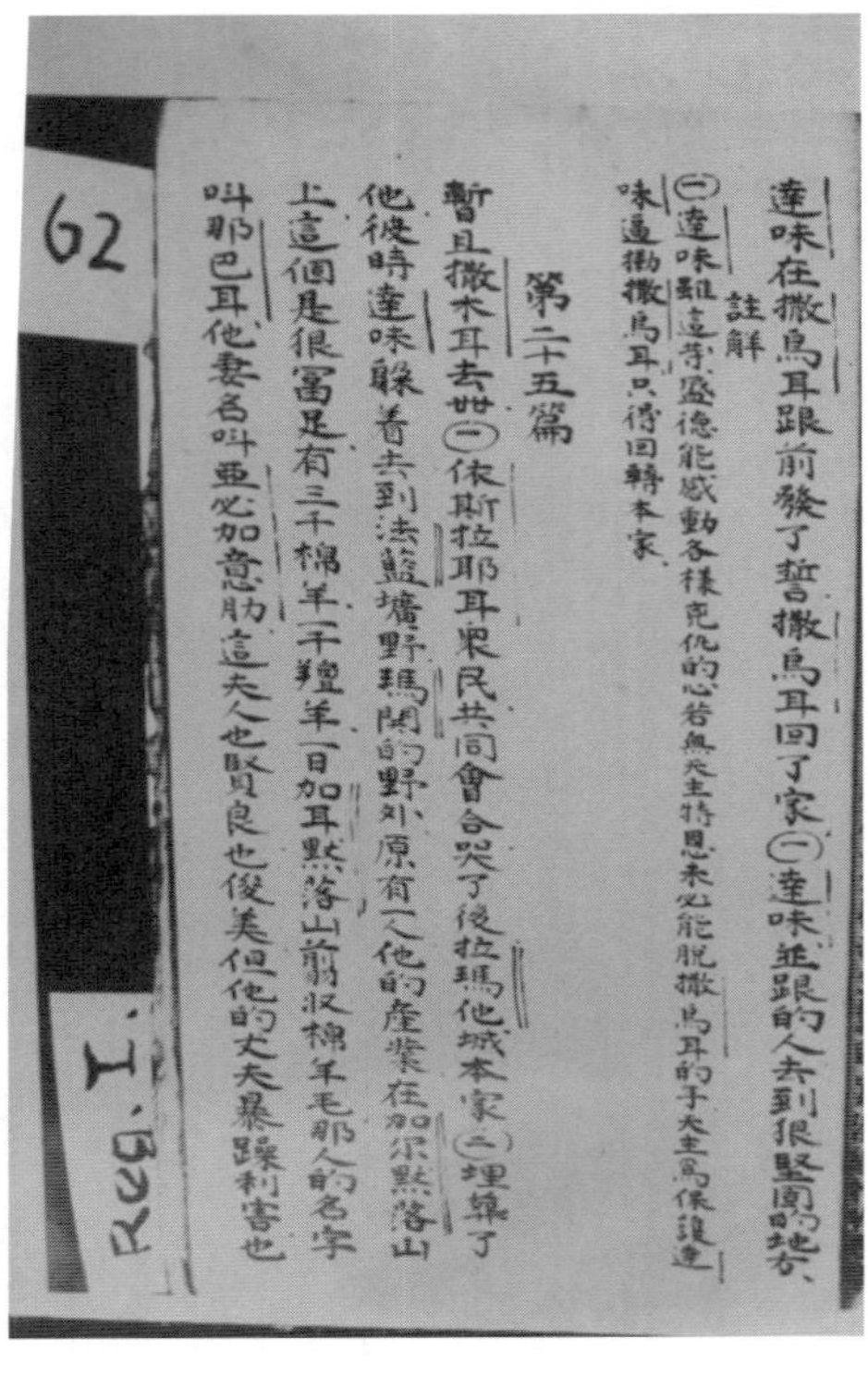

62a
[*sic.*]

達味在撒烏耳跟前發了誓，撒烏耳回了家①，達味並跟的人去到狠堅固的地方。

註解

①達味雖這等盛（盛）德，能感動各樣寃仇的心，若無天主特恩，未必能脫撒烏耳的手。天主爲保護(護)達味，逼撒（勒）撒烏耳只得回轉本家。

第二十五篇

暫且撒木耳去世①，依斯拉耶耳衆民共同會合哭了後，[在] 拉瑪他城本家②埋葬(葬)了
他。彼時，達味躲着去到法藍壙野，瑪閑的野外。原有一人，他的產業在加尓(爾)默落山
(亦譯：加耳默落山)
上，(這個是) 狠富足，有三千棉【綿】羊、一千羶羊。一日，[他在] 加耳默落山翦収棉
【綿】羊毛。那人的名字
呌那巴耳，他妻名呌亜必加意肋。這夫人也賢良，也俊美，但他的丈夫暴(暴)躁利害，也

60b

詭詐，出於加肋伯的支泒【派】。達味在壙野听見那巴耳翦棉【綿】羊的毛，差了十個幼
童說：「你們上加耳默落山見那巴耳，替我請安，又說：太平共我衆弟兄③，共
你④，共你全家，共你所有的物件！頭裡在壙野，同我們在一塊你的那牧童，如
今听說他們翦収棉【綿】羊的毛。他們同我們在加耳默落山住的時候，我們揔没
有欺負他們，從你的牲口羣，没有缺少甚麼。你只管問你的人，他們必這樣說。如
今你奴才，求在你跟前得寵爱，既大喜的日子⑤，我們來到，你手能找尋甚麼
賞給你奴才們及你子達味？」達味差的人到了那巴耳跟前，替達味說了這些
話後，閉口等着。那巴耳答應達味的人：「達味是誰？依撒意的兒子也是甚麼人？

63a [*sic.*]

棄(棄)了主子、逃跑的奴才，如今一日比一日多！我爲翦収我棉【綿】羊毛的人們預備的饅頭、水、肉，難道把那些給不認識的人麼？也不知是從那裡來的。」如此達味打發的人回轉，將那巴耳說的話都告訴達味。那時達味望他的人說：「各人帶自己的腰刀。」各人就帶腰刀，達味也帶。跟達味的大槩有四百人，因爲二百人留在捆子的地方。暫且那巴耳的妻子亜必加意肋的一奴望他說：「達味從壙野打發人，爲我們主子求福，他給他們没臉。這許多人共我們有益，揔没有欺負我們；我們同他們在野外來往時，没有失一点(點)甚麼。我們在他們住的地方牧牲口群，或晝或夜，他們就像保護我們的墻。既然這樣，求你仔細想，你該怎麼行。你的丈夫，你的家剛要遭大災，因爲他是栢

61b

里亜耳的一子，没有一個敢望他說。」亜必加意肋急忙取二百饅頭、兩大罍皿酒、火炙的五個公羊、五斗細麵、一百包乾葡萄、二百包乾無花菓(果)，幾個驢馱上，又分付奴才：「你們離我前去，我在你們後走。」望他丈夫那巴耳不說甚麼。騎驢正下山根，達味同他的人下來迎接他。亜必加意肋往前進，達味那時望他的人說這話：「我在壙野白保護他的物件，他的樣樣東西，没有失落了一件，他反倒以悪报我的善。主陡斯嚴處達味的仇敵，如我剛及待那巴耳他所有的人物，發誓不留到明日，連他墻上撒尿的狗⑥。」亜必加意肋看見達味，快快下驢，在達味跟前伏地叩頭，在他脚下說：「主，我丈夫究悪罪的报應只管落在我身上。許你婢在你耳朶底下說，求你听你婢的話，求我主我王

64a [*sic.*]

不要將這不忠正人那巴耳的事懷在心裡。按他名的意思是『瘋癲(癲)』⑦，本有這個
瘋病。你婢没有得見我主差的人，指永生的天主，也指你的性命，我這些，都是真話⑧！
就是天主打發我阻你殺那許多無罪的人，也止住你的手。如今你的仇要傷害我主
的人，都如那巴耳一樣⑨。暫且你婢献送給我主的礼物求収，也分開給跟的人，求饒(饒)
恕你
婢的悪處⑩，因爲我主爲天主戰，天主必定要給我主立忠直的家，你一生不可此微
悪處。若有人追趕你，要害你的命，你主陡斯保我主的命，你也入天主所爱的数内
⑪；反你仇的命，如摔石的皮條一樣常轉繞(繞)不安静(靜)。天主照口許的話，賞了我主
那
多恩，也立了你做依斯拉耶耳國的王。我主，因未殺無罪的人，也報私仇，不能涕泣，

62b

也不能良心自責⑫。天主降給我主福，你要記得你的婢女！」達味給亜必加意肋說：「依
斯拉耶耳主陡斯是可讃(讚)美的，是他今日望我差遣了你，你的言語是可稱頌的，你本
身是該尊(尊)敬的。你今日阻我乱殺人，也攔我手报私仇，免我行這悪事。不許我給你
降災的依斯拉耶耳的永生主陡斯也作干証：若你不快迎接我，那巴耳所有的人物，到
明早連墻上撒尿的狗都不剩下。」因此達味將送來的物件都從他的手取了，又望
他說：「你平安回本家，我听你的話，尊敬你的臉面。」隨即，亜必加意肋去見那巴耳，彼
時他在家裡擺設筵晏【宴】，如王晏【宴】一樣。那巴耳的心狠快樂，因過飲大醉，亜必加
意肋到
早晨絲毫不提。次日早，那巴耳酒醒了後，他妻子把事情全告訴【訴】他，他的心如死在
胸内

65a
[*sic.*]

一樣，他渾身像石頭一般。過了十天，天主罰那巴耳，他就死了。達味听見那巴耳死了說：
「
天主是至可讚美的，他審断我典那巴耳行的事，我倒無錯，他反有罪。他也免我乱殺
那巴耳一家人，教那巴耳行悪的报落在他的頭上。」達味差人望亜必加意肋說：「他要娶
你做妻子。」達味打發的人本到加耳默落山告訴【訴】亜必加意肋：「達味遣我們望你來，
他
意要娶你做妻子。」亜必加意肋起來，伏地跪着說：「我如一婢，若能洗我主奴們的脚，筭
是
有福的⑫【⑬】。」亜必加意肋騎上駈，同五婢急速走，隨達味的使者，他就做了他的妻子。
達
味還娶過耶匝拉耳地方的亜旣諾娃，兩個是他的妻子。論撒烏耳，將自己的女孩⑬【⑭】
——
達味的妻子——米渴耳給了來斯的兒子法耳弟，這是加耳里默城的人。

63b

註解

①撒木耳到了七十七歳，平安去卌，真是大聖。②大槩埋在他家近處地裡，因爲依斯拉耶耳後代恭
敬爱慕撒木耳，都一齊會合，大盡喪（喪）礼。③達味說的兄們，就是那巴耳的弟兄。④「典你」就是
指那巴耳。
⑤家主們爲翦羖棉【綿】羊、羶羊的毛，本給牧童預偹大席。那天是欢樂日期，所以有吃不盡的。⑥達味發
這誓，爲表他要滅那巴耳的全家，但他這意狠不合理。那巴耳雖有罪，到底達味還無權位，不能動兵
报私仇，更不可兼無辜義人畫殺。達味明咒災給仇敵，但暗咒災典自己。⑦真「那巴耳」這三字的意思，
解說：瘋癲。⑧這是發誓的話，用誓顯他的話是真。⑨說的如那巴耳一樣，如說他是無灵明、下賎鄙夫
一樣，
雖要害你，到底揔不能。⑩因爲亜必加意肋是賢良妻子，自己承當親夫那巴耳的罪，故說：「求饒你婢的
罪。」⑪開闢天地以來，卌卌有人誠（誠）心热爱天主，他們不敢隨私欲，尅（剋）制自己，謹（謹）合
天主聖意。這苧人是天
主所寵爱的賢士，這樣人天下狠少，他們的数目也不廣有，天主也特恩保護他們。隨己私欲，被名利
迷惑的那多人，天主台前都如死人，天主棄擲他們。⑫本來若你不报私仇，不殺無罪人，後日不單無後
悔，反
有行善的樂。⑬好謙遜婦人，達味正貴他，要娶他爲妻，他反自卑說要如婢，愿（願）洗達味奴們的脚。有

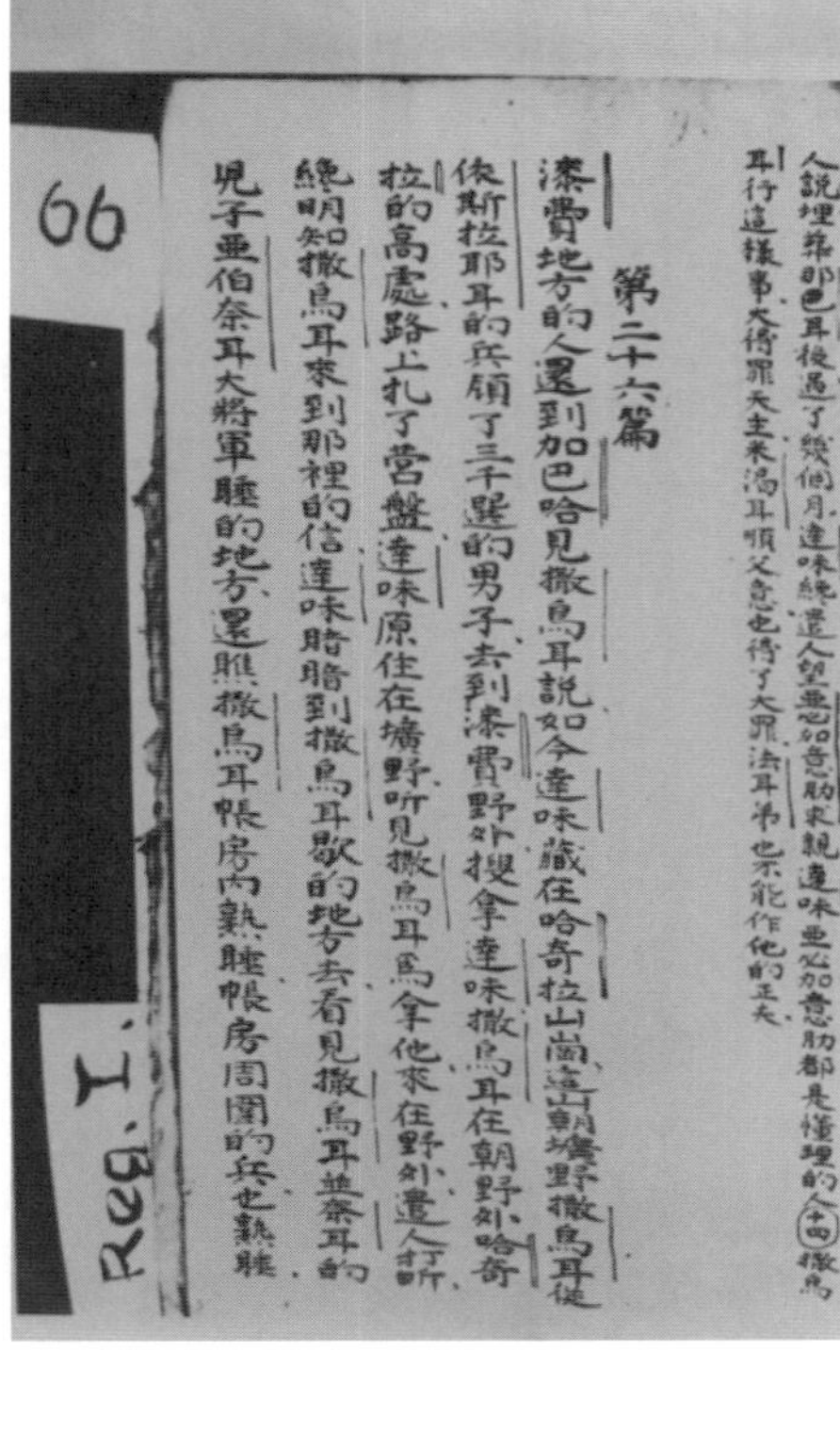

66a [*sic.*]

人說，埋葬那巴耳後過了幾個月，達味緐遣人望亜必加意肋求親。達味、亜必加意肋都是懂理的人。⑭撒烏耳行這様事，大得罪天主。米渴耳順父意，也得了大罪，法耳弟也不能作他的正夫。

第二十六篇

漆費地方的人還到加巴哈見撒烏耳說：「如今達味藏在哈奇拉山崗。」這山朝壙野，撒烏耳從依斯拉耶耳的兵領了三千選的男子，去到漆費野外搜(搜)拿達味。撒烏耳在朝野外哈奇拉的高處路上扎了營盤。達味原住在壙野，听見撒烏耳爲拿他來在野外，遣人打听，纔明知撒烏耳來到那裡的信。達味暗暗到撒烏耳歇的地方去，看見撒烏耳並奈耳的兒子亜伯奈耳大將軍睡的地方，還瞧撒烏耳帳房內熟睡，帳房周圍的兵也熟睡。

64b

達味望黑得的亜旣黙肋克及撒耳未亜的兒子約哈伯的兄弟亜必撒意①說：「誰同我進營，入撒烏耳帳房呢？」亜必撒意答應：「我同你去。」達味同亜必撒意夜裡從兵中間走，見撒烏耳在帳房睡，他頭不遠，地下揷(插)的有鎗，又見亜必奈耳及周圍的兵都睡。亜必撒意望達味說：「陡斯今日把你的仇放你手裡，我如今用鎗只一戳，釘於地下，不必再戳。」達味給亜必撒意說：「勿殺他！誰望天主立的王伸手，能得免犯大罪麼？」達味又說：「我指永生天主，若天主不親殺他，或他應死的日期不到，或他戰去敗在陣上。有天主保佑，我不伸手，爲傷天主立的王。你如今拿他近頭的鎗連水椀(碗)，就回走。」所以達味取了近撒烏耳頭的鎗連水椀去了。看的、听的、醒的一個也沒有，都睡熟，因天主使他們

67a [*sic.*]

困痃。達味在營盤對面站在山頂，因爲從達味住的地方到撒烏耳的營，隔的地
方大，達味從遠望着衆兵，也望奈耳的兒子亜伯奈耳高声說：「亜伯奈耳，你不
答應麽?」亜伯奈耳答說：「你是誰?敢叫喊驚動王!」達味又給亜伯奈耳說：「你不是
勇
男麽?依斯拉耶耳國內，誰比得上你?爲何你没有防護你的主子王呢?一個小民②進
去了要殺你的主子王，你作的事不好!我指求生天主，因爲你們没有看守天主立
的王，你們的主，都是該死的。如今你們瞧，王頭近的鎗並水椀在那裡?」撒烏耳听得
是達味的声音，說：「我兒達味，難道這不是你的声音麽?」達味說：「我主，我王，是
我
的声音。」再說：「我主，何故要追赶你的奴才呢?我作了甚麽，我手有甚麽悪處?

65b

如今求我主王听你奴才的話：若是天主教你哄我作仇，天主就受祭祀的美味③：
若是人教你這樣，這此〻人都是咒恨的。他們今日赶出我去，不許我在天主的産
業(業)地方，望我說：你去事奉異神④!我的血不可在天主前頭流在地下，依斯拉耶
耳國的王如獵戶在山上追沙雞，發兵出來捕一跳蚤【蚤】，這合理麽?」撒烏耳答應：「我
得了罪，達味我兒，回來罷!從此我再不傷你。你今日貴重我，饒了我的命，明見
我行的胡塗，也有多事我不知道的。」達味答應：「王的鎗在這裡，王的奴內，誰來取
回去罷。論天主，按各人義信，降相對的报；天主今日把你放在我手裡，但我不敢伸手
害天主立的王。今日你的灵魂是怎麽在我眼前⑤尊貴，求天主也一樣尊貴

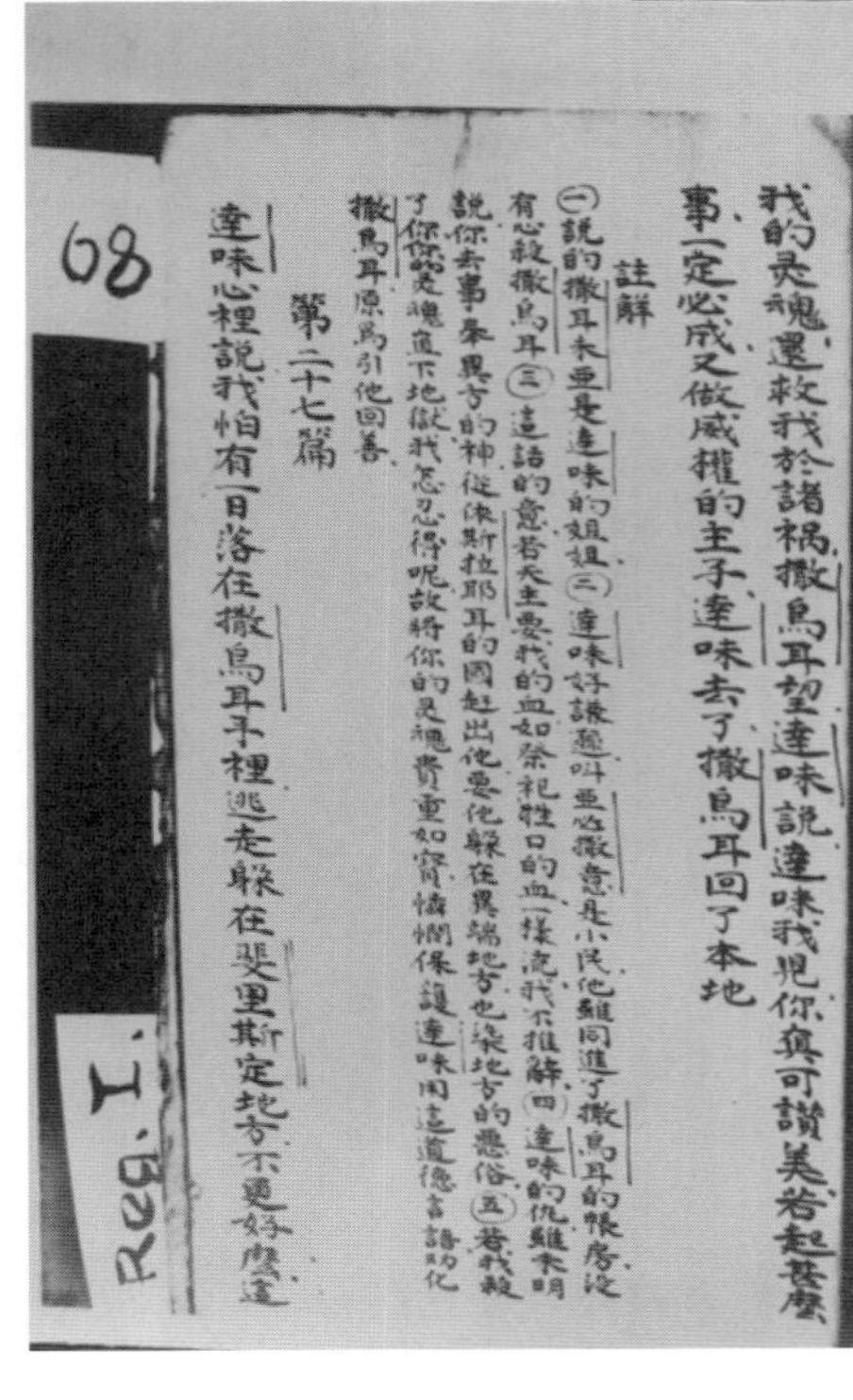

68a [*sic.*]

我的灵魂，還救我於諸祸。」撒烏耳望達味說：「達味我兒，你眞可讚美，若起甚麼事，一定必成，又做威權的主子。」達味去了，撒烏耳回了本地。

註解

①說的撒耳未亜是達味的姐姐。②達味好謙遜，叫亜必撒意是「小民」。他雖同進了撒烏耳的帳房，没有心殺撒烏耳。③這話的意：若天主要我的血如祭祀牲口的血一樣流，我不推辭。④達味的仇雖未明說：「你去事奉異方的神」，[但] 從依斯拉耶耳的國赶出他，要他躲在異端地方，也染（染）地方的悪俗。⑤「若我殺了你，你的灵魂直下地獄，我怎忍得呢？故將你的灵魂貴重如寳，憐憫保護。」達味用這道德言語劝化撒烏耳，原爲引他回善。

第二十七篇

達味心裡說：「我怕有一日落在撒烏耳手裡，逃走躲在斐里斯定地方不更好麼？這

67b

樣撒烏耳失了指望，不在依斯拉耶耳衆交界内找我，免陷於他手罷。」爲此，達味起身帶着管的六百人，都望热得的王瑪火克的兒子亜旣斯去①。達味他自己的，並他管的人的家，一共在热德(亦譯：熱得)地方同亜旣斯住。達味也帶他的二妻：一個是耶匝拉耶耳地方的亜旣諾娃，一個是加耳默落山的亜必加意肋——他先是那巴耳的妻子。有人告訢【訴】撒烏耳，達味逃走，進了热得，所以從此止了追赶他。達味向亜旣斯說：「若我在你跟前得寵爱，這地方内賞我一座歇息，你奴才何必同王住在一座城②?」亜旣斯那一日賞了他西蛇肋克城，因此西蛇肋克成了如達斯的属(屬)城，至今還属他 ③。達味住斐里斯定的日子有四個月 。達味領他的兵搶奪热穌(穌)里、热耳潻、亜瑪肋克支泒【派】的鄉村庄子。這此〻人自古時從穌耳壙野到厄日多

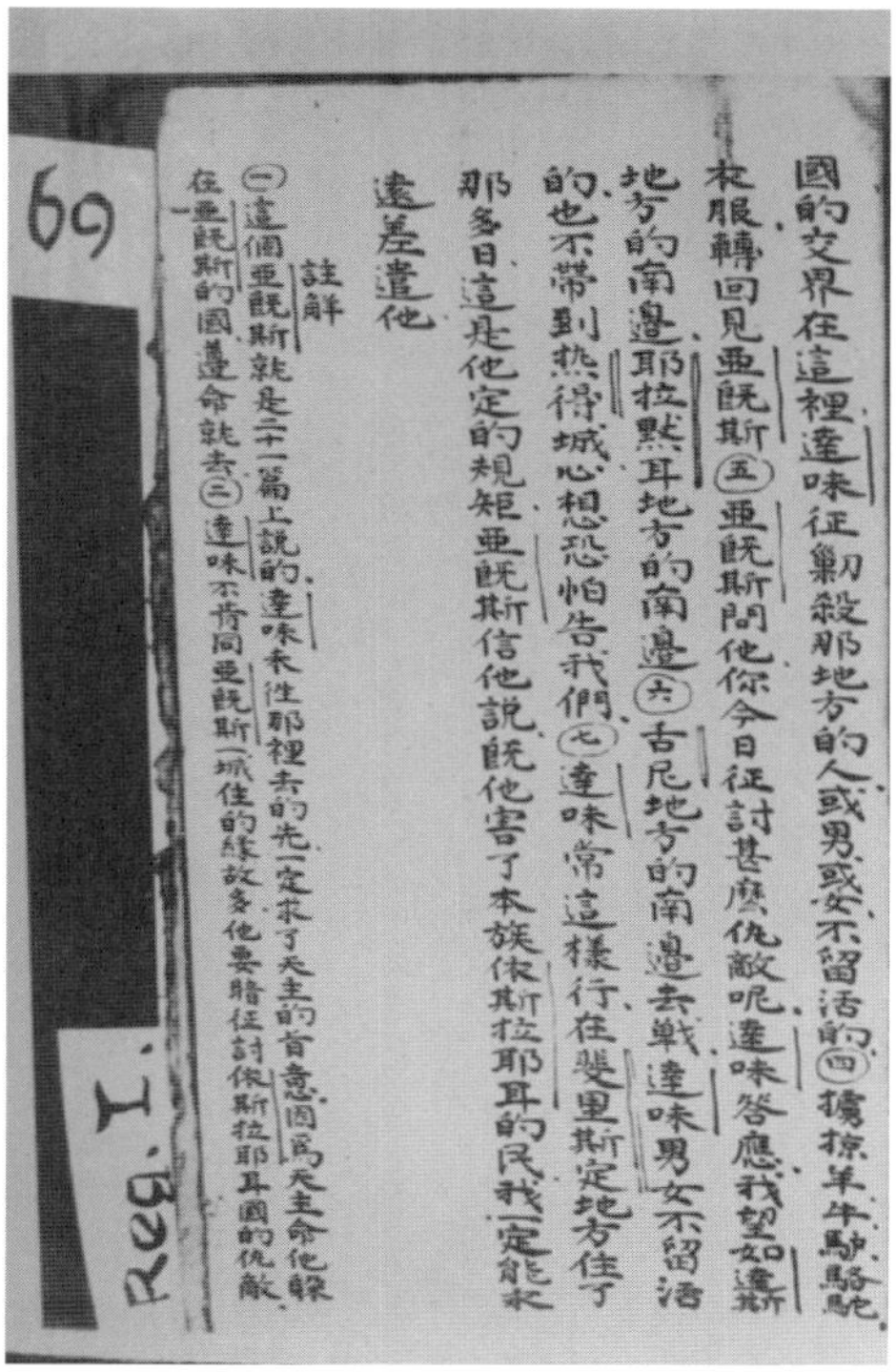

69a [*sic.*]

國的交界。在這裡，達味征剿(剿)殺那地方的人，或男或女不留活的④，擄掠羊、牛、駈、駱駝、衣服。轉回見亞既斯⑤，亞既斯問他：「你今日征討甚麼仇敵呢？」達味答應：「我望如達斯地方的南邊，耶拉黙耳地方的南邊⑥，舌尼地方的南邊去戦。」達味男女不留活的，也不帶到热得城，心想：「恐怕告我們⑦。」達味常這樣行，在斐里斯定地方住了那多日，這是他定的規矩。亞既斯信他說：「既他害了本族依斯拉耶耳的民，我一定能永遠差遣他。」

註解

①這個亞既斯就是二十一篇上說的。達味未往那裡去〔的〕［以］先，一定求了天主的旨意，因爲天主命他躲在亞既斯的國，遵命就去。②達味不肯同亞既斯一城住的緣故多：他要暗征討依斯拉耶耳國的仇敵——

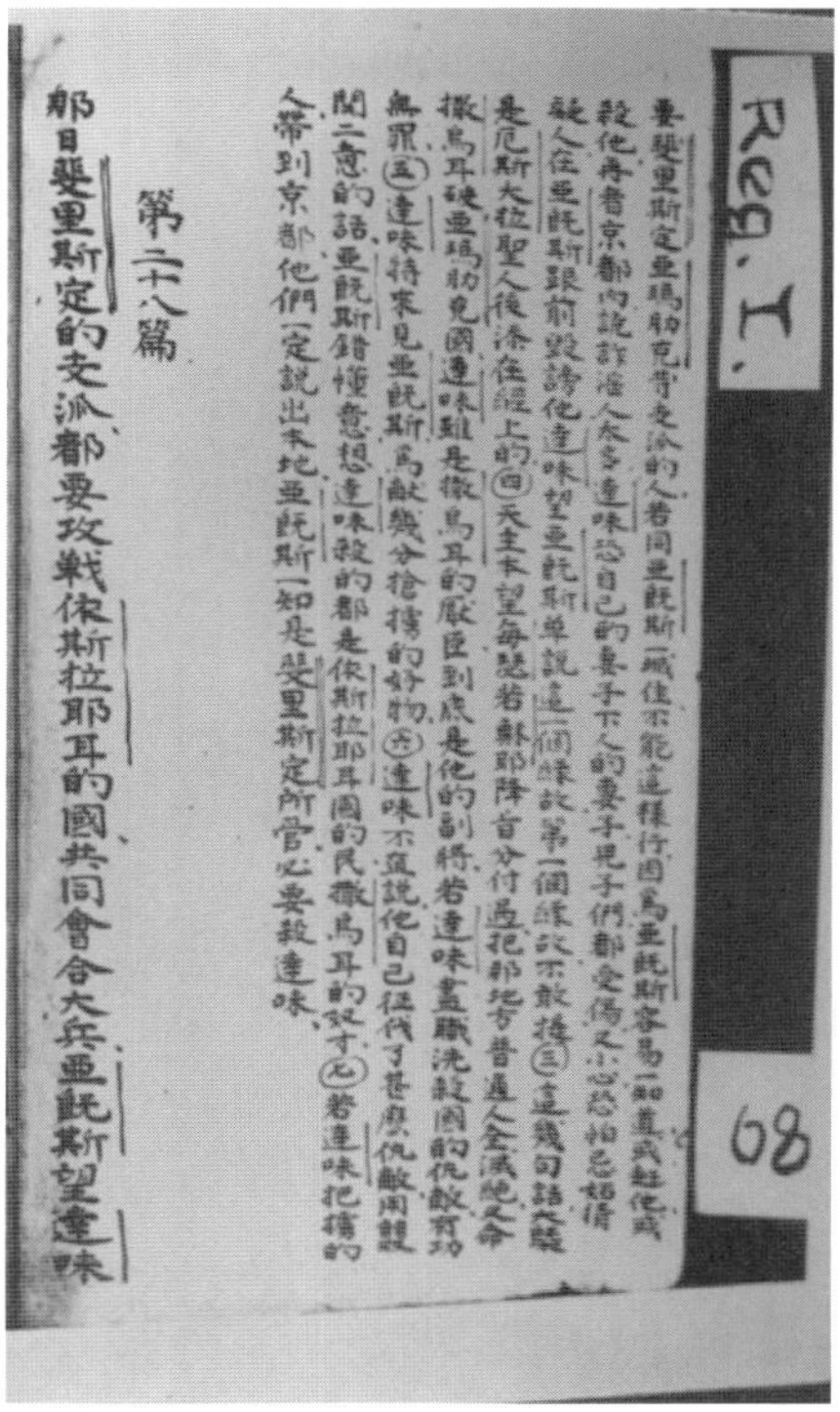

68b

要斐里斯定、亞瑪肋克等支泒【派】的人，若同亞既斯一城住，不能這樣行，因爲亞既斯容易一知道，或赶他，或殺他。再者京都内，詭詐滛（淫）人太多，達味恐自己的妻子、下人的妻子、兒子們都受傷。又小心，恐怕忌妬猜疑人在亞既斯跟前毀謗他。達味望亞既斯单說這一個緣故，第一個緣故不敢提。③這幾句話大槩是厄斯大拉（亦譯：耶斯大拉）聖人後添在經上的。④天主本望每瑟、若穌耶降旨分付過，把那地方普通人全滅絶，又命撒烏耳破亞瑪肋克國。達味雖是撒烏耳的厭臣，到底是他的副將。若達味盡職洗殺國的仇敵，有功無罪。⑤達味特來見亞既斯，爲獻幾分搶擄的好物。⑥達味不直說他自己征伐了甚麼仇敵，用雙関（關）二意的話：亞既斯錯懂意，想達味殺的都是依斯拉耶耳國的民——撒烏耳的奴才。⑦若達味把擄的人帶到京都，他們一定說出本地；亞既斯一知是斐里斯定所晉，必要殺達味。

第二十八篇

那日斐里斯定的支泒【派】都要攻戦依斯拉耶耳的國，共同會合大兵。亞既斯望達味

70a [*sic.*]

說：「你今听我的意思，你［同］你晉的人都跟我到陣上去。」達味答應：「亜既斯，你
將來得知
你奴才要行甚麽①！」亜既斯又給達味說：「我常用你爲保我身。」撒木耳早已去卌，依斯
拉耶耳衆後代哭他，埋垄在他的城拉瑪他。撒烏耳也從依斯拉耶耳地方逐赶了
跳神的、筭命的。斐里斯定的兵聚集了，來到穌南扎了營盤；撒烏耳也會合了
依斯拉耶耳國的大兵，來到热耳玻(玻)耶。撒烏耳一見斐里斯定兵的營，驚惶失了胆，
求天主旨意，天主不應，夢中不露出他的聖意，也不用祭祀首並先知者决他的疑②。
撒烏耳望他奴才們說：「你們給我找巫女，我去他跟前問他這事怎麽終③。」他的奴才
答應：「恩多耳地方有一巫女。」撒烏耳換了別的衣，同兩人夜裡親自去見巫女，給他說：
「

69b

你用妖怪法告訢【訴】我未来的事，我也命你顯現誰㒷我，你就顯現。」女人望他說：「你
知撒
烏耳行的事，從這地方怎麽除盡了巫覡術法人，爲何誆哄我，要害我的命呢？」撒烏耳
指天主發誓說：「天主永生，你爲這事不遭甚麽祸。」女人問他：「你要甚麽人顯現㒷你
呢？」撒烏耳答應：「你使撒木耳顯現㒷我。」女人忽然看見撒木耳，就大喊向撒烏耳說：
「
你爲何哄我呢？你就是撒烏耳④。」王給他說：「勿怕，你見了甚麽？」女人答應：「我見
像陡斯
一樣的從地上來⑤。」撒烏耳問他：「是甚麽模樣？」女人答應：「上來的是老者，穿着長
衣。」
撒烏耳懂得是撒木耳，就伏地叩頭。撒木耳給撒烏耳說：「爲何驚動我⑥，要我顯
現㒷你呢？」撒烏耳說：「我被逼急了，因斐里斯定的人來望我戰。陡斯離我，也不听我
求

71a
[*sic.*]

的話，不從先知者的口說，不在夢中曉諭他的聖意，故我呼喚你來，要你指示我該
怎麼作。」撒木耳說：「爲何問我呢？天主離開了你，挪移去到你的對頭人⑦。照天主給我
說過的，要望你行，要從你手収回王的權，把那權賞給你相近的人達味。因爲你没
有遵天主的旨意，天主狠厭惡，要滅亜瑪肋克支派【派】，你反未滅他，因此你今日心裡的
苦是從天主來的。天主還使依斯拉耶耳的兵同你都落在斐里斯定仇的手裡，論你並
你子們，明日都同我在一處⑧。天主將依斯拉耶耳兵的營盤，放在斐里斯定仇的手裡。」
撒烏
耳立時跌倒在地，因撒木耳的話狠怕，無絲毫氣力，那天未吃甚麼。正撒烏耳心乱太過，
那巫女到他跟前說：「你婢听你的話，爲你幾乎失命⑨。你望我怎麼說，我怎麼行。你如

70b

今也听你婢的話，我送幾塊饅頭到你跟前，你吃了可以好，也能走路。」他推辭說：「我不
要
吃。」撒烏耳的奴才、跳神的女人都催逼他，他絻合了他們的話，起來坐在床上。女人家
裡原有一小牛犢，急忙殺他，取了細麵，和了作了無麯(麴)的饅頭，把吃食擺在撒烏
耳及他奴才們跟前。他們吃了後，起身整一夜走。

註解

①達味一面不肯望依斯拉耶耳兵打仗，一面不肯傷害亜既斯——亜既斯本賞了他許多恩。達味
倚靠天主，要起另外的計策，不直說出是甚麼計策，但用了雙関二意的話。②天主那時或
夢内曉諭他的旨意，或祭祀揔首穿「理的」衣時，天主從「烏里黙」、「畐米黙」二寳石露他的聖
意，或用聖人傳他的法度。從此看來，亜必亜大耳外，還有别的揔祭祀首跟隨撒烏耳，大槩
是撒烏耳僭（僣）立的。③撒烏耳坐位原年，遵天主的法度，從依斯拉耶耳各地方内除盡了邪

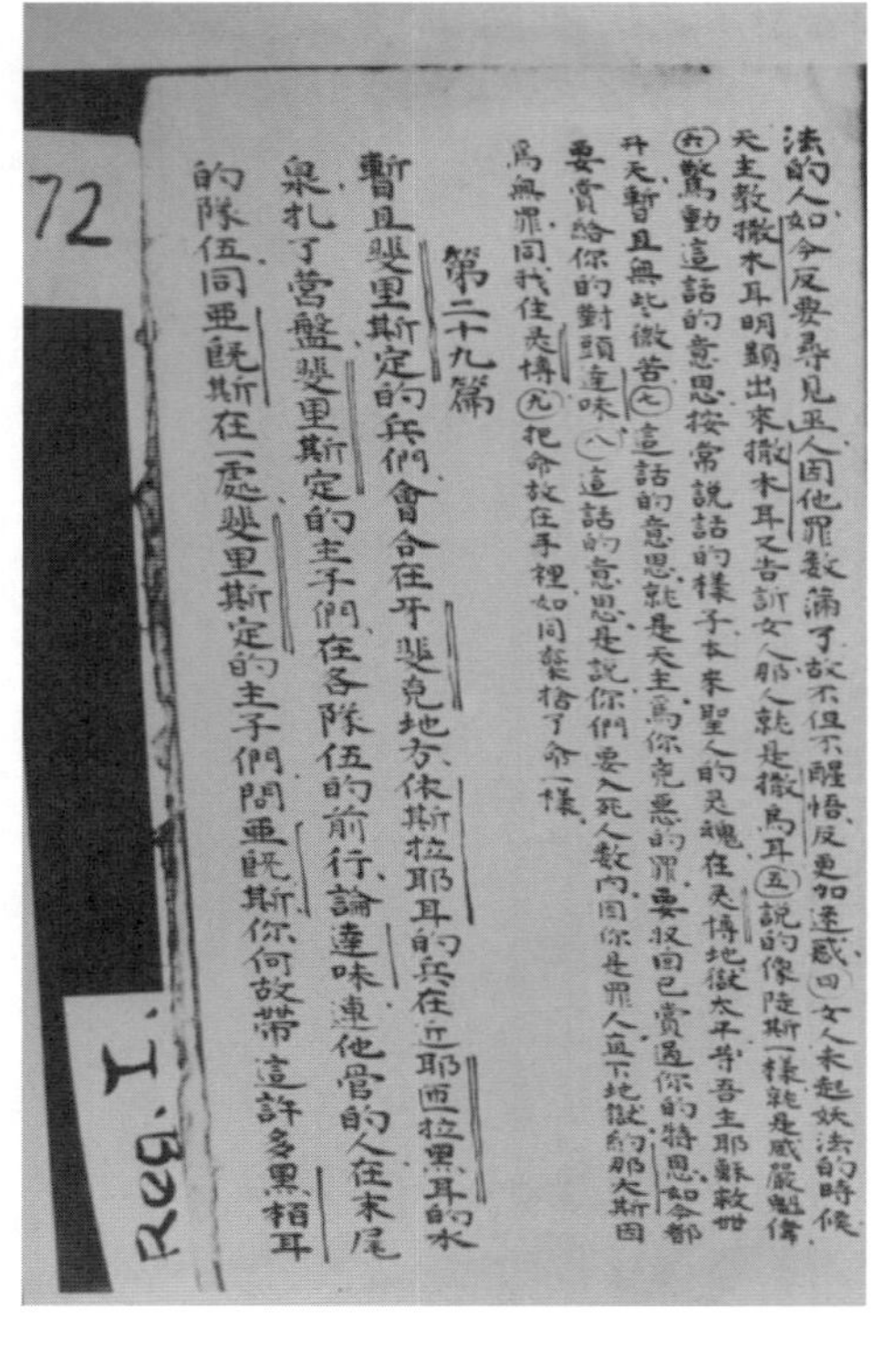

72a
[*sic.*]

法的人。如今反要尋見巫人，因他罪数滿(滿)了，故不但不醒悟，反更加迷惑。④女人未起妖法的時候，天主教撤木耳明顯出來，撤木耳又告訴【訴】女人，那人就是撒烏耳。⑤說的「像陡斯一樣」，就是威嚴魁(魁)偉。

⑥「驚動」這話的意思，按常說話的様子，本來聖人的灵魂在灵博地獄太平，苛吾主耶穌救世、升天，暫且無此微苦。⑦這話的意思就是：天主爲你兇悪的罪，要収回已賞過你的特恩，如今都要賞給你的對頭達味。⑧這話的意思是說：你們要入死人数内，因你是罪人，直下地獄。約那大斯因爲無罪，同我住灵博。⑨把命放在手裡，如同棄捨了命一樣。

第二十九篇

暫且斐里斯定的兵們會合在牙斐克地方；依斯拉耶耳的兵在近耶匝拉黑耳的水泉扎了營盤。斐里斯定的主子們在各隊伍的前［頭］行；論達味連他晉的人，在末尾的隊伍，同亜既斯在一處。斐里斯定的主子們問亜既斯：「你何故帶這許多黑栢耳

71b

的後代呢？」亜既斯答應斐里斯定的主子們：「你們不認得達味麼？他本作過依斯拉耶耳的王撒烏耳的奴才。如今多年多日在我地方住，從投奔我來的時候至今，常查他没有一点錯處。」斐里斯定的主子們動怒，向亜既斯說：「命這人回去罷，歇在你賞給他的地方，不可同我們打仗去。恐怕我們起手打仗，他成了我們的仇敵；若他不傷害我們，怎能息他主子的怒呢？女孩們排成隊舞(舞)，唱着誇奬說：『撒烏耳擊壓一千仇敵，達味殺敗一萬仇敵！』不是這個達味麼？」如此亜既斯叫達味來，說：「我指末生天主，你望我是忠信的人，同我出來營盤內，你的行爲都合理。從奔我來的那一天到如今，我見你没有甚麼不是，但主子們不喜欢你。爲此你回轉，安然去，不要傷斐里斯定主子們的

73a
[*sic.*]

眼①。」達味望亞旣斯說：「我作了甚麼？你奴才從在你跟前那一天到今，你找出我甚麼不是，要攔擋我來同我主王的仇敵打仗呢②？」亞旣斯答應：「你在我眼前像陡斯的神一樣，狠好，我知道這個。但斐里斯定的主子們旣分付說：他不可同我們往戰的地方去。你自己、你主子的奴才、同你來的，明早都起來，天剛明時走。」爲此達味連他的人夜裡起來，天亮起身，回到斐里斯定的地方。論斐里斯定的兵，望耶匝拉黑耳地方去。

註解

①爲的是達味望撒烏耳不失忠信，也不負亞旣斯的大恩，天主特用斐里斯定主子們，爲使達味体面面回轉西蛇肋克城去。②達味故意說這勉強大話，爲免亞旣斯的疑惑。

72b

第三十篇

三天後，達味同他的人到了西蛇肋克城。亞瑪肋克支泒【派】的人從南邊勇行直前，進了西蛇肋克，破了城也火烧(燒)，把男女從大至小都搶掠去，沒有殺一個，但要拿回本地方，在路上走。達味並他手下人來到城裡，見火燒了，各人的妻子、兒女都被擄掠了，達味一齊的夥紀【計】們大声喊叫，哭到断了眼泪，因爲也擄了達味的兩個妻子——一個是耶匝拉黑耳地方的亞旣諾娃，一個是加耳黙落山的那巴耳的妻子亞必加意肋。達味心裡狠悶，再者因爲人人罡(罵)念自己的兒女，狠傷心，幾乎要拋石殺達味；但達味的指望不過在主陡斯上。望亞旣黙肋克的兒子祭祀摠首亞必亞大

74a [*sic.*]

耳說：「求你在我跟前穿『厄佛得』。」亞必亞大耳就爲達味穿了「厄佛得」。達味問天主：「若追這些賊，拿得他們否？」天主答應：「你追，必拿住他們，也収回擄掠的物。」所以達味同他有的六百人起身去到栢索耳旱河，有些困疺的住在這裡。達味帶四百人往前追赶，因爲二百困疺，不能盪過栢索耳旱河，故在那裡住下。地裡遇見厄日多的一男子，帶他到達味跟前，給他饅頭吃、水歃(飲)，又給壓的無花菓、兩包乾葡萄。他吃了後，如救他一樣，得了氣力，本來三天三夜没有吃饅頭、歃水。達味問他：「你是何人？從那裡來？往那裡去呢？」答應：「我是厄日多國亞瑪肋克地方人的奴才，因爲我前日害病，我的主棄了我。我們望蛇肋托國的南邊①，向着如達斯的地方，又望加

73b

肋栢得的産業的南邊去搶奪，還燒了西蛇肋克城②。」達味問他：「你能引我送到那人們羣内麼？」答應：「你指陡斯的名，發誓不殺我，也不把我交在本主手裡，我自然送你到那一羣人們。」達味發誓，口許了。他送了達味，忽見賊都坐在地下吃歃，因爲從斐里斯定、如達斯擄掠的物件多，喜欢，如礼日大慶一樣。達味從本日晚到明天晚，砍殺他們，無一個免死；不過有四百少年，騎着駱駝跑了。因此達味奪回亞瑪肋克人擄掠的東西並他的二妻、老少、子女，被搶的物，不缺一点，達味都拿回來。還取回牛羊群放在前頭走，人說：「這是達味搶掠的物件。」達味見那二百因疺歇息的人，因爲不能跟隨達味，他本分付他們在栢索耳旱河等候。這二百人來迎接達味

75a [*sic.*]

一齊有的人，達味上前礼待他們。同達味去的兵內，有幾個兇橫不公道的人說：「既然他們没有同我們去，得的物件分皃不可給他們，各人領了各人的妻子、皃子們，就彀了。一領了，就使他們去。」達味答應：「弟兄們，不要這樣行，這物件都是天主賞給我們的；他保護我們，也把傷害我們的賊放了我們手裡。我們內中没有一個要順你們說的話；上陣去的兵、站在捆子地方的兵，都得一樣的分皃，該當均匀分搶掠的物件。」從那日這樣行，後來也斷定這個，在依斯拉耶耳國內如法度一樣，至今還在。達味來到西蛇肋克城內，從搶掠物件，望如達斯族的老人們、他相近的人送了礼物，說：「恳求你們，從天主的仇敵搶掠的物取一分皃，都是天主的賞。」住下相【柏】得耳、住下向南的拉

74b

莫得、住下耶得耳、住下亜落耶耳、住下塞法莫得、住下耶斯大莫、住下拉加耳、住下耶拉莫耳的冢城、又設尼的諸城、住下亜拉瑪、住亜三湖邊上、住下亜他克、住下黑栢隆，還達味他親身並他的人，九所走過的地方，那些地方的人都收了他的分皃。

註解

①蛇肋托是斐里斯定的一個國。②「哄人方便，自己方便」這話說的狠是。倘達味疎（疏）忽輕看那小民，能容易赶上賊羣，奪回擄掠的物麼？

第三十一篇

斐里斯定的兵哄依斯拉耶耳的兵戰，依斯拉耶耳的兵敵不過斐里斯定仇，就跑了，热耳玻耶山上敗的狠多。斐里斯定的兵望撒烏耳並他皃子們衝進去，殺了撒烏

76a [*sic.*]

耳的三子約那大斯、牙必那大伯、黙耳既穌娃以後，衆仇敵勉力攻戦撒烏耳，弓箭手赶上他，比他們多受傷。撒烏耳望他執擋牌的奴才說：「你拔你的刀殺我，恐怕未割損的人來殺我，也給没臉。」執擋牌的奴才不肯听他的話，因爲太過驚迷。故此，撒烏耳拿刀，把尖對着胸膛往前一倒；執擋牌的奴才見撒烏耳這樣死了，他也在刀尖上一倒，同撒烏耳死①。因此，撒烏耳、他的三子、執擋牌的奴才、保駕的衆兵，那一天都死了。耶匝拉耶耳山溝那邊、若耳當河那邊有的依斯拉耶耳後代听見依斯拉耶耳的兵敗了，撒烏耳並他兒子們都死了，離開自己的城，都跑了。斐里斯定的兵進了那城，住在那裡。次日，斐里斯定的兵要脱死人的衣服，到热耳玻耶

75b

山上，見撒烏耳並他三子的屍首倒在地下。砍了撒烏耳的頭，拿了他的盔甲寺噐械去，送到斐里斯定周圍的地方，爲的是他們的邪神廟内，傳給衆民這個信——把他的兵噐放在亜斯大落得廟裡，掛撒烏耳的屍首在栢得三城墻上。亜栢四加拉得地方的人，听見了這斐里斯定的人怎麽羞辱撒烏耳，内中有猛勇的，起身行了一整夜路，從栢得三的墻取下撒烏耳及他三子的屍首，回了亜栢四加拉得，在這裡烧了他，収了剩下的骨頭，連灰(灰)埋在林子内，吃了七天齋。

註解

①撒烏耳罪上加罪，糊塗到至極，自己殺自己。一日的工夫，失了王的爵位、光荣、三個兒子、自己的灵魂。論約那大斯，因爲是善人，必救了灵魂。

眾王經第二卷

Regum Ⅱ

衆王經第二卷

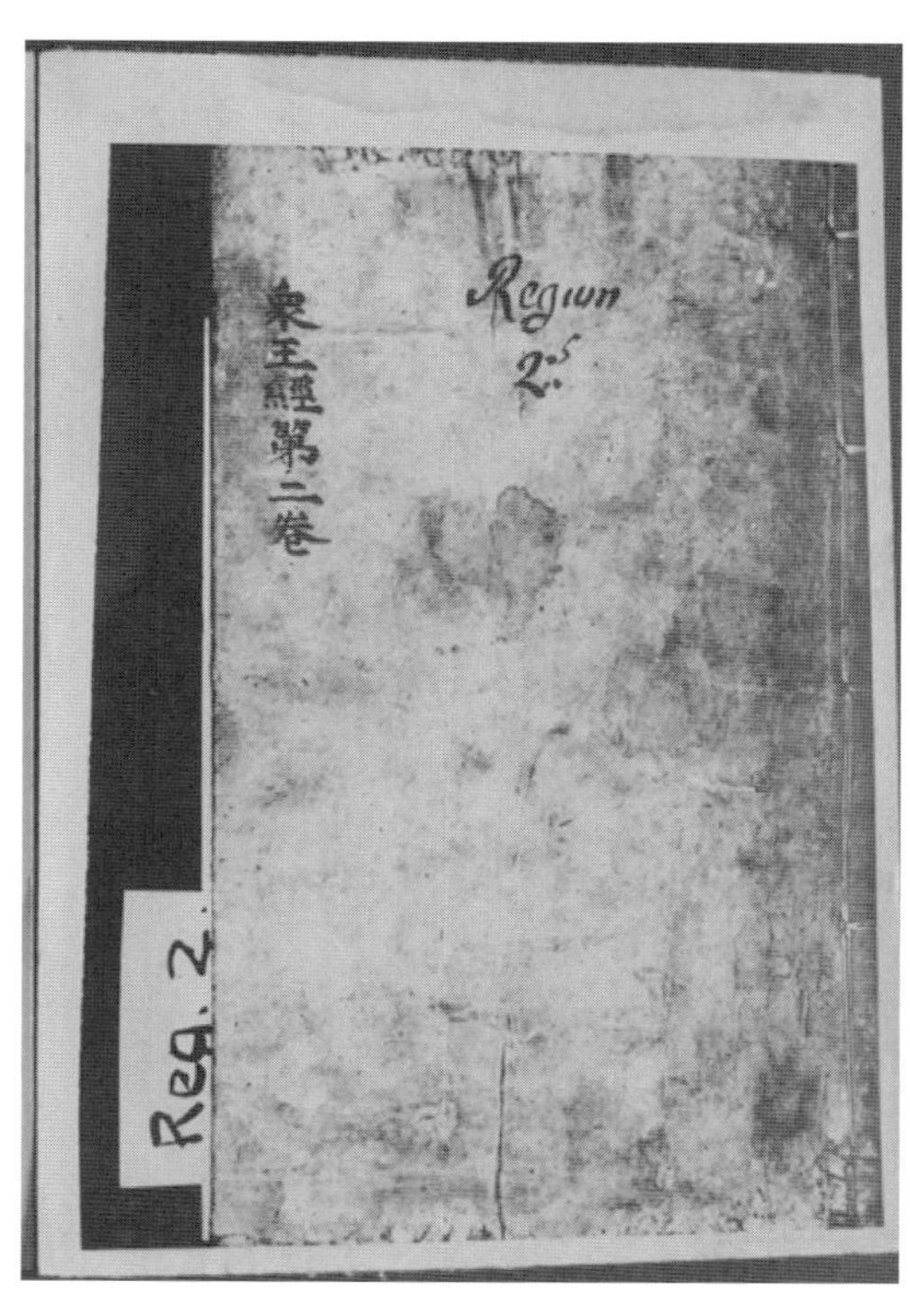

1a

衆(眾)王經第二卷

第一篇(篇)

撒烏耳死了後(後)，達(達)味殺(殺)敗了亜(亞)瑪肋克的人，回轉(轉)西蛇肋克，在那裡(裡)住了兩天。第
三天，有一人從撒烏耳的營(營)盤來，他的衣服(服)扯破(破)了，頭上撒灰(灰)塵，到了達味跟前，伏
地叩(叩)頭。達味問：「你從那裡來？」答應(應)：「從依斯拉耶耳兵營逃來。」達味又
問：「事情如何
你告訴【訴】我！」他說：「從戰(戰)敗逃跑的多，在那裡死的民也衆，撒烏耳同他的兒
(兒)子約那大斯
都(都)死了。達味望(望)送信的少年人說：「怎知撒烏耳同他兒子約那大斯兩個死了
呢？」送信少
者(者)答應：「我忽到热(熱)耳玻(玻)耶山上，見撒烏耳胸(胸)挨(挨)着(著)他的鎗，仇
(仇)敵的車，馬兵剛剛赶(趕)

1b

上他的時候，他望背(背)後回頭見我，呼喚［我］。我答應：『在這裡。』他又望我說：『你是(是)甚(甚)麼(麼)人？』答應：「［我］是亜瑪肋克地方的人。」他給我說這些(些)話：『你近來殺我！我被(被)災禍(禍)逼廹(迫)不得(得)已，我的命(命)還(還)全在。』我就(就)近殺了他①——我本知這樣(樣)敗陣後，不能得活。摘他頭上戴的王帽(帽)，胳(肐)臂上帶(帶)的金鐲，送這裡來，献(獻)給我主。」說了後，達味扯破自己的衣服，一齊有的人都這樣行。爲(為)撒烏耳並(並)他兒子約那大斯，還因天主的民依斯拉耶耳後代被刀刃殺了，哭(哭)到晚，也吃齋。達味給送信的少年人說：「你是甚麼地方的人？」他說：「我是異國人的兒子，亜瑪肋克地方的人。」達味說：「你爲何不怕伸手殺天主立的王麼？」達味從他的奴才呼了一個來，說：「你前去殺了他！」奴才卽(即)刻殺了他。達味望他說，你的血在你頭上②，

2a

你的口明訴出你的罪來，你自己說：『我殺了天主立的王。』」論達味，爲撒烏耳及他兒子約那大斯這樣哭，還分付如達斯族(族)的子孫們：「你們指教你們的兒子射箭③。照(照)(義士書)上紀(紀)載(載)的話④，達味哭着說：「依斯拉耶耳會(會)！你仔細追想，那多兵在山上得傷(傷)死了。依斯拉耶耳有名的兵，你們山上受殺，勇(勇)士們怎麼敗了呢？不要報(報)這事給热得的人，不要送信到亜斯加隆大街上，恐(恐)怕斐里斯定的女孩喜欢(歡)，未割損人的女孩們欣快！露水、雨不降(降)在热耳玻耶諸(諸)山上！從那周圍的地出的新物献不得天主！因爲勇士的擋牌——撒烏耳的擋牌——倒像(像)没(沒)傳聖油的⑤，在那裡抛(抛)擲。約那大斯射的箭若不染(染)仇的血，不穿透勇兵的肥肉，並不回轉；撒烏耳的腰刀也不虗(虛)反。撒烏耳、約那大斯兩個

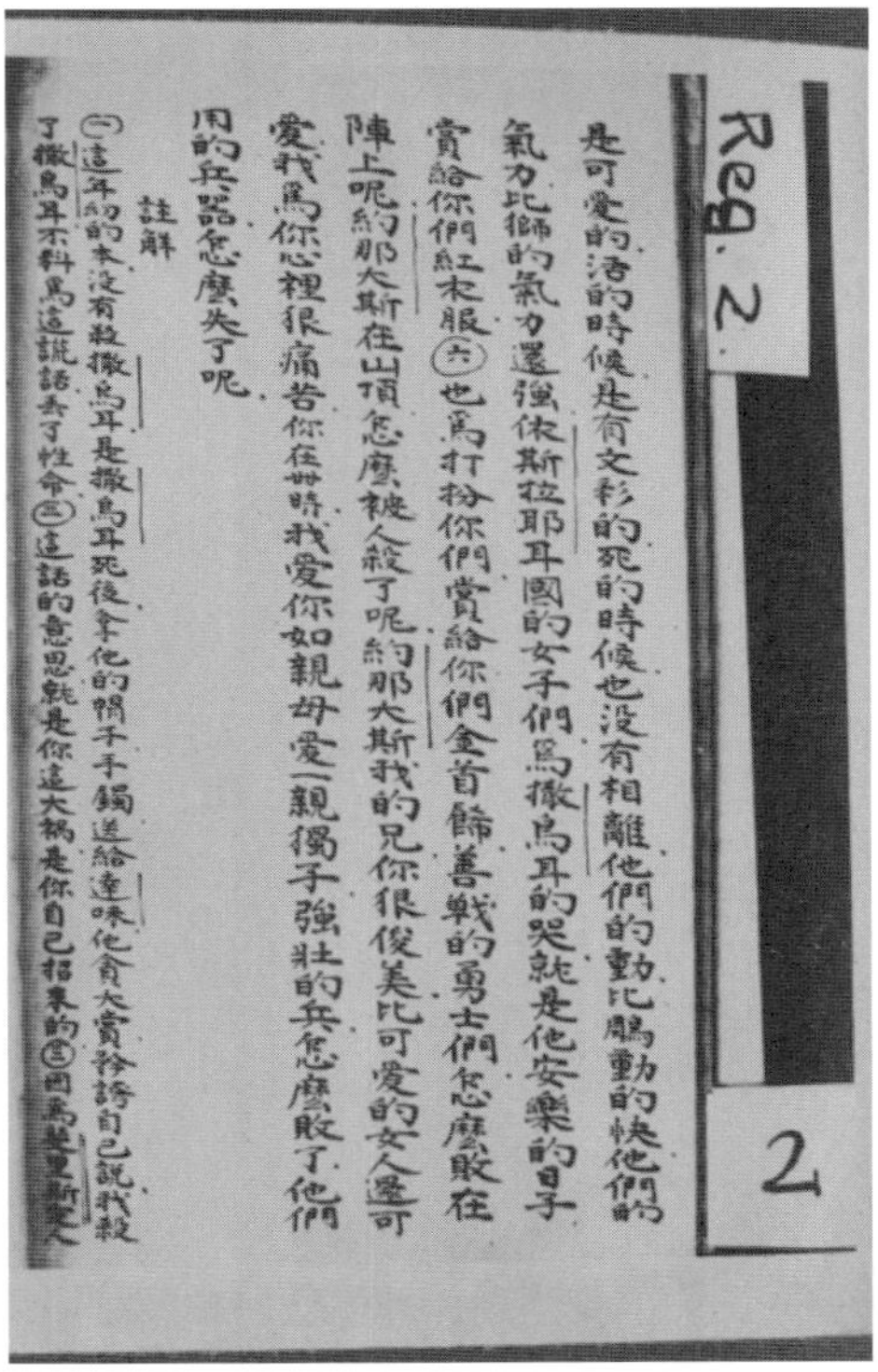

2b

是可爱(愛)的，活的時候(候)是有文彩(彩)的，死的時候也沒有相離，他們的動［作］比鵰動的快，他們的氣力比獅的氣力還強。依斯拉耶耳國的女子們，爲撒烏耳［的］哭。就是［在］他安樂的日子！賞給你們紅衣服⑥。也爲打扮你們，賞給你們金首餙(飾)。善戰的勇士們！怎麼敗在陣上呢？約那大斯在山頂，怎麼被人殺了呢？約那大斯我的兄，你狠俊美，比可爱的女人還可爱，我爲你心裡狠痛苦！你在丗(世)時，我爱你如親母爱一親獨子。強壯(壯)的兵，怎麼敗了？他們用的兵噐(器)，怎麼失了呢？」

註觧(解)

①這年幼(幼)的本沒有殺撒烏耳，是撒烏耳死後，拿他的帽子，手鐲送給達味。他貪大賞，矜(矜)誇(誇)自己說：「我殺了撒烏耳。」不料，爲這謊(謊)話丟了性命。②這話的意思就是，你這大禍是你自己招來的。③因爲斐里斯定人

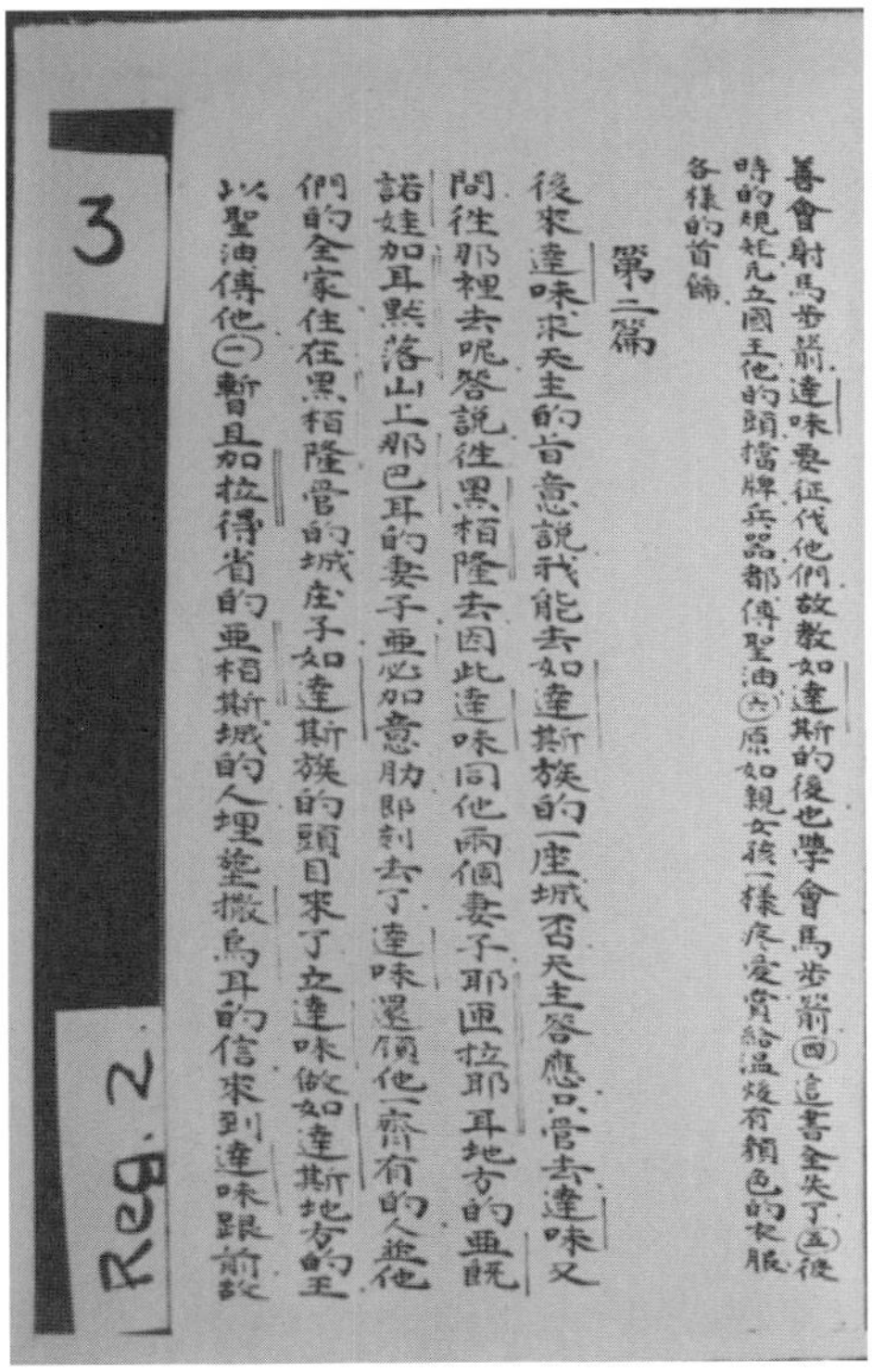

3a

善會射馬步(步)箭，達味要征伐他們，故教如達斯的後［代］也學(學)會馬步箭。④這書全失了。⑤彼(彼)時的規矩，凡(凡)立國王，他的頭、擋牌、兵噐都傅聖油。⑥原如親女孩一樣疼爱，賞給温(溫)煖(暖)有顏色的衣服，各樣的首餙。

第二篇

後來，達味求天主的旨(旨)意說：「我能去如達斯族的一座城(城)否？」天主答應：「只晉(管)去。」達味又問：「徃(往)那裡去呢？」答說：「徃黑栢(柏)隆去。」因此達味同他兩個妻子——耶匝拉耶耳地方的亜旣(既)諾娃，加耳默(默)落山上那巴耳的妻子亜必加意肋——即刻去了。達味還領(領)他一齊有的人，並他們的全家，住在黑栢隆晉的城庄(莊)子。如達斯族的頭目來了，立達味做如達斯地方的王，以聖油傳他①。暫且加拉得省的亜栢斯城的人埋塟(葬)撒烏耳的信來到達味跟前。故

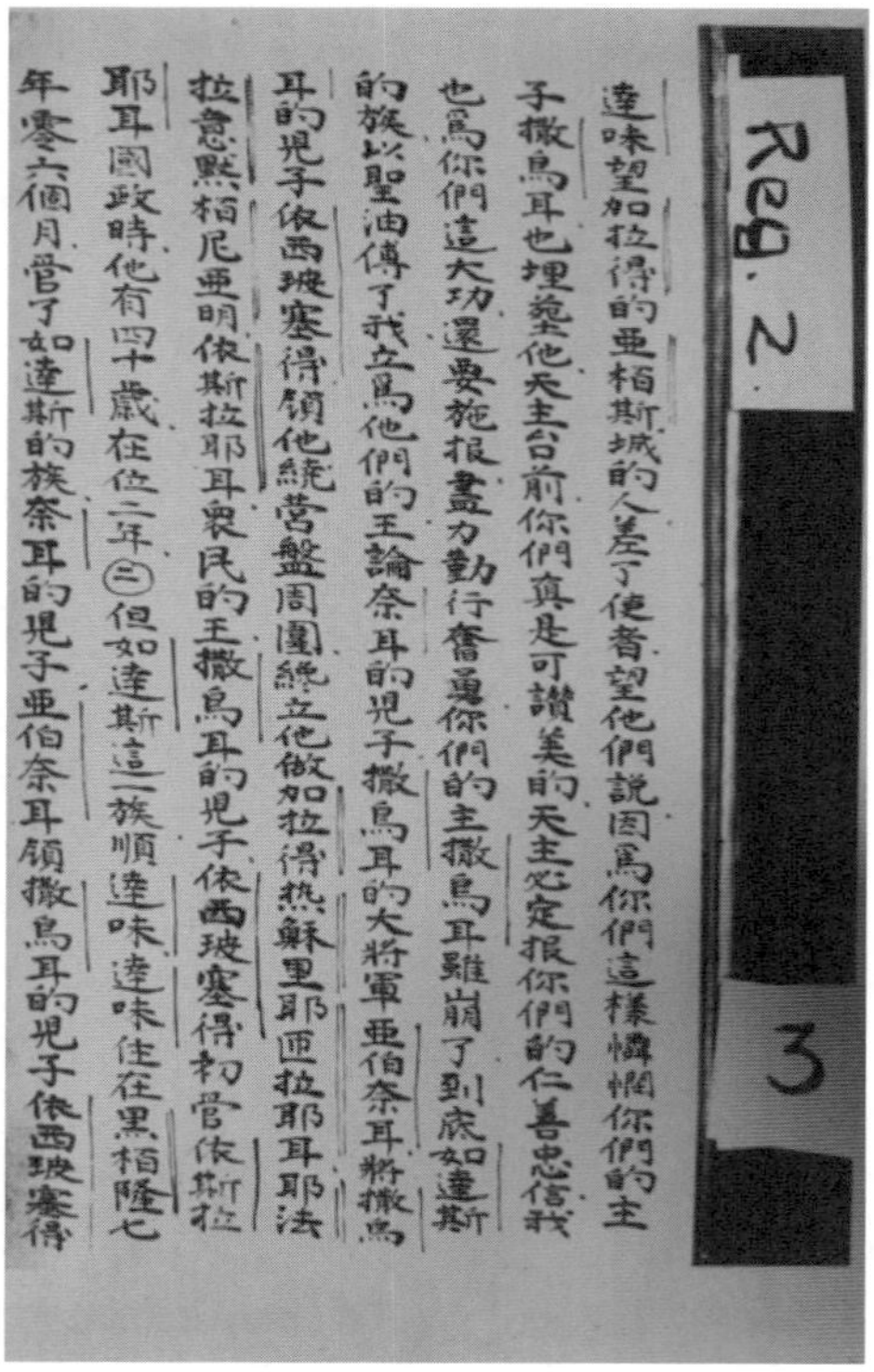

3b

達味望加拉得的亜栢斯城的人差了使者，望他們說：「因爲你們這樣憐憫你們的主
子撒烏耳，也埋塟他，天主台前，你們真(真)是可讃(讚)美的！天主必定报你們的仁善忠
信！我
也爲你們這大功還要施报。盡(盡)力勤(勤)行奮(奮)勇！你們的主撒烏耳雖(雖)崩了，到
底(底)如達斯
的族以聖油傅了我，立爲他們的王。」論奈耳的兒子——撒烏耳的大將軍亜伯奈耳，將撒烏
耳的兒子依西玻塞得領他繞(繞)營盤周圍，纔(纔)立他做加拉得、热稣(穌)里、耶匝拉耶
耳、耶法
拉意黙、栢尼亜明——依斯拉耶耳衆民的王。撒烏耳的兒子依西玻塞得初(初)晉依斯拉
耶耳國政時，他有四十歲(歲)，在位二年②。但如達斯這一族順達味。達味住在黒栢隆七
年零六個月。晉了如達斯〔的〕族〔的〕奈耳的兒子亜伯奈耳領撒烏耳的兒子依西玻塞得

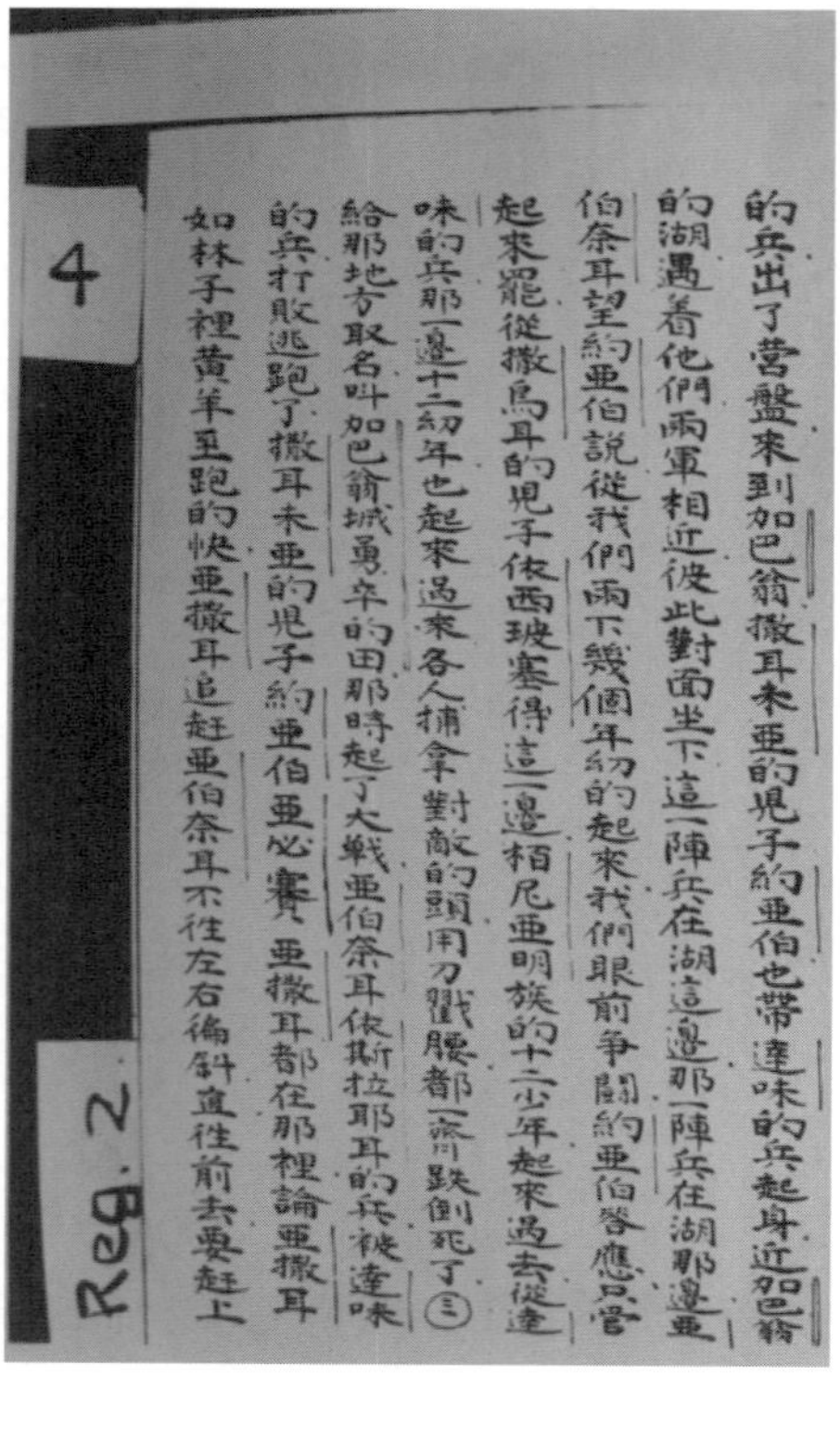

4a

的兵，出了營盤來到加巴翁(翁)。撒耳未亜的兒子約亜伯也帶達味的兵起身，〔在〕近加巴翁
的湖遇着他們，兩軍相近，彼此對(對)面坐下，這一陣兵在湖這邊(邊)，那一陣兵在湖那
邊。亜
伯奈耳望約亜伯說：「從我們兩下，〔命〕幾個年幼的起來，〔在〕我們眼前争(爭)鬪
(鬥)！」約亜伯答應：「只管
起來罷！」從撒烏耳的兒子依西玻塞得這一邊，栢尼亜明族的十二少年起來過(過)去，從達
味的兵那一邊，十二幼年也起來過來。各人捕拿對敵的頭，用刀戳(戳)腰，都一齊跌倒死
了③，
給那地方取名叫(叫)加巴翁城——勇卒的田。那時起了大戦，亜伯奈耳〔領的〕依斯拉耶
耳的兵被達味
的兵打敗，逃跑了。撒耳未亜的兒子約亜伯、亜必賽，亜撒耳都在那裡，論亜撒耳，
如林子裡黄(黄)羊至，跑的快。亜撒耳追赶亜伯奈耳，不往左右偏【偏】斜，直(直)往前
去，要赶上

4b

亜伯奈耳。亜伯奈耳轉回頭問：「你是亜撒耳麼？」答應：「我是。」亜伯奈耳給他說：「你
或左
邊，或右邊，同一少年爭鬪。搶擄(擄)他所有的物！」亜撒耳不肯止住追赶亜伯奈耳。亜
伯奈耳
又給亜撒耳說：「你快回轉，不要追我，恐怕我不得已戳你釘在地下，以後怎得見你哥
約亜伯的臉呢？」他軽(輕)慢，不听(聽)他的話，也不肯躲(躲)避，故此亜伯奈耳往後轉
鎗一戳，穿透他的
小肚，他就死在這裡。人過亜撒耳跌倒死的地方，都站着。正約亜伯同亜必賽追赶亜伯
奈耳的時候，日落了，就來到大溝的坡(坡)崗上——這大溝［是］朝加巴翁野外的路上有
的山溝。栢
尼亜明的兒子們會合亜伯奈耳，成(成)了一大隊，站在高地方。亜栢奈耳望約亜伯喊叫說：「
你的腰刀不滅(滅)盡了人，你的暴(暴)虐(虐)不止麼？你不知逼迫人到失了望，大有危險。
到甚麼時候

5a

你纔分付民們說，不要追赶你們的弟兄呢？」約亜伯答應：「我指氷(永)生的天主！若你先
說，
民人早已止了追他們的弟兄！」約亜伯吹號(號)器，衆兵都站住，從此再不追依斯拉耶耳
的兵，
也不打仗(仗)。亜伯奈耳連他的兵，那一整夜都從地裡走，渡(渡)過若耳當河，全繞了栢得
和隆地方，歸(歸)了営盤。論約亜伯，情愿(願)放亜伯奈耳，収(收)了衆兵，看見達味的
人內(內)，除了
亜撒耳外，缺(缺)少十九個兵。達味的兵從栢尼亜明族的，也同亜栢奈耳一塊有的，殺了三百
六十個，這一戰都死了。拿了亜撒耳的屍首，［栢得肋母城］埋葬［栢得肋母城］在他父親
墳內。約亜伯
同他的兵步行一整夜，天明時來到黑栢隆。

註解

①因爲如達斯族的頭目早已知撒木耳將聖油傳了達味，故他們立他做王。②本來依斯玻塞得坐位七年

5b

半，二年他國太平，後來無道，共（與）達味作敵，國就乱（亂）了。《聖經》不提（提）這五年零六個
月。③亞栢奈耳共約亞
伯二人因無緊（緊）故，各命十二少年彼此對敵，天主台前犯大罪，這少年們也不免有罪。

第三篇

撒烏耳的家雖同達味的家多久打仗，達味漸漸勝旺剛強，撒烏耳的國慢慢
敗弱（弱）。達味在黑栢隆得了男子們：長子就是亞默農，耶匝拉耶耳地方的亞旣
諾娃生了他；第二是格肋亞伯，加耳默落山的那巴耳的妻子亞必加意肋生了他；
第三子是亞伯撒隆，热穌耳（亦譯：熱蘇耳）的王多耳瑪意的女孩瑪沙生了他；第四就是亞
日得的兒子亞多尼亞斯，第五是撒法弟亞——亞必大肋生的，第六是耶大拉哈，達
味的妻子厄克拉生了這個①。這都是達味在黑栢隆時生的男子。撒烏耳的家

6a

共達味的家正打仗時，奈耳的兒子亞伯奈耳管撒烏耳的國事。起初撒烏耳有一
次妻名叫肋斯法牙亞的女孩，依西玻塞得望亞伯奈耳說：「你爲何見我父親的次
妻呢？」他爲依西玻塞得的話，大動怒說：「我是狗的頭麽②？」今（今）日［我］共如達斯
的族成仇，
施恩共你父撒烏耳的家、他的弟兄親戚寺（等），也不把你放達味手裡［的］，［豈］不是我
［麽］？你今日爲
一女人要責偹（備）我麽？亞伯奈耳的陡斯，給他降災又降！若照天主發（發）誓許給達味，
我望
他不這樣行：不使國位從撒烏耳挪移到達味，達味的國柄開擴（擴），在依斯拉耶耳，如達
斯中從旦到栢耳撒栢！」依西玻塞得因爲怕他，不敢答應。爲此，亞伯奈耳打發人去
到達味，替他說：「地方是誰的呢？若你同我和我和好，我相帮（幫）你，使依斯拉耶耳衆
民全歸順

6b

你。」達味答應：「狠好。我一定同你和好，但有一事求你：你不先送撒烏耳的女孩米渴耳我這裡來，你不能見我的面：一送了，你纔得見我。」如此，達味望撒烏耳的兒子依西玻塞得遣了使者說：「給我送回我妻米渴耳，爲得他，我獻給撒烏耳斐里斯定仇的一百塊割損的皮(皮)③。」故此，依西玻塞得打發人，從來斯的兒子發耳弟耳〔④〕——米渴耳的丈(丈)夫——家教〔他〕出來。他的丈夫哭着跟隨他到巴胡里黙。亜伯奈耳給他說：「你回去罷！」他回去了。亜伯奈耳還望依斯拉耶耳民的長老說：「你們昨日、前日尋(尋)達味，要立做你們的王。如今只管隨便做！天主既望達味說：『我用我的奴才達味，從斐里斯定及衆仇的手，要救(救)我民依斯拉耶耳後代。』」亜栢奈耳又望栢尼亜明族的頭目說〔後〕，隨即去黒栢隆

7a

告訴達味，依斯拉耶耳，栢尼亜明定了的事。〔亞伯奈耳〕帶了二十人來黒栢隆見達味，達味給亜伯奈耳並同來的人預備了筵晏(宴)。亜伯奈耳給達味說：「我起身(身)要在我主王跟前聚(聚)集了依斯拉耶耳衆民，也同你定和睦結約：爲你隨便管衆人。」達味送了亜伯奈耳。亜伯奈耳平安去後，達味的兵同約亜伯從殺賊搶了多物來。亜伯奈耳那時不在黒栢隆同達味一處(處)，因爲剛放了他，他也平安去了。約亜伯〔一齊〕〔並〕有的兵後纔來了，或人望約亜伯說：「奈耳的兒子亜伯奈耳來見了王，王放了他，他平安回去。」約亜伯進了王殿說：「你作了甚麼？亜伯奈耳剛纔來你這裡，何故放他隨便去？你不知奈耳的兒子亜伯奈耳特來這裡爲哄你，打听你出入的光景，看你作甚麼事麼？」約亜伯離了達味，打發人赶上亜伯奈

7b

耳，教他從西拉井地方回轉，達味並不知這件事。亜伯奈耳回了黑栢隆後，約亜伯奸計
[作] 共他說話的形像，使他離開衆人，領他到城門當中，在這裡戳了他的小肚，亜伯奈耳
即刻死了。約亜伯這樣报了兄弟亜撒耳的血仇。達味听見這事，說：「我自己，我的國，
天
主台前永逺(遠)是乾(乾)浄(淨)！奈耳的兒子亜伯奈耳的這血，共我無干，落在約亜伯頭
上，並
他父的全家！約亜伯的家內，揔(總)不斷(斷)無意流精的，長痲【痲】瘋的，拿做線錘(錘)
的〔⑤〕[④]，被刀殺的，
討飯(飯)的〔⑥〕[⑤]！」。約亜伯他的兄弟亜必賽殺了亜伯奈耳，因爲他在加巴翁打仗
的時候，殺
了他們的兄弟亜撒耳。達味給約亜伯並同有的衆民說：「你們都撕破你們的衣服，穿
孝衣，哭送亜伯奈耳的屍首！」達味也跟隨棺。在黑栢隆埋塋(葬)了亜伯奈耳後，王

8a

達味在亜伯奈耳墳傍(旁)大声(聲)哭，衆人也哭。王爲亜伯奈耳流泪(淚)，哭着說：「亜
伯奈耳
的死不像平常胆(膽)小人死的様子，繩(繩)没有拴他的手，鐐(鐐)没有上他的脚(腳)〔⑦〕
[⑥]，如英勇男
子，死在奸詐人手裡，你是這様死的！」衆民也這様說的哭。衆人回轉要同達味吃飯，
因爲天還亮(亮)，達味發誓說：「我若日落前或吃饅(饅)頭，或吃別(別)物，陡斯罰我又
罰！」民
們听了這些話，王行的事狠合他們的心。平民及依斯拉耶耳衆後代那一天纔知道，
殺了奈耳的兒子亜伯奈耳，不是王的主意。王還望他的奴才說：「你們豈不知，依斯拉
耶耳國内今日死的是頭等將軍麼？我雖是傅過聖油的王，到今是軟弱，撒耳未亜的
這兒子們真苦我的心。求天主按各人的罪悪(惡)降报應。

8b

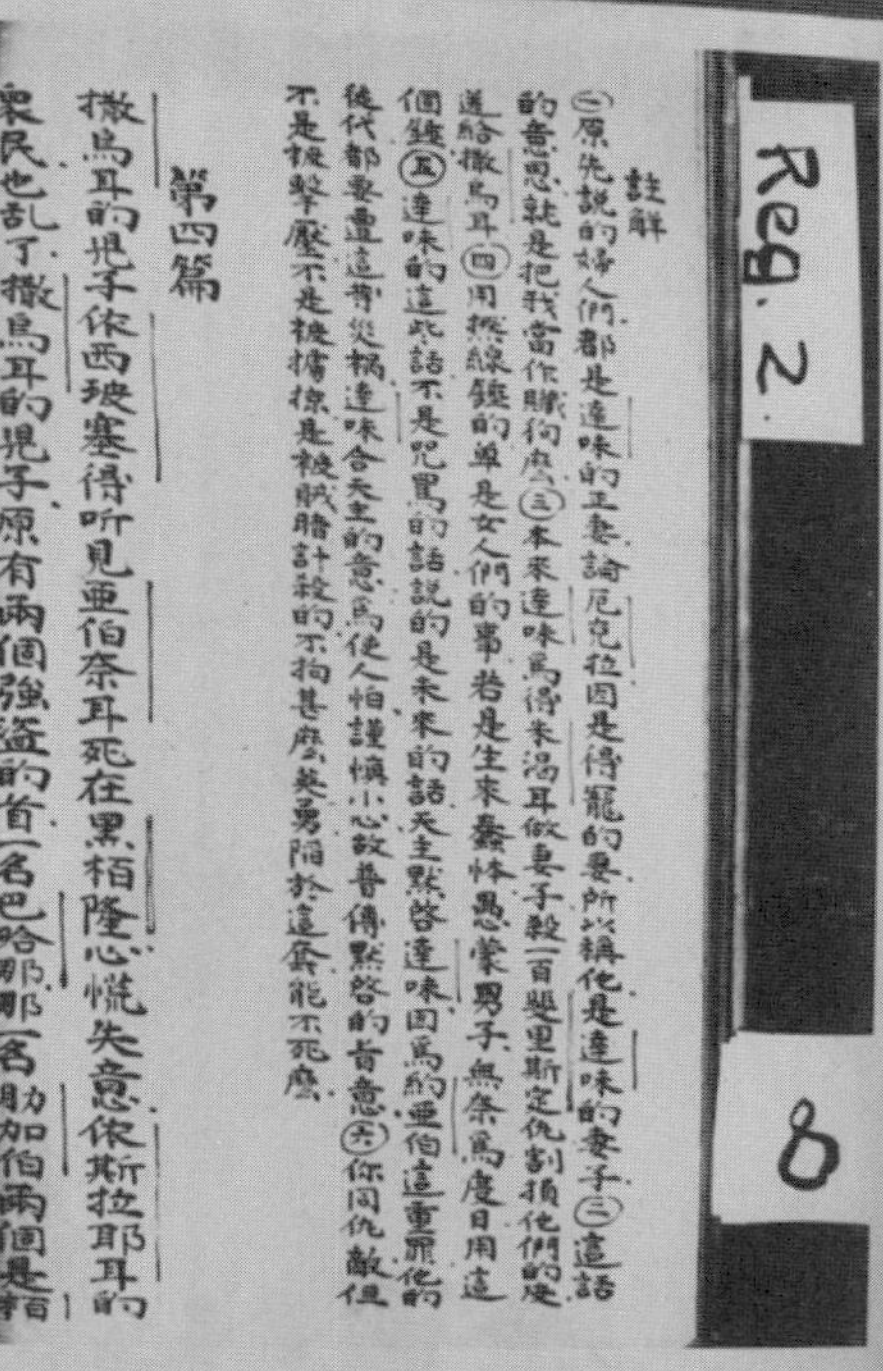

註解

①原先說的婦人們，都是達味的正妻。論尼克拉，因是得寵（寵）的妻，所以稱他是達味的妻子。

②這話的意思就是「把我當作贓【髒】狗麼?」③本來達味爲得米渴耳做妻子，殺一百斐里斯定仇，割損他們的皮，送給撒烏耳。④用撚線錘的，单（單）是女人們的事，若是生來蠢体（笨）[的] 愚蒙男子，無奈爲度（度）日用這個錘。⑤達味的這些話不是咒罵的話，說的是未來的話。天主默啓（啟）達味，因爲約亜伯這重罪，他的後代都要遭這等災禍。達味合天主的意，爲使人怕，謹（謹）慎（慎）小心，故普傳（傳）默啓的吉意。⑥「你同仇敵但不是被擊（擊）壓，不是被擄掠，是被賊暗計殺的，不拘甚麼英勇，陷（陷）於這套，能不死麼?」

第四篇

撒烏耳的兒子依西玻塞得听見亜伯奈耳死在黑栢隆，心慌（慌）失意，依斯拉耶耳的衆民也乱了。撒烏耳的兒子原有兩個強盜的首，一名巴哈那，那一名肋加伯，兩個是栢

9a

尼亜明族晉的栢落得的人，冷孟的兒子們——因爲栢落得城昔日在栢尼亜明産業（業）内，這栢落得城的人逃跑了［①］，〔賔（賓）旅的理〕［那時跑］到〔那時在〕热大意默城。撒烏耳的兒子約那大斯有一子，他的兩腿原來瘸了，撒烏耳［與］約那大斯敗的信從耶匝拉耶耳地方來的時候，他有五歲，奶母負（負）他逃走②，緊忙（忙）跑，小孩跌下來，成了瘸子；他叫米費玻塞得③。這栢落得地方的人——冷孟的兒子們肋加伯、巴哈那，大热時候進了依西玻塞得的房内，他〔日〕正午睡（睡）在床上。看守門的婢女簸（簸）净麦（麥）子的時候，因困睡了。肋加伯，巴哈那弟兄二人拿麦穗子，暗進房，戳了依西玻塞得的小肚就跑了。他們進房的時候，他在殿内有的床上睡，戳殺了他，割了他的頭，從野外的路

9b

整一夜步行。送依西玻塞得的頭到黑栢隆，獻給達味，給王說：「你的仇撒烏耳的兒子依西玻塞得的頭在這裡，他要畧(圖)謀你的命；但天主今日賞我主王，報撒烏耳全家的仇。達味給栢落得地方的人——冷孟的兒子們——肋加伯、巴哈那兩弟兄答應：「捛(指)永活救我各災的天主，那一個人告訴【訴】我：撒烏耳亾(亡)故了，想报我的是好信，我在西蛇肋克城拿住殺了他，按外面理，爲那信該賞；如今大逆殺了無罪的人——在本家睡卧(臥)的，不更給他們那血的報應，從世界上不除尽(盡)你們麼？我不要更將那血报降在你們身上麼？不從地面上除盡你們麼？」達味分付他的奴才殺他們，殺後砍他們的手足，掛在黑栢隆的魚池傍邊，[在] 黑栢隆有的亜伯奈耳的墳內，埋了依西玻塞得的頭。

10a

註解

①肋加伯、巴哈那在依西玻塞得跟前得了罪，他們怕依西玻塞得按律治罪，故逃跑了。②要從斐里斯定人的手救護（護），送在遠地方上。③若問：「這裡何故提米費玻塞得呢？」答應：「《聖經》的意思，就是教人人明見天主要給撒烏耳的家降諸災禍，都應驗（驗）了。本撒烏耳的一家，單（單）剩下一個男米費玻塞得，兩腿還是瘸的，容貌（貌）醜陋，本性懦弱，於國政軍旅是無用的人。

第五篇

依斯拉耶耳衆族纔來到黑栢隆，會見達味說：「我們如今都是你的骨(骨)肉①。昨日、前日撒烏耳王督我們的時候，就是你領依斯拉耶耳的兵出入往來。天主也望你說：『你要牧我的民依斯拉耶耳後代，你也做依斯拉耶耳國的王。』」依斯拉耶耳會

10b　的長老還來到黑栢隆王的跟前，王達味在黑栢隆天主台前，同他們定了和睦結約後，以聖油傅達味，立了依斯拉耶耳國的王②。達味初作王的時候有三十歲，在位四十年：［在］黑栢隆晉如達斯的族七年零六個月；［在］日露撒冷府晉依斯拉耶耳衆族連如達斯的族三十三年。王同〔一齊〕所有的兵都往日露撒冷去，要征伐那地方的耶布則阿支(支)泒【派】，耶布則阿人給達味說：「你若是不教瞎子、瘸子出去，不能進來③。」這瞎子，瘸子也說：「達味不能來這裡。」到底達味攻戰得了堅修的西用城，這就名叫「達味城」。達味那天口許了說：「若誰擊壓了耶布則阿仇敵，若手摩了城的高瓦(瓦)溝，除盡了恨達味的瞎子、瘸子，我报答他的功劳(勞)。」所以俗語說，瞎子、

11a　瘸子不能進聖殿④！」達味住在那堅固城內，將那城取名叫達味城，還從黙耳落窪的地方周圍砌了墻(牆)圈子，內裡還盖(蓋)了許多房子。達味一日比一日興盛(盛)，大軍的主陡斯同他在一塊兒。西拉黙底落的王望達味遣使者，又送蛇多落的木頭，並木匠，石匠爲砌墻，他們就修達味的宮殿。達味綫知天主定立他做依斯拉耶耳國的王，也賞他晉依斯拉耶耳後代——他的本民。達味〔還〕從黑栢隆來後，娶了正妻、次妻——都是日露撒冷的人，達味又生別的子女。日露撒冷生的子，他們的名字就是這些：撒木瓦、索巴伯、那丹、撒落孟、耶巴哈耳、厄里穌瓦、諾佛克、亜斐亜、厄里撒瑪、厄里約達、厄里法落得。斐里斯定人听見依斯拉耶耳衆族用聖油傅了達味，立爲王，都來征

11b

討達味。達味得了信，起身進了堅固地方。斐里斯定的兵在拉法意黙山溝裡，一
隊一隊扎了营盤。達味求問天主的旨意說：「我去攻戰斐里斯定仇麼?主把他們
放我手裡麼?」天主望達味說：「你去，我把他們放你手裡。」因此達味去巴耳法拉西黙
地方，在那裡壓敗了他們。達味說：「如同水撒地，天主在我眼前分散我的仇敵。」所以那
地方的名呌巴耳法拉西黙，斐里斯定的兵〔在〕那裡留下他們的邪神像雕的模樣⑤。
達味他的兵拿了這個像去⑥。斐里斯定支泒【派】的人又來，又〔在〕拉法意黙山溝扎了
营
盤。達味又求天主的旨意說：「望斐里斯定仇再戰使得麼?主還將他們放我手裡
麼?」天主答應：「不要望他們直去，但你繞着走，去到他們背後，向着梨(梨)樹(樹)地
方站住。

12a

一听見梨樹上一步一步走的响(響)声，你纔攻戰，因爲那時天主⑦在你前頭走，帮助你洗
殺斐里斯定仇敵。」達味遵(遵)天主的旨意行，從加巴哈到热則耳砍殺斐里斯定的兵。

註解

①這語的意思就是：「我們起初原是一個父親亜各伯生的，所以我們都是弟兄。你如今要我們怎麼行，我們就怎麼行。」②達味許下要按天主定的法度治國，衆族的頭目們還發誓【誓】要在王跟前忠信。這樣和好後，將達味傅了聖油，立他做王。③耶布則阿這支泒【派】的人太恃倚城的堅固並牆高，爲譏誚達味，特排瞎、瘸人看守城，又嘱(囑)付瞎瘸人高声說：「達味不能進城，保城的就是我們。」但約亜伯用長梯上了墻，全殺了瞎子，瘸子，得了城。④達味嫌悪耶布則阿人的驕傲，故下令：「不許那支泒【派】的瞎子、瘸子進聖殿並西用城！」從此興起了俗語。⑤因爲在這地
方仇敵潰散了，他們的邪神像乱棄(棄)在地下，給那地方取名呌「巴耳法拉西黙」。⑥達味拾了這些邪像，全捧在火裡燒(燒)。本來别的經上細記了這些事。⑦說的天主，是天主差的一位天神。

12b

第六篇

達味又從依斯拉耶耳民聚集了三萬兵，都是挑選的。達味他自己共同有的如達斯族的人起身，爲挪移陡斯的櫃到西用城內。這櫃前頭，衆人呼：「大軍主的名〔①〕，坐在兩『克魯賓』當中。〔①〕。」將櫃放在新車上——從住加巴哈的亜必那大伯的家拿來〔的〕，亜必那大伯的兒子們阿匝、亜喜約兩個赶新車。從加巴哈住的看守陡斯櫃的亜必那大伯的家取了他，亜喜約〔在〕櫃的前頭走。論達味同依斯拉耶耳衆民，〔在〕天主台前，用木的諸樣噐皿，弹(彈)琴(琴)、打皷(鼓)〔敲〕鑼(鑼)、吹簫作樂。到了那順的打粮(糧)食場(場)，阿匝望陡斯的櫃伸開手扶他，因爲牛後腿踢(踢)櫃，就偏【偏】歪了。天主動義怒，惱(惱)了阿匝，爲他失敬胡行

13a

處治他，阿匝在這裡——陡斯櫃傍邊——死了。因爲天主殺了阿匝，達味心裡难(難)過，那地方的名字到今叫「罰阿匝的地方」②。達味敬怕天主說：「天主的櫃怎麼進我的家呢？」說後不肯挪移天主的櫃到自己的城，反送到热得〔的〕阿栢得多黙的家裡③。天主的櫃三個月在热德(德)〔的〕阿栢得多黙的家，天主降福阿栢得多黙並他全家。天主爲陡斯的櫃給阿栢得多黙並他的事物降福的這信，到了達味的耳朵(朵)。達味即刻起身，欢悅從阿栢得德多黙送陡斯的櫃到達味的城裡——〔有〕七隊音樂，祭(祭)祀上的用的小牛犢，跟隨達味抬天主櫃的肋未子孫。行了六步，他祭祀一個牛，一個公棉【綿】羊。達味又在天主前頭④盡力跳舞，達味原穿了一件細麻厄佛得衣服⑤。達味及依斯拉耶耳全家的人頻(頻)頻欢

13b
樂，屡(屢)屡吹號器，送天主和睦節約櫃。天主的櫃進達味的城時，撒烏耳的女孩米渴
耳從窓(窗)戶看見了王達味在天主前頭跳舞，心裡輕慢他。暫且天主的櫃進來，放在本
地方，就是達味預偹的殿當中；達味還將全、安二祭獻與天主。獻了全、安二祭後，呼
大兵主陡斯的聖名，給衆人降福。望依斯拉耶耳衆民，或男或女，各人散給一個圓饅頭，
一塊燒牛肉油炸的細麺(麵)。人人辭別回了本家。達味回轉要給本家降福，撒烏耳的女
孩米渴耳迎接達味說：「依斯拉耶耳國的王今日好不光荣(榮)的。他在奴婢們眼前脫了
衣裳，如同頑耍的小人們一樣，光赤身子⑥。」達味望米渴耳說：「天主台前，我喜跳舞，
我後還要比
先更自卑下！若我常自輕待己，並如你說的那些奴婢前，我輕待了我，那時我真有光

14a
荣——就是天主棄了你父親、他的全家，挑選我，也命我做依斯拉耶耳衆民的王。因此撒
烏耳的女孩米渴耳，至死不能生子。[⑦]

註解

①說的「克魯賔」是天神，本來櫃兩頭有兩位天神的形像，手抬着「慈(慈)憐」，「慈憐」就是櫃的盖，因爲天
主從這「慈憐」降旨意，所以稱呼「慈憐」是天主的賔(寶)座。達味剛得安然歇息的地方，想起聖櫃如失
落了一樣，要挪到西用热閙(鬧)裡來。天主酬报達味敬爱的心，增(增)加王達味的大荣威嚴；反倒
撒烏耳
棄了天主，单想自己的臉、位、声名，不久他的臉面、尊(尊)威、名声都丧(喪)了，後來自刎。他
的屍首掛在仇的
城墻上，無有不羞辱他的。②阿匝不過是肋未的一子孫，不能摩聖櫃。因爲阿匝的意是善意，大
槩(概)天主罰他的肉身，救他的灵(靈)魂。揔說天主要曉(曉)諭衆人，不可聖櫃台前失了恭(恭)
敬，故特降這災祸。③
阿栢得多默原是肋未族的人，生在斐里斯定的热得城裡，或肋未晉的热得冷孟城，所以說是热得
地方，也說他是热得阿人。④達味要發出他的大喜，故這樣行了。⑤這個厄佛得不是祭祀首用的

14b

厄佛得，是另外的一件細麻白衣，像似厄佛得。⑥米渴耳的話是從他的驕傲來的，達味不光赤身不過爲穿厄佛得，脱了浮面的王衣。〔⑦〕因天主厭悪傲人，故不賞米渴耳生子之能。

第七篇

王在家裡安然住着，本來天主壓敗了他的衆仇敵，處處賞了太平，他望先知者那丹說：「你不瞧(瞧)我住的楠木房子裡，陡斯的櫃放在皮帳中麼?」那丹答王說：「王心裡想怎麼行，只管行！因爲天主同你在一塊兒〔①〕。」那一夜，天主給那丹說：「你去告訴我的奴才達味，天主的吉意是這樣：『难道你要給我修住的堂麼?我從厄日多國救出依斯拉耶耳後代那一天到今，没有住過房子，但住在帳房内，同依斯拉耶耳衆後代旅行過的地方。若交付一族的人管依斯拉耶耳後代我的民，难道我給那族的人

15a

說：何故不盖蛇多落木的房子〔與〕我住呢〔①〕?』如今，你望我的奴才達味說：『大軍的主吉意如此：你正赶羊的時候，把你立做依斯拉耶耳後代我民的頭目。你往那裡去，我同你在一塊兒，在你眼前殺了你的衆仇；教你得如世上所有的尊貴人的名。你在位的時候，還要賞給我的民依斯拉耶耳定的地方，堅固他們，在那裡安居，從此往後没有些微(微)乱事，兇(兇)暴人也不照先前傷害他們，本來從我立審(審)士管我民依斯拉耶耳後代，那兇暴這樣作了；又除盡你的衆仇，要賞給太平。』再者，天主預先告訢【訴】你：『要添(添)你家的威嚴、人口的数(數)目。你生活的日期完了，你見了你祖們後，我把你生的一子放在你位上接續你，也堅固他的國。就是他立堂，爲光榮我的名，我也定他的位到永遠②。

15b

我給他做父親，他給我做兒子；倘他行了些微惡事③，把人用的樹條子端正他，照處
治親子的規矩處治他；我的仁慈揔不離開他如離開了撒烏耳，本來從我面前逐
出了他。你的家在我跟前忠心，你自己要見你的國常在，你的位也常是堅固的。』」照
天主分付那丹告訴達味［的］，那丹一一都告訴了。王達味進了殿，天主台前坐下說：「主
陡斯！
我是何人？我的家是甚麼？你要擧(舉)我到這尊貴的地步呢？主陡斯！你想這恩太小，還
要提你奴才家後幾百年的事？主陡斯！這就是亞當的性情④！如此達味除說這話
外，能在你台前說甚麼話呢？主陡斯！你深知你的奴才。你要合你的言語，隨你的慈心，
做了這多奇妙的事，也使你的奴才听。爲此，主陡斯！你高貴大方，我們耳朵所听見過的，

16a

没有像似你的，除你以外；没有别的『陡斯』。普天下那一個支派【派】比得上依斯拉耶耳
的
支派【派】呢？陡斯親去贖他做他的民；在他當中光荣自己的聖名，爲他做奇妙威嚴
的聖蹟，從厄日多救出他，看待如你的支派【派】，也作他的陡斯，挑選依斯拉耶耳後代，
定他們永遠是你的民。主陡斯！你真做了他們的陡斯！如今懇求主陡斯，你給你奴
才及他的家許下的話成全到永遠！怎麼說，也怎麼行，爲的是代代人永遠讚
美你的聖名！衆人也說：『大軍的主陡斯，是依斯拉耶耳會的陡斯！』論你奴才達味
的家，天主台前，一定堅固！既大軍的主——依斯拉耶耳的陡斯——告訴你奴才說：『我
給你立
定家。』爲此，你奴才得热心，獻給你這祈求的話。主陡斯，你是陡斯！你的話也真實，既

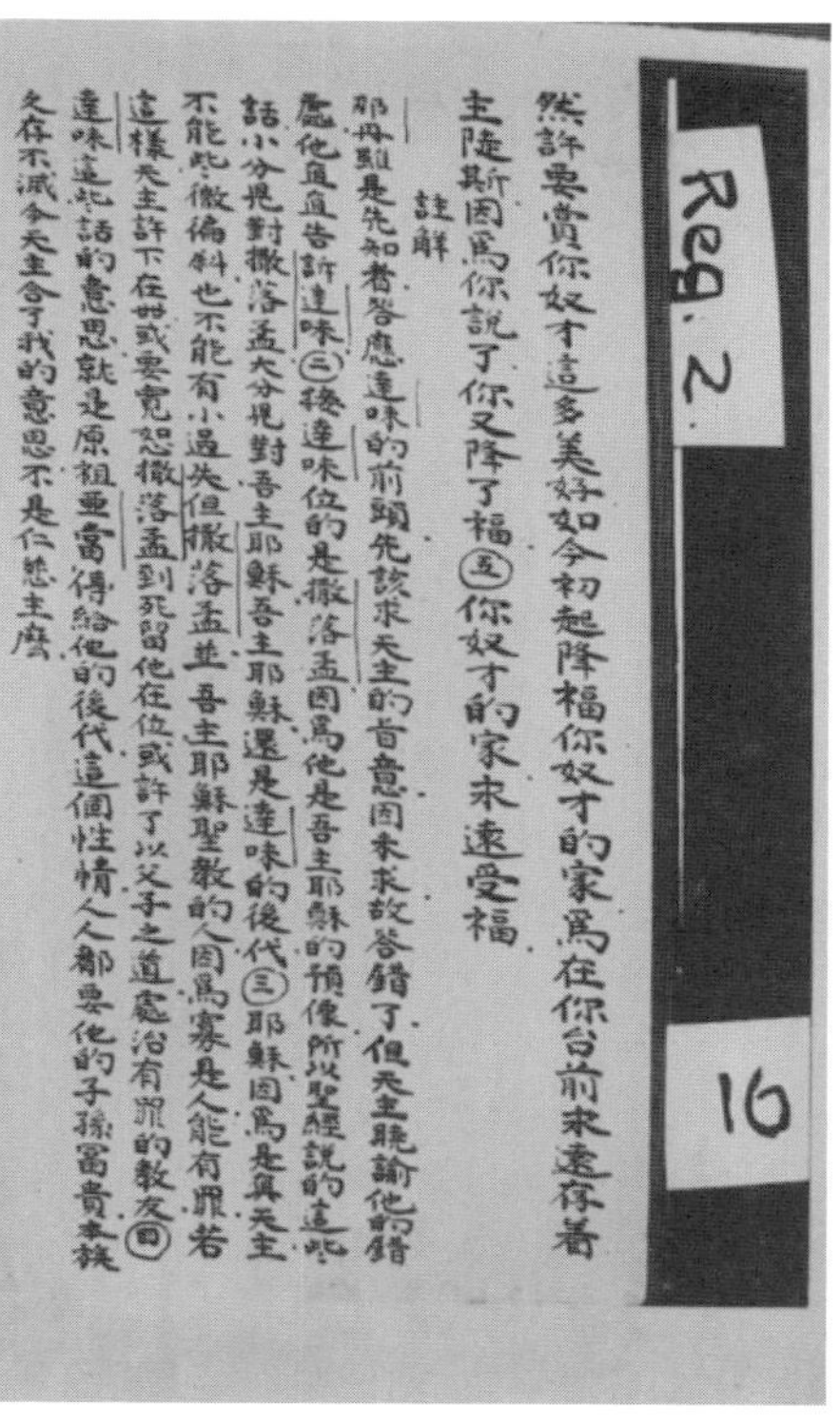

16b

然許要賞你奴才這多美好。如今初起降福你奴才的家，爲在你台前永遠存着。
主陸斯！因爲你說了，你又降了福〔⑤〕，你奴才的家永遠受福。

註解

[①] 那丹雖是先知者，答應達味的前頭，先該求天主的旨意，因未求，故答錯了，但天主曉諭他的錯
處，他直直告訴達味。②接達味位的是撒落孟，因爲他是吾主耶穌的預像，所以聖經說的這些
話，小分兒對撒落孟，大分兒對吾主耶穌，吾主耶穌還是達味的後代。③耶穌因爲是真天主，
不能些微偏【偏】斜，也不能有小過失，但撒落孟並吾主耶穌聖教的人，因爲寡（寡）是人，能有罪。
若
這樣，天主許下在世或要寬恕撒落孟，到死留他在位；或許了以父子之道處治有罪的教友。④
達味這些話的意思就是「原祖亜當傳給他的後代這個性情：人人都要他的子孫富（富）貴，本族
久存不滅，今天主合了我的意思，不是仁慈主麼？」

17a

第八篇

這事情後，達味勝了斐里斯定，壓敗了他們，達味終停(停)止依斯拉耶耳後代給
斐里斯定進貢的羞辱。還勝了莫哈伯地方的人們，[把] 他們狠堅固的城毀(毀)成平地；人也
用兩條繩丈量(量)①，斷定該殺的一條繩子，該留的一條繩子。從此，莫哈伯國做了達味
的
屬(屬)下，也進貢。達味還壓敗落火伯的兒子亜達肋則耳——索巴國的王，[那時] 他正起
身，要
覇(霸)佔毆(毆)法拉得大江的地方。達味搶了他一千七百馬兵，又二萬步兵，砍了拉車的
馬腿
的筋②，單留下一百車上用的馬。達瑪斯郭——西里亜地方的兵——那時來帮助索巴國
的王亜達肋則耳，達味殺了二萬二千西里亜的兵。達味還安兵防守達瑪斯郭的

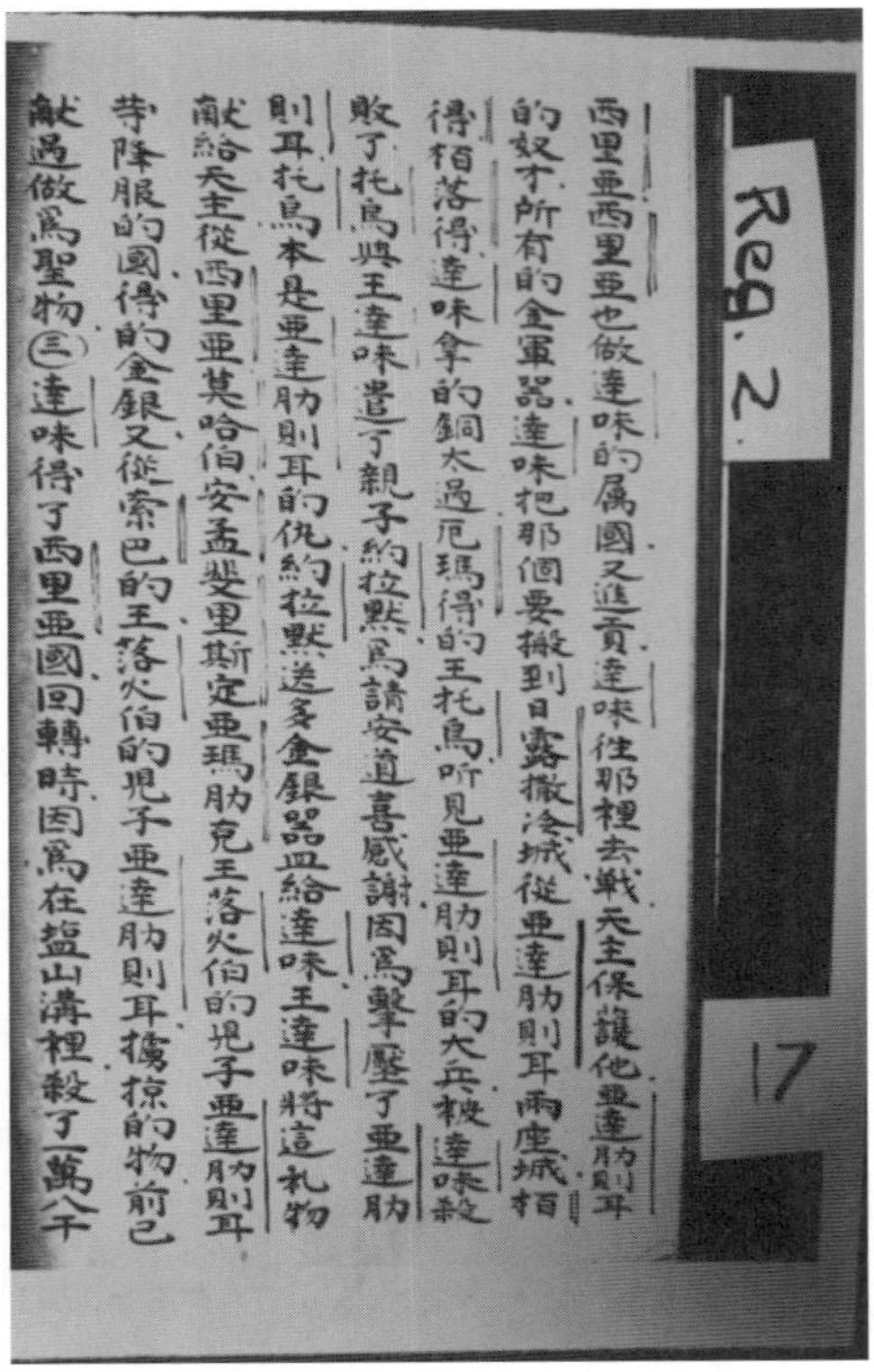

17b
西里亜，西里亜也做達味的屬國，又進貢。達味往那裡去戰，天主保護他。亜達肋則耳
的奴才、所有的金［並］軍器，達味〔把那個〕要搬到日露撒冷城。從亜達肋則耳［的］
兩座城——栢
得、栢落得——達味拿的銅太過。厄瑪得的王托烏听見亜達肋則耳的大兵被達味殺
敗了，托烏共王達味遣了親子約拉黙，爲請安、道喜、感謝，因爲擊壓了亜達肋
則耳，托烏本是亜達肋則耳的仇。約拉黙送多金銀器皿給達味。王達味將這礼(禮)物
献給天主，從西里亜、莫哈伯、安孟、斐里斯定、亜瑪肋克王落火伯的兒子亜達肋則耳
寺降服的國得的金銀，又從索巴的王落火伯的兒子亜達肋則耳擄掠的物，前已
献過做爲聖物③。達味得了西里亜國回轉時，因爲在塩(鹽)山溝裡殺了一萬八千

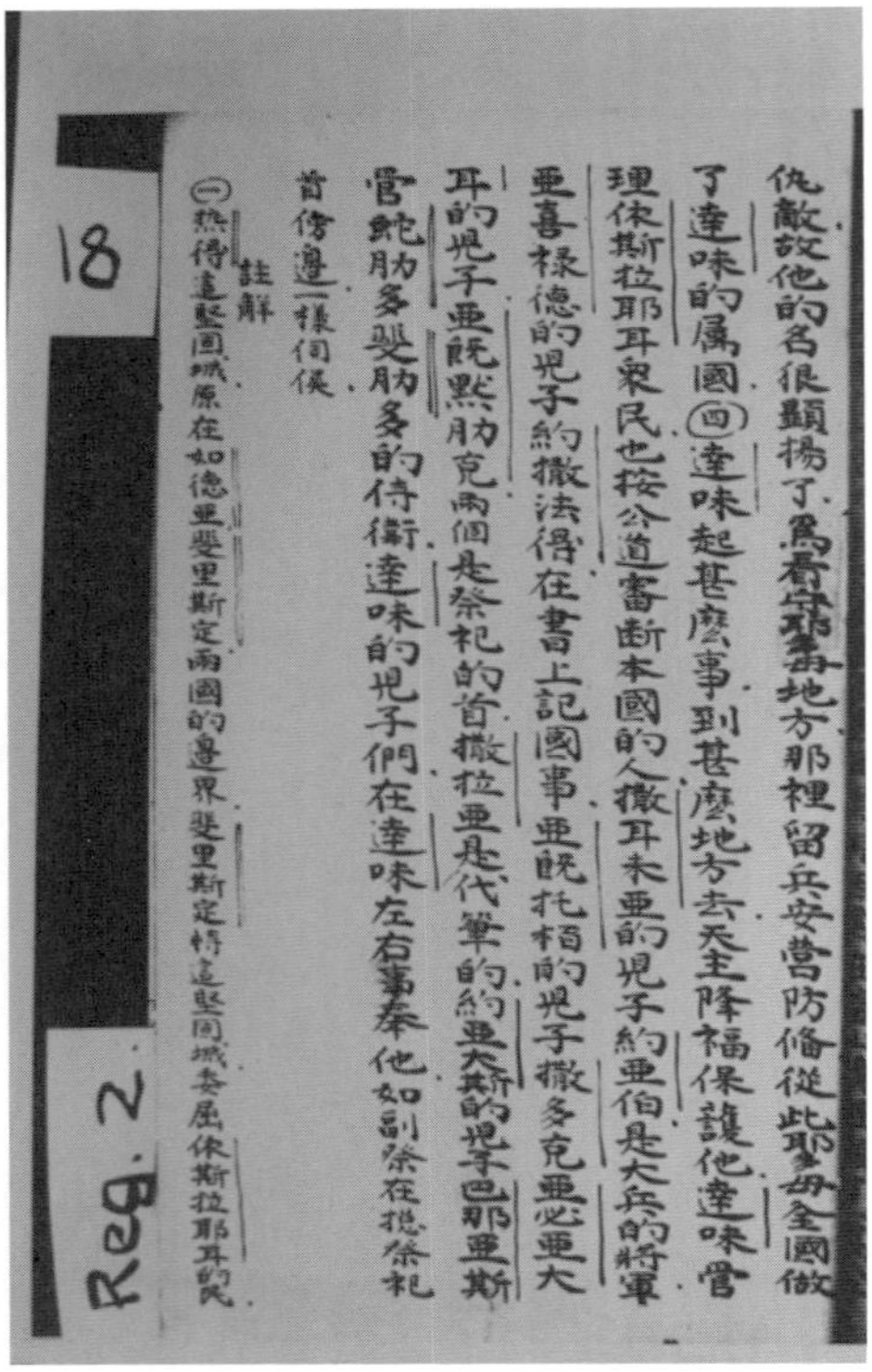

18a
仇敵，故他的名狠顕(顯)揚(揚)了。爲看守耶多母地方，那裡留兵安営防備，從此耶多母
全國做
了達味的屬國④。達味起甚麼事，到甚麼地方去，天主降福保護他。達味晉
理依斯拉耶耳衆民，也按公道審断本國的人。撒耳未亜的兒子約亜伯是大兵的將軍，
亜喜禄(祿)德的兒子約撒法得在書上記國事。亜既托栢的兒子撒多克、亜必亜大
耳的兒子亜既黙肋克兩個是祭祀的首，撒拉亜是代筆的，約亜大斯的兒子巴那亜斯
晉蛇肋多、斐肋多的侍衛；達味的兒子們在達味左右事奉(奉)他，如副祭在揔祭祀
首傍邊一樣伺候【候】。

註解

①执得這堅固城，原在如徳亜、斐里斯定兩國的邊界，斐里斯定恃這堅固城，委屈依斯拉耶耳的民，

18b

依斯拉耶耳的民爲免這禍，無奈只得給斐里斯定進貢。達味一得了热得城，減（滅）了斐里斯定仇的力，依斯拉耶耳後代綫不進貢。從莫哈伯國擄來的男子這樣多達味不暇数他們，教他們對面站着，用繩丈量：短繩丈的全殺，長繩量的都留下做奴才。達味既公正慈良，必定查問誰兇横（横），誰良善：有了滉（憑）據，纔定他們生死。②本來天主特命禁止過不許多養馬。③因爲達味留了這許多金銀銅带物件，立天主的大堂，故可說作聖物。④因爲達味誠（誠）心恭敬天主，說他自己行的好事都是從天主特恩來的，與自己謀畧（略）、力量不相干，故天主报他謙敬之德，廣（廣）揚他的名、大開他的國。有了天主的恩，達味綫

將東邊莫哈伯國，西邊斐里斯定的國，南邊耶多母國，比（北）邊西里亜國全収服，都做了如德亜國的屬下。

第九篇

有一日，達味說：「想來撒烏耳家裡有剩下的後人，我爲約那大斯能恩待他。」撒烏耳家裡原有一奴，名西巴，王傳他來，問：「你不是西巴麼?」答應：「你奴就是西巴。」王又說：「撒

19a

烏耳家裡還有剩下的人否?我要爲天主恩待他。」西巴答應王說：「单剩下約那大斯的一子，兩腿瘸了。」又問：「他在那裡?」。西巴又說：「如今［在］落他巴耳地方的安米耶耳的兒子瑪

寄耳的家裡。」因此達味差人到落他巴耳，從安米耶耳的兒子瑪寄耳的家取了他。撒烏耳的孫子，約那大斯的兒子米費玻塞得來到達味跟前，伏俯在地叩頭。達味說：「你是米費玻塞得麼?」答應：「你的奴才在這裡。」達味望他說：「不要怕，我爲你父親

約那大斯，自然恩待你，你祖宗撒烏耳的田我都還給你；也要你同我常坐下吃饅頭。」米費玻塞得給達味叩頭說：「你的奴才是甚麼?我雖像一死狗，要這樣厚(厚)待麼?」

王達味隨即叫撒烏耳的奴才西巴來，給他說：「先前撒烏耳所有的物件，並他的家產，

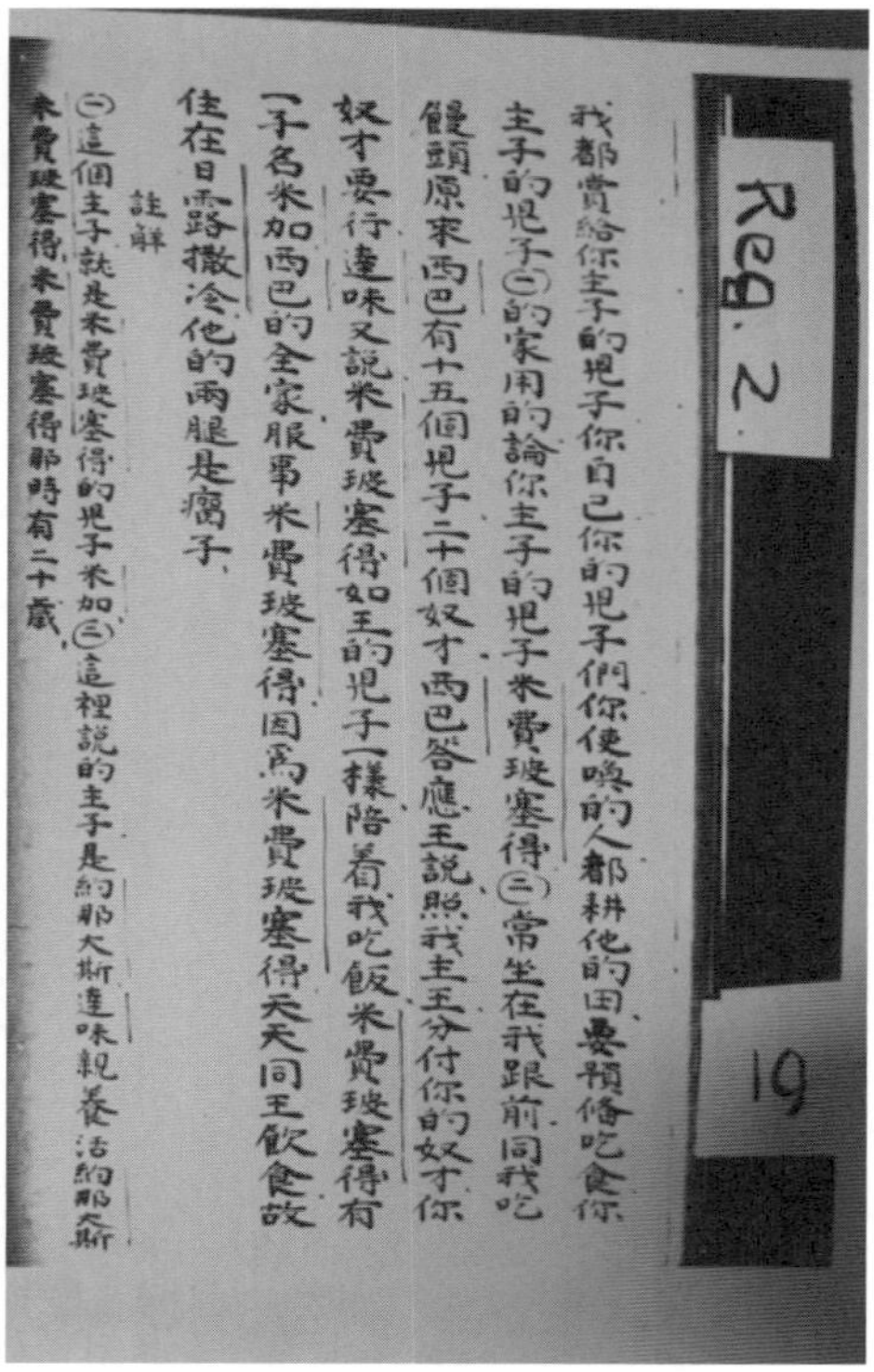

19b

我都賞給你主子的兒子。你自己、你的兒子們、你使喚的人都耕他的田，要預備吃食［供］你
主子的兒子①的家用的：論你主子的兒子米費玻塞得②，常坐在我跟前同我吃
饅頭。」原來西巴有十五個兒子、二十個奴才。西巴答應王說：「照我主王分付你的奴才，
你
奴才要行。」達味又說：「米費玻塞得如王的兒子一樣，陪着我吃飯。」米費玻塞得有
一子，名米加。西巴的全家服事米費玻塞得。因爲米費玻塞得天天同王飲(飲)食，故
住在日露撒冷，他的兩腿是瘸〔子〕［的］。

註解

①這個主子就是米費玻塞得的兒子米加。②這裡說的主子是約那大斯。達味親養活約那大斯［的子］
米費玻塞得，米費玻塞得那歳有二十時。

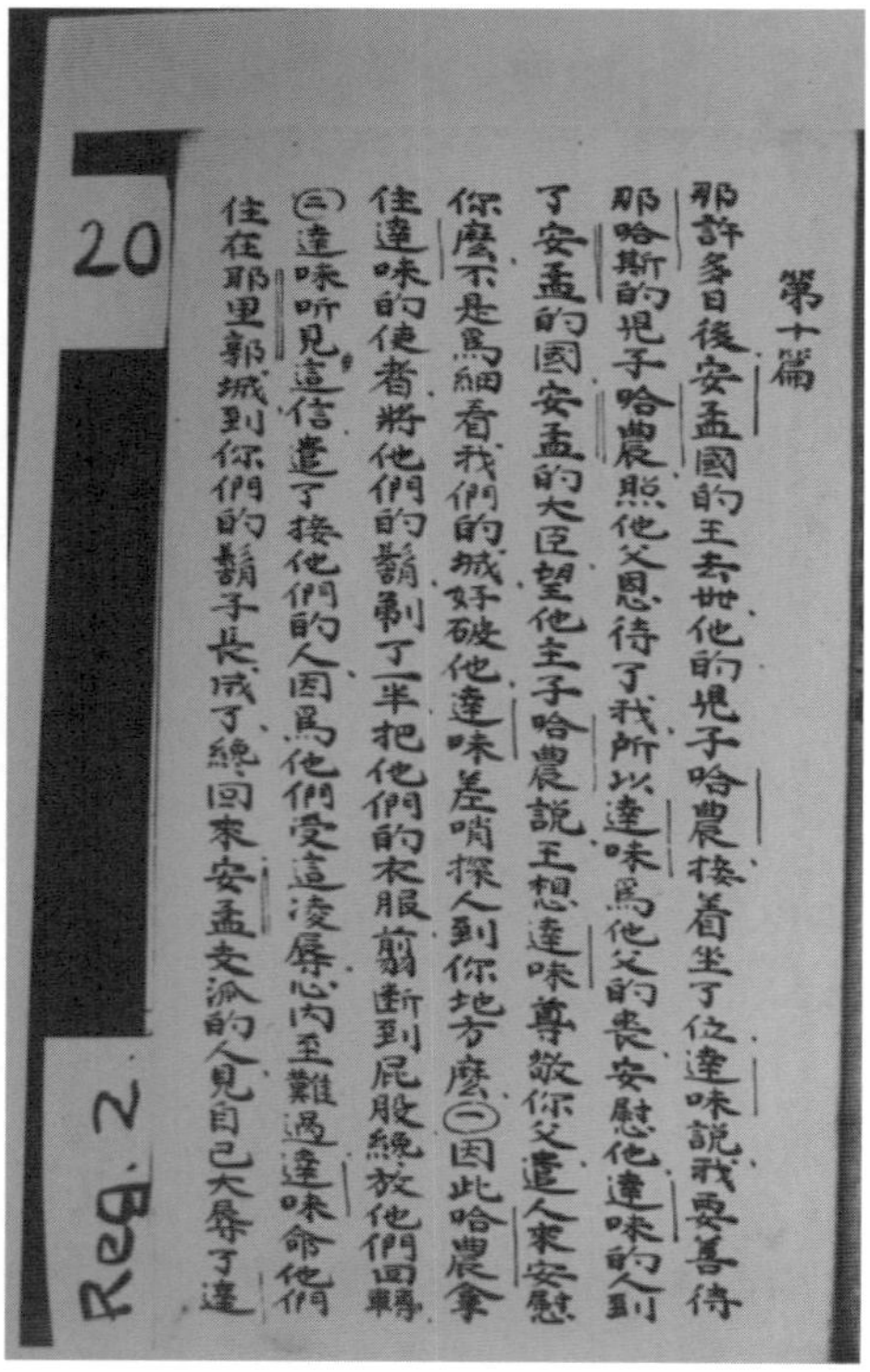

20a

第十篇

那許多日後，安孟國的王去世，他的兒子哈農接着坐了位。達味說：「我要善待
那哈斯的兒子哈農，照他父恩待了我。」所以達味爲他父的喪安慰他。達味的人到
了安孟的國，安孟的大臣望他主子哈農說：「王想達味尊敬你父，遣人來安慰
你麼？不是爲細看我們的城好破，他達味差哨探人到你地方麼①？」因此哈農拿
住達味的使者，將他們的鬍剃了一半，把他們的衣服翦(剪)斷到屁股，纔放他們回轉
②。達味听見這信，遣了接他們的人，因爲他們受這凌辱，心內至難(難)過。達味命他們
住在那里郭城，到你們的鬍子長成了，纔回來。安孟支泒【派】的人見自己大辱了達

20b
味，望西里亜的落火伯並西里亜的索巴打發人，用銀子僱了二萬步兵，又領了瑪
哈沙王的一千兵，兼依斯托玻地方的一萬二千男子。達味一得了這信，命約亜伯領大兵
去征伐他們。安孟的兵出來，在莫達巴城門前扎了營盤；西里亜的索巴，落火伯等〔並〕
依斯托玻，瑪哈沙的兵，另在別方扎營。約亜伯看仇的意要前後夾攻，從依斯拉耶
耳的兵挑選勁勇的数旗對着西里亜仇，剩下的兵交給他兄弟亜必賽，他就去
共安孟的兵打仗。約亜伯囑付他說：「若西里亜的兵擊壓我，你帮我，若安孟的兵困你，
我給你出力。你奮(奮)勇，我們兩個爲我們的民，我們陡斯的城打仗。天主的聖意怎
麼安排我們，就怎麼安排罷！」約亜伯同有的兵起戰西里亜仇敵，仇即刻跑了，

21a
安孟的兵看見西里亜的兵跑了，〔也〕從亜必賽〔面前〕跑了，也進了城。約亜伯勝了安孟
的
兵後，回轉日露撒冷。西里亜的人見自己被依斯拉耶耳的兵擊壓了，共同會合
要报仇。亜達肋則耳③遣人領毆法拉得江那邊住的兵來救，亜達肋則耳的大
將軍索巴克晉他們。達味听這信，帶依斯拉耶耳的衆兵過了若耳當河，到了黑
拉默。西里亜的兵迎着達味，同他打仗，但他們不能抵擋依斯拉耶耳的兵，就跑了。
達味毀了仇敵的七百輛車，殺了四萬馬兵，大將軍索巴克中了刀刃，立刻死了。帮
亜達肋則耳來的衆王瞧見自己被依斯拉耶耳的兵壓敗了，害怕，躲依斯拉耶耳
兵，跑的有五萬八千，同依斯拉耶耳國定和睦結約，歸順了他。西里亜地方的人從

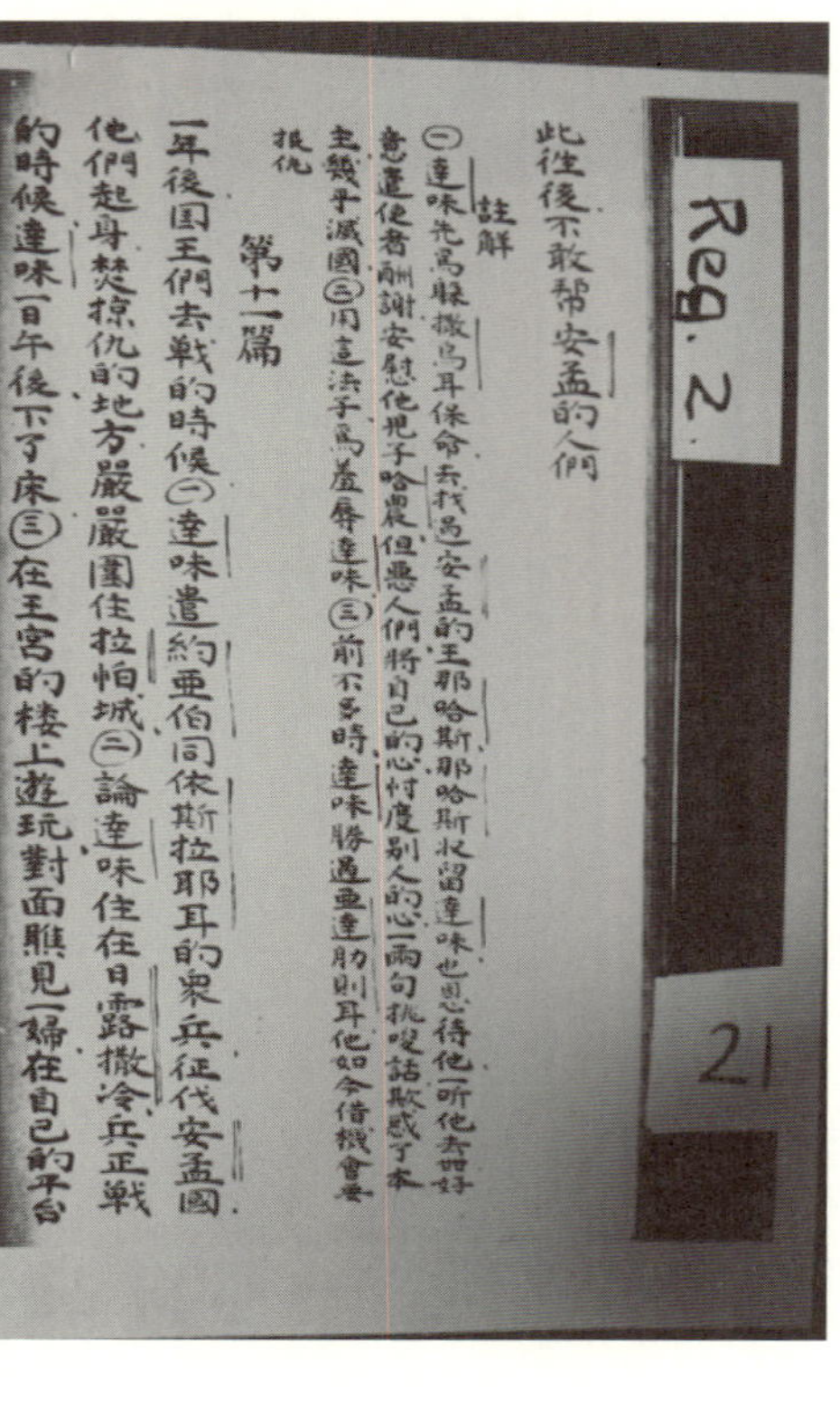

21b

此往後不敢帮安孟的人們。

註解

①達味先爲躲撒烏耳保命，去找遏安孟的王那哈斯，那哈斯收留達味，也恩待他。一听他去卌，好意遣使者酬謝，安慰他兒子哈農，但悪人們將自己的心忖度別人的心，一兩句挑唆話欺惑了本主，幾乎滅國。②用這法子爲羞辱達味。③前不多時，達味勝過亜達肋則耳，他如今借機會要報仇。

第十一篇

一年後，国王們去戰的時候①，達味遣約亜伯同依斯拉耶耳的衆兵征伐安孟國，他們起身焚掠仇的地方，嚴嚴圍住拉怕城②。論達味，住在日露撒冷。兵正戰的時候，達味一日午後下了床③，在王宮的楼(樓)上遊玩。對面瞧見一婦在自己的平台

22a

上洗澡，這婦人本狠俊美。王用人探那婦是誰，告訢【訴】他就是厄里亜默的女孩，黑得阿［人］烏里亜的妻子④，名叫栢得撒栢。達味遣人拿他來，婦人來到他跟前，達味同他睡臥⑤。女人起來後洗净他的臟【髒】身⑥，回轉本家，但因爲受了孕，差人告訴達味說：「我有了孕。」達味遣人望約亜伯說：「你送黑得阿［人］烏里亜到我這裡來。」約亜伯就命烏里亜到達味跟前來。烏里亜見了達味，達味問：「約亜伯，衆兵行的事都安麼?軍旅的事也何如?」後頭達味望烏里亜說，你去你家裡洗你的脚。烏里亜出了王宮，王賞的吃食隨着他。但烏里亜在王宮的門前，在達味的奴才房裡夜宿，不去本家。有人望達味說，烏里亜未回本家。故達味給烏里

22b

亜說：「你不行路麼?爲何不往你本家去?」烏里亜答應達味：「陡斯的櫃，依斯拉耶耳，如達斯的兵在帳房裡，我的將軍約亜伯、我主的奴才們在地下睡卧，我反倒進我家飲食，同我妻睡卧麼?懇求天主賞王肉身平安，灵魂獲(獲)寵！我再不這樣行。」達味望烏里亜說：「你今日仍然在這裡，明日教你回去。」因此烏里亜本日〔次日〕歇在日露撒冷。「次日」，達味又傳他來要同他吃歆(飲)，術籠他歆醉。他晚上出去，同達味的奴才一塊，在他褥子上睡卧，也没去本家⑦。明早，達味給約亜伯冩(寫)了書信，交給烏里亜帶去。書上冩的：「若哪裡仇敵嚴攻，你將烏里亜放在我們兵頭裡，衆人故意離散，棄了他，爲使他死。」因此約亜伯圍困城的時候，知道那裡有捨死奮戰的仇，

23a

將烏里亜放在那裡。抵擋約亜伯的那仇出了城，乱殺了達味的多少兵，黑得阿〔人〕烏里亜也死了。約亜伯把打仗的事都告訴了達味，也命報信的：「你給王講了打仗的事後，若見他動怒，責備我們說：『你們何故爲戰近城墻呢?难道不知從墻上射的箭狠多麼?誰殺了耶落巴哈耳⑧的兒子亜必莫肋克呢?不是一個女人從墻上抛一塊大磨石，教他死在得栢斯地方?你們爲何近墻?』該答應：『你的奴才黑得阿〔人〕烏里亜還死了⑨。』」報信的起身來到日露撒冷，照約亜伯分付的都告訴達味。送信的說：「我們畧受了仇的傷，他們出城要同我們田裡戰，我們的兵追趕他們到城門，箭手忽從墻上射。你的奴才們敗在箭上真不少，黑得阿〔人〕烏里亜也死了。」達味望报

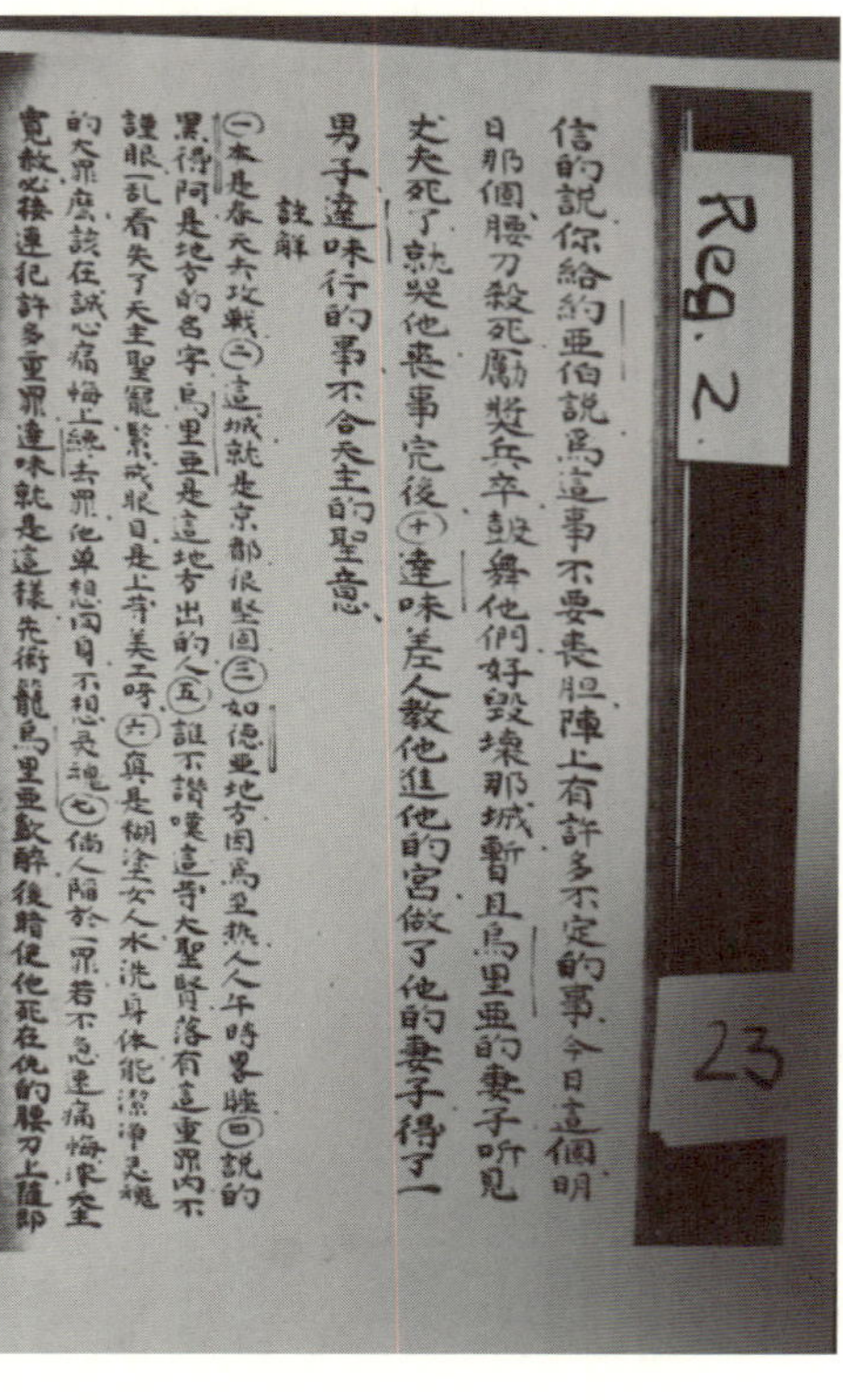

23b

信的說：「你給約亜伯說：『爲這事不要喪胆（膽），陣上有許多不定的事，今日這個、明日那個〔被〕腰刀殺死，勵奬（奬）兵卒；皷舞他們，好毀壞（壞）那城。』」暫且烏里亜的妻子听見丈夫死了，就哭他。喪事完後⑩，達味差人教他進他的宮，做了他的妻子，得了一男子。達味行的事，不合天主的聖意。

註解

①本是春天去攻戰。②這城就是京都，狠堅固。③如德亜地方因爲至热，人人午時晷睡。④說的黑得阿是地方的名字，烏里亜是這地方出的人。⑤誰不讃嘆（嘆）這寺大聖賢落有這重罪內，不謹眼，一乱看，失了天主聖寵。緊戒眼目，是上寺美工呀！⑥眞是糊塗女人，水洗身体（體）能潔（潔）净灵魂的大罪麼？該在誠心痛悔上，絳去罪，他单想肉身，不想灵魂。⑦倘人陥於一罪，若不急速痛悔，求天主寬赦，必接連犯許多重罪。達味就是這様，先術籠烏里亜飮醉，後暗使他死在仇的腰刀上，隨即

24a

娶那贜【髒】婦做妻。這三大罪都是從起初犯的那一罪生出來的。⑧那落巴哈耳就是热德翁。⑨這是約亜伯的計策，倘達味動怒，立刻要提死了烏里亜，好息王的怒。⑩上古的礼，喪事要七天絳完。

第十二篇

如此天主望達味遣了那丹①，來到他跟前說：「有兩人在一座城，一冨一穷（窮）：冨的牛羊狠多；穷的並無甚麼，单有一個牝羊犻（崽）子。買了他喂（餵）着，在他家同他兒子們長大，吃他的饅頭，歃他鍾（鍾）裡的水，靠他胸膛睡，疼爱他如親女孩一様。忽然，冨人家裡有客來，要給客擺席（席），捨不得殺他自己的牛羊，強拿穷人的羊去，給來的客預備肉菜（菜）。」達味惱那冨人，動怒望那丹說：「我指汞生的天主！作這樣事的人該殺。因爲

24b

這樣行，不体量穷人，替那一個羊要還四個。」那丹望達味說：「那個人就是你！依斯拉耶耳主陡斯的旨意是這：我以聖油搽(擦)了你，立爲依斯拉耶耳國的王，從撒烏耳的手救了你，又賞給你你主子〔②〕〔的〕家〔的〕妻子們，任凴你的願欲〔②〕；也交給你當依斯拉

耶耳，如達斯衆民的權。若看這恩還小，另添更大的，但你爲何輕賤我的誡，在我眼前犯了罪惡呢？腰刀殺了黑得阿〔人〕烏里亜，又娶他的妻做你的妻子，用安孟仇的刀殺了烏里亜。因此，腰刀永遠不離你的家！因爲輕慢了我，也娶了黑得阿〔人〕烏里亜的妻子，做你的妻子。天主說：『我如今從你的家起大祸，爲罰你，當你眼前把你妻子們給你切近的人，他正日光照耀的時候同你妻子睡卧。你行的是暗事，我剛

25a

要作的事，在依斯拉耶耳衆民眼前，對日頭的面③。』」達味答應那丹說：「我得罪了天主！」那丹望達味說：「天主饒(饒)恕你的罪，你不死④；但因你這悪行實，教天主的仇輕

慢天主的聖名，故此你生的兒子要死。」那丹說了後，就回了本家。天主使烏里亜的妻子給達味生的那小子遭了重病，無法救他，達味爲小子求天主，也守大齋，離開衆人，進深房，伏地。家裡老臣們來，再三請他起來，他不肯，也不同他們飲食。第七天，小兒死了。達味的奴才們怕，不敢报小兒死，彼此說：「小兒活的時候，若我們望主

子說，他不听我們的話；如今若說小兒死了，更要苦他的心。」達味看見使喚人耳邊說話的光景，懂得小兒死了，問他們：「小兒死了麼？」答應：「死了。」達味立刻從地起來，

25b

洗身，擦香料油，換衣，進了天主殿叩拜，後回轉本家，命預備饅頭肉菜，就吃。奴們
問他：「主子行的何事呢？小児活着，王守大齋也哭；小児死了，王起來吃歁。」達味說：
「小児活的時候，爲他守大齋也哭，心裡想：『定不得這様作，天主賞我這小孩活着』；
如今既死了，何必守齋？我能復(復)活他麼？他去的地方，我早晚一定去，他必不往我這裡
來！」達味又安慰自己的妻栢得撒栢，進去共他睡卧。他生了一子，取名呌撒落孟。天主疼爱
這個孩子，天主又望達味差了先知者那丹給孩取名，呌「天主可爱的」，因爲本
天主疼爱的④。暫且約亜伯攻戰安孟國的拉怕得城⑤，夾圍京城。望達味差
了報子說：「我攻戰拉怕得，剛要得水城⑥。王急速聚集了剩下的兵，一同來攻戰

26a

城，親自取他，恐怕破城的功，做我自己的功。」因此達味共同會合了衆兵，起身往
拉怕得，一攻戰就拿了他。從安孟王的頭摘了他的帽⑦，帽的分兩就是一個金
「達楞多」⑧，周圍還有多寶石，把他放在達味頭上⑨，從城裡搶了無数的東西，
都送到日露撒冷。教民們都出城，用鋸截了一分，鉄(鐵)輪車壓了一分，腰刀砍殺了一分，
一分抛在烧磚(磚)窑(窯)内⑩。照這樣處治了安孟國諸城的人。然後，達味領着大兵回
了日露撒冷。

註解

①這個那丹不是達味的児子，那丹另是一人，也是先知者，他爲容易劝（勸）達味用了比喻話。如今想達味
犯重罪前，本在天主台前狠热爱，丗俗事，狠明白，無有不能的；一得了重罪，九個多月閒住在家，单同栢

26b

得撒栢楽（樂）耍，忩（忘）了天主那許多恩，並不顧自己的灵魂。若天主不差那丹責備他，大檗到死不醒悟，罪上加罪，必落地獄。可惜！使明白人变（變）糊塗，真真就是罪悪。②把撒烏耳家的男女都放達味手裡，隨他的便。

③本來達味的兒子亜伯撒隆謀叛，大起了乱，後來如達斯國的王們達味的子孫常遭兵災。說的「拿你妻子交給你切近的人」，這話意就是：我任凴你兒子亜伯撒隆隨便行，若他要臟【髒】你的次妻，我不阻他，不過降給他犯的那罪的報應。④因爲達味真心痛悔，天主饒恕他的重罪，又替死子，賞了一個别的子，這子是撒落孟。這名的意，解說：太平者。天主爱他，另賞名字——格外的恩。⑤拉怕，拉怕得是一城的名字。

⑥因爲拉怕城的周圍有亜玻克旱河的水，故說水城，所以這城狠堅固。約亜伯攻戰了一年纔得了。⑦這裡說的王，不是安孟國的王哈農，是黙耳渴黙的像，地方的人稱他是王。⑧一個金「達楞多」的分兩，就是八十七斤金子。⑨或兵首要尊敬達味，拿這帽，手撐（撐）兩邊，如放在王頭上，或取寶石修餙達味的帽子，人怎能戴那樣重的帽子呢？⑩安孟地方的人常用這酷刑處治他們的仇，天主厭悪他們的暴虐，命達味用一樣的刑滅他們。

27a

第十三篇

這事後，達味的兒子亜黙隆爱達味的兒子①亜伯撒隆的妹，名達瑪耳，他的臉極美。這樣爱，成了病：心裡想他是童身，不容易同他一塊淫（淫）乱。亜黙農有一朋友名約那大伯，這是達味的兄僧（僧）瑪哈的兒子，是伶巧的人。他問亜黙農：「王的兒子，你何故一日比一日瘦（瘦）呢？爲甚麼不告訴我這個緣故呢？」亜黙農答應：「我爱親弟亜伯撒隆的妹子達瑪耳。」約那大伯望他說：「你佯粧（妝）【裝】病，睡在床上，王父來爲看你，給父說，求王遣我妹達瑪耳到這裡，他喂我，預備菜，我從他手接物吃②。」爲此亜黙農卧下，粧【裝】真病了的樣子。王一來看他，亜黙農對王說：「懇求我妹達瑪耳來這裡，在我眼

27b

前預備兩椀(碗)菜，我從他手接着吃。」爲此達味③差人給達瑪耳說：「你去你哥亞
黙農房裡，給他預備吃食。」達瑪耳就進了他哥亞黙農的房，他卧在床上。達瑪耳
在哥的眼前取了麦麺，合了［放到］火裡，熟了後，放在椀裡，送他跟前。他不肯吃，反
倒望
奴說：「教衆人從這裡出去。」衆人躲避了。亞黙農望達瑪耳說：「把吃的物送到卧房
内④，我要從你手接。」達瑪耳拿着自己做的菜，送到他哥亞黙農的卧房内。遞(遞)
給他的時候，亞黙農揪住達瑪耳說：「我妹，來同我睡。」達瑪耳答應：「我兄！不要欺
逼
我！依斯拉耶耳會内不能作這樣事，你不要這樣逆行。我不能承當這個羞辱。
你也成依斯拉耶耳會内無道的小子。不如你求父王，按妻子的道把我給你⑤。亞

28a

黙農不肯依他的話，因爲他的力比達瑪耳的強，奸了妹子，一齊睡卧。從此，亞黙農
狠厭悪達瑪耳，他的這厭悪比先的爱更大⑥，亞黙農給他說：「你快起來，去罷！」
達瑪耳答應：「你這樣赶我出去，給我没臉，更比頭裡大⑦！」他不听妹的話，反叫使喚
人來說：「把他赶出去，後関(關)上門！」原來達瑪耳穿的長衣，因爲王的童身女孩
們都用這樣衣服。亞黙農使喚的人赶出他去，隨即関了門。達瑪耳在頭上撒了
灰⑧，扯破了長衣，兩手蒙着頭，大声喊叫走。他哥亞伯撒隆問：「不是你哥亞黙農
同你睡卧了麼？我妹，暫且不要言語，他是你的哥，不要爲這事苦你的心⑨！」
達瑪耳心裡憂(憂)悶，住在他哥亞伯撒隆家。王達味听見了這事，傷心至極，但亞黙

28b

農因爲是長子，也疼爱他，不忍處罰他⑩。亜伯撒隆望亜黙農，也没說好歹的話。但亜伯撒隆心裡恨亜黙農，因爲辱了他妹達瑪耳。二年後，亜伯撒隆要在巴耳哈索耳，耶法拉意黙去翦他棉【綿】羊的毛，亜伯撒隆請王的衆兒子們去。見王說：「如今是翦你奴才羊毛的時候，悬求王同諸子來赴你奴才的筵！」王答應：「亜伯撒隆，我兒，不要請我們衆人！恐怕教你作难。」亜伯撒隆再三求父，達味反倒辭他，又降福他。亜伯撒隆說：「若王不肯去，至少要求許我哥亜黙農同我們去！」王說：「不必同你去。」亜伯撒隆屡次求父，達味纔打發亜黙農共王的衆子一同去。本來亜伯撒隆預備的筵席，如王的席一様。分付過他家裡奴才說：「你們瞧亜黙農飲酒，要醉的時候，我給你

29a

們出一個記號，你們就打死他！不要怕，分付你們的是我，只晉挺身奮勇。」故此亜伯撒隆的奴才們，按分付的話殺了亜黙農。王的衆子都急忙起來，上了各自的騾騾逃走。還路上的時候，「亜伯撒隆殺了王的衆子，一個也没剩下！」這個謡(謠)言來到達味的耳朵。所以，王起來扯破他的衣裳，伏地；左右兩邊的大臣，都扯破自己的衣服。達味的兄僧瑪哈的兒子約那大伯說：「我主王不要想：『王的衆子都殺了』，[是] 亜黙農獨自一個死了；因爲從他辱了亜伯撒隆的妹達瑪耳那一天，亜伯撒隆定意要殺他。如今，我主王不要把王的衆子死的話放在心裡，死的单是亜黙農。」論亜伯撒隆，逃跑了。忽然防守地方的兵抬頭看 [見] 許多人從沿山小路來了⑪。約那大伯給王說：「如今王的兒子都來，事

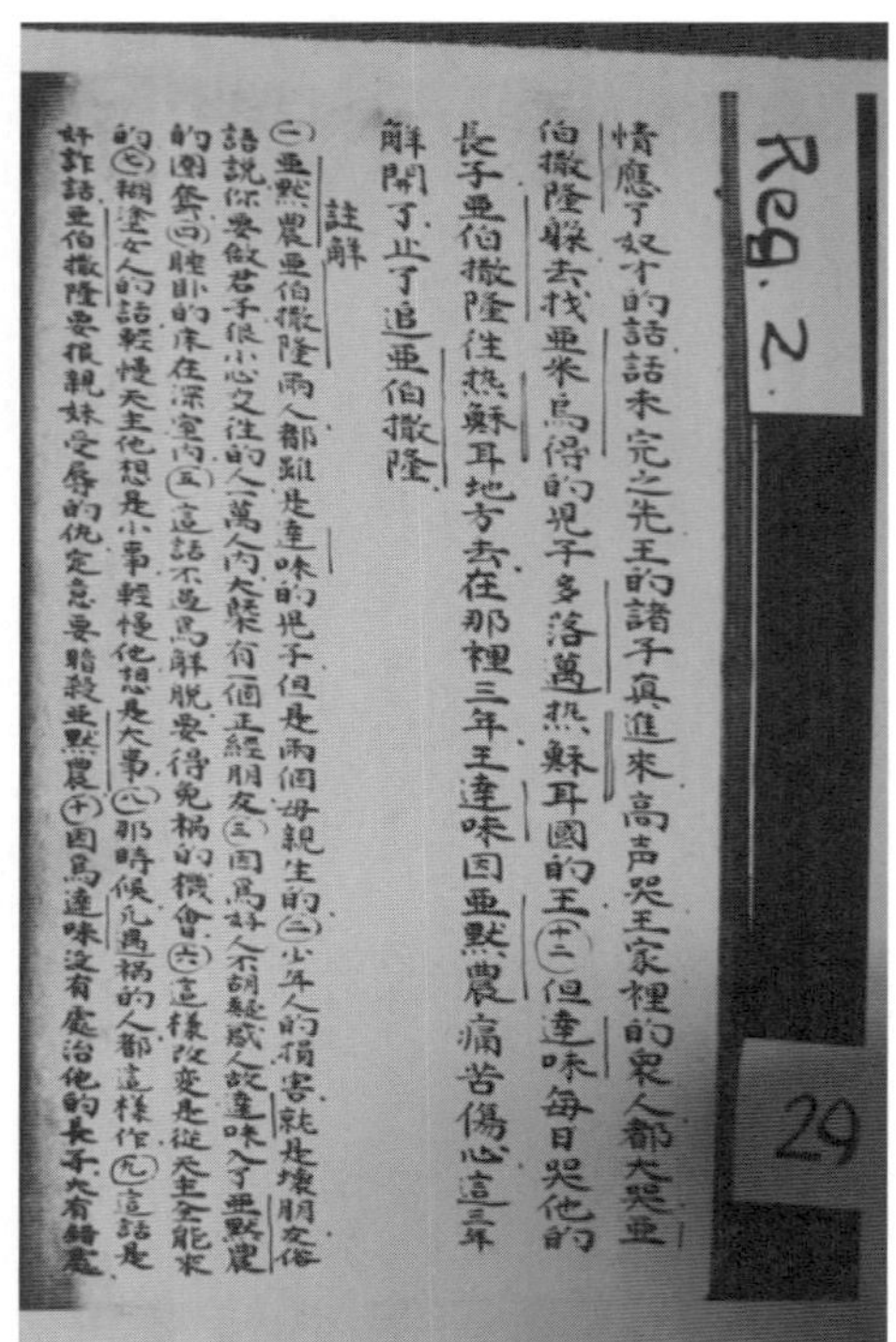

29b 情應了奴才的話。」話未完之先，王的諸子真進來，高声哭：王家裡的衆人都大哭。亜
伯撒隆躲去找亜米烏得的兒子多落邁——热穌耳國的王⑫，但達味每日哭他的
長子。亜伯撒隆往热穌耳地方去，在那裡三年。王達味因亜默農痛苦傷心，這三年
觧開了，止了追亜伯撒隆。

註解

①亜默農、亜伯撒隆兩人都雖是達味的兒子，但是兩個母親生的。②少年人的損害就是壞朋友，俗語說：「你要做君子，狠小心交往的人，一萬人內，大槩有一個正經朋友。」③因爲好人不胡疑（疑）惑人，故達味入了亜默農的圈套。④睡卧的床在深室內。⑤這話不過爲觧脫，要得免禍的機會。⑥這樣改变是從天主全能來的。⑦糊塗女人的話，輕慢天主，他想是小事，輕慢他，想是大事。⑧那時候，凢遇禍的人都這樣作。⑨這話是奸詐話，亜伯撒隆要報親妹受辱的仇，定意要暗殺亜默農。⑩因爲達味没有處治他的長子，大有錯處，

30a 該按聖規殺他，他反没有責備一句，所以天主不阻擋亜伯撒隆的悪意，許他計策成了。〔⑩〕〔⑪〕京外有護城的兵，城内的人好安然度日。⑫亜伯撒隆及達瑪耳的母親，因爲是热穌耳國的王多落邁的女孩，故亜伯撒隆去找他。

第十四篇

撒耳未亜的兒子約亜伯見王的心思慕亜伯撒隆，請了特庫娃地方一個能幹女人來，說：「你粧【裝】憂愁的形容，穿喪服，不要擦油，共揔要做〔多〕久哭死者〔的〕女人，然後去到王跟前，要說這言這語……」約亜伯把該當說的話，一句一句告訴了。因此特庫娃的女人在王跟前，伏地叩頭說：「王，救我！」王問：「你有甚麼事？」答應：「嗳（嗳）！我是寡婦，我丈夫早已死了。你婢原有二子，他們在田裡相鬬，那裡也没有人劝和他們，這一個打死那一個。忽然親戚都嚷鬧你婢

30b

說：『交給我們殺兄的兒子，我們要殺他，償死兄的命，也要誅承受產業的人。』揔是要
滅我一点(點)火星①，要冊上我丈夫的名字全埋没，不留踪(蹤)跡。」王給女人說：「你回
家！我辦你
的事。」特庫娃的女人答應：「我主，王！我求的這事若不合理，罪在我身上並我父親的家
②，論王、王的位無罪。」王又說：「若有不依你的，送到我跟前，後來不敢害你。」婦人
又說：「求
王想念他的主陡斯，命切近的人不执(執)拗(拗)要报流血的仇，不要殺我兒子。」王說：
「有長生
天主，你子的一根髮(髮)不落地。」婦人說，准你婢給我主王說一句話。王答應：「只昏
說！」婦人
說：「王既然合了我的意思，爲甚麼定然不肯合陡斯的衆民的意呢？𠑽其教
回充(充)發的兒子③，要天主台前犯罪④！我們都要死，如水在地面上流，也不回來；陡

31a

斯不肯要失人的灵魂，故體量審定的災暫且不降，爲的是棄了的人不全丟
⑤。我特來向我主王，衆民跟前說這個話，你婢心裡說：『我一定面奏，試一試王要隨
他婢的話否？』王听了他婢的話——我的那親戚要從陡斯的產業要除盡我並我兒子，
王從他們的手救了我們！王准你婢求王爲我兒子定的，也爲亜伯撒隆照樣定，這就如
給天主献祭祀，真正我主王像陡斯的一位神，讚美他，咒罵他，他的心並不動。爲此，你
主陡
斯同你在一塊兒！」王給婦人說：「我問的話，你不要瞞(瞞)我。」女人答應：「我主王，
只昏問！」王說：「這些
話內，没有約亜伯的意思麼？」女人說：「求天主賜福給我主王〔⑤〕〔⑥〕！我主王所說
的，没有一句或
左或右空說的，直直猜着了。你的奴約亜伯親自命我，把這些話都放你婢口裡，他要

31b
我用這比方，你的奴約亜伯這樣分付我。我主王如同陡斯的神有灵明，好能透徹卌上
的諸事。」隨即王向約亜伯說：「如今鮮了我的怒，按你的話行，你去教我兒子亜伯撒隆
回來！」約亜伯就伏地叩頭，讚美王說：「今日你奴得知，在我主王跟前得寵爰，因爲准
了
你奴求的恩。」于是約亜伯起身，去到热蘇耳地方，送亜伯撒隆到日露撒冷府。王說：「
亜伯撒隆回他家去！他不可見我的面。」因此回他本家，没有見〔了〕王的臉。本來依斯拉
耶耳會內，没有一個好看的男子比得上亜伯撒隆的俊美，從脚到頭，没有一点鈌欠。
因爲他的頭髪太重，故每年剃一次。剃了的髪，市用戥稱髪的分兩，有二百「西其落」
〈⑥〉［⑦］亜伯撒隆生了三個兒子，一個女孩，［女孩］名達瑪耳，生的好看。亜伯撒隆二
年在日露撒冷，

32a
撼没見父王的面。他差人請約亜伯，爲他求王，替他求，約亜伯不肯來；又請了一次，也
不來。給
自己的奴才說：「你們知道約亜伯的地挨着我的地，如今是有大麦的時候，快去火燒
他。」爲此亜伯撒隆的奴才點(點)火燒了約亜伯的粮食。約亜伯的佃戶扯破衣裳，來到
主子跟前說：「亜伯撒隆的奴才燒了我們地的一分。」約亜伯起來到亜伯撒隆家去，說：「
何故你的奴燒我的粮食呢？」亜伯撒隆答應：「約亜伯，我求你到我這裡來，要打發你
到王跟前替我說：『何故從热穌耳回來了呢？在那裡，爲我不更好麼？』」恳求能見父
王的面，若王還記着我的悪行，就殺我罷！」約亜伯見了王，把這事都告訴了他。［王］立
刻傳亜伯撒隆來，他到王跟前伏地叩頭，王同亜伯撒隆親嘴〔⑧〕。

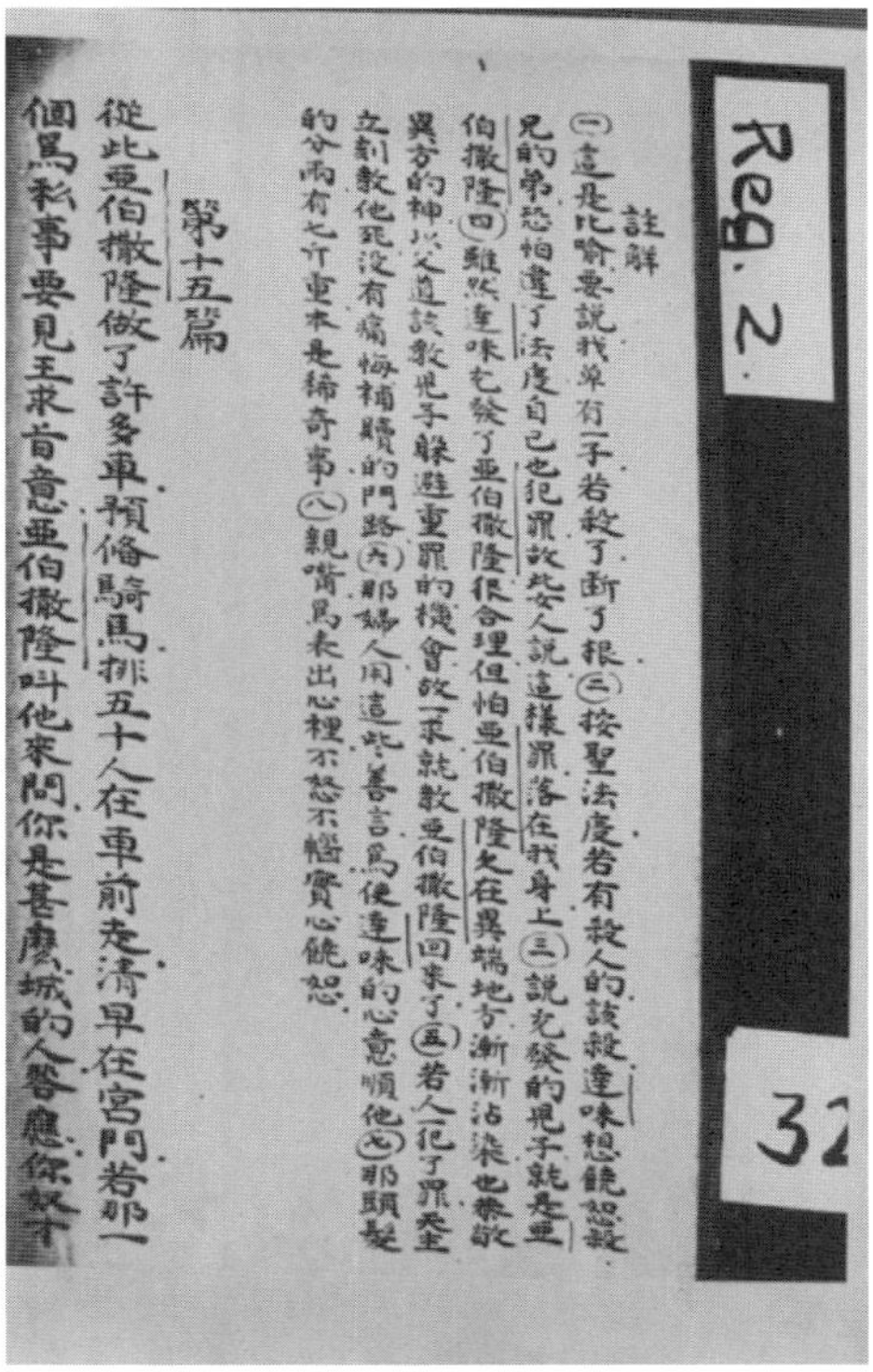

32b

註解

①這是比喻，要說「我单有一子，若殺了，斷了根。」②按聖法度，若有殺人的該殺，達味想饒恕殺兒的弟，恐怕違了法度，自己也犯罪，故此女人說「這樣罪，落在我身上。」③說「玄發的兒子」就是亜伯撒隆。④雖然達味玄發了亜伯撒隆狠合理，但怕亜伯撒隆久在異端地方漸漸沾染，也恭敬異方的神。以父道，該教兒子躱避重罪的機會；故一求，就教亜伯撒隆回來了。⑤若人一犯了罪，天主立刻教他死，沒有痛悔補贖的門路。⑥那婦人用這些善言，爲使達味的心意順他。⑦那頭髮的分兩有七斤重，本是稀奇事。⑧親嘴爲表出心裡不怒不惱，實心饒恕。

第十五篇

從此，亜伯撒隆做了許多車［並］預備騎馬，排五十人在車前走。清早在宮門，若那一個爲私(私)事要見王求旨意，亜伯撒隆叫他來問：「你是甚麼城的人？」答應：「你奴才

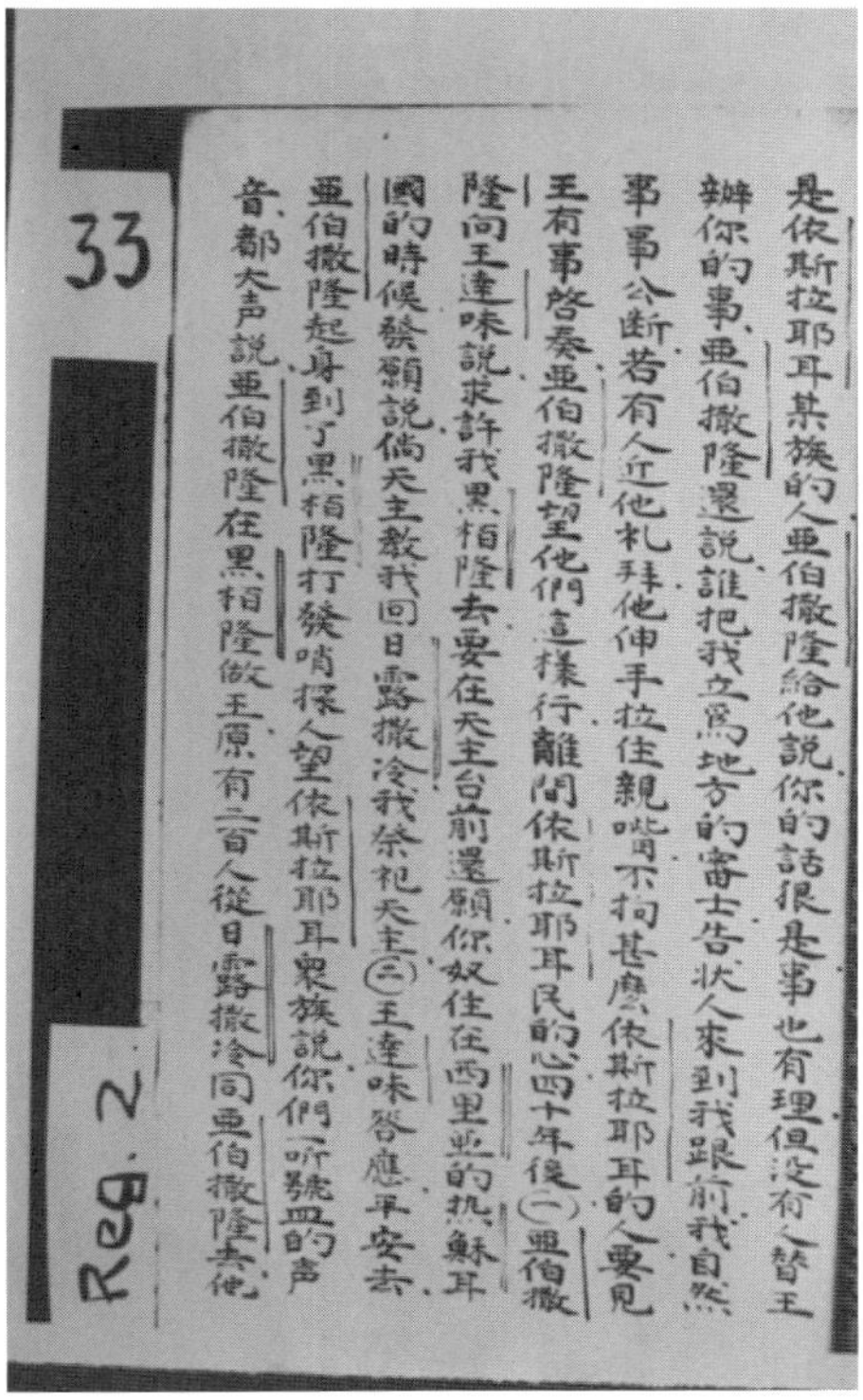

33a

是依斯拉耶耳某族的人。」亜伯撒隆給他說：「你的話狠是，事也有理，但沒有人替王辦你的事。」亜伯撒隆還說：「誰把我立爲地方的審士，告状(狀)人來到我跟前，我自然事事公斷。」若有人近他礼拜，他伸手拉住親嘴，不拘甚麼。依斯拉耶耳的人要見王有事啓奏，亜伯撒隆望他們這樣行，離間依斯拉耶耳民的心。四十年後①，亜伯撒隆向王達味說：「求許我黑栢隆去，要在天主台前還願，你奴住在西里亜的热穌耳國的時候，發願說：『倘天主教我回日露撒冷，我祭祀天主②。』」王達味答應：「平安去！」

亜伯撒隆起身到了黑栢隆，打發哨探人，望依斯拉耶耳衆族說，你們一听號皿的声音，都大声說，亜伯撒隆在黑栢隆做王。原有二百人從日露撒冷同亜伯撒隆去，他

33b
們都是正意來，並不知亜伯撒隆要叛逆。亜伯撒隆還從日落請了亜既托費耳來，
亜既托費耳是那城的人，先做過達味的宰相。因爲在黑枂【栢】隆祭祀了，殺了許多牲口，
來的人狠多，都附從亜伯撒隆。暫且报信給達味：依斯拉耶耳衆民全心歸順了亜伯
撒隆。達味給日露撒冷所有的奴才說：「我們都起身躲避，不然难免亜伯撒隆的手。
快齊出去，恐怕來拿住我們，我們遭祸，他也刀刃洗殺城裡的人。」王的奴們答應：「我們
主王怎麼命我們，我們頭(願)怎麼按着行。」爲此，王領了闔家的人步行出去，但王爲
看守宮留了十個副妻。王同依斯拉耶耳衆人步走出去後，從家到遠地方纔站住。
王的衆奴在左右行，蛇肋托、費肋托的侍衛並热得的勁兵，跟隨達味有六百勇男——

34a
從热得跟過達味的那六百勇男，都步行在王前走③。王給热得的厄台說：「你爲
何同來呢？回去同王居住罷！你是賔客，出了你的地方。昨日來了，今日同我們走。有這
理麼？論我，往早已定的地方去。你回轉，帶着你的弟兄們！因爲你望我忠良，天主
真憐憫你④！」厄台答應：「王，有永生天主！也有我主王在丗，王或生或死，在那裡，
你奴才
也在那裡！」達味望厄台說：「只管來！」過蛇多隆旱河水，热得地方的厄台領了管的兵
渡了水。衆人都過的時候，高声哭；王纔過蛇多隆旱河，衆人朝曠(壙)野的路行。那時搃
祭首撒多克共抬「陸斯和睦結約櫃」的肋未的子孫們都來了，暫且下了陸斯的櫃，亜
必亜大耳上了供櫃的地方，到從城出的兵民都過去了。王給撒多克說：「將陸斯的櫃

34b

轉送城裡！若我在天主台前得寵爱，他教我回轉，又教我看見櫃並他的殿。若
天主望我說：『你是不中我意的人。』我順從聖意⑤，他要怎麼行都好！」王又向揔祭首
撒多克說：「明見者⑥，你安然回城，你兒子亜既瑪斯，亜必亜大耳的兒子約那大斯——
你
們的兩個兒子同你們在一塊兒。我今在壙野平地藏身，等你們給我送信。」如此
撒多克、亜必亜大耳將陡斯的櫃挪到日露撒冷，他們也住下那裡。達味上阿里瓦樹
的山坡，一面赤脚走，一面哭，也蒙盖頭：衆人跟着他，也上，也哭，也蒙着頭⑦。忽然
有人
告訴達味說：「亜既托費耳同亜伯撒隆約黨，帮助他。」達味說，求天主，把亜既托費
耳的明悟変糊塗。」達味要恭敬天主，上山頂的時候，有亜拉既城的一人名姑賽迎接

35a

他。姑賽扯破衣服，頭上滿(滿)撒土。達味望他說：「你若同我來，更加我的難；你反回
轉日露
撒冷，若給亜伯撒隆說：『王，我就是你的奴才，我怎麼事奉你父親，也要怎麼事奉
你！』你能破亜既托費耳的謀畧。你那裡有撒多克，亜必亜大耳祭祀首們，同你出力。听
了王家裡甚麼事，告訴撒多克、亜必亜大耳祭祀首們，撒多克的兒子亜既瑪
哈斯、亜必亜大耳的兒子約那大斯同他們在一塊兒，〔把你〕差他們告訴我你們所听的
話。」達味的朋友姑賽進城的時候，亜伯撒隆也進日露撒冷。

註解

①本從撒木耳用聖油傅達味，立他爲王有四十年。②亜伯撒隆因爲是黒栢隆城生的，心裡想，那城
的人服他都相帮他，所以挑選那城爲叛逆。③這等人原是斐里斯定的人，達味先在热得城住的時候，

35b

他們跟過他。④說的厄台是那斐里斯定兵的將軍，達味將這話試探厄台的意思。⑤大德的人
輕看王位，单貴重天主的旨意。⑥因爲揔祭首穿「理的」衣，從「烏里默」、「畐（圖）米默」二寶石，
懂得天主
的旨意，所以達味稱他「明見者」。⑦凡遭禍的人都這樣作，爲息天主的義怒，動他的慈心。達味
的欽崇，誰不讚美哦！因爲他逃走，没有乾净地方歇息，不忍聖櫃在一路，故教回轉本殿。

第十六篇

達味署過了山的高地方，米費玻塞得的奴才西巴迎接他，赶了二驴(驢)，馱了二百饅
頭、一百包乾葡(葡)萄(萄)、一百包無花菓(果)及一皮口袋酒。王問西巴：「何必送這物
件來?」西巴
答應：「若王的奴才要騎有驴，要吃有饅頭、葡萄、無花菓，若壙野有狠疫的人，
能歓酒。」王說：「你主子的兒子在那裡?」西巴答應王：「他住在日露撒冷，也說：『依
斯拉耶

36a

耳的衆族，今日把我父的位還給我①！」王給西巴說：「米費玻塞得凡所有的，全是你的
罷②！」西巴說：「求我主王跟前得寵爱③。」暫且王達味到巴胡里默城，忽然撒烏
耳家裡的一人名塞每——热拉的兒子出城——徃前來，咒罵達味，望他並他衆奴抛石，
衆民共衆兵都在王兩傍走。塞每這樣罵王說：「好殺人的人！栢里亜耳的人④！
出城躲避罷！天主降給你撒烏耳一家的血报，你旣無理霸佔了撒烏耳的位，天
主把你的位賞給你子亜伯撒隆，因爲你過踰殺人，故困在這災禍上。」撒耳未亜
的兒子亜必賽給王說：「這個死狗爲何罵我主王呢?我去割他的頭！」王答：「撒耳未亜
的兒子們，我共你們有何相干?放他只瞀咒罵⑤！是天主的命，他咒達味，誰敢說：『

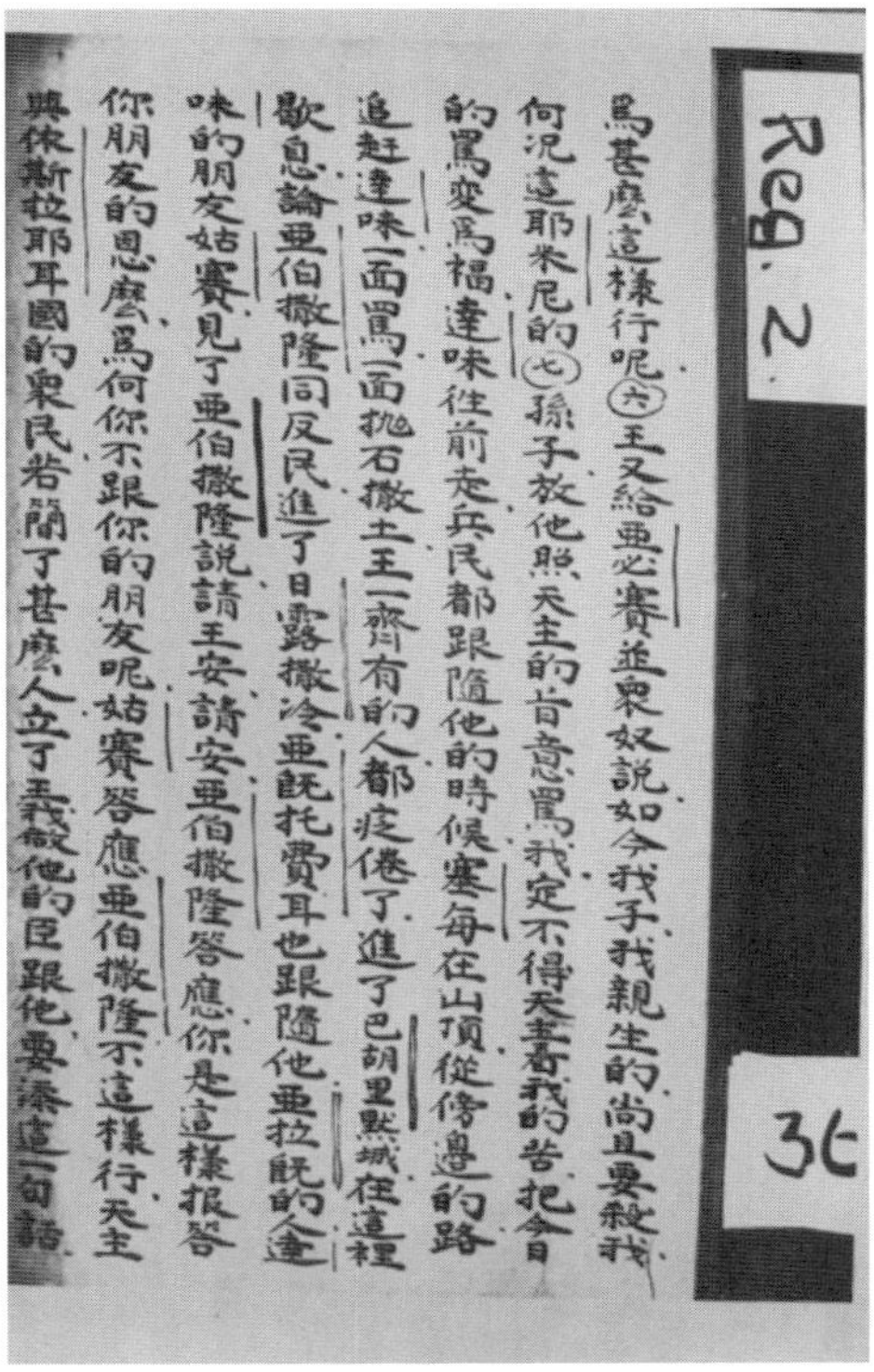

36b

爲甚麼這樣行呢⑥?』」王又給亜必賽並衆奴說：「如今我子我親生的——尚且要殺我，
何况(況)這耶米尼的⑦孫子?放他照天主的旨意罵我！定不得天主看我的苦，把今日
的罵変爲福。」達味往前走，兵民都跟隨他的時候，塞每在山頂，從傍邊的路
追赶達味，一面罵，一面抛石撒土。王一齊有的人都疺倦了，進了巴胡里黙城，在這裡
歇息。論亜伯撒隆同反民進了日露撒冷，亜既托費耳也跟隨他。亜拉既的人——達
味的朋友——姑賽見了亜伯撒隆，說：「請王安！請安！」亜伯撒隆答應：「你是這樣報
答
你朋友的恩麼?爲何你不跟你的朋友呢?」姑賽答應亜伯撒隆：「不這樣行。[若] 天主
共依斯拉耶耳國的衆民〔若〕簡了甚麼人，立了 [為] 王，我做他的臣，跟他，[還] 要添
這一句話：

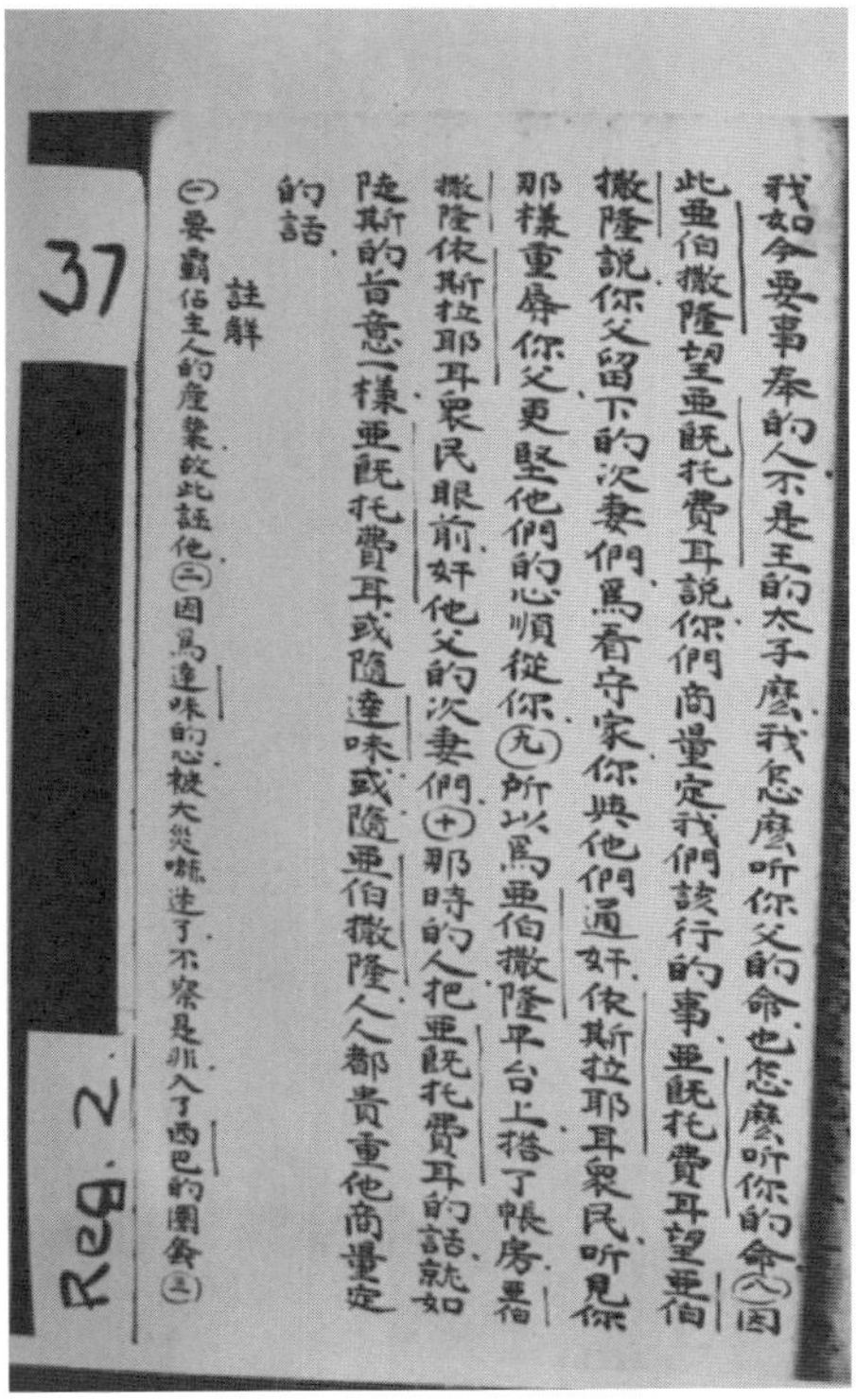

37b

我如今要事奉的人，不是王的太子麼?我怎麼听你父的命，也怎麼听你的命⑧。」因
此亜伯撒隆望亜既托費耳說：「你們商量，定我們該行的事。」亜既托費耳望亜伯
撒隆說：「你父留下的次妻們爲看守家，你共他們通奸，依斯拉耶耳衆民听見你
那樣重辱你父，更堅他們的心順從你⑨。」所以，爲亜伯撒隆平台上搭(搭)了帳房：亜伯
撒隆 [在] 依斯拉耶耳衆民眼前，奸他父的次妻們⑩。那時的人，把亜既托費耳的話，就
[當] 如
陡斯的旨意一様，亜既托費耳或隨達味，或隨亜伯撒隆，人人都貴重他商量定
的話 [⑪]。

註解

①要覇佔主人的産業，故此誣他。②因爲達味的心被大災嚇迷了，不察是非，入了西巴的圈套。③

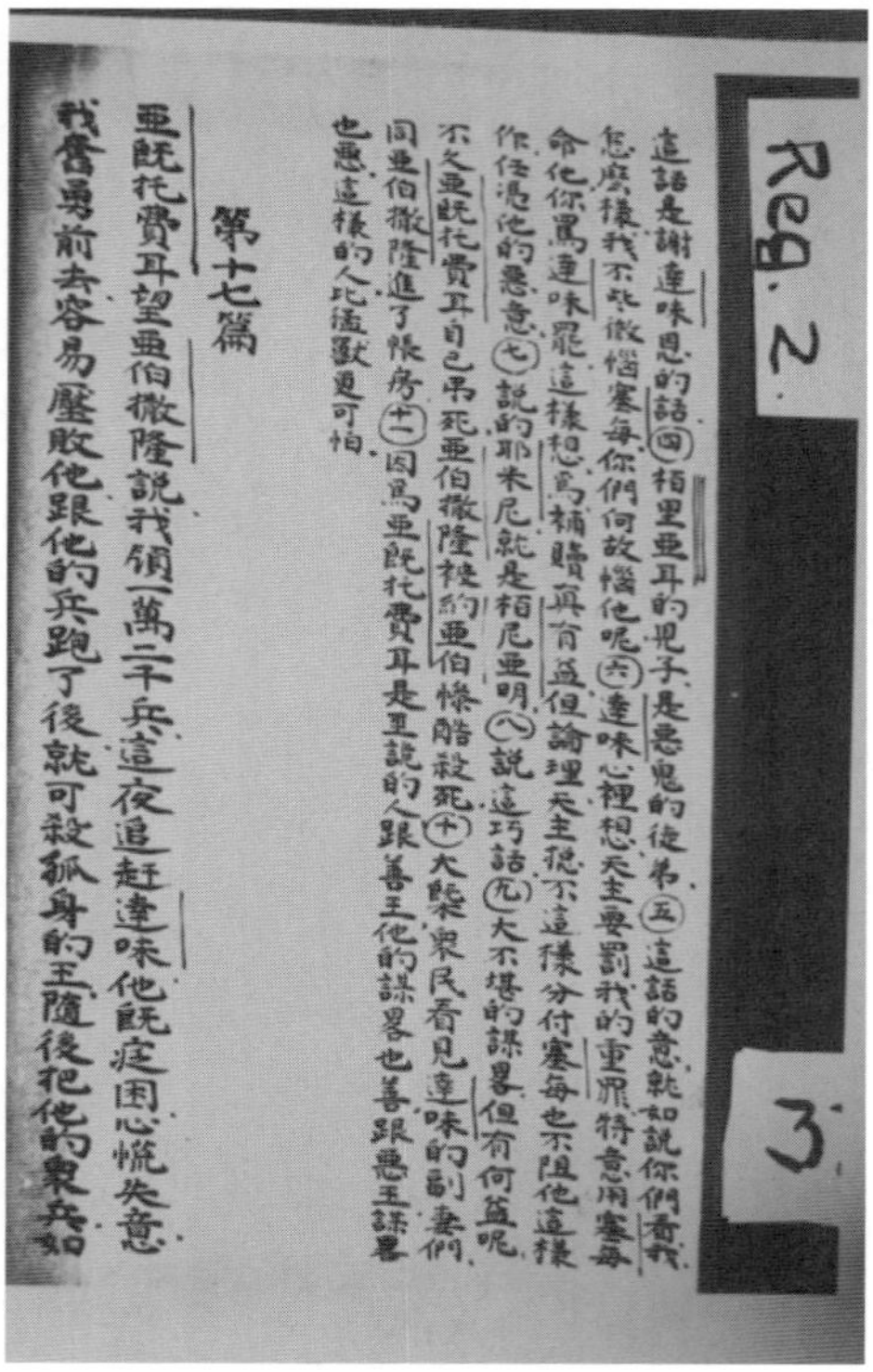

37b

這話是謝達味恩的話。④栢里亜耳的兒子是悪鬼的徒弟。⑤這話的意，就如說：「你們看我怎麼樣？我不㠯微惱塞每，你們何故惱他呢？」⑥達味心裡想：「天主要罰我的重罪，特意用塞每，命他：『你罵達味罷！』」這樣想爲補贖真有益。但論理，天主揔不這樣分付塞每，也不阻他這様作，任凴他的悪意。⑦說的耶米尼就是栢尼亜明。⑧說這巧話。⑨大不堪（堪）的謀畧，但有何益呢。不久亜既托費耳自己弔【吊】死，亜伯撒隆被約亜伯慘（慘）酷殺死。⑩大槩衆民看見達味的副妻們同亜伯撒隆進了帳房。⑪因爲亜既托費耳是至詭的人，跟善王，他的謀畧也善，跟悪王，謀畧也悪，這樣的人比猛獸更可怕。

第十七篇

亜既托費耳望亜伯撒隆說：「我領一萬二千兵，這夜追赶達味。他既疲困，心慌失意，我奮勇前去，容易壓敗他，跟他的兵跑了後，就可殺孤身的王，隨後把他的衆兵如

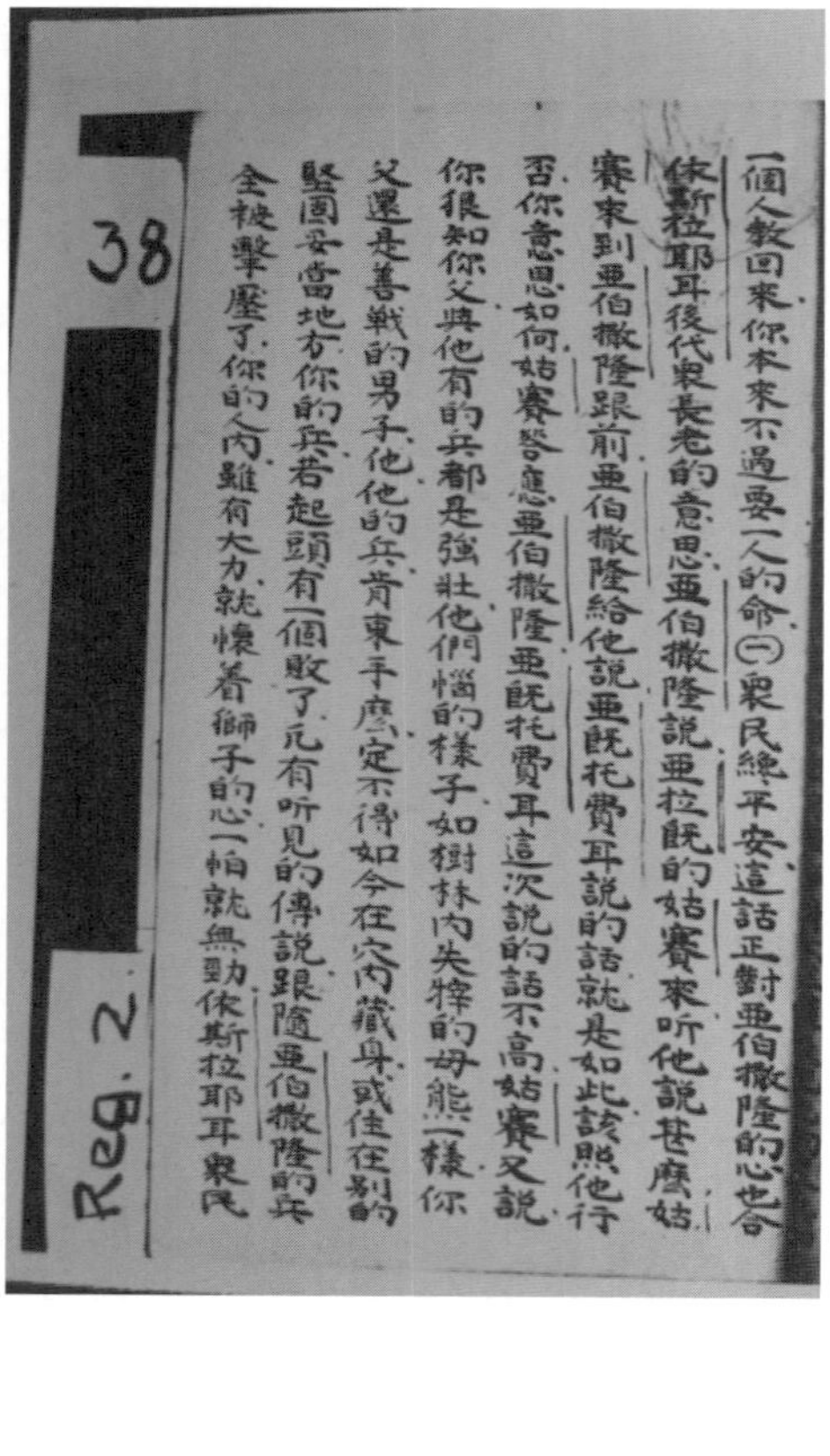

38a

一個人教回來；你本來不過要一人的命①，衆民綫平安。」這話正對亜伯撒隆的心，也合依斯拉耶耳後代衆長老的意思。亜伯撒隆說：「[叫] 亜拉既的姑賽來，听他說甚麼。」姑賽來到亜伯撒隆跟前，亜伯撒隆給他說：「亜既托費耳說的話就是如此，該照他行否？你意思如何？」姑賽答應亜伯撒隆：「亜既托費耳這次說的話不高。」姑賽又說：「你狠知你父共他有的兵都是強壯，他們惱的樣子，如樹林内失犢的母熊一樣。你父還是善戰的男子，他、他的兵肯束手麼？定不得如今在穴内藏身，或住在别的堅固妥當地方。你的兵若起頭有一個敗了，凡有听見的，傳說：『跟隨亜伯撒隆的兵全被擊壓了！』你的人内雖有大力，就［算］懐（懷）着獅子的心，一怕就無勁，依斯拉耶耳衆民

38b 本知你父是剛勇男子，跟他的兵都是雄猛的。論我的意思，不如這樣好：教依斯拉耶耳的民——從旦到栢耳撒栢——聚無數人到你跟前，如海沙一樣多，你在他們當中。他在甚麼地方，我們一衝(衝)去，蒙盖他如露水滿地一樣，把他的兵一個也不剩下。若他進了一座城，依斯拉耶耳衆民繩子拴着他，拉到旱河内，從他一個小石也不留②。」亜伯撒隆同依斯拉耶耳會的長老都說：「亜拉既的姑賽的主意比亜既托費耳的主意高。」天主要降災給亜伯撒隆，這樣破了亜既托費耳提的話——本來共亜伯撒隆有益的。姑賽立刻告訴了撒多克，亜必亜大耳二祭祀首：「亜既托費耳望亜伯撒隆、依斯拉耶耳會的長老們說了這樣這樣的話，我也說了那樣那樣的話。如今速差人送信給

39a 達味：『今這夜不要在壙野平地住下，快過若耳當河，恐怕王並所有的兵都被殺完③。』」約那大斯、亜既瑪哈斯二人在近落蛇耳水泉等候，因爲避人的眼，不敢進日露撒冷。一婢去給他們送這個信④，他們起身要告訴達味這個信。忽一童見他們，告訴了亜伯撒隆。他們知道了，大步勉力緊走，到了巴胡里黙城的一個人家，那家前院有一井，所以就下去。那家的女人，如曬春的大麦粒⑤，把布鋪在井口上，這樣事不能洩(洩)漏。亜伯撒隆的奴才來到那家，問女人說：「亜既瑪哈斯，約那大斯二人在那裡？」女人答應：「欵了一点水，[很]快走了。」尋找的人得不了他，回轉日露撒冷。他們走了，亜既瑪哈斯、約那大斯出了井⑥，快走報給達味說：「急速起身，過河，因爲亜既托費耳爲害你們，指

〔寫真39b缺〕

〔補缺〕

示這個計策。」因此達味同他所有的人都起身。天未明前，過了若耳當河，河這邊沒有剩下一個。暫且亞既托費耳見不用他的主意，不照他行，備上驢，回本城本家，辦自己家的事，後縊死，埋在他父的墳內⑦。

達味去到兵營地方⑧，亞伯撒隆親同依斯拉耶耳的眾兵過了若耳當河。亞伯撒隆放了亞瑪撒替約亞伯做大將軍。論亞瑪撒，是耶匝拉耶耳地方的耶大拉的兒子。耶大拉原先娶了那哈斯的女孩⑨亞必加意耳——撒耳未亞的妹子，撒耳未亞又是約亞伯的母親。跟亞伯撒的依斯拉耶耳眾兵，在加拉得地方扎了營盤。

達味到了兵營地方，安孟國管的拉怕得城的那哈斯的兒子索必、落大巴耳城的亞母米耳的兒子瑪寄耳、加拉得內落蛇里母

40a

城的栢耳則來，送給他褥子、毡(氈)子、土噐皿、麦子、大麦麵燒的饅頭、蚕(蠶)豆、匾豆、火燒的雜樣豆、蜜(蜜)、黄油、羊、肥牛犢，都獻給達味並跟他的衆人吃，他們估量達味那多人在壙野，〔必〕饑(饑)渴困乏。

註解

①從此看來，亞伯撒隆定的主意，〔是〕要殺父親。②這是太過的話，姑賽用這大話破亞既托費耳大益的計策，也要給達味工夫調兵預備。③雖然姑賽的主意合了亞伯撒隆，因爲亞伯撒隆能忽然改变，所以給達味送信的時候，劝他速忚去遠地方躲避。④亞伯撒隆既疑惑這二少年，〔故〕他們不敢進城，在外藏着，借汲水的緣故打發婢女，但打發的真緣故，是教婢將姑賽的話告訴那二人。⑤這女是賢女，一听約那大斯，亞既瑪哈斯有意保護達味，故他也照顧他們。⑥那時的井，裡寬口窄【窄】，有台堦（階），能一步一步下到底。⑦

亞既托費耳不能受良心的責罰，故自己弔【吊】死了。一時丟了性命、声名及灵魂的人，不是至愚的麼?⑧

來到瑪哈奈意默城，這城名，解說：兵營，當日亞各伯躲耶撒烏的怒到了這地方，因爲看見天神的二營

［寫真40b缺］

盤，故取名叫「兵營盤」。

⑨達味的父原有三個名字，或那哈斯，或耶塞，或依撒意。

第十八篇

暫且達味見他兵的數目多，定了或一千，或一百兵的頭目，那兵內三分之一交給約亞伯，一分交給撒耳未亞的兒子——約亞伯的兄弟——亞必賽，還一分交給熱得地方的厄台。王向眾人說：「我也同你們去。」眾人答應：「不可來！若我們跑，與仇大不相干；若我們一半敗了，與仇兵不算甚麼；因為你一人——與他們——比一萬兵還要緊，不如你在城內護庇我們。」王說：「你們想甚麼好，我就作。」因此王在瑪哈奈意默城門等，眾兵按隊伍一百、一千出去。王分付約亞伯、亞必賽、厄台說：「你們留我兒子亞伯撒隆。」眾兵都聽了

41a

王爲亜伯撒隆命將軍們的話①。達味的兵出了城，要望依斯拉耶耳的兵戰，
在耶法拉意默樹林內打仗。依斯拉耶耳的兵被達味的兵打敗了，那一天殺死的
有二萬。亜伯撒隆的兵跑着，各處散了，那日樹林內死的比刀殺的更多②。亜伯
撒隆騎騾，忽然遇見達味的兵，騾過稠密(密)橡(橡)椀樹底【底】下，他的頭髮被樹枝括
住，
騎的騾子往前跑，他的身体掛在天地之間③。一個兵看見了，告訴約亜伯說：「我見
亜伯撒隆掛在橡椀樹上。」約亜伯答應送信的兵：「你既見他，爲何不戳殺他？我就賞
你十個『西其落』銀子④［並］一條帶刀的帶子。」他給約亜伯說，若我手放一千『西其落』
銀，
也不致殺王的兒。我們听過王命你及亜必賽，厄台說：『留我兒子亜必撒隆。』若我

41b
背良心作這件事，一定不能瞞王，你也責備我。」約亜伯說：「我不合你的意思，反倒當
你的面，我殺他！」一面說，一面拿了三桿鎗，以三鎗戳亜伯撒隆的心，[此時] 他掛在橡
椀樹
上，正他的心還跳，約亜伯的十個少年擋牌手近前，砍殺了他⑤。約亜伯立刻吹號，
収自己的兵，不許追跑的依斯拉耶耳的兵，不忍相害。拿亜伯撒隆的屍首，抛在
樹林中大溝内，上面堆了無数石頭。依斯拉耶耳的衆兵都跑回本家。原來亜
伯撒隆活的時候，[在] 王的山溝⑥立一凴據石，說過：「我没有男子⑦，這凴據石存留
我的名字。」以自己的名，名那凴據石，也叫「亜伯撒隆的手」，至今這名還有⑧。撒多克
的兒子亜既瑪哈斯說：「我要跑去告訴王，天主公審處治王的仇。」約亜伯說：「你今日不

42a
要送信，別的日子送！如今我不要你报這信，因爲王的兒子死了。」約亜伯命姑西說：「你
去，你見的事都告訴王。」姑西給約亜伯行礼後，跑了。撒多克的兒子亜既瑪哈斯又
望約亜伯說：「若我在姑西後，有何碍(礙)呢？」約亜伯答應他：「我兒，爲甚麼要跑去？
你送
的不是好信！」他還說：「若跑去怎麼樣！」約亜伯說：「你只晉跑！」亜既瑪哈斯從徑
路跑，比
姑西先到。達味坐在兩門之間，防守兵在城門楼上，抬頭見一人跑，就大声告訴【訴】王。
王
說：「若単一人，定送好信⑨。」亜既瑪哈斯近來的時候，防守兵又見一男跑，又從門楼
大声說，還見一人跑來。王說：「這人也要报好信。」防守兵說：「我看先跑的様子，大槩
是
撒多克的兒子亜既瑪哈斯走道的様子。」王說，是好人來送好信。亜既瑪哈斯高声：「

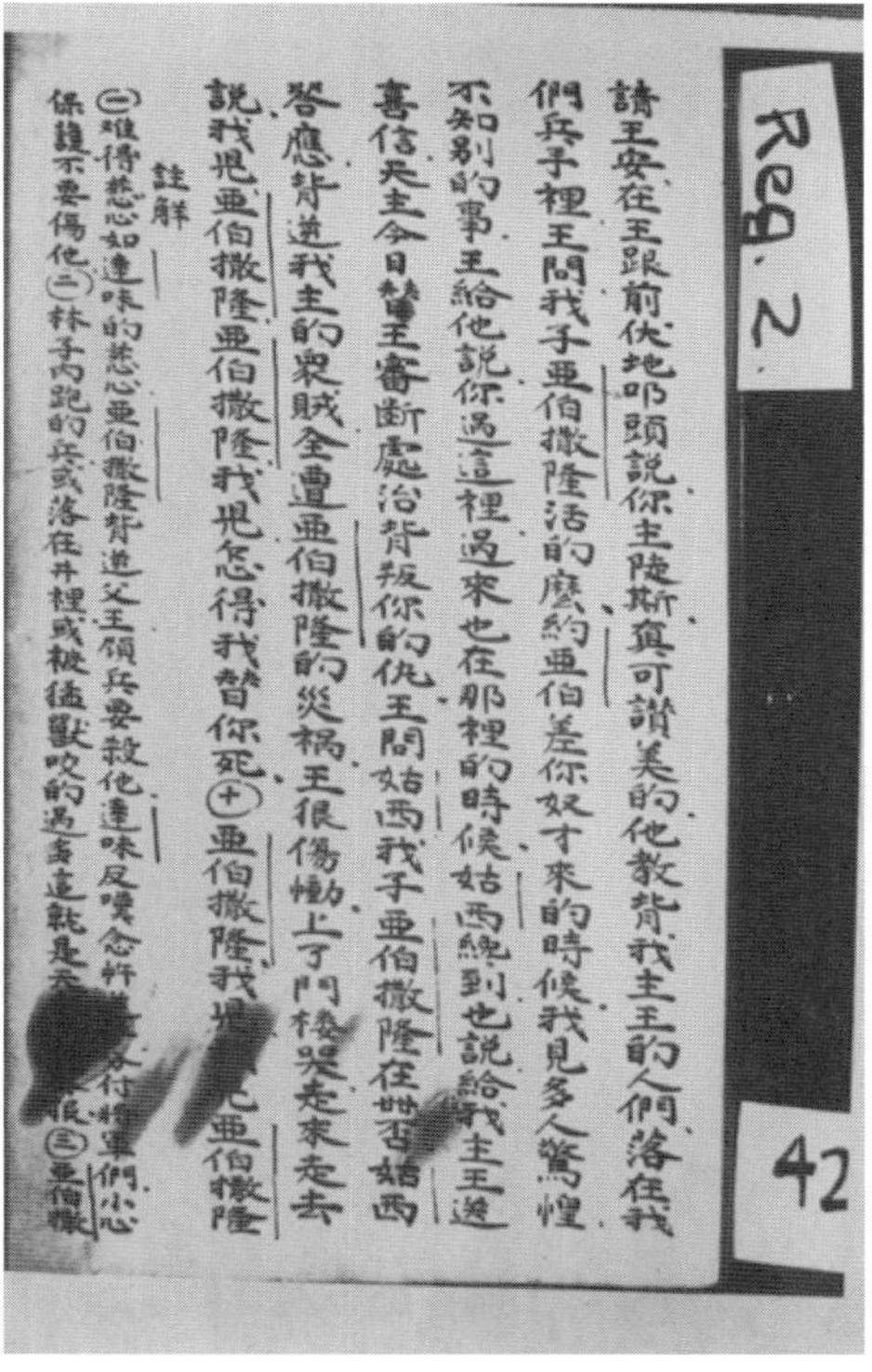

42b

請王安！」在王跟前，伏地叩頭說：「你主陡斯，眞可讚美的，他教背我主王的人們落在我們兵手裡。」王問：「我子亜伯撒隆活的麼?」[答應]：「約亜伯差你奴才來的時候，我見多人驚惶，不知別的事。」王給他說：「你過這裡。」過來也在那裡的時候，姑西纔到，也說：「給我主王送喜信！天主今日替王審斷處治背叛你的仇。」王問姑西：「我子亜伯撒隆在世否?」姑西答應：「背逆我主的衆賊全遭亜伯撒隆的災禍。」王狠傷慟，上了門楼哭，走來走去說：「我兒亜伯撒隆！亜伯撒隆我兒，怎得我替你死⑩?亜伯撒隆我兒！我兒亜伯撒隆！」

註解

①难得慈心如達味的慈心，亜伯撒隆背逆父王，領兵要殺他，達味反嘆念忤逆子，分付將軍們小心保護，不要傷他。②林子内跑的兵，或落在井裡，或被猛獸咬的過多，這就是天主降的公報。③亜伯撒

43a

隆先前爲他的長髮矜誇自傲，如今天主用他髮教他落在仇的手裡。④每一「西其落」要值三錢（錢）三分四厘。⑤約亜伯這樣分付他的兵，他們听命無罪。但約亜伯因爲違達味的命，他有罪。⑥這就是約撒法得的山谷。⑦生的三子早已死了。⑧是甚麼凴據?或牌楼，或搭，或大石碑。⑨達味想：若我兵敗了，必成隊跑回來，如今來的是一人，必报得勝，本來不錯。⑩達味明知亜伯撒隆帶罪悪死，他的灵魂下地獄受永苦。

第十九篇

那時一人告訢【訴】約亜伯說：「王傷心，也哭他的兒子。」那日衆兵得勝的樂变了如敗的苦，因爲衆兵那日[聽說]王爲親子悲傷，大兵如敗陣跑的人，那一日皵皵的進了城。王蒙着頭，高声喊叫說：「我兒亜伯撒隆！亜伯撒隆我兒！我兒①！」約亜伯進王的房說：「你的衆

43b

奴如今救了你，你的兒女們，你的正次妻們，你反今日給他們沒臉。若有厭悪你的，你
爱他；若有爱你的，你厭悪他。你今日顕出不顧你的將軍及你的兵。真正我今日明
知：若亜伯撒隆活着，我們都死，你心裡纔喜欢！如今起來，迎接衆兵，美言奨勵道
謝！若你不出來，我指天主發誓，這夜連一人也不同你在一塊兒。這個禍比你自小所
遭的禍更利害②。」因此王起來，在城門坐下。給衆人送信：「王在城門坐着！」故此衆兵
來到王跟前。跟隨亜伯撒隆的兵都各回本處。依斯拉耶耳後代每族内彼此相説：「
王從我們仇的手救了我們，從斐里斯定的禍脫了我們，我們怎忍他爲亜伯撒隆
逃避離了本城？我們傳油定的王亜伯撒隆陣上死了，你們苛甚麼，不請王回來呢？」

44a

因爲依斯拉耶耳衆人的話到了王的耳朵。論王達味，差人給撒多克，亜必亜大耳祭
祀首們説：「你們望如達斯的長老們説：『爲何送王回本宮是末尾來的呢？你們是
我的弟兄，我的骨肉，何故那麼晚送王回來？』還給亜瑪撒説：『你不是我的骨肉麼？
[顧]
陡斯嚴待我，若我不放你［替約亞伯］長作我兵的將軍〔替約亞伯〕③！」這樣，王將如
達斯衆
人的心［結］成了一人的心，也感動了，一共差人望達味，求王本身［與］王的衆人回來。
王回來了，
到若耳當河。如達斯一族爲迎接王，也相帮過河。來到加耳加拉，热拉的兒子——耶
米尼的孫子——巴胡里黙城的人塞每，急忙同如達斯族的人來迎接達味，栢尼
亜明族的一千人隨着他，撒烏耳的奴才西巴，他的十五子、二十個家人，一塊兒都來了

44b

都在王前頭過若耳當河，要遵王旨，相帮王的家人過河。王過了若耳當河，热拉的兒子塞每伏地，說：「我主，不要按我的罪恶施报應；我主王，不要記你出日露撒冷那一天，你奴才說的辱駡話。王不要把這事裝在心裡！你奴才明知自己的大罪。所以，我若瑟甫家比衆人先來迎接我主王。」撒耳未亜的兒子亜必賽答應：「难道爲這幾句話，塞每免得殺麽？他咒罵了天主立的王。」達味給亜必賽說：「撒耳未亜的兒子們共我甚麽相干呢？爲甚麽今日誘感我！今日殺依斯拉耶耳會内一個人使得麽？今日不知再立我做依斯拉耶耳國的王麽？」王給塞每說：「你不死！」還發誓許他。撒烏耳的孫子米費玻塞得也來迎接王，他自從王達味出了城到太平回來，他未

45a

洗衣，未洗脚，未剃鬚。在日露撒冷見王時，王給他說：「米費玻塞得！何故不同我去呢？」他答應：「我主王！因爲我是瘸子，命我奴備驴，要騎驴跟王走。我奴輕慢我，不听我的話，還在我主王跟前告了我。我主王如陡斯的神一樣明，若要怎麽行，任意行！我主王能全滅我父的家，你反憐你奴才，要你奴同你一塊飲食，我怎敢报怨呢？能在王跟前出声麽？」王說：「何必多說？我定的就定了，你、西巴兩個將産業分開④。」米費玻塞得答應：「既然我主王平安回轉本宮，西巴只晉將産業全収罷！」加拉得地方的栢耳則來從落蛇里黙來，帮王過若耳當河，他的意還要從河遠些送他。〔彼時〕加拉得地方的栢耳則來原是狠老，有八十歲。王歇在瑪哈奈意黙城，因爲他是大財主，獻

45b

了吃食。王給栢耳則來說：「你同我來！你共我安住日露撒冷內。」栢耳則來答應王：「我
這大年紀能同王到日露撒冷麼？今日滿八十歲，肉身的知覺衰敗，將穀分別甜苦
飲食不遂心，還能听男女歌唱的声音麼？我主王跟前，何必有無用的人？你奴才只
能從若耳當河不遠［處］送王，不肯換我習(習)慣的風俗。懇求准我回去，死在我城内，
後埋
我在我父母墳内！你奴才的兒子加瑪哈黙，他跟隨王，王要怎麼用他，只啻用！」王給他
說：「加瑪哈黙同我來罷！我照你的意，好好看待他；你要望我求甚麼事，必定得。」
王並跟他的人都過了若耳當河。王給栢耳則來親嘴，給他降福。栢耳則來就回
轉本鄉。王到加耳加拉，加瑪哈黙同他在一塊兒。如達斯族帮王過河時，依斯拉耶耳衆

46a

民不過來了一半。因此，依斯拉耶耳衆族的人見王說：「我們弟兄如達斯族的人，爲甚麼
偷了我們的王呢⑤？不寺我們，他獨自輔王達味，並跟他的衆人過若耳當河。」如達斯
的後代答應依斯拉耶耳後代：「因爲王共我們比你們親，何故爲這惱我們呢？我們吃
的是王賞的麼？王也給了我們礼物麼？」依斯拉耶耳的衆人望如達斯的後代說：「在王跟
前的我們的数目比你們多十倍，達味既然同我們更有相干，爲甚麼你們輕慢我們？
不先告訴我們，接我們王回來呢？」如達斯族的人望依斯拉耶耳衆人說了幾句粗糙話。

註解

①達味慟哭的緣故，就是因爲亜伯撒隆有罪，未會（曾）悔補死了，他的灵魂直下了地獄。②因爲約亜
伯是兗
傲人出身，故說這無道的話。③這是發誓的樣子。說的亜瑪撒是達味的姐亜必加意耳生的兒子，達味嫌
悪

46b

約亜伯，要革他的職，另放亜瑪撒。④或西巴比米費玻賽得先來謊言巧語，教達味進他的圈套，或達味那一時怕西巴，暫且這樣分斷了，要後來細查，纔按公道行。⑤這是比方話。他的意就是「単如達斯一族没有告訴我們衆族，如賊一樣，暗去迎王回轉」。

第二十篇

彼時，這裡原有一個栢里亜耳的人①，名塞巴——玻既里的兒子，耶米尼族出的。他吹號，說：「達味典我們有何相干？依撒意兒子的産業内没有我們的分兒②。依斯拉耶耳後代！都各回本家罷！」依斯拉耶耳的衆族棄了達味，都跟玻既里的兒子塞巴。論如達斯族的人，從若耳當河到日露撒冷，隨他們的王。王到了日露撒冷，進了本宮後，把原先爲看守家留的十個副妻，教另住別房裡，典他們定了飲食。自此以後，再没有見他

47a

們，関門到死，如守寡的女人一様。王向亜瑪撒說：「你聚集如達斯族的衆人，教他們第三天到我跟前，你也來。」亜瑪撒爲聚集如達斯族的人起了身，但王限的期〔前〕没有回來。所以達味望亜必賽說：「如今玻既里的兒子塞巴要比亜伯撒隆更害我們。你帶你主子的兵追赶他，恐怕塞巴進了堅固城，脫我們的手。」約亜伯的兵，蛇肋多、費肋多隊伍，還衆英勇士，都同亜必賽出日露撒冷，去追赶玻既里的兒子塞巴。到了近加巴翁有的大石，亜瑪撒來迎接他們。約亜伯穿〔的〕〔著〕緊窄衣服，也對他的身体用帶——從肩到小腹(腹)，斜掛腰刀。腰刀是這樣作的：不用使勁，容易扒【拔】出鞘(鞘)，好用他。約亜伯望亜瑪撒說：「請我兄安。」假粧【裝】典他親嘴，右手拿住下嗑，左手抜(拔)刀，戳了

47b
脇(脅)肋，將他的臟腑流倒【到】地下，不用再戳，立刻死了。亜瑪撒不幸没有看見約亜
伯帯
的腰刀。從此，約亜伯、他的兄弟亜必賽追赶了玻旣里的兒子塞巴。約亜伯的幾個兵
站在亜瑪撒的屍傍邊說：「這就是替約亜伯要做達味的將軍！」亜瑪撒的屍滿血，
傷【躺】在路中間，因爲衆人要看亜瑪撒的屍，不住前走，有一男把屍首挪到地裡，躲
開路，不教來往走的人站住，[用] 長衣蒙盖了。遷了屍後，跟約亜伯的衆兵綠從路直過，
征伐玻旣里的兒子塞巴。論塞巴過了依斯拉耶耳衆族的地方，進了亜栢拉及栢
得瑪沙，依斯拉耶耳衆族內，熟戰的精兵跟着他。約亜伯同他的兵來戰塞巴，築(築)
土堤(堤)，圍住亜栢拉、栢得瑪沙。約亜伯的兵正要拆城墻，一賢婦從城呼喚說：「你們
听

48a
一听！告訴約亜伯，教他近墻，我有話向他說。」約亜伯近了後，婦人問：「你是約亜伯
麼？」答
應：「我是。」婦人給他說：「你听你婢的話！」答應：「听。」婦人說：「古時的俗語：
『若有人要得好主
意，去到亜栢拉就得，這樣他的事能成③。』指示依斯拉耶耳誠寔(實)道理 [的]，不是這
城
麼？你反要毀壞城，將母親④從依斯拉耶耳後代除盡麼？何必傷損天主的產業⑤？」
約亜伯說：「不敢，不敢這樣，不傷損也不毀壞。這不是我的意思；但有耶法拉意黙山
的一男子名塞巴——玻旣里的兒子，他背逆王達味。把他獻出來，我們就離開這城。」
婦人答應約亜伯：「等一時，把他的頭從墻摔到你跟前。」隨即婦人在衆民當面以
理劝他們。他們砍了玻旣里的兒子塞巴的頭，抛在約亜伯前頭，約亜伯吹號，収兵離

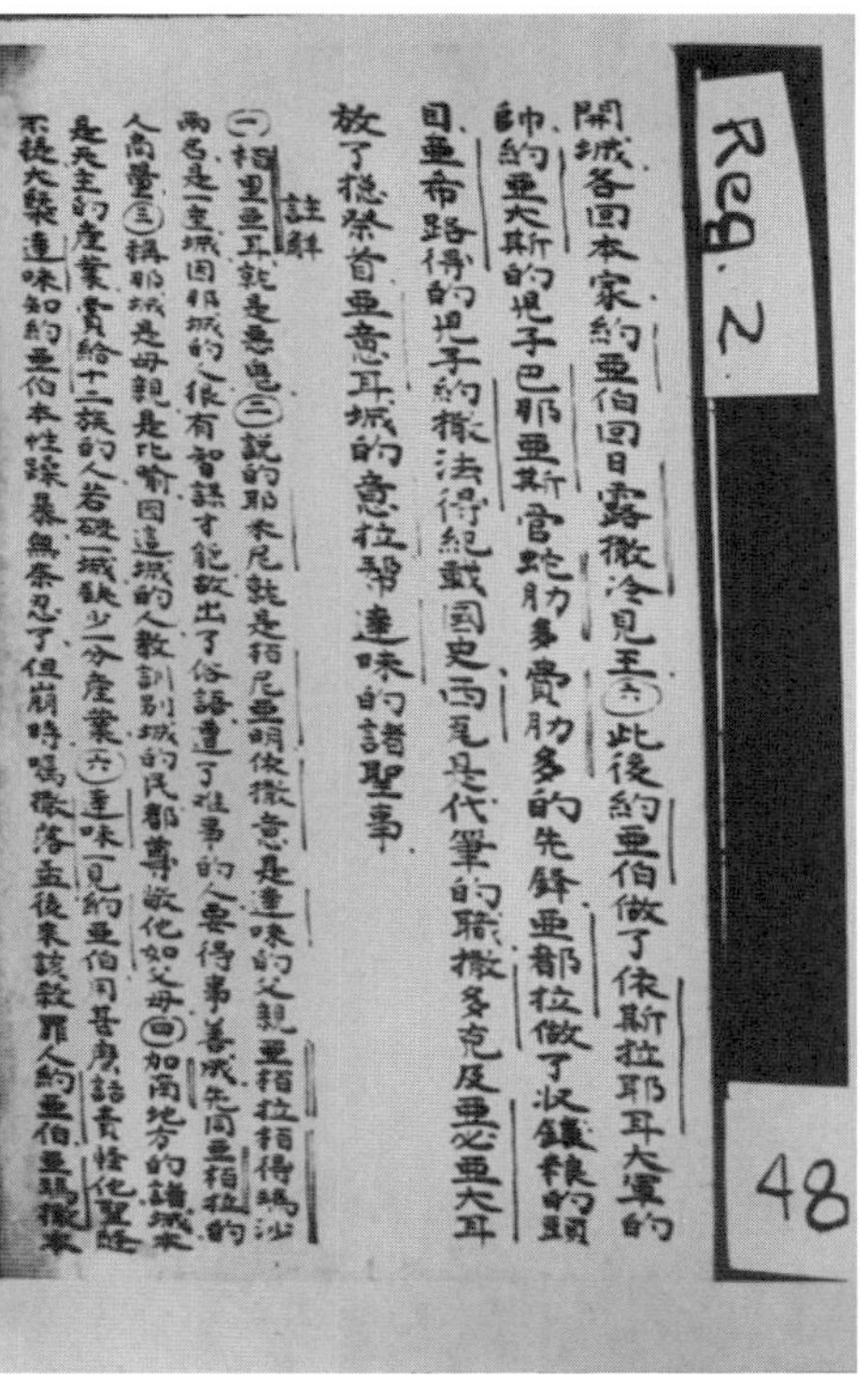

48b

開城，各回本家。約亜伯回日露撒冷見王⑥。此後，約亜伯做了依斯拉耶耳大軍的帥；約亜大斯的兒子巴那亜斯晉蛇肋多、費肋多的先鋒；亜都拉做了収銭粮的頭目，亜希路得的兒子約撒法得紀載國史；西瓦是代筆的職；撒多克及亜必亜大耳放了摠祭首；亜意耳城的意拉帮達味的諸聖事。

註解

①栢里亜耳，就是悪鬼。②說的耶米尼就是栢尼亜明，依撒意是達味的父親。〔③〕亜栢拉、栢得瑪沙兩名是一座城，因那城的人狠有智謀才能，故出了俗語：「遭了难事的人，要得事善成，先同亜栢拉的人商量。」〔③〕〔④〕稱那城是母親，是比喻。因這城的人教訓別城的民，都尊敬他如父母。〔④〕〔⑤〕加南地方的諸城，本是天主的產業，賞給十二族的人；若破一城，缺少一分產業。〔⑤〕〔⑥〕達味一見約亜伯，用甚麼話責怪他，聖経（經）不提。大槩達味知約亜伯本性躁暴，無奈忍了，但崩時囑撒落孟，後來該殺罪人約亜伯。亜瑪撒本

49a

背逆過達味，相帮亜伯撒隆；如今天主用約亜伯的忌妬（妒）心，爲罰他的重罪。亜瑪撒的這禍是自己招惹的。

第二十一篇

達味的時候，一連有三亾（凶）年，達味求天主的旨意，天主說：「因爲撒烏耳他的家好流血，殺了加巴翁的人，故地方遭這樣災。」加巴翁的人本不是從依斯拉耶耳族出的，是亜莫肋阿支泒【派】剩下的一分。依斯拉耶耳後代起初雖誓許不殺他們①，撒烏耳錯貪利益，爲依斯拉耶耳、如達斯的族，全要滅他們②。王達味傳加巴翁的長老，問他們說：「我給你們能作甚麼？爲你們求天主降福這地，我怎麼能補你們先吃的虧（虧）呢？」加巴翁的人答應：「我們不是爲〔向〕金銀，爲撒烏耳他的家报怨，也不要依斯拉耶耳的一個人的命。」

49b
王給他們說：「到底要我具你們作甚麼?」他們答應王：「[要]無道謀害我們的人，我們
要仇
報那無道謀害我們的人，從他的族不留一個在依斯拉耶耳國的衆交界内。求將先[前]
天主選過③[的]撒烏耳的七個男子，爲的是加巴哈地方，[在]天主台前，我們釘他們在
十字
架上④。」王說：「我給你們⑤。」王饒了約那大斯的兒子——撒烏耳的孫子——米費玻塞
得，本
來達味指天主的名給撒烏耳的兒子約那大斯誓許，不殺他的後代。因此王拿亜意
亜的女孩——撒烏耳的妻子肋穌法的二子，一名亜耳莫尼，一名米費玻塞得，還把撒烏
耳的女孩米渴耳的五子——從栢耳則來的兒子哈弟列肋生的，這哈弟列肋是莫
拉弟的人——王都交給加巴翁的人。他們[在]天主台前山上⑥，[被]釘在十字架，這七
男[在]初収

50a
大麦的時候，都[被]殺了。亜意亜的女孩肋穌法將一毯鋪在石上，從収粮食時，到雨水
下
兒子們屍上時，他不離那地方，白日禽鳥，黑夜猛獸，不許啄(啄)噬他們⑦。亜意亜的女
孩——
撒烏耳的次妻——肋穌法行的事，達味一知道了，狠可憐。達味〔去〕從加拉得地方的亜
栢斯，取了撒烏耳連他兒子約那大斯二屍骨；起初斐里斯定仇敵在热耳玻黑山上
殺敗了撒烏耳，將撒烏耳，約那大斯的屍首掛在栢得桑城的大街，亜栢斯城的人偷
來了。達味從那城挪撒烏耳並他兒子約那大斯的屍骨，還教収那釘在十字架的
七人的屍骨，後同撒烏耳及他兒子約那大斯的屍骨一塊，都塟在栢尼亜明的地方——
撒烏耳的父詩思的墳傍。王要怎麼辦事，就辦了。事情後，陡斯憐憫[了這]地方⑧。斐

50b

里斯定的兵再一次來征討依斯拉耶耳國，達味親領兵要戰斐里斯定仇敵。達味因爲有了年紀，身体衰敗，陣上有亜拉法族的一人，名耶穌必伯諾伯，稱他鎗的鉄有三百兩重，又帶新腰刀，他衝入要殺達味⑨。幸撒耳未亜的兒子亜必賽來帮助他，殺了斐里斯定的男子。達味的兵綫發誓說：「王從此不可同我們出兵⑩，恐怕滅依斯拉耶耳國的光。」同斐里斯定第二次戰在郭伯地方，胡撒弟〔的〕地方的瑣(瑣)玻開［在］這裡殺了撒費——亜拉法族出的大高人数内。同斐里斯定的兵第三戰在郭伯地方。這裡栢得肋母城住織雜色布的匠人，撒耳畐斯的兒子亜得阿大多殺了热得省的郭里亜得⑪；他用的鎗就是匠人們碾褐子用的大圓棍。第四戰在热得地方，

51a

這裡來了一個高身体的男子，手脚有六個指頭，共捴二十四個，他是亜拉法族出的。他咒罵依斯拉耶耳的兵，撒瑪哈的兒子約那丹殺了他，撒瑪哈本是達味的哥哥。這四個高男子是亜拉法族内的人，热得地方生的，都死在達味的兵手裡。

註解

①〈若穌耶〔的〕［之］經〉第九篇細講了這件事。②撒烏耳褒貶若穌耶，親自要滅加巴翁的支泒【派】，不想那支泒【派】已入天主教，他意要將他們得的田地物類（類）奪回，分給依斯拉耶耳、如達斯的族。因爲撒烏耳殺了那族許多無罪的人，所以天主用三凶年罰他的國。③天主從衆人挑選撒烏耳爲王。④天主台前，這話就如說：「爲息天主的義怒。」⑤達味把撒烏耳的七個兒孫交給加巴翁的人，加巴翁的人釘他們在十字架上，沒有罪，因爲明有天主的旨意。若問：「爲甚麼不殺米費玻賽得及他的子呢?」答應：「因爲達味先發過誓，不滅約那大斯的子孫，故此保護他。」⑥撒烏耳的家原在這山上。⑦整三年不下雨，粮食不能生，故達味分付到下雨時，從十字架不要郘（卸）下那七個屍首，大槩在十字架掛了六個月。肋穌法晝夜不離那地方有

六

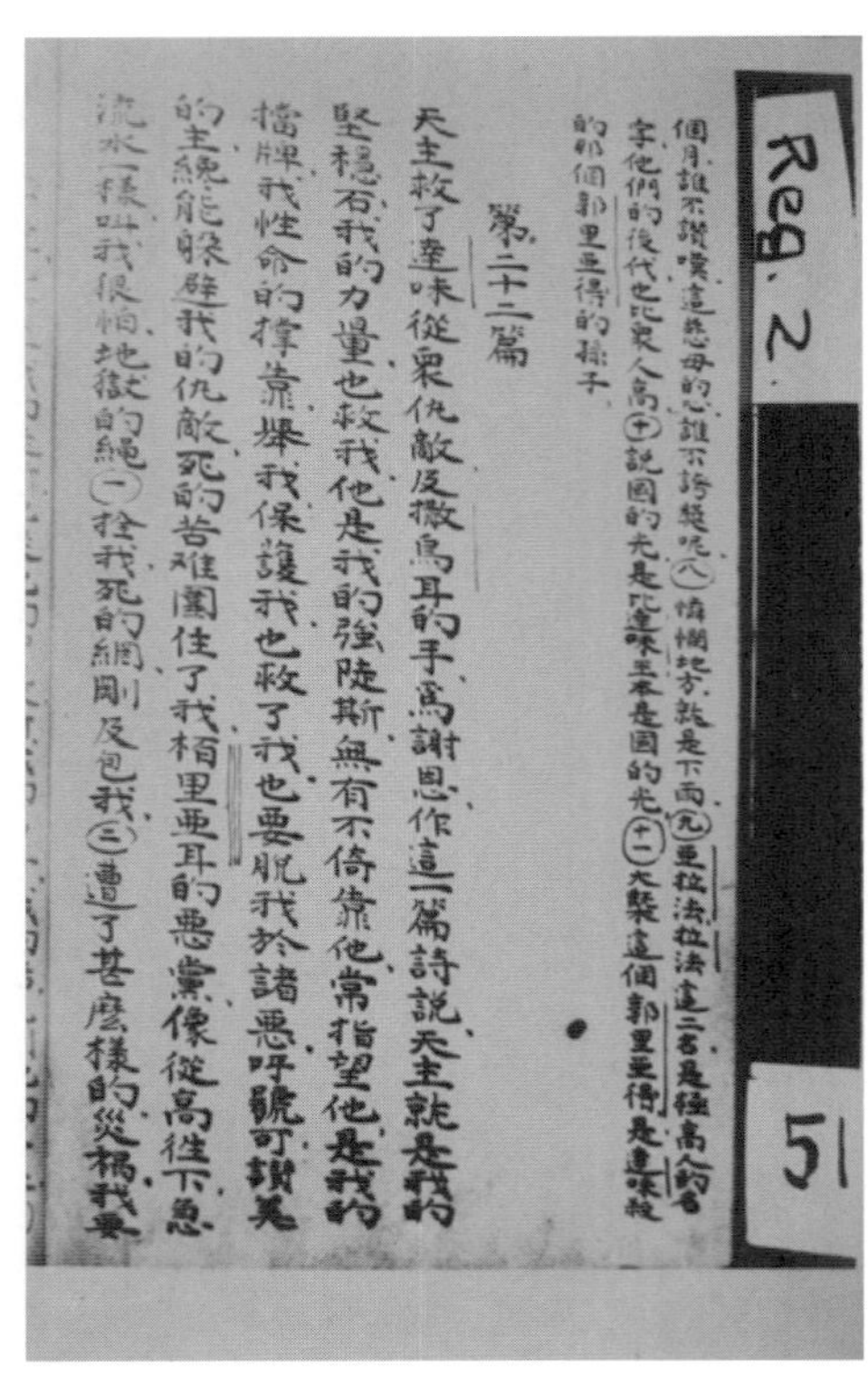

51b

個月，誰不讃嘆？這慈母的心，誰不誇奬呢？⑧憐憫地方，就是下雨。⑨亜拉法，拉法這二名，是極高人的名字，他們的後代，也比衆人高。⑩說「國的光」，是比達味王本是國的光。⑪大槩這個郭里亜得是達味殺的那個郭里亜得的孫子。

第二十二篇

天主救了達味從衆仇敵及撒烏耳的手，爲謝恩，作這一篇詩，說：「天主就是我的堅穩石，我的力量，也救我，他是我的強陡斯，無有不倚靠他，常指望，他是我的擋牌，我性命的撑靠。犨我，保護我，也救了我，也要脫我於諸悪。呼號可讃美的主，纔能躲避我的仇敵。死的苦难圍住了我，栢里亜耳的悪黨像從高往下急流水一様，叫我狠怕，地獄的繩①拴我，死的網剛及包我②。遭了甚麼樣的災祸，我要

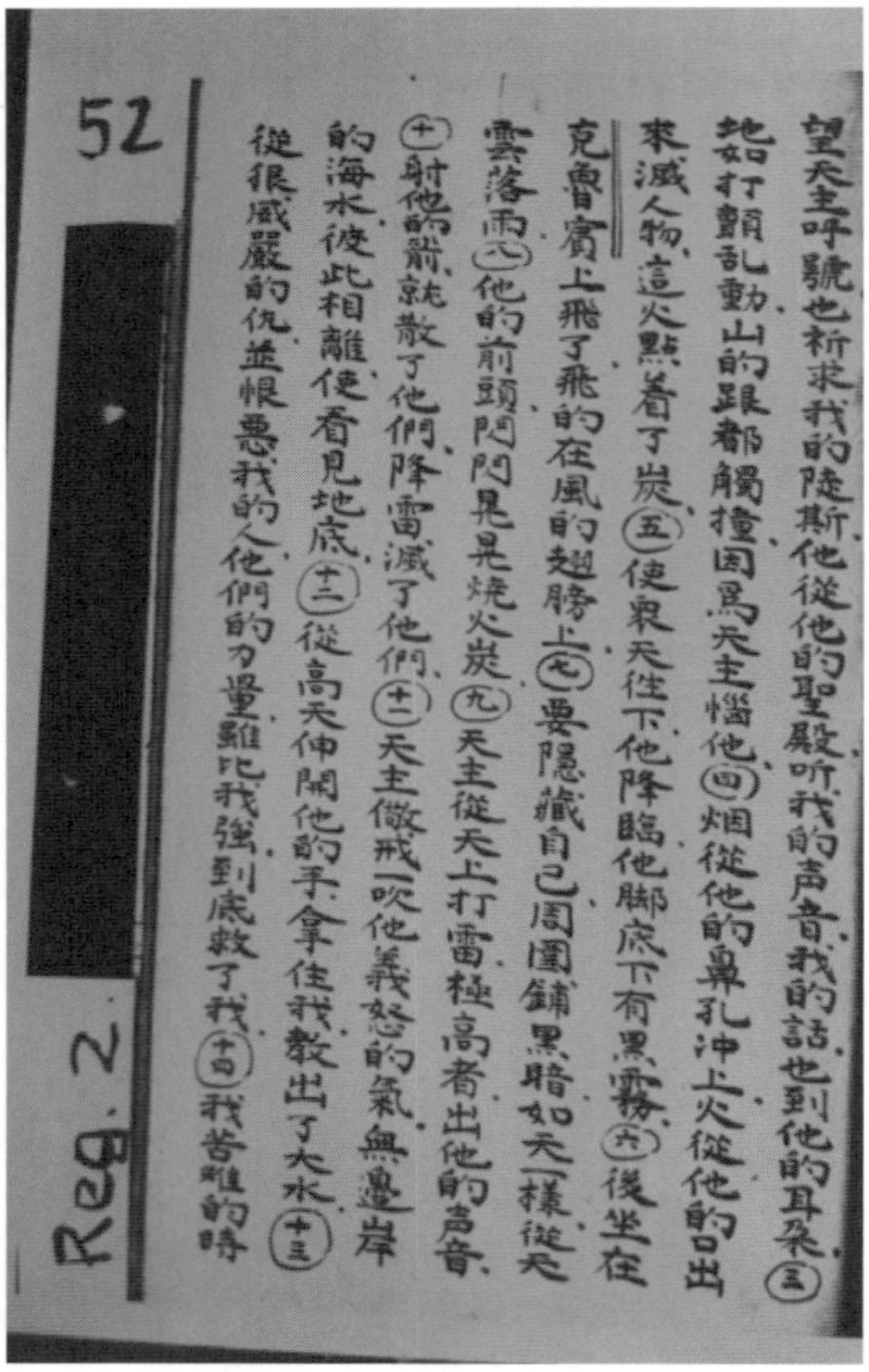

52a

望大王呼號，也祈求我的陡斯，他從他的聖殿，听我的声音，我的話也到他的耳朵③。地如打顫(顫)乱動，山的跟都觸撞，因爲天主惱他④。烟從他的鼻孔沖上，火從他的口出來滅人、物，這火點着了炭⑤。使衆天往下，他降臨(臨)，他脚底下有黒霧⑥。後坐在『克魯賔』上飛了，飛的在風的翅膀上⑦。要隱藏自己，周圍鋪黒暗，如天一様，從天雲落雨⑧。他的前頭閃閃晃晃燒火炭⑨。天主從天上打雷，極高者出他的声音⑩。射他的箭就散了他們，降雷滅了他們⑪。天主儆戒，一吹他義怒的氣，無邊岸的海水彼此相離，使看見地底⑫。從高天伸開他的手拿住我，教出了大水⑬。從狠威嚴的仇，並恨悪我的人——他們的力量雖比我強——到底救了我⑭。我苦难的時

52b
候，他先帮助（助）我，天主是我倚靠的礤礅。若我在窄地方，他送引我到寛地方，因爲
我合他的心，故救我。天主按我的公正要报應我，看我手的潔净要賞我；因爲我在
天主定的路上行，也没有違悖我陡斯的旨意。他的法度常在我的眼前，不敢離開
他的戒令：同他要做全善的人，也要防備我的私欲，不陷我於悪。天主按我的義德，要
报答我，天主照我手在他眼前乾净，要施恩惠。主，你望着聖人，發顯你的聖，望
着有力的，更露出你的力〔⑭〕[⑮]；望着真寔人，你像真寔，你望暴戾人，你揚出你厭
悪他的悪行來。你要保護穷困民，你一展眼擊壓傲強人。主，你是我的燈；主，
单你光照我的昏暗。有你帮我，要去戰狠至猛敵，我是現成的，倚靠我陡斯，

53a
能跳過無論甚麼堅固的城墻〔⑮〕[⑯]。陡斯定的路無些微臟【髒】；天主的言語如火煉
過
的金〔⑯〕[⑰]。誰倚靠他，他就是誰的擋牌。自天主外，有别的『陡斯』麼？除了我們
的陡斯，
還有強盛者麼？我的力量是陡斯賞的，他修平了我走的山道。他使我脚如鹿
足〔快〕一様[快]〔⑰〕[⑱]，把我放在高地方——我本力到不了的。教我手會戰，使我
胳臂如銅弓（弓）堅固
〔⑱〕[⑲]。主，你保護的擋牌遮（遮）盖了我，你本性的良善增添了我〔⑲〕[⑳]。你寛我
脚下的
道，我脚常不知痠。我要追我的仇敵，也擊壓他們，到全滅絶回轉。要毀壞他們，拆
碎他們[㉑]，爲的是不再興盛，他們都跌在我脚底下。你賦給我打仗的力量，望我作對
的人，你都摔在我脚下。使我的仇在我跟前轉背，嫌悪我的都逃跑，我容易除盡

53b

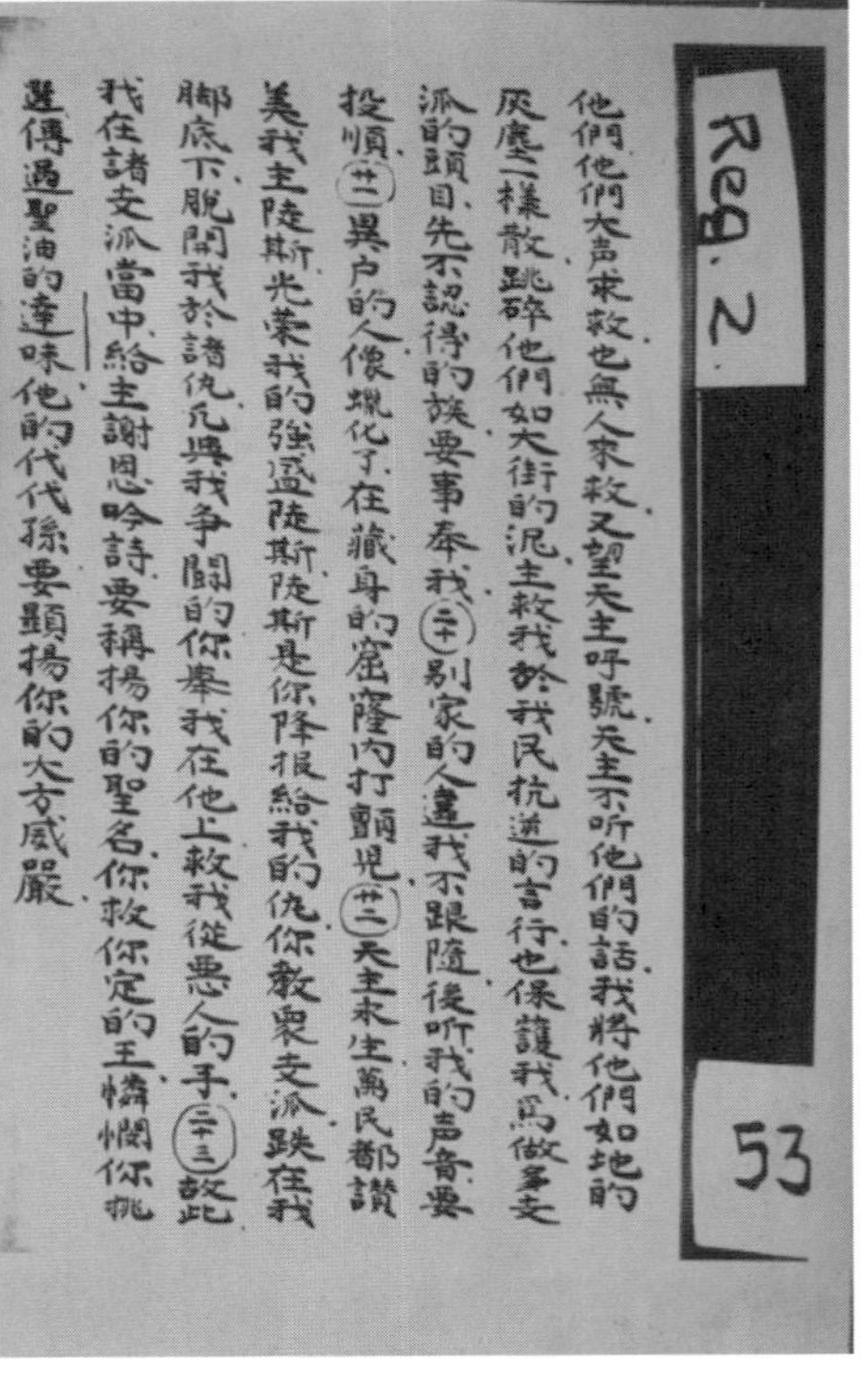

他們。他們大声求救，也無人來救，又望天主呼號，天主不听他們的話。我將他們如地的灰塵一樣散，跳碎他們如大街的泥。主救我於我民抗逆的言行，也保護我，爲做多支泒【派】的頭目；先不認得的族要事奉我〔⑳〕［㉒］。別家的人違我不跟隨，後听我的声音要投順〔㉑〕［㉓］。異戶的人像蠟化了，在藏身的窟窿內打顫兒〔㉒〕［㉔］。天主永生。萬民都讚美我主陡斯。光荣我的強盛陡斯！陡斯，是你降报給我的仇，你教衆支泒【派】趺在我脚底下，脫開我於諸仇，几共我爭鬬的，你埲我在他上，救我從悪人的手〔㉓〕［㉕］。故此，我在諸支泒【派】當中，給主謝恩，吟詩，要稱揚你的聖名！你救你定的王，憐憫你挑選，傳過聖油的達味，他的代代孫要顯揚你的大方威嚴。」

54a

註解

①達味頂戴天主的恩，勝了內外有的衆仇敵，爲感謝天主，作了這篇詩，把他受的苦比作悪人剛終争命，也想地獄的永祸。②說的繩網，要說苦的念想，如繩網拴結，不能脫開。③達味說他怎麼改自己的罪悪，絳一心求天主，倚靠他，得免諸苦。如今爲端正罪人的悪意，講天主威嚴義怒，行的奇妙事。④因爲地方山上住的人無道，故說天主惱地方、惱人。⑤這都是比喻，比天主的義怒如烈火，烟（煙）冲上天，焰燒山，使成黑炭。⑥天主的体本是純神，但作詩的人比他是一威嚴皇帝，說雲是他的座位，因爲沒有一個能通徹他〔的〕本性［的］萬萬美善，故說他脚下有霧。⑦說的「克魯賓」是上品天神，這比喻的意，就是天主的尊貴不能測量。雖上品天神，剛剛能是他的寳座。說的飛，不過要暁諭人：天主的旨意迅還，處處也到，也行。⑧爲教人怕，藏了仁父的容貌，鋪黑雲彩，大雨施威。⑨天主要人人怕他的義怒，空中打雷降雹，這裡將雷比作燒紅的炭。⑩說的極高者，是天主；說雷，是天主嚇嘑（諕）人的声音。本來無論甚麼事物發顯他的聖旨，說得是天主的声音。⑪將閃電比射的箭。⑫本來天主處治厄日多國的王法劳翁，這樣作過。⑬達味親歷的祸，比河水漲溢。⑭撒烏耳，亜伯撒隆等仇敵，雖比達味強壯，到底

54b

達味倚天主的恩佑，脫了他們的手。⑮若有使力望天主作敵的，全能天主容易羞辱壓抑他，反倒合順從者的心意。⑯「直跳過墻」的話是比喩，要說「若遇着最难行的事，我安然要行」。⑰天主既是諸美的源，他的肯意極美好，不能一点偏【偏】斜。⑱「天主加我本性的力量，我纔能急速走德行的堅澀路」。⑲這都是比喩，讚美天主的聖寵。⑳說的「增添我」，就是「加我功劳，荣耀後嗣（嗣）」。㉑這裡說的仇敵，是肉身的私欲，

越哄這芓仇戰，越在天主台前成可爱的人。㉒達味因爲知未來的事，這裡提吾主耶穌。說的先不知道的族，不是亜各伯的族，是從異端人族出的，因爲不可同他們來往，所以說先不知道。㉓吾主耶穌立了聖教，爲傳普世，遣他的十二位宗徒。異端人起初不但不從，反逆行要滅聖教，後來常細追究（究）正教的真理，傾心投順，

廣多入了教。㉔要羞辱那時亜各伯族有的人，把他們比作異戸、異端人們，因爲他們不認吾主耶穌是真天主，也不肯進他的教。他們的國滅了，民散了，在山穴内藏着，身上打顫。㉕這裡說的「邪魔的夥紀

【計】」這芓類

的人，在逄（逢）迎奉承上，迷惑賢人落於罪内。

第二十三篇

55a

這是達味末尾的話①，依撒意的兒子達味說：「亜各伯的陡斯定的，傳了聖油的，依斯拉耶耳會内善作詩的說：天主的神②降旨意用了我，把他教訓的話放在我舌上。依斯拉耶耳的陡斯望我說：『依斯拉耶耳的強盛者』，又說：『凡有晉人的該是公義的，也該敬畏陡斯，辦理政事若這樣，他就如天剛明，如日早出，無雲光曜（曜）；如下雨後，地裡草纔生

萌芽。」我家在陡斯跟前是甚麼呢？他要與我定永遠和睦結約，再堅定保扶，使我離開衆仇的手，全合了我的心意，我的家沒有不興旺的。違你法度的人，反倒如手不能摩的莿，都要拔出；若有人要摩他，該用鉄或木杈，拿了擲在火裡，燒到全滅。」

達味的豪傑的名字是這：在三個裡頭高位坐，至賢的頭目［是耶斯巴杭］，如樹的軟虫（蟲）

一樣③，他一

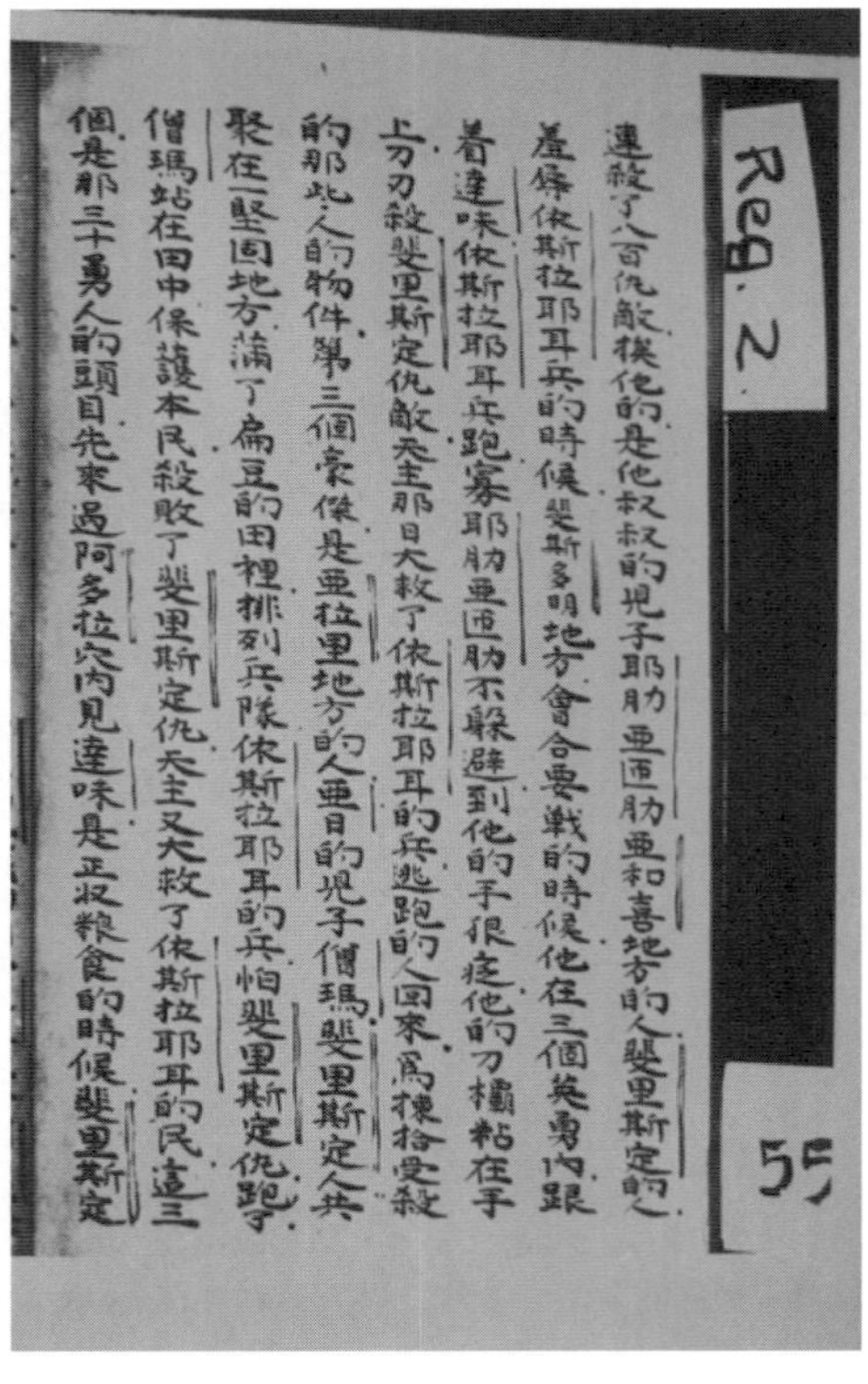

55b
連殺了八百仇敵。挨他的，是他叔叔的兒子耶肋亜匝肋——亜和喜地方的人。斐里斯定的
人
羞辱依斯拉耶耳兵的時候，[在] 斐斯多明地方會合要戰的時候，他在三個英勇 [豪傑] 內，
跟
着達味。依斯拉耶耳兵跑，寡耶肋亜匝肋不躲避，到他的手狠疺，他的刀欛(杷)粘在手
上，[使] 刀刃殺斐里斯定仇敵。天主那日大救了依斯拉耶耳的兵，逃跑的人回來，爲揀拾
受殺
的那些人的物件。第三個豪傑是亜拉里地方的人——亜日的兒子僧瑪。斐里斯定人共
聚在一堅固地方，[在] 滿了扁豆的田裡，排列兵隊。依斯拉耶耳的兵怕斐里斯定仇，[就]
跑了，
僧瑪站在田中，保護本民，殺敗了斐里斯定仇。天主又大救了依斯拉耶耳的民。這三
個是那三十勇人的頭目，先來過阿多拉穴內見達味，是正収粮食的時候，斐里斯定

56a
兵在大高人山谷扎了營盤，還放了兵看守栢德肋母城的関口。達味住於阿多拉堅
固地方，渴了說：「誰能將栢得肋母門上有的井裡水給我歃呢？」這三豪傑衝入斐里斯
定的營盤，汲了栢得肋母門上有的井裡水，也送給達味。他不敢歃，撒在地下，獻給天主，
說：「主！可憐我，我不這樣行。歃這三人的血使得麼④？他們這一去，幾乎失命。」因此
不肯歃。
這三個頭等英勇男子作這樣的事。論第二等 [的] 那三個豪傑，撒耳未亜的兒子——
約亜伯的兄弟——亜必賽是他們的頭目，就是他舉他的鎗抵擋三百仇敵，也殺了他們。
這三個第二等裡頭大有名，比他們尊貴，也作他們的首，但不如那三個頭等的⑤。亜
必賽後，加栢塞耳地方的人，大有力的約亜大斯的兒子巴那亜斯作了大事，[在] 莫哈伯地
方殺

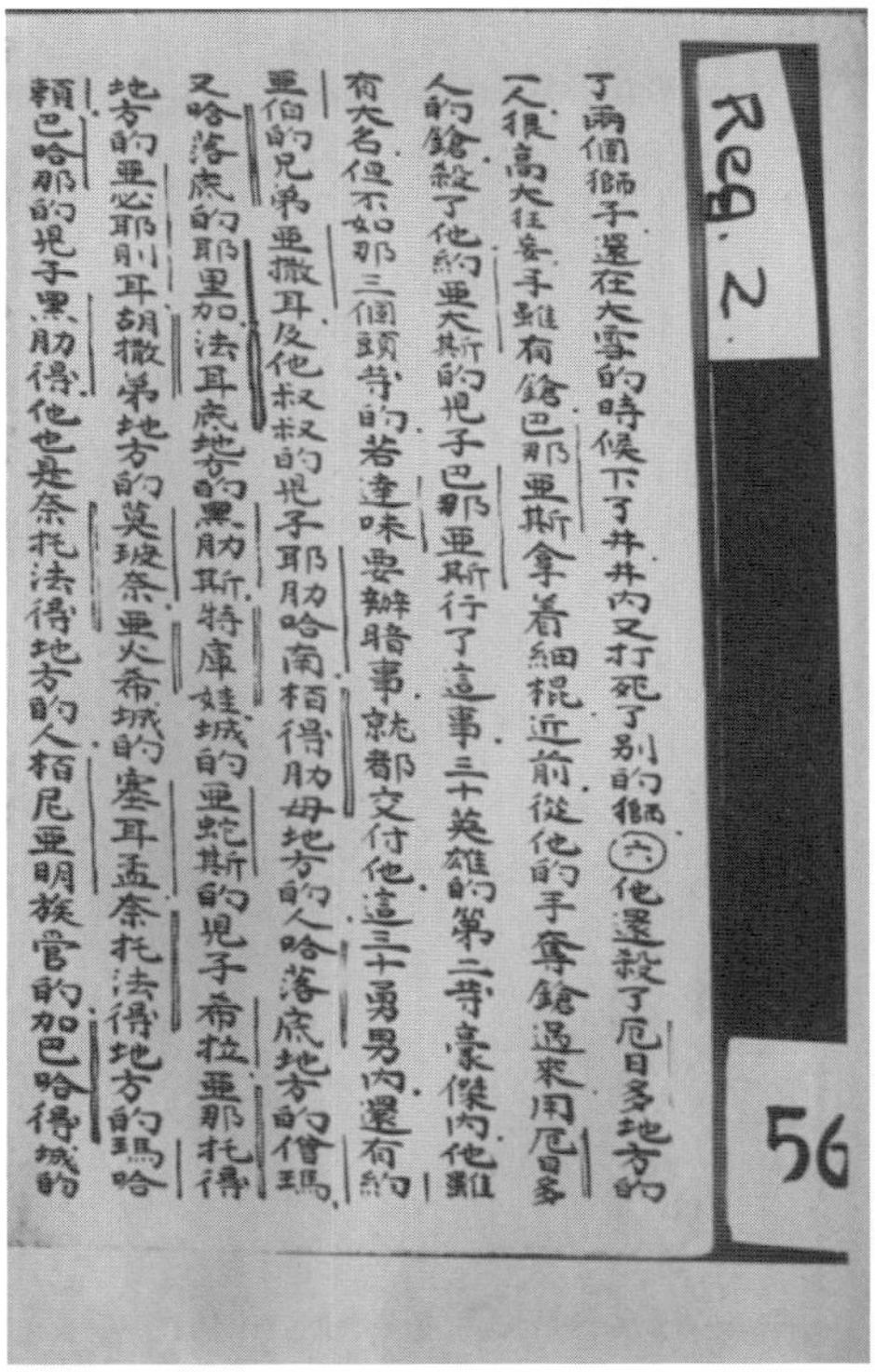

56b

了兩個獅子，還在大雪的時候，下了井，井內又打死了別的獅⑥。他還殺了厄日多地方的一人，[此人] 狠高大狂妛(妄)，手雖有鎗，巴那亜斯拿着細棍近前，從他的手奪鎗過來，用厄日多人的鎗殺了他。約亜大斯的兒子巴那亜斯行了這事，[是在] 三十英雄的第二等豪傑內。他雖有大名，但不如那三個頭等的。若達味要辦暗事，就都交付他。這三十勇男內，還有約亜伯的兄弟亜撒耳，及他叔叔的兒子耶肋哈南 — 栢得肋母地方的人，哈落底地方的僧瑪，又哈落底的耶里加，法耳底地方的黑肋斯，特庫娃城的亜蛇斯的兒子希拉，亜那托得地方的亜必耶則耳，胡撒弟地方的莫玻奈，亜火希城的塞耳孟，奈托法得地方的瑪哈賴(賴)，巴哈那的兒子黑肋得，他也是奈托法得地方的人。栢尼亜明族晉的加巴哈得城的

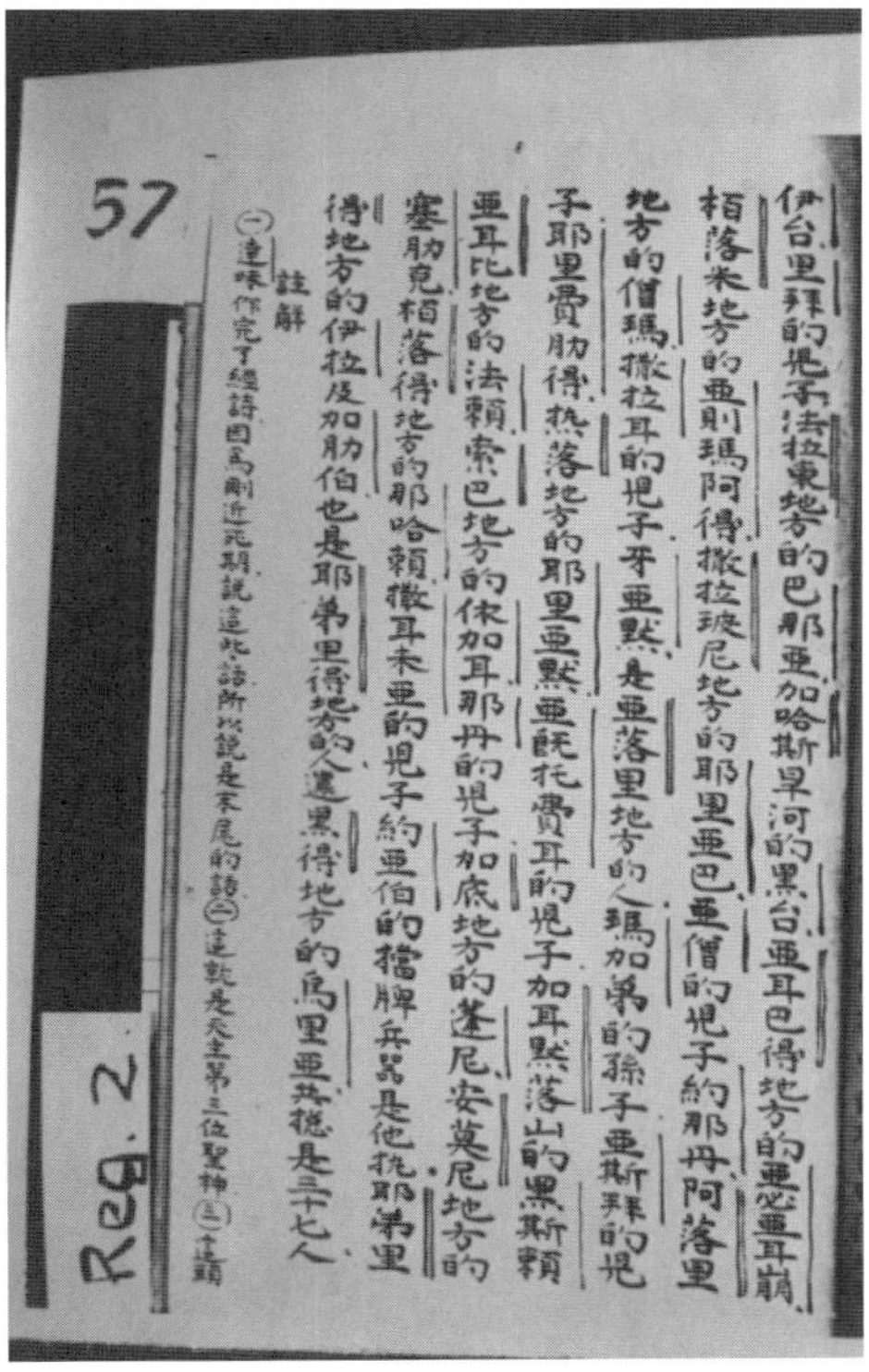

57a

伊台 — 里拜的兒子，法拉東地方的巴那亜，加哈斯旱河的黑台，亜耳巴得地方的亜必亜耳崩，栢落米地方的亜則瑪阿得，撒拉玻尼地方的耶里亜巴，亜僧的兒子約那丹，阿落里地方的僧瑪。撒拉耳的兒子牙亜默，是亜落里地方的人，瑪加弟的孫子 — 亜斯拜的兒子 — 耶里費肋得，热落地方的耶里亜默 — 亜既托費耳的兒子，加耳默落山的黑斯賴，亜耳比地方的法賴，索巴地方的依加耳 — 那丹的兒子，加底地方的蓬尼，安莫尼地方的塞肋克。栢落得地方的那哈賴，撒耳未亜的兒子約亜伯的擋牌兵器是他执。耶弟里得地方的伊拉及加肋伯，也是耶弟里得地方的人。還黑得地方的烏里亜，共捴是三十七人。

註解

①達味作完了經詩，因爲剛近死期說這些話，所以說是末尾的話。②這就是天主第三位聖神。③這頭

57b
苛豪傑的名字叫耶斯巴杌，觧這名的意：坐在靠背上。因他本性良善謙遜，所以比作木内的軟虫。④這
話
的意，就如說：天主作我的干証（證），三人行的是很險的事，不是從我出的意，他們拿來的水不是平常
水，說得是他
們的血換來的。若我歃，如歃他們的血，断然不歃。⑤約亜伯雖是大將軍，不提他的名字，因爲詭詐奸
計殺
了亜伯奈耳、亜瑪撒兩個無罪的人。⑥雪蒙盖了井口，獅子追獸，落在井裡。

第二十四篇

天主的義怒要處治依斯拉耶耳後代，許①達味起這個意，数他管的民。王給大兵的
將軍約亜伯說：「你起身，紀依斯拉耶耳、如達斯衆人的名，旋繞依斯拉耶耳衆族的地方，
從旦到栢耳撒栢，將民内有的男子全入册（冊）内，我要知道他們的数目。」約亜伯答應王：
「求
你主陡斯添現今有的民們的数目，還我王跟前加一百倍！但我主王的意思有何益處？」

58a
王不听約亜伯與兵的衆頭目的話，故約亜伯同衆兵的頭目離開王，起身，爲紀数依
斯拉耶耳地方的衆男子，過若耳當河，來到加得山溝有的亜落耳城的右邊，從亜則
肋過了加拉得、合得西的下頭，去到旦的林子，繞着西東。順着弟落城的墻，走遍了
黑未阿、加那奈阿地方，去栢耳撒栢城——在如達斯族的南邊。普地方横竪（豎）走了後，
九個
月零二十天後，纔進日露撒冷。約亜伯獻民册給王：依斯拉耶耳衆族的男子們，
強壯的，能拔刀的有八十萬，如達斯族有五十萬能戰的②。紀数了衆民後，達
味責怪自己，望天主說：「我在這事上大錯了！求主饒你奴才的罪，我行的大糊
塗。」次日達味起來後，天主命達味用的先知者加得說：「你去望達味這樣說：『天

58b

主的旨意如此：我要降的三災，你隨便簡一樣，你自己定，怎麽該望你作。」加得
來到達味跟前，告訴說：「或你普地方有七年饑荒（荒），或你三個月逃避你的仇敵，
他們也追赶你，或你地方有三天瘟（瘟）病。你如今決斷給遣我的，要我答應甚麽話？」
達味給加得說：「我心內作難！到底與其落在人手裡，不如落在天主手裡，因爲天主仁慈
無限量。」因此，天主依斯拉耶耳的地方，從早到定的時候，起了瘟病，從旦到栢耳撒
栢死的人有七萬。天主的神伸他的手，在日露撒冷上要殺那城的人。天主［降］那災的時
動
了慈心，分付殺民的神說：「彀了，収你的手③！」天主的神本來立在耶布則阿［的］亜
肋烏
那的場傍，達味一見了殺民的神，望天主說：「犯罪的是我，行惡的也是我。這多民像棉
【綿】

59a

羊一樣，作了甚麽？求主望我轉你的手，也我父親的家。」那一日，加得來見達味，又說：
「王
去耶布則阿［的］亜肋烏那場裡，給天主立祭台。」達味就照天主默啓加得的話去
了。亜肋烏那忽抬頭見王並他的奴才望他跟前來，他往前去，伏地給王磕頭，說：「
何故我主王來到你奴才？」達味答應：「要買你的場，給天主立祭台，爲止民死的災。」
亜肋烏那給達味說：「我主王只管取，隨便獻給天主！還爲全祭祀用這裡有的牛、
車，牛的軛當劈柴。」爲首的頭目亜肋烏那④把這些物都給王，又說：「我求你主陡斯
合你的誓！」王答應：「我不白収你的，反要出價買，不敢將別人白給的物獻全祭祀與
我主陡斯。」所以達味買了場，在牛價上給了五十「西其落」銀子⑤。達味在這地方給

59b

天主立了祭台，獻了全祭、安祭。天主憐憫地方，從依斯拉耶耳的國止了災禍。

註解

①達味這意是從邪魔出來，天主放達味隨便。達味的這傲意雖是小罪，到底天主用這苧大災罰這小罪。人知道這，敢驕傲麼?天主還借這機會，爲報應肋（助）塞巴作乱的那些民的大罪。②肋未，栢尼亜明兩族的男子没有紀册上，因爲約亜伯不願辦這事，疎（疏）署数一数，老少男婦都遺漏。③這天神取了形体，先殺了别地方的罪人，後要殺京城的民，但天主阻他。④亜肋烏那大槩是耶布則阿支泒【派】的摠首。⑤達味出六百金「西其落」買亜肋烏那的場，共天主立祭台，買車、牛，給了五十「西其落」銀子。這場在莫里亜有名的山上，後來達味的兒子撒落孟接了父位，在這裡修了天主大堂。

編者略歴

内田慶市（うちだ　けいいち）

博士（文学），博士（文化交渉学）。現在，関西大学外国語学部教授。主な著書に『近代における東西言語文化接触の研究』『文化交渉学と言語接触―中国言語学における周縁からのアプローチ』『漢訳イソップ集』『語言自邇集の研究』『官話指南の書誌学的研究』『北京官話全編の研究』等がある。

李奭學（り　そくがく）

シカゴ大学比較文学博士。現在，台灣中央研究院中国文哲研究所研究員。また，国立台湾師範大学翻訳研究所客員教授，輔仁大学跨文化研究所客員教授。主な著書に『中外文學關係論稿』，『中國晩明與歐洲中世紀』，『譯述：明末耶穌會翻譯文學論』，『明清西學六論』等がある。

『古新聖經殘稿 外二種 北堂本與滿漢合璧本』

2018年12月25日　発行

編　者　内田慶市・李奭學

発行所　関西大学出版部
〒564－8680　大阪府吹田市山手町3－3－35
TEL 06-6368-1121／FAX 06-6389-5162

印刷所　株式会社　遊　文　舎
〒532－0012　大阪府大阪市淀川区木川東4－17－31

ISBN978-4-87354-686-5 C3014　落丁・乱丁はお取替えいたします。

『古新聖經』滿漢合璧本

（聖彼得堡東方文獻研究所藏）

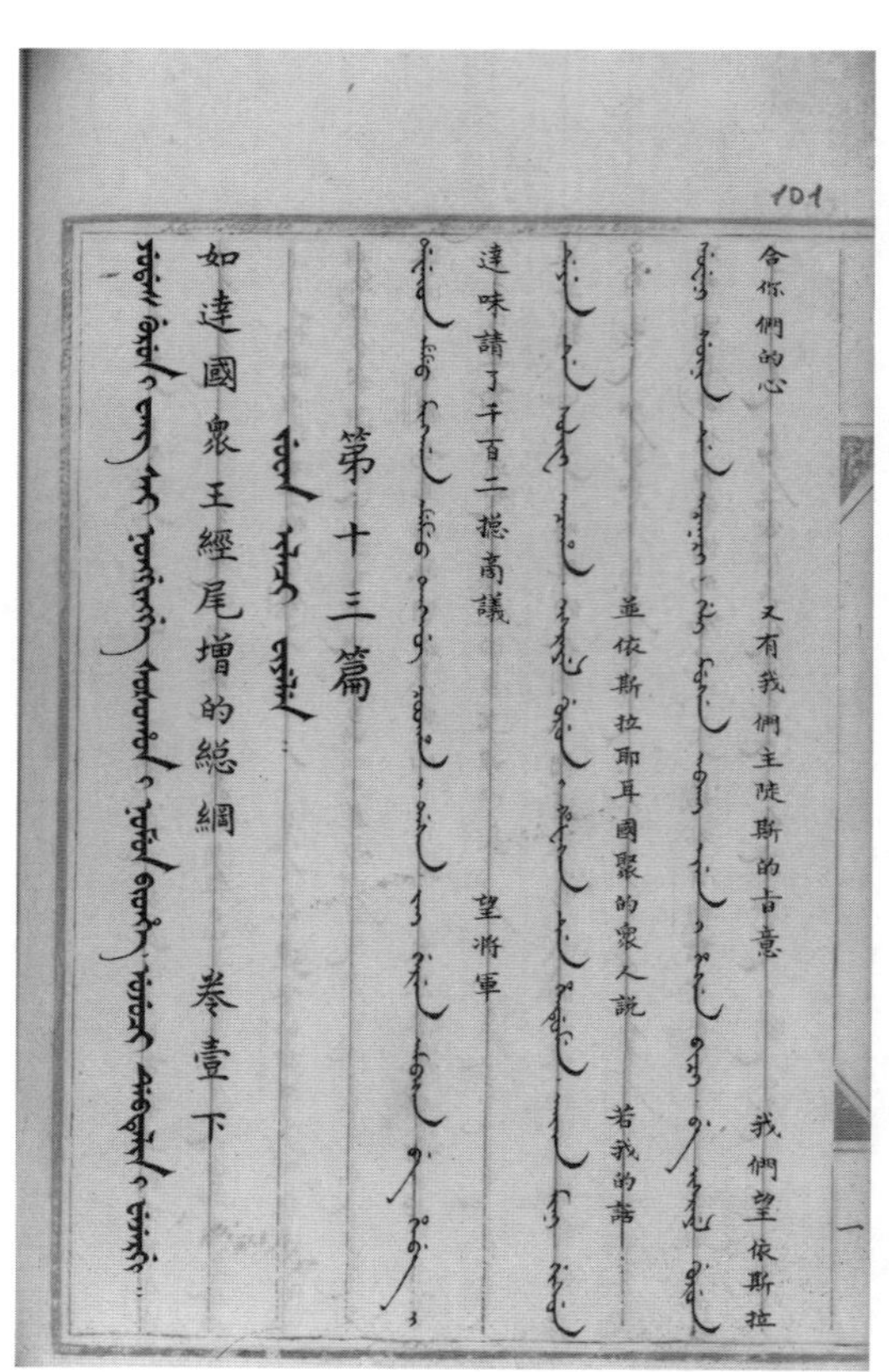

合你們的心又有我們主陡斯的㫖(旨)意我們望依斯拉
並依斯拉耶耳國聚(聚)的衆人説若(若)我的話
達味請了千百二捴(總)商(商)議　望将(將)軍

第十三篇

101a 如達(達)國衆(眾)王經尾增(增)的総(總)綱巻(卷)壹下

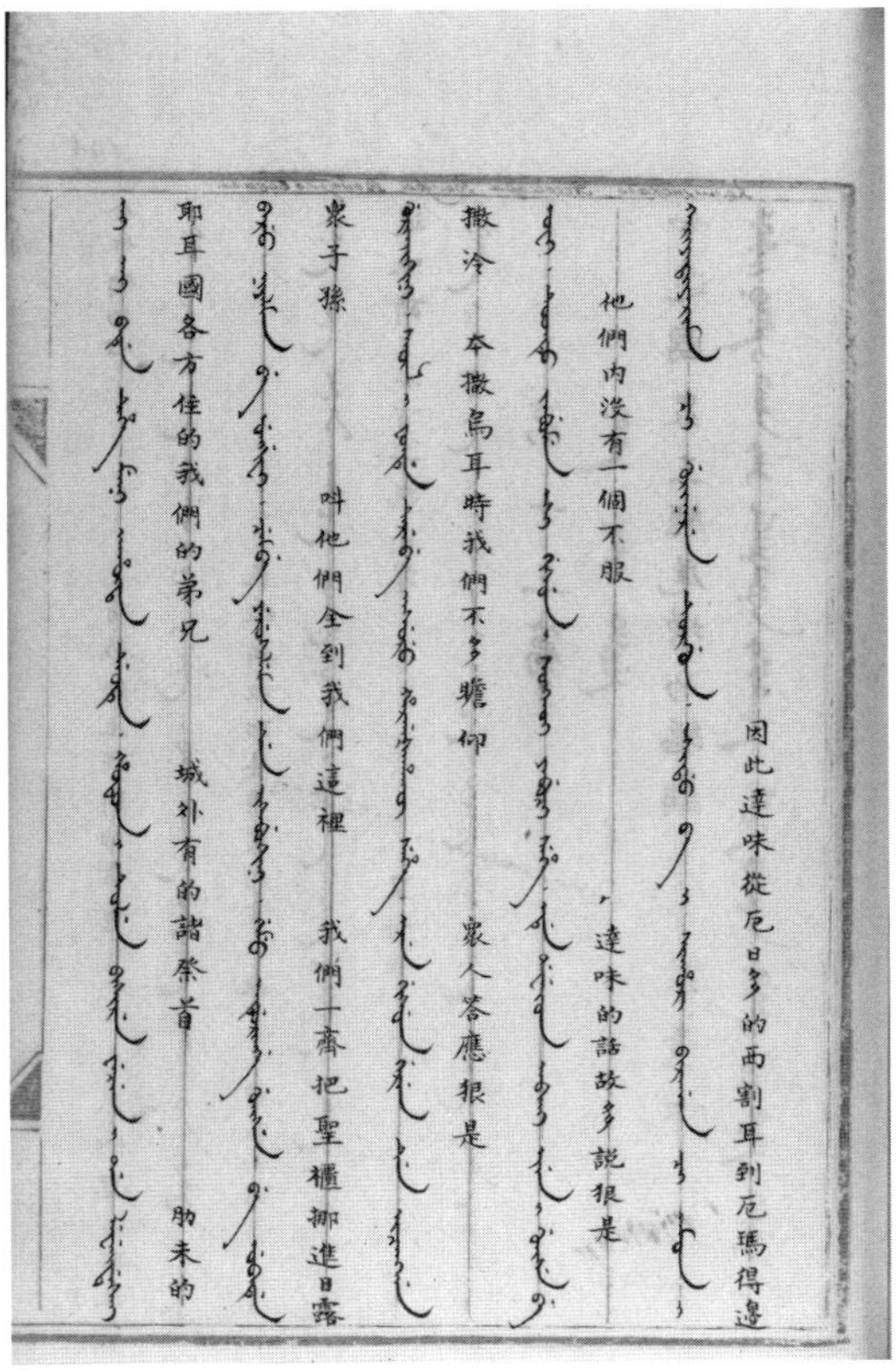

101b

因此達味從厄日多的西割耳到厄瑪得邊（邊）
他們內（內）沒（沒）有一個不服達味的話故多說狠是
撒（撒）冷夲（本）撒烏耳時（時）我們不多瞻仰衆人答應（應）狠是
衆子孫吗（叫）他們全到我們這裡（裡）我們一齊（齊）把聖櫃挪進日露（露）
耶耳國各方住的我們的弟兄城外有的諸祭（祭）首肋未的

100a

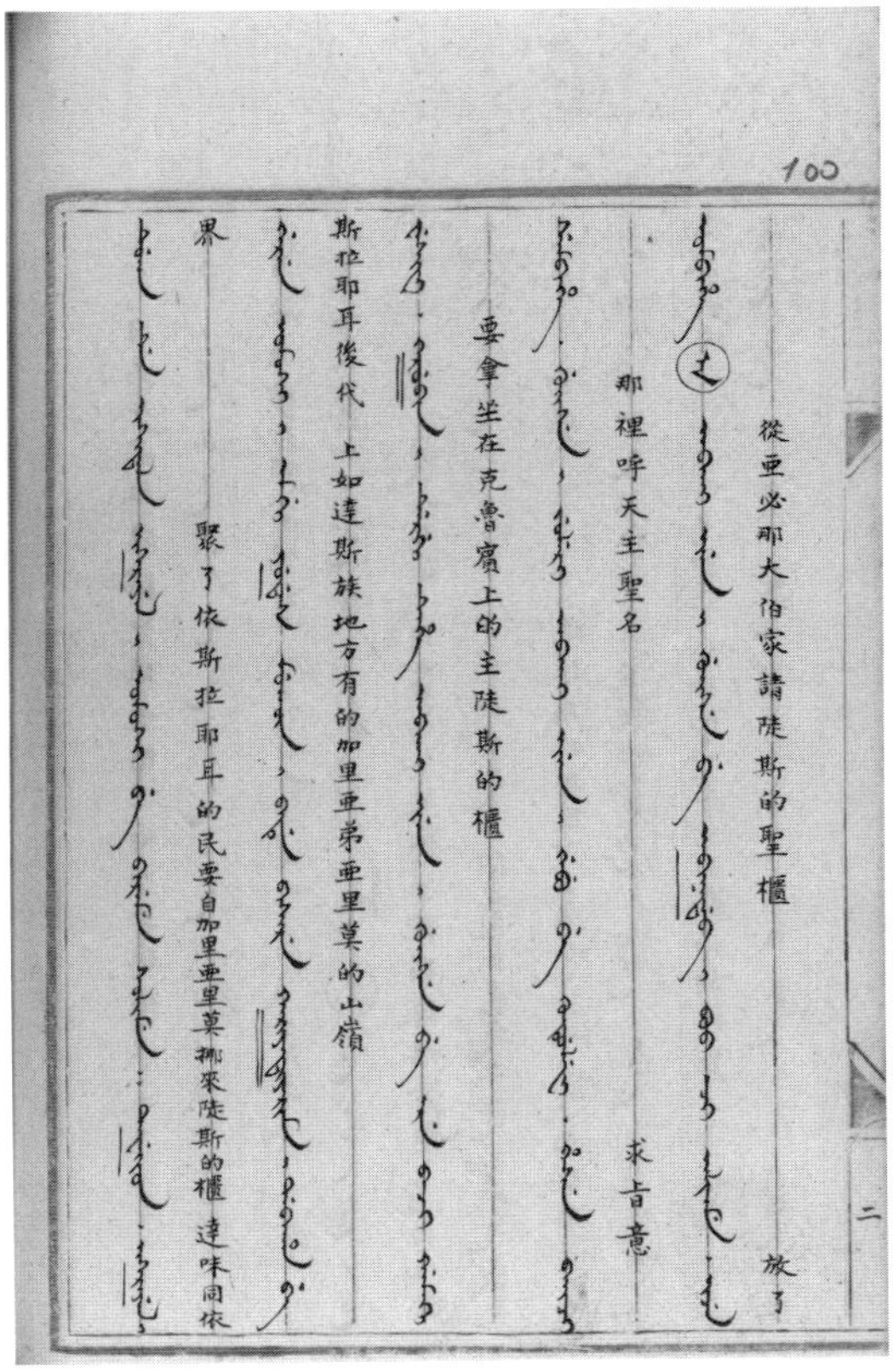

從亜必那大伯家（家）請陡斯的聖櫃放了
那裡呼天主聖名求旨意①
要拿坐在克魯賔（賓）上的主陡斯的櫃
斯拉耶耳後代上如達斯族（族）地方有的加里亜弟亜里莫的山嶺
界聚了依斯拉耶耳的民要自加里亜（亞）里莫（莫）挪來陡斯的櫃達味同依

因為牛忽後腿踼（踢）［歪］ 聖櫃｛歪｝ 阿匝伸手要扶櫃
到了鷄（雞）東②的打粮（糧）食傷【場】裡
的悦樂
力用琵琶琴（琴）鼓（鼓）鑼等（等）號（號）嚣（器）謌（歌）唱發（發）顕（顯）自己
論達味連依斯拉耶耳衆民在陡斯前盡（盡）
新車上阿匝及他的弟亜西約兩（兩）個赶（趕）車
100b

還有這名那日達味驚（驚）惧（懼）陡斯說我怎敢請
給那地方取名叫阿匝的罰如今（今）
達味心裡憂悶因為天主罰了阿匝
櫃罰他他就在天主櫃前死了
天主惱（惱）阿匝摩
99a

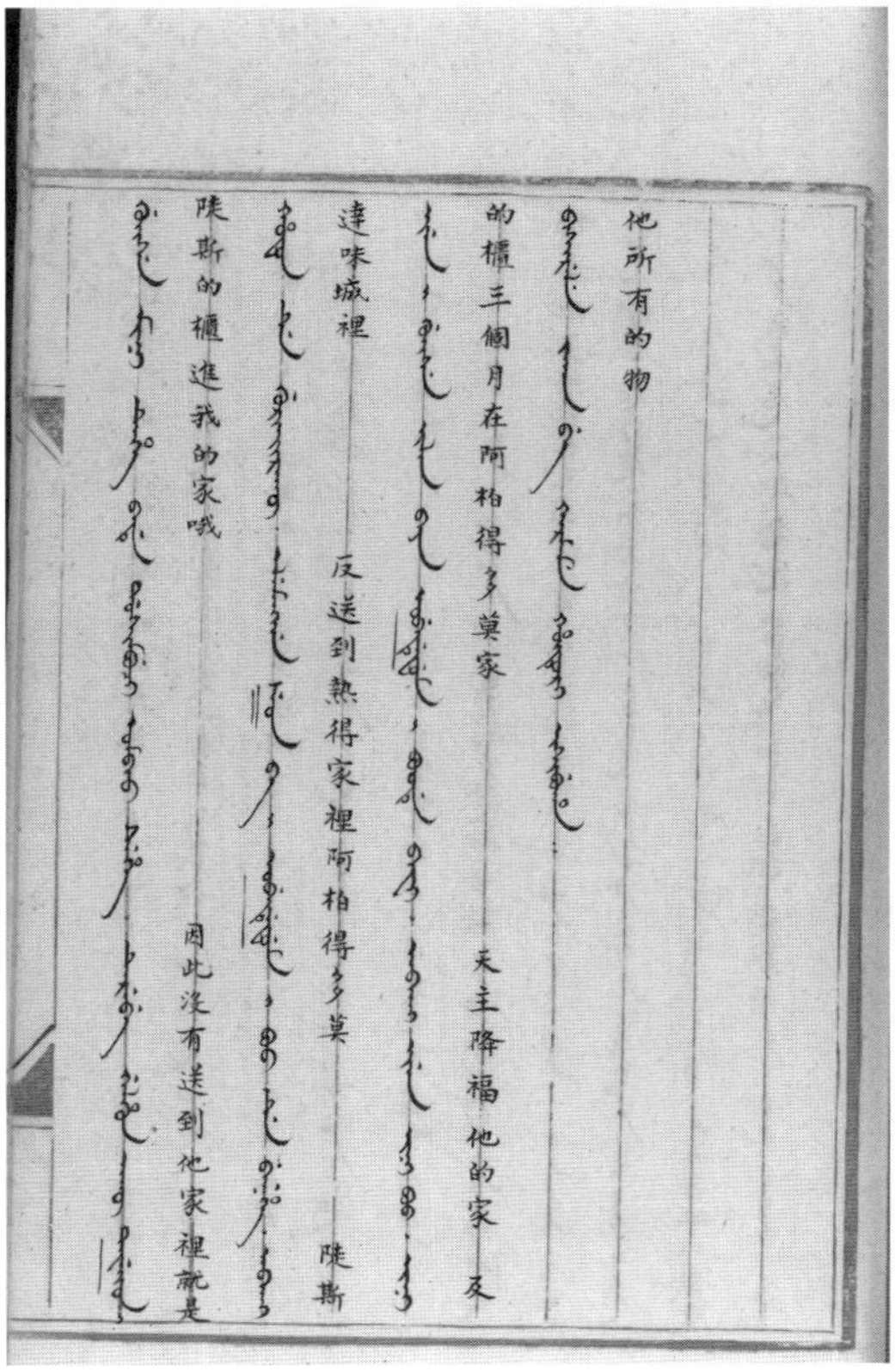

他所有的物
的櫃三個月在阿柏得多莫家天主降(降)福他的家及
達味城裡反送到熱(熱)得家裡阿柏得多莫陡斯
陡斯的櫃進我的家哦因此沒有送到他家裡就是

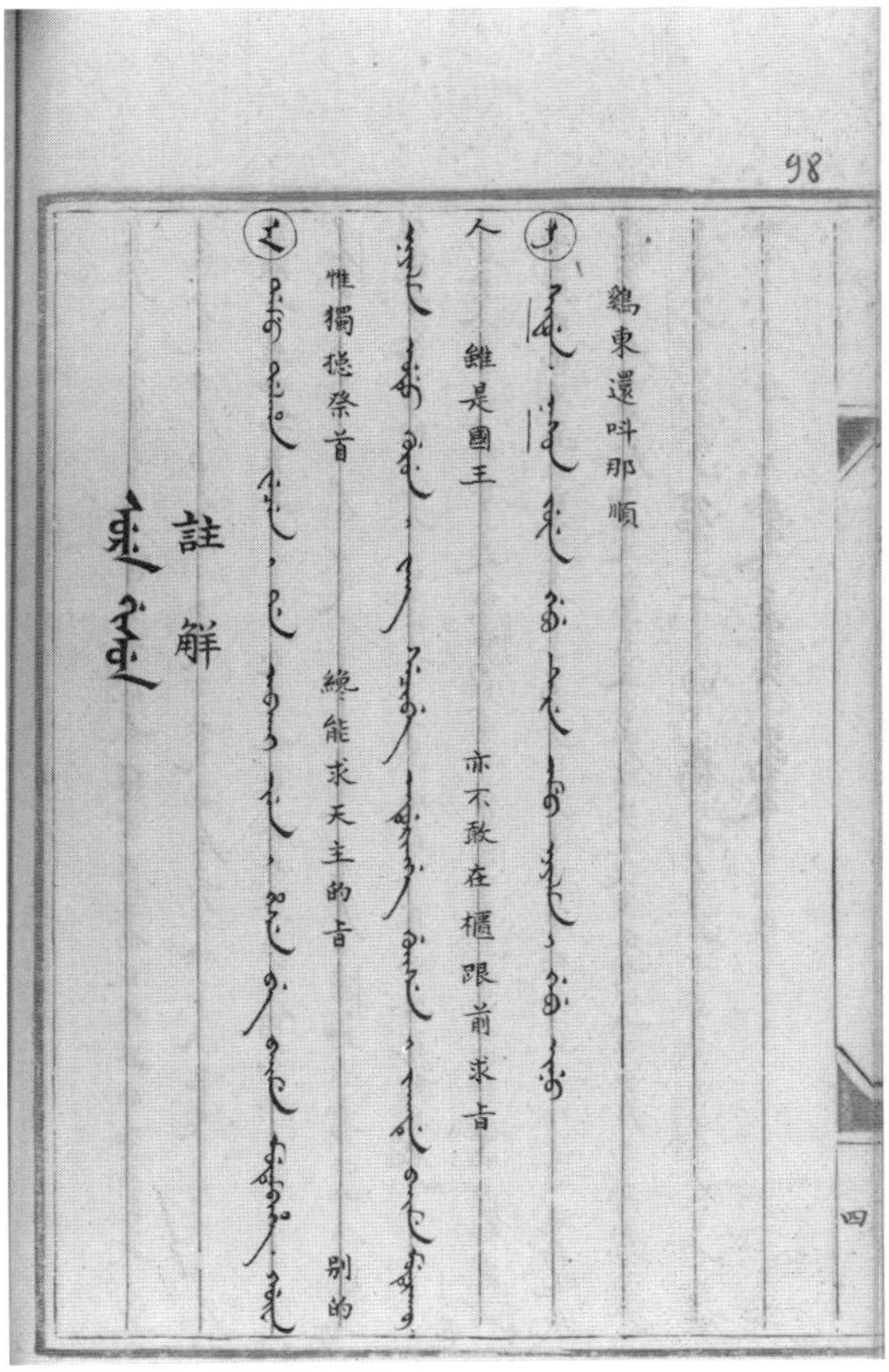

99b

②鷄東還呌那順
人雖(雖)是國王亦不敢在櫃跟(跟)前求旨
①惟獨揔祭首纔(纔)能求天主的旨別(別)的
註解(解)

98a

又賞他威權（權）管（管）天主的民依斯拉耶耳後代
達味于是知知天主堅定他做依斯拉耶耳國的王
樣（樣）蛇多落材料砌（砌）匠木匠為修他的宮殿（殿）
弟落（落）國的王喜（喜）拉莫望達味遣使者還送給他各

第十四篇

98b

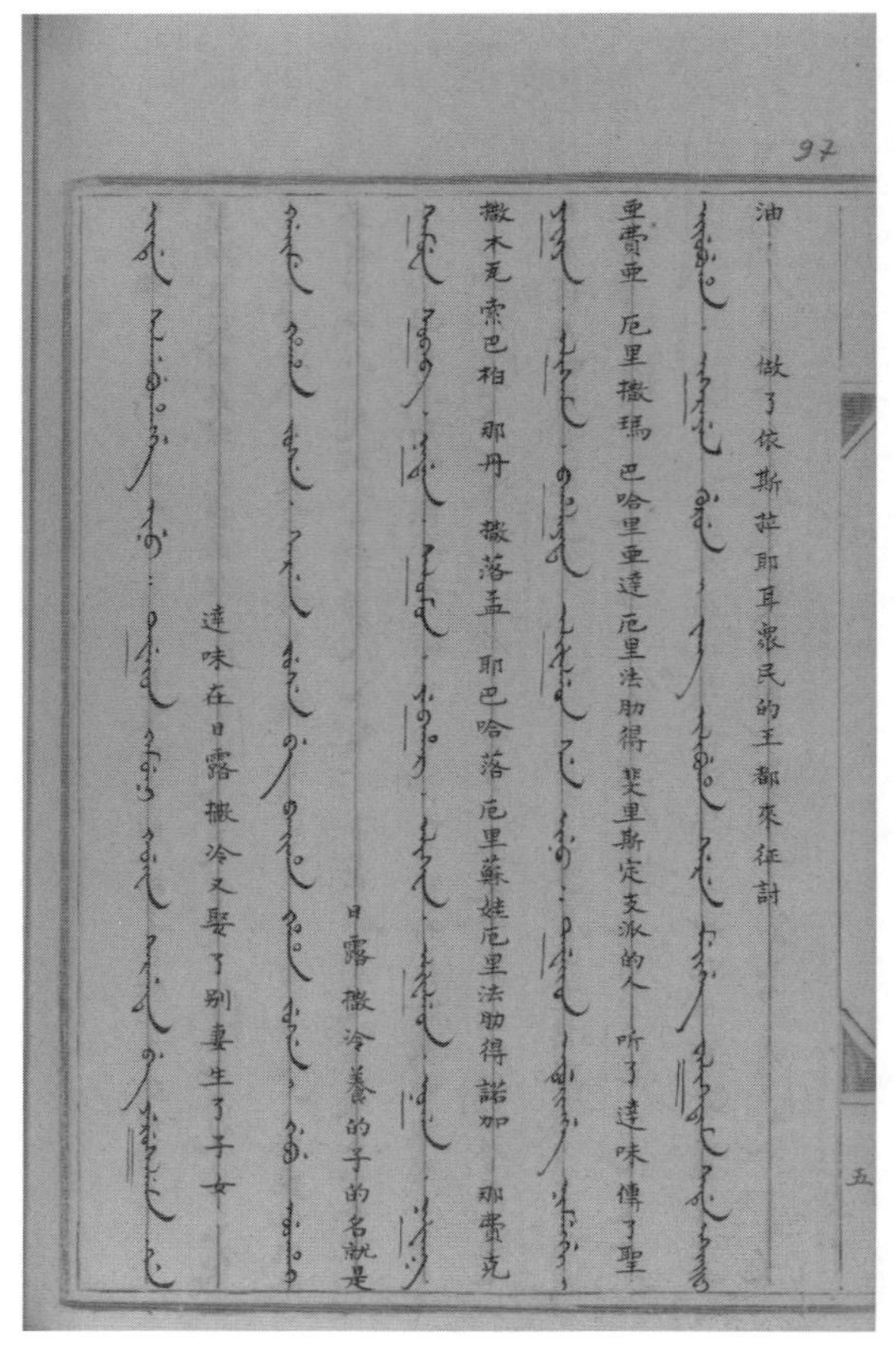

油做了依斯拉耶耳衆民的王都來征討
（聽）了達味傳【傳】了聖
亜費亜厄里撒瑪巴哈里亜達厄里法肋得斐里斯定支派【派】的人听
加那費克
撒木瓦（瓦）索巴柏那丹撒落孟耶巴哈落厄里蘇（蘇）娃厄里法肋得諾（諾）
日露撒冷養的子的名就是
達味在日露撒冷又娶了別妻生了子女

97a

97b

你手裡斐里斯定的人到了巴哈耳法拉西莫
天主答應他去戦我把他們放
同斐里斯定戦(戰)可麽(麼)主你将他放我手裡麽
都滿擺在拉法意莫山谷達味求主旨意説
達味得這信達味出來迎探他們斐里斯定的兵

96a

又一次來擺滿(滿)了山谷
達味全命燒(燒)那些(些)像斐里斯定的兵
法拉西莫仇(仇)敵在這地拋(拋)遺了他們的神像
教我的仇像(像)撒水一樣散(散)了故給那地方取名呌巴哈耳
達味在這裡敍(殺)敗了他們説陡斯用我的手

96b

因為陡斯在你前行為殺敗斐里斯定的兵
向走的脚(腳)嚮你陡入對敵勇戦
你到梨樹(樹)對面才望他們去你听梨樹上
陡斯答他不要直望他們打仗(仗)離開他們
達味又求陡斯的旨意

95a

支派【派】都怕他
天主也使各等
斐里斯定仇②達味的名處(處)處傳(傳)開了
達味照(照)陡斯①的命行從加巴翁到加則拉殺敗了②

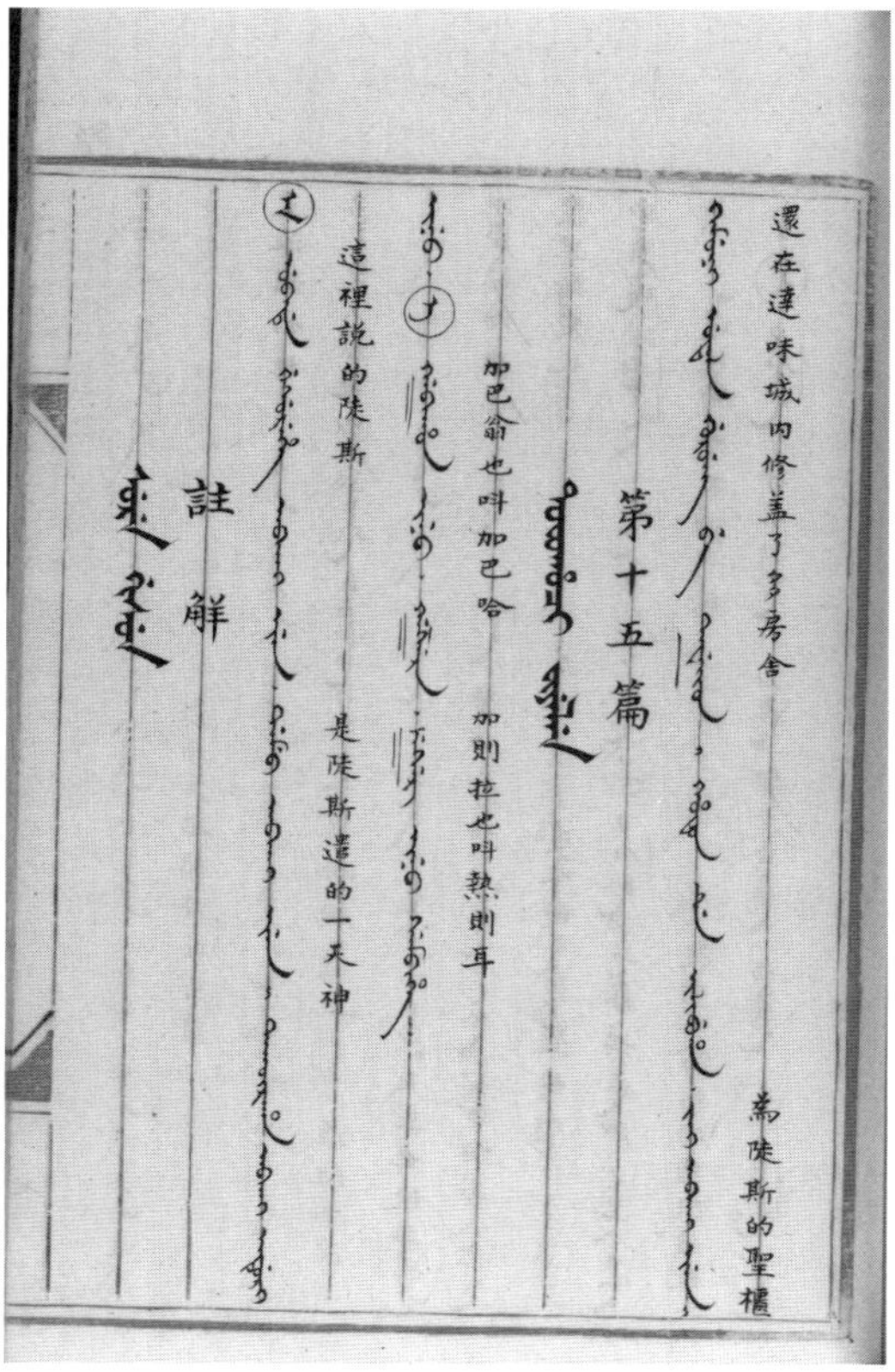

還在達味城内修盖(蓋)了多房舍(舍)為陡斯的聖(聖)櫃

第十五篇

②加巴翁也呌加巴哈加則拉也呌熱則耳

①這裡説的陡斯是陡斯遣的一天神

註解

95b

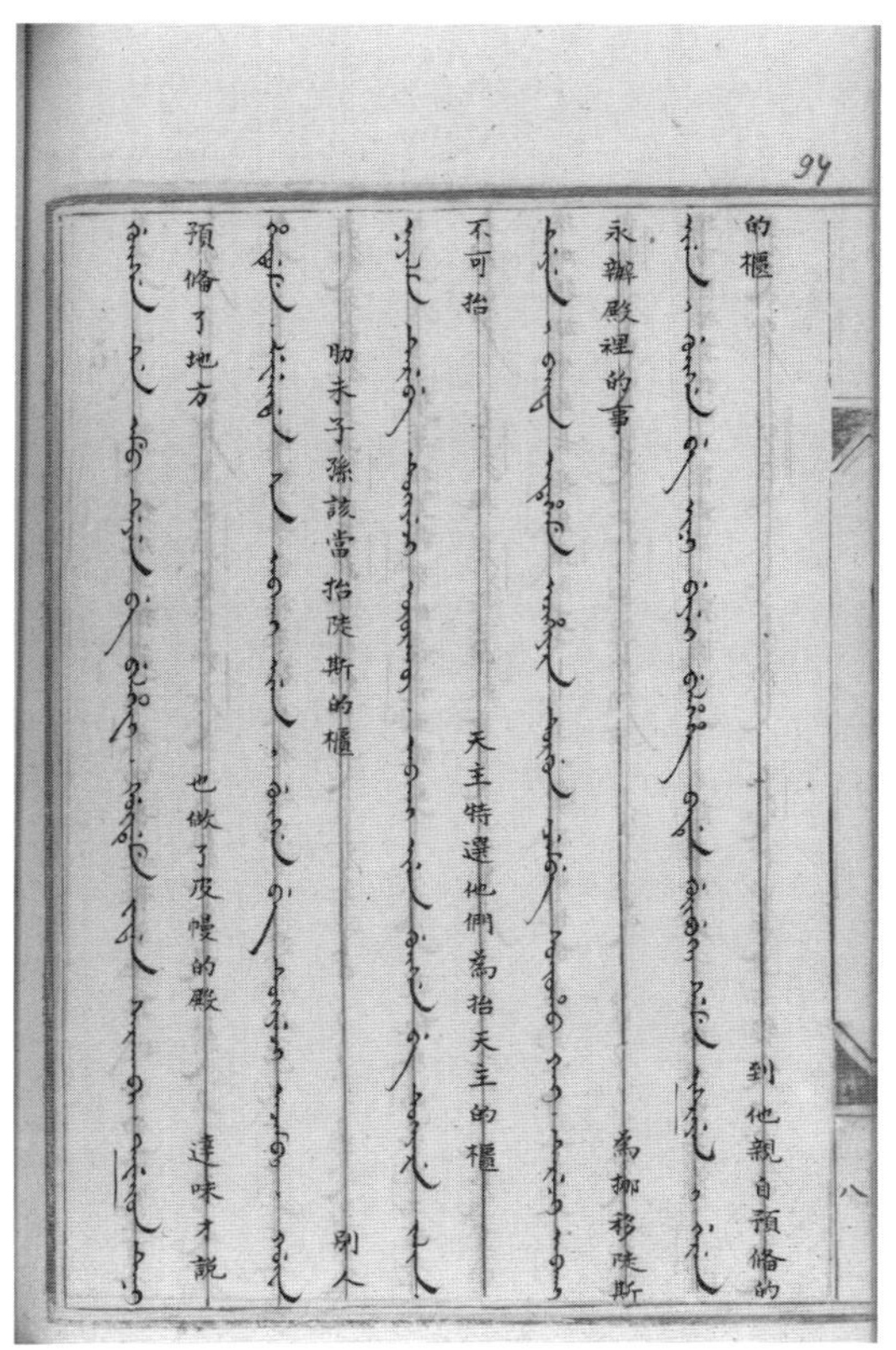

的櫃到他親自預備的

永辦殿裡的事(事)為挪移陡斯

不可抬天主特選他們為抬天主的櫃

肋未子孫該當抬陡斯的櫃別人

預備(備)了地方也做了皮幔的殿達味才説

94a

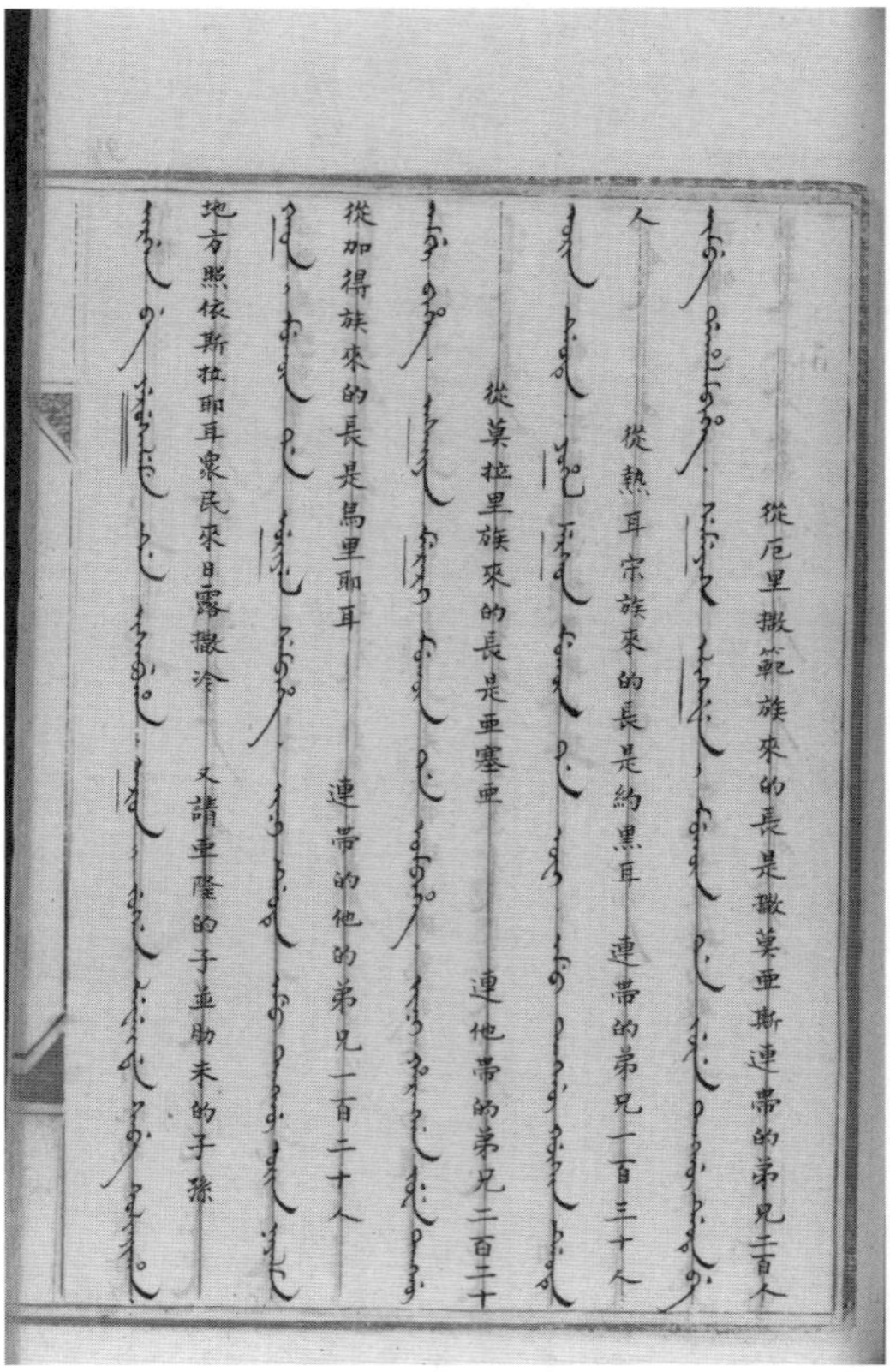

94b

從厄里撒範族來的長是撒莫亜斯連帯的弟兄二百人
人從熱耳宋族來的長是約黒(黑)耳連帯的弟兄一百三十人
從莫拉里族來的長是亜塞亜連他帯的弟兄二百二十
從加得族來的長是烏里耶耳連帯(帶)的他的弟兄一百二十人
地方照依斯拉耶耳衆民來日露撒冷又請亜隆(隆)的子並肋未的子孫

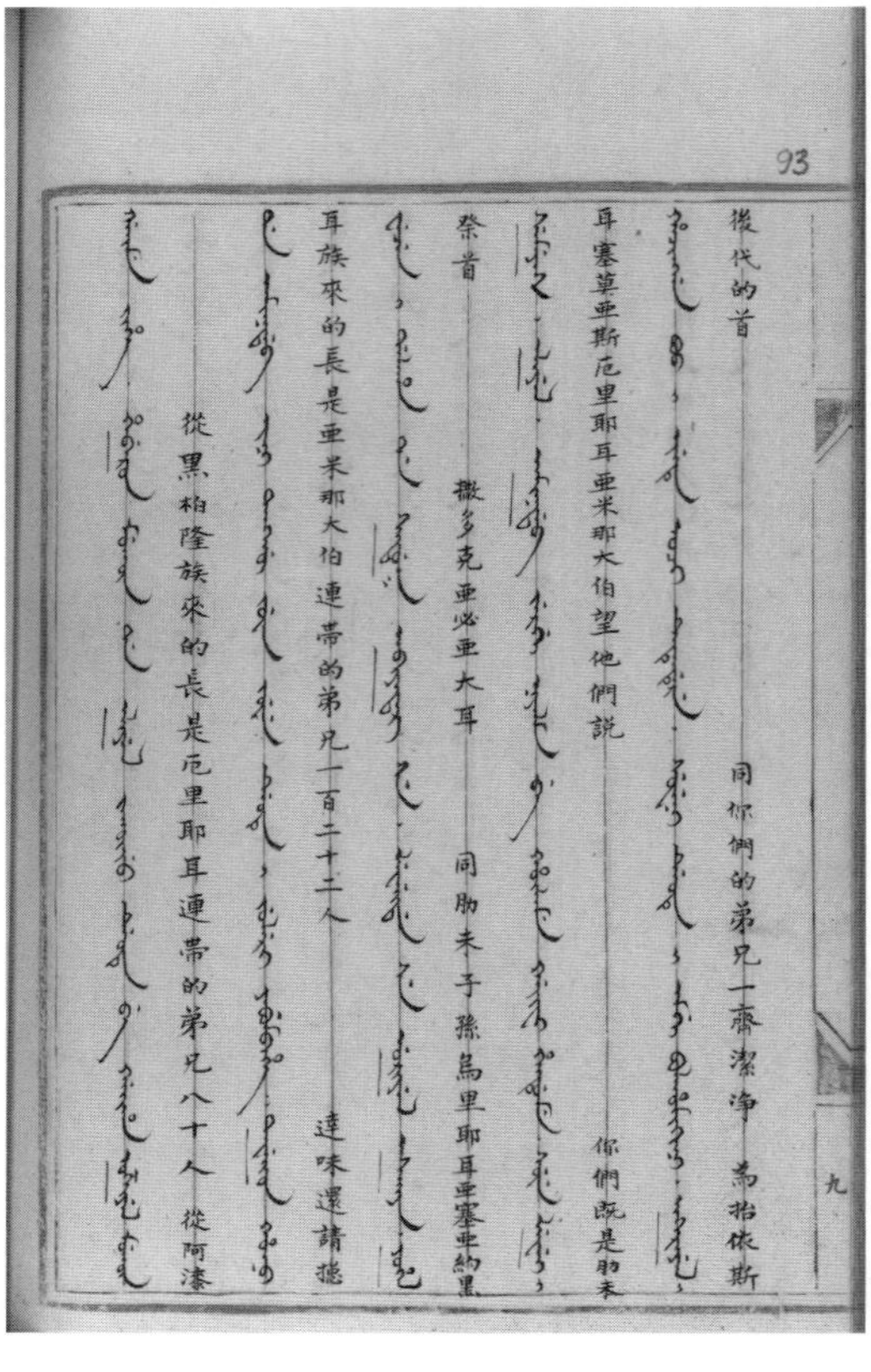

93a

後代的首同你們的弟兄一齊潔浄(淨)為抬依斯
耳塞莫亜斯厄里耶耳亜米那大伯望他們説你們既是肋未
癸(祭)首撒多克亜必亜大耳同肋未子孫烏里耶耳亜塞亜約黒
耳族來的長是亜米那大伯連帯的弟兄一百二十二人達味還(還)請揔
從黒柏隆(隆)族來的長是厄里耶耳連帯的弟兄八十人從阿漆(漆)

93b

都潔净了夲身肋未子孫照天主命每（毎）瑟的旨意
揔祭首肋未子孫為抬依斯拉耶耳主陡斯的櫃
錯了禮恐（恐）天主又要降災為此
來故天主降給我們災倘如今我們又
拉耶耳陡斯的櫃送進預備的殿內初次因你們沒

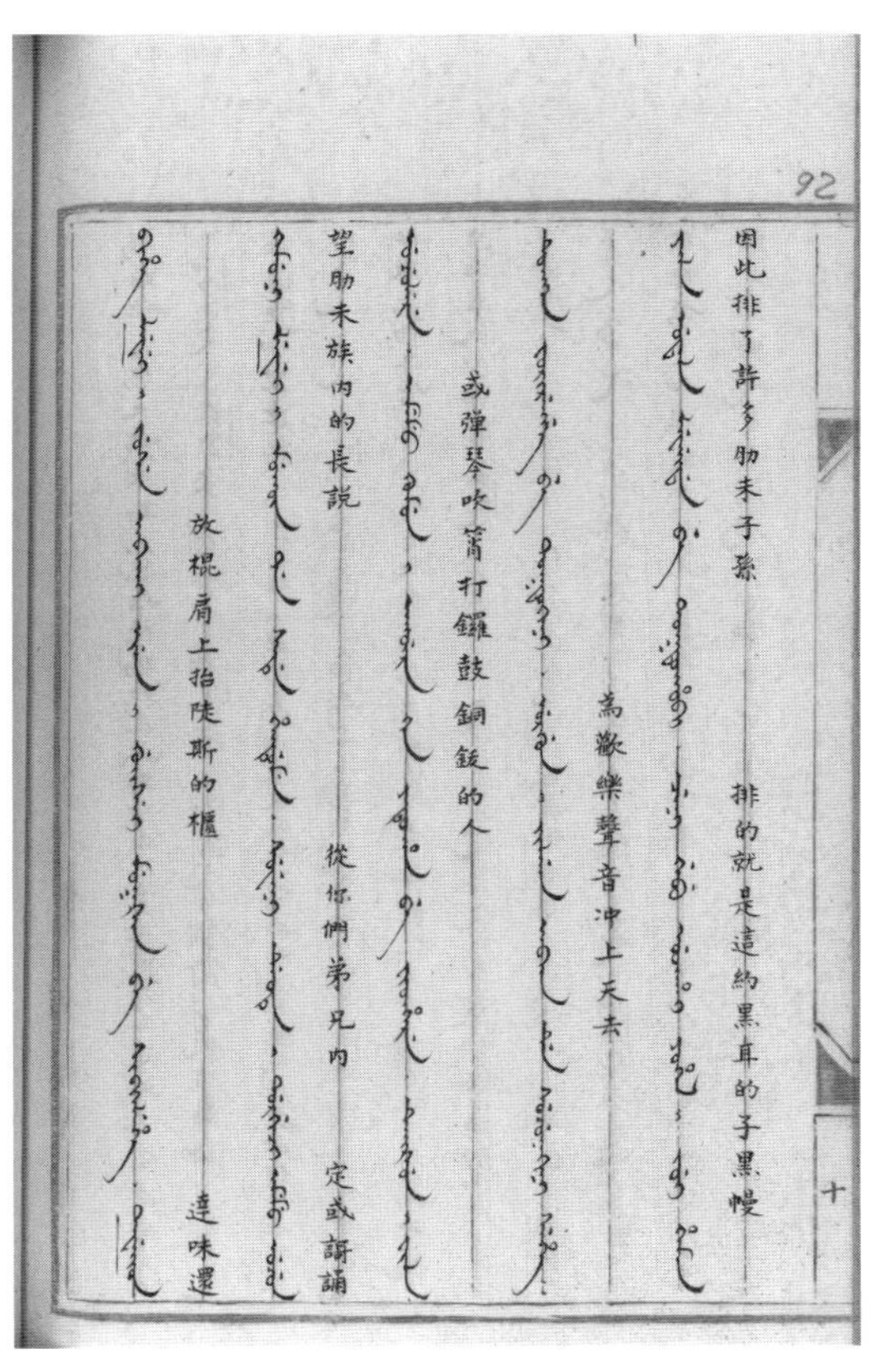

92a

因此排了許多肋未子孫排的就是這約黒耳的子黒幔
為歡（歡）樂聲（聲）音沖（沖）上天去
或弾（彈）琴吹篃（簫）打鑼鼓銅鈸（鈸）的人
望肋未族內的長說從你們弟兄內定或謌誦
放棍肩上抬陡斯的櫃達味還

人看(看)守殿門
瑪哈亜西瑪大弟亜斯厄里法禄(祿)瑪蛇尼亜斯阿柏得多莫耶希耳這些、
定了匝加里亜斯崩亜西耳塞米拉莫得耶希亜耳亜尼厄里亜伯巴那亜
加撒亜的子厄丹他們的弟兄都随(隨)着(著)他們三人次隊
從莫拉里黒慢(亦譯：黒幔)亜撒費的弟兄
從他弟兄加得族的巴拉既亜斯的子亜撒費

92b

弾八絃的琴唱凱旋感謝的經
瑪大弟亜斯厄里法禄瑪蛇弟亜斯阿柏得多莫耶希耳阿匝秋
巴那亜用別的樂器唱奥妙的經
匝加里亜斯阿漆耳塞米拉莫得亜希耶耳亜尼厄里亜伯瑪哈西亜
論黒慢亜撒費厄丹一面誦誦一面打銅鈸

91a

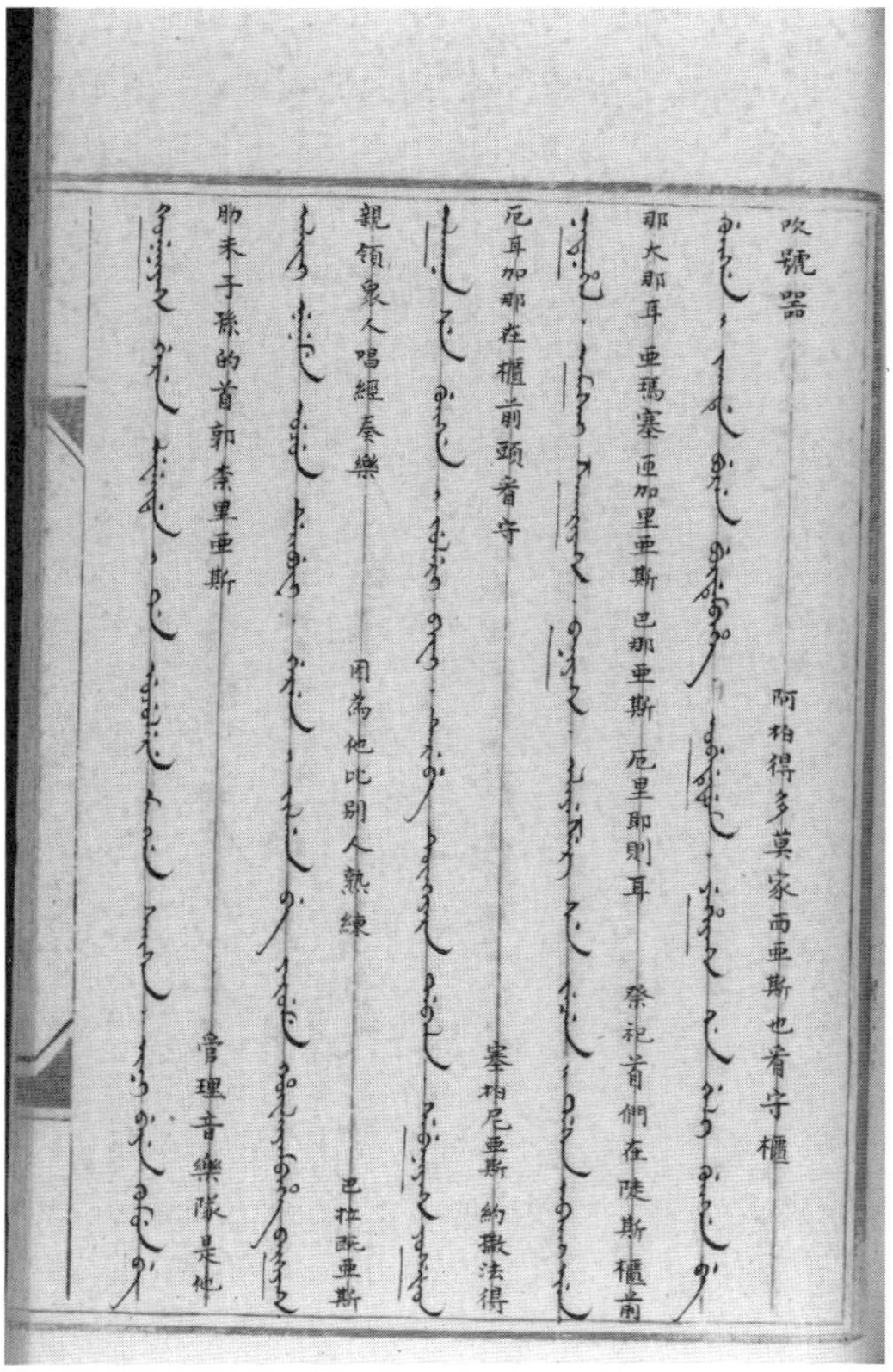

吹號器阿柏得多莫家西亜斯也看守櫃
櫃前
那大那耳亜瑪塞匝加里亜斯巴那亜斯厄里耶則耳祭祀首們在陡斯
厄耳加那在櫃前頭看守塞柏尼亜斯約撒法得
親領衆人唱經奏樂因為他比別人熟練巴拉既亜斯
肋未子孫的首郭柰(奈)里亜斯管理音樂隊是他

91b

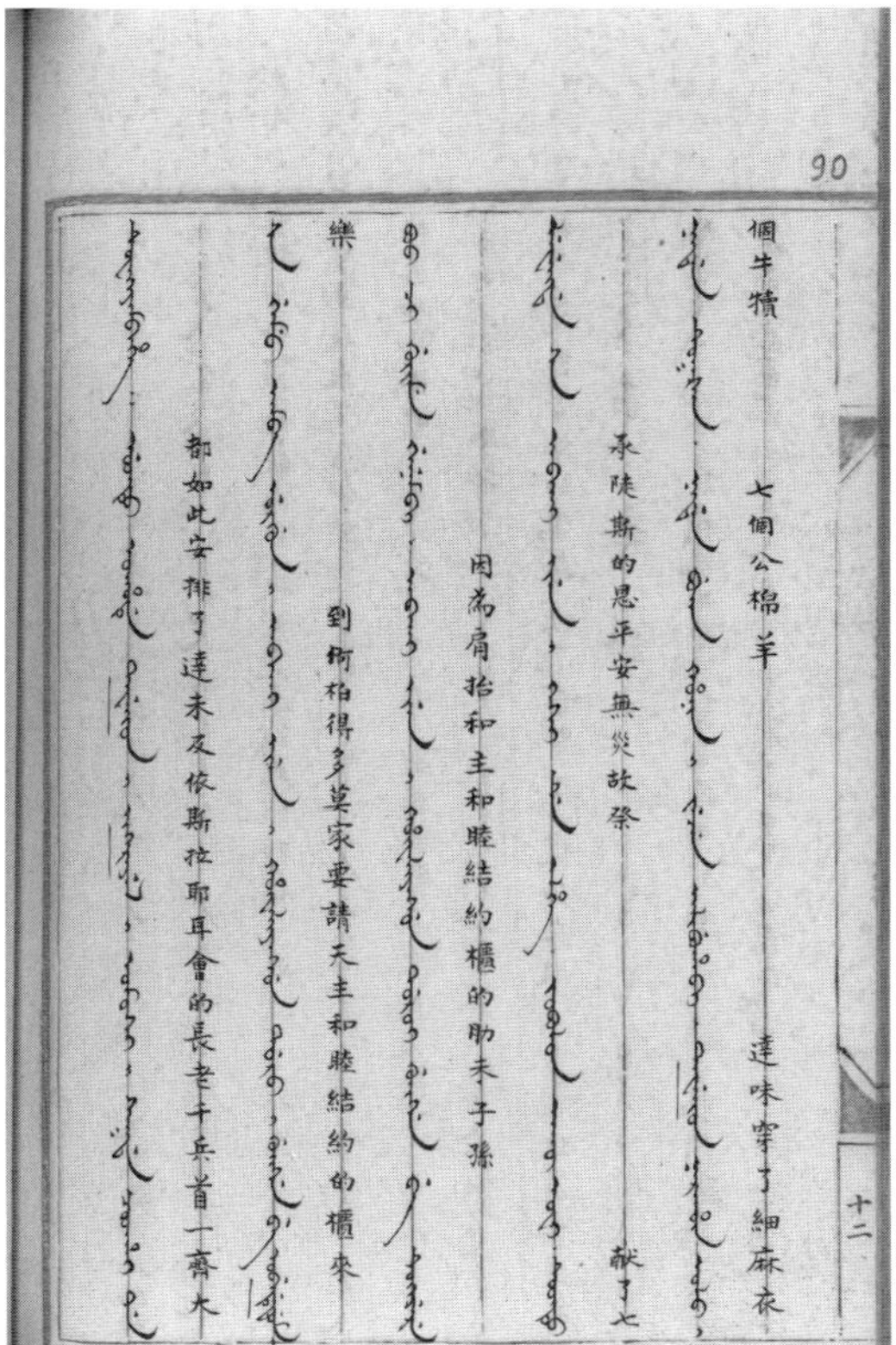

個牛犢七個公棉【綿】羊達味穿了細麻衣
承陡斯的恳(恩)平安無災故祭献(獻)了七
因為肩抬和主和睦結約櫃的肋未子孫
樂到阿柏得多莫家要請天主和睦(睦)結約的櫃來
都如此安排了達未及依斯拉耶耳會(會)的長老千兵首一齊大

90a

天主的和睦結約
吹號笛打羅【鑼】銅鈸弾琴跟着天主和睦結約櫃
細麻的厄佛得依斯拉耶耳衆民大樂
郭柰尼亜斯音樂的首領都穿（穿）了一樣的衣服但達味還有
服（服）抬櫃的那肋未子孫連謌（歌）經的並在他們當間

90b

聖櫃一進加南地方滅盡了那地方的各支派【派】
註解
心裡輕慢他
米渴耳從窓（窗）見達味跳舞（舞）踴（踴）躍（躍）
櫃到了達味城内撒烏耳的女孩

89a

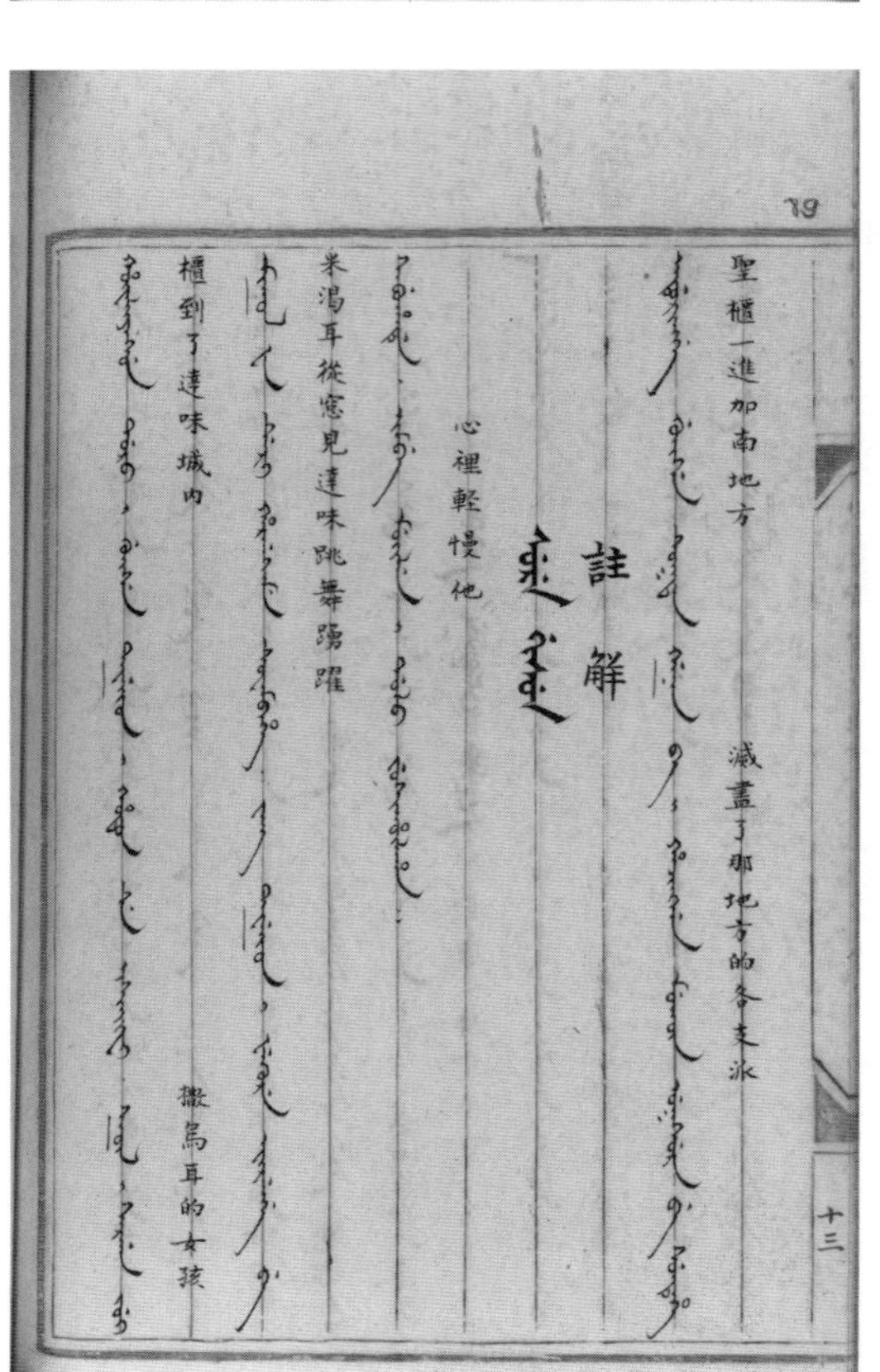

又與(與)天主獻全安二祭達味獻了全安二祭後
因此抬陡斯的櫃供在達味先預備的殿內

第十六篇

後漸漸勝了斐里斯定等仇指這等功勞誦誦
89b

班為天主櫃前盡職
油煎的細面從肋未子孫定了幾
賞每人一塊(塊)饅頭一塊燒牛肉
給衆民降福從男至女
呼天主聖名
88a

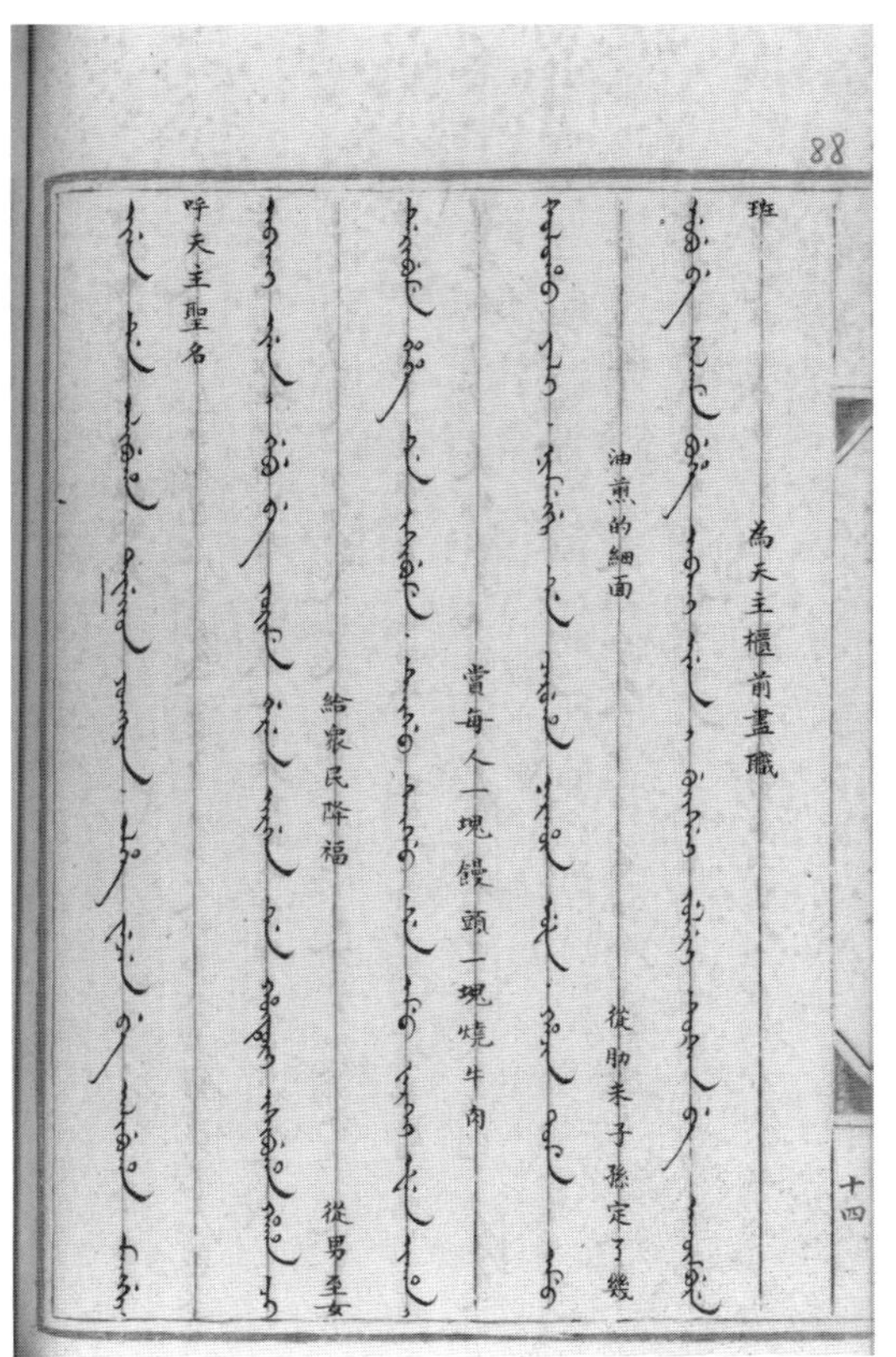

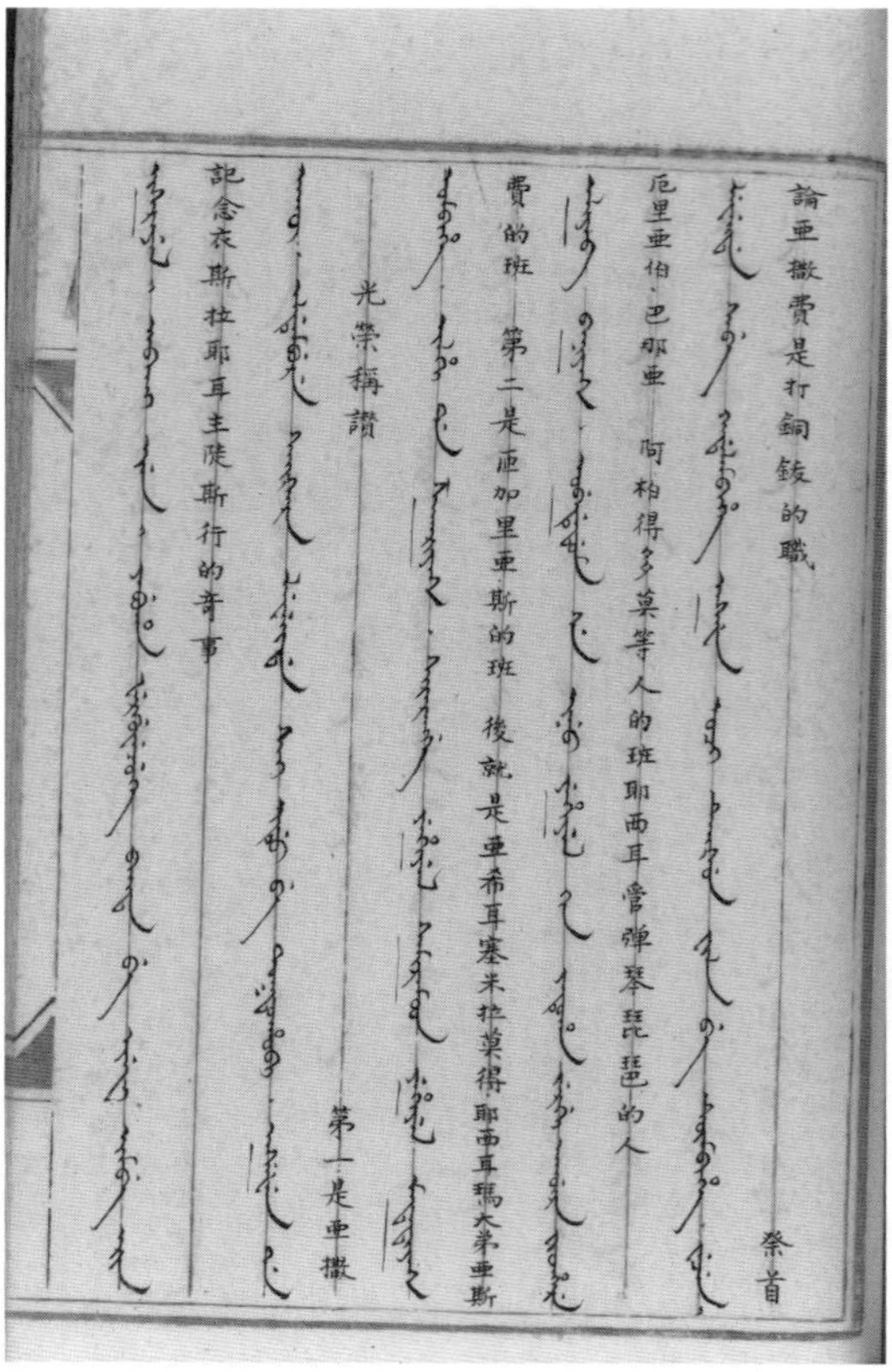

論亜撒費是打銅鈸的職祭首
厄里亜伯巴那亜阿柏得多莫等人的班耶西耳晉弾琴琵琶的人
亜斯
費的班第二是匝加里亜斯的班後就是亜希耳塞米拉莫得耶西耳瑪大弟
光榮稱讃(讃)第一是亜撒
88b 記(記)念(念)衣斯拉耶耳(亦譯：依斯拉耶耳)主陡斯行的奇(奇)事

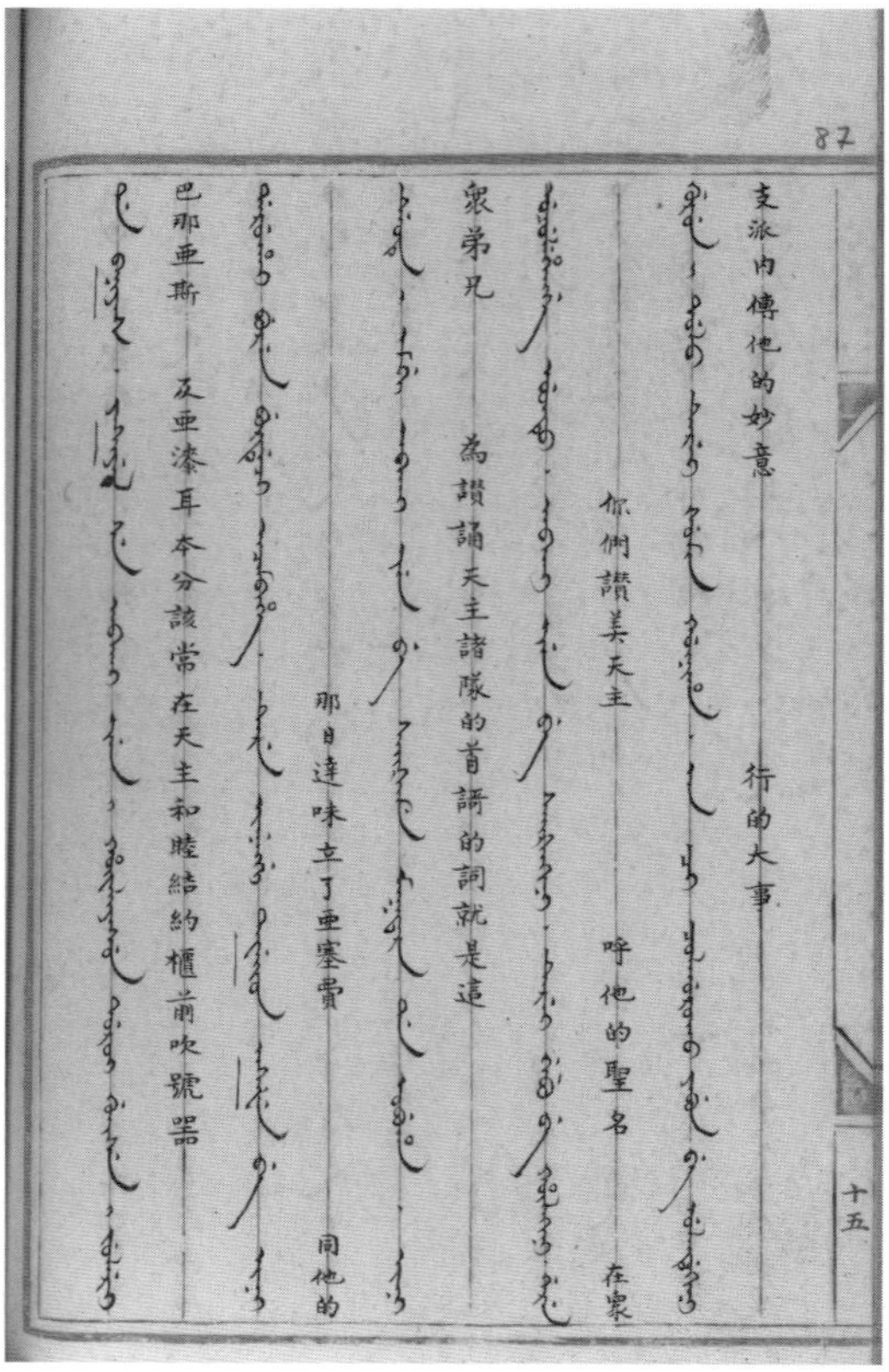

支派【派】内傳(傳)他的妙意行的大事
你們讃美天主呼他的聖名在衆
衆弟兄為讃誦天主諸隊的首詞的詞就是這
那日達味立了亜塞費同他的
87a 巴那亜斯及亜漆耳夲分該常在天主和睦結約櫃前吹號器

87b

顯的各樣聖蹟(蹟)他口出的審(審)案依斯拉耶耳
常想見他的顏面①記着他作的奇事
悅樂找尋(尋)天主也求他的德(德)
光榮他的聖名凢(凡)人覔(覓)天主心裡
為尊敬(敬)他誦唱聲同樂對曉(曉)諭衆人他的奇妙事

86a

拉哈母定的和睦結約又向依撒格發誓的話
守的法度不可忘了他同亜巴
永遠(遠)記着他定的和睦結約他所命我們千代子孫要
們的主陡斯普天下大小事都是他判斷(斷)
後代是他的奴才亜各伯的子孫是他揀的民他就是我

棄（棄）了一支派【派】到那一支派【派】從這一國徃（往）別的國
他們的数（數）目少力弱旅（旅）居在那裡②
量的産（產）業天主說這話時
說我賞給加南地方用繩（繩）伏【丈】
堅穩（穩）給亜各伯當是他的特命如永遠的遺言留給依斯拉耶耳後代
86b

要普天下的人都誦唱讚美天主日日傳揚（揚）
傷損我的先知者③
不要動我選的民不要
傷（傷）害他們為保護他們處治衆王說
雖這樣天主不許人委屈
85a

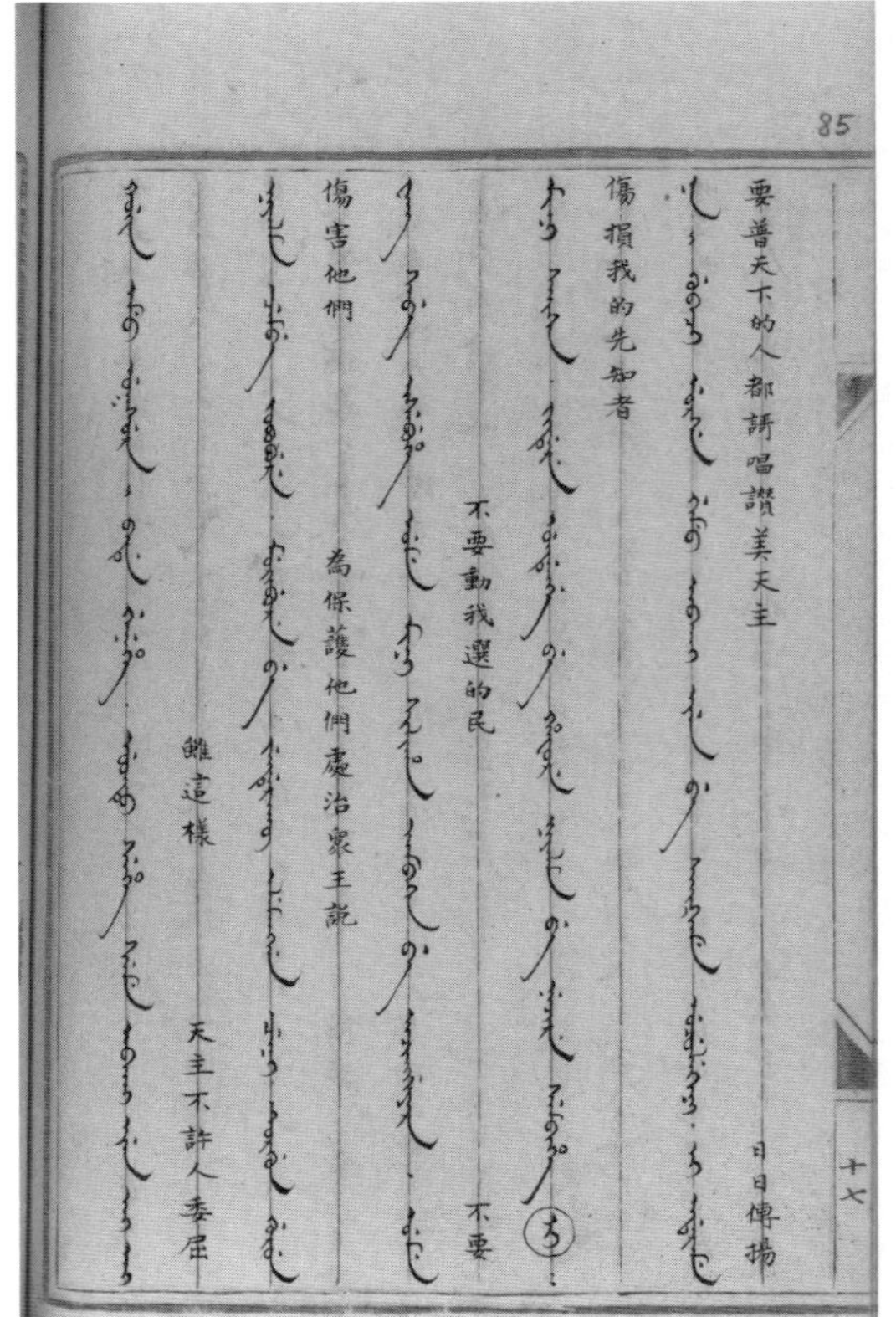

都是無靈(靈)無能的像単天主
畏的異端的人們恭敬的諸神
因為天主至大極可讚美的比異端的神更該敬
各國的宣説他的奇事，
他怎麼救了我們各様支派【派】内将他的光榮威嚴

85b

名送犧牲來在他台前恭敬叩拜天主
稱送【頌】他的聖
們的贊儀給天主光榮天主認他有的大權
在的地方有雖【強】盛有喜(喜)樂別族的家都來献你
造成諸天光輝威嚴圍(圍)着他他

84a

84b
以表欣悦田地内所有的物也彰出他的歡樂
天下地海波浪衝撞
他的樂全地露出他的喜報（報）與萬（萬）民説天主掌晉上
他堅結定的地球不能活動諸天發顕
普地在他面前震動就是

83a
們聚合在一處又脱我們於仇支派【派】的手為
你們還説求救（救）我們的陡斯救我們将我
他本性至善（善）他的人【仁】慈無有窮盡
你們稱頌天主④
那時林内有的樹讃美天主因為降來審判世上的人

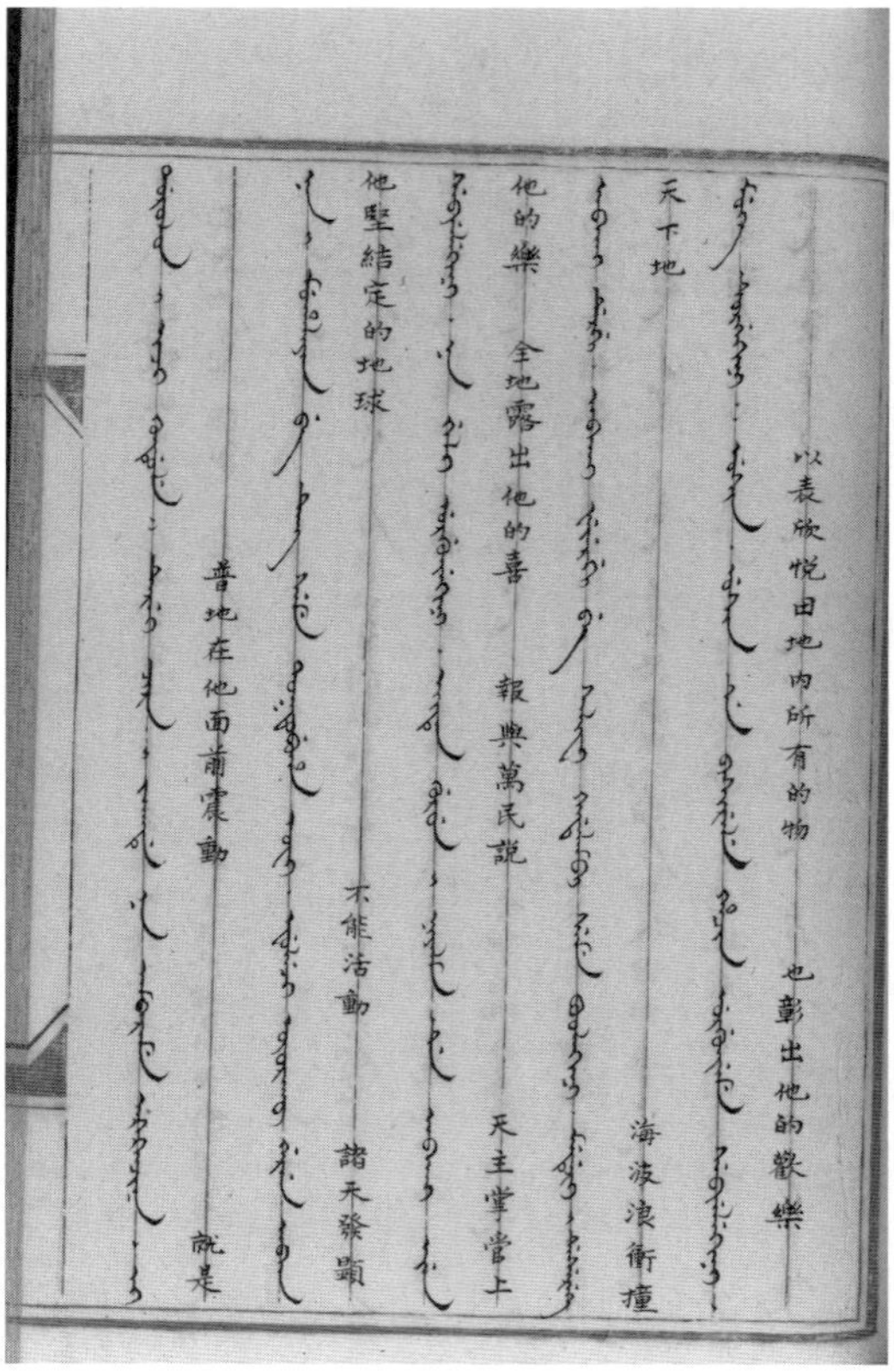

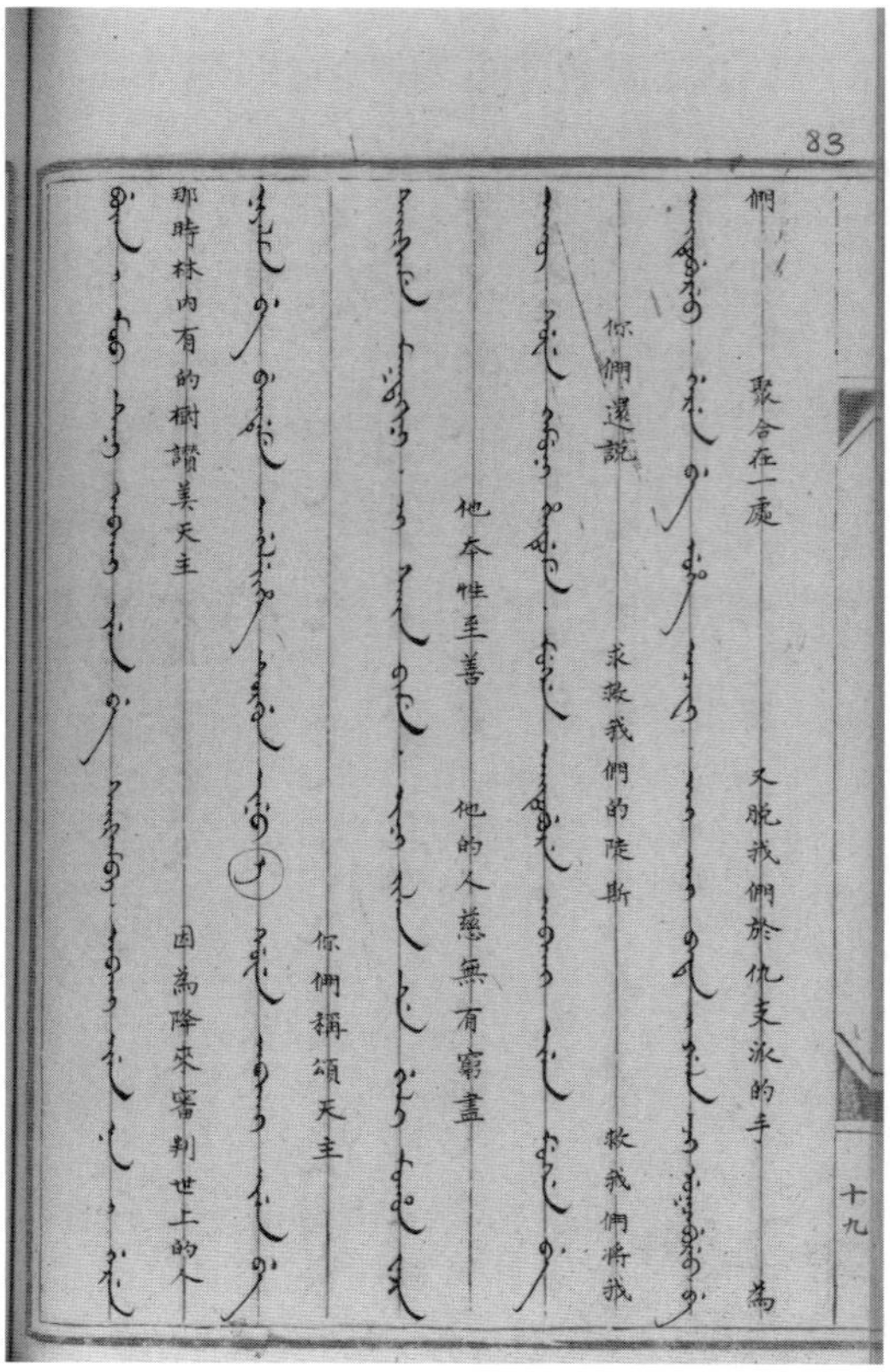

83b

弟兄為在天主和睦結約櫃前頭
台前謌誦達味留亜撒費連他的
衆民答罷真是這様又天主
耶耳主陡斯從永遠到永遠是可讃揚的
我們光榮你的聖名怡怡唱經依斯拉

82a

派【派】在加巴翁⑥高地方有的天主殿内做夲分的事
論捴祭首撒多克同他衆弟兄祭首
個弟兄並阿柏得多莫的子依底同𠔥(兼)阿匝看守殿門⑤
定了阿柏得多莫及他六十八
要他們一生按班日聖櫃前盡唱經的夲分

82b

高聲説天主的仁慈夲是無窮
的挑選的為唱經讚揚天主
撒多克後定了黒滿依底同連別
早晩祭台上給天主献全祭祀
照天主命依斯拉耶耳後代

81a

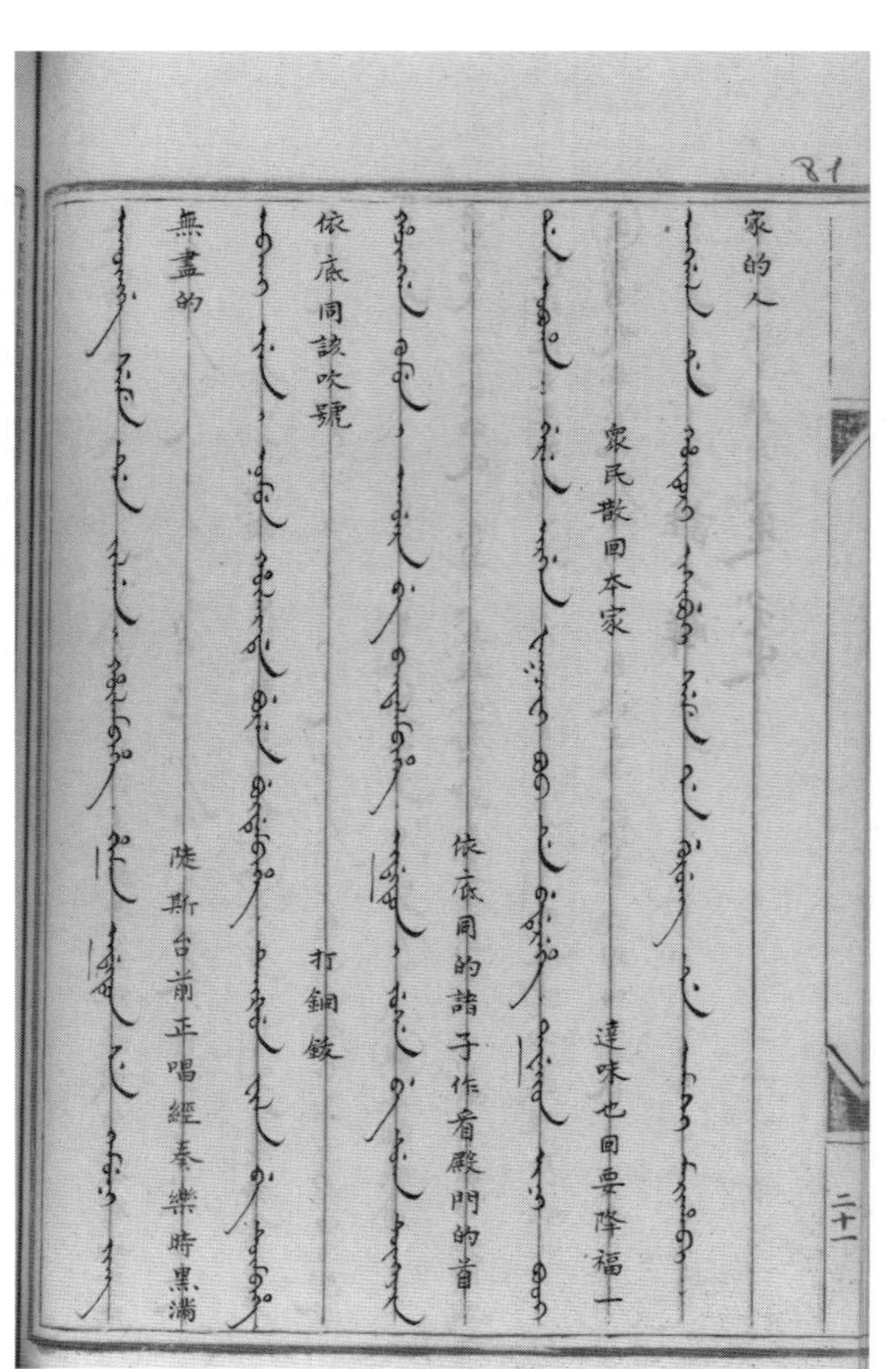

家的人
衆民散(散)回夲家達味也回要降(降)福一
依底同的諸子作看殿門的首
依底同該吹號打銅鈸
無盡的陡斯台前正唱經奏樂時黒滿

天主的面這話意或說該常進堂瞻仰聖櫃

無論甚(甚)麼大難的事都容易作又說當想見

若我們得了雖夲性軟弱

①這裡說天主的德即天主的聖寵(寵)聖佑

註解

81b

臨(臨)終時說了後來的事故說先知者

是法劳(勞)翁亜必莫肋克因為亜巴拉哈母依撒各(亦譯：依撒格)亜各伯

天主罰的王們就

地方亜各柏(亦譯：亞各伯)的十二子夲性【生】在莫索玻達米亜地方③

該常想天主見你②亜巴拉哈母夲生在加耳德亜

或每次行大小事

80a

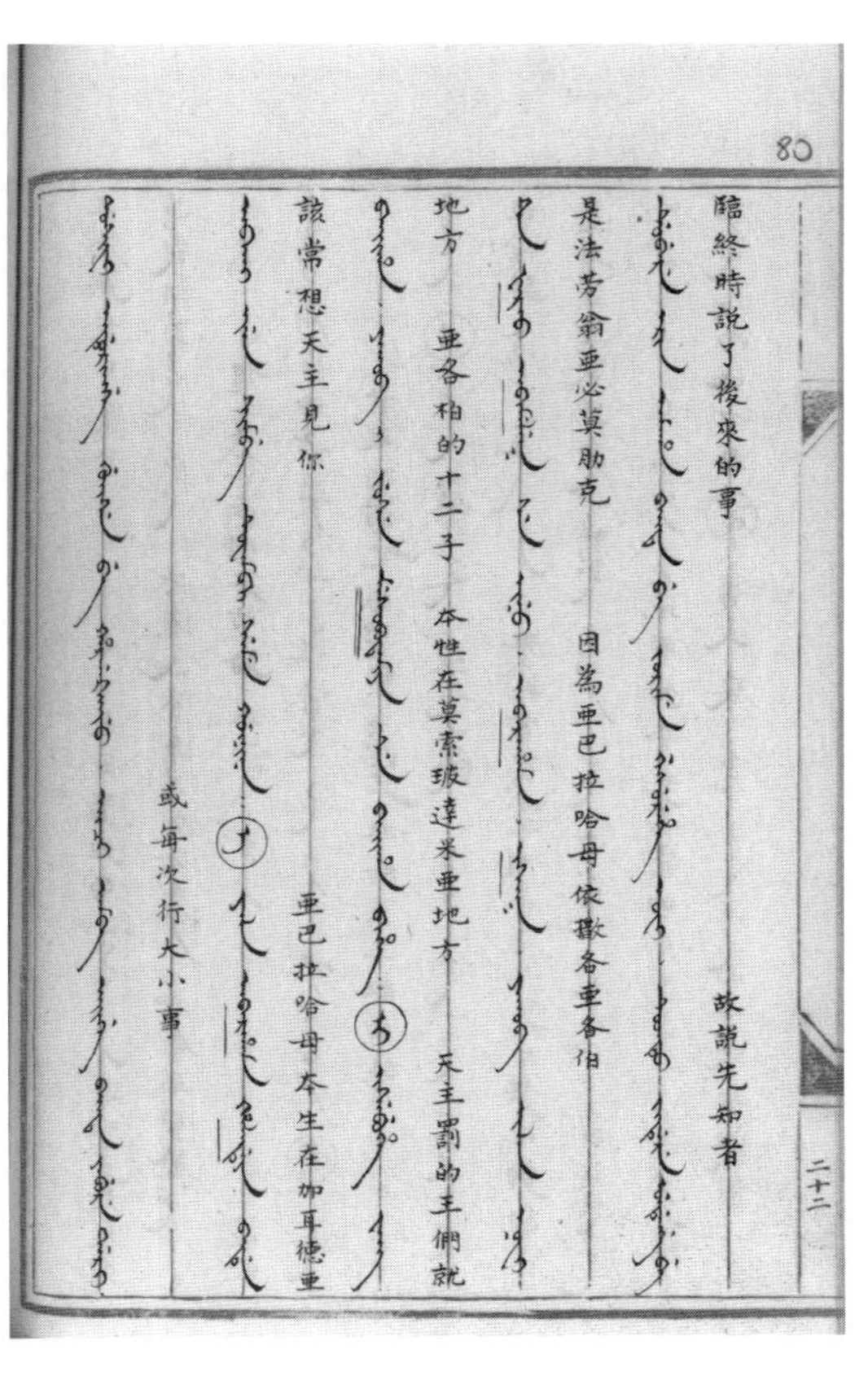

80b

及全祭台是每瑟作的達味不敢從加
還晝夜在門上防備⑥這殿
⑤看殿門肋未的子孫収給天主獻的銀
但作詩（詩）人把他當有靈明與他辯論
④天地等物夲是無靈的

79a

我如今住蛇多落木房天主的和睦結約櫃
達味在地宮（宮）裡望先知者那丹說

第十七篇

日露撒冷城內做了新祭台
巴翁挪來大盖也有天主的旨意要留在那裡

79b

你不可給我住的堂夲來從厄日多救出依斯拉
你告訴【訴】我奴達味天主的旨意是這様
但那夜陡斯諭那丹說
想怎麼作只晉作因陡斯在你一塊
反在皮殿内那丹答達味說王心裡

78a

我奴達味說大兵住的旨意如此你正牧赶
說何故不給我建蛇多落木的堂呢你如今望
若分付一個審士晉我的民難道給他
的帳房内住於依斯拉耶耳當中
耶後代至今我揔沒住堂内反在常遷走

他們穩住在這裡從此往
貴體(體)面人的名又賞了地方給我民依斯拉耶耳後代
我在你眼前殺你的諸仇賞你得世上人人稱揚的尊
拉耶耳後代我民的首你到甚麼地方去我同你在一塊
羊羣(群)時我把你定為依斯

78b

還要興(興)盛滿了你活的日期會合
你的各様仇敵如此告訴【訴】你天主要立你的家
那時至到這時他們困廹(迫)至極但如今我除盡
真從我立審士晉我民依斯拉耶耳後代
後不動悪(惡)人不照先謀害他們

77a

77b

反定他永在我家我國內
仁慈不離開他如離開了你前有的王撒烏耳
我為他的父他為我的子我的
他與我建堂我使他的位存到永遠
了你祖後從你生的子內揀你個坐你的位

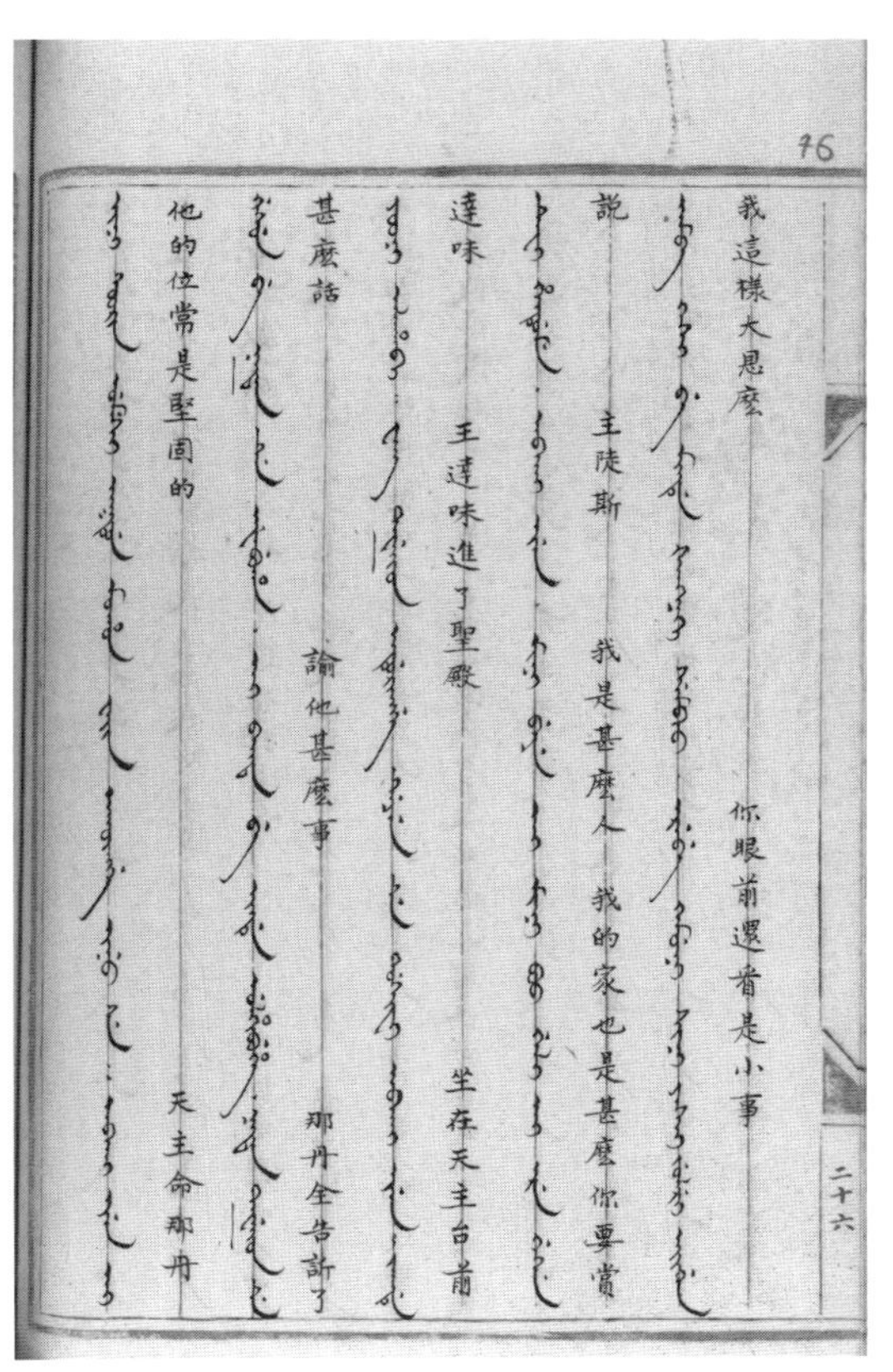

76a

我這樣大恩麼你眼前還看是小事
說主陡斯我是甚麼人我的家也是甚麼你要賞
達味王達味進了聖殿坐在天主台前
甚麼話諭他甚麼事那丹全告訴【訴】了
他的位常是堅固的天主命那丹

76b

你奴這巨大恩
貴重你奴麼這樣記着麼主照你的慈心人賞
除這話外達味還能加上甚麼話呢你這樣
主陡斯你真使我成了比衆尊貴的人
故預先說了你奴家裡的後事

75a

斯拉耶耳的族呢陡斯親降救出他做他的民
神天下有甚麼族户支派【派】比得上依
沒有別的陡斯凡我們耳所聽(聽)的主陡斯都是異端支派【派】的邪
主沒有與你相等的除你一【以】外
又要曉諭衆人你行的大事

75b

求主你給你奴連他的家口
代永遠做你的民主你也做他們的陡斯
又定依斯拉耶耳後
後用自己【己】的大力威嚴當他們面除盡各仇國
出了厄日多國

74a

告訢【訴】你奴要給他立家
他奴達味的家常在他跟前忠信我主陡斯就是你
也都說大兵的主是依斯拉耶耳會的陡斯
你的聖名常存在依斯拉耶耳會內都光榮他
許的事成全到永遠不改就按你的話行

74b

主若(若)你要降福可説是
還求賞他常在你台前忠信
恩既甫始給你奴家降福
主你是陡斯你給你奴許了這多
故你奴滿心指望特(特)恳(懇)求你

73a

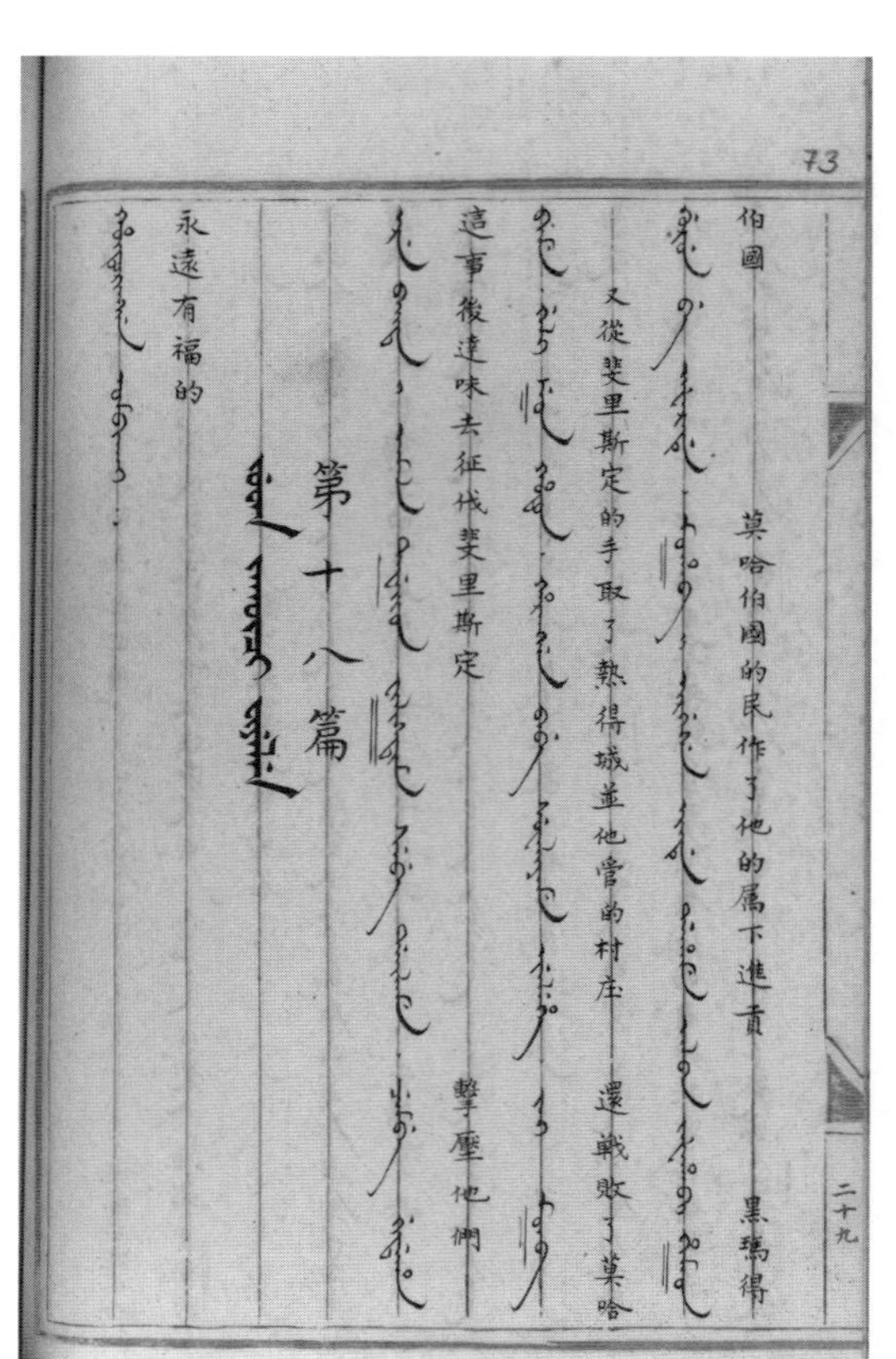

伯國莫哈伯國的民作了他的属(屬)下進貢黒瑪得
又從斐里斯定的手取了熱得城並他晉的村庄(莊)還戦敗了莫哈
這事後達味去征伐斐里斯定擊(擊)壓他們

第十八篇

永遠有福的

73b

但留了一百四套車的馬自己【己】用因為西里亜的
割了拉車馬腿的筋
達味又得了他的一千四百馬的車搶（搶）了七千馬兵二萬步（步）兵
達味截住殺他的兵
地方索巴國的王亜大肋則耳正領兵要開廣（廣）他的國到歐（歐）法拉得江

72a

耳的奴用的金撒袋達味都拿帶到日露撒冷
達味去甚麼地方起甚麼事天主保佑他亜達肋則
做他的属國進貢
二萬二千兵即時安兵在達瑪斯郭城為使西里亜
兵從達瑪斯郭來助索巴國的王亜達肋則耳達味戦敗了他們

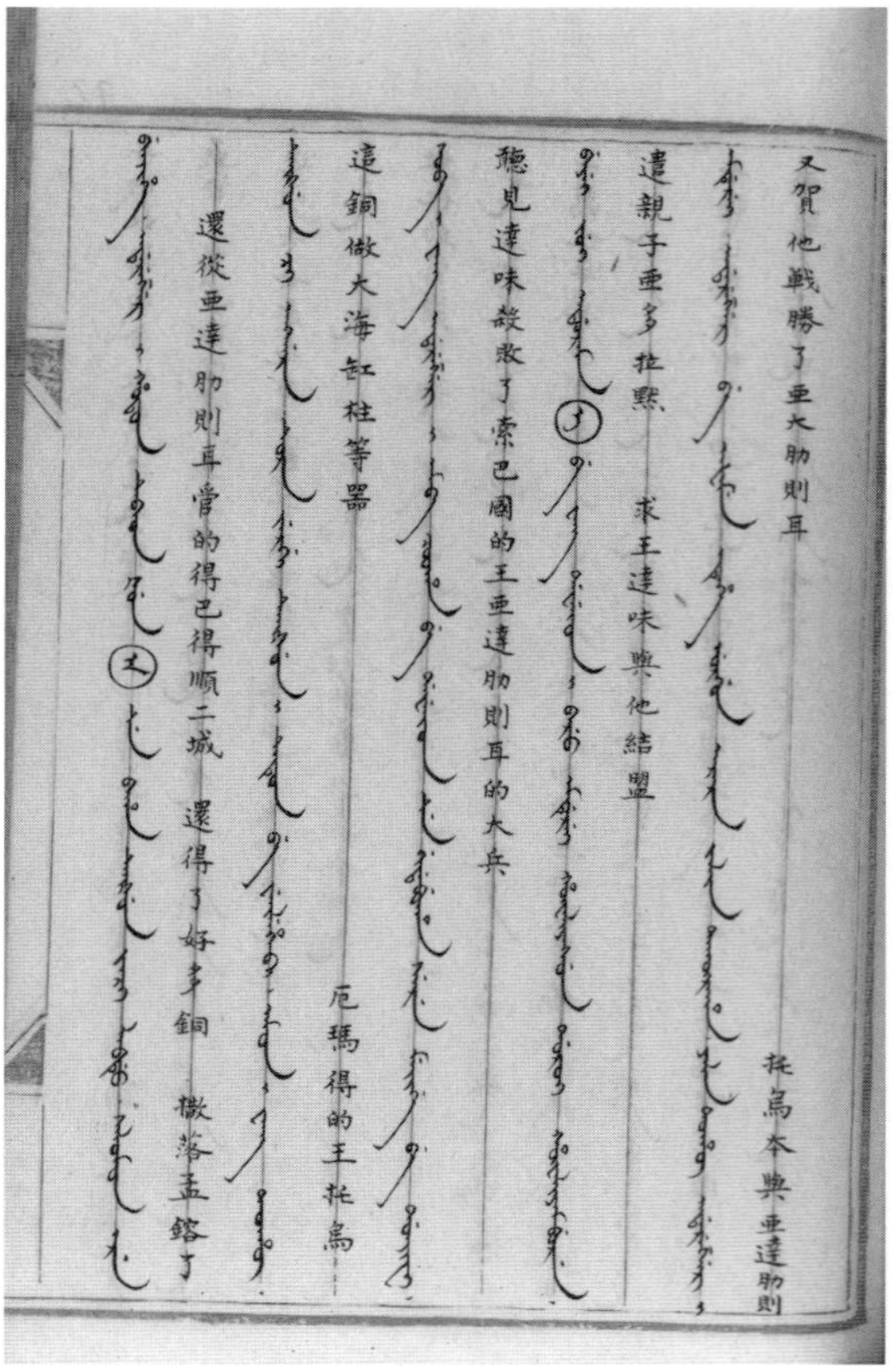

72b

又賀他戰勝了亜大肋則耳（亦譯：亜達肋則耳）托烏夲與亜達肋則
遣親子亜多拉黙（默）②求王達味與他結盟
聽見達味殺敗了索巴國的王亜達肋則耳的大兵
這銅做大海釭（缸）柱等器厄瑪得的王托烏
還從亜達肋則耳晉的得巴得順二城①還得了好多銅撒落孟鎔了

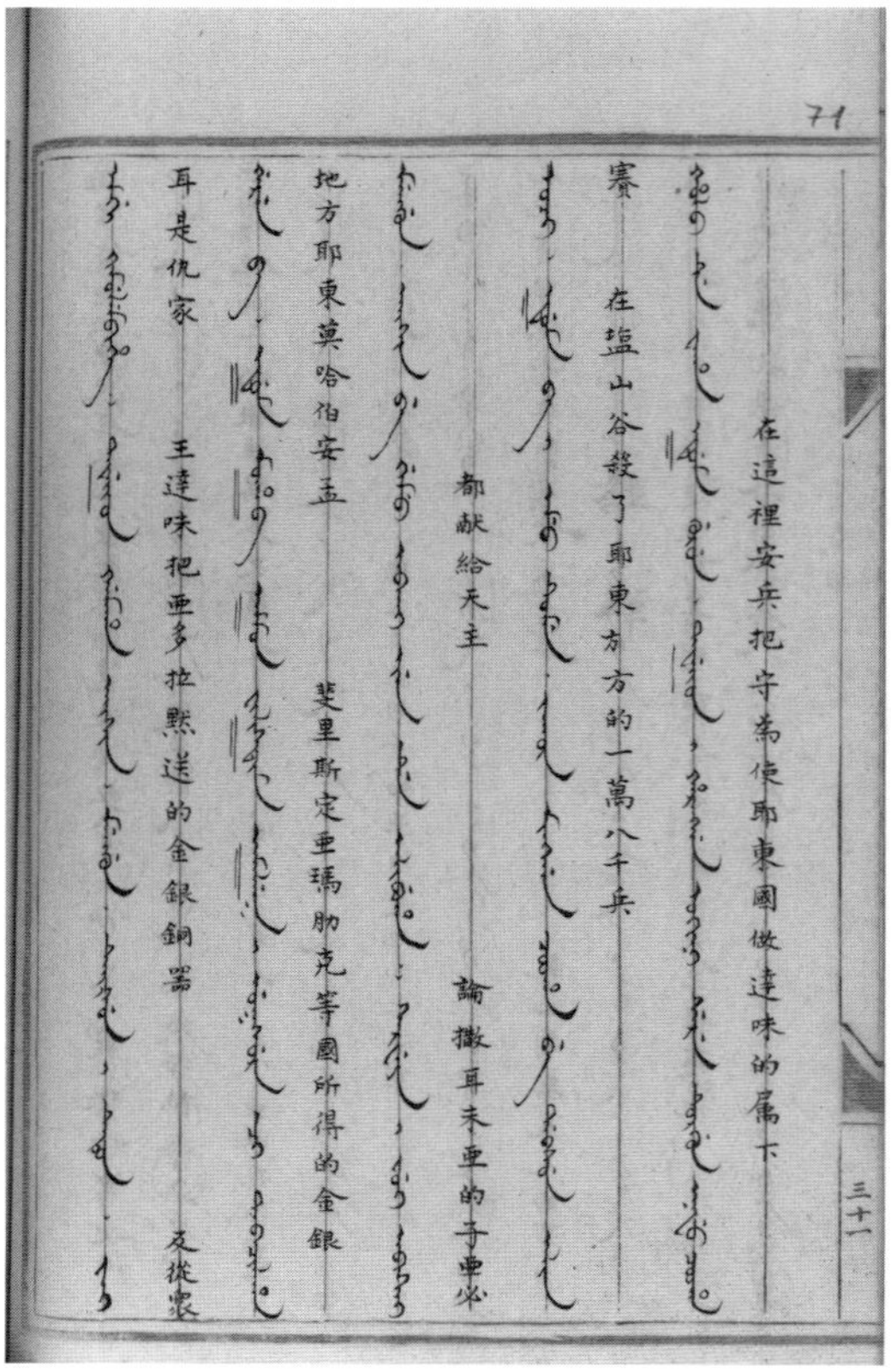

71a

在這裡安兵把守為使耶東國做達味的屬下
賽在塩（鹽）山谷殺了耶東方【地】方的一萬八千兵
都獻給天主論撒耳未亜的子亜必
地方耶東莫哈伯安孟斐里斯定亜瑪肋克等國所得的金銀
耳是仇家王達味把亜多拉默送的金銀銅器及從衆

71b

撒多克亜必亜大耳的子亜既莫肋克做祭祀首③蘇撒當書(書)吏
亜西路得的子約撒法得做史官亜既托伯的子
撒耳未亜的子約亜伯是他的大将軍
如此達味依斯拉耶耳衆民執公判断各人的事
揔說達味到甚麼處(處)天主保護他

70a

①這二城還叫柏得柏落得②亜多拉莫

註解

達味的諸子率領衆臣站在王的左右
約亜大斯的子巴那亜斯晉蛇肋托費肋托侍(侍)衛(衛)隊

70b

他父夲與我施(施)遏(過)恩因此達味遣使到哈農
達味說我要憐視光待(待)那哈斯的子哈農
安孟國的王那哈斯去世他子續了他的位

第十九篇

還名約拉莫③蘇撒的別名呌撒拉亜斯

69a

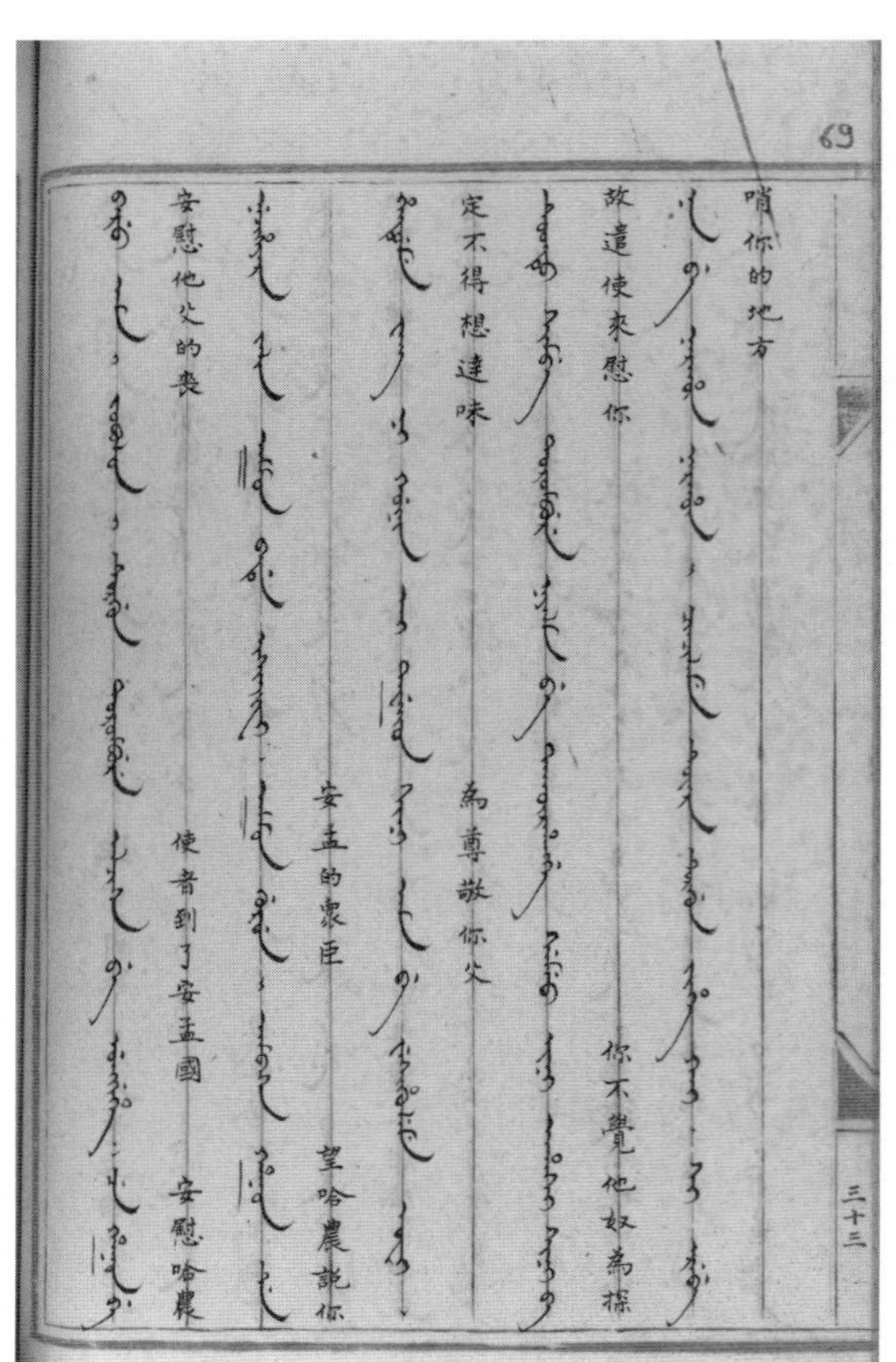

哨你的地方
故遣使來慰你你不覺他奴為探
定不得想達味為尊敬你父
安孟的衆臣望哈農說你
安慰他父的喪(喪)使者到了安孟國安慰哈農

髮鬍長全了纔可回來安孟國的臣
你們真受了大辱但住在耶里郭城等
他們回轉(轉)他們回去給達味送信達味遣人迎接他們説
把他的長衣從屁股剪到脚上後教
故哈農将達味的奴們的髮(髮)鬚(鬚)各剃一半

69b

都來對莫達巴扎了營安孟的
三萬二千車及瑪哈沙的王連他的兵
玻達米亜西里亜瑪哈沙索巴等地方的車馬兵僱了
己並衆民湊(湊)了一千達楞多銀為僱(僱)莫索
見大傷了達味的臉哈農自

68a

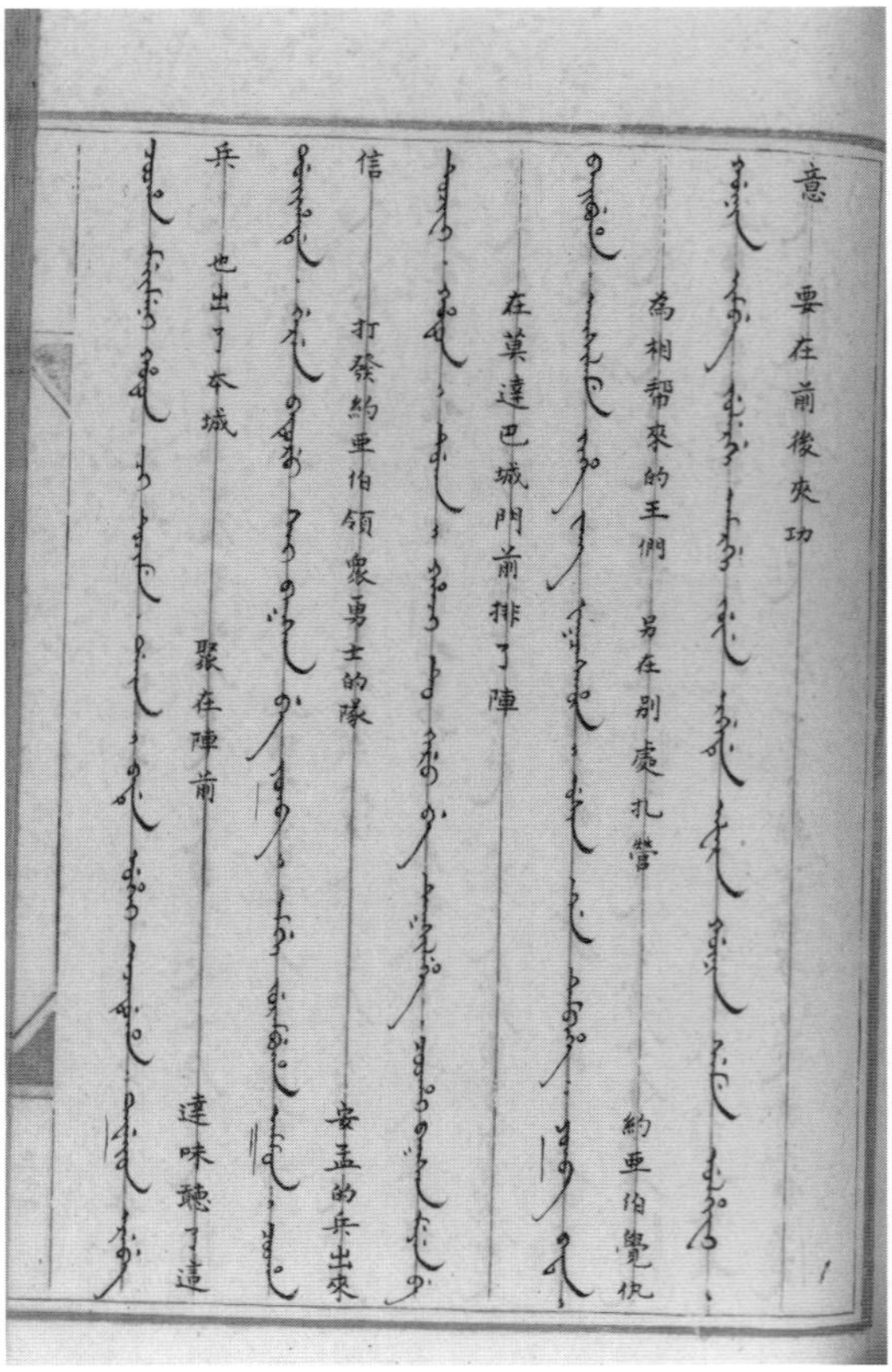

意要在前後夾功【攻】
為相帮(幫)來的王們另在別處扎營約亜伯覺仇
在莫達巴城門前排了陣
信打發約亜伯領衆勇士的隊安孟的兵出來
68b 兵也出了夲城聚在陣前達味聽了這

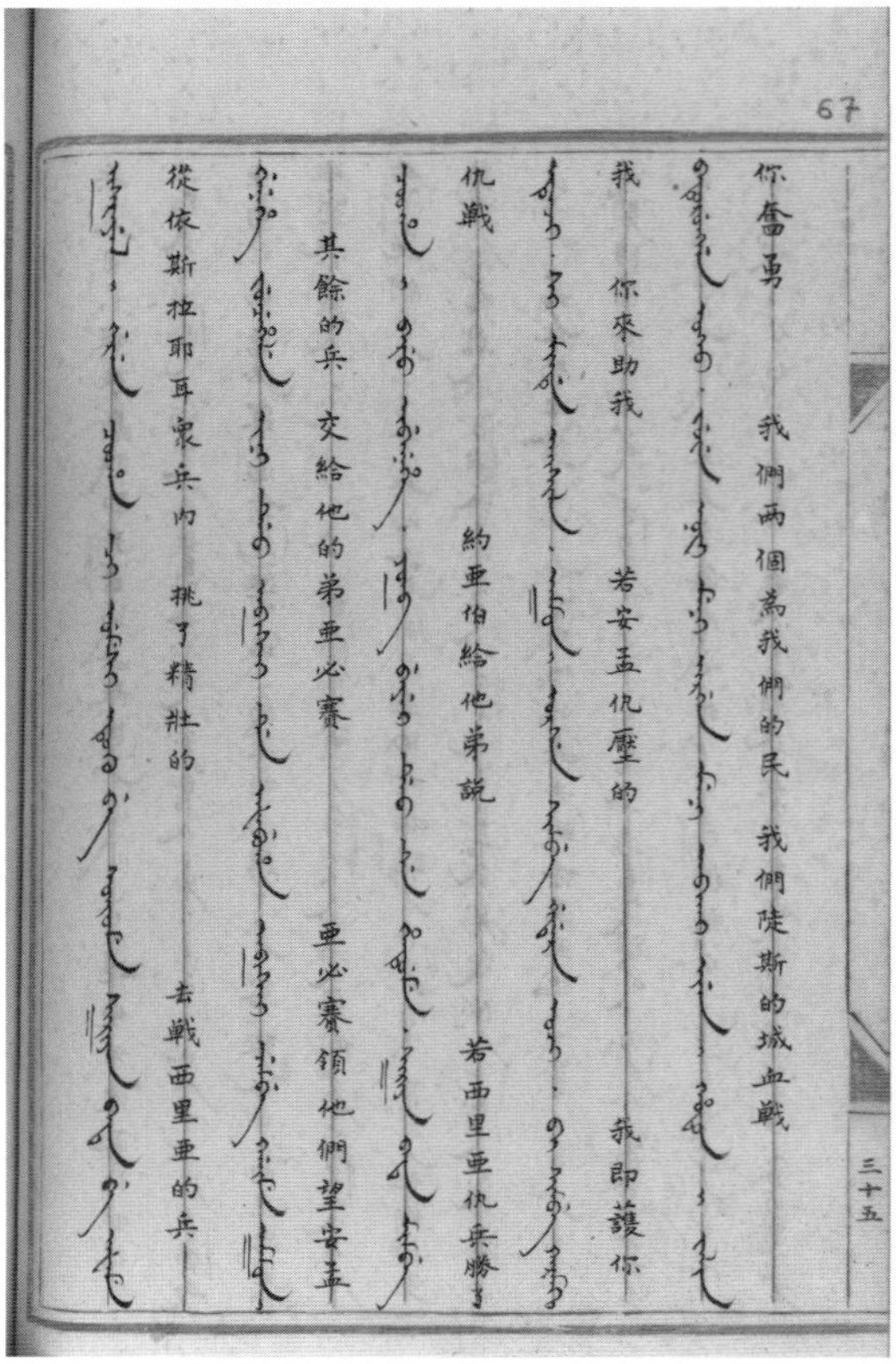

你奮(奮)勇我們兩個為我們的民我們陡斯的城血戰
我你來助我若安孟仇壓的我即護你
仇戰約亜伯給他弟說若西里亜仇兵勝了
其餘的兵交給他的弟亜必賽亜必賽領他們望安孟
67a 從依斯拉耶耳衆兵内挑了精壮(壯)的去戰西里亜的兵

67b

兵見自己被(被)依斯拉耶耳國的兵殺敗了遣使者僱歐法拉得
亜伯的弟亜必賽面前跑進了城約亜伯回轉了日露撒冷西里亜國的
破了他們安孟的人見西里亜的兵都跑(跑)他們從亜【約】
如此約亜伯同他的兵去戦西里亜仇
天主要怎麼安排我們聽命

66a

躲(躲)依斯拉耶耳的兵都跑了達味
他們對面望敵突(突)衝西里亜的兵
傳齊依斯拉耶耳國的兵過若耳當河排陣在
將(將)軍索法克①領他們來達味得了這信
江那邊住的西里亜支派【派】的兵亜大肋則耳的大

事奉他自此以後西里亜國的人不敢助安孟國
見依斯拉耶耳國的兵大獲（獲）全勝都投（投）降（降）了達味
亜大肋則耳的衆奴及來帮的衆王
四萬步兵連大將軍索法克
從西里亜仇殺了七千坐車的男子

66b

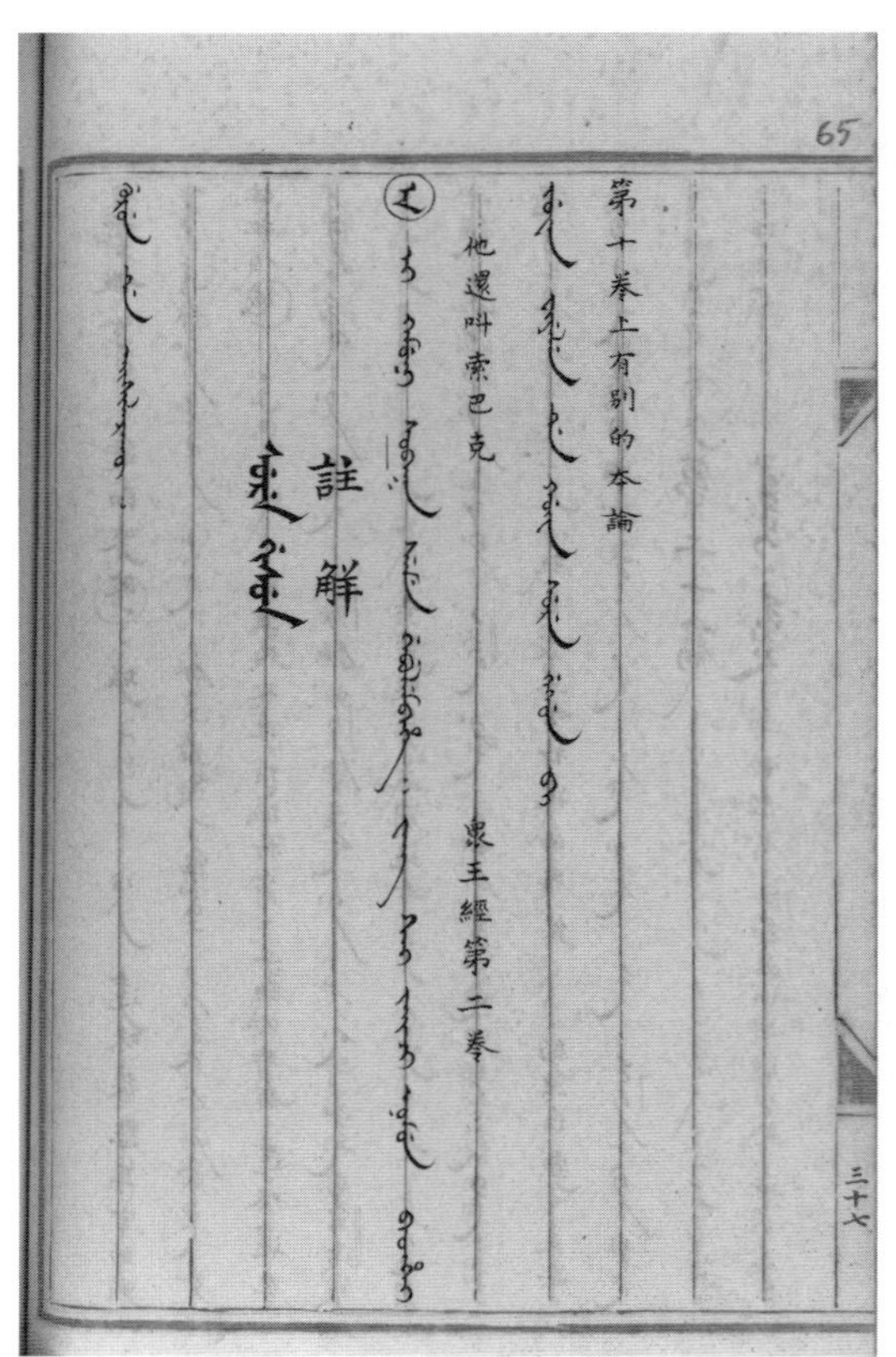

第十巻上有别的夲論
①他還叫索巴克衆王經第二巻

註解

65a

日露撒冷達［味］即來破了城達味從黙耳宮的頭
住拉伯【怕】城約亜伯攻拉怕城打崩了一鈌的時候達味還在
去焚毀(毀)安孟國地方也圍(圍)
過了一年就是衆王去打仗的時候(候)約亜伯點(點)了大兵

65b

第二十篇

刀的拖床走他們身上過為切(切)他們成塊望安孟國
教城裡民都出來將有
王帽(帽)還在城得的物数不清
上頭鑲的多寶(寶)石②把這改作自己的
拿了冕旒①這冕旒的分兩有一達楞多金重

64a

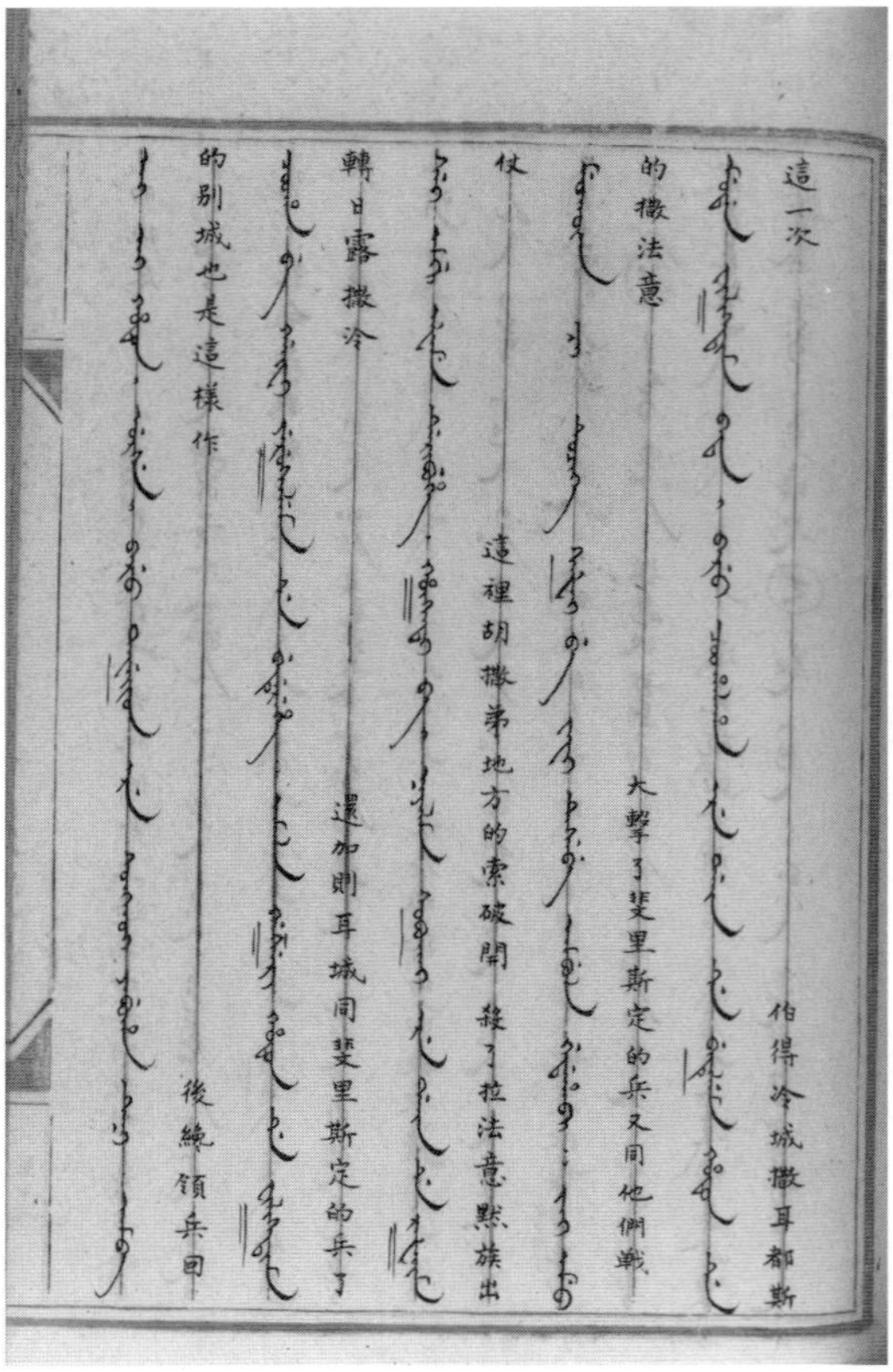

64b
這一次伯得冷城撒耳都斯
的撒法意大擊了斐里斯定的兵又同他們戦
仗這裡胡撒弟地方的索破開殺了拉法意默族出
轉日露撒冷還加則耳城同斐里斯定的兵了
的別城也是這樣作後綫領兵回

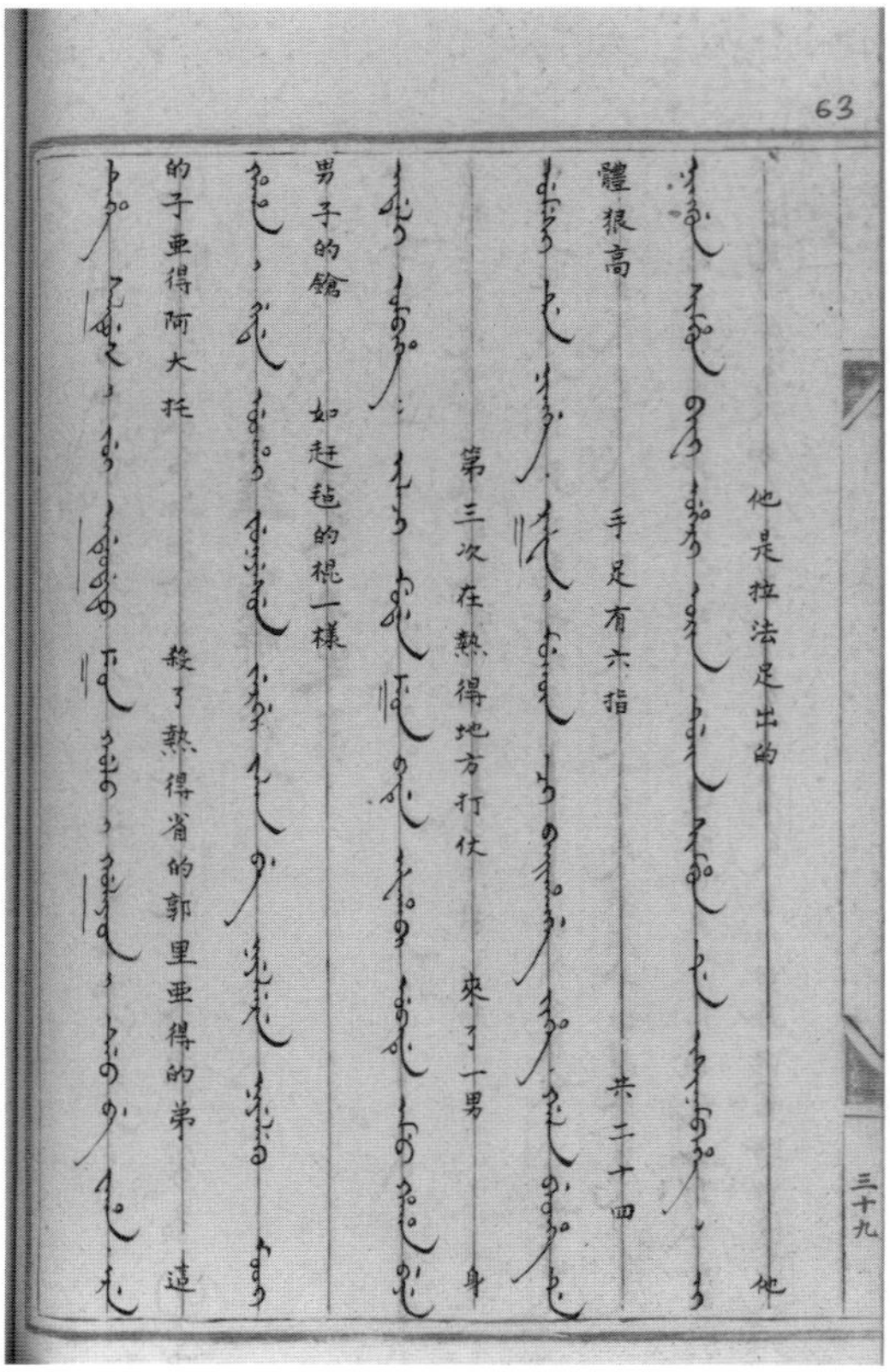

63a
他是拉法足【族】出的他
體狠高手足有六指共二十四
第三次在熱得地方打仗來了一男身
男子的鎗如赶毡(氈)的棍一樣
的子亜得阿大托殺了熱得省的郭里亜得的弟這

①黙耳宮邪神還名黙落克

註解

奴們手裡

丹殺了他這都是熱得地方(方)的拉法的後代死在達味

63b 咒(咒)罵依斯拉耶耳的兵達味的兄撒瑪哈的子約那

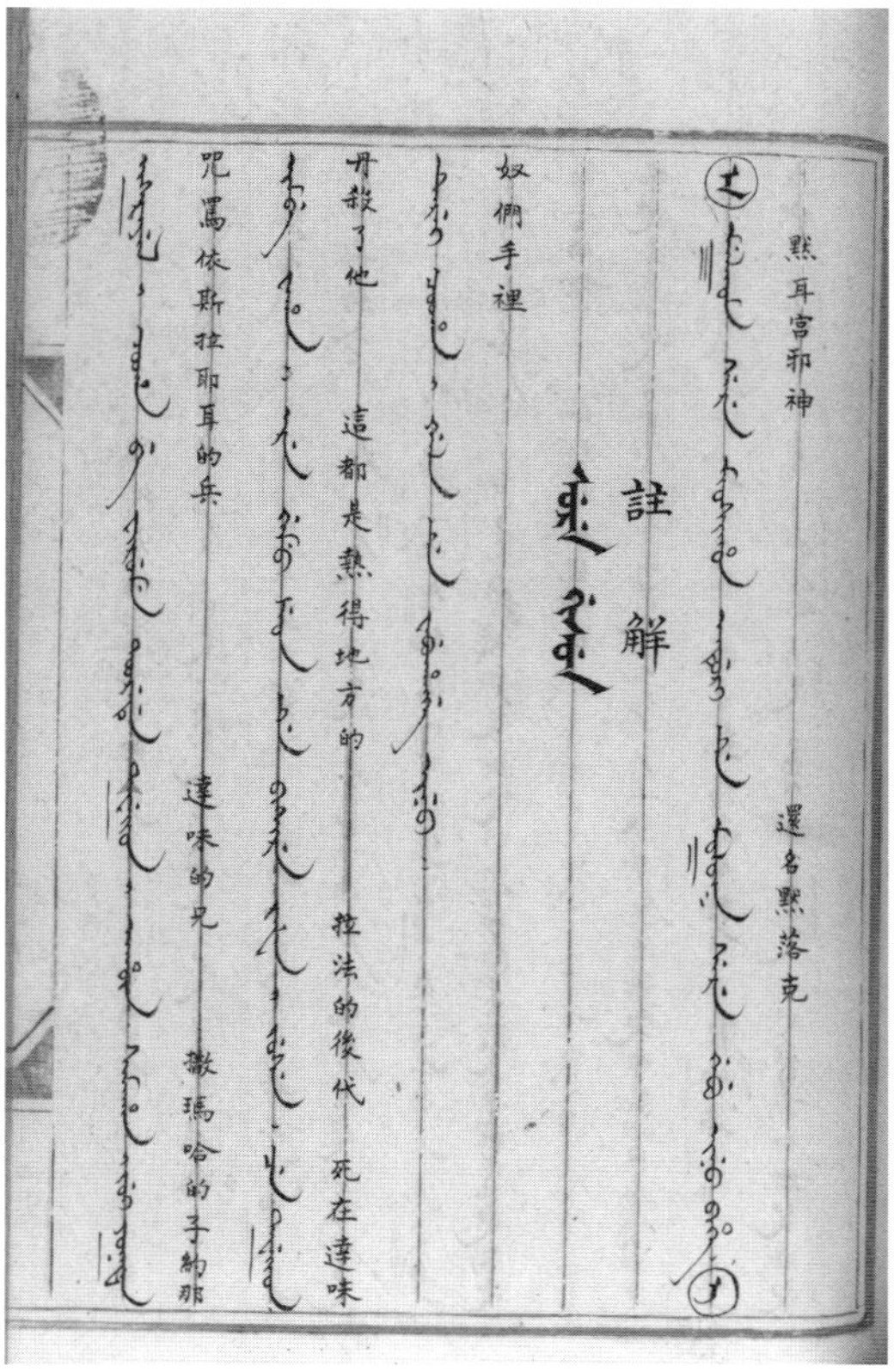

及各族的頭目說你們去從柏耳撒柏到旦

民的数目故達味給約亜伯

沙殚(殫)①忌妬(妒)依斯拉耶耳會的光榮引誘達味取衆

第二十一篇

62a ②一達楞多金分両(兩)有八十七斤

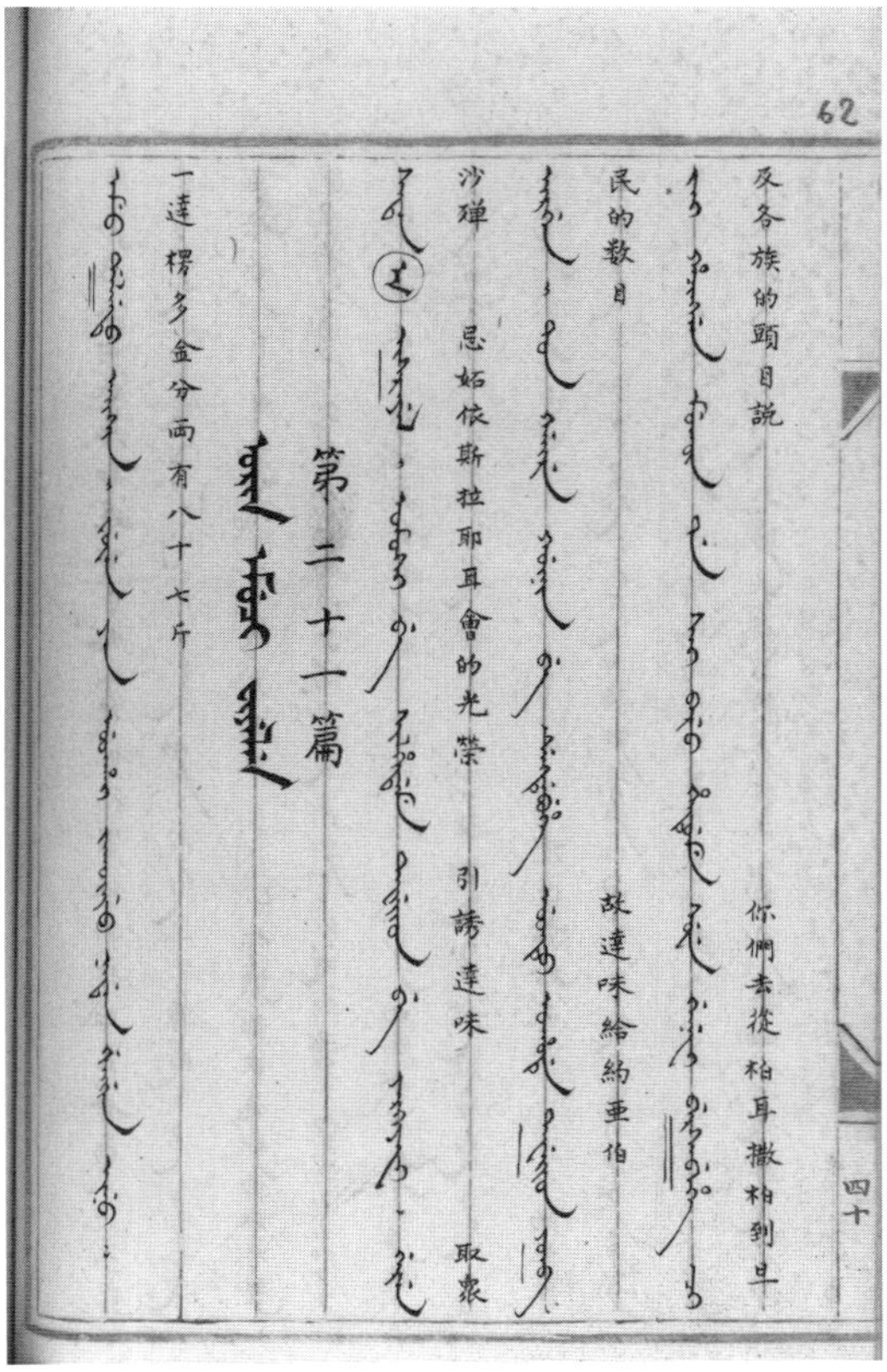

我主何故要知這事定不得你得罪依斯拉耶耳會的人
百倍我主王你們都不是你的奴才麼
答應求天主將他民的数目比如今有的多漆（添）幾
後送册給我看約亜伯
清依斯拉耶耳後代的数入册
62b

一十萬都是抜（拔）刀的從如達斯族有四十七
這記的依斯拉耶耳衆族的男有一百
綫回到日露撒冷將册簿献給達味看
照旨意行故約亜糸【伯】起身走過了依斯拉耶耳國
也受這罪罰王不聽話反要
61a

61b

達味望陡斯説我作這樣事
味的意思故降禍(禍)給依斯拉耶耳衆民
陡斯不悦達
不合約亜伯的意未数肋未柏尼亜明的男子
萬會戦的因王交付的事

60a

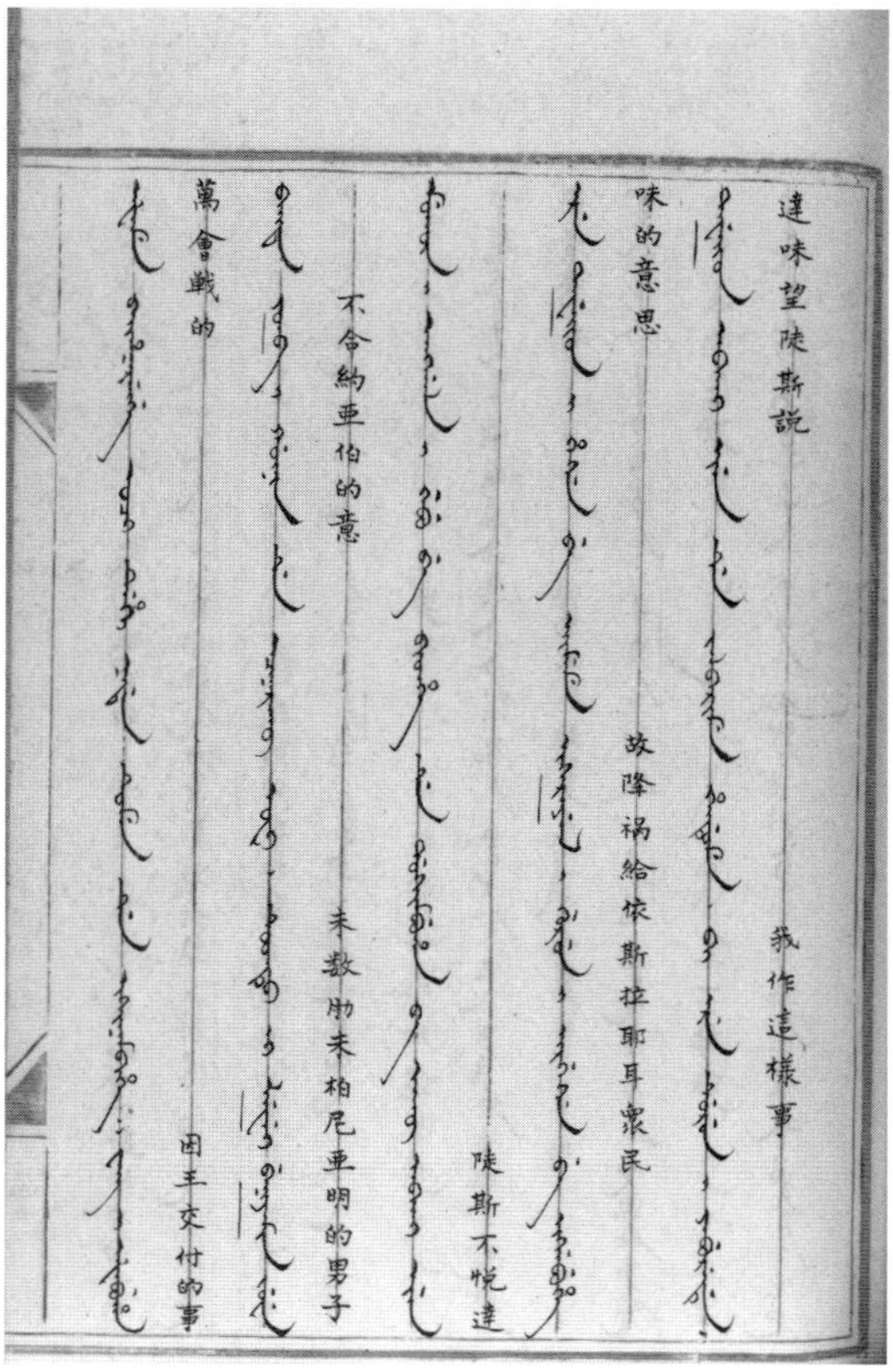

我就照你挑的行
天主的旨意這樣三件凴(憑)你挑一件
加得説你去告訴【訴】達味
真糊塗(塗)了故這樣行了天主望達味常用的先知者
大得了罪懇求主寬(寬)恕你奴的錯

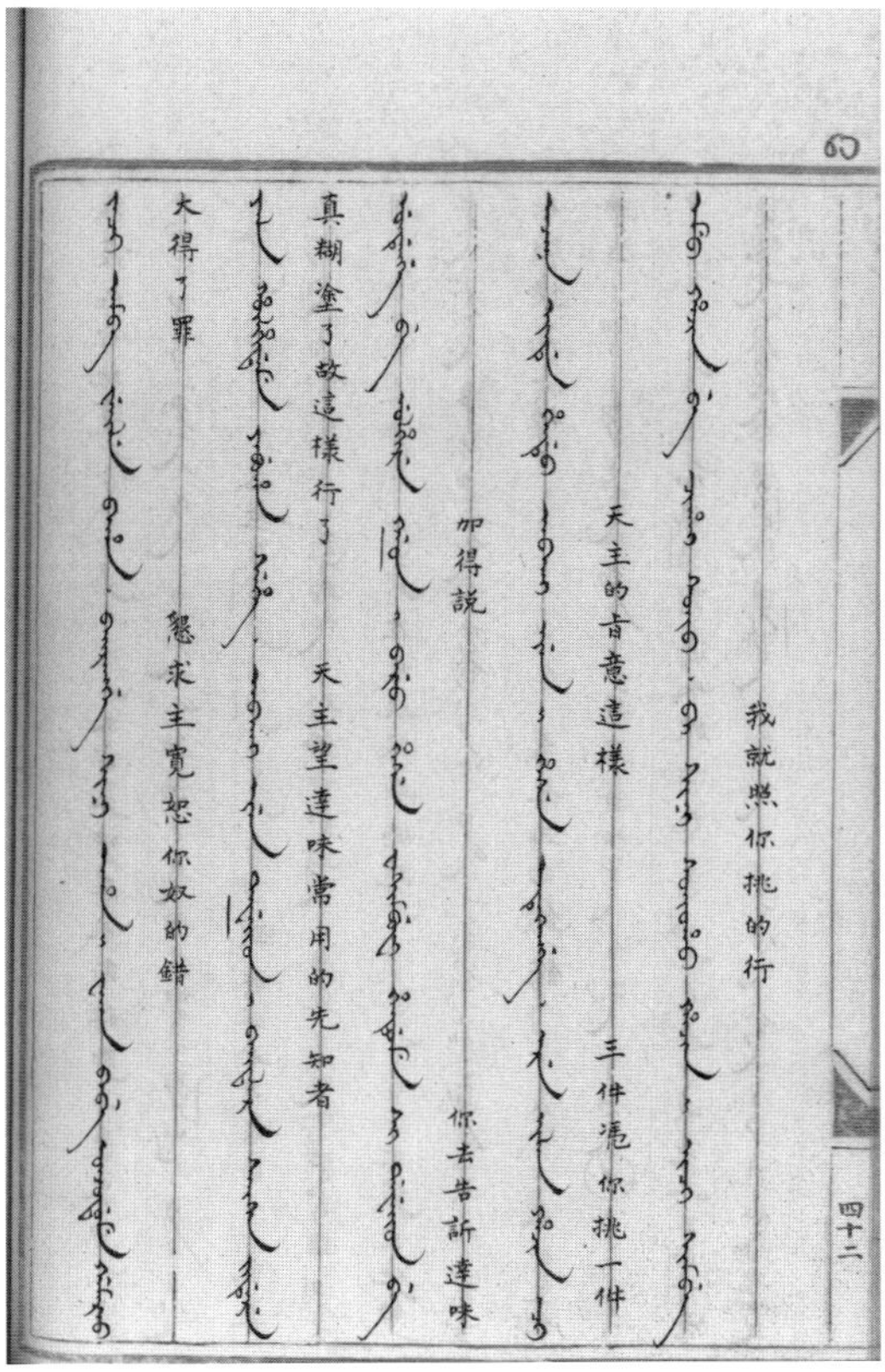

瘟(瘟)疫在你地方又有天神在依斯拉耶耳衆界内
刀或三天遭(遭)天主的刀就是
月在你仇跟前逃跑不能免他的
你隨便簡一様或三年的饑饉(饉)②或你三個
加得來到達味跟前説這是天主的旨意
60b

因此天主依斯拉耶耳國内起了瘟疫從依斯拉耶耳
裡因他仁慈是無(無)限量的
但與其落在人手裡不如落在天主手
遣我的達味與加得説舉(舉)目四下都作難
殺你的民你如今絶【決】断要我怎麼答應
59a

天主的神站在耶布則阿族出的阿耳南④的打粮
命殺人的神說彀(㲄)了縮你手罷
天主轉眼一看③那樣大災動了慈心
冷的民正殺他們時
59b 後代死了七萬天主還遣天神去殺日露撒

命取這國人的数目麼不是我錯了事犯了這様罪麼這此、民有甚
即伏在地達味求陡斯說這様話不是我下
他自己長老們穿了苦(苦)衣
在空中扳刀拿在手裡面朝日露撒冷
58a 食場(場)達味抬頭見天主的神

立一祭台加得把天主的旨意告訴【訴】了達味
見達味説你在耶布則阿阿耳南的打粮食塲(場)裡給主陡斯
天主的神命加得你
手罰我罰我父的家饒你的民
麼不是呢我主陡斯你的
58b

頭達味説你把你打粮食的塲給我我要
來阿耳南一見了離塲迎接王伏地叩
都跑蔵(藏)了達味望阿耳南
抬頭看見天神
達味去了那時阿耳南在塲裡打粮食
57a

57b

些ヽ物王達味説不可這樣我要出相對的銀
祀車當劈（劈）柴麥子為供物都愿（願）獻這
我主王只管收我的場要怎麼行就怎麼行我還給牛做全祭
衆民的災但我給相對的價値（值）阿耳南答應達味
在這裡砌光榮天主的祭台為止

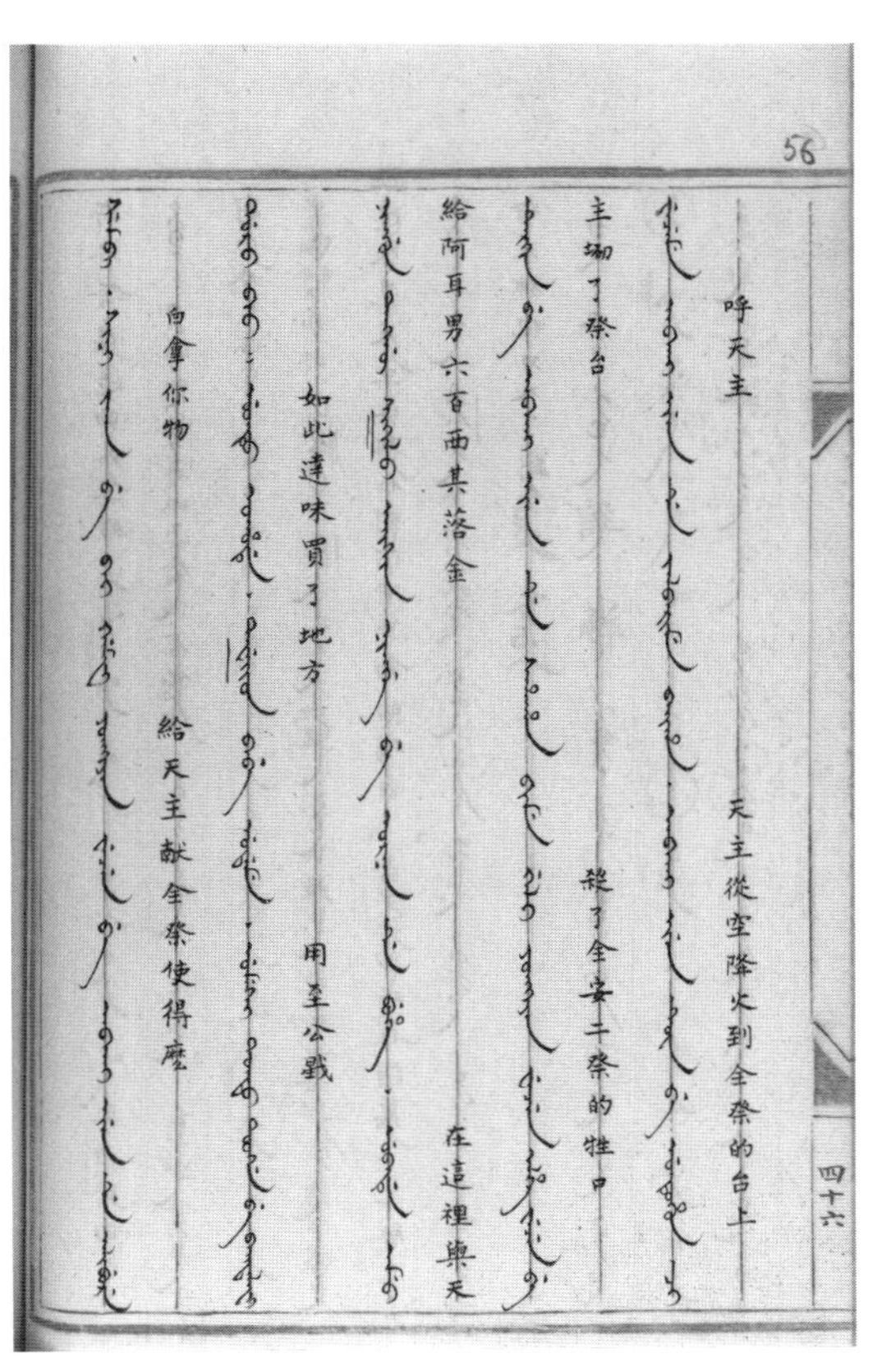

56a

呼天主天主從空降火到全祭的台上
主㘭【砌】了祭台殺了全安二祭的牲口
給阿耳男（亦譯：阿耳南）六百西其落金在這裡與天
如此達味買了地方用至公戥
白拿你物給天主獻全祭使得麼

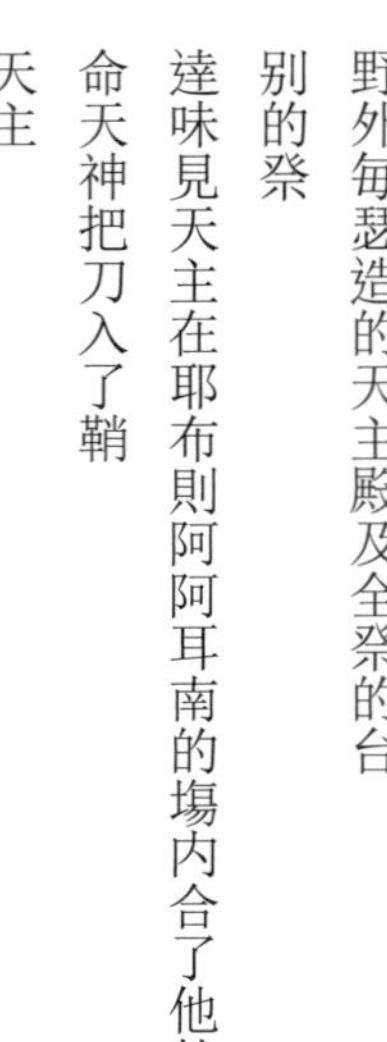

56b

野外每瑟造的天主殿及全祭的台

別的祭

達味見天主在耶布則阿阿耳南的場內合了他的祈求謝恩又獻了

命天神把刀入了鞘

天主

55a

①沙殫是魔鬼②天主夲定了七凶年

註解

前呼陡斯的聖名

主的神拿着腰刀嚇了一跳渾身軟了無力去加巴翁在那祭台

那時都在加巴翁的高地方達味看見天

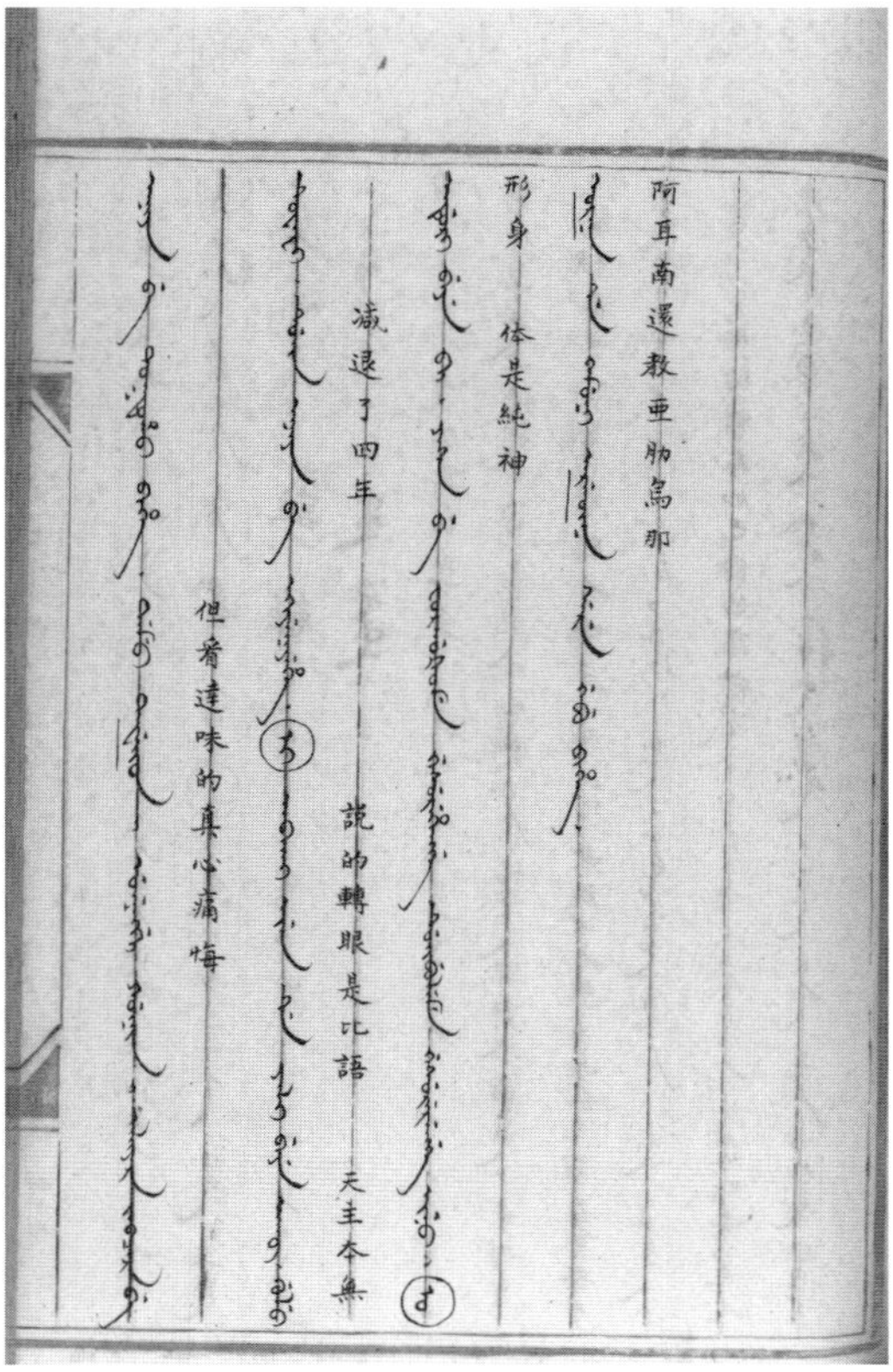

④阿耳南還教亜肋烏那
形身体（體）是純神
減（減）退了四年③説的轉眼是比語天主夲無
但看達味的真心痛悔

55b

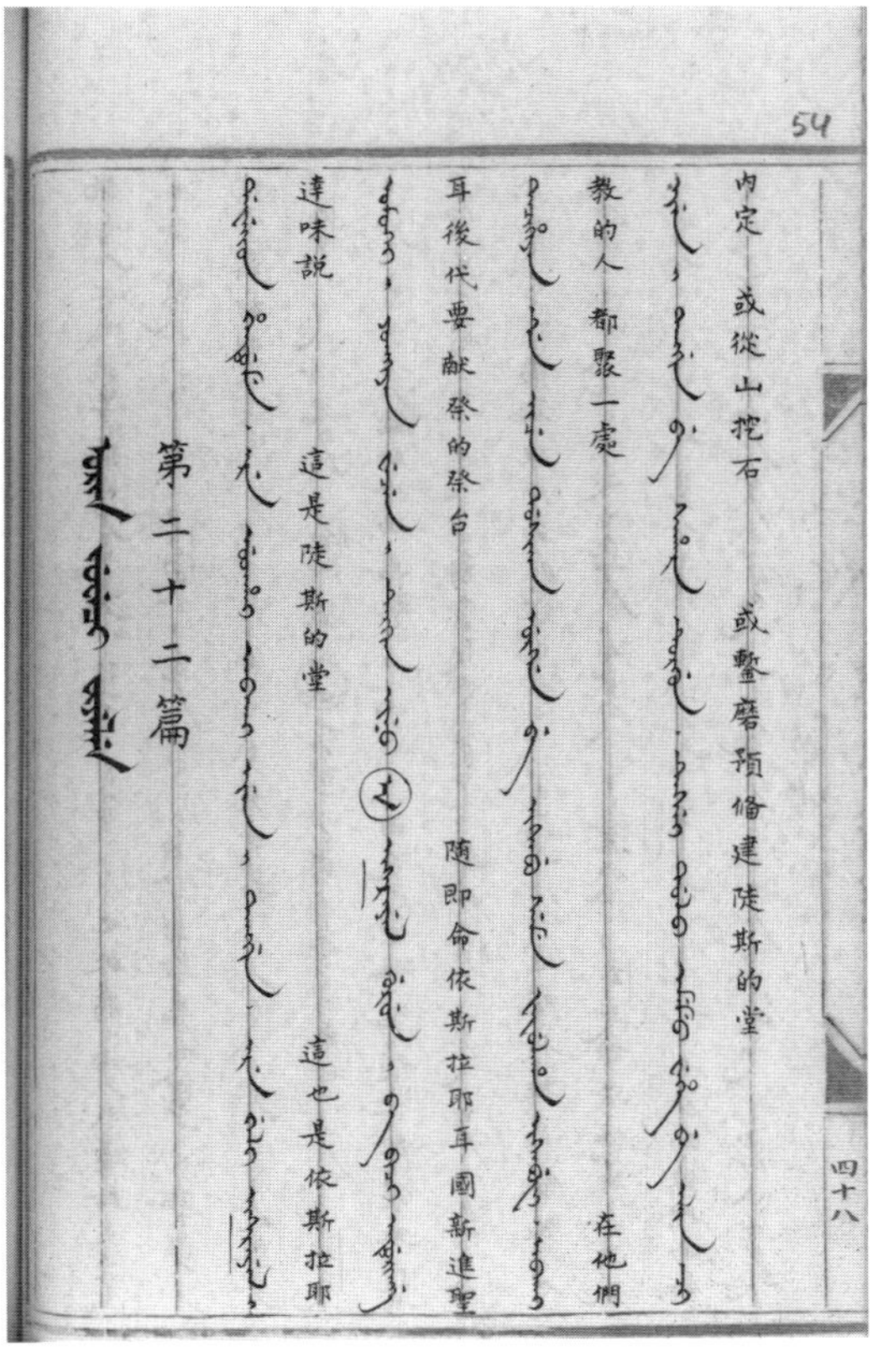

内定或從山挖石或鑿磨預備建陡斯的堂
教的人都聚一處在他們
耳後代要献祭的祭台①随即命依斯拉耶耳國新進聖
達味説這是陡斯的堂這也是依斯拉耶

第二十二篇

54a

説我子撒落孟是小孩也軟弱我要給天主立
蛇多落材料②多不可計達味又
銅的分両無数西東弟落両處人給達味送的
合業還為聨(聯)板片的鉄(鐵)絆達味按【安】排的鉄狠多
為做門的釘
54b

陡斯立堂望他説我
叫他子撒落孟來命他給依斯拉耶耳主
夲他未崩之先該費用的都留下現成的
故我如今給他預備要緊的物
的堂該要這様要各國人人稱揚
53a

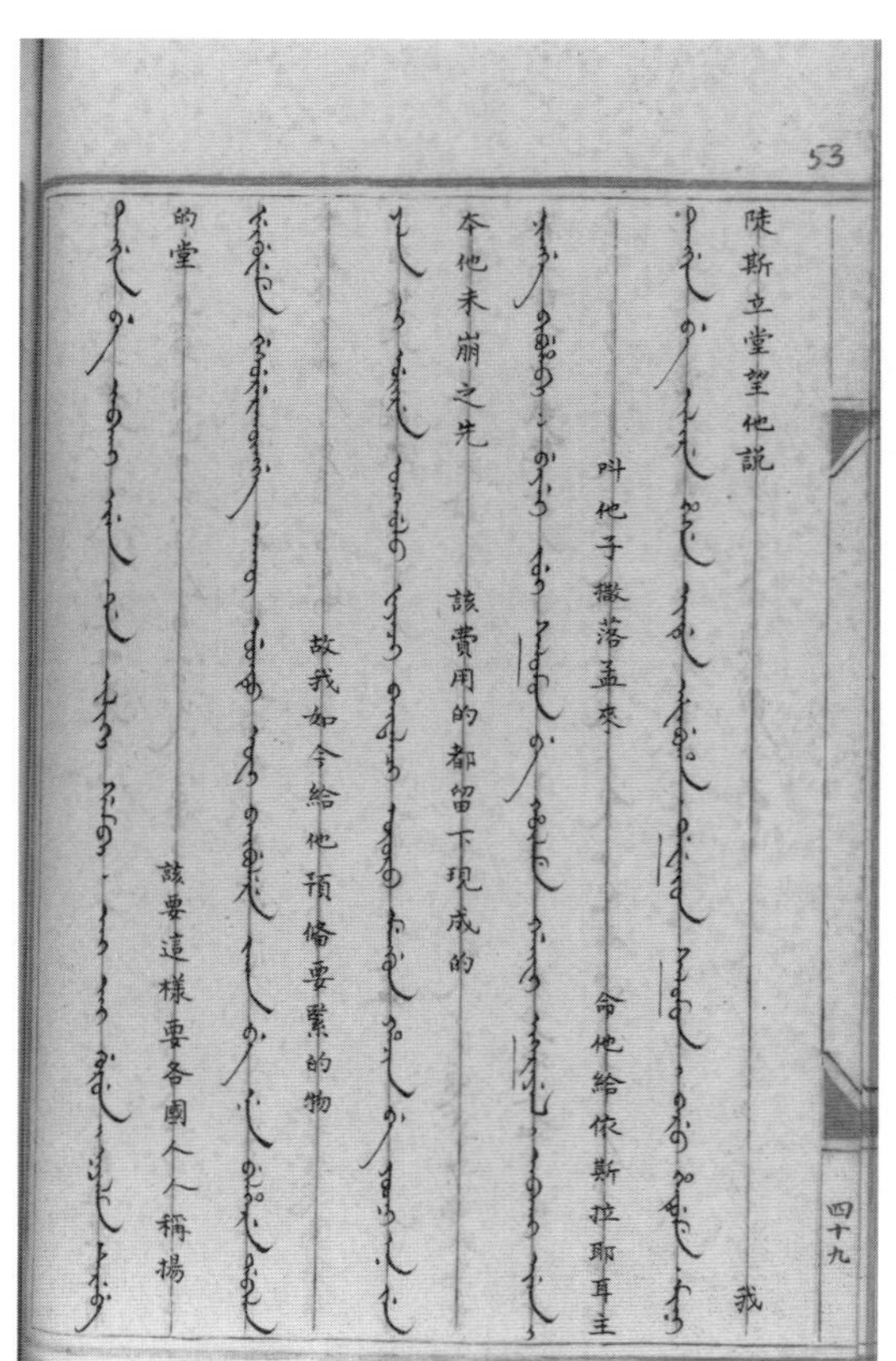

53b

將來你生一子夲性良善我施恩使周
你不能立光榮我名的堂
你打仗太多既我台前流那多人血
天主降旨望我說你多流（流）人血
晃（兒）我先有意給我主陡斯的聖名修大堂

52a

斯拉耶耳國內堅定他的王位到永遠因此求
他為我子我為他父我又依
拉耶耳會安寕（寧）閔（閒）假（假）就是他給我立堂
他是太平的他一生我也賞依斯
圍無仇侵【侵】犯他故稱

審例
若你順天主的命
斯賦你智謀也能晉依斯拉耶耳的民也守你主陡斯的法
建堂他夲説立堂就是你還求主陡
52b 天主同我兒在一塊也降福你你給你主陡斯

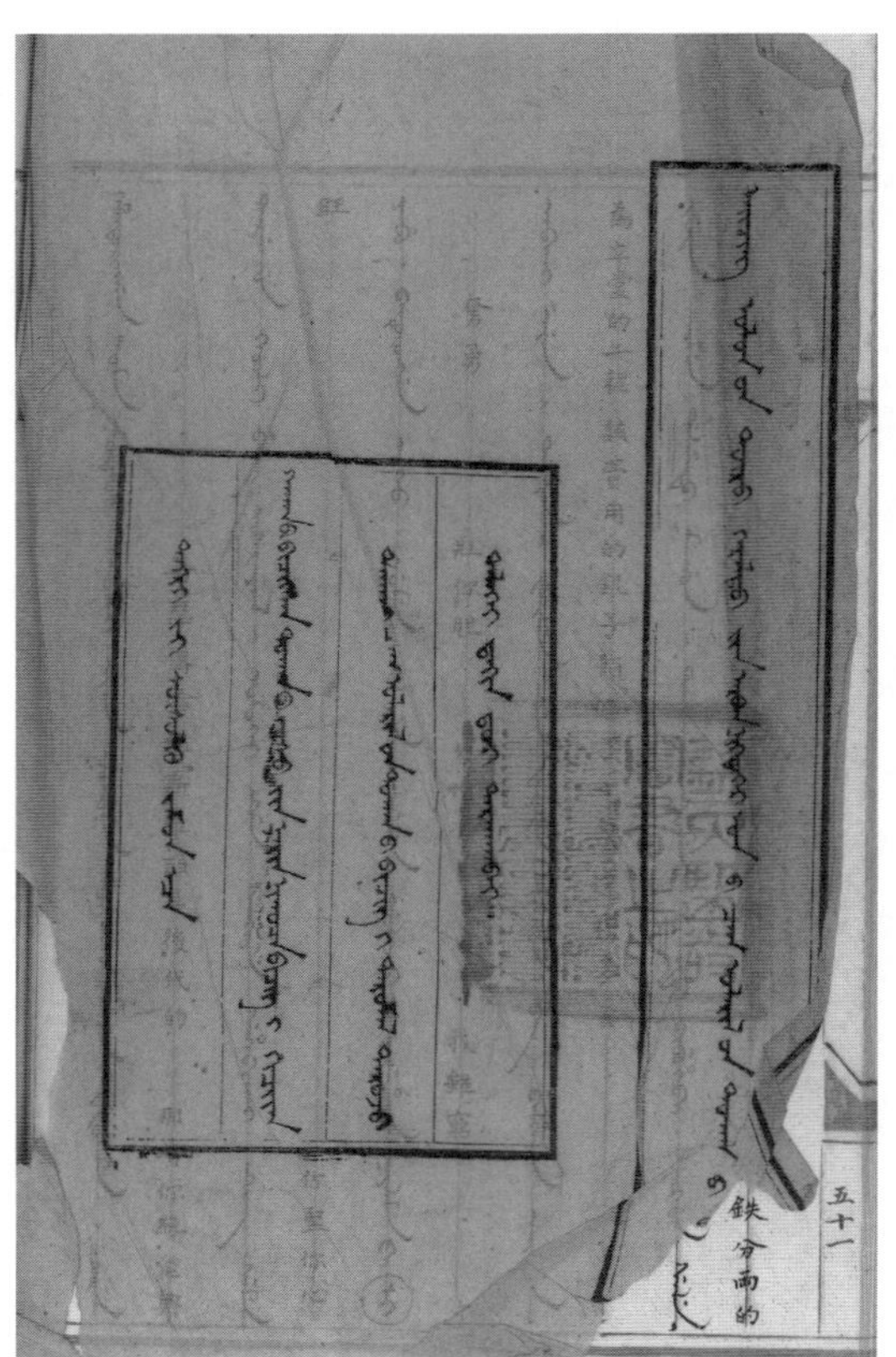

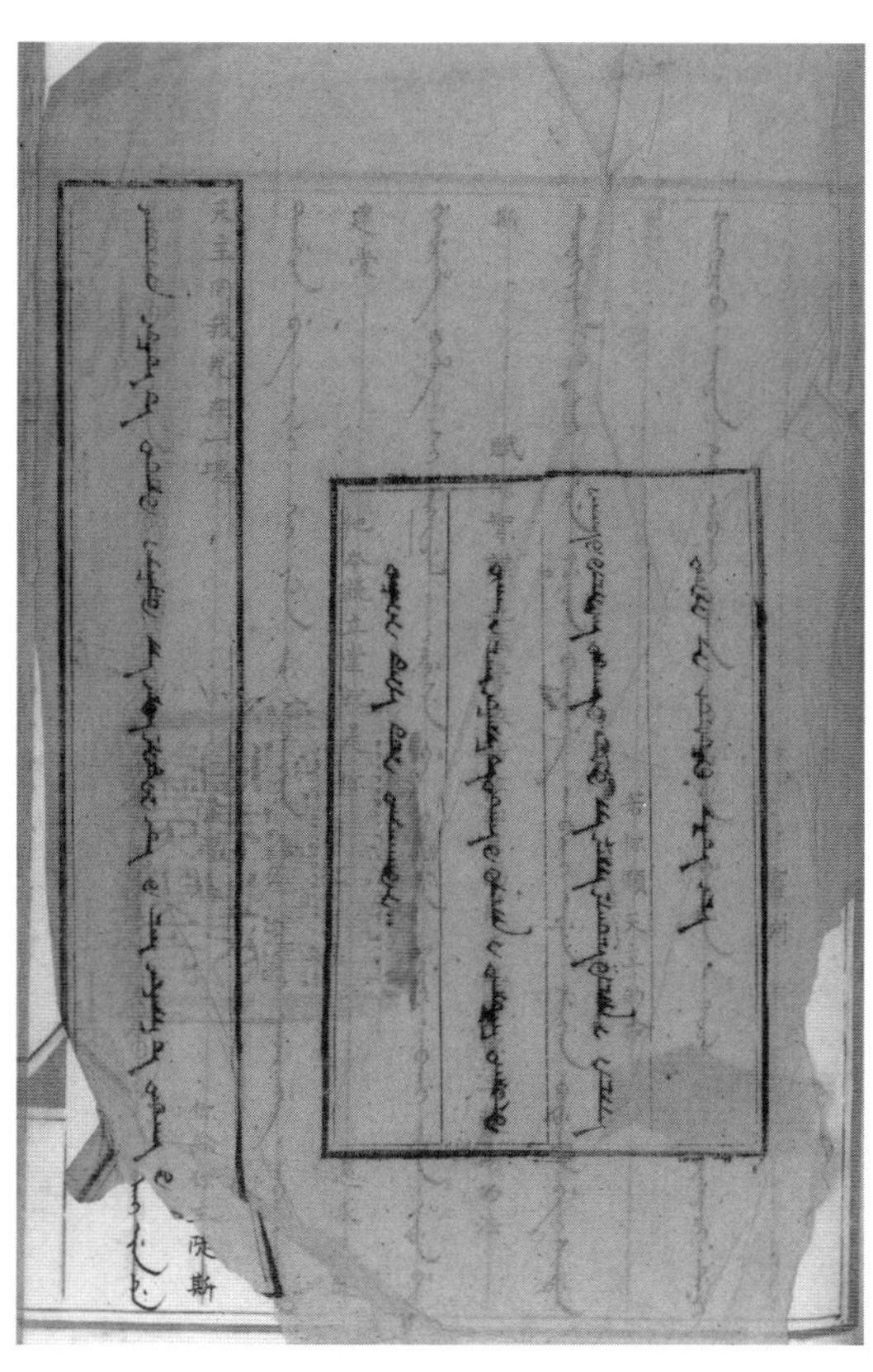

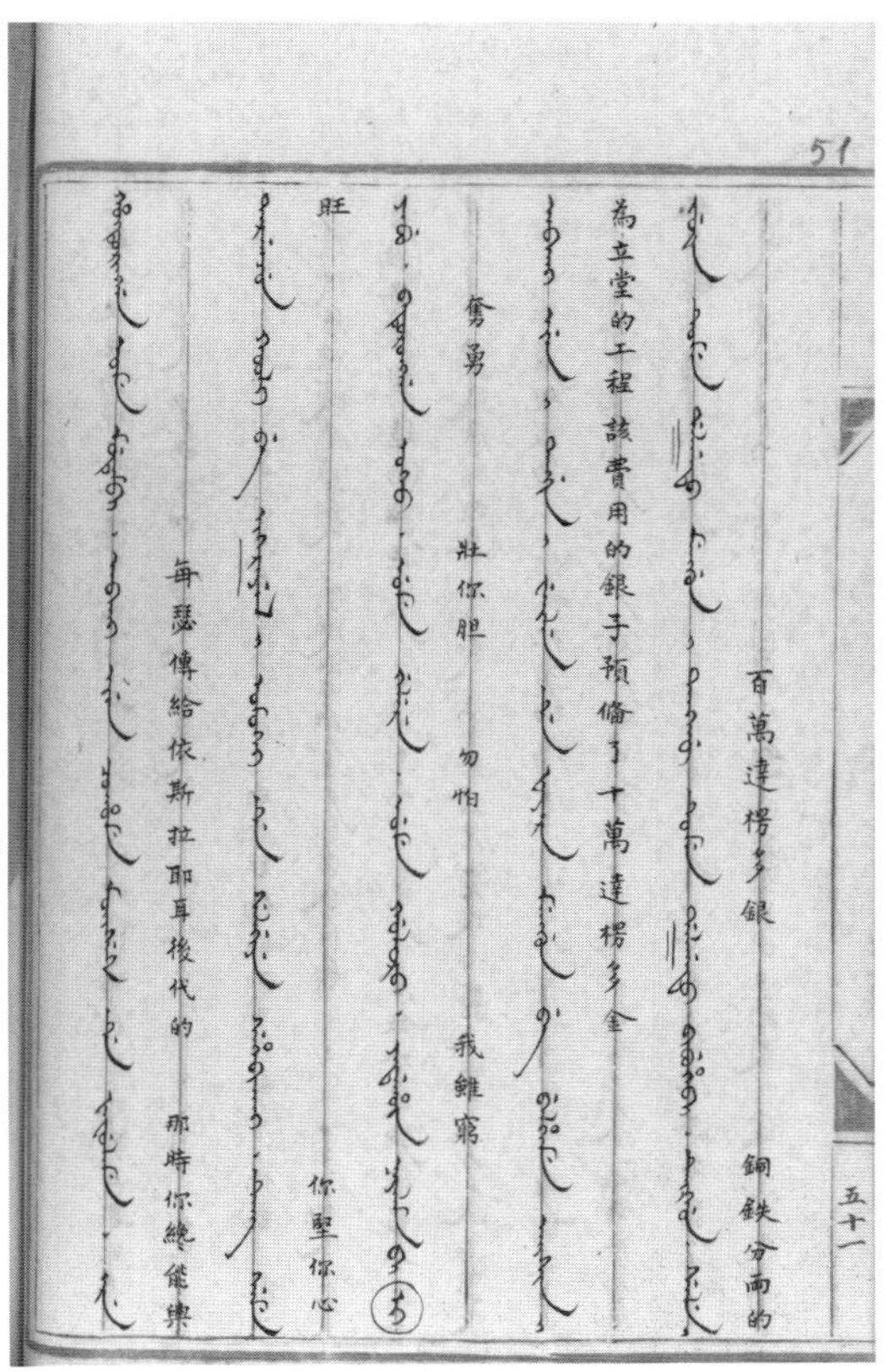

百萬達楞多銀銅鉄分両的
為立堂的工程該費用的銀子預備了十萬達楞多金
奮【奮】勇壯(壯)你胆(膽)勿怕我雖窮③
旺你堅你心
51a 每瑟傳給依斯拉耶耳後代的那時你纔能與

51b

工程天主同你在一塊達味還命依斯拉耶耳衆頭目
那金銀銅鉄都有多餘的你動手起(起)這
善做各様製造的諸匠會做金銀銅鉄器皿
都有現成的你有砍石砌墻(牆)雕刻木
数目数不清按用處木石料

50a

們的心你們的霊(靈)魂(魂)為找你們的主陡斯同力給主陡斯
都順天主聖意彼此也相合如今預備你
也把你們的仇都放了你們手裡地方的民
你們明見你們主陡斯同你們在一塊國的周圍賞了太平
帮他子撒落孟就説

①因為天主黙示達味就是阿耳南這場内

註解

修的堂内

結約的櫃連様様供的噐皿供在為光榮天主的名

建聖堂為的是才得送天主的和睦

50b

達味老了嵗(歲)数已満立親子撒落孟為依斯拉耶耳國的

第二十三篇

③這不過(過)是謙(謙)言

故達味説了這様話②蛇多落木是楠木類(類)

該建天主大堂也立祭祀的祭台

49a

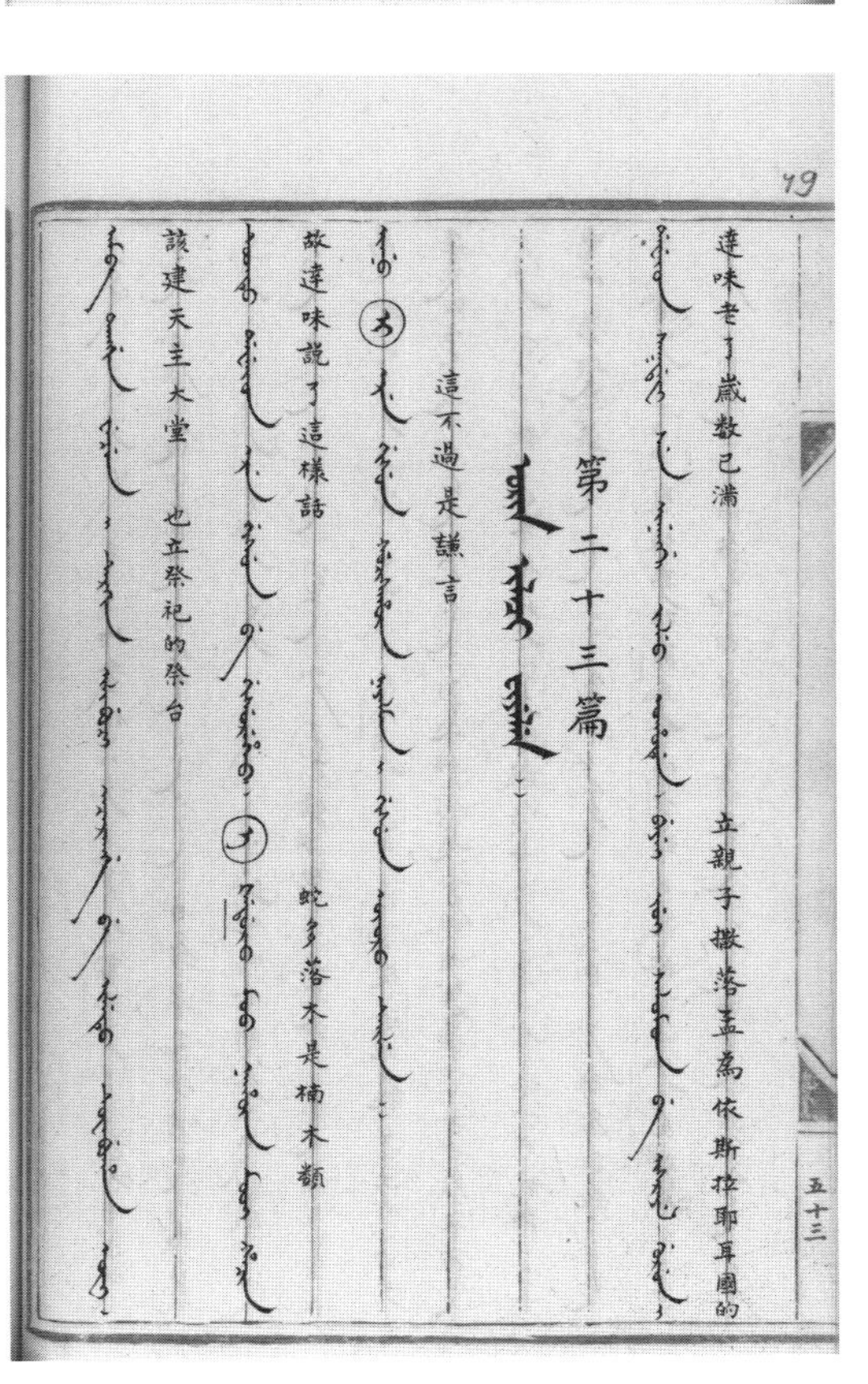

49b

作首領作審事有六千
給他們分開天主堂的職
萬八千從這些挑了二萬四千
数了肋未後代從三十歳以上就得了三
王又聚依斯拉耶耳會的衆頭目衆祭首及肋未子孫

48a

熱耳宋加得是肋黒丹及塞每①肋黒丹的子長子
加得黙拉里後代輪流換(換)班
也有四千達味將這夲分給肋未族的三家熱耳宋
謌唱讃美天主的
看門的四千合着達味製造的樂器

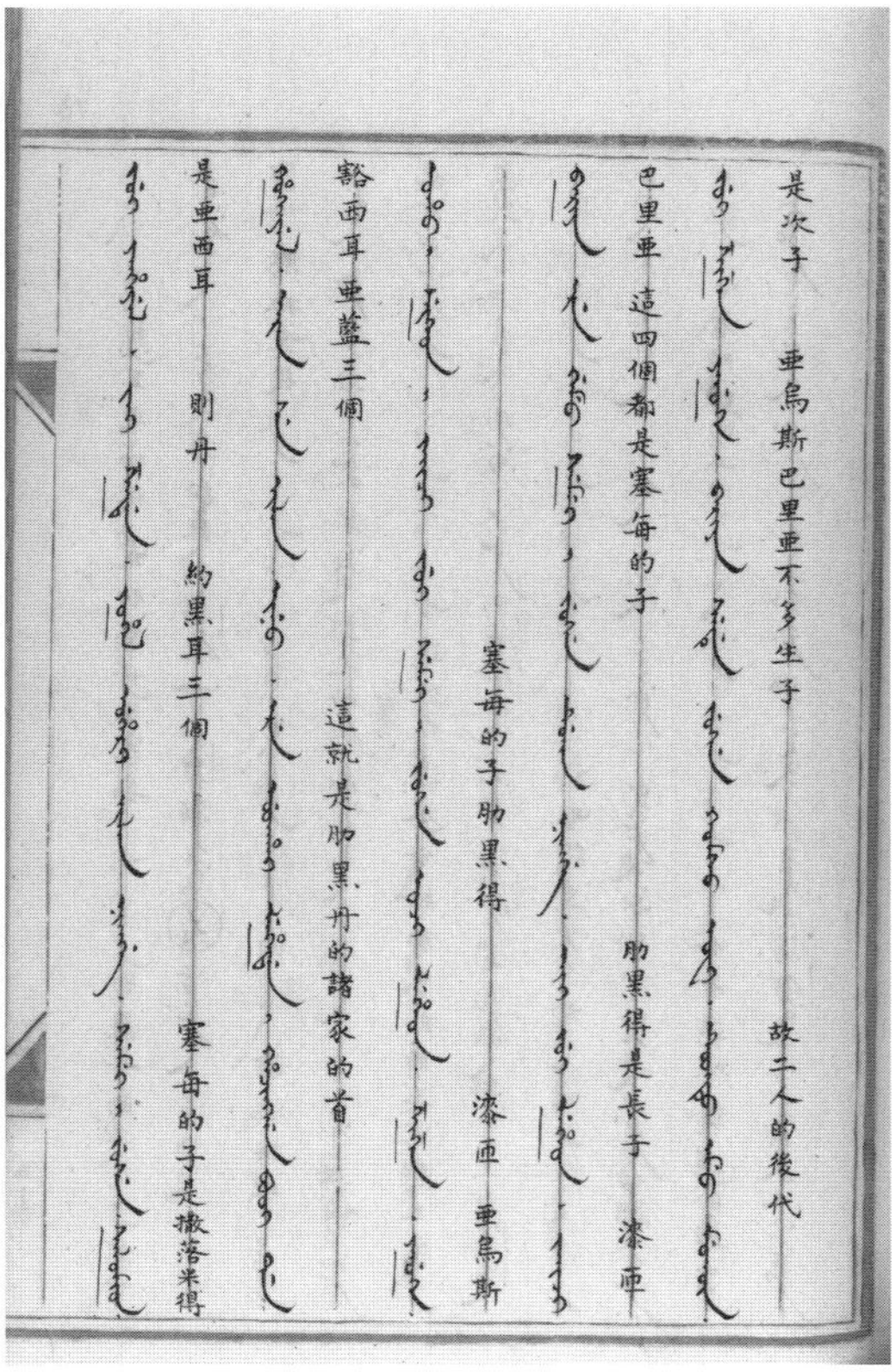

48b

是次子亜烏斯巴里亜不多生子故二人的後代
巴里亜這四個都是塞每的子肋黒得是長子漆匝
塞每的子肋黒得漆匝亜烏斯
豁西耳亜藍(藍)三個這就是肋黒丹的諸家的首
是亜西耳則丹約黒耳三個塞每的子是撒落米得

47a

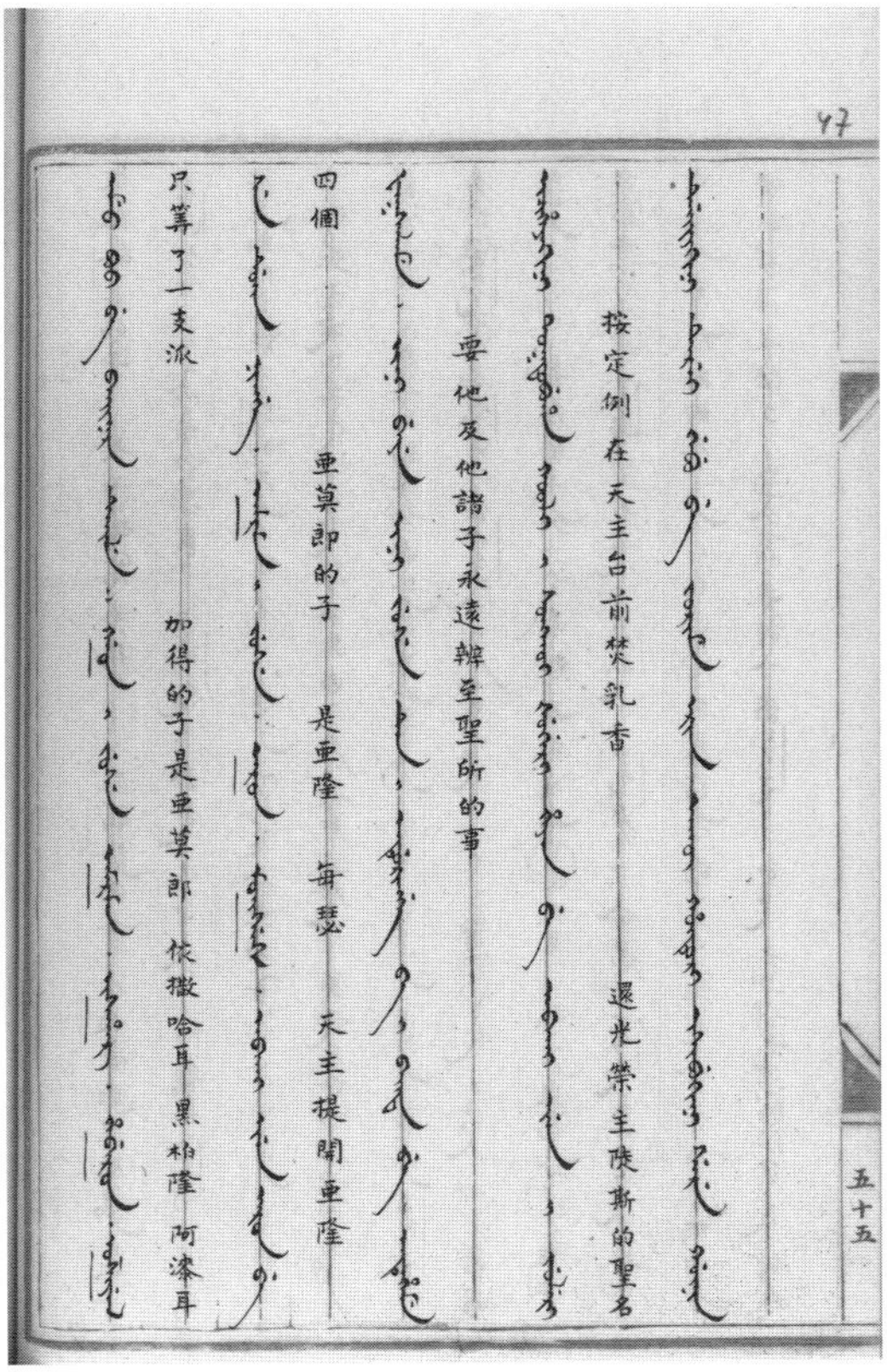

按定例在天主台前焚乳香還光榮主陡斯的聖名
要他及他諸子永遠辨【辦】至聖所的事
四個亜莫郎的子是亜隆每瑟天主提開亜隆
只筭(算)了一支派【派】加得的子是亜莫郎依撒哈耳黒柏隆阿漆耳

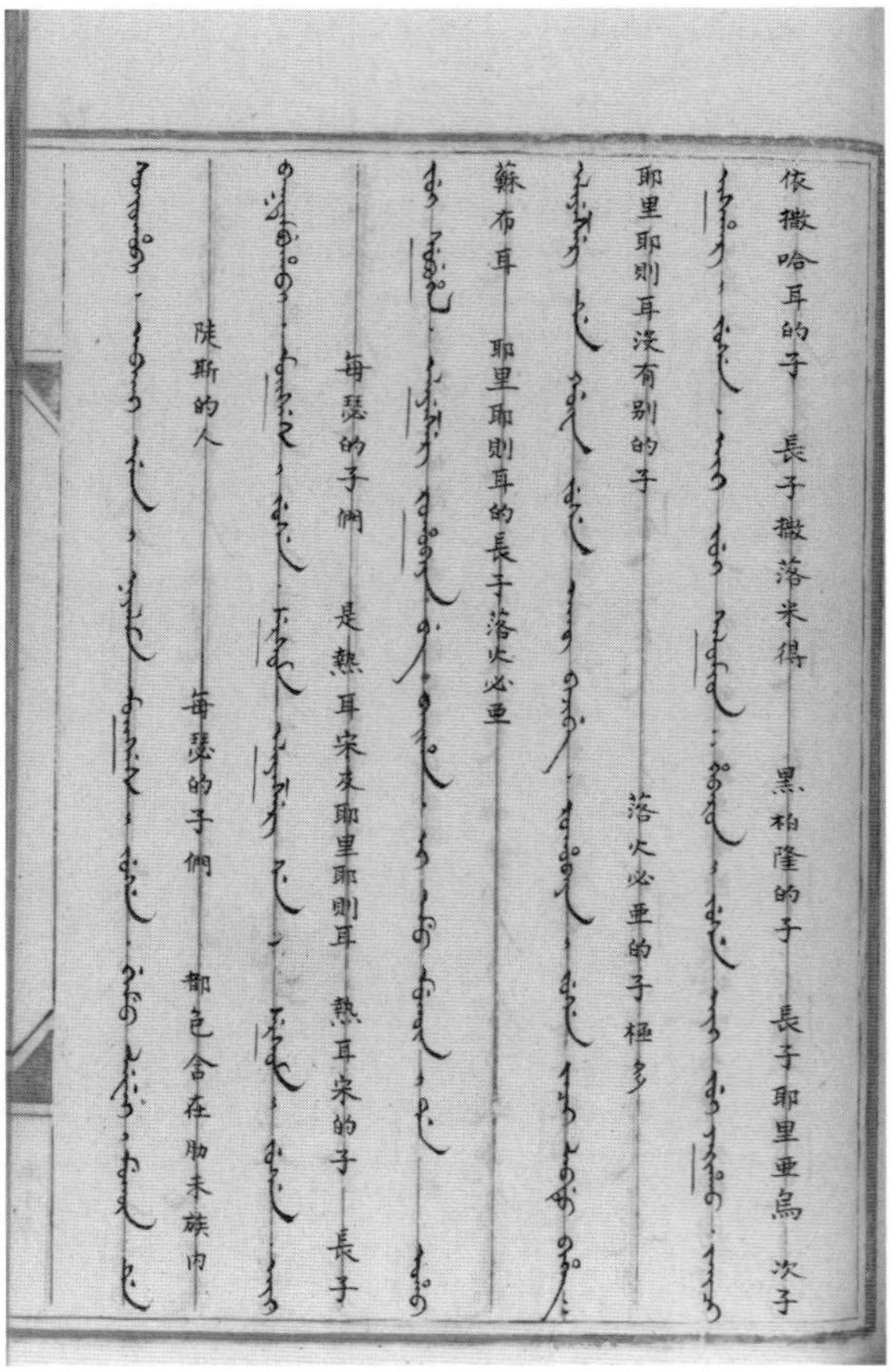

依撒哈耳的子長子撒落米得黒柏隆的子長子耶里亜烏次子
耶里耶則耳沒有別的子落火必亜的子極多
蘇布耳耶里耶則耳的長子落火必亜
每瑟的子們是熱耳宋及耶里耶則耳熱耳宋的子長子
47b 陡斯的人每瑟的子們都色(包)含【含】在肋未族内

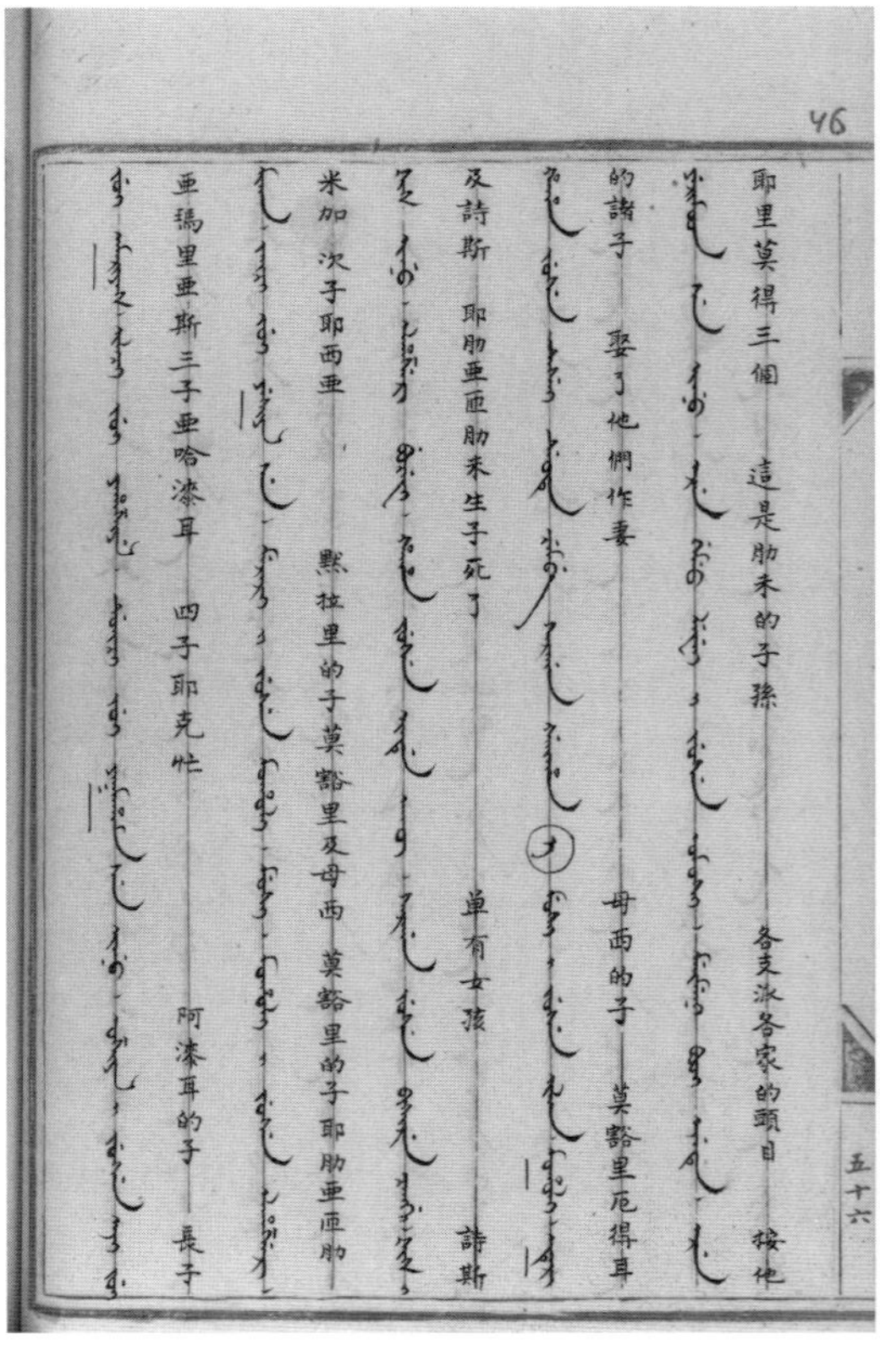

耶里莫得三個這是肋未的子孫各支派【派】各家的頭目按他
的諸子娶了他們作妻(妻)②母西的子莫豁里厄得耳
及詩(詩)斯耶肋亜匝肋未生子死了単有女孩詩斯
米加次子耶西亜黙拉里的子莫豁里及母西莫豁里的子耶肋亜匝肋
46a 亜瑪里亜斯三子亜哈漆耳四子耶克忙阿漆耳的子長子

46b

照達味臨崩的話因人不彀往後肋未的子孫雖只有二十歲
永遠住的地方如此從今以後肋未的子孫不抬殿並殿内用的噐皿
說依斯拉耶耳的主陡斯給他民賞了太平也定日露撒冷城是他們
辨【辦】夲分的事達味
們的班人的数目從二十歲以上進天主堂

45a

鉄鍋(鍋)或油扎【炸】或焼(燒)的物
查看聖櫃前供的饅頭配祭的細麵(麵)未發的焼(燒)餅
或齋戒的地方或聖地内共捴用他們辦堂内的事
天主的事他們都在亜隆的諸子手下領夲分或遊廊或偏【偏】房
也可入堂辨【辦】事凡関(關)係

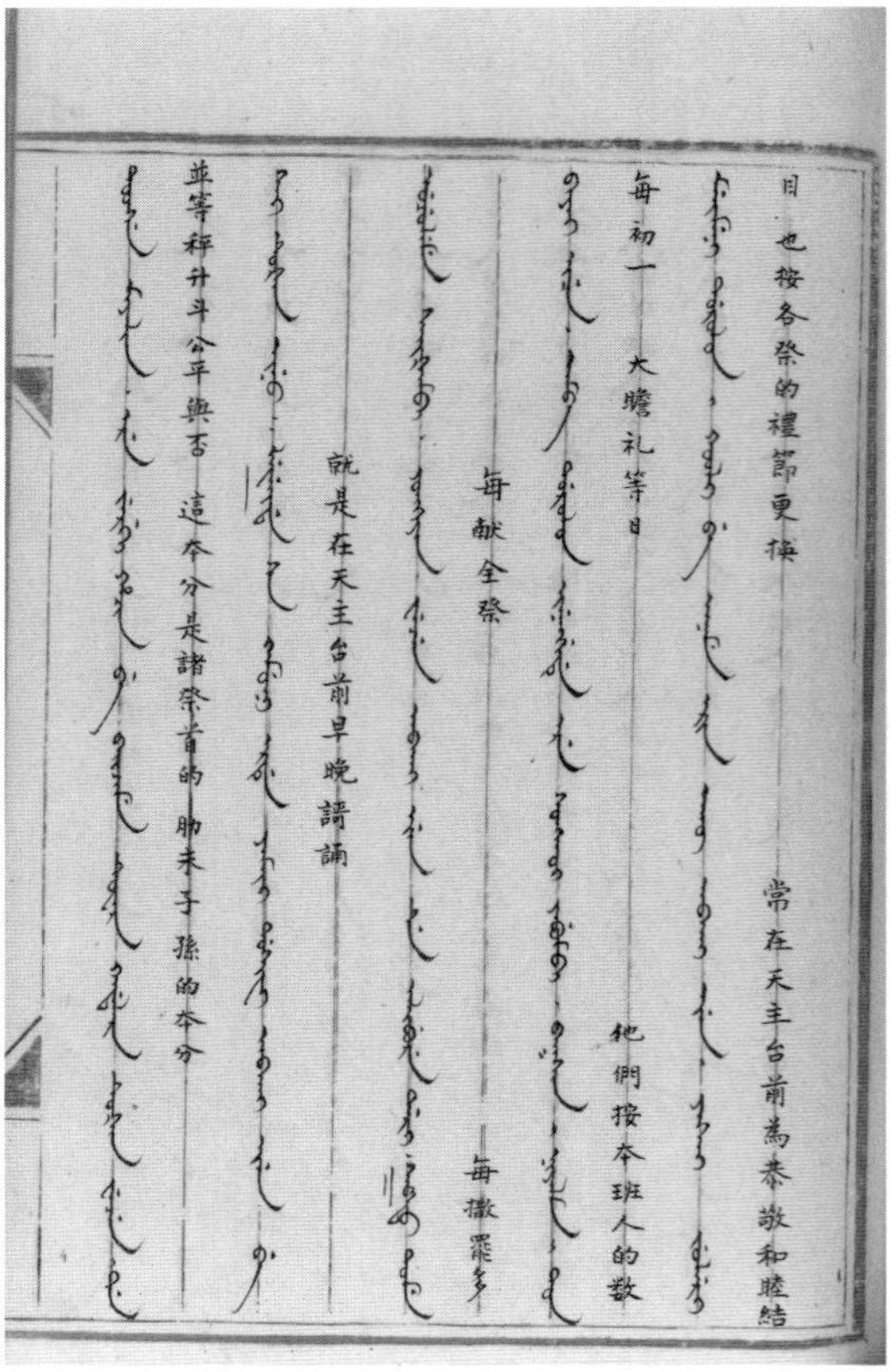

目也按各祭的禮節更換(換)常在天主台前為恭敬和睦結
每初一大瞻礼(禮)等日他們按卆班人的数
每献全祭每撤罷多
就是在天主台前早晚謌誦
45b 並等秤升斗公平與否這卆分是諸祭首的肋未子孫的卆分

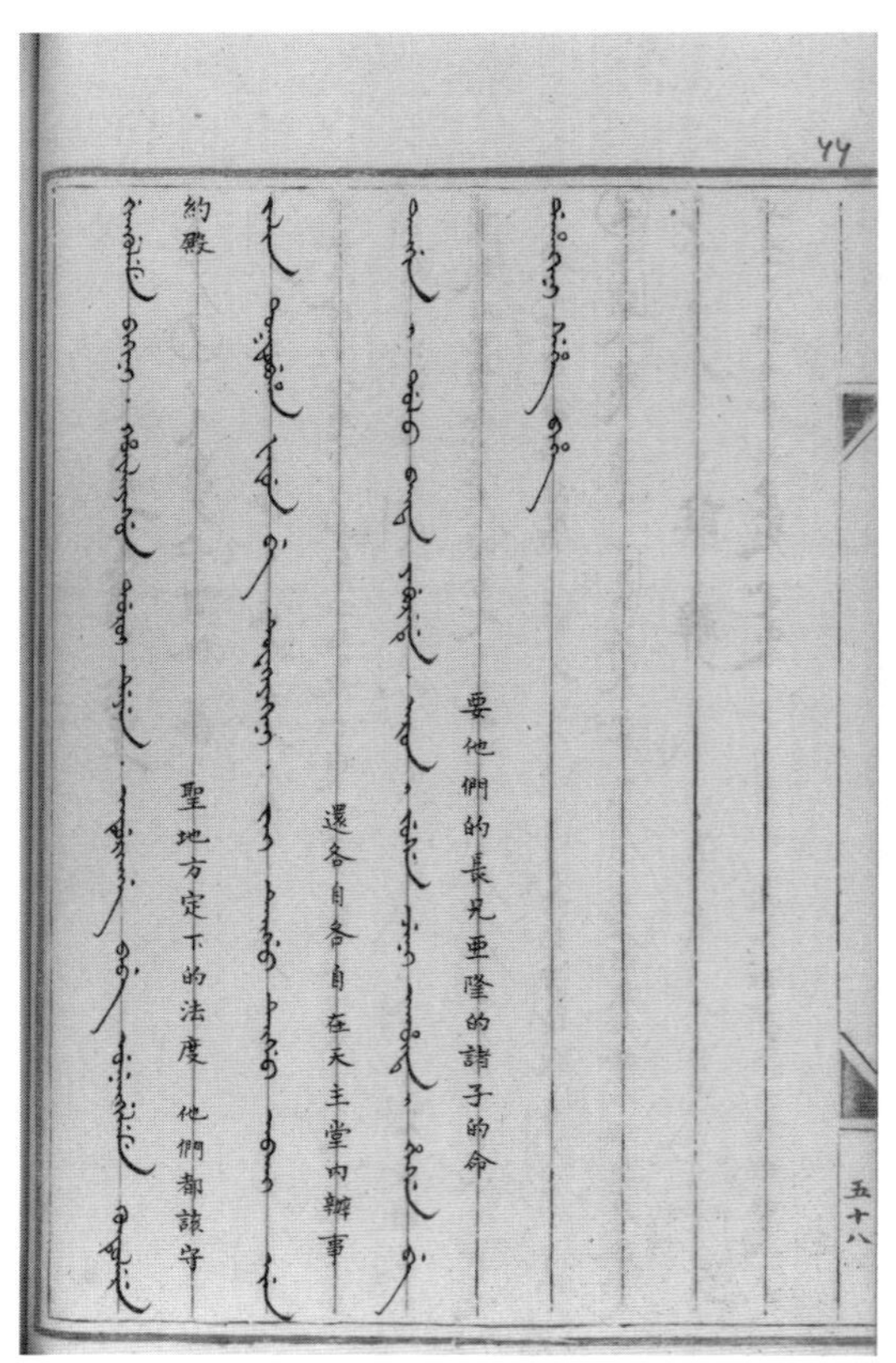

要他們的長兄亜隆的諸子的命
還各自各自在天主堂内辦事
44a 約殿聖地方定下的法度他們都該守

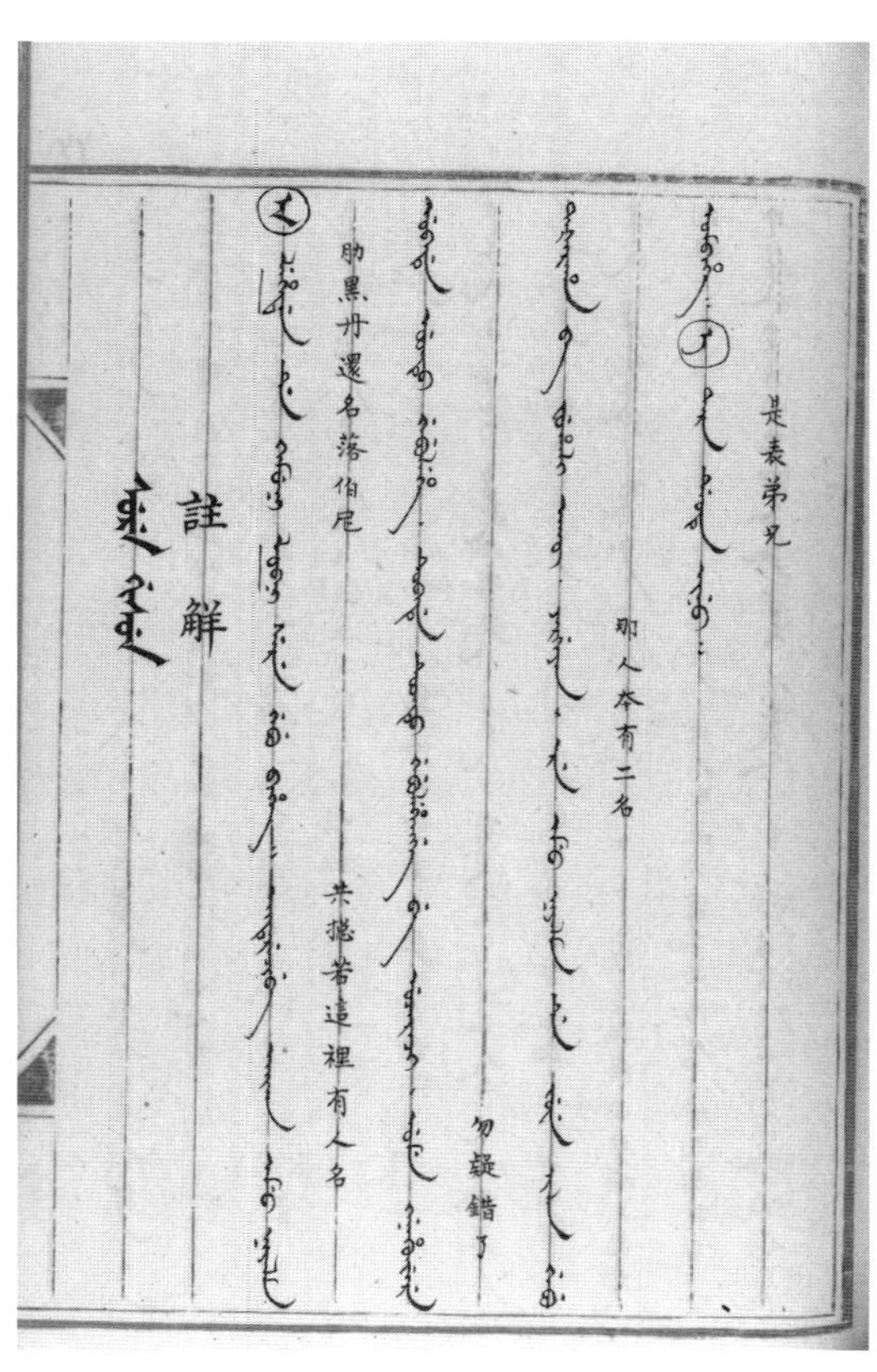

44b

註解

①肋黒丹還名落伯尼共揔若這裡有人名

勿疑(疑)錯了

那人夲有二名

②是表弟兄

43a

第二十四篇

亜隆的諸子的班是這樣分開安排的亜隆的男子夲是那

亜必由耶肋亜匝肋依達瑪耳那大伯亜必由二人死

在他們父前也無子耶肋亜匝肋及依達瑪耳二人

承受了揔祭首的責任達味将耶落亜匝肋的孫

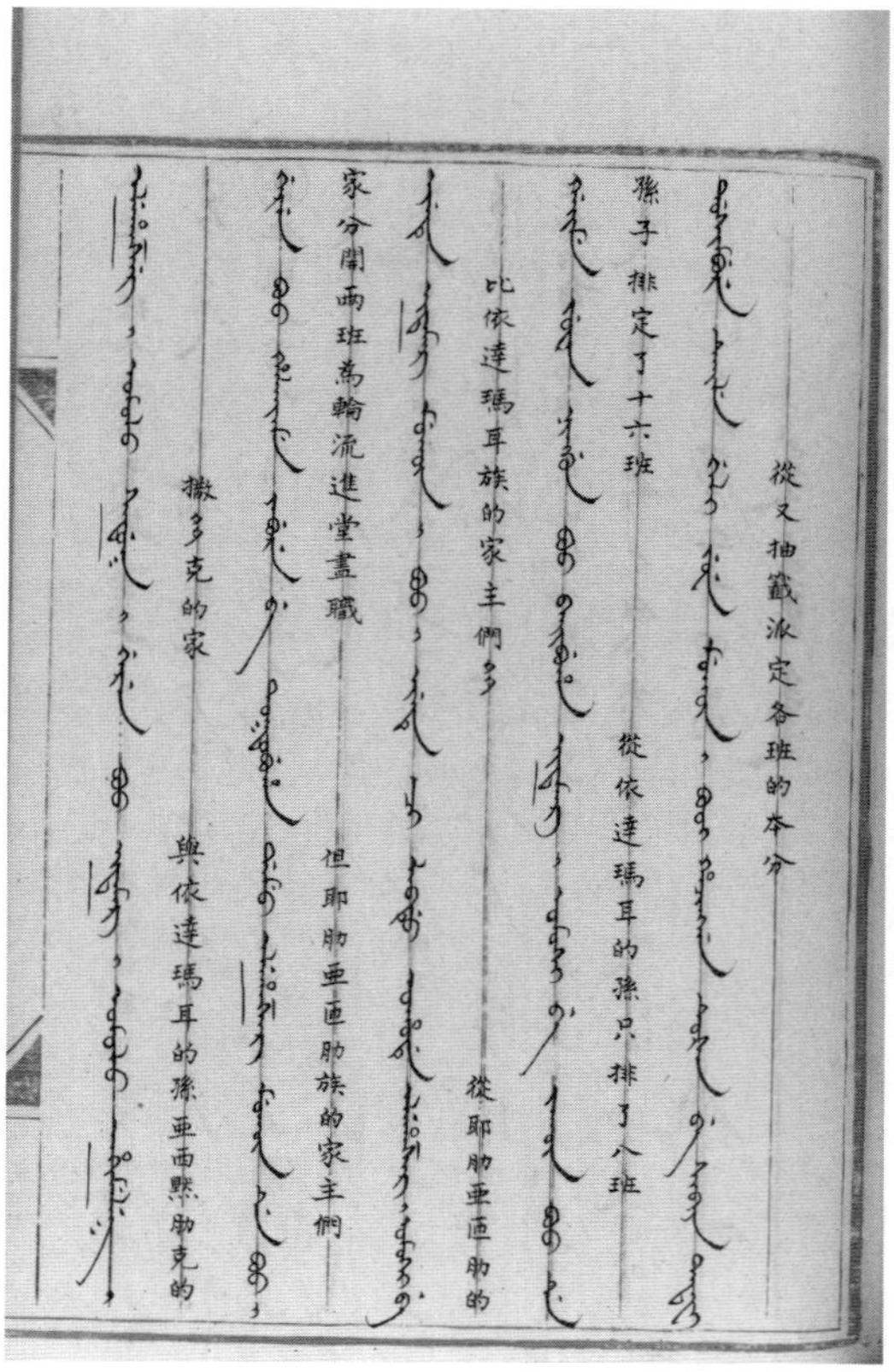

從又抽籖(籤)派【派】定各班的卒分
孫子排定了十六班從依達瑪耳的孫只排了八班
比依達瑪耳族的家主們多從耶肋亜匝肋的
家分開兩(兩)班為輪流進堂盡職但耶肋亜匝肋族的家主們
撒多克的家與依達瑪耳的孫亜西默肋克的
43b

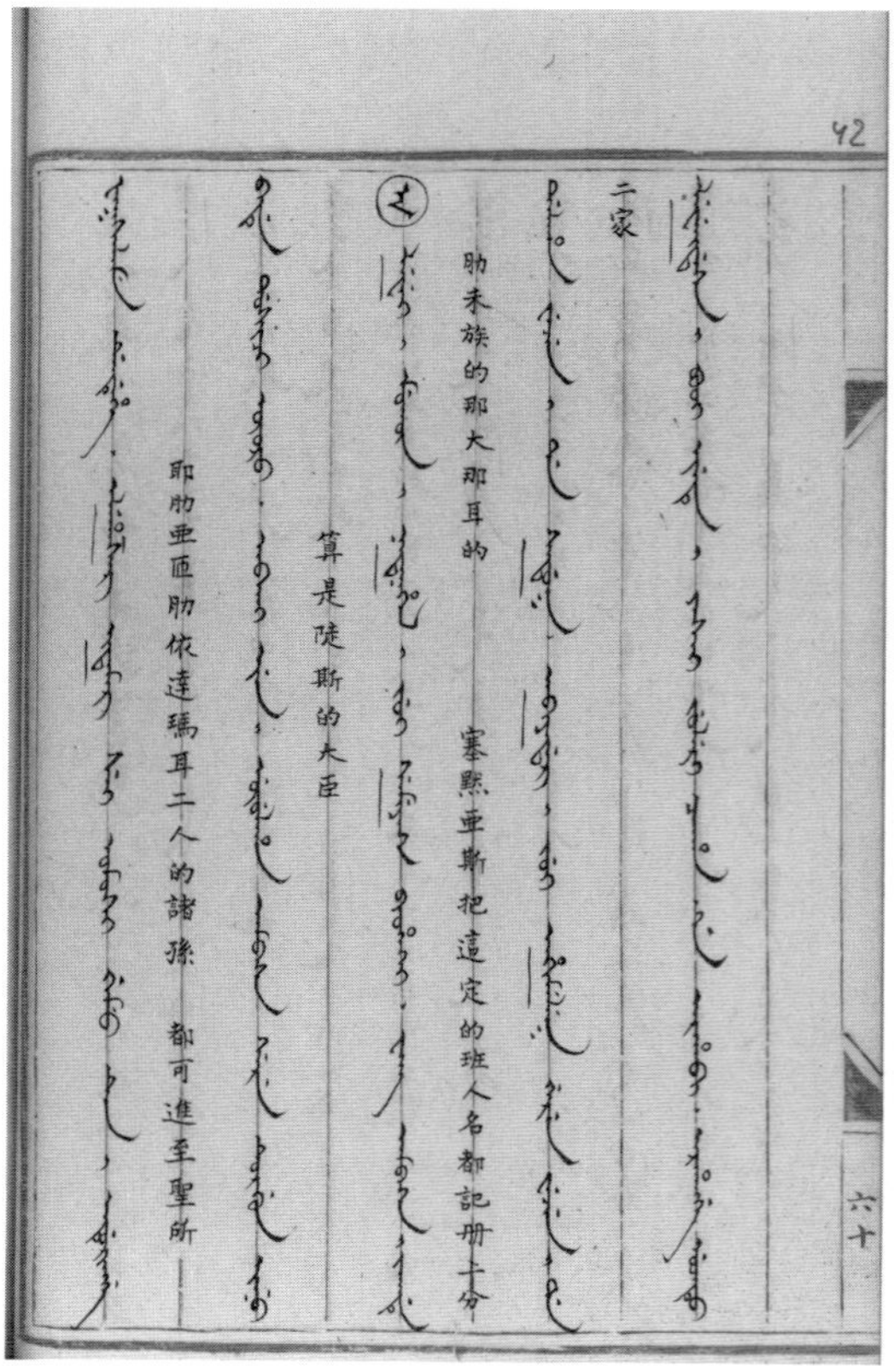

二家
肋未族的那大那耳的塞默亜斯把這定的班人名都記册上分
算是陡斯的大臣①
耶肋亜匝肋依達瑪耳二人的諸孫都可進至聖所
42a

42b

耳既亜的籖第六是邁慢的籖第七是亜可斯的
是哈里黙的籖第四是塞火里黙的籖第五是黙
的頭一籖是約亜里柏的籖第二是耶得意的籖第三
耳的一家也是多支派【派】的根②抽出來
耶肋亜匝肋的一家是多支派【派】的根依達瑪

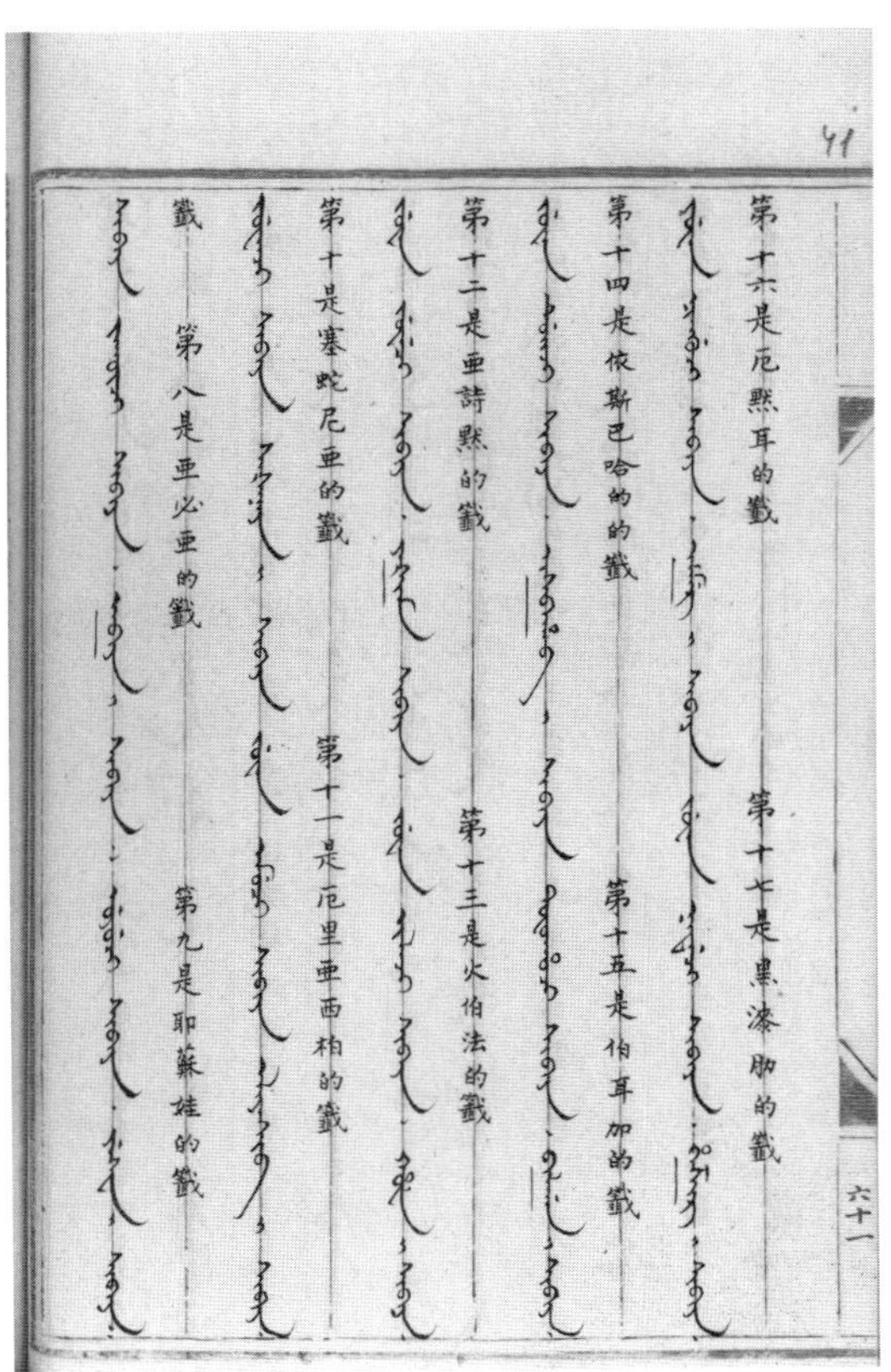

41a

第十六是厄黙耳的籖第十七是黒漆肋的籖
第十四是依斯巴哈的籖第十五是伯耳加的籖
第十二是亜詩黙的籖第十三是火伯法的籖
第十是塞蛇尼亜的籖第十一是厄里亜西柏的籖
籖第八是亜必亜的籖第九是耶蘇娃的籖

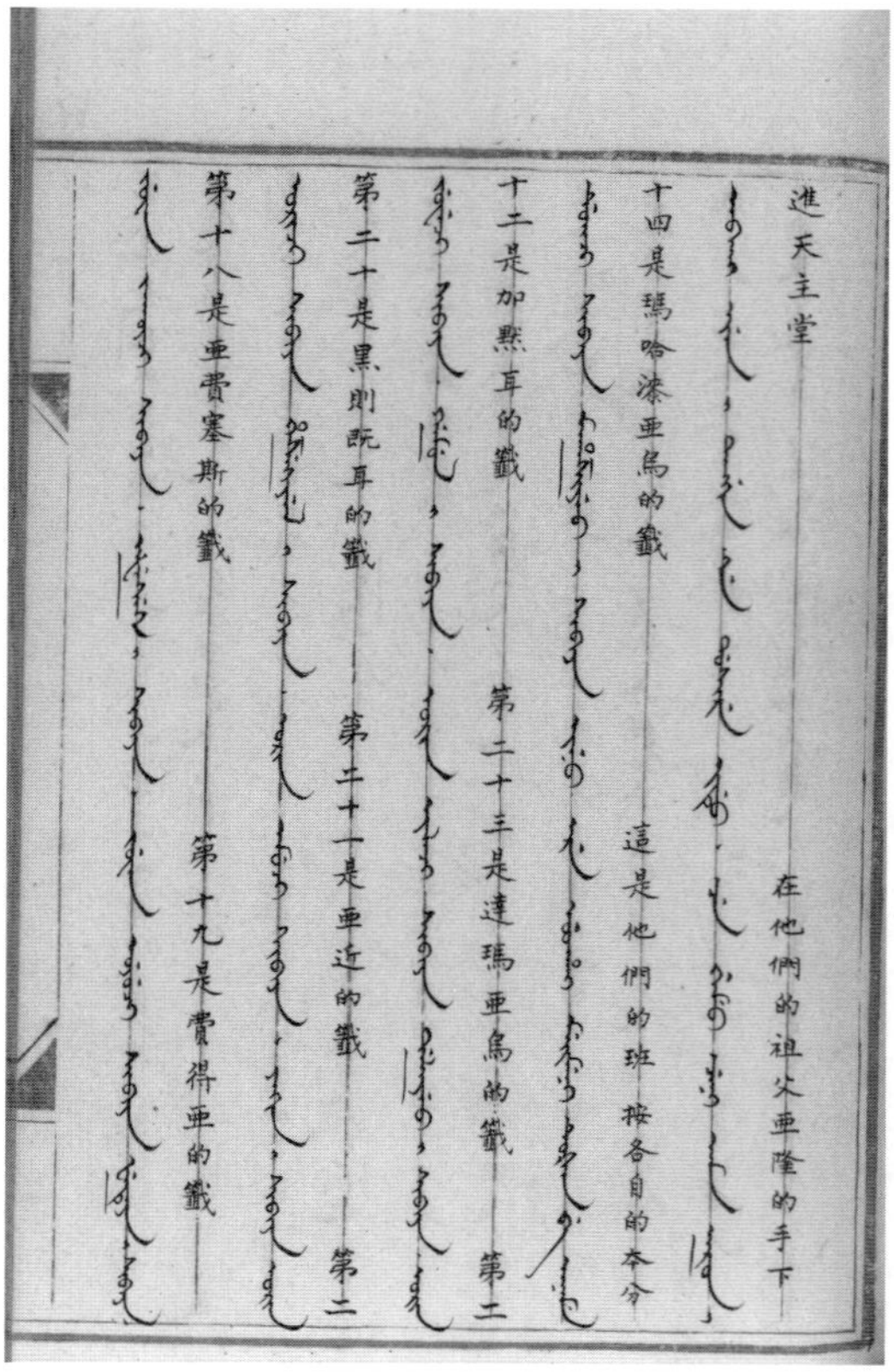

41b

進天主堂在他們的祖父亜隆的手下③
十四是瑪哈滦亜烏的籤這是他們的班按各自的夲分
十二是加默耳的籤第二十三是達瑪亜烏的籤第二
第二十是黒則既耳的籤第二十一是亜近的籤第二
第十八是亜費塞斯的籤第十九是費得亜的籤

40a

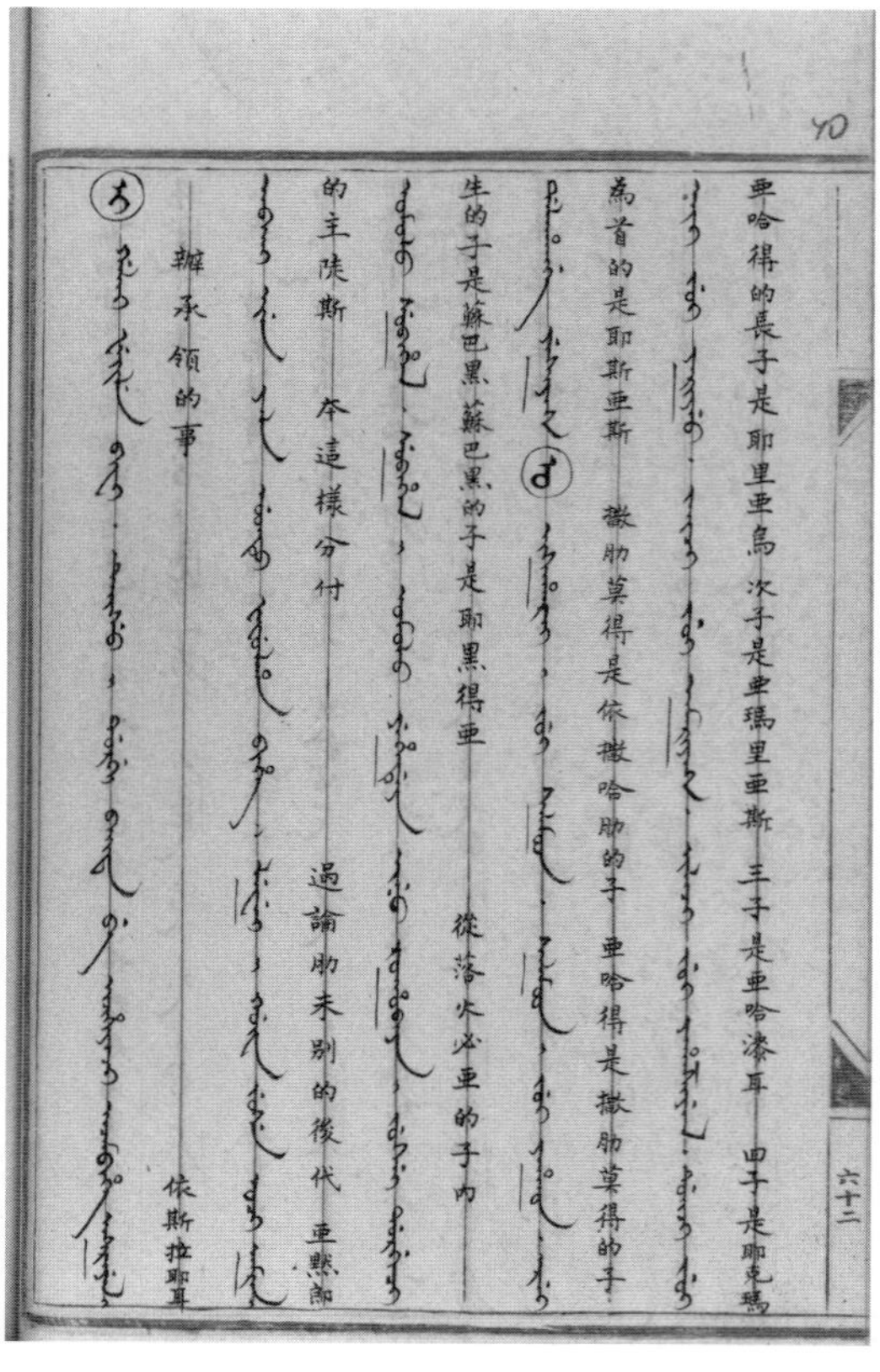

克瑪
亜哈得的長子是耶里亜烏次子是亜瑪里亜斯三子是亜哈滦耳四子是耶
為首的是耶斯亜斯④撒肋莫得是依撒哈肋的子亜哈得是撒肋莫得的子
生的子是蘇巴黒蘇巴黒的子是耶黒得亜從落火必亜的子内
的主陡斯夲這様分付過論肋未别的後代亜黙郎
辨承領的事依斯拉耶耳

40b

詩斯的子母西的子莫黒里厄得肋耶里莫得這都是肋未的子
莫豁里有一子名耶肋亜匝肋此人未生子耶肋莫黒耳是
吽夲諾莫拉里的子阿漆亜烏後又生了索哈黙匝枯肋黒必里
子是西加里亜斯莫豁里及母西是莫拉里的子阿西亜烏生了一子名
行阿漆耳的子是米加的子米加的子是撒米耳米加的弟是耶西亜耶西亜的

39a

籖籖都給衆人均勻定了夲分
亜西莫肋克衆次祭首並肋未諸家衆主跟前當他們的面抽
同他們的兄亜隆的子一様在王達味撒多克
按着各支各家的次序記在册上的

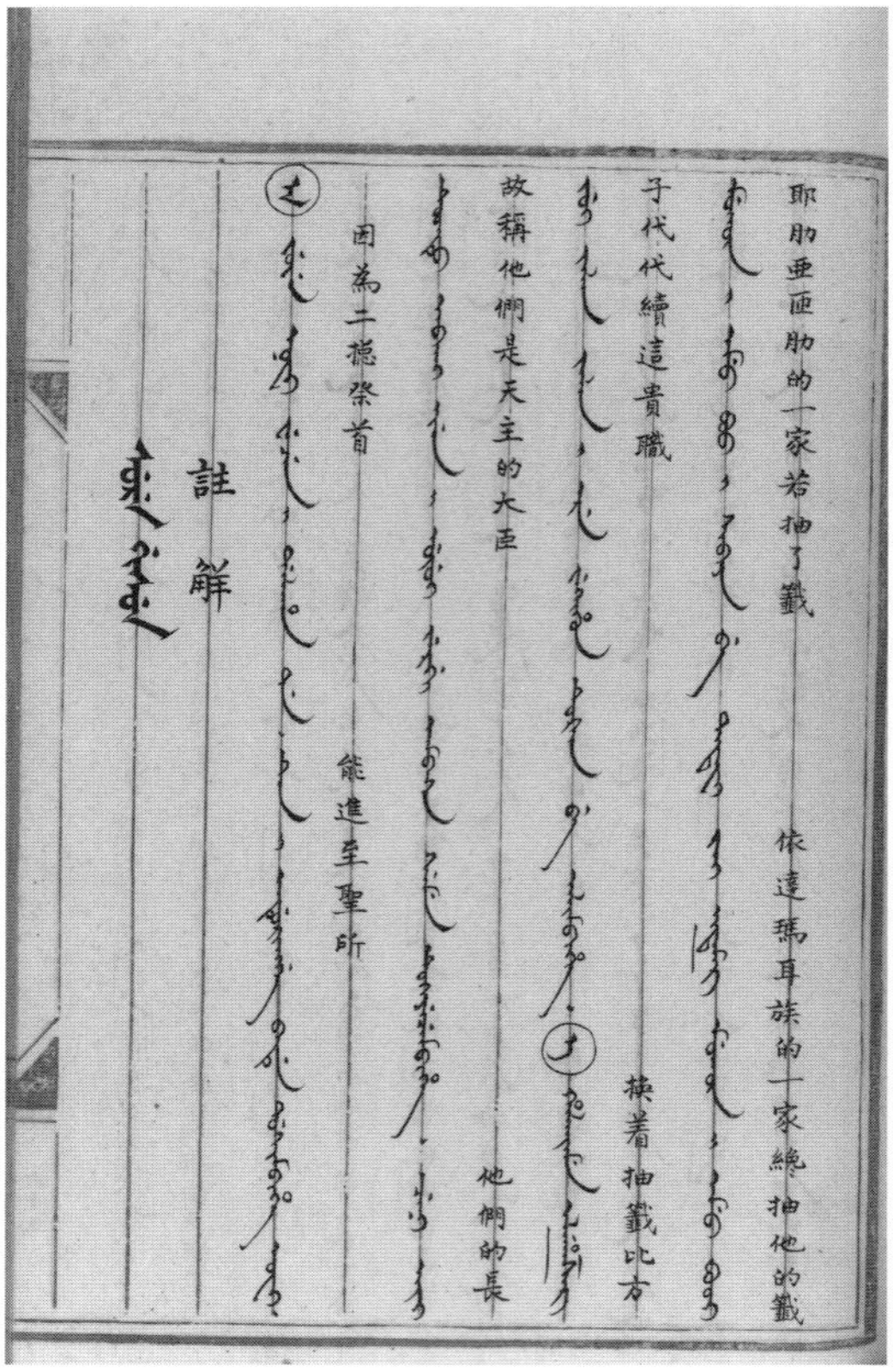

耶肋亜匝肋的一家若抽了籤依達瑪耳族的一家絻抽他的籤
子代代續這貴職②換着抽籤比方
故稱他們是天主的大臣他們的長
①因為二揔祭首能進至聖所
39b **註解**

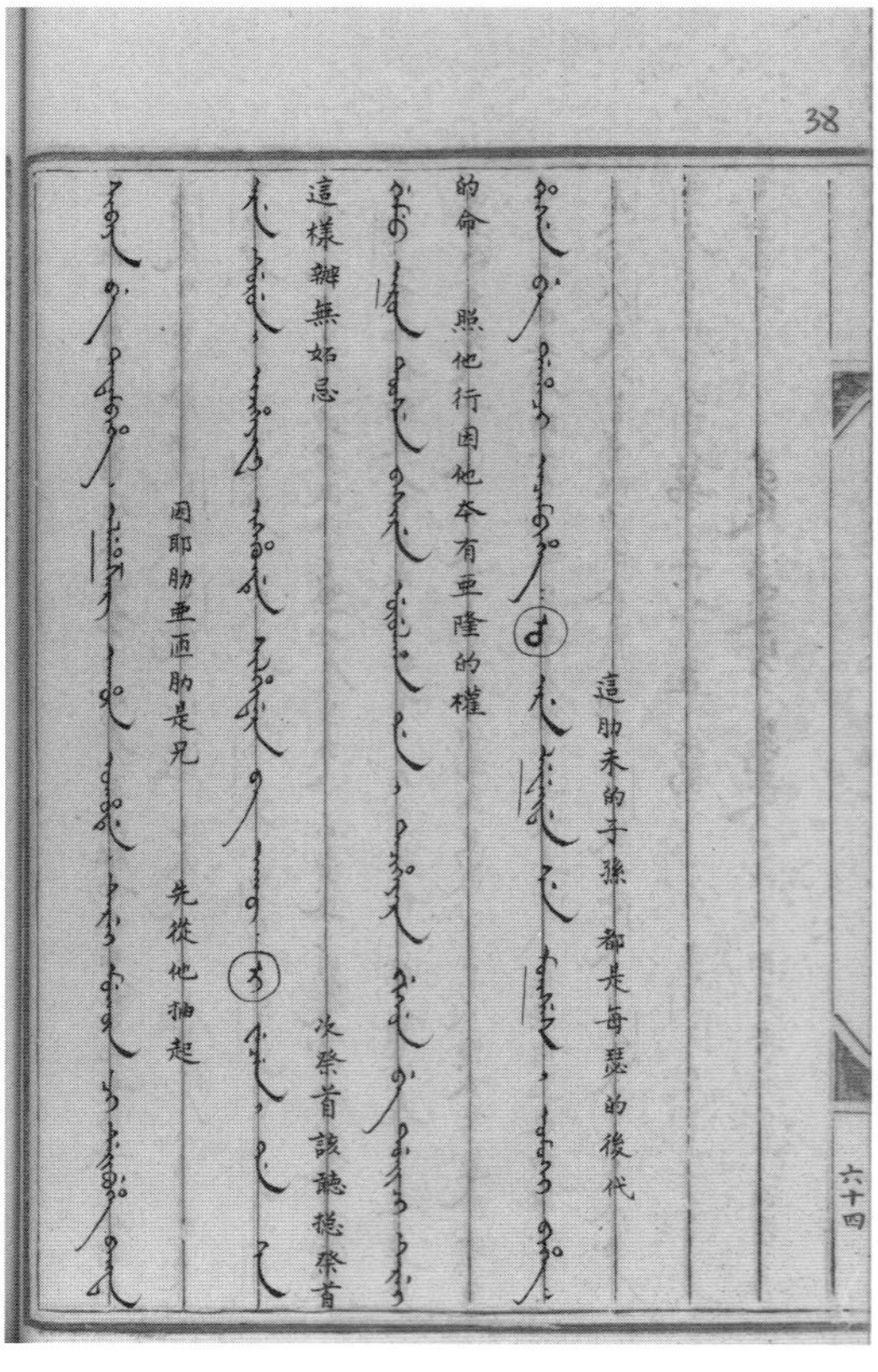

④這肋未的子孫都是每瑟的後代
的命照他行因他本有亜隆的權
這樣辦無妬忌③次祭首該聽揔祭首
38a 因耶肋亜匝肋是兄先從他抽起

從亜撒費的子有匝庫耳若瑟甫那大尼亜亜撒肋拉都是亜撒費的子他們的
等樂器
派【派】他們輪流按夲隊夲数目在堂誦經聲對合琵琶琴瑟鼓
達末（亦譯：達味）還同兵的諸首選了亜塞費黒慢依底同三人的諸子

第二十五篇

38b

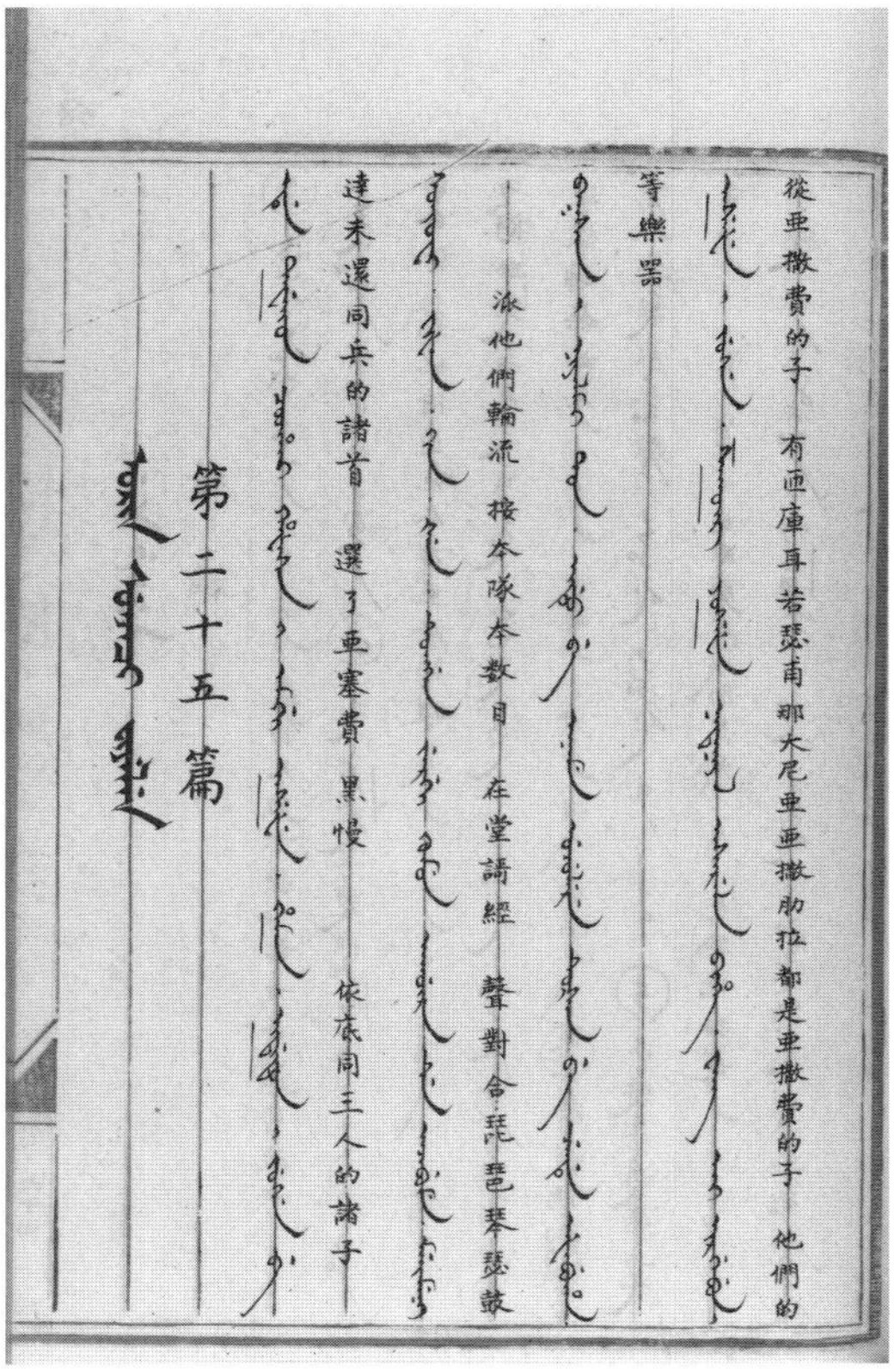

黒慢的子是玻詩亜烏瑪大尼亜烏阿漆耳蘇布耳耶里莫得
他們都隨着讚美天主唱經
瑪大弟亜斯六人他們的父依底同對合琵琶唱經
依底同的子是郭多里亜斯索里耶塞亜斯塞黙亜斯哈塞必亜斯
父隨王的意領他們唱

37a

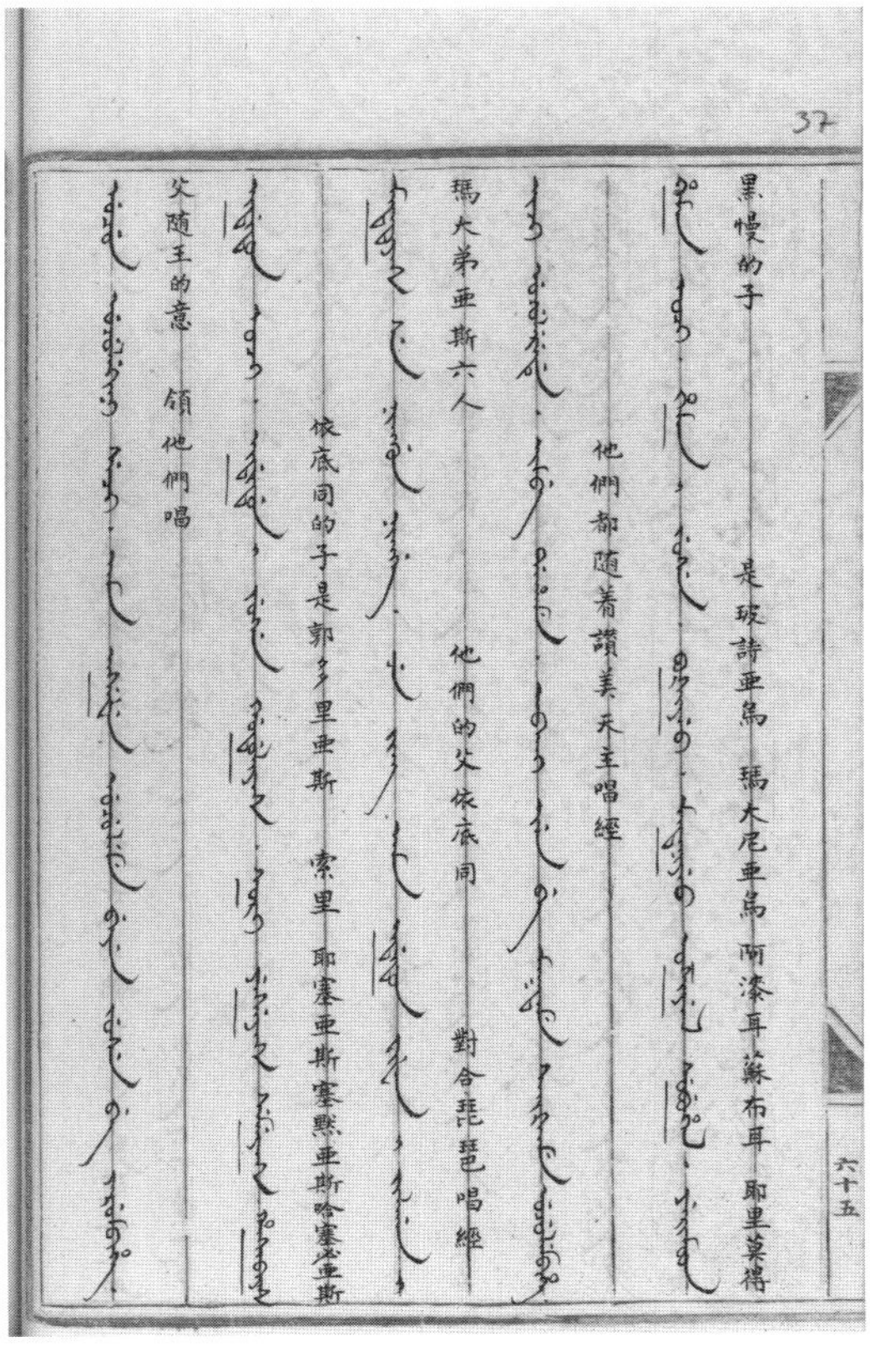

亜撒費依底同黒慢三人的諸子跟随各人的
十四子三女
陡斯賞黒慢
讃美主陡斯彰他的全能
瑪哈滌約得這都是黒慢的子黒慢夲是王的樂師（師）達味要
阿弟肋
37b 哈那尼亜斯哈那尼厄尼亜他熱特耳弟落孟鉄則耳耶蘇巴加撒莫耳亜弟

自己【己】都演會又教肋未別的子孫謳天主的經
他們同他們的兄有二百八十八人
亜撒費依底同黒慢在堂内辦別的事
琵琶琴瑟的音唱又照王的旨
36a 父在天主殿内一隊一隊排開對合鼓

家的人第三是匝庫耳他子他弟兄共十二人的籤
郭多里亜斯他自己他的子他的弟兄共十二人的籤這都是依底同
第一是亜撒費家裡的若瑟甫的籤第二是
抽籤排出班來
36b 這些、都均匀或大或小或生熟

的籤第八是耶撒亜他子他弟兄共十
籤第七是依斯肋拉①他子他弟兄共十二人
第六是黒慢家的玻詩亜烏他子他弟兄共十二人的
第五是那他尼亜他子他弟兄共十二人的籤
35a 第四是依撒里的他子他弟兄共十二人的籤

35b
共十二人的籤第十二是哈墨（墨）必亜斯他子他弟兄
籤第十一是亜匝肋黒耳②他子他弟兄
籤第十是塞默亜他子他弟兄共十二人的
二人的籤第九是瑪他尼亜斯他子他弟兄共十二人的

34a
耶蘇巴加撒他子他弟兄共十二人的籤
斯他子他弟兄共十二人的籤第十七是
他子他弟兄共十二人的籤第十六是哈那尼亜
他弟兄共十二人的籤第十五是耶里莫得
共十二人的籤第十四是瑪他弟亜斯他子

第二十二是熱得耳弟他子他弟兄共十二人的籤
第二十一是阿弟肋他子他弟兄共十二人的籤
第二十是厄里亜他他子他弟兄共十二人的籤
第十九是莫耳落弟他子他弟兄共十二人的籤
第八籤是哈那尼他子他弟兄共十二人的籤

34b

①依斯肋黒就是先說的亜撒肋黒耳②亜匝肋黒耳還名阿漆耳

註解

共十二人的籤
籤第二十四是落孟弟耶則耳他子他弟兄
第二十三籤是瑪哈漆約得他子他弟兄共十二人的

33a

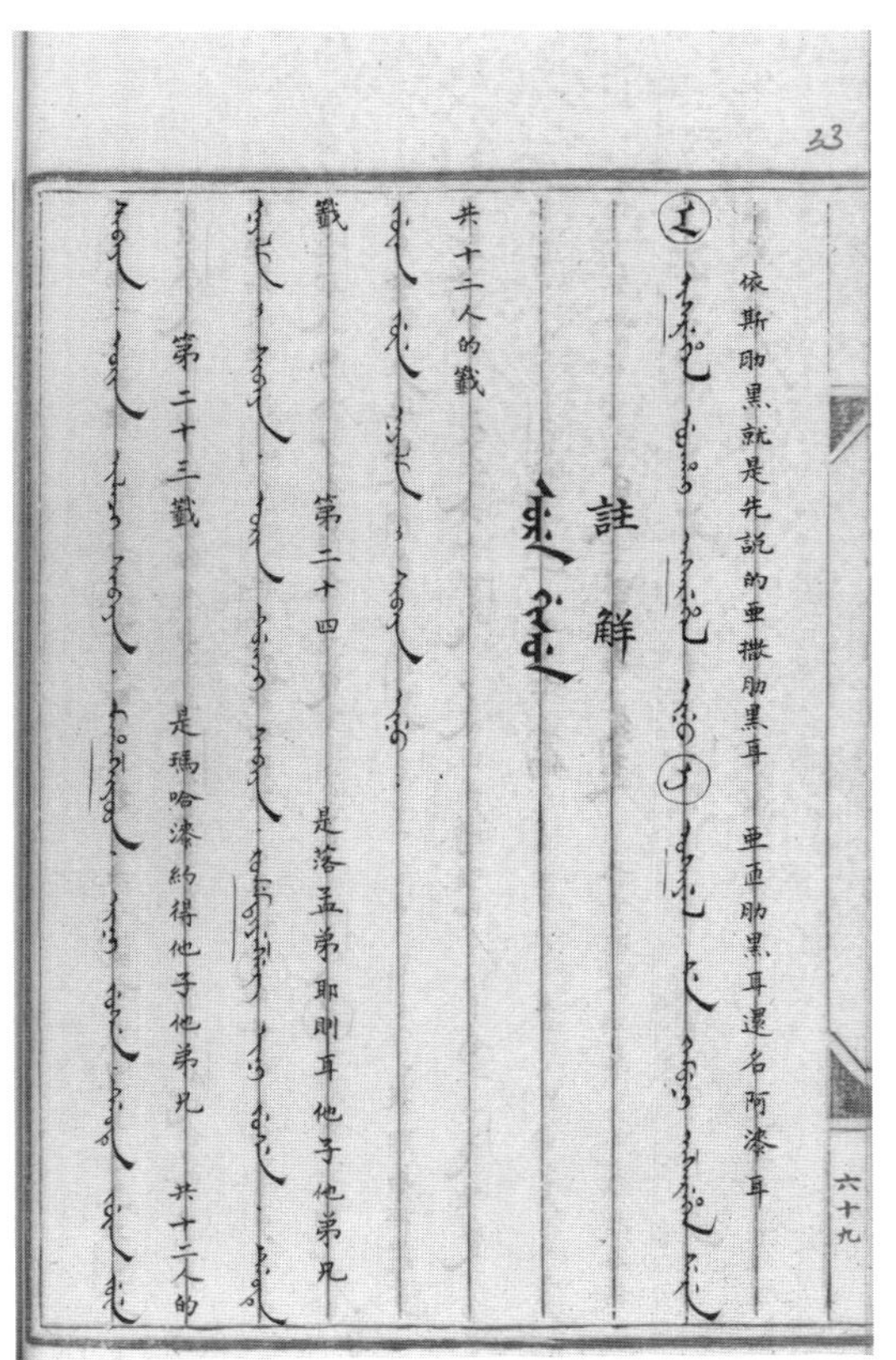

默塞肋米亜的諸子長子是匝加里亜斯次子是亜底黒耳三子是
默塞肋米亜他卒是郭肋的孫①亜撒費的子
看守堂門是這様分開的從郭肋族選了

33b **第二十六篇**

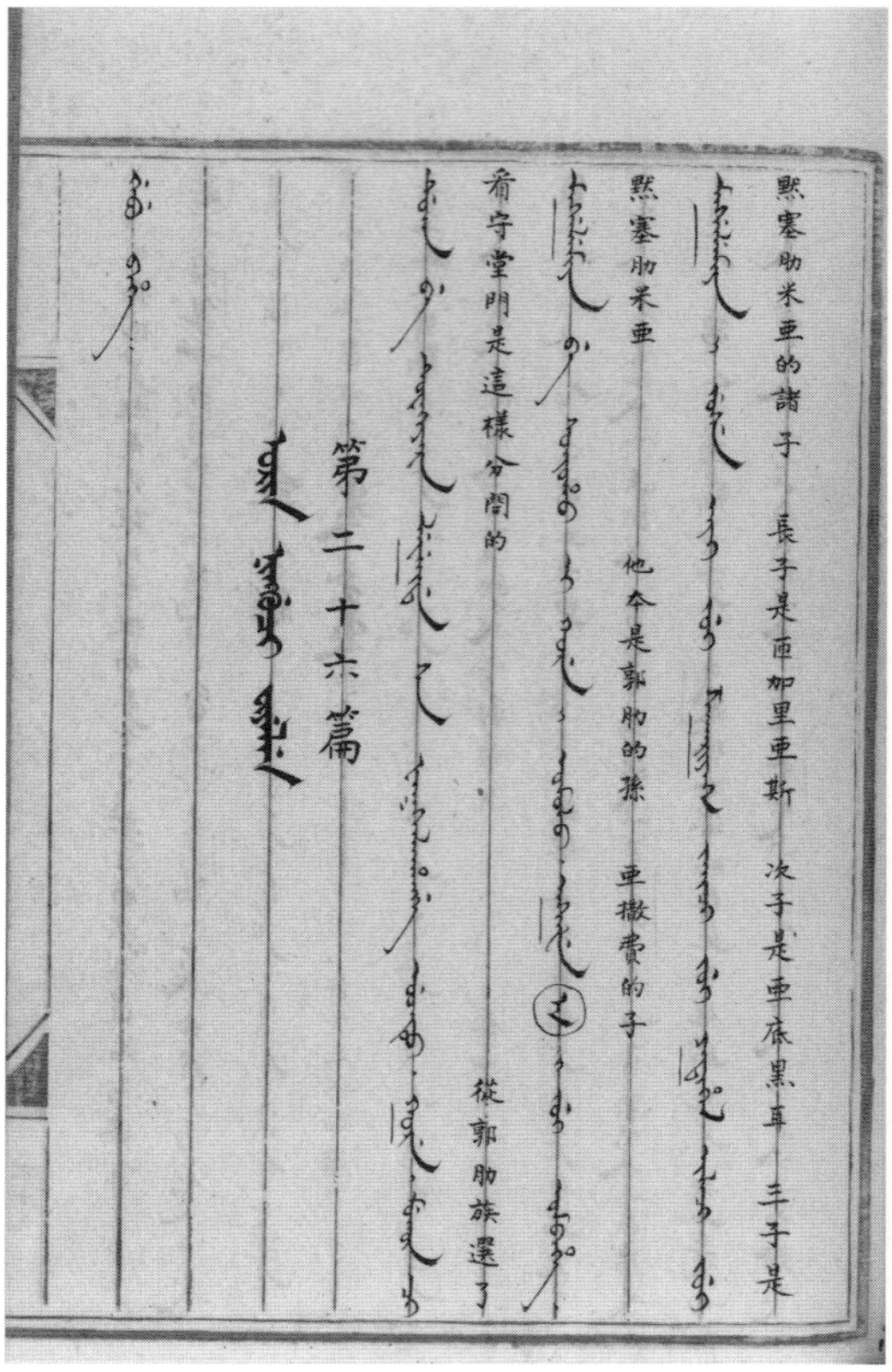

福他③他子塞每④也生了子
六子安米耳七子依撒加耳八子弗耳拉弟卒天主降
約匝巴得三子約哈哈四子撒加肋五子那他那耳
七子厄畧(略)黒柰阿柏得多默的子②長子塞默亜斯次子
32a 匝巴弟亜斯四子是亜他那黒耳五子是厄拉莫六子約哈南

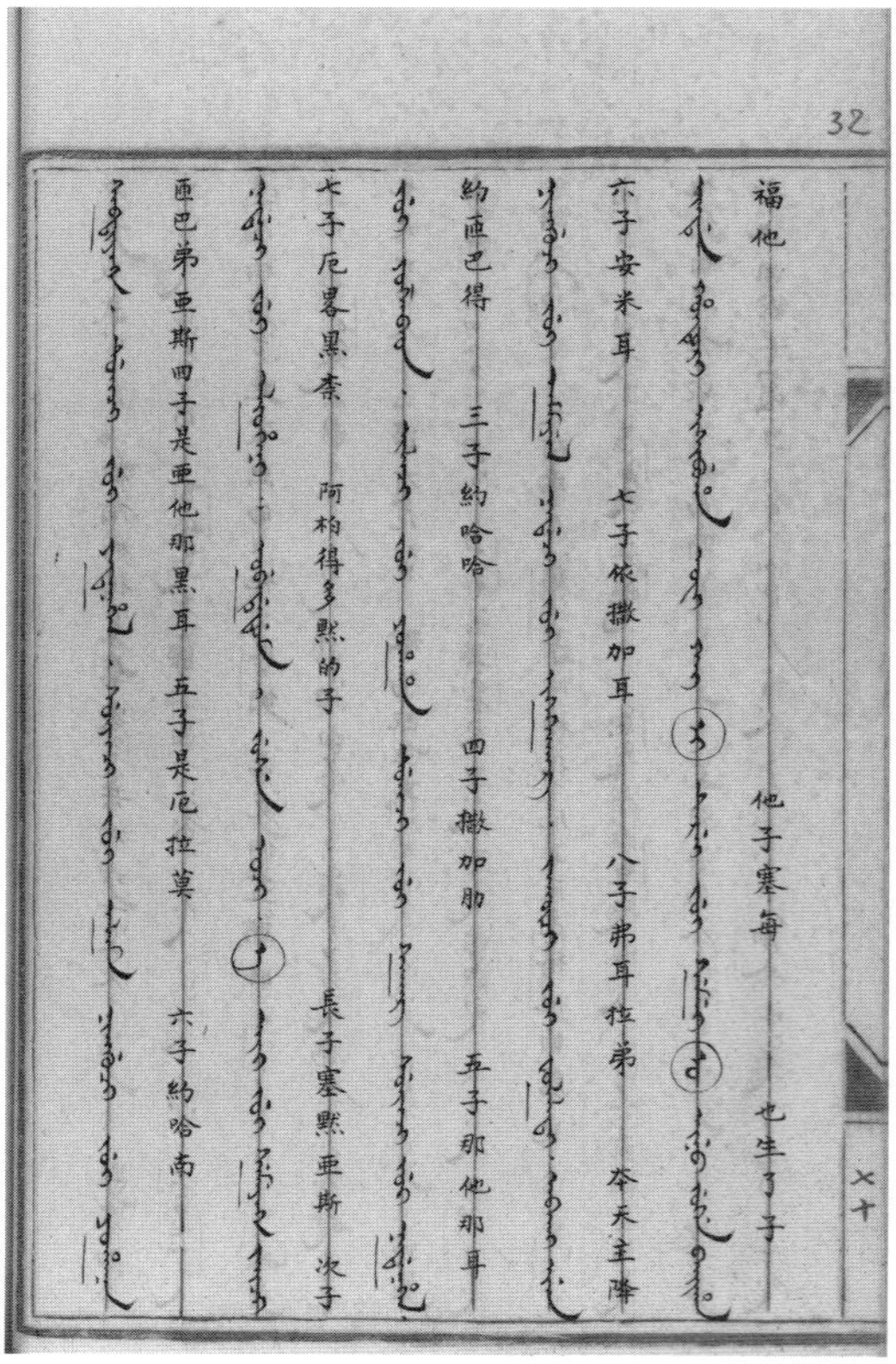

32b

力量威武從阿柏得多莫(亦譯：阿柏得多默)家共有六十二人默塞肋米
是阿柏得多默家出的他父子們弟兄們盡(盡)職時都有
也是大力人還有厄留撒瑪既亜斯這都
的諸子是阿弟尼拉法耳阿柏得厄耳亜巴得他的弟兄
他們都是本家有名的頭目至強壯(壯)的人塞每

31a

豁撒的諸子弟兄共十三人
次子黒耳詩亜斯三子他柏里亜斯四子亜加里亜斯
長子故父教塞莫里(亦譯：塞默里)做衆子的頭目⑤
從默拉里族出的豁撒的子頭目是塞默里因豁撒無
亜的子弟兄有十八人也是強壯的

31b

某人在某門上塞肋米亜斯
抽衆人的籤為分開派【派】定
按各家或大小均匀
如他們的長兄一様⑥該時刻在堂内盡夲分
交給這此〻人看守門的責任這都是看門的首

30a

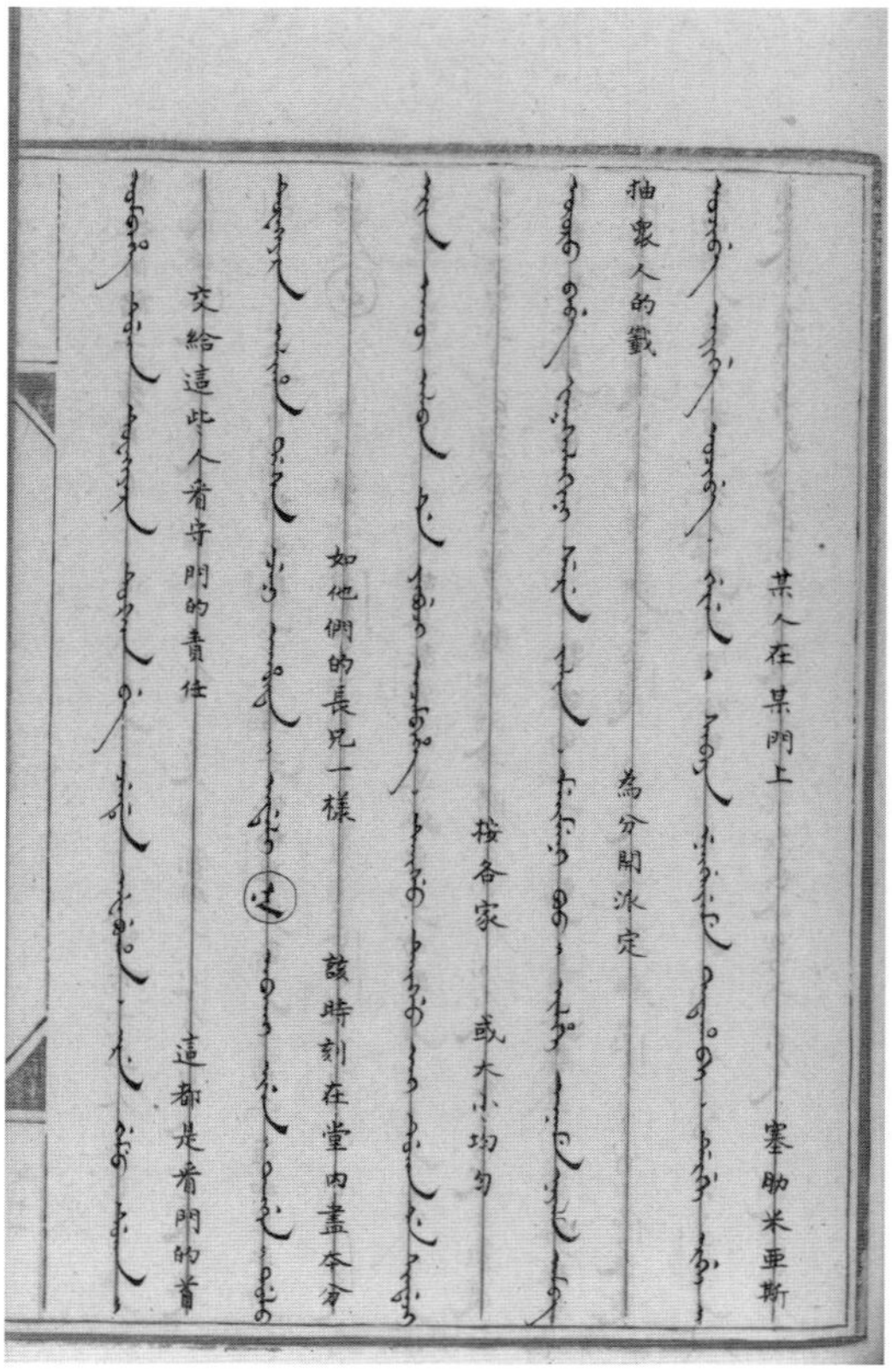

有從王宮進堂路的門
老商量的廳（廰）塞豁黙豁撒排在西邊傍
連他諸子得了南門的籤這裡原立的有衆長
得了北門的籤阿柏得多黙
得了東門的籤⑦他子大有才德的匝加里亜斯

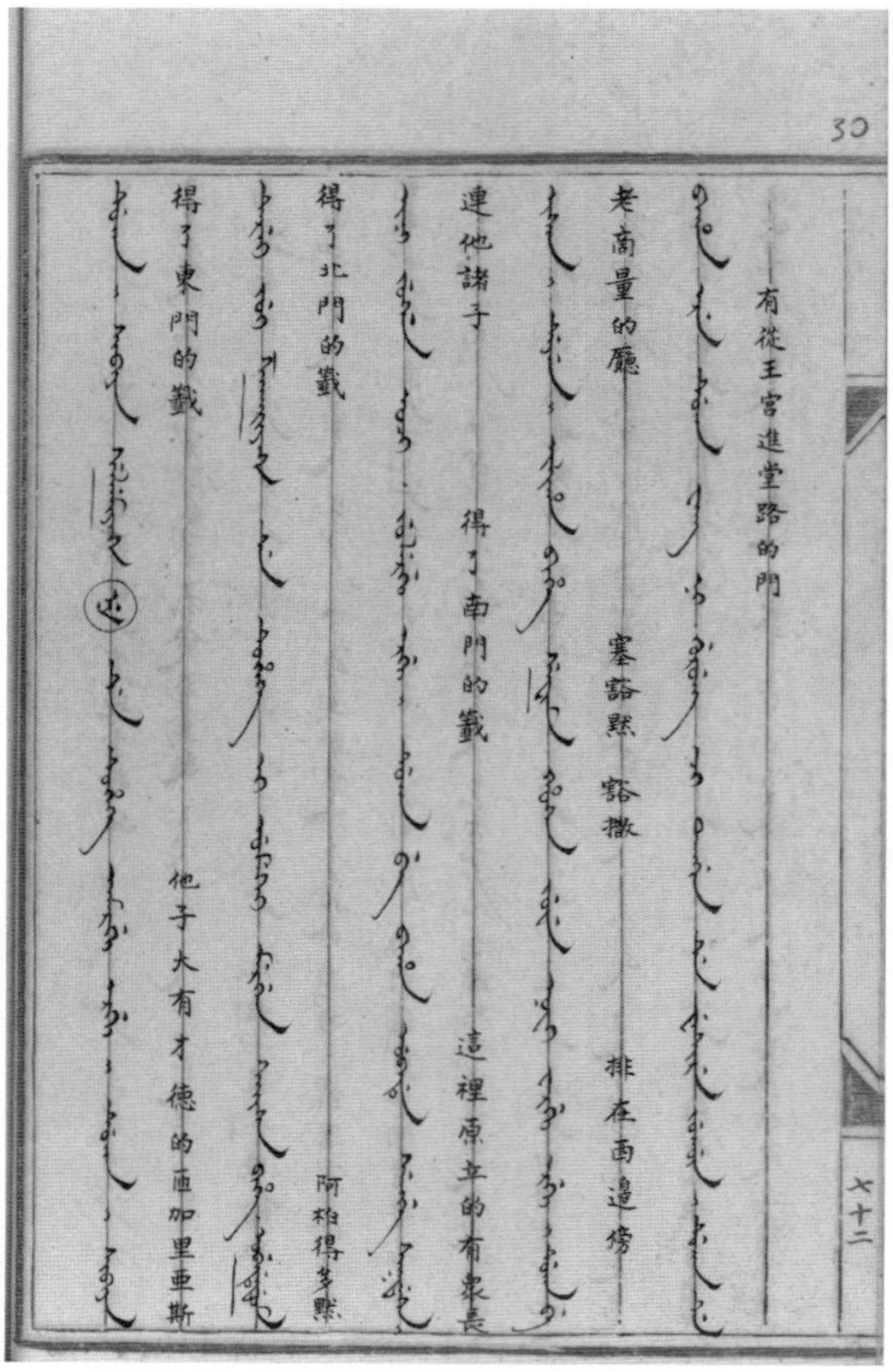

30b

西邊從王宮進堂路傍有看
商量廳的也是一雙(雙)一雙輪班
門的一日一換南門還有四個看守長老
肋未族的六個子孫看守東門又有四個看守北
這一班看門的對那一班看門的

29a

肋丹的子熱耳宋尼⑧的諸孫是這從肋丹出的家主們是肋丹
斯堂的各庫並堂内用的噐皿
分論亜既亜斯看守主陡
這樣分排了郭肋黙拉里諸孫看門的夲
門人住的小房排四個肋末子孫在這裡每房有二人

約拉黙）
拉哈必亜拉哈必亜生了依塞亜斯依塞亜斯生了約拉黙約拉莫（亦譯：
蘇巴黒耳是晉銀庫的首他的弟厄里耶則耳生了
庫每瑟的子熱耳宋的孫
他們同亜黙郎依撒哈耳黒柏隆阿潻黒耳四人的後代看守天主堂的銀
29b 熱耳宋尼耶希耶里的子是匝當及約黒耳

也作噐皿塞肋米得同衆弟兄看守這聖物
衆大将軍打仗得的金銀成聖物放庫內好用盖天主堂
千兵百兵的頭目
28a 生了則既里則既里又生了塞肋米得王達未各支派【派】的首

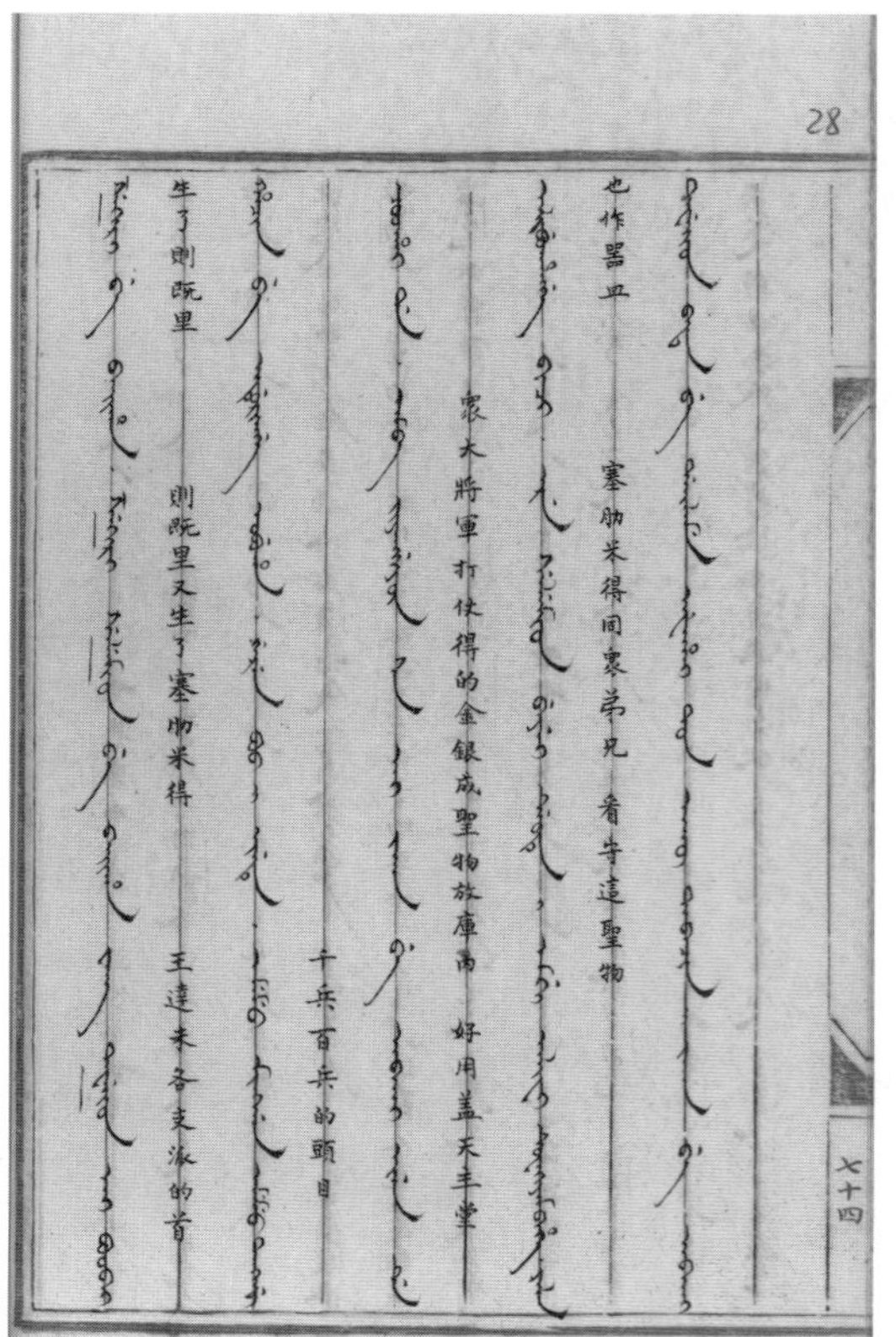

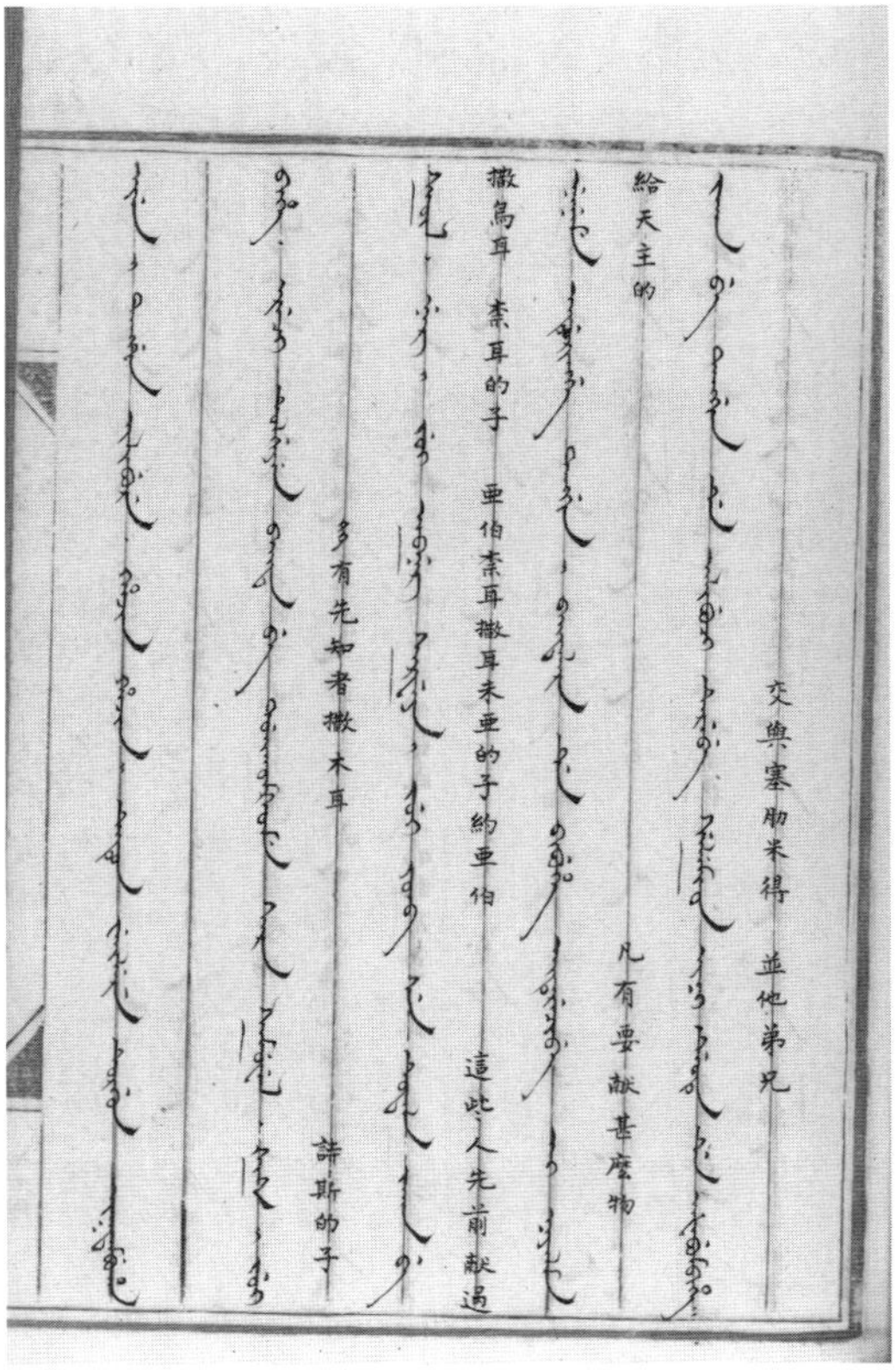

交與塞肋米得並他弟兄
給天主的凡有要献甚麼物
撒烏耳柰耳的子亜伯柰耳撒耳未亜的子約亜伯這些〻人先前献過
多有先知者撒木耳詩斯的子
28b

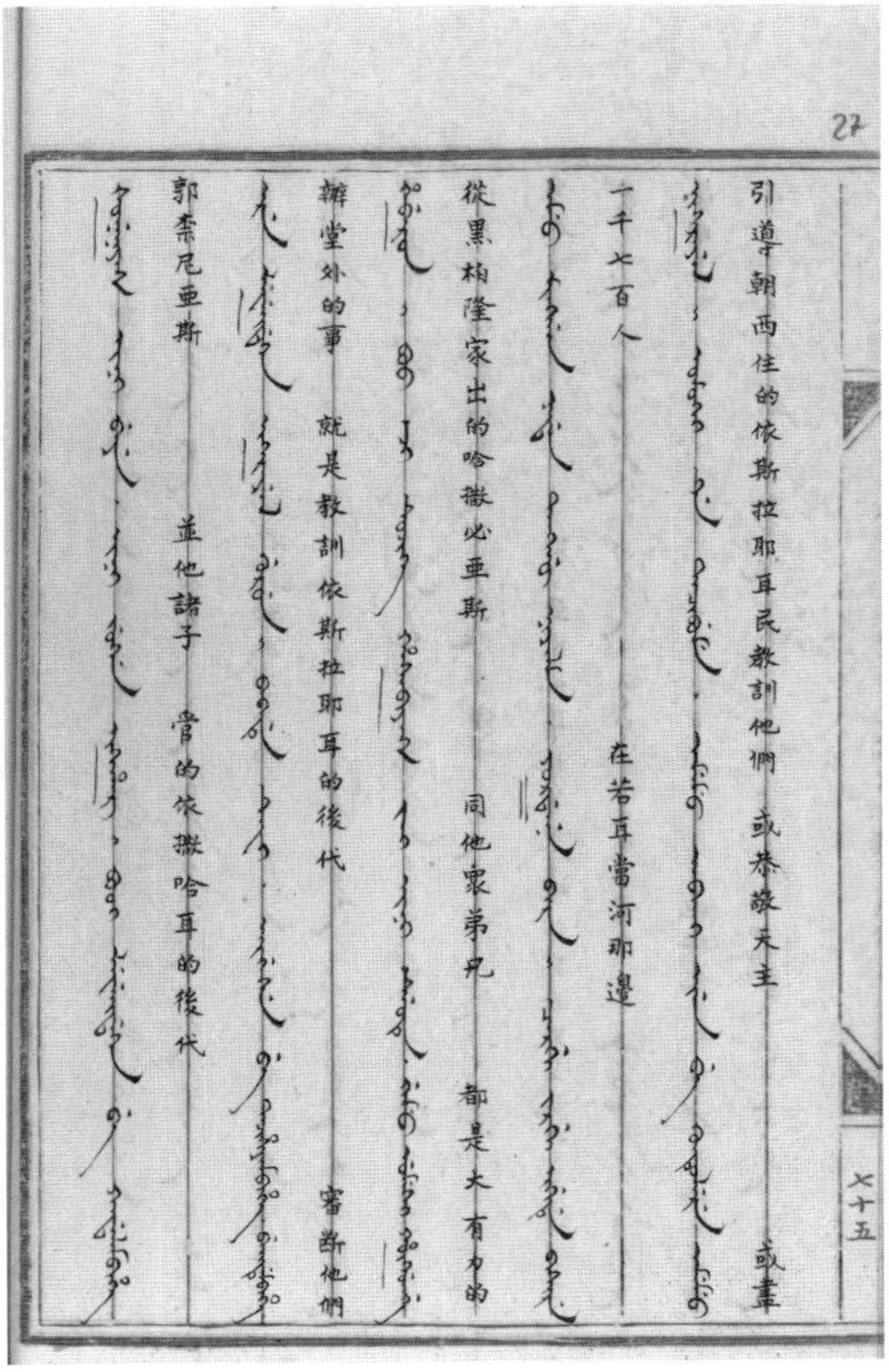

引導朝西住的依斯拉耶耳民教訓他們或恭敬天主或盡
一千七百人在若耳當河那邊
從黒柏隆家出的哈撒必亜斯同他衆弟兄都是大有力的
辦堂外的事就是教訓依斯拉耶耳的後代審断他們
郭柰尼亜斯並他諸子訔的依撒哈耳的後代
27a

27b

百家主都是豪(豪)傑
加拉得的亜則耳内得了二千七
四十年取了他們的数目
家頭目内耶里亜同他弟兄晉東邉依斯拉耶耳民王達未第
忠國王他按他的子勞役(役)黒柏隆的諸

26a

訓引導路崩加得瑪那斯二族半的人
達味派【派】他們教

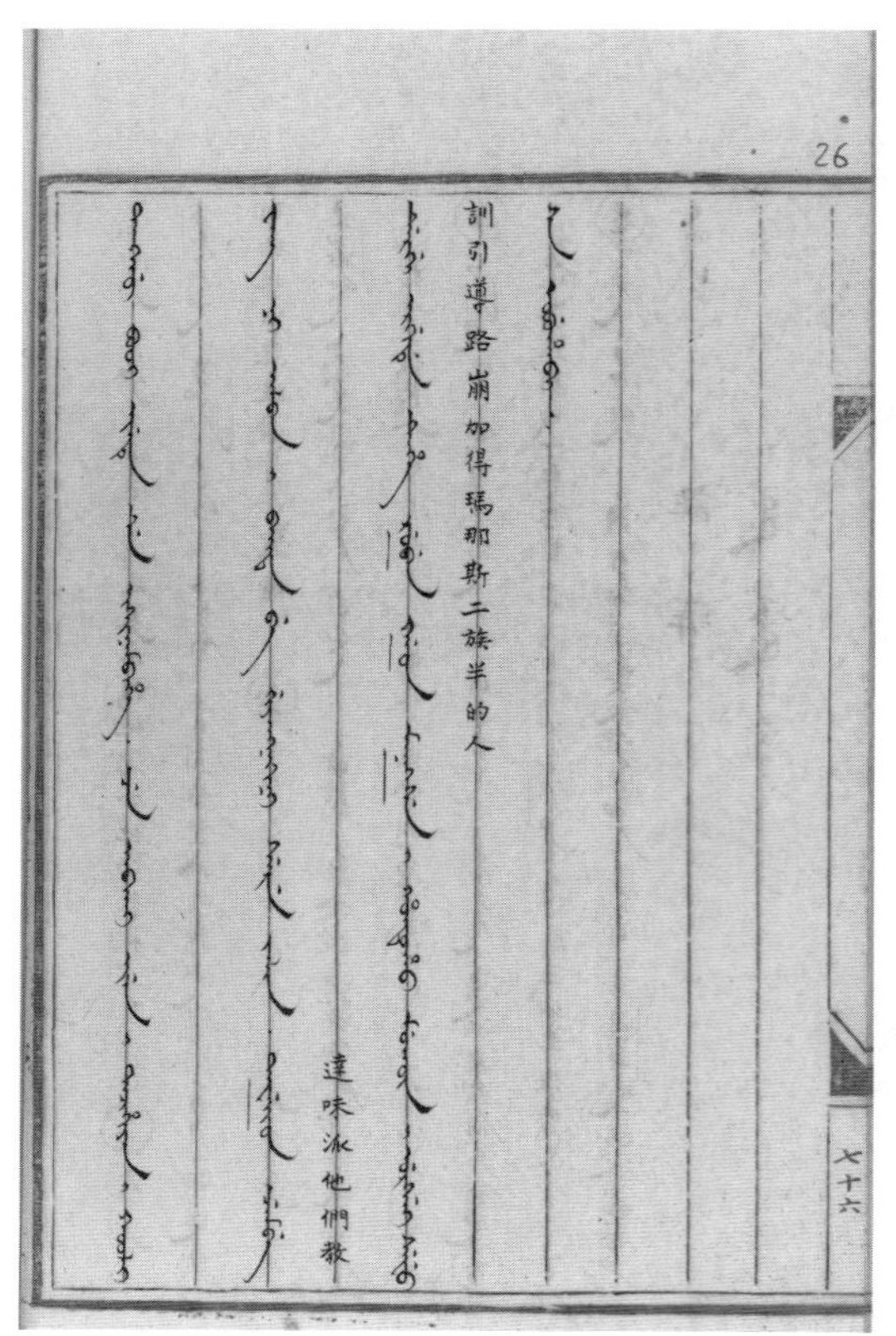
26
訓引導路崩加得瑪那斯二族半的人
達味派他們教
七十六

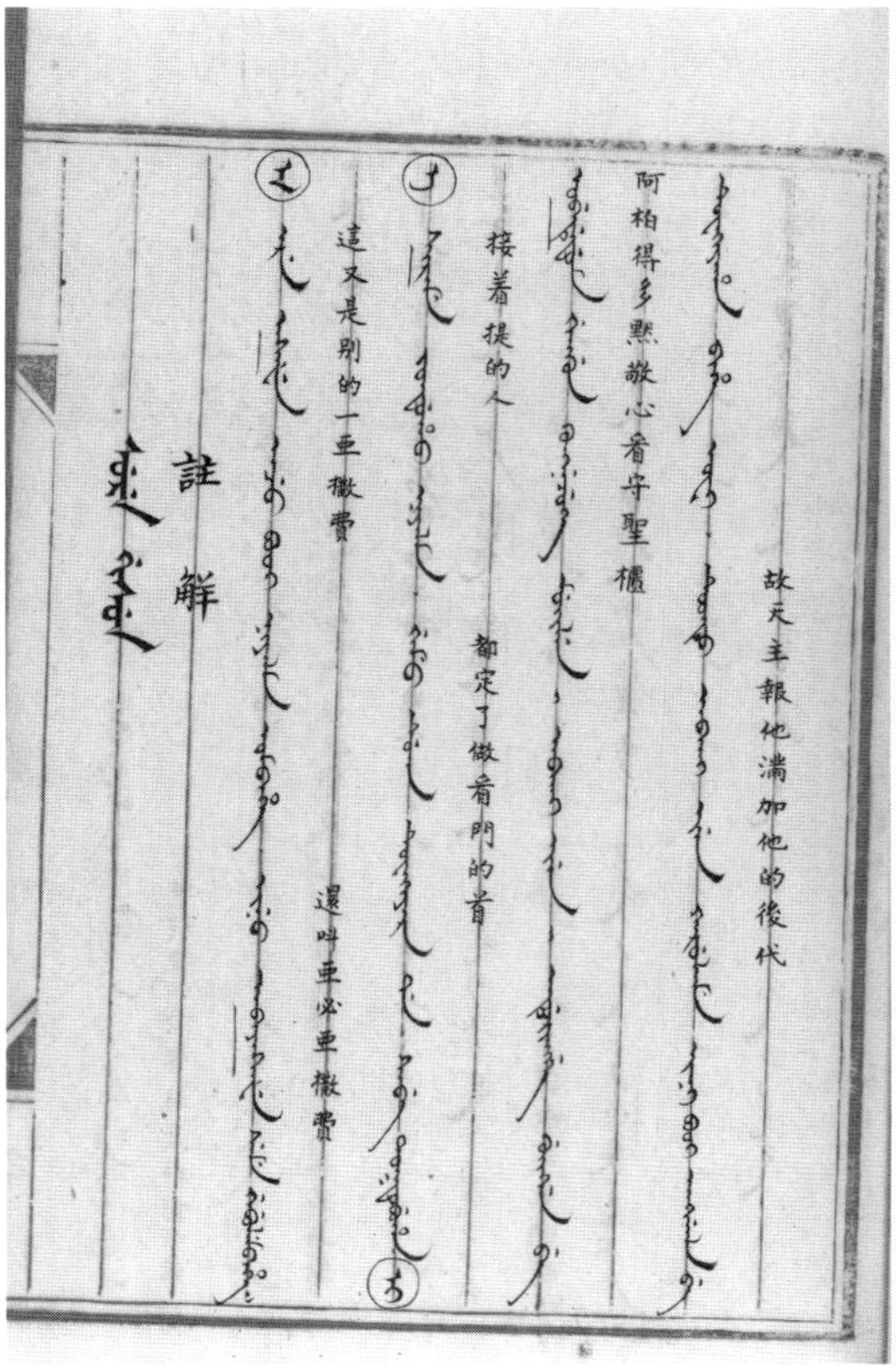

故天主報他滿加他的後代。
③阿柏得多黙敬心看守聖櫃
②接着提的人都定了做看門的首
①這又是別的一亜撒費還呌亜必亜撒費

註解

26b

肋米亜⑧熱耳宋尼還呌熱耳宋他夲是肋未的子
様⑦塞肋米亜斯也呌黙塞
長子早已死了⑥如讚美天主詩唱的肋味的子孫首一
④這每瑟就是塞黙亜斯⑤豁撒的

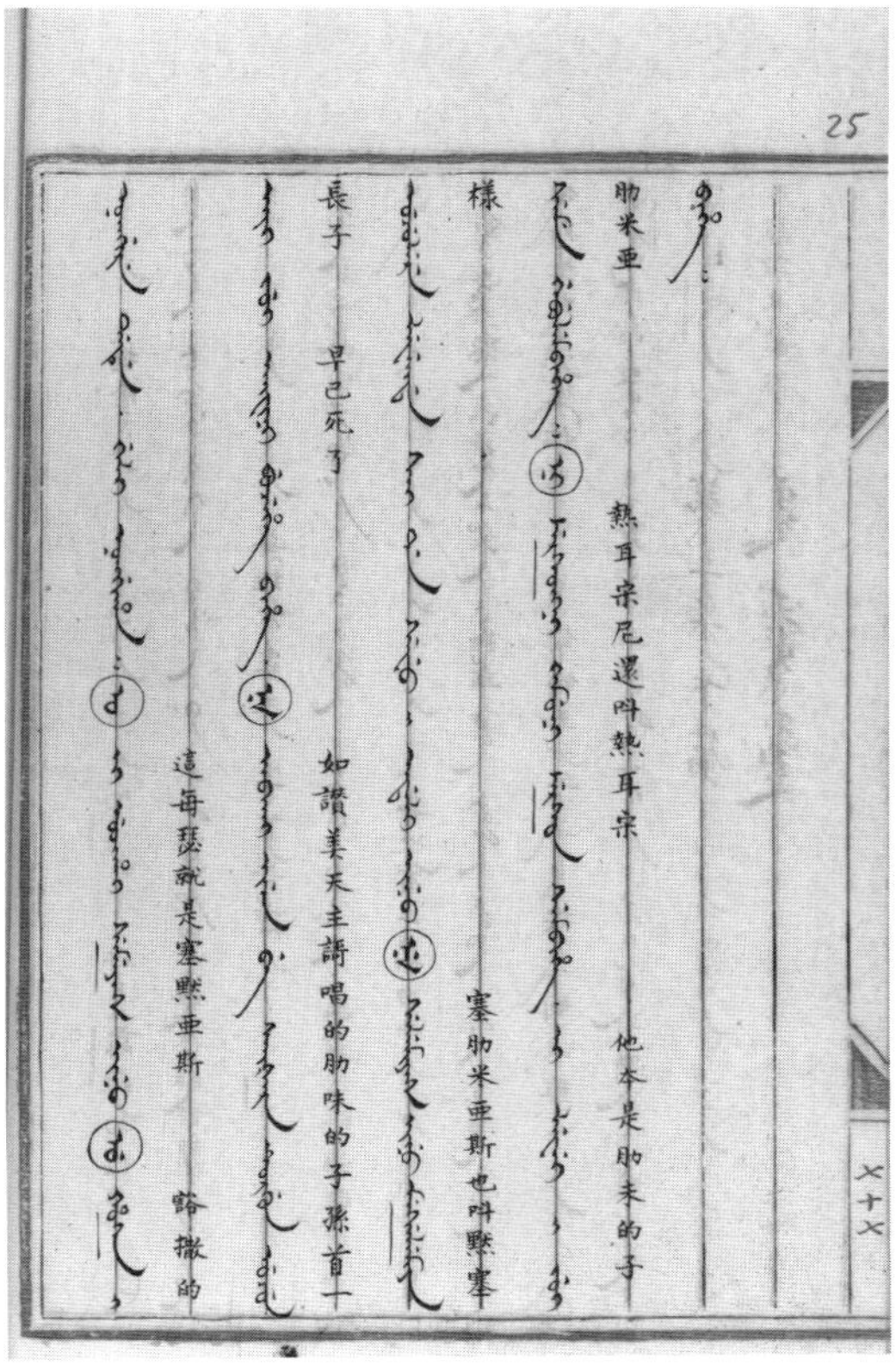

25a

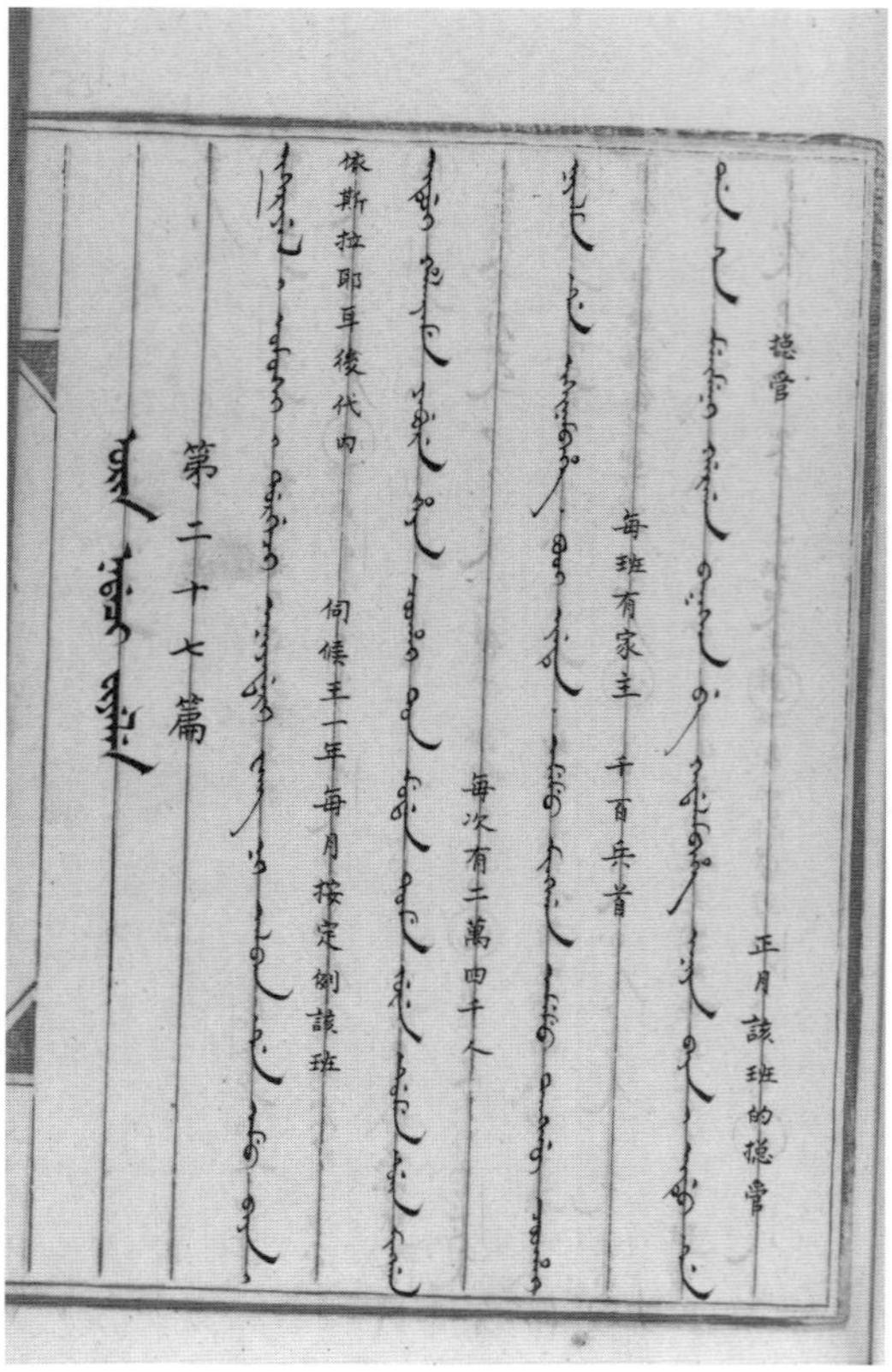

捴晉正月該班的捴晉
每班有家主千百兵首
每次有二萬四千人
依斯拉耶耳後代內伺候王一年每月按定例該班

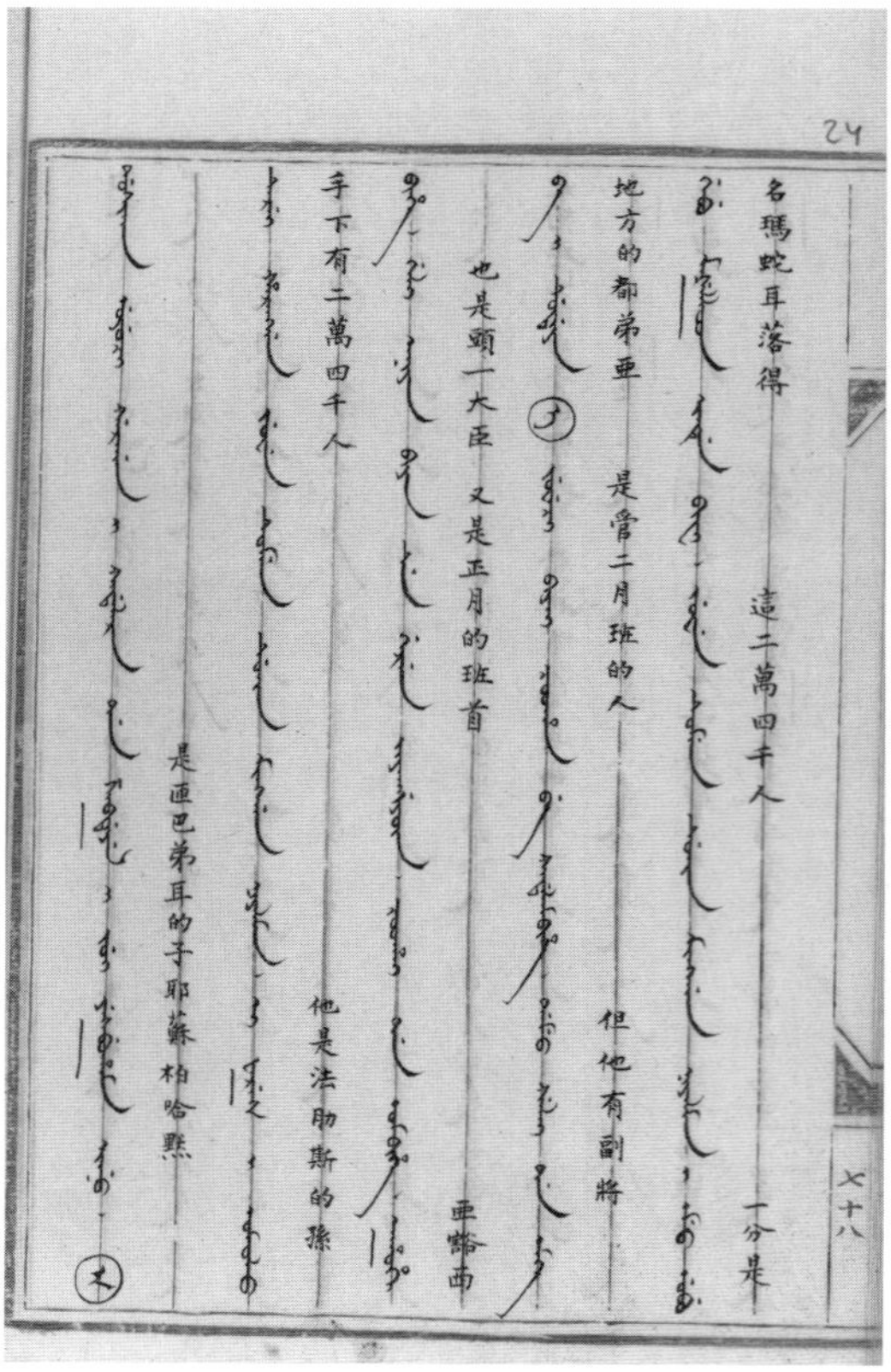

25b **第二十七篇**

名瑪蛇耳落得這二萬四千人一分是
地方的都弟亜②是晉二月班的人但他有副將
也是頭一大臣又是正月的班首亜豁西
手下有二萬四千人他是法肋斯的孫
24a 是匝巴弟耳的子耶穌柏哈黙①

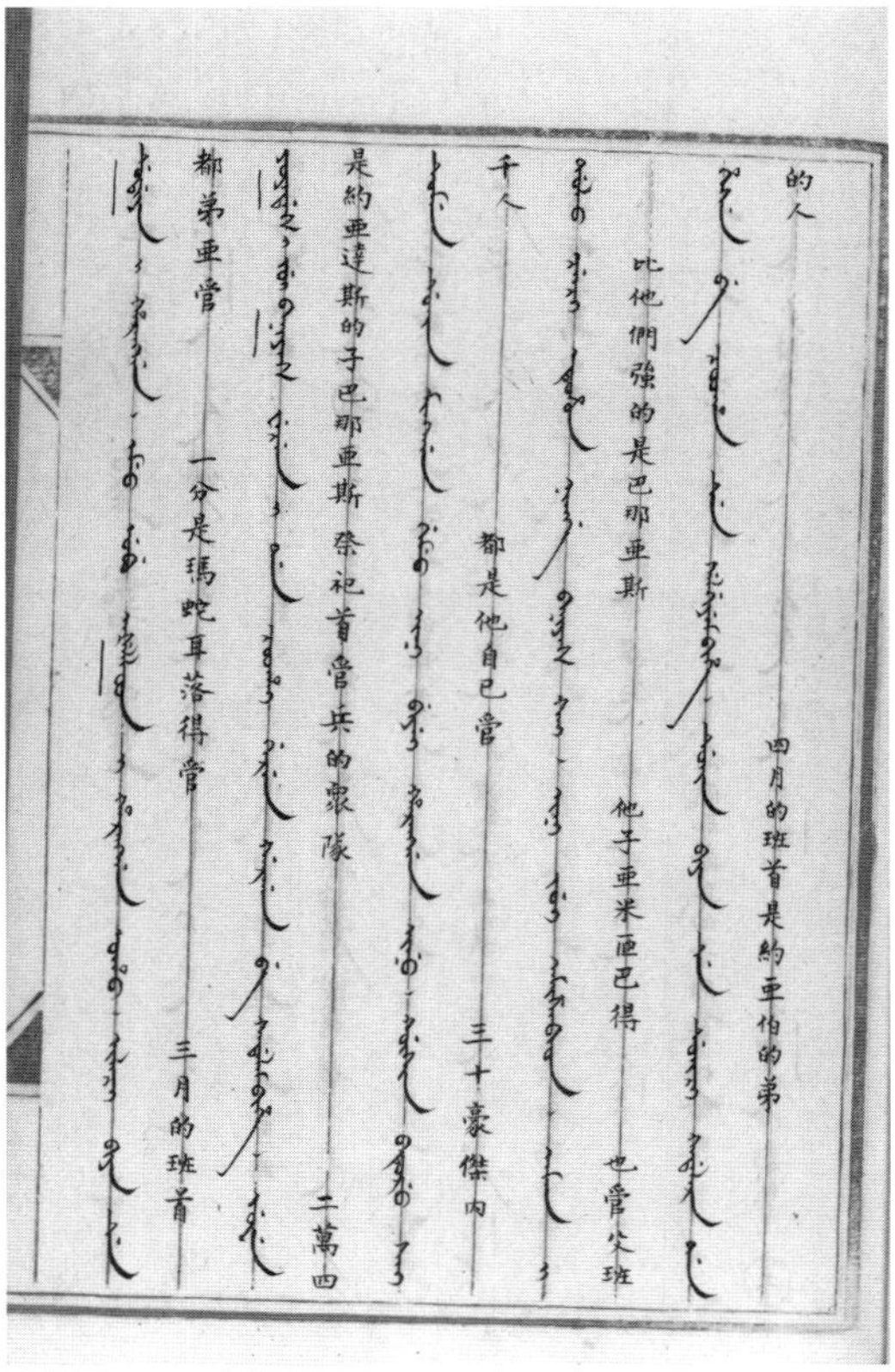

24b

的人四月的班首是約亜伯的弟
比他們強的是巴那亜斯他子亜米匝巴得也管父班
千人都是他自己【己】管三十豪傑内
是約亜達斯的子巴那亜斯祭祀首管兵的衆隊二萬四
都弟亜管一分是瑪蛇耳落得管三月的班首

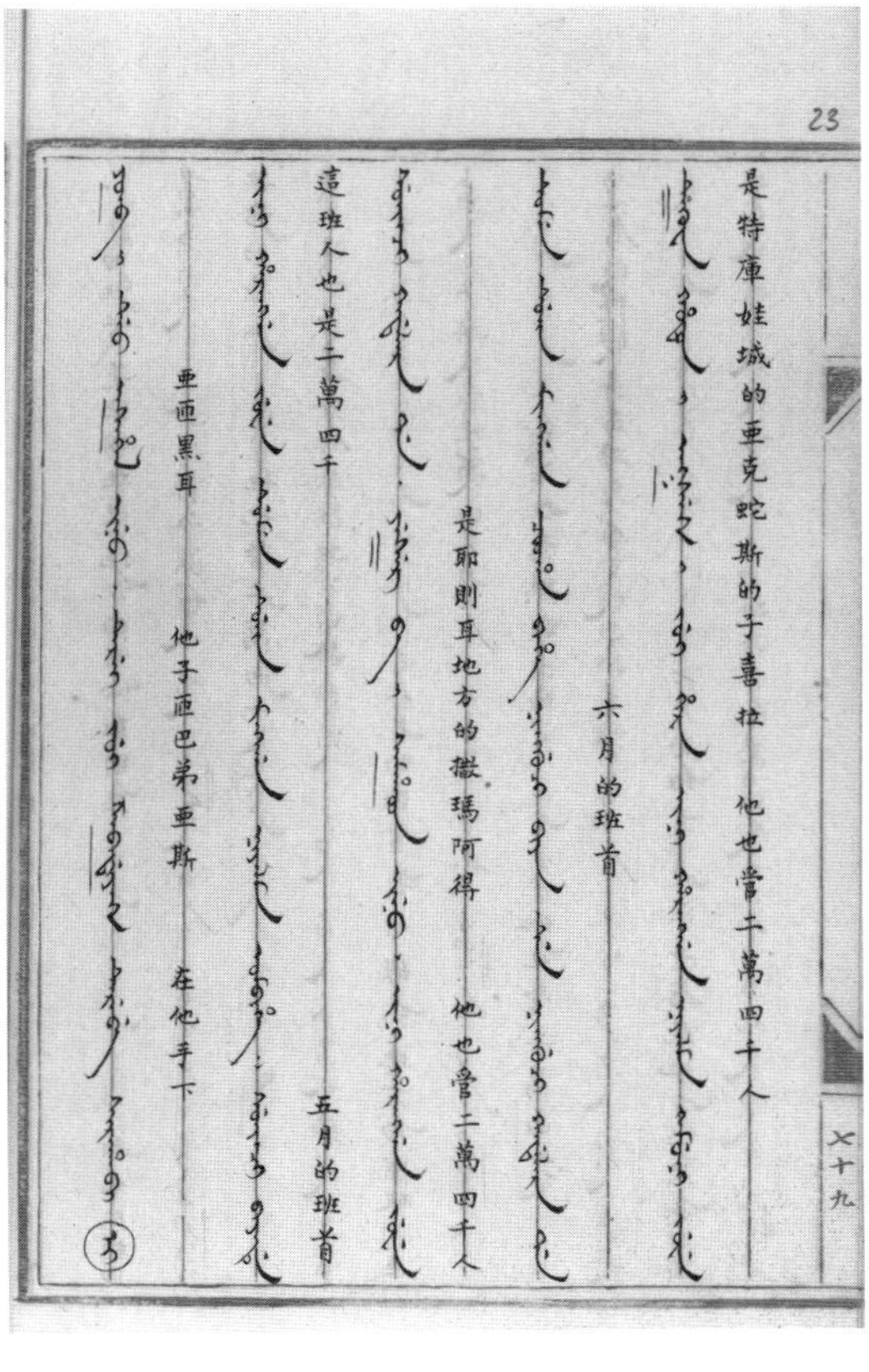

23a

是特庫娃城的亜克蛇斯的子喜拉他也管二萬四千人
六月的班首
是耶則耳地方的撒瑪阿得他也管二萬四千人
這班人也是二萬四千五月的班首
亜匝黒耳他子匝巴弟亜斯在他手下③

23b

九月的班首是亜那托得地方的亜必耶則耳耶米尼族的
拉希的孫他也晉二萬四千人
八月的班首是胡撒弟地方的索破開匝
耶法拉意黙族出的他也晉二萬四千人
七月的班首是法耳落尼地方的黒耳肋斯

22a

耶法拉意黙族的人他也晉二萬四千人
十一月的班首是法拉東地方的巴那亜斯他是
他也晉二萬四千人
十月的班首是柰托法得地方的瑪頼(頼)匝頼族的人
人他也晉二萬四千人

撒法的亜斯肋未族的長是加木耳的子哈撒必亜斯亜隆支派【派】内的長
是則既里的子厄里耶則耳西黙翁族的長是瑪哈沙的子
達味那時查依斯拉耶耳十二族的数目路崩族的長
他是郭多尼耳的孫他也管二萬四千人
十二月的班首是柰托法得地方的火耳太④

22b

約黒耳在加拉得地方瑪那斯半族的長是匝加里亜斯的
是阿匝秋的子阿塞黒瑪那斯半族的長是法達亜的子
瑪亜斯查費大里的族長是阿漆里耳的子耶里莫得耶法拉意黙族的長
是米加黒耳的子亜米里匝布隆族的長是亜伯弟亜斯的子耶蘇
是撒多克如達斯族的長是達味的兄厄留依撒加耳族的長

21a

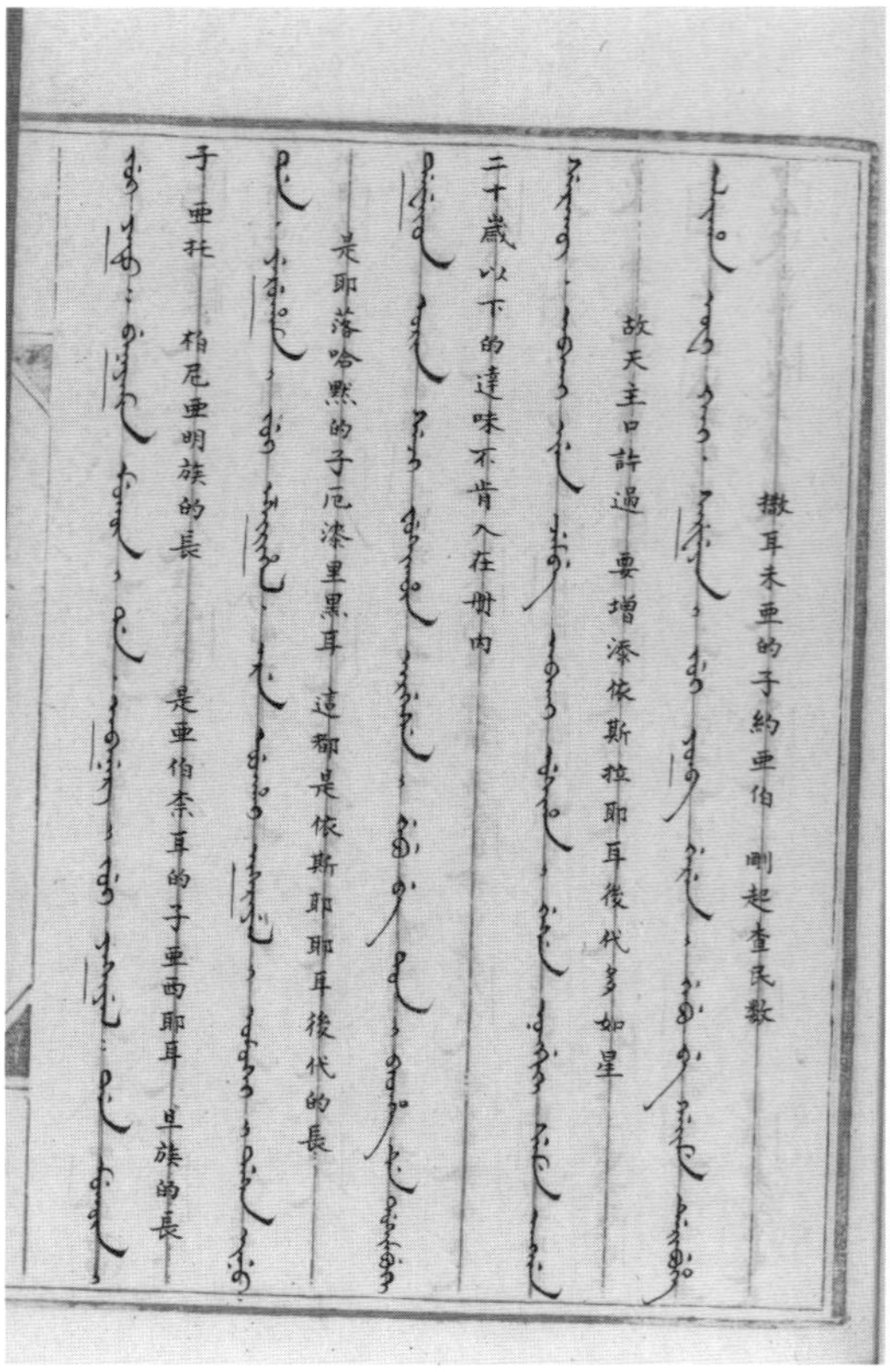

21b

撒耳未亜的子約亜伯剛起查民数
故天主口許過要增添(添)依斯拉耶耳後代多如星
二十歲以下的達味不肯入在册内
是耶落哈黙的子厄漆里黒耳這都是依斯耶【拉】耶耳後代的長
子亜托柏尼亜明族的長是亜伯柰耳的子亜西耶耳旦族的長

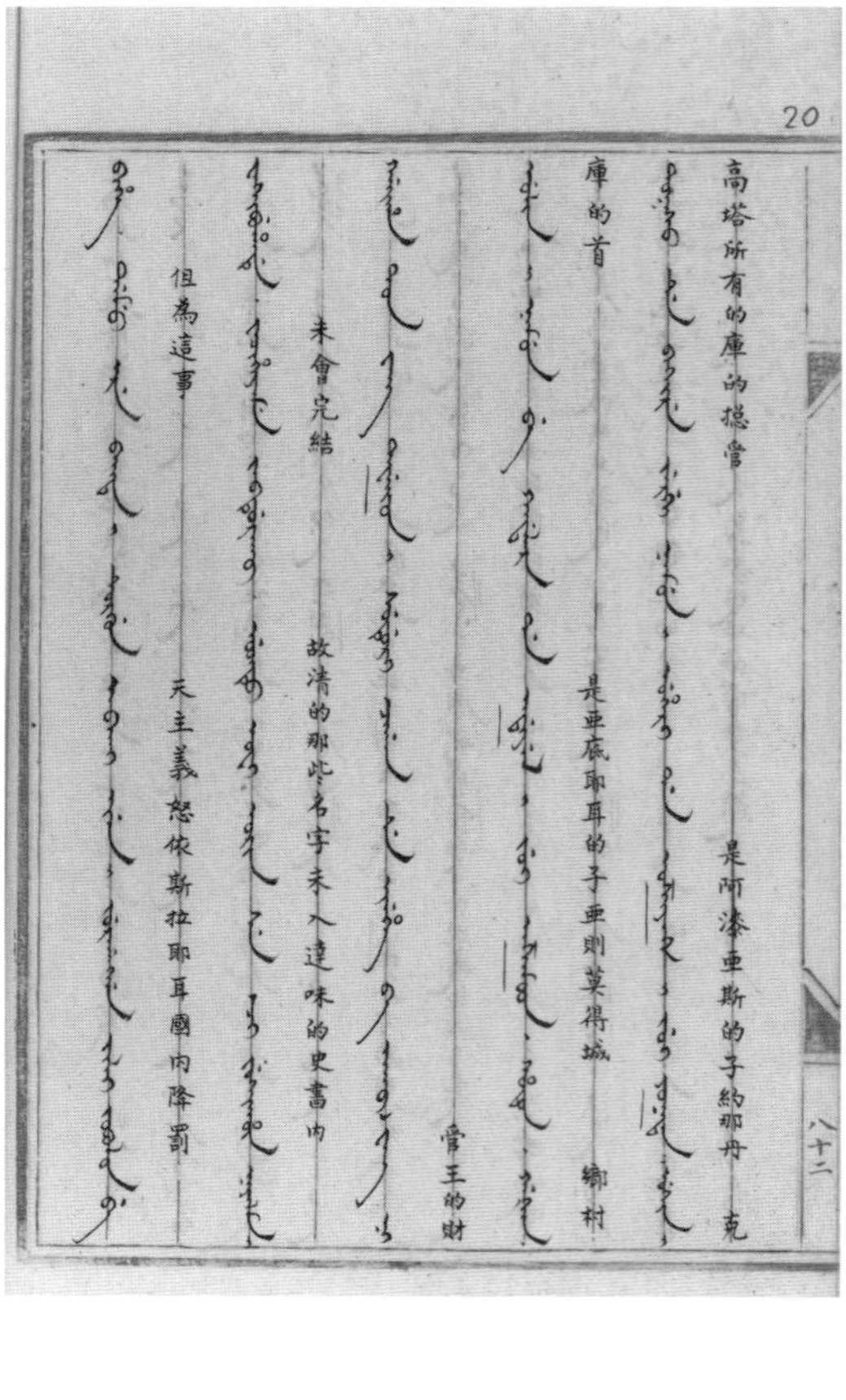

20a

高塔所有的庫的揔晉是阿漆亜斯的子約那丹克
庫的首是亜底耶耳的子亜則莫得城鄉村
晉王的財
未會完結故清的那些〻名字未入達味的史書内
但為這事天主義怒依斯拉耶耳國内降罰

20b

是約哈斯撒隆地方的塞他賴管撒隆山上牧吃草牲口的童
無花菓（果）園的首是熱得耳地方的巴拉南藏油庫的首
是亜佛尼地方的亜柏弟亜斯城外有的阿里瓦
落瑪弟地方的塞默亜斯管蒔（蒔）葡（葡）萄（萄）人酒窖的首
禄伯的子厄漆里管種地的農

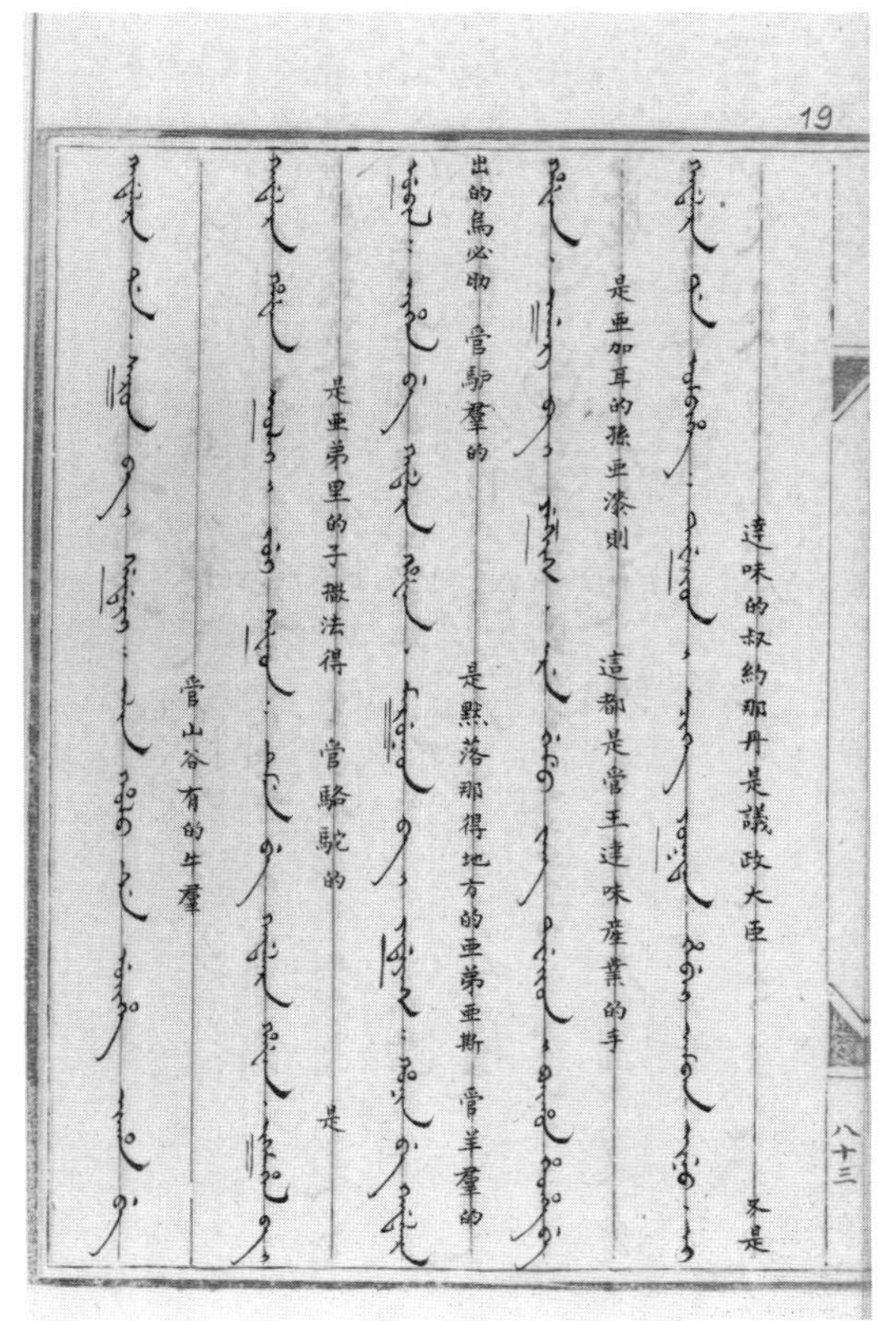

19a

達味的叔約那丹是議政大臣又是
是亜加耳的孫亜漆則這都是管王達味産業的手
出的烏必肋管駏（驢）羣的是默落那得地方的亜弟亜斯管羊羣的
是亜弟里的子撒法得管駱駝的是
管山谷有的牛羣

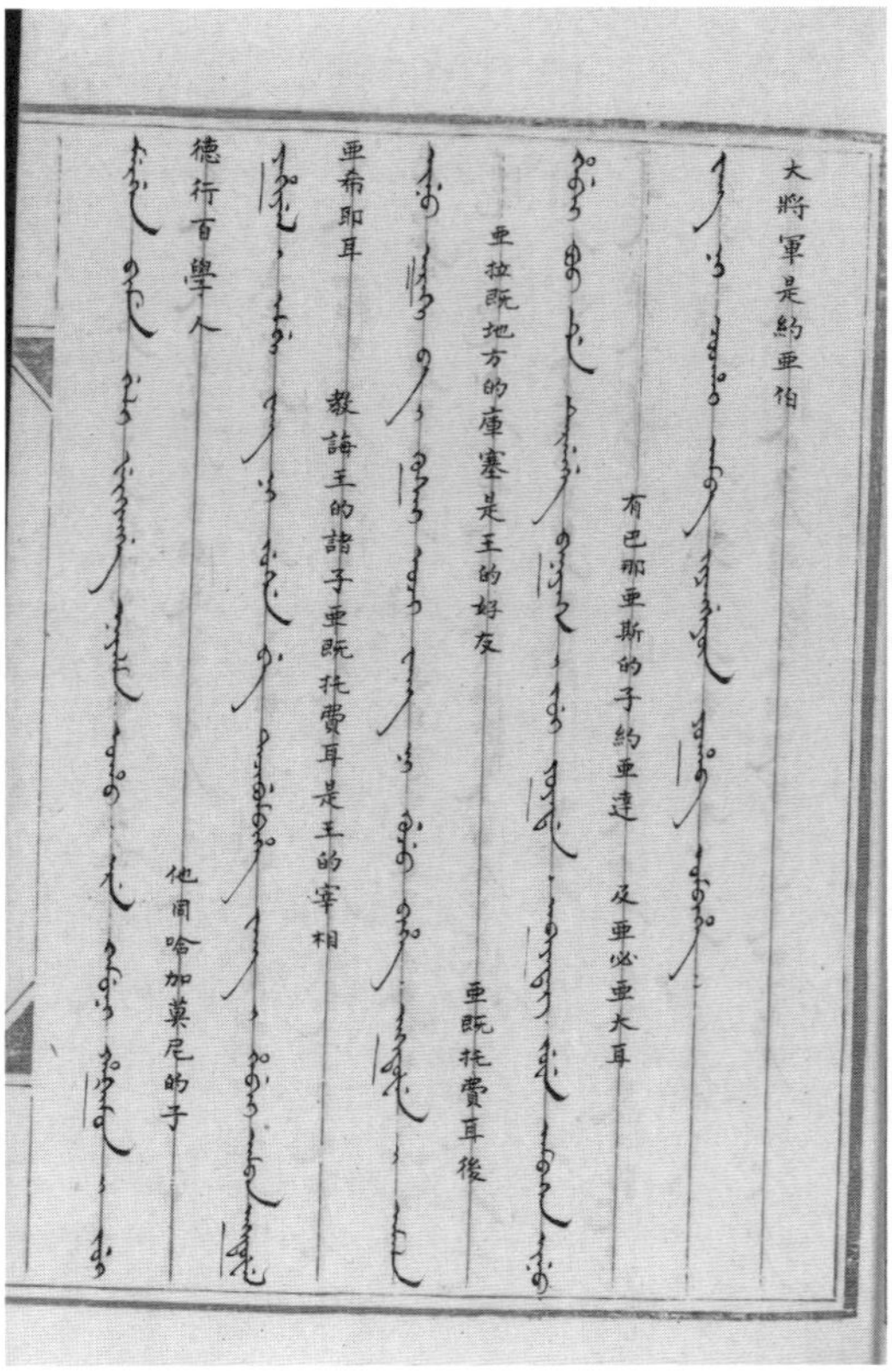

19b

大将軍是約亜伯
有巴那亜斯的子約亜達及亜必亜大耳
亜拉既地方的庫塞是王的好友亜既托費耳後
亜希耶耳教誨王的諸子亜既托費耳是王的宰相
德行百學人他同哈加莫尼的子

18a

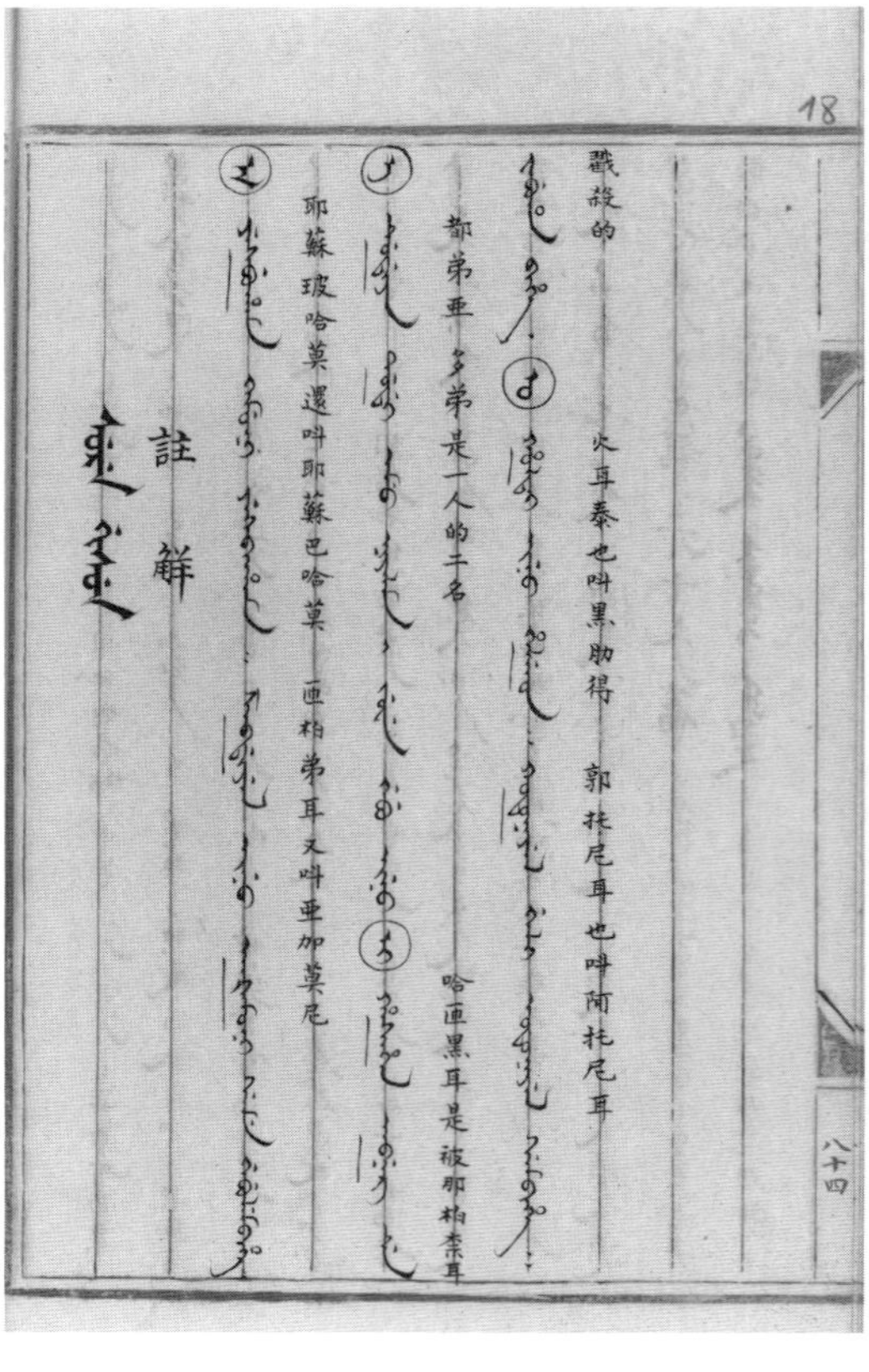

戳殺的④火耳泰也呌黒肋得郭托尼耳也呌阿托尼耳
②都弟亜多弟是一人的二名③哈匝黒耳是被那柏柰耳
①耶蘇玻哈莫還呌耶蘇巴哈莫匝柏弟耳又呌亜加莫尼

註解

18b

王的諸子同他們的師兵內有的衆
晉王業官的首
伺候的侍衛首千百兵的首
達味這樣安排了國事召依斯拉耶耳國的大臣各族的長

第二十八篇

17a

預偹了為堂工程緊(緊)要用的物但陡斯望我說
定意要立一大堂我夲已
我為供天主和睦結約櫃我們主陡斯的寶座
望他們說我的弟兄我的民聽我的話
勇男等人們全在日露撒冷會齊(齋)王起來

17b

因他定了晉你們的王都是從如達斯族出的人
依斯拉耶耳國的王
主陡斯從我父全家簡了我永遠做
光榮我名的堂到底依斯拉耶耳
因為你戦太多也流人血不可立

16a

代又話望我說
坐天主國的位①晉依斯拉耶耳後
了我多子但定了我一子撒落孟
我立我做依斯拉耶耳衆民的王主雖賞
如達斯族内簡了我父的家我父諸子内憐(憐)視

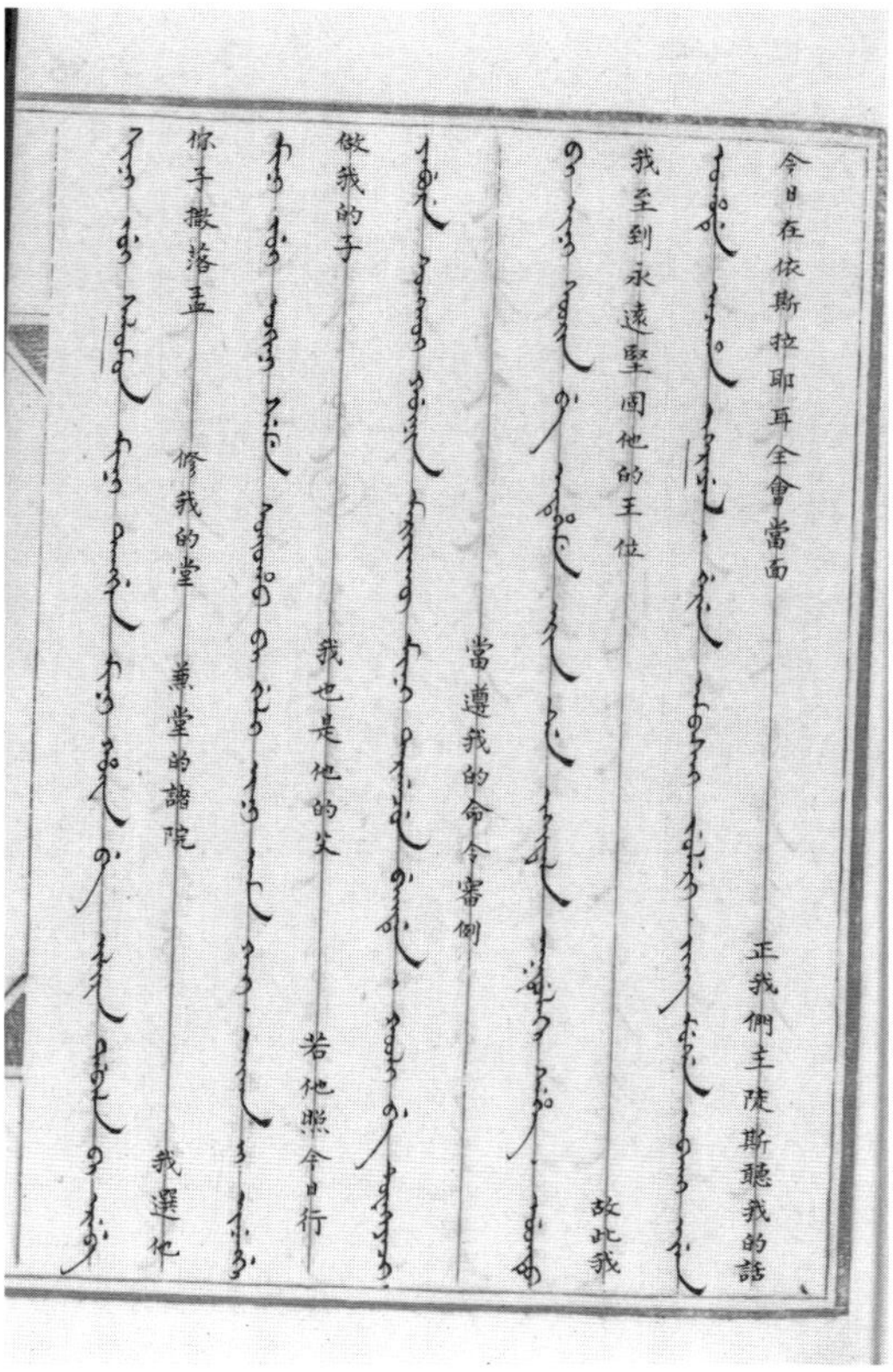

今日在依斯拉耶耳全會當面正我們主陡斯聽我的話
我至到永遠堅固他的王位故此我
當【常】遵我的命令審例
做我的子我也是他的父若他照今日行
你子撒落孟修我的堂蒹(兼)堂的諸院我選他
16b

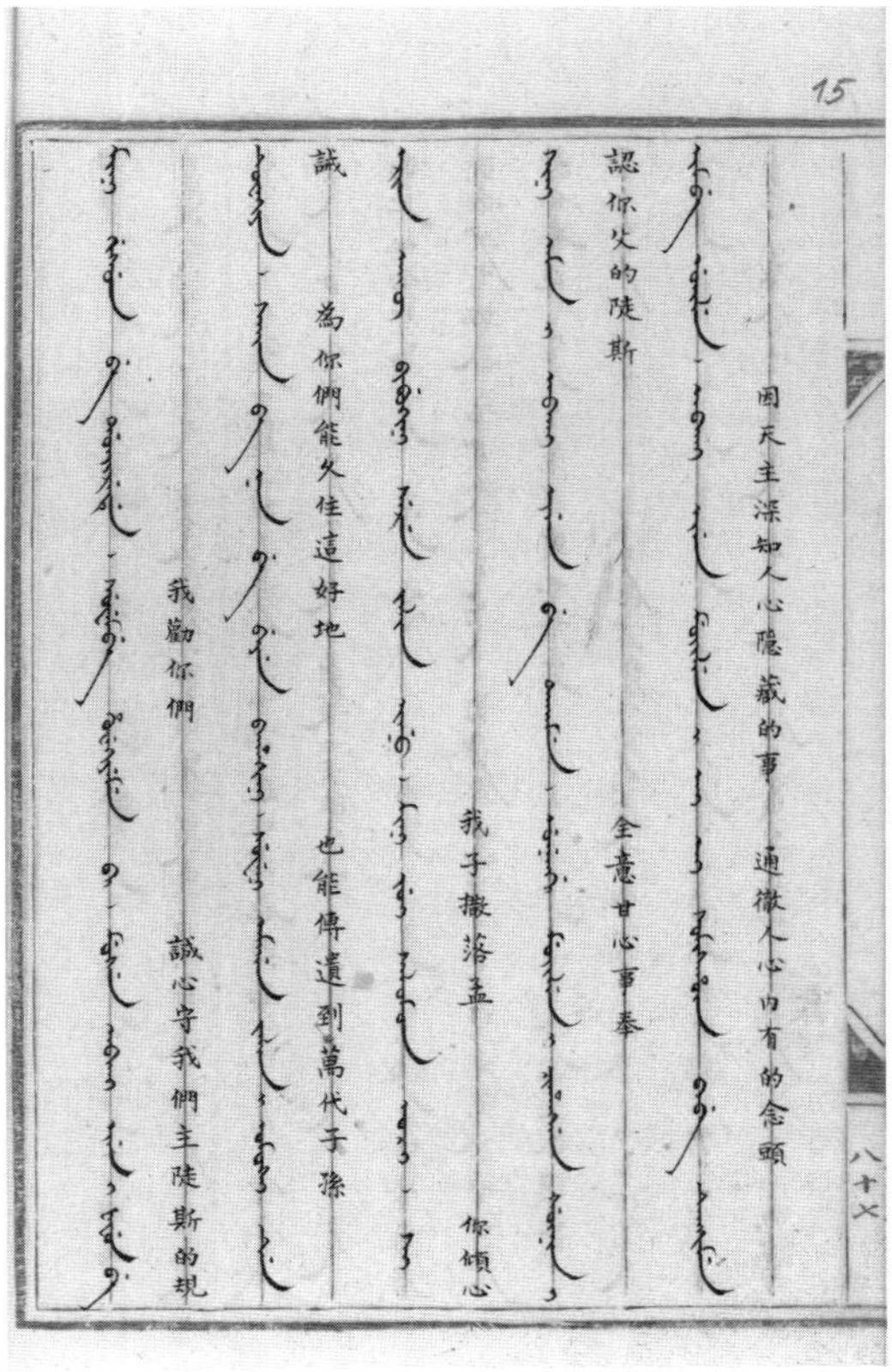

因天主深知人心隱藏的事通徹人心内有的念(念)頭
認你父的陡斯全意甘心事奉
我子撒落孟你傾心
誠為你們能夂(久)住這好地也能傳遺到萬代子孫
我勸(勸)你們誠心守我們主陡斯的規
15a

諸庫擺筵的殿暗房鮮罪所明悟
訖完這工程達味還把遊廊堂
為立他的聖堂奮(奮)勇行
若你棄他他永遠也棄你今天主既選你
若你找他就能得
15b

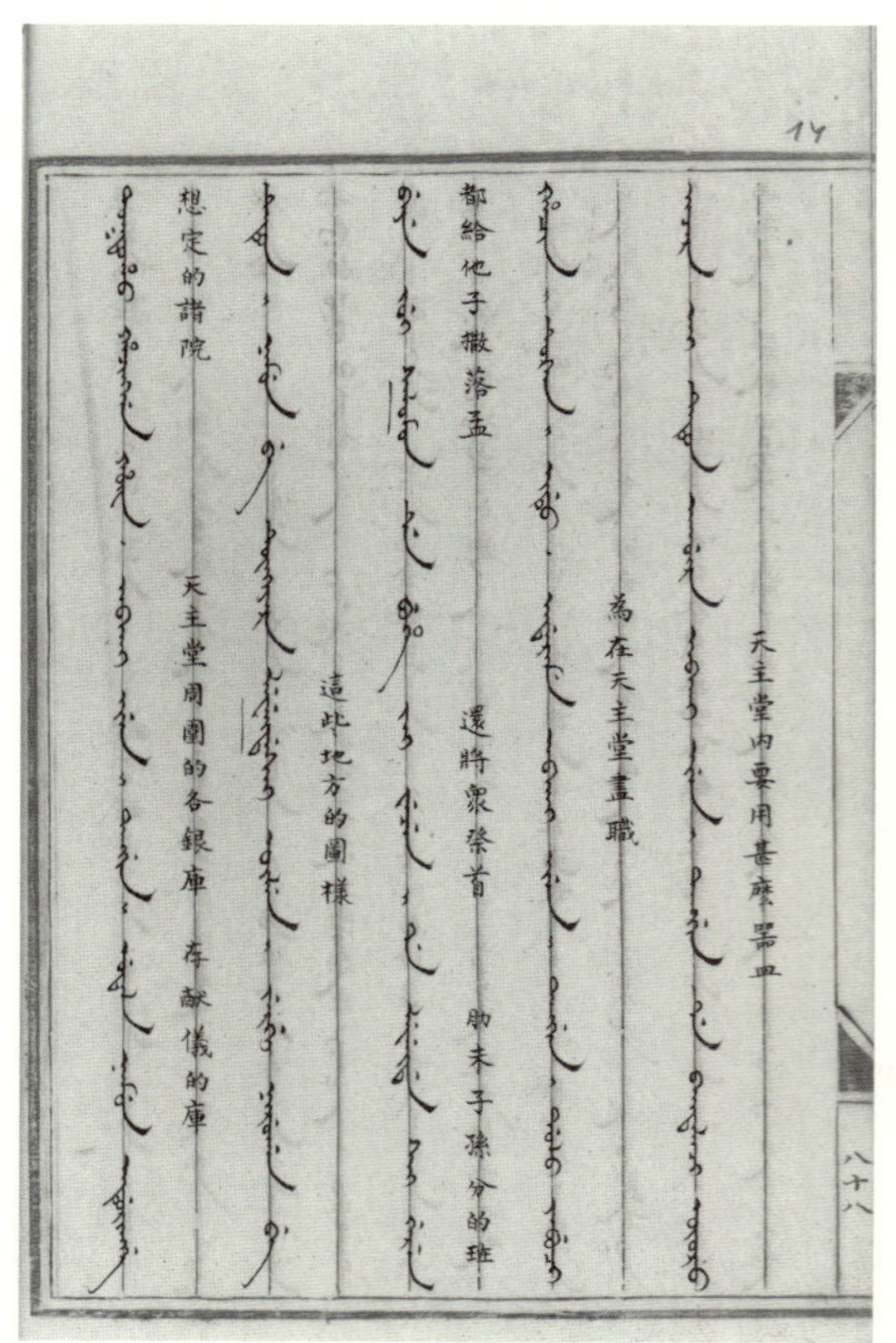

天主堂内要用甚麼器皿
為在天主堂畫職
都給他子撒落孟還將衆祭首肋未子孫分的班
這些地方的圖樣
想定的諸院天主堂周圍各銀庫存献儀的庫
14a

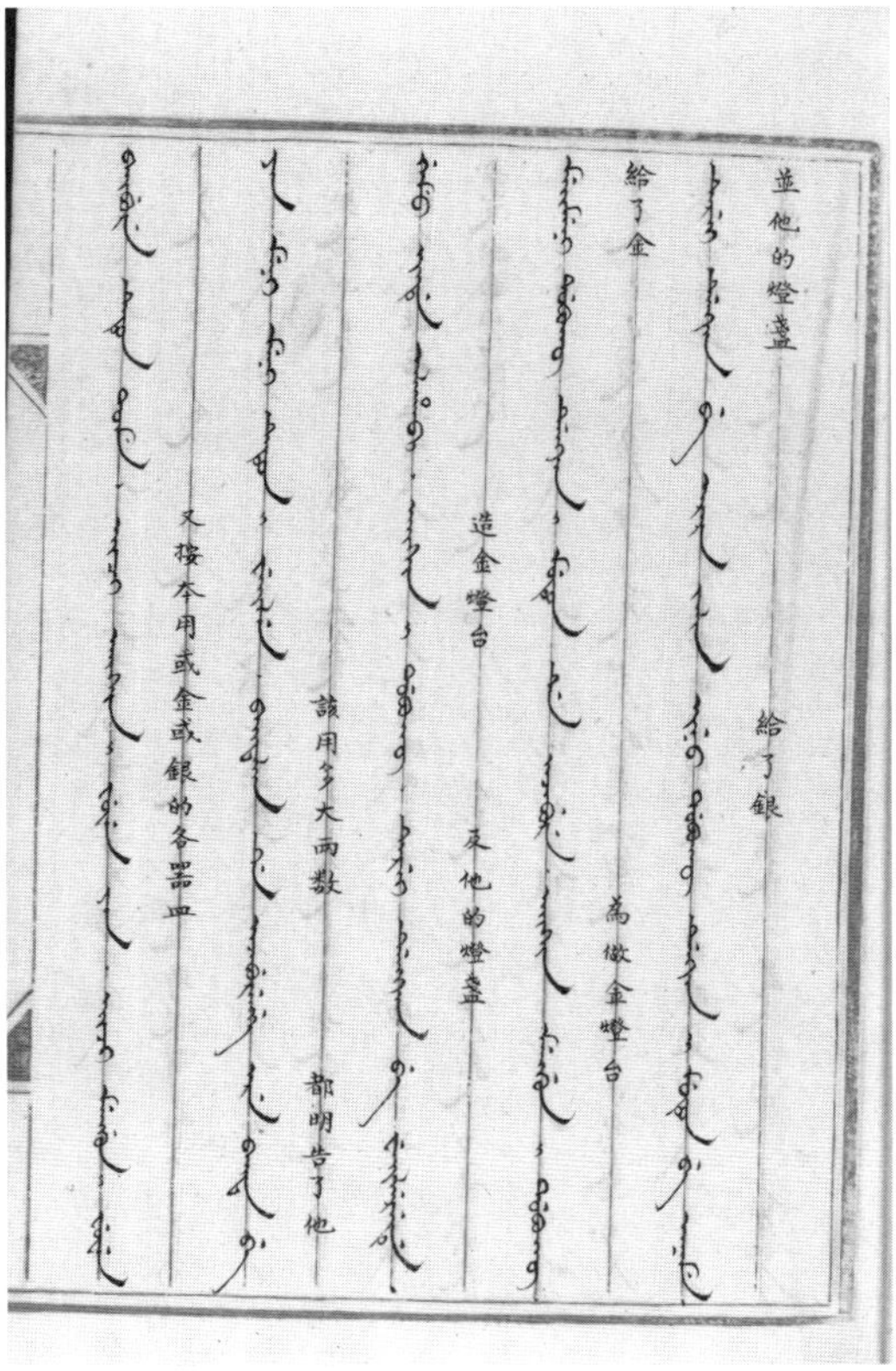

並他的燈盞給了銀
給了金為做金燈台
造金燈台及他的燈盞
該用多大两数都明告了他
又按夲用或金或銀的各器皿

14b

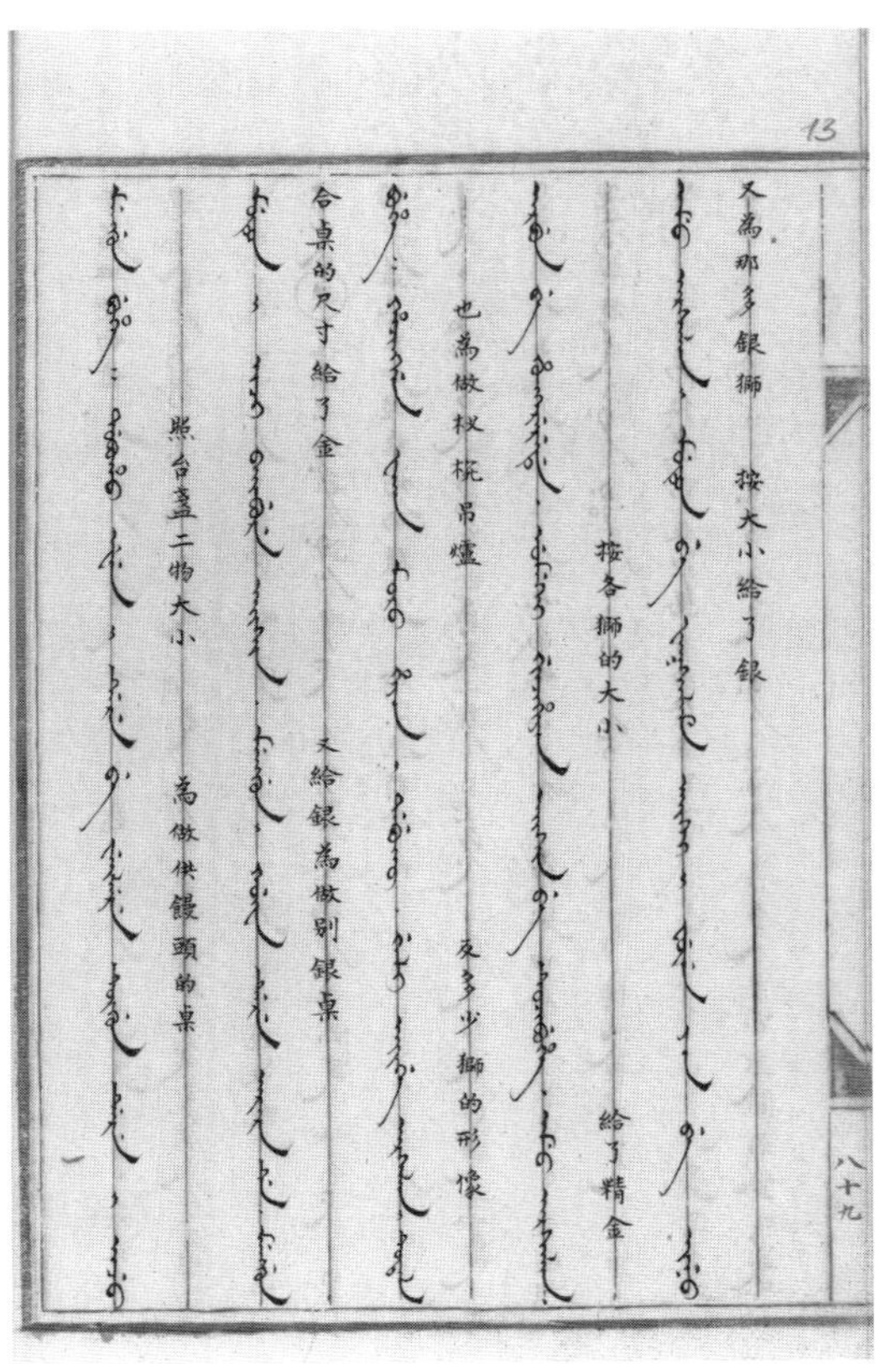

又為那多銀獅按大小給了銀
按各獅的大小給了精金
也為做杈(杈)椀(碗)吊爐(爐)及多少獅(獅)的形像
合桌的尺寸給了金又給銀為做別銀桌
照台盞二物大小為做供饅頭的桌

13a

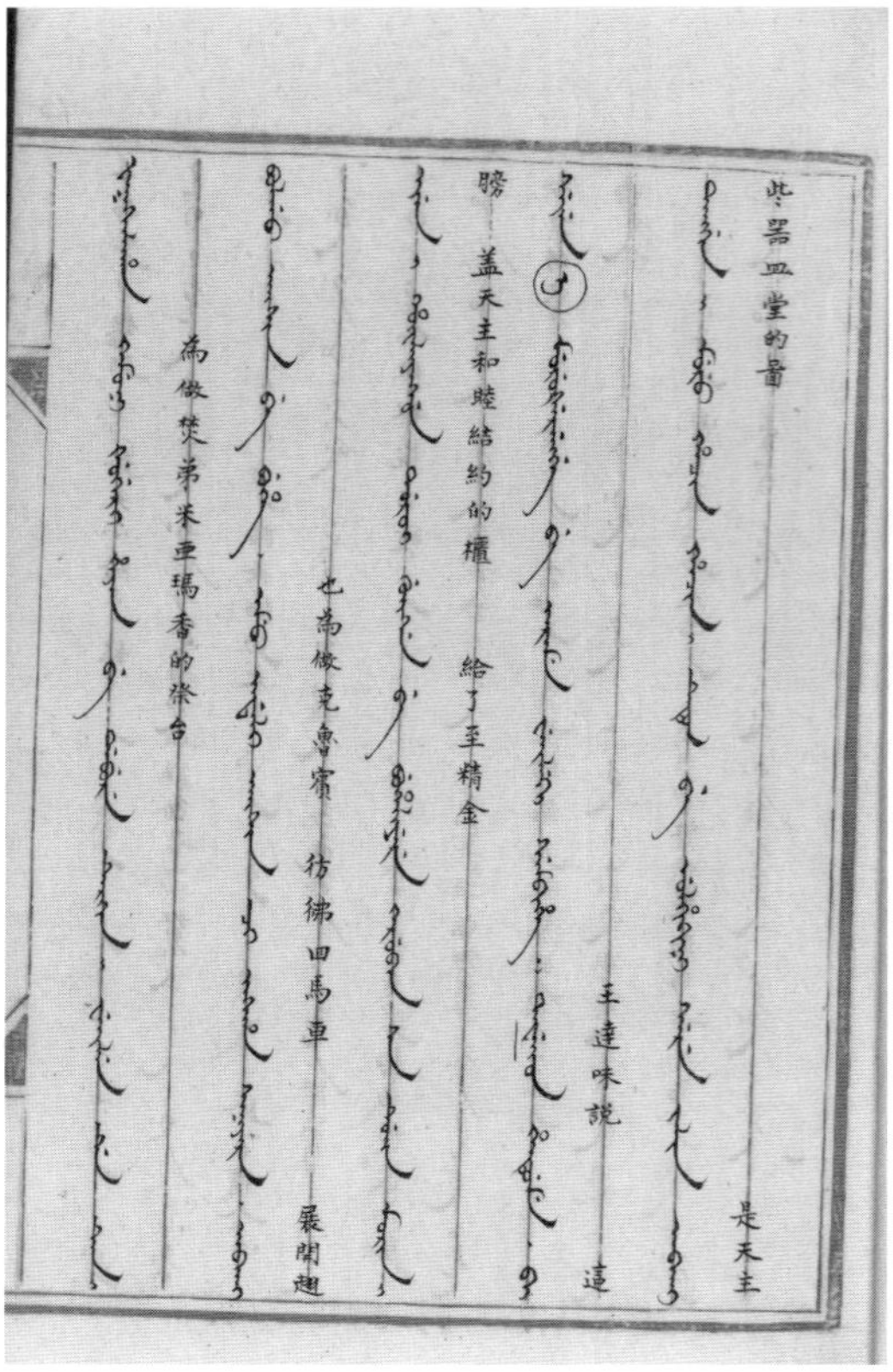

些器皿堂的畐(圖)是天主
王達味說這
牓盖天主和睦結約的櫃給了至精金
也為做克魯賔②彷彿四馬車展開翅(翅)
為做焚弟米亜瑪香的祭台
13b

並闗(關)係堂的器皿
也不離你到你修完了天主堂
不畏不怕起這工程我主陡斯同你在一塊
圖(圖)作達味又給他子撒落孟說你加胆定結實主意行
親手畫(畫)的送與我③我能照這
12a

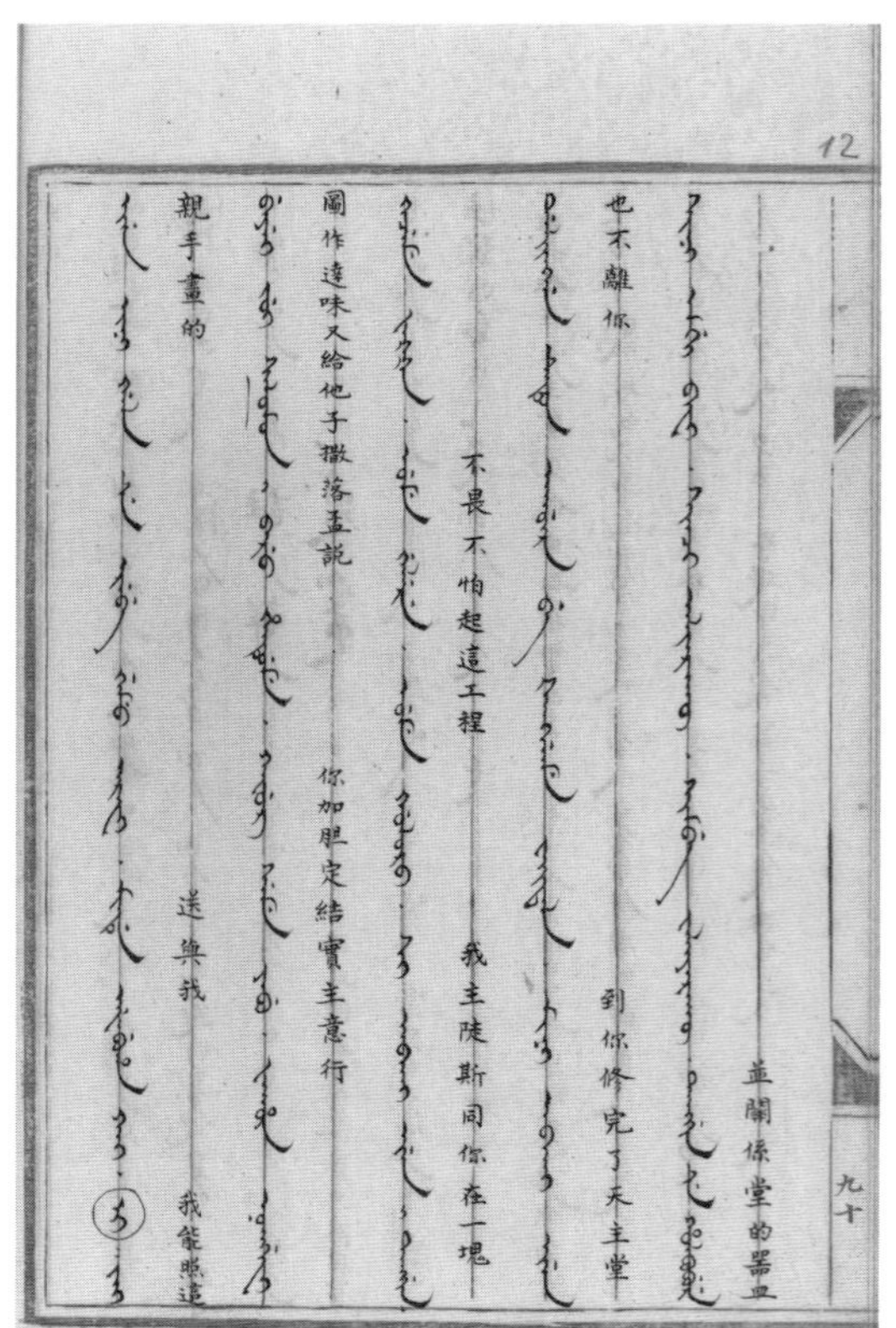

①因天主將亜各伯的子孫作他的夲民故說

註解

一班一班在天主堂晝職的都相帮你小民都愿聽你的旨
衆祭首肋未的子孫分開

12b

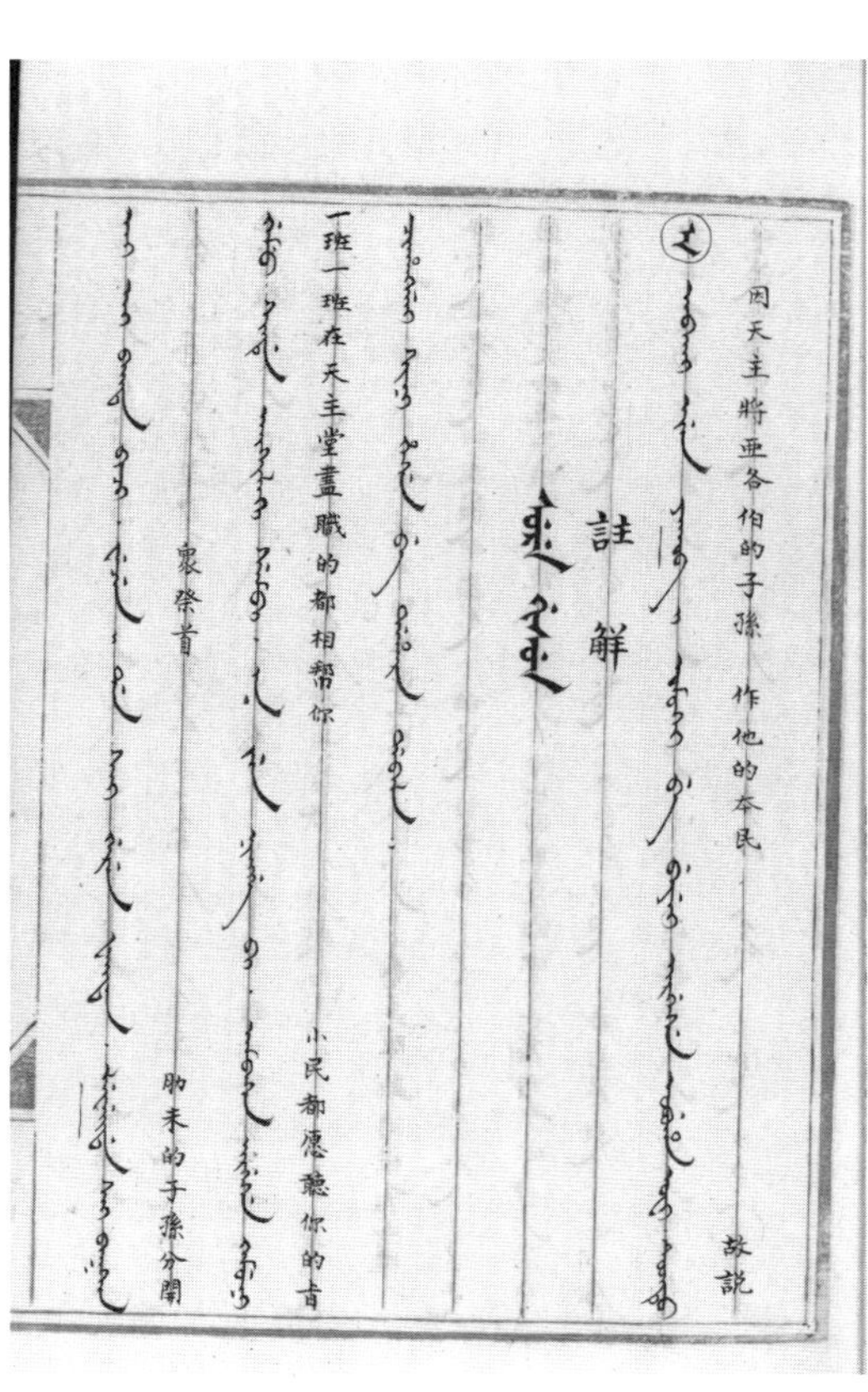

要做四克魯賔一對一對站立故比他
兩頭做的二克魯賔焚香桌上四犄【犄】角
趐膀的童形他們照聖櫃
夲雖無形但或刻或畫無柰只得用有
他們住的地方是天主的國②說的克魯賔是天神

11a

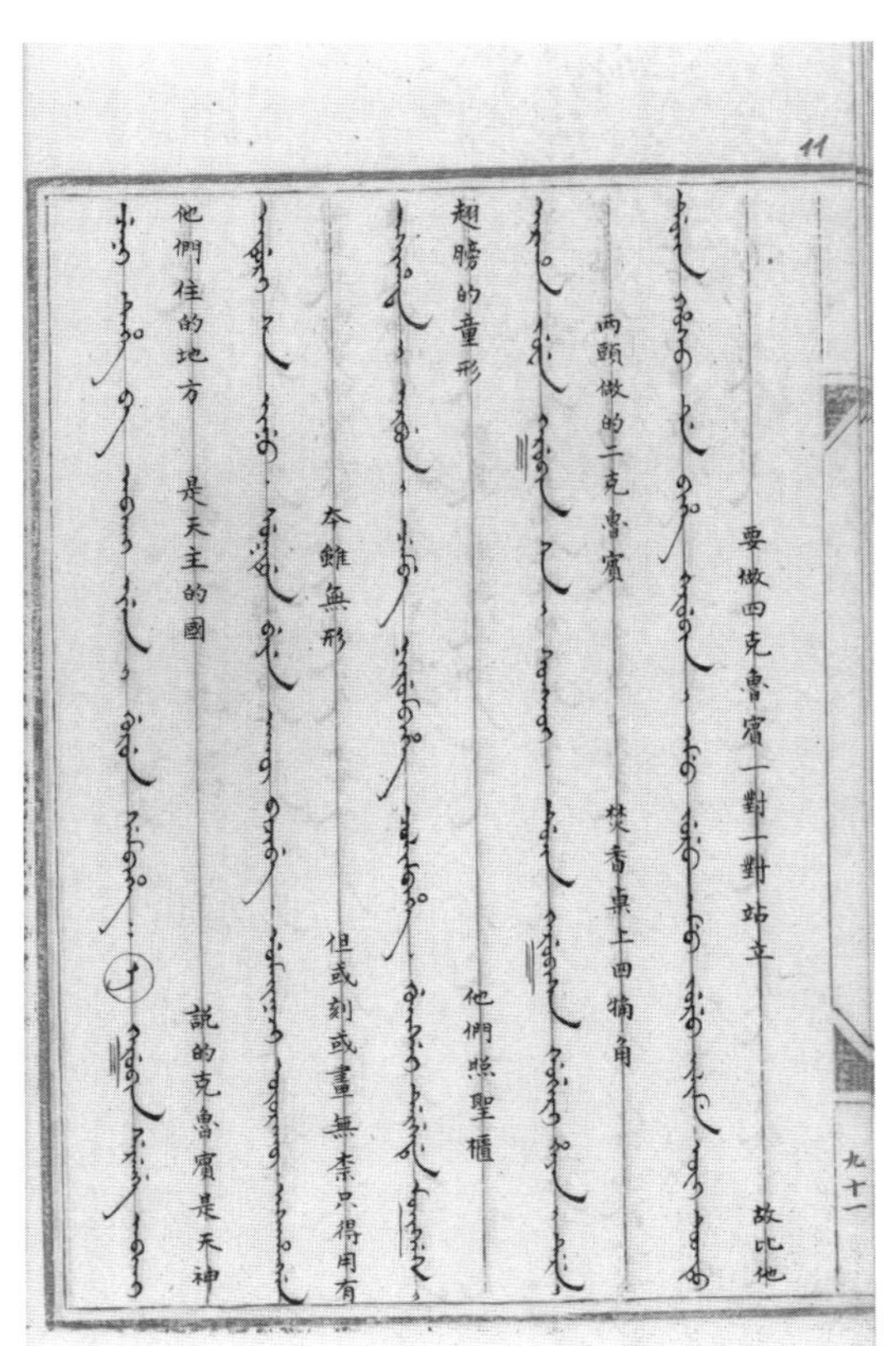

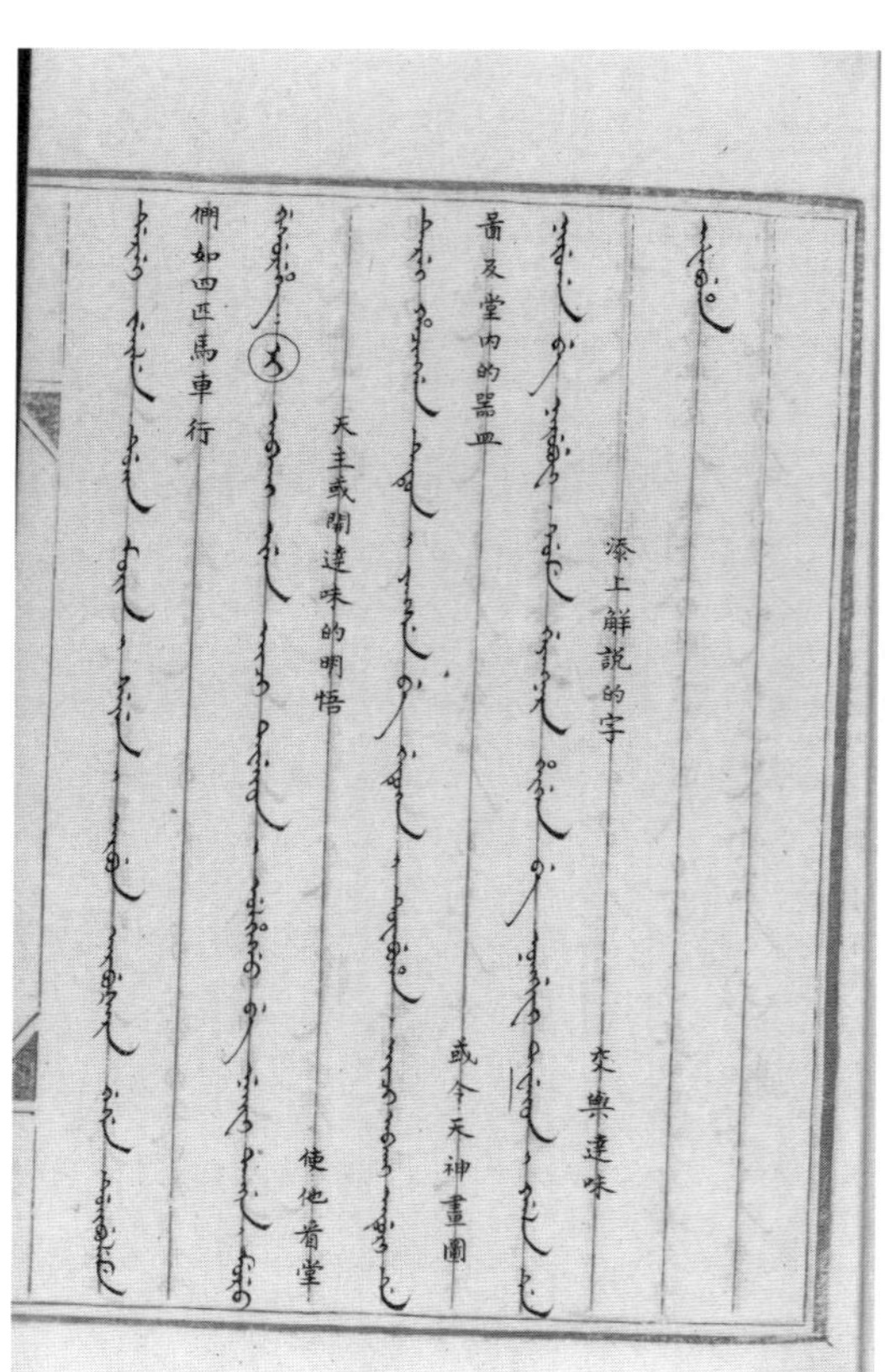

添上解說的字交與達味
畐及堂內的器皿或令天神畫圖
③天主或開達味的明悟使他看堂
們如四匹馬車行

11b

旅(旅)舍是立陡斯的殿我
論堂的工程是大工程不是為人立
選這一撒落孟年小也軟
王達味向聚的衆人說陡斯從我的諸子內

第二十九篇

10a

10b

及各色的石諸樣寶石並巴署堅固石②都是
該用的鉄木器該用的木另外阿尼既諾石①白色
器該用的銀銅器該用的銀鉄器
金器該用的金銅
盡力為我陡斯的堂預備該費用的銀

9a

我如今献三千達楞多金還献
財為主陡斯的堂就是從阿費耳拿的金
富餘的除了我為修聖堂預備了金銀等物還献我的私

今日只晉獻
金銀做倘有人願獻甚麼
金銀物就用這
內的墻壁匠人該作甚麼
七千達楞多細紋銀③為掩堂
9b

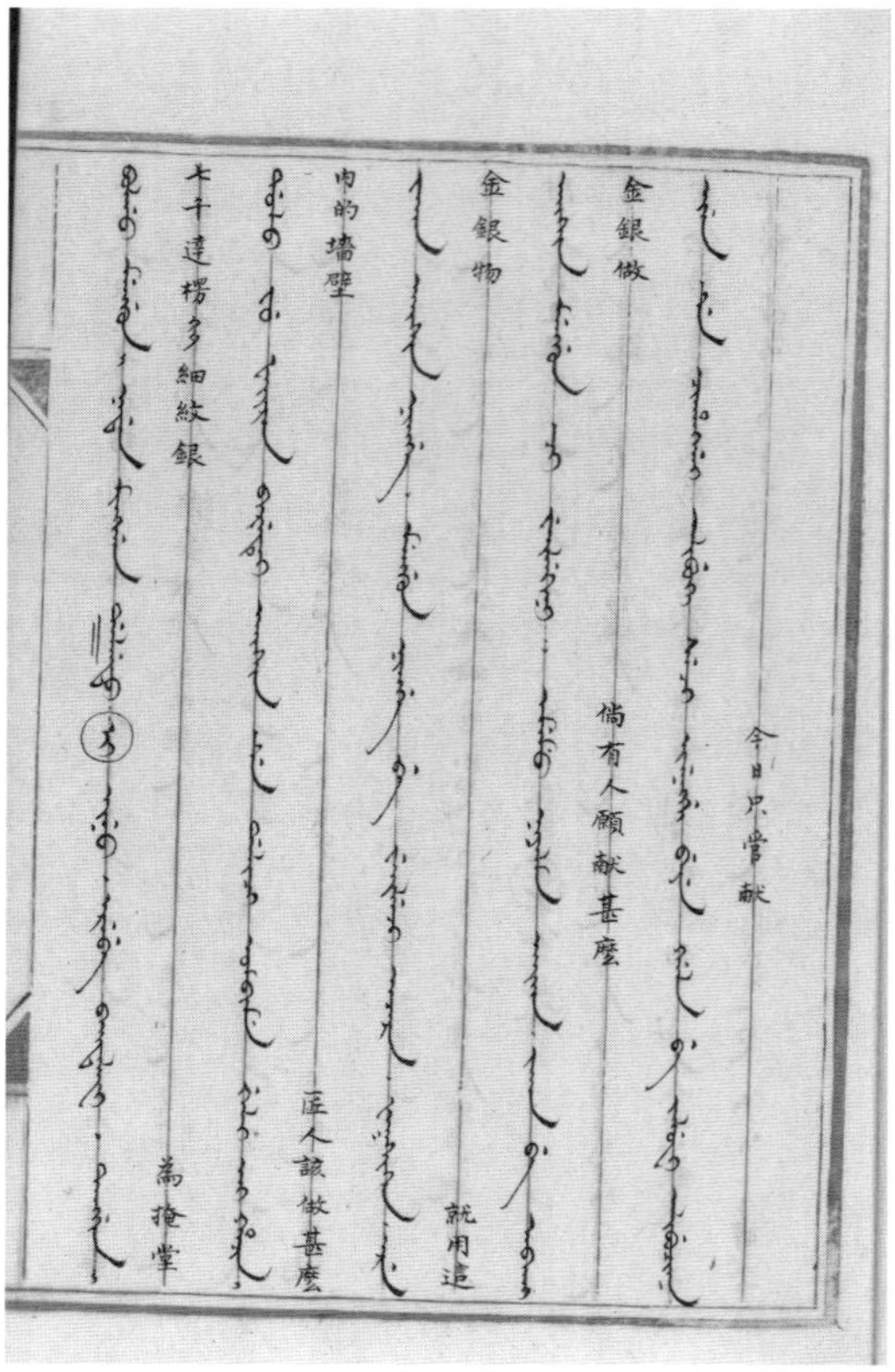

一萬達楞多銀一萬八千達楞多銅
也獻出了五千達楞多金還一萬金錢(錢)
都口許為陡斯堂的工程
千百兵首晉王產的大臣
各支派【派】的主依斯拉耶耳後代內有的富貴人
8a

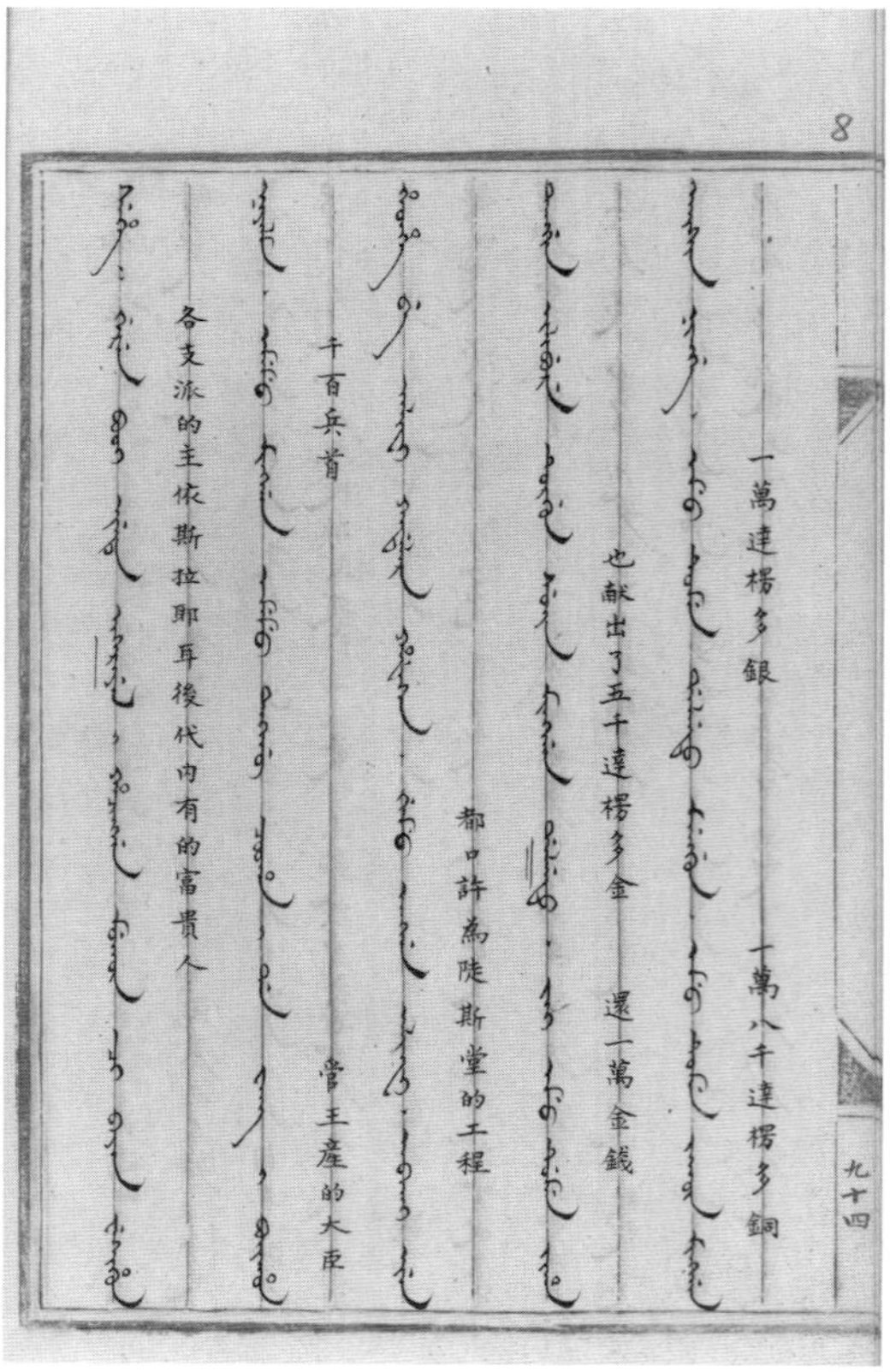

獻給天主王達味心内滿
因至甘心要
衆民悅許了這物
有寶石交給熱耳宋族的亜西耶耳入在天主堂庫内
十萬達楞多鉄若誰

8b

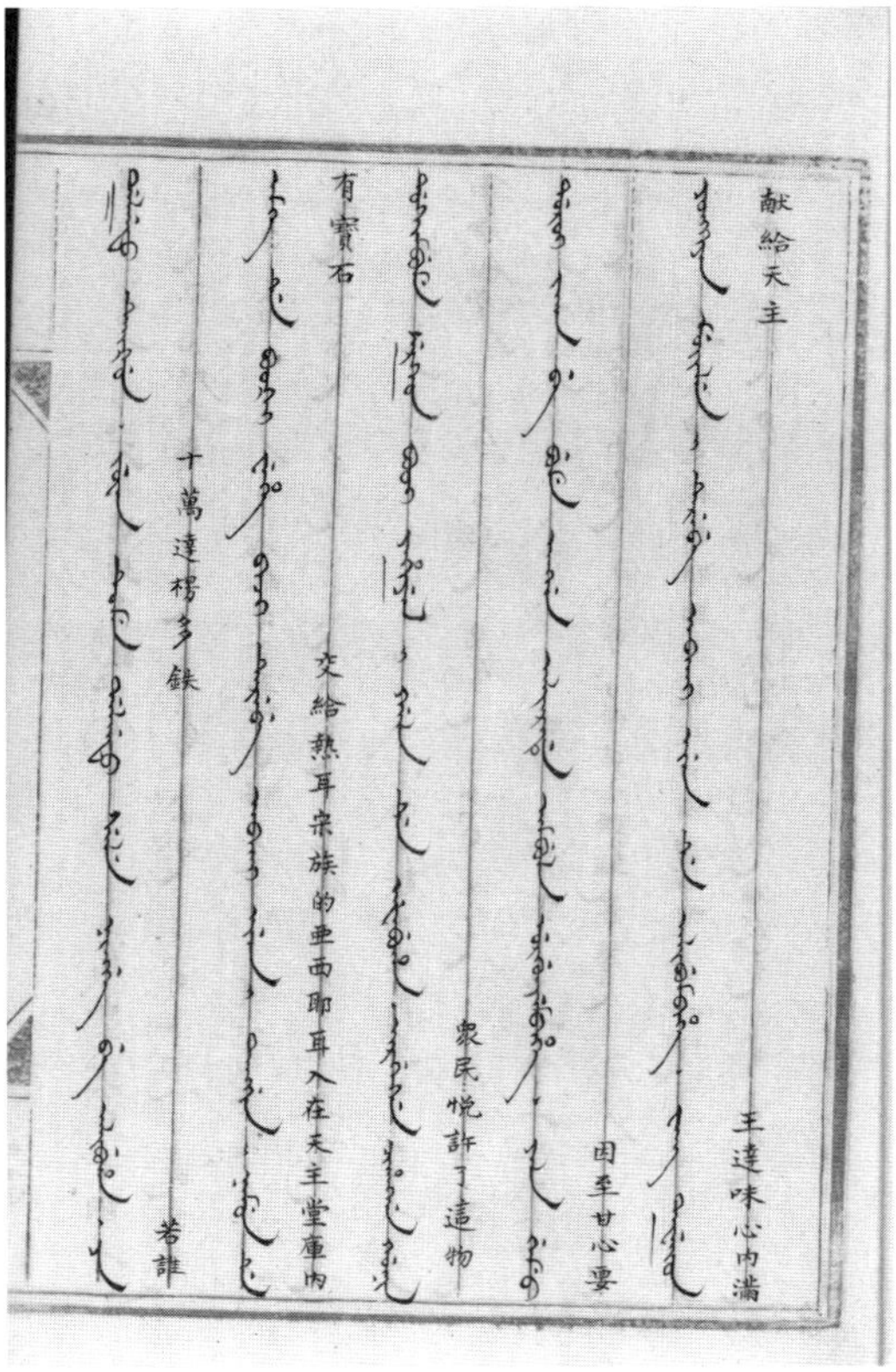

因天上所有的物地下所有的類全是
单只你有該讚美的只有你
美的主大方大能光榮聖功
我們祖父依斯拉耶耳的主陡斯從永遠到永達【遠】是何【可】讚
樂當衆民面讚美天主説

7a

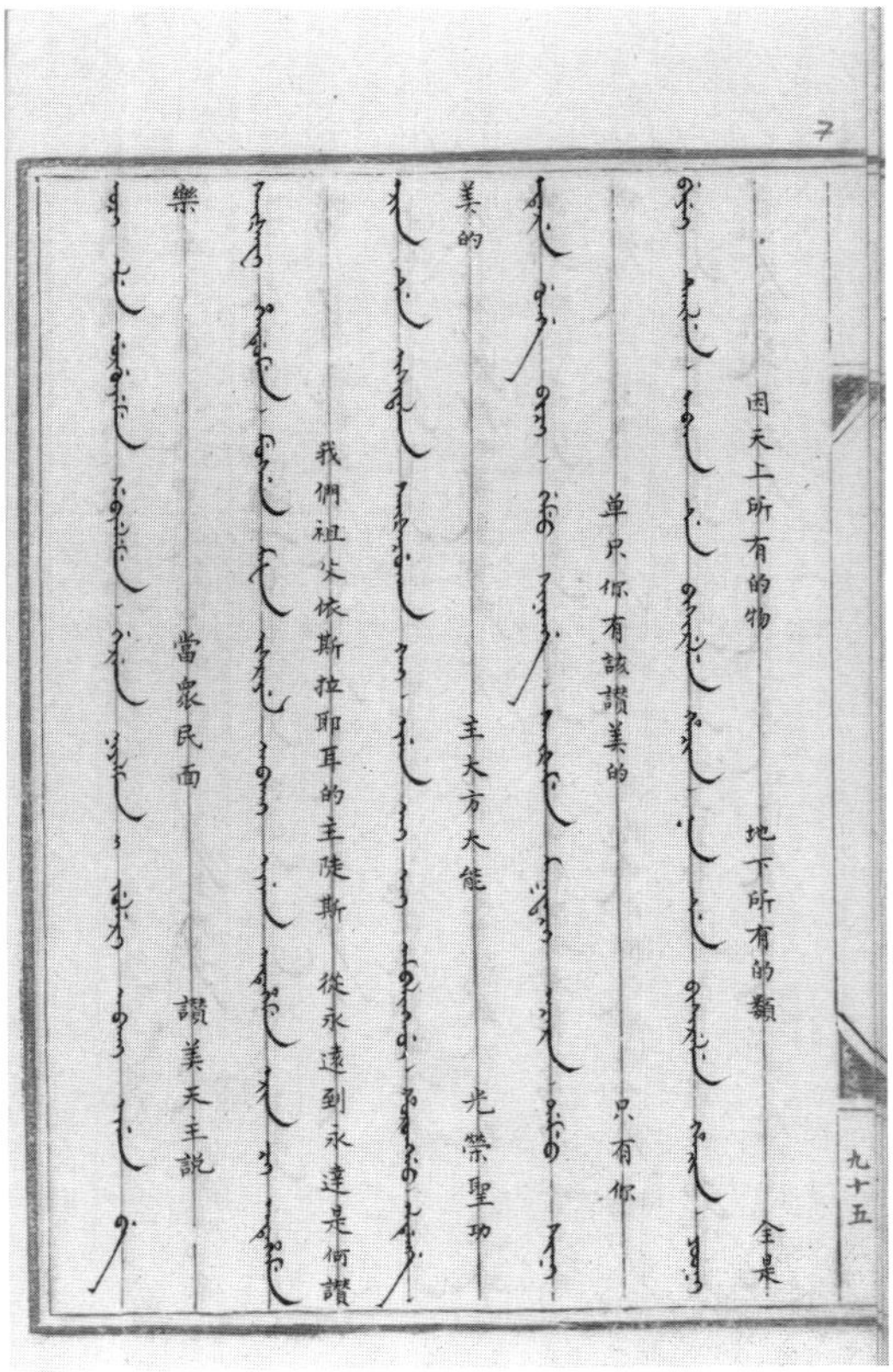

7b

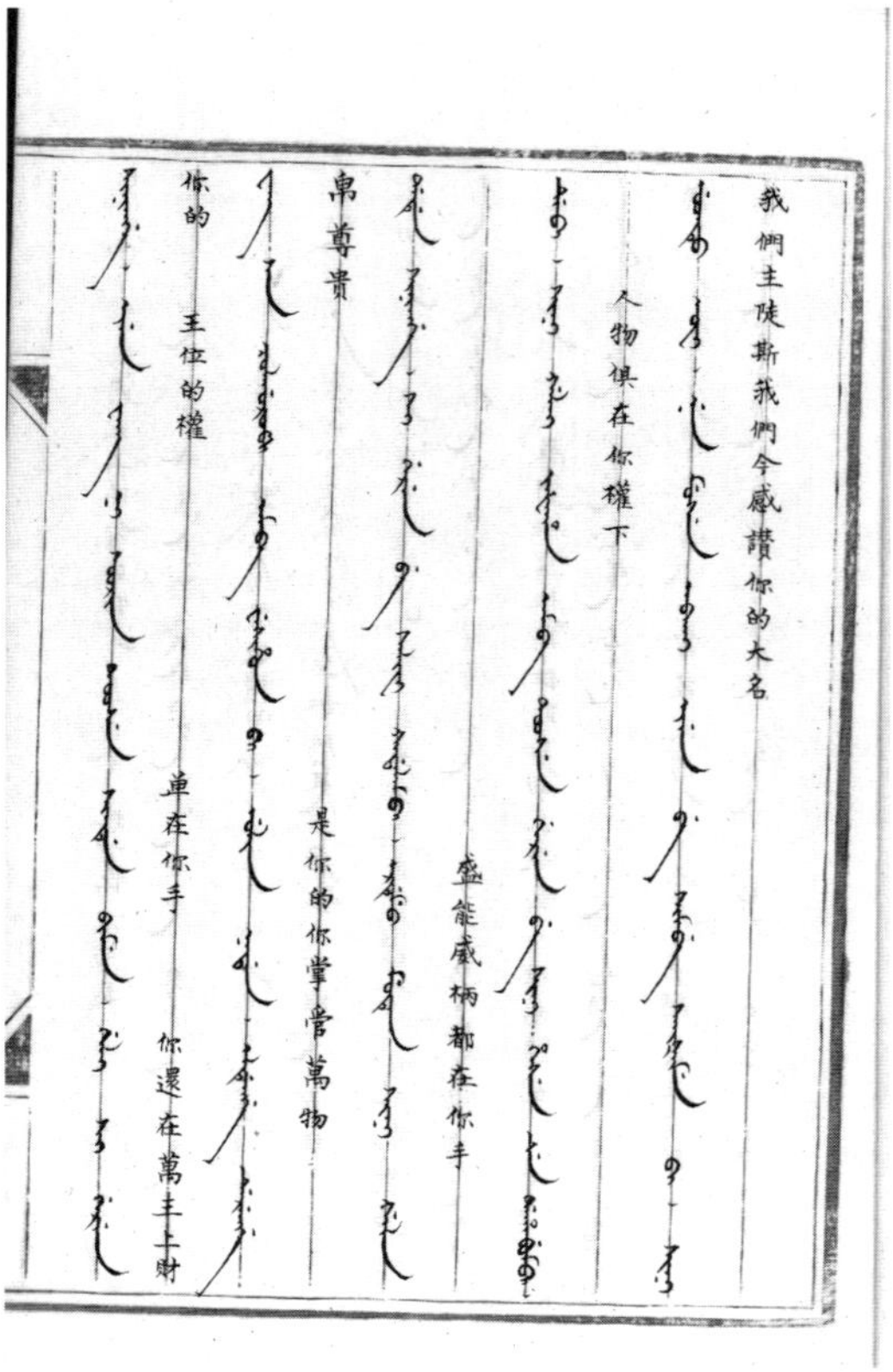

我們主陡斯我們今感讚你的大名
人物倶(俱)在你權下
盛能威柄都在你手
帛尊貴是你的你掌管萬物
你的王位的權单在你手你還在萬王上財

6a

在你台前是客旅(旅)我們的嵗月
給你我們如我們的祖宗一様
諸物夲都是你的不過從你手接了如今献
麼敢許這多物給你
我是何人我民又是甚

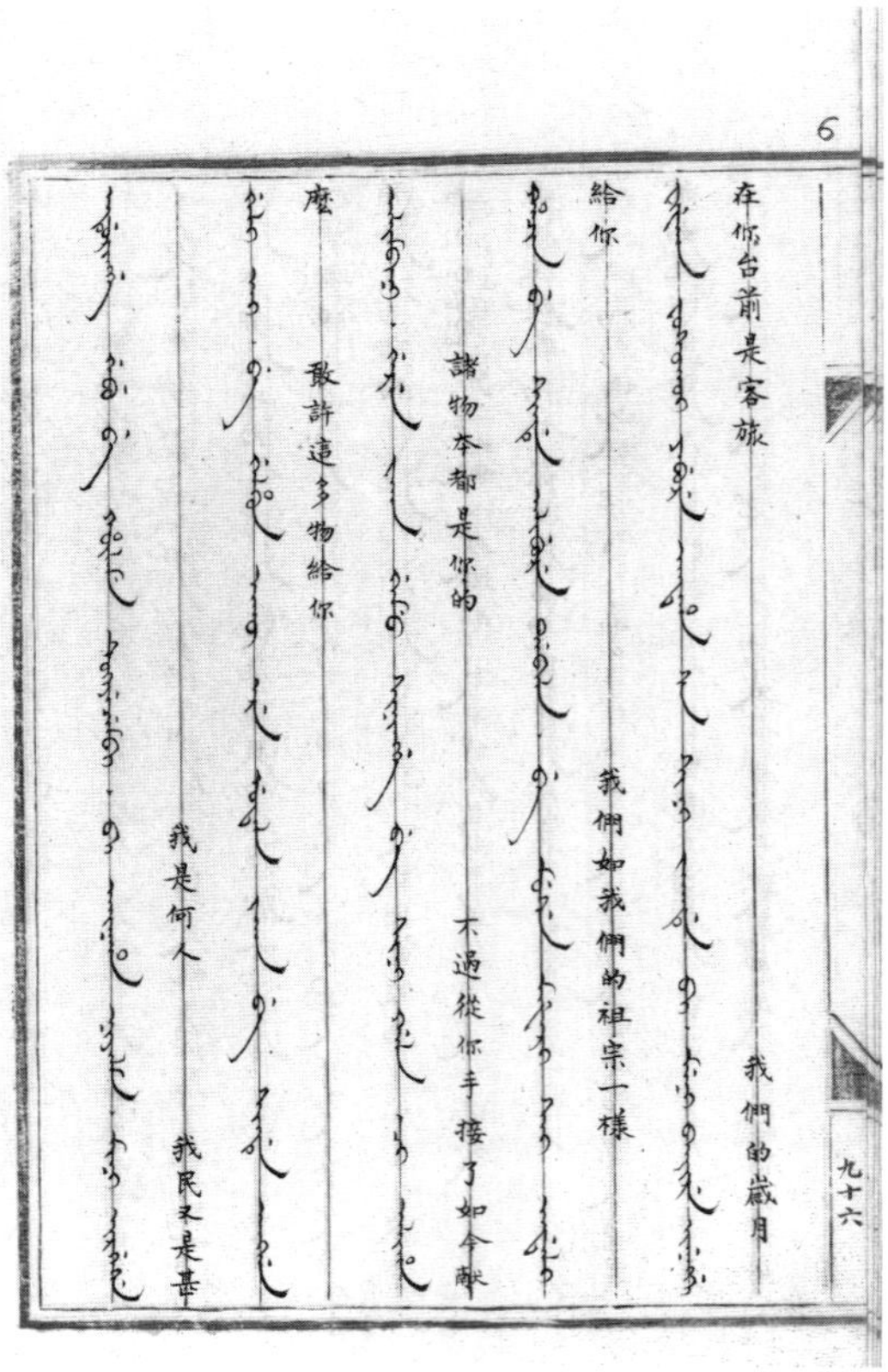

6b

你也愛朴(樸)實故我也實心樂
夲都是你的主陡斯我知你照鑑人心
預備了的諸物是從你手來的
我們主陡斯為修榮你聖名的堂
猶如地下影過不能久留

5a

又求賞我子撒落孟真心遵你的法度
存他們的這好心意他們常愿恭敬你
我們祖宗亜巴拉哈母依撒格依斯拉耶耳的主陡斯懇求你永遠
給你献儀
献這多物還更樂見你民在這裡會合

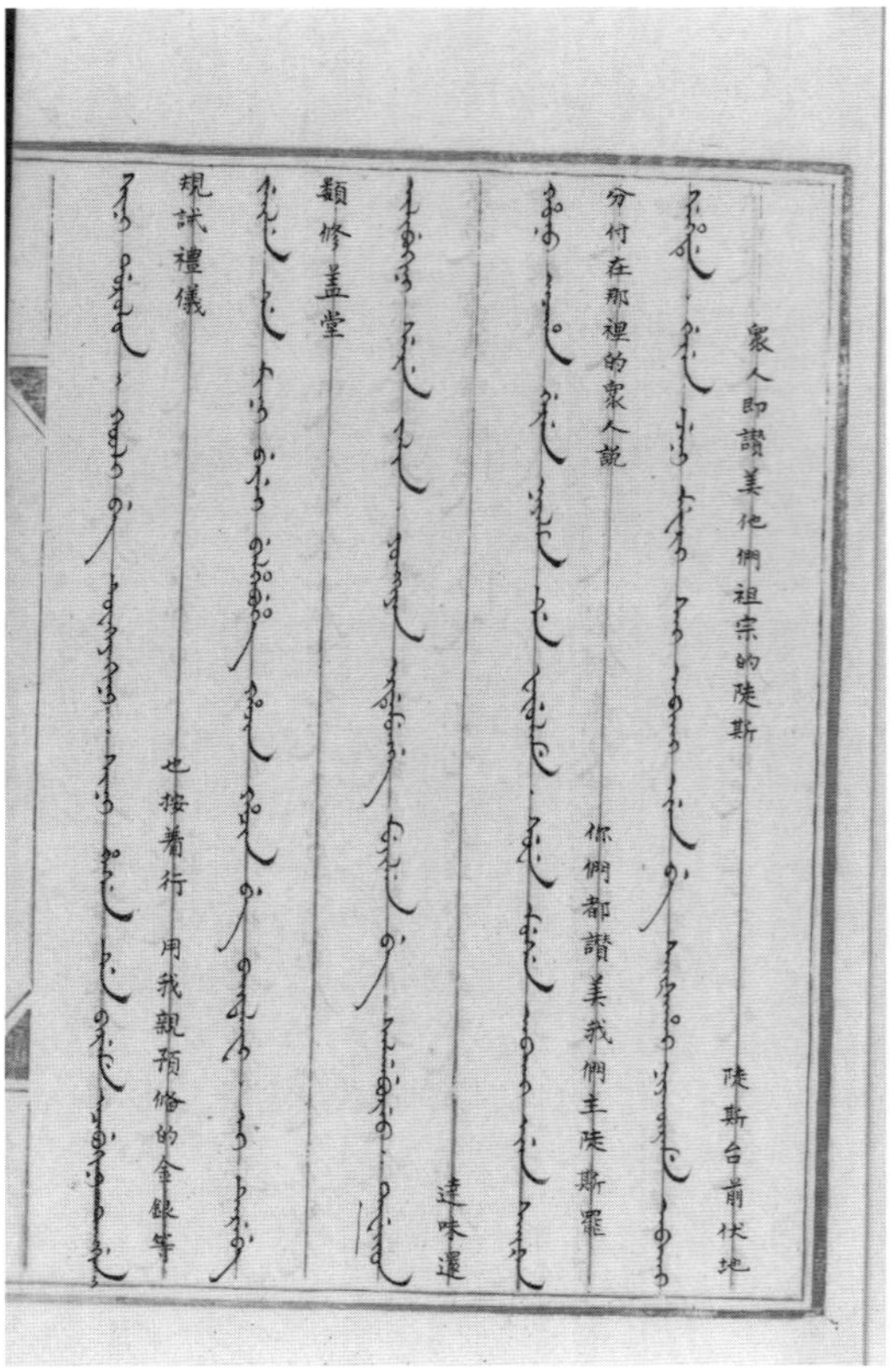

衆人即讚美他們祖宗的陡斯陡斯台前伏地
分付在那裡的衆人說你們都讚美我們主陡斯罷
達味還
類修盖堂
規誡禮儀也按着行用我親預備的金銀等
5b

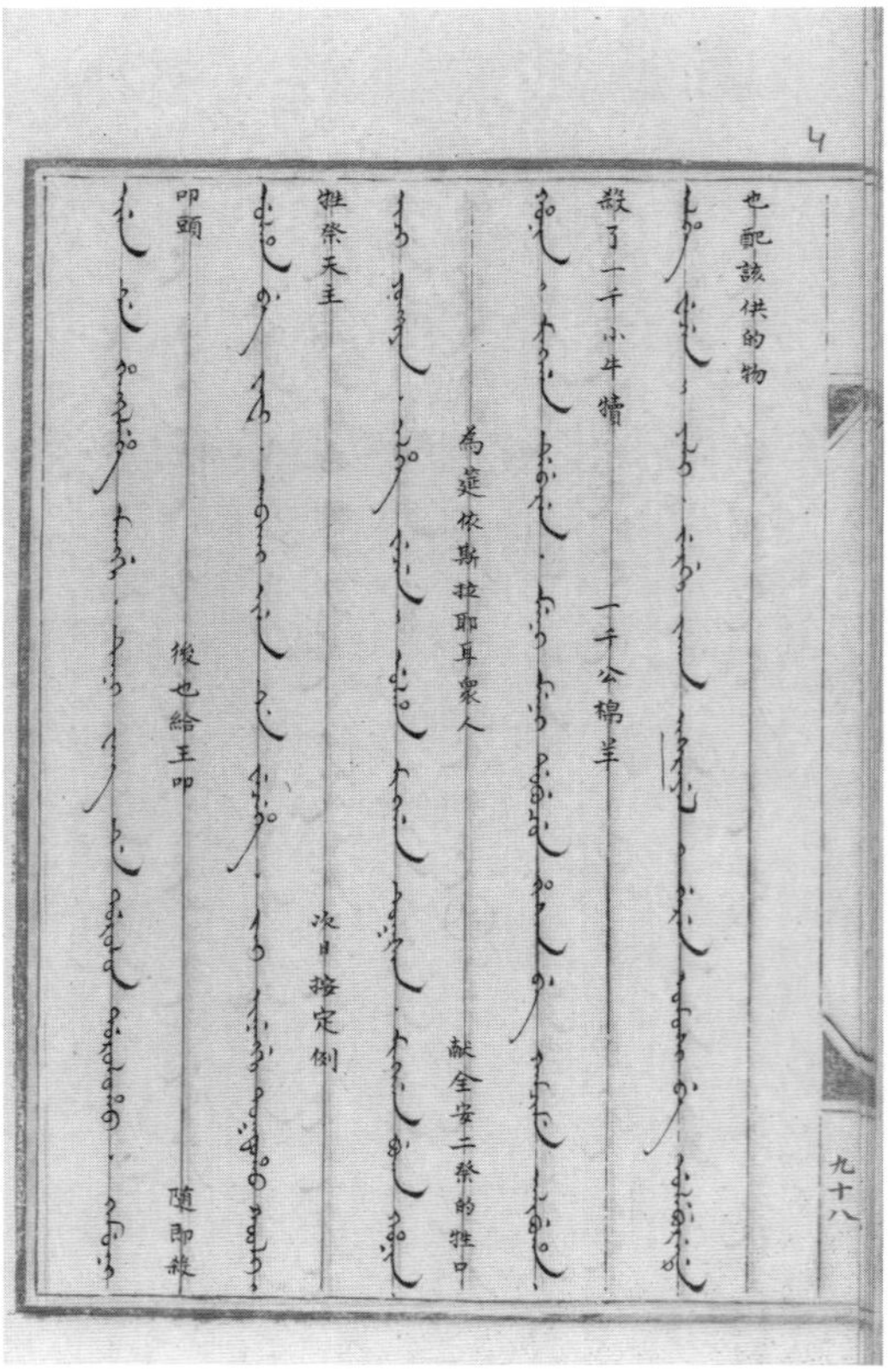

也配該供的物
殺了一千小牛犢一千公綿羊
為筵依斯拉耶耳衆人獻全安二祭的牲口
牲祭天主次日按定例
叩頭後也給王叩隨即殺
4a

4b

是以撒落孟替他父達味坐天主國的位
立為王還傳【傳】撒多克為搃祭首
撒落孟④照天主旨傳【傳】他
第二次聖油傳【傳】達味的子
那一日大慶在天主台前吃飲

3a

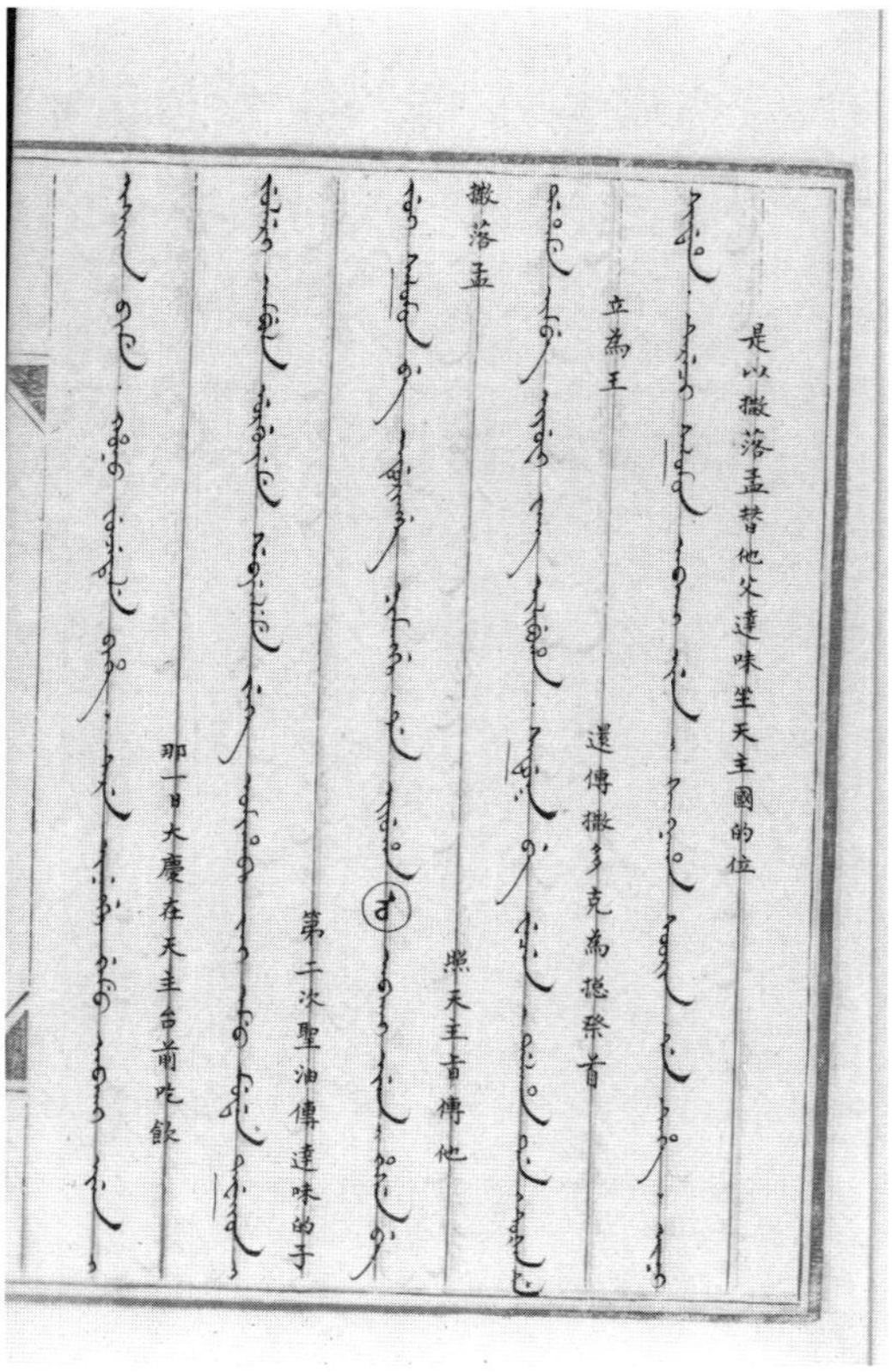

賞他國光榮體面到這一步他以前
撒落孟比依斯拉耶耳衆後代高貴
的子都來行禮認撒落孟為主天主使
依斯拉耶耳衆後代聽他的命各族長有權的臣連王達味別
他也合衆人的心意

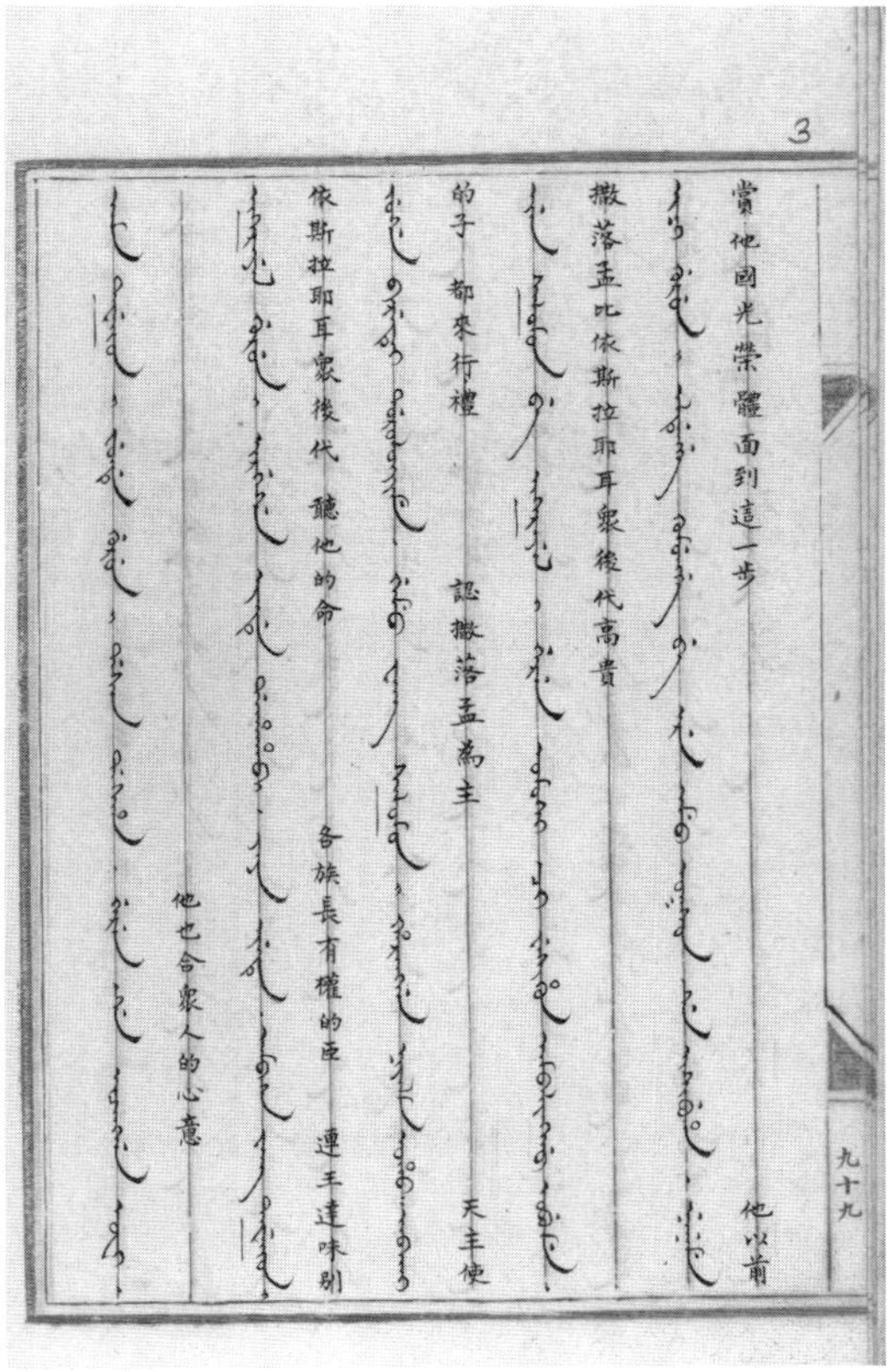

歲数財帛光榮體面都滿了安泰崩了
三十三年
有四十年在黒柏隆城晉了七年日露撒冷内晉了
依斯拉耶耳衆民的年
3b 沒有王能比他依撒意的子達味晉

奇事都記載這書上
達味在位時或依斯拉耶耳國或别國内有的英勇
並那丹加得二先知者書上⑤
寫(寫)在先知撒木耳書上
2a 他子撒落孟接他的位王達味前後的功

2b

二癸首在日紅地方傳【傳】他聖油

達楞多分両揔是八十七斤④起初（初）撒多克那丹

③無論金銀銅鉄一

①是玉石一類②或巴畧或巴落斯是海中的一島

註解

1a

⑤早已失了。

23.
Paralipomenon libri primi
per secunda constans sub No 25

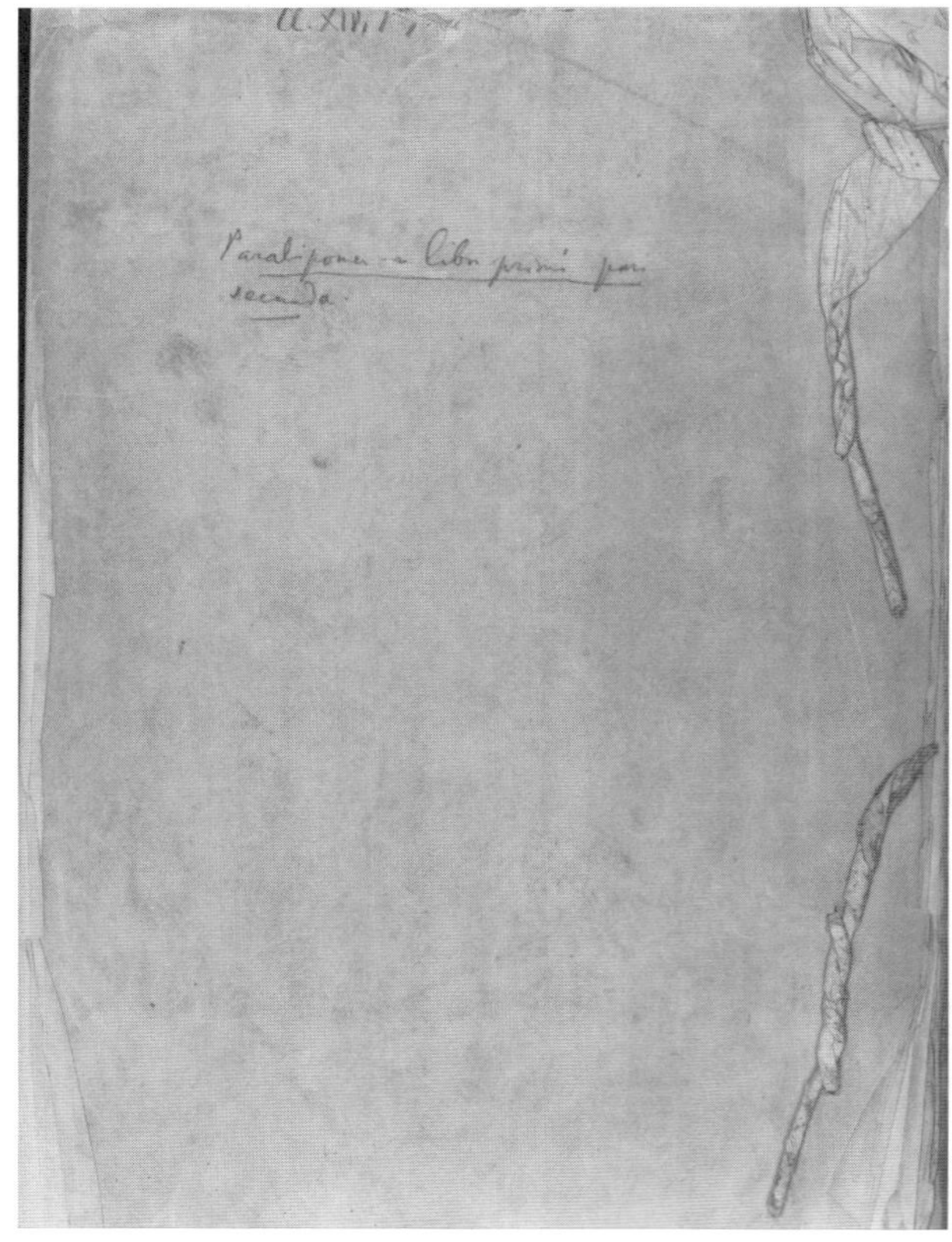
Paralipomenon libri primi per
secunda

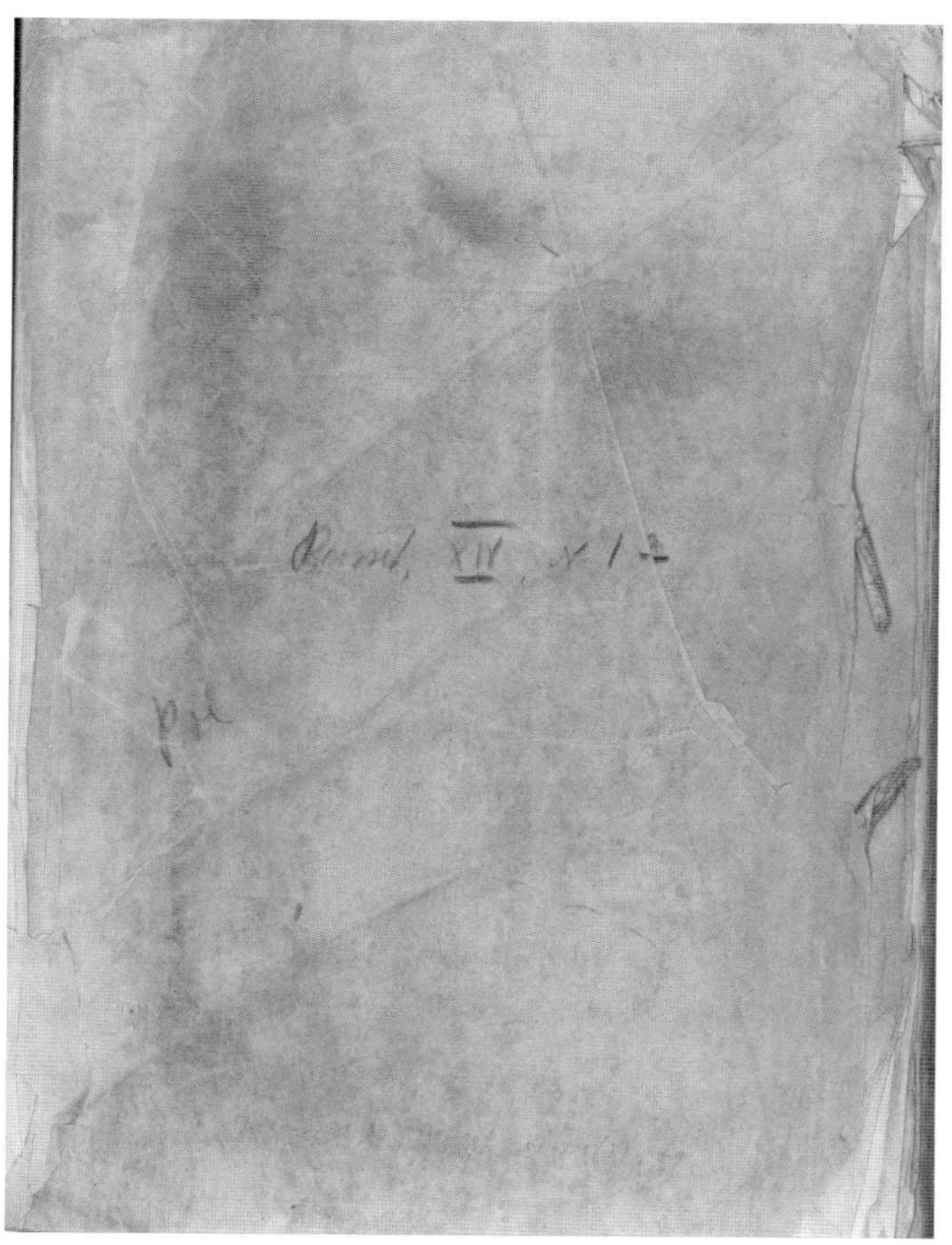